기독교문서선교회 (Christian Literature Center: 약칭 CLC)는 1941년 영국 콜체스터에서 켄 아담스에 의해 시작되었으며 국제 본부는 미국 필라델피아에 있습니다.
국제 CLC는 59개 나라에서 180개의 본부를 두고, 약 650여 명의 선교사들이 이동 도서차량 40대를 이용하여 문서 보급에 힘쓰고 있으며 이메일 주문을 통해 130여 국으로 책을 공급하고 있습니다. 한국 CLC는 청교도적 복음주의 신학과 신앙 서적을 출판하는 문서선교기관으로서, 한 영혼이라도 구원되길 소망하면서 주님이 오시는 그날까지 최선을 다할 것입니다.

추천사 1

김 준 현 박사
루터대학교 총장 직무대행

  이 책의 저자는 루터의 신학을 선교적인 관점에서 접근하고 있다. 그저 학문적 접근으로만 이룬 것이 아니며 기독교 신앙이 전 세계적으로 전파되는 사례를 보여준다. 저자 자신이 아프리카 선교사로 보낸 경험으로 선교학 학위를 받았고 현재는 국제루터교회의(International Lutheran Council)에서 선교와 관련하여 사무총장직을 맡고 있으며 또한 미국 포트웨인에 있는 컨콜디아신학대학교(Concordia Theological Seminary)에서 박사과정 책임자로 선교학을 가르치고 있다.

  이 책은 신앙적으로 매우 유익하며 선교에 대한 많은 영감을 주고 있다. 선교를 생각할 때 반드시 염두에 두어야 하는 분야들, 예를 들어 문화인류학, 커뮤니케이션 스타일, 언어학, 선교전략 및 에큐메니칼 문제와 같은 중요한 주제를 포함하여 선교가 무엇인지, 선교가 어떻게 수행되는지에 대해 폭넓게 다루며 이러한 것을 통하여 선교에 대한 현대적인 시각을 제공하고 있다.

  이 책의 저자인 클라우스 데틀레브 슐츠(Klaus Detlev Schulz)는 선교와 관련된 역사, 용어, 지침 원칙, 목표, 핵심 주제, 윤리 등을 알아보기 쉽게 도표로서 정리하여 독자들에게 편리함을 제공하고 있다. 앞서도 밝힌 것처럼 저자는 현대 선교 현장의 핵심 인물들과 교류하며 기독교 공동체의 과거 노력과 현재 계획에 대한 읽기 쉬운 분석을 제공한다.

  그는 선교가 단순히 외국으로 가는 것이 아니라 우리의 즉각적인 일상 상황에서 다양한 방법으로 발생한다는 것을 주장하고 있으며 루터 신학을 신앙고백서의 토대 위에서 선교학이라는 장르로서 풀어가고 있다. 그러므로 이 책은 루터 신학을 선교학의 관점에서 접근하려는 사람들에게 유익한 지침서가 될 것으로 믿는다.

추천사 2

박 창 현 박사
감리교신학대학교 실천신학 부교수

이 책은 선교에 대하여 지속적인 관심을 가지고 선교사의 삶을 살아가는 한 젊은 선교신학자로부터 추천되고 또 번역되었다는 사실에서 이미 그 귀한 가치가 인정되어야 한다고 확신한다. 1910년 에딘버러에서 '세계선교대회'(World Missionary Conference)가 열렸을 때만 해도 기독교는 한세기만에 "전 세계가 기독교화되리라"(The Evangelization of the World in this Generation)는 꿈을 가지고 있었다.

그래서 "기독교를 위한 전 세계"와 "전 세계를 위한 기독교"라는 표어를 내걸고, 당시 기독교가 전 세계를 위한 선교를 시작(특히 아시아와 아프리카, 인도, 동아시아, 이슬람 지역을 집중적으로 선교한다면)만 하면 아직 예수님을 받아들이지 않고 자신들의 잘못된 종교에 빠져 있는 불쌍한 민족들이 자신들의 종교를 다 버리고 그리스도의 품 안에 안기게 되리라는 안이한 확신에 불타 있었다.

그러나 기독교는 오히려 이들 지역 안에 이슬람과 불교의 부흥을 지켜보아야 했고, 1973년 서구 선교의 대상으로 여겨졌던 제3세계 교회들 중심으로 열린 '방콕 세계선교대회'에서는 반선교정책인 "선교 중지"(Moratorium), 즉 서구 교회들의 제3세계에 대한 선교를 중지해 달라는 요구를 담은 결정까지 지켜보게 되었다.

그리고 지금 전 세계의 기독교 인구 비율은 기독교가 바라던 것과는 달리 2023년 현재 32.3퍼센트밖에 되지 않는 상황에서 '에딘버러 선교대회' 때 세계 선교의 중심 국가라고 자부하던 서구 교회들은 기독교 인구의 가

파른 감소세를 보여 주고, 반면에 당시 선교의 대상국이던 아시아와 아프리카(비아랍권)의 기독교 인구는 빠르게 증가하고는 있지만, 문제는 이미 서구 기독교 국가가 보여 주었듯이 지금 성장 추세를 나타내는 나라의 기독교인들도, 우리가 한국에서 경험하고 있듯이 기독교 인구가 그 나라의 30퍼센트 정도에 도달하게 되면, 급격히 감소세로 돌아서는 모습을 보이고 있다는 것이다.

"선교는 항상 문제를 가지고 있었지만 이제는 선교 자체가 문제가 되고 있다"라는 발터 프라이탁(W. Freytag)의 말을 저자가 이 책의 동기로 인용하듯이 선교하는 것 자체가 문제시되어 선교를 중단한 현재 교회에 지난 선교의 잘못을 돌아보고 변화된 선교의 현실에 맞는 올바른 선교를 위한 올바른 신학을 제시하기 위해 이 책을 집필했다.

루터교 신학자인 저자는 오늘날 세계적인 기독교의 선교 위축 현상을 심각하게 받아들여서 선교적 열심을 다시 부활시키고, 선교에 대한 관심을 다시 불붙이고자 마틴 루터(Martin Luther)가 개신교회 선교의 군불을 피운 것으로 확신하는 "십자가로부터의 선교"(Mission from the Cross) 신학을 제시함으로 독일을 비롯한 서구 교회의 선교의 부흥을 돕고자 했다.

즉, "십자가로부터의 선교"라는 신학적 유산으로 독자들을 안내함으로써, 모든 선교를 이 기본적인 '십자가 신학'에 비추어 이해하도록 함으로써 선교에 대한 구체적 정보를 제공하고자 한다. 저자는 선교신학의 흐름을 다루어 학문으로서 선교학을 논하고, 이것을 삼위일체 신앙으로부터 어떻게 하나님이 그리스도의 십자가를 통한 구원 사역의 선포와 함께, 그 결과로서 얻어진 구원받은 당신의 백성을 선교의 역꾼으로 세상에 파송되었는지를 보여 주고자 한다.

저자는 십자가로부터의 선교는 회심, 동화, 그리고 교회 개척과 관련된 실질적인 선교의 문제를 해결한다고 보고, 선교 사역은 선교 당사자의 믿음을 통한 구원(칭의)의 교리와 관계한다는 교리의 중요성을 소개한다. 또 교회의 지난 선교를 돌아보고 새로운 세상의 상황에 맞는, 그러나 성서와 전통에 부합되는 선교를 위한 신학을 정립하는 것의 중요성을 강조하며,

독자들이 자신의 글에서 선교에 관한 문헌들을 숙독하게 되면, 그들이 가진 중요한 잘못된 신학, 예를 들면 "교회를 삼위일체 하나님과 연관"시키는 것에서 벗어난 제안과 모델들을 깨닫게 되고, 이 시대에 맞는 "선교란 과연 무엇인가"에 대해 바른 신학을 가지게 될 것이라고 말한다.

그러므로 이 책은 신학이 없는 선교의 위험을 지적하고, 선교를 위한 중요한 신학을 루터의 성경 해석을 중심으로 한 '십자가로부터의 신학'으로 알아듣기 쉽게 소개한다는 것에서 선교의 사명을 깨닫고 실천하려는 모든 독자, 목회자, 신학자, 학생 및 모든 그리스도인에게 유효한 책이다.

추천사 3

최 성 규 박사
아신대학교(ACTS) 선교대학원 지역선교학 교수

은사이신 슐츠 박사님의 역작인 *Mission from the Cross: The Lutheran Theology of Mission*의 한국어 버전, 『루터의 선교신학: 십자가로부터 시작되는 선교』의 출간을 축하드리며 개인적으로 매우 기쁘게 생각한다.

"오직 은혜로"(*Solar Gracia*), "오직 믿음으로"(*Sola Fide*), "오직 성경으로"(*Sola Scriptura*)의 3대 신앙 기치를 들고 종교개혁을 이끌었던 루터의 영향으로 루터교는 선교보다는 믿음의 본질에만 관심이 있었던 것으로 인식되고 있지만, 루터 신학 또한 선교와 밀접한 연관이 있다.

루터 신학의 핵심이라 할 수 있는 '이신칭의'가 십자가와 깊은 연관이 있듯이, 선교 또한 십자가와 깊은 관계가 있기 때문에 『루터의 선교신학: 십자가로부터 시작되는 선교』(*Mission from the Cross*)라는 책 제목을 선정했다고 본다. 선교 영역에서 많이 언급되는 '하나님의 선교'(*Missio Dei*)를 루터 신학과 신앙고백서 등과 연관해서 잘 설명하고 있다는 점에서 이 책은 선교학을 공부하는 학생들이나 선교학에 관심이 있는 사람들에게 도움이 되고, 특히 한국에서 루터 신학의 선교에 대한 이해를 넓혀 주는 데 큰 도움이 될 것으로 기대한다.

추천사 4

앤드류 파이퍼(Andrew K. Pfeiffer) 박사
호주 루터교대학교 목회신학부 교수

슐츠 박사는 루터와 루터교 신앙고백 특히 '아우크스부르크 신앙고백서'를 선교학적 관점으로 읽었다. 그는 '하나님의 선교'의 삼위일체적인 본질, 선교에서 교회와 성례전의 역할, 그리고 선교와 관련하여 목회 사역의 양상과 기독교인의 소명 및 윤리를 탐구했다.

십자가에서의 그리스도의 사역은 선교에 대한 신학의 종합적 접근의 중심 원리와 선교적 교회를 지속적으로 활성화시키기 위한 주요 자극제로 제시된다. 이 책 『루터의 선교신학』은 나의 독서 목록에 남겨둘 것이다.

클라우스 데틀레브 슐츠는 인디애나주 포트웨인에 있는 컨콜디아신학교의 목회신학과 선교학부의 교수이자 선교학 박사과정(Ph.D. in Missiology)의 디렉터다. 그가 번역한 책으로는 미국 컨콜디아출판사(CPH)에서 나온 『교회는 모든 민족으로부터 온다』(*The Church Comes from All Nations*, 2003)가 있다.

데이비드 츠웨드(David P. Tswaed) 박사
남아프리카 루터교회 감독

    종교개혁과 루터교 정통주의는 주로 복음의 회복에 중점을 두고 있으며, 이 시기 동안에 나온 글들은 명백하게 선교적 풍미를 보인다. 이 책 『루터의 선교신학』은 칭의 교리가 선교 태피스트리(tapestry, 다채로운 색실로 무늬를 짜 넣은 직물)를 깔끔하게 이어 놓는 황금 실이라는 사실을 더욱 강조한다. 아프리카와 독일의 뿌리를 가진 저자는 이전에 알려지지 않은 많은 독일 선교학자를 소개해 준다. 루터교회는 선교적인 교회다.

로버트 콜브(Robert Kolb) 박사
미국 미주리주 세인트루이스 컨콜디아신학교 조직신학과 선교학 교수

    슐츠 박사는 '루터교 일치서'(Book of Concord)가 어떻게 '루터교 신앙고백서'의 지지자들을 세상에서의 복음주의적 참여로 인도하는지에 관해 자세히 연구했다. 다양한 현대 신학자와의 대화를 통해, 저자는 삼위일체 신앙이 어떻게 하나님이 그리스도의 구원 사역의 선포와 함께 당신의 백성을 세상에 파송하셨는지를 보여 준다.
    '루터교 일치서'(Book of Concord)를 사용하여 이 책 『루터의 선교신학』은 회심, 동화, 그리고 교회 개척과 관련된 실질적인 문제를 해결한다. 특히, 칭의 교리를 선교 사업에 결부시켜 놓고, 개별 죄인의 필요와 비기독교인의 진지한 질문 모두를 해결하기 위해 그 교리의 중요성을 강조한 것은 매우 도움이 된다.

루터의 선교신학
십자가로부터 시작되는 선교

Mission from the Cross : The Lutheran Theology of Mission
Written by Klaus Detlev Schulz
Translated by Jung Hun Kim

Originally published in the U.S.A.
Under the title
Mission from the Cross : The Lutheran Theology of Mission
Text © 2009 Klaus Detlev Schulz
Published by Concordia Publishing House
3558 S. Jefferson, St. Louis, Missouri 63118 – USA.
www.cph.org
All rights reserved.

Translated and printed by permission of Concordia Publishing House.
Korean Edition Copyright © 2024 by Christian Literature Center, Seoul, Korea.

루터의 선교신학
십자가로부터 시작되는 선교

2024년 2월 28일 초판 발행

지 은 이 ｜ 클라우스 데틀레브 슐츠

옮 긴 이 ｜ 김정훈

편　　 집 ｜ 진애란
디 자 인 ｜ 이승희
펴 낸 곳 ｜ (사)기독교문서선교회
등　　 록 ｜ 제16-25호(1980. 1. 18.)
주　　 소 ｜ 서울특별시 동대문구 천호대로 71길 39
전　　 화 ｜ 02-586-8761~3(본사) 031-942-8761(영업부)
팩　　 스 ｜ 02-523-0131(본사) 031-942-8763(영업부)
이 메 일 ｜ clckor@gmail.com
홈페이지 ｜ www.clcbook.com
송금계좌 ｜ 기업은행 073-000308-04-020 (사)기독교문서선교회
일련번호 ｜ 2024-9

ISBN ISBN 978-89-341-2646-1(93230)

이 한국어판 저작권은 Concordia Publishing House와 독점 계약한 (사)기독교문서선교회가 소유합니다. 신저작권법에 의하여 한국 내에서 보호를 받는 저작물이므로 무단 전재와 무단 복제를 금합니다.

The Lutheran Theology of Mission : Mission from the Cross

루터의 선교신학
: 십자가로부터 시작된 선교

클라우스 데틀레브 슐츠 지음 | 김정훈 옮김

CLC

목차

추천사 1 **김준현 박사** | 루터대학교 총장 직무대행   1
추천사 2 **박창현 박사** | 감리교신학대학교 실천신학 부교수   3
추천사 3 **최성규 박사** | 아신대학교 대학원(ACTS) 선교대학원 조교수   6
추천사 4 **앤드류 파이퍼 박사 외 2인**   7

약어표   14
저자 서문   16
역자 서문   22

제1부 오늘날 선교의 본질과 연구 사항   24
    제1장 루터교 선교 평가   25
    제2장 선교의 동의어와 개념들   40
    제3장 학문으로서의 선교학과 우선순위 설정   63
    제4장 종교개혁   85
    제5장 선교의 조직 원리로서의 칭의   122

제2부 삼위일체 하나님의 선교   144
    제6장 선교의 삼위일체적 구조   145
    제7장 하나님의 선교에서의 창조와 보존   163
    제8장 하나님 선교의 기초와 목표   192
    제9장 하나님 선교의 동력   217
    제10장 하나님의 선교에 대한 전망: 보편적이고 구원적인 의지   235

제3부 교회의 임무와 상황   256

    제11장 선교와 하나님의 말씀   257

    제12장 선교적 목표   289

    제13장 새로운 공동체의 구축   316

    제14장 윤리로서의 선교   361

    제15장 선교사 직무   407

    제16장 종교 간 상황에서의 그리스도인의 증거   440

    제17장 결론   464

참고 문헌   473

[도표 목록]

도표 1: 학문으로서의 선교학	72
도표 2: 선교학의 총체적 특성	73
도표 3: 교회, 선교 사역, 목표의 관계	350
도표 4: 꽃으로서의 선교적이고 상황적인 교회	369
도표 5: 그리스도인이 서 있는 삼각형의 세 모서리 세 가지 책임의 삼각편대	406
도표 6: 교회에서의 사도적 목회의 지속	439

약어표

AC	Augsburg Confession (1530)
AE	American Edition, *Luther's Works*. Volumes 1-30: Edited by Jaroslav Pelikan. St. Louis: Concordia, 1955-76. Volumes 31-55: Edited by Helmut T. Lehmann. Philadelphia/Minneapolis: Muhlenberg/Fortress, 1957-86. Quotations used by permission of the publisher of the source volume.
AP	Apology of the Augsburg Confession (1531)
BSLK	*Die Bekenntnisschriften der evangelisch-lutherischen Kirche*. Göttingen: Vandenhoeck & Ruprecht, 1976.
CWME	Commission on World Mission and Evangelism
ELCA	Evangelical Lutheran Church in America
Ep	Epitome of the Formula of Concord
FC	Formula of Concord (1577)
GW	Wilhelm Löhe. *Gesammelte Werke*. Edited by Klaus Ganzert. 7 vols. Neuendettelsau: Freimund, 1951-86.
Kolb-Wengert	Robert Kolb and Timothy J. Wengert, eds. *The Book of Concord: The Confessions of the Evangelical Lutheran Church*. Minneapolis: Fortress, 2000.
LC	Large Catechism (1529)
LCMS	The Lutheran Church-Missouri Synod
LWF	Lutheran World Federation
PE	Philadelphia Edition, *Works of Martin Luther: With Introductions and Notes*. 6 vols. Philadelphia: Muhlenberg, 1930-43.
SA	Smalcald Articles (1537)
SC	Small Catechism (1529)

SD	Solid Declaration of the Formula of Concord
Tappert	Theodore Tappert, ed. *The Book of Concord: The Confessions of the Evangelical Lutheran Church.* Philadelphia: Muhlenberg, 1959.
Tr	Treatise on the Power and Primacy of the Pope (1537)
WA	*D. Martin Luthers Werke. Kritische Gesamtausgabe.* Weimar: Herman Böhlau, 1883-.
WA Br	*D. Martin Luthers Werke. Briefwechsel.* Weimar: Herman Böhlau, 1930-.
WCC	World Council of Churches
WELS	Wisconsin Evangelical Lutheran Synod

저자 서문

클라우스 데틀레브 슐츠(Klaus Detlev Schulz) 박사
컨콜디아신학교 목회신학·선교학 교수

위대한 선교학자이자 '교회 일치주의자'인 발터 프라이타크(Walter Freytag, 1899-1959)는 다음과 같이 말했다.

> 선교 과업 없이는 그리스도인의 삶도 그리스도와 함께하는 삶도 없다.[1]

선교 과업에 대한 이런 올바른 정의를 찾는 것은 어려운 일이다. 우리는 마틴 루터(Martin Luther)에게서 율법 아래서의 인간적 노력의 무용성과 함께 그리스도의 인격과 사역을 통한 '믿음에 의한 칭의' 조항을 배운다.[2] 이런 '죄인이자 동시에 의인'이라는 '희망'과 '무용성'의 이중적 특성은 선교 과업에도 적용되며 이것의 유일한 해결책은 '십자가 신학'(*theologia crucis*, 테오로기아 크루시스)에 달려 있다.

이 진리는 세상 가운데 있는 교회에 분명하게 남아 있지 않다. 발터 프라이타크는 1950년대에 다음과 같이 말함으로써 선교에 관한 관심이 줄어들고 있다는 염려를 표했다.

---

1 Freytag, *Reden und Aufsätze*, 1:111.
2 SA II I 1-5 (Tappert, 292; Kolb-Wengert, 301).

선교는 항상 문제를 가지고 있었지만 이제는 선교 자체가 문제가 되었다.³

오늘날 선교는 종말론과 영생에 대해서는 거부하고, 인도주의적(humanitarian) 경향과 세상의 관심사 같은 문제만을 다룬다. 그러나 기독교에 대한 가시적 현상과 표현으로서의 오늘날의 선교는 전 세계 모든 교단의 그리스도인과 교회 사이에서 새로운 힘을 얻고 강조되고 있다. 우리는 지금 '선교의 시대'에 살고 있다.

즉, 서구에서의 기독교 인구 감소, 비기독교인 이민자들의 미국과 서유럽으로의 유입, 비기독교 종교 사이에서의 선교적 열심의 부활과 같은 여러 요인이 우리를 선교의 시대에 살게 만든다. 이 모든 요소는 그리스도인에게 선교에 대한 요청을 새롭게 하고 이를 강화한다. 이것은 21세기를 살아가는 루터교 회중과 교회 단체도 사도적이고 선교적인 부르심에 유념해야 한다는 것을 의미한다. 루터교의 선교에 관한 관심은 상승세에 있다.

1988년에 출판된 책 『하나님의 선교 함께하기』(*Together in God's Mission*)를 대체하여, '루터교세계연맹'(LWF)의 '선교와 개발부'(Department for Mission and Development)는 2004년 『상황 속에서의 선교: 변화, 화해, 권능부여』(*Mission in Context: Transformation, Reconciliation, Empowerment*)라는 제목의 책을 통해 선교에 관한 최신 성명을 발표했다.⁴

여러 해 동안, 미국 '복음주의 루터교회'(ELCA)의 '전도대책위원회'(Evangelism Task Force)는 선교와 전도의 현재 문제와 과제에 관해 연구했다. 이런 연구의 결과로 『전도하는 교회: 루터교의 공헌』(*The Evangelizing Church: A Lutheran Contribution*, 2005)이 발간되었다.⁵

'위스콘신 복음주의 루터교총회'(Wisconsin Evangelical Lutheran Synod)는 '위스콘신 루터교신학교'(Wisconsin Lutheran Seminary)의 교수인 데이비드 발레스키(David Valleskey)를 통해 『우리는 믿는다-그러므로 우리는 말한다』(*We*

---

3 Freytag, *Reden und Aufsätze*, 1:111.
4 출판 정보는 참고 문헌을 참조할 것.
5 Bliese and Van Gelder, *Evangelizing Church*.

Believe—Therefore We Speak)를 저술했다.[6] '루터교회 미주리총회'(LCMS)는 어블레이즈(Ablaze)라는 운동의 형태로 선교를 시작했다.

이 운동을 통해 미주리총회는 자신의 회중과 협력 교회가 잃어버린 자에게 복음의 활력을 불어넣기를 희망하고 있다.[7] 또한, 루터와 종교개혁에 대한 이후의 장에서 설명하겠지만 최근 들어 루터에 대한 선교적 주제와 관련한 연구가 급증하고 있다.

그리스도인과 신학교 그리고 교회들은 주님의 부르심에 응답하기 위해 '그리스도가 누구시며 그들이 무엇을 믿는지'에 관한 정보에 입각한 답변을 측은한 마음과 함께 세상에 제공해 줄 수 있어야 한다. 그러나 독자들이 선교에 관한 문헌들을 숙독하게 되면, 그들은 그 문헌 속에서 '교회를 삼위일체 하나님과 연관'시키는 것에서 벗어난 제안과 모델들을 발견하게 될 것이다.

이런 다양한 접근법을 통해 강조되는 것은 수치적 성장을 약속하는 혁신적 비즈니스와 같은 어휘로 표현되는 방법 또는 프로그램들과 결합된, 단순한 문화적이고 사회적인 연구들이다. 조직, 개인 및 교파를 통한 광범위한 선교 활동 외에도, 이런 문헌들은 독자들에게 '선교란 과연 무엇인가'에 대해 당혹감을 느끼게 만든다.

이 책은 목회자, 신학자, 학생 및 모든 그리스도인을 '기본'으로 안내함으로써 특별히 '십자가의 신학'(*theologia crucis*, 테오로기아 크루시스)에 비추어 이해된 우리의 신학적 유산으로 돌아가도록 함으로써 선교에 대한 구체적 정보를 제공하고자 한다. 이 책은 성경, 전 세계 루터교의 신학 문헌, 그리고 이 주제에 대한 현대적 토론을 통해 교회의 선교적 부르심을 더욱 촉진하고자 한다.

---

6 Valleskey, *We Believe - Therefore We Speak*.
7 Ablaze운동(공식 웹 사이트 www.lcms.org 참조)은 다음과 같이 비전을 공식화한다. "'루터교회미주리시노드(LCMS) 세계선교'는 북미 및 전 세계 파트너와 협력하여 2017년 종교개혁 500주년까지 1억 명의 미전도 종족 또는 헌신되지 않은 사람들에게 예수님의 복음을 전할 것을 추수의 주님께 기도한다."

그렇게 함으로써 이 책은 이전의 모든 주장은 쓸모없다고 선언하면서 하나의 특정 구조 또는 선교 모델을 강요하지 않는다. 선교는 재구성되는 과정을 통해 항상 움직이고 지속적으로 변화된다. 그러나 우리의 소망은 교회의 선교가 과거의 안정성과 연속성을 유지하고 주님이 미래에 교회를 어디로 인도하실지를 예측하는 것이다. 교회가 자신의 '상황'에 관여하고 이를 통해 선교를 '실천'으로 전환하게 되면, 교회 메시지의 '신학'적 요소는 결과적으로 어려움을 겪을 수 있다.[8]

그렇다면 선교를 위해 안정성을 제공하는 신학적 틀이나 구성은 없는 것일까?

복음적 교회는 다음과 같은 언급을 한다.

> 루터교회는 특히 선교적 관점에서 볼 때 놀라운 신학적 유산을 가지고 있다.

실제로, 이 연구에서 주장하려는 것은 루터교 신학과 선교는 서로 반대되는 용어가 아니라, 루터교 신학의 표현들 깊숙한 곳에는 선교적 잠재력이 솟아난다는 것이다. 예를 들어, '칭의'에 관한 핵심 조항은 문헌들과 에큐메니컬 포럼에서 한동안 새로운 주목을 받아 왔지만, 이것의 선교와의 관련성 또는 선교에 대한 함의는 거의 언급되지 않고 있다.

어떤 사람은 단순히 "성경적"인 관점을 요청함으로써 이런 노력에서 자신의 권리를 표현하려 할 것이다.[9] 물론, 우리는 선교신학과 실천에 대한 우리의 견해가 "성경적이거나 성서적"인 것에 지나지 않을 것이라고 주장할 것이다.

---

8   슐츠 교수는 교회가 현재 처한 상황(context)이나 환경의 문제에서 출발하여 이를 위한 전략(strategy)을 세우고 이것들을 뒷받침하는 말씀(word)이나 신학을 사용하는 귀납적 방식의 위험성을 지적한다. 자세한 내용은 3장 '학문으로서의 선교학 정의'를 참조할 것(역자 주).

9   Bliese and Van Gelder, *Evangelizing Church*, 1.

그러나 역사가 보여 주듯이, 과거에 "성경적"이라고 주장되던 것은 나중에 그렇지 않은 것으로 판명될 때가 많았다. 그러므로 선교는 성경과 신학적 유산 특히 루터교 신앙고백과 지속적인 대화를 해야 한다. 선교는 성경으로 돌아가서 하나님의 말씀에 기꺼이 복종하는 것은 물론, 미래의 선교를 위해 과거의 역사적이고 신학적인 분석에도 기꺼이 참여해야 한다.

연구를 진행하는 동안 나는 해외에서 그리고 미국에서 강사와 교사로 자주 여행하면서 수년간 축적했던 선교 실천을 이 책에 많이 반영하려 했다. 나는 또한 남아프리카의 콰줄루(KwaZulu) 언덕에 있는 선교기지에서 청소년 시절을 보냈던 오랜 선교 경험과 보츠와나의 세로웨(Serowe)에서 선교사로 사역했던 경험을 여기에 반영했다.

나는 또한 인디애나주 포트웨인(Fort Wayne)의 컨콜디아신학교(Concordia Theological Seminary) 교수로서, 수년간 캠퍼스에서 학생 및 동료들과 함께 나의 통찰력을 공유할 수 있는 특권을 누렸다. 내 인생의 이 모든 정거장은 다음과 같은 확신을 얻게 해 주었다.

> 선교 전략과 선교 실천은 성경과 신학을 진지하게 연구함으로써 나오게 된다.

이 연구를 위해 선택된 부제, "십자가로부터 시작되는 선교"(*Mission from the Cross*)는 특히 요한복음 20장 19-23절에서 부활하신 주님이 그의 제자들 앞에 나타나셔서 "너희가 누구의 죄든지 사하면 사하여질 것이요 누구의 죄든지 그대로 두면 그대로 있으리라"라는 임무를 맡기신 장면을 다루고 있다. 선교는 '십자가의 신학'(*theologia crucis*, 테오로기아 크루시스) 위에 세워져 있는데, 이것은 선교에서 '십자가'는 복음의 설교가 흘러나오고 들어가는 중심적 기준점이 됨을 의미한다.

부활하신 육체로 나타나셨을 때 주님은 십자가에서 못 박히신 손과 옆구리의 상처를 보이심으로써 십자가로 되돌아가신다. 십자가에서의 죽음과 승리의 상황에 대한 이런 무언의 언급을 통해, 그리스도는 자신의 제자들을 파송하심으로써 십자가의 공로를 타락한 세상으로 확장하신다. '십자가로부터 시작된 선교'는 '그리스도의 십자가'와 '복음의 세계로의 이동' 사이의 이런 연결을 강조한다.

원고를 읽고 도움이 되는 많은 조언을 해 주기 위해 귀중한 시간을 내준 동료 존 노들링에게 특히 감사한다. 또한, 내가 작성한 내용 중 일부를 읽고 선생인 나에게 비평하는 용기를 내준 학생과 대학원 조교들에게 진심으로 감사를 표하고 싶다. 마지막으로 이 책을 출판하는 과정에서 나를 많이 격려해 주었던 컨콜디아출판사의 직원 특히 찰스 샤움에게 큰 빚을 졌다.

클라우스 데틀레브 슐츠
인디애나 포트웨인에서 2008년 크리스마스날에

역자 서문

김 정 훈 박사
캐나다연합교회 교육목사

루터는 선교에 관심이 없었는가?
　이 책은 매우 독특한 방식으로 이에 대한 답변을 제공해 준다. 슐츠 박사는 대위임령 본문을 해석함에 있어서 지리적 문화적 경계를 넘는 전통적 방법을 인정하는 것은 물론 불신앙이라는 영적 경계를 넘어야 한다고 주장한다. 이런 해석은 자연스럽게 오늘날 우리 주변에 거주하고 있는 불신자들과 디아스포라에게 관심을 갖게 해 준다.
　특히, 루터교적 선교 해석은 '만인 사제직'(*sacerdotium omnium*)과 '소명론' 사상을 통해 안수받은 목회자와 헌신된 선교사뿐만 아니라 평신도들이 일상에서의 삶을 통해 증인으로 살아갈 것을 강조한다. 이처럼 본서는 독특한 관점으로 오늘날 선교학자들 사이에서 뜨겁게 논의되고 있는 디아스포라 선교와 선교적 교회운동을 위한 이론적 바탕을 제공해 준다.
　그뿐만 아니라 루터의 두 왕국에 관한 교리와 대교리 문답은 '예수박타'(Yeshu Bhakta) 운동과 '내부자운동'(Insider movement)을 위한 전통적 근거를 마련해 준다.
　슐츠 박사는 오늘날 위기에 처한 서구의 교회들이 루터로부터 배움으로써 다시 이전의 활력을 되찾을 수 있을 것이라는 낙관적인 사고를 하고 있다. 나 또한 이런 생각에 동의하며, 루터교, 장로교(통합, 대신), 순복음, 감리교 등 다양한 교단적 배경에서 모여 현재 박사과정에서 함께 공부하고 있는 동기 목사님들 또한 이에 대한 이견이 없다.

  나는 이 책을 번역하면서 많은 어려움이 있었다. 그것은 저자 서문에서도 보여 주듯이, 독일 출신으로 남아공에서의 오랜 선교 경험이 있으며, 조직신학을 전공하여 미국에서 선교학을 가르치고 있는 슐츠 박사의 매우 독특한 이력과도 관련이 있다. 그는 장문으로 글을 쓰고 새로운 단어를 주조하기를 좋아하며 각주 일부는 독일어와 라틴어를 그대로 인용했다.

  따라서 원서를 한국어로 번역하는 데 있어 매끄럽지 못한 부분이 많이 있음을 나는 인정한다. 그런데도 나는 나의 스승이자 동시에 낚시 친구이기도 한 슐츠 박사의 책을 한국에 있는 독자들에게 소개할 수 있어서 매우 기쁘게 생각한다.

  마지막으로 나는 이 책을 번역하기까지 감사하고 싶은 사람들이 있다. 루터교 신학에 대해 무지했던 나에게 매번 친절한 설명으로 이해를 돕고, 각기 다른 교단적 관점에서 열띤 토론을 통해 내가 이 책을 더 깊이 이해할 수 있도록 도움을 준 김상엽, 김재성, 백인섭, 최지상, 황병선 목사님께 감사드린다. 끝으로 이 책을 교정하는 데 큰 도움을 준 아내 정희남에게 감사의 마음을 전한다.

제1부

오늘날 선교의 본질과 연구 사항

제1장 루터교 선교 평가

제2장 선교의 동의어와 개념들

제3장 학문으로서의 선교학과 우선순위 설정

제4장 종교개혁

제5장 선교의 조직 원리로서의 칭의

제1장
루터교 선교 평가

1. 선교를 본국으로 가져오기

이전에는 북미나 유럽 배경의 루터교 교인이 다른 민족 또는 신념을 가진 사람과 떨어져 사는 것이 당연한 일이었다. 하지만 기독교 공동체와 다른 문화 및 신념을 가진 공동체 사이의 지리적 거리가 줄어들게 됨으로써 변화가 생기게 되었다. 선교지의 근접성에 관해 이야기하는 것이 유행처럼 되었다. 이제 선교는 해외라는 먼 곳에서뿐만 아니라 본국에서 일어나는 현상이 되었다.

1963년 멕시코 시티에서 열린 세계선교대회(World Mission Conference)에서 이미 다뤄졌던 "6개 대륙에서의 선교"라는 슬로건은 서방 국가를 포함하여 모든 국가에 대한 이런 현실을 반영해 주고 있다.[1] 특별히, 미국, 캐나다, 독일, 노르웨이 및 스웨덴과 같은 국가에 경제 및 정치 이민자의 수가 증가함에 따라 선교는 더욱 중요한 임무가 되었다.

한때는 서구가 기독교의 거점이었을 때가 있었다. 하지만 이런 현상은 변화되었다. 오늘날 우리는 이교 신앙과 기독교가 종종 아주 가까이에서 공존하고 있다는 점을 고려해야 한다.

최근의 한 통계에 따르며, 2005년 루터교의 가장 큰 성장은 현재 1천 5백만 이상의 루터교 교인을 보유한 아프리카 대륙에서 일어났다. 이에 비해, 북미 지역의 루터교 교인은 전체적으로 1.16 퍼센트 감소한 약 8,154,631명

---

1   Muller 외, *Dictionary of Mission*, 506.

으로, 이는 세속화 현상과 타 교단으로의 이전을 통한 회원 수 상실 그리고 루터교 교인의 출생률 감소 때문에 발생하게 되었다.[2] 기독교 인구의 쇠퇴와 변화는 모든 서구 국가에서 공통으로 일어나고 있는 현상이다.

100여 년 전 약 80퍼센트에 달하던 백인 유럽인 기독교인이 오늘날에는 약 45퍼센트만이 스스로 기독교인으로서의 정체성을 주장하고 있다. 필립 젠킨스(Philip Jenkins)의 『다가올 기독교 세계: 지구촌 기독교의 발흥』(*The Next Christendom: The Coming of Global Christianity*)[3]에서 예견하고 있는 것처럼, 향후 25년 동안 전 세계 백인 기독교인 숫자는 점점 더 줄어들 것으로 전망된다. 이는 북미에서뿐만 아니라 서구 전체에서도 선교의 기회가 많아질 것이라는 사실을 의미한다.

오늘날 중앙아시아와 동아시아 출신의 비기독교 인구의 서구 이주 현상을 살펴보면 우리의 선교적 과제는 더욱 분명해진다. 결과적으로, 기독교인보다 비기독교인의 비율은 더욱 증가할 것이며, (유아 세례보다는) 성인 세례를 받는 것이 이전과 같이 일반적 현상이 될 수 있을 것이다. 서유럽과 북미는 과거와 달리 선교지가 되었기 때문에, 서구 교회는 이제 어디에서 선교적 노력을 집중해야 하는지에 대한 딜레마에 직면하게 되었다.

서구의 교회들은 계속해서 다른 나라로 선교사를 파송하는 일에 집중적인 노력을 기울여야 하는가?

아니면 자신의 본국에서 잃어버린 영혼에게 복음을 전하는 일로 전향해야 하는가?

여기서 우리는 경제적인 것과 필요를 채워 주는 일에 대한 우선순위가 선교적 과제와 교차될 수 있는가 하는 질문을 던질 수 있다. 그런 질문을 던지는 사람은 해외 선교 사업을 약화하지 않으면서도, 자국에서의 선교에 더 중점을 두는 것을 선호할 것이다. 이런 선교 전환의 좋은 예가 바로 독일의 경우다. 구동독의 주들은 70퍼센트 이상이 비기독교인 인구로 구

---

[2] 통계는 LWF 웹사이트 www.lutheranworkl.org에서 2006년 2월 14일에 발표되었다.
[3] Jenkins, *Next Christendom*, 89-90.

성되어 있었다. 그래서 1991년 독일 통일 이후, 교회와 그들의 선교 단체는 해외에 있는 선교사들을 본국으로 소환하여 비기독교인이 많이 거주하는 도시에서 사역할 것을 요청했다.

미국 전역에서도 교외로의 확산이 지속하는 지역과 비기독교인 외국인이 정착하는 곳에 교회를 세우기 위해서 이와 비슷한 선교적 노력을 기울이고 있다. 도널드 무어만(Donald Moorman)이 지적한 대로 수확의 때를 기다리고 있다.

> 이제 많은 새로운 낯선 사람이 우리의 문 앞에 나타났다. 우리는 그들을 데려와 목양하고 하나님의 가족으로 그리고 거대한 미국의 모자이크로 환영할 기회를 얻게 되었다.[4]

실제로, 대부분의 회중은 자신들의 특정한 상황에서 선교적 도전에 주목하기 시작했다.

2. 미완성된 해외 선교 과업

본국에서의 선교 요청과 그것을 주로 지역 교회에 배치하려는 요구는 해외 선교를 위한 전반적 필요성과 후원을 감소시키지 않는다. 이것은 바렛(David Barrett)과 존슨(Todd Johnson)이 『세계 기독교 동향: 연례 기독교 인구조사 해석』(*World Christian Trends AD 30-AD 2200: Interpreting the Annual Christian Megacensus*)에서 제공한 통계 개요를 통해 분명하게 보여 준다.[5]

이 연구에서 그들은 앞으로 50년 동안 기독교가 어떻게 변화될 것인지 설명하고 있다. 실질적으로 세계에서 아직 복음화되지 않은 사람들의 숫

---

4 Moorman, *Harvest Waiting*, 55.
5 Barrett and Johnson, *World Christian Trends,* xiii and 4.

자가 1976년부터 2000년까지 크게 변하지 않았다. 그리고 향후 50년 동안 기독교 인구는 전 세계 인구의 33-34퍼센트를 꾸준히 유지할 것으로 전망되고 있다. 바렛의 예측이 맞는다면, 기독교는 분명히 기존보다 더 큰 영향력을 미치지 못할 것이다. 그러나 동시에 기독교인들은 현 상태를 그대로 받아들일 수 없을 것이다. 그들은 선교 과업을 강화해야만 한다.[6]

선교의 광범위성을 부각시키기 위해 문헌들은 종종 10/40창을 언급한다. 이 창은 세계 최대 인구뿐만 아니라 이슬람, 힌두교 및 불교와 같은 주요 세계 종교를 포함하는 적도 북위 10도에서 40도 사이의 지역을 나타낸다. 특히, 선교학자들은 이 지역에 수많은 미전도 종족 그룹이 있다는 사실을 확인했다.

실질적으로 세계 인구의 57퍼센트(약 30억 명)는 그리스도를 전혀 모르고 있다. 이 비율 중 약 16억 명의 사람들은 모국어로 된 성경과 기독교 신앙을 갖지 못한 채 고립된 삶을 지속하고 있다.[7] 바렛과 존슨의 통계가 사실이라면, 우리는 20세기의 기독교 인구가 왜 34퍼센트를 초과하지 못하는지와 세계 인구의 일부가 왜 기독교의 존재가 전혀 없이 살아가고 있는지의 이유를 조사해 볼 필요가 있다.

첫째, 바렛에 따르면 교회는 기독교 인구가 전혀 없는 지역에 선교사를 배치하는 경우가 거의 없다. 바렛은 "10명의 선교사 가운데 9명은 이미 복음에 접촉한 사람에게로 또한 어떤 경우에는 이미 상당수의 기독교인이 있는 지역으로 파송된다"는 사실을 발견했다. 그 결과, 기독교 선교의 95퍼센트 이상은 이미 현지인 기독교인들이 스스로 선교 사역을 수행할 수 있는 지역에서 집중적으로 일어나고 있다.

그렇다면 해결책은 무엇인가?

바렛은 자신이 'World C'라고 분류한 지역에 사는 비그리스도인들과 복음화되지 않은 사람들에게 교회와 선교 단체가 선교사를 비례적으로 배치

---

[6] 50년 전, 전 세계 기독교 상태에 대한 설명은 Bing.e의 "World Mission of the Church," 144쪽을 참조할 것.

[7] Barrett and Johnson, *World Christian Trends*, 5.

해야만 한다고 주장한다. 그러면 다른 지역의 선교사 숫자는 줄어들더라도 World C에 있는 선교사의 수는 증가할 것이다. 그러나 바렛이 제시한 바와 같이 교회가 선교 전략을 바꾸더라도, '인간 관리 문제'와 '기독교에 대한 전 세계적 저항'이라는 두 가지 요인은 세계 기독교 인구를 34퍼센트 이상으로 성장시키는 데 방해 요소가 될 것이며, 미전도 지역에 선교사를 배치하는 일을 어렵게 만들 것이다.

둘째, 기독교 성장을 억제하고 그곳에 자원을 투자하게 만드는 요소는 기독교인과 비기독교인 모두에게 공통적인 이 세상에서의 사회적 문제다. 그 결과 중앙 및 남부 아프리카와 같이 이미 기독교화된 지역에서 활동하는 선교사들은 영적으로 잃어버린 영혼뿐만 아니라 육체적 치료가 필요한 사람들에게 계속 도달할 것이다.

20세기와 마찬가지로, 21세기를 살아가는 기독교인과 비기독교인들은 엄청난 사회적 문제를 안고 있다. 전쟁, AIDS, 환경 재난, 물 부족, 아동 노동, 도시 문제 및 기타 재난은 계속해서 세계 인구를 괴롭히고 있다.

셋째, 기독교가 세계 인구의 34퍼센트 수준을 넘어 성장하지 못하고 있는 이유는 기독교에 대한 비기독교인들의 반대 때문이다. 『선교학 사전』(*The Evangelical Dictionary of World Missions*)은 다양한 형태의 저항을 뚜렷하게 묘사해 주고 있다.

> 현재 추정치는 공산주의 세계 세력이 멸망되기 전인 최고 330,000에서 감소하여, 매년 약 15만 명의 기독교인들이 순교하고 있는 것으로 보고된다. 일부는 인권 침해와 호전성을 가진 종교들의 성장 추세를 감안하여, 2025년까지 그 수가 6십만 명으로 증가할 것이라고 예상한다.
> 현대에 순교를 당하는 사람들로는 반기독교 의제를 가진 정치 정권(예: 중국과 구소련과 같은 공식 무신론 세력), 종교적 제한을 집행하는 사회정치 체제(예: 이집트, 수단), 소수 민족을 제거하려는 민족적 부족 정권(예: 수단, 르완다 및 부룬디)

그리고 종교적 국가(예: 샤리아가 공식 법률 시스템인 이슬람 국가)를 포함한다.[8]

3. 선교와 낙관주의

우리가 기독교 선교를 억제하는 이 세 가지 요소를 살펴보면, 전 세계 복음화를 계속해서 기대하고 있는 사람들의 확장적 낙관론을 공유하는 것이 어려워진다. 기독교는 이와 관련하여 반복적으로 낙관적 입장을 표명했다.

1910년 에든버러에서 열린 제1차 세계선교대회(WMC)는 당시 고위 성직자와 대표들은, 다른 많은 회의와 부흥회가 지난 수십 년 동안 했던 것처럼, "이 세대 안에 세계 복음화"라는 비전적 슬로건을 만들었다.

많은 복음주의 단체는 비현실적 낙관주의 용어로 선교를 생각했다. 선교는 방해받지 않고 급속하게 기독교를 확장하며 세상을 변화시키는 열정과 믿음을 가진 "번득이는 선교 낙관론"을 나타내는 슬로건이 되었다.[9] 그 낙관론 중 일부는 제1차 세계대전 이전의 낭만주의 시대에 가지고 있던 진보주의의 결과였을 수도 있다.

오늘날 이런 낙관론이 다시 나타났다. 1980년대 후반에는 많은 교파와 단체가 다가올 10년(1990년대) 동안의 세계 복음화를 위해 준비했는데, 그들은 이것을 '복음화를 위한 10년'이라고 선언했다. 개신교, 복음주의, 에큐메니컬, 로마가톨릭, 오순절 등 모든 종류의 교파와 단체는 전면적 계획

---

8   예를 들어, 스리랑카는 불교도의 세례를 금지했다. 세례를 집례하는 그리스도인 목사는 정부와 이웃 불교 공동체의 보복 대상이 된다. Moreau, *Evangelical Dictionary of World Missions*, 602.

9   스티븐 닐(Stephen Neill)은 세계 복음화에 대한 이런 희망은 공허한 꿈이 아니라 현실적 계획에 의존한다고 주장했다. 세계 복음화에 대한 생각은 강력한 군대 즉, 45,000명의 선교사, 그리고 그 숫자의 10배에 달하는 국내 사역자들은 물론, 기독교 교회와 그 국가의 사역자들이 몇 년 안에 기하급수적으로 증가 될 수 있는 잠재력에 기반을 두었다. Bosch, *Transforming Mission*, 336-37. Neill, *History of Christian Missions*, 333-34. Sweeney, *American Evangelical Story*, 92-103쪽 참조.

을 발표했으며, 그 십 년 동안 지상에서 그리스도의 사명을 완수하겠다는 엄숙한 서약을 했다.

그러나 바렛이 지적했듯이 그런 캠페인의 결과는 실망스러웠다. 상상했던 10년 동안의 끊임없는 기독교 확장은 실현되지 않았다. 그 기간 동안 선교를 위한 총지출비용이 700억 달러 이상으로 증가했음에도 불구하고 기독교는 실질적 진전을 이루지 못했다.[10] 기독교는 선교 사업의 목표와 장애가 되는 요소의 측면에서 현실적이어야 한다. 여기서 우리는 하나님의 목적과 의도에 비추어 우리의 이해와 지혜를 제한하는 것이 좋다.

> 너는 마음을 다하여 여호와를 신뢰하고 네 명철을 의지하지 말라 너는 범사에 그를 인정하라 그리하면 네 길을 지도하시리라(잠 3:5-6).

극명한 반대 세력, 재정적 제약, 선교의 본질에 대한 신학적 혼란 등 선교에 대한 모든 장애물은 우리 노력에 대한 자신감을 앗아간다. 비록 오늘날 선교사들이 수십 년 전 외국 선교사들을 괴롭혔던 많은 위험을 진단함으로써 개선된 기술과 의학에 접근할 수 있었지만, 다른 요인들이 여전히 선교에 도전하고 있다.

부유한 서구와 가난한 나라 간의 경제적 격차는 선교사와 그들이 인식하는 정체성과 목적에 장애물을 생성시켰다. 또한, 새로운 질병과 범죄의 급증은 오늘날의 선교를 불안정하고 어려운 과업으로 만들었다. 기독교 인구 증가와 감소 그리고 분포에 대해 살펴볼 때 한가지 언급해야 할 것이 있다. 그것은 특정한 비기독교 국가로 선교사 인력을 재배치하라는 바렛의 조언을 따르는 것이 불가능하다는 것이다.

자세하게 살펴보면 선교사를 받지 않은 나라는 없다. 소위 기독교 인구 집중도가 높은 국가와 같은 "플럼 타깃"(좋은 성과를 낼 수 있는 대상물)은 결국 결실이라 할 수 없다. 사실 서구에서의 기독교 세계 이후(post-Christendom)의

---

[10] Barrett and Johnson, *World Christian Trends*, xiii-xiv.

상황은 어떤 선교적 노력에도 불구하고 사태를 극히 어렵게 만든다. 교회와 교단은 이전에 복음이 전파되었던 서방 국가보다 소위 미전도 지역에 더 끌릴 수 있다.

그러나 세계 기독교 인구의 구성은 고정되어 있지 않고 매우 변동적이다. 뇌운이 특정 지역에 비를 뿌린 후 이동하는 것처럼 한 지역에서 다른 지역으로 이동하거나 감소할 수 있다. 기독교 선교는 항상 움직이고 있다. 루터는 이미 이 사실을 알고 있었다. 그는 우리를 조심스럽게 낙관적이 되도록 초대한다는 점에서 '복음의 과정'을 설명했다.

> 복음의 이동은 이제 우리 가운데 있지만, 거룩한 말씀에 대한 우리의 경시와 배은망덕, 옹졸함 그리고 타락은 그것을 오래 유지하지 못하도록 만든다. 그 후에는 큰 소란이 뒤따를 것이며, 나중에 큰 전쟁이 올 것이다. 아프리카에서는 복음이 매우 강력하게 존재했지만, 거짓말쟁이들이 그것을 훼손시켰으며, 그 후 반달족이 들어오고 전쟁이 일어났다.
>
> 이집트에서도 동일한 일이 일어났다. 먼저 거짓말을 했고, 다음에 살인을 했다. 독일 땅에서도 똑같은 방식으로 진행될 것이다. 먼저 경건한 설교자들을 빼앗아 가고, 거짓 선지자들과 열광주의자들 그리고 선동자들이 내 자리와 다른 설교자들의 자리에 들어서서 교회를 나누고 찢어 버릴 것이다.[11]

4. 선교사 과업의 전환

전 세계 인구 변화와 관련된 문제와 그런 변화가 기독교에 미치는 영향은 선교를 이행하기 위한 쟁점을 포괄하고 있기 때문에 선교 과업 자체에 대한 중요한 토론을 일으킨다. 이 토론에 대해 간단히 설명해 보겠다. 위의 내용에서 나는 선교가 국내든 해외든 그것이 존재하는 곳 어디서나 교

---

11 Sermon on Matthew 24:8ff. (1539) in Stolle, *Church Comes from All Nations*, 82.

회 생활에 없어서는 안 될 과업으로 남아 있음을 살펴보았다. 성경은 세상 끝날까지 교회에 맡겨주신 '죄에서 벗어나게 하는 사명'에 대해 말한다.

> 이 천국 복음이 모든 민족에게 증언되기 위하여 온 세상에 전파되리니 그제야 끝이 오리라(마 24:14).

주님은 당신의 제자들과 교회에 "모든 민족"을 향한 선포와 세례에 대한 명령을 주셨다(마 28:18-20 참조). 오늘날 우리가 물어야 할 질문은 선교를 수행해야 하는지에 대한 여부가 아니라, 그것이 '어떻게' 그리고 '누구에 의해' 수행되어야 하는가다. 선교의 이행과 전략적 실행은 참으로 흥미로운 토론 주제인데, 다음 장들에서 그 주제를 다루도록 하겠다. 이상적으로 말하면, 우리는 이런 기대를 할 것이다.

> 모든 기독교인은 그리스도를 통해 하나님과 화해한다는 복된 소식을 들은 후에 선교에 참여한다. 그들은 하나님에게서 멀어진 사람들을 본 후 복음을 이기적으로 보호하거나 가만히 붙잡고 있지 않고, 그들과 그 놀라운 소식을 나누기 원한다. 선교는 교회 건강의 척도다. 레슬리 뉴비긴(Lesslie Newbigin)에 따르면, 선교는 "모든 사람과 그것을 공유할 준비가 되어 있는지"에 관해 묻는 것으로 우리의 믿음을 측정한다.[12]

선교 사역을 실행으로 옮기는 것은 이상적 제안이기보다는 더욱 '조직적'이고 '일시적'인 것이다. 선교의 초점과 전략이 과거보다 더 구체화되었기 때문에 이것은 더욱 조직적이다. 또한, 선교사는 이전보다 훨씬 더 의도적으로 현지인 지도자에게 사역을 이양할 것을 요청받기 때문에 더 일시적이다.

사실, 200년 전 윌리엄 캐리(William Carey, 1761-1834)가 『이교도들의 개종을 위한 수단들을 사용하는 데 대한 기독교인들의 의무에 관한 연구』

---

12 Newbigin, "Logic of Mission," 24.

(*Enquiry into the Obligations of Christians, to Use Means for the Conversion of the Heathens*)[13]에서 사도적 사명에 대한 새로운 헌신을 외침으로써 시작된 개신교 선교는 지금도 별반 다를 것이 없다. 과거와 마찬가지로, 오늘날의 선교사들도 부름을 받고 훈련을 받고 특정 지역으로 파송된다. 그러나 그들의 직무 내용과 범위는 18세기부터 20세기 전반에 걸쳐 사용된 전통적인 개척자 선교 모델과는 거의 공통점이 없다.

이전의 선교사들은 외딴 지역으로 가서 복음을 전하고 세례를 베풀며 교회가 없는 곳에 교회를 세우는 일을 했다. 하지만 오늘날의 선교사들은 그 사역 대부분이 현지인 지도자를 가르치고 훈련 시키는 데 집중하기 때문에, 그런 일에는 간접적으로만 관여한다. 오늘날의 선교사들은 현지인 지도자가 교회 개척 과업을 수행할 수 있도록 도와주는 교사나 촉진자의 역할이 더 크다.

선교부 대표자들은 전략 변화의 필요성에 대해 신중하게 성경을 검토해야 한다. 과거에 선교사들이 했던 "전통적인" 방법은 그리 구식이 아닐 수도 있다. 마치 대위임령에 대한 본문이 교회에 항상 남아 있어야 할 '수단'에 대해 지시하고 있는 것처럼 보인다. 그것은 파송 받은 사람에게 세례와 가르침을 통해 제자 삼도록 권한을 부여하고(마 28), 설교와 사죄를 통해 죄의 용서를 전할 것을 권장하는 것이다(요 20).

그렇다면 최근 몇 년 동안 이런 선교 전략과 역할의 변화를 설명하는 것은 무엇인가?

과거 선교 관행들의 실패를 바로 잡으려는 오늘날의 시도에 관한 논리적 설명이 있다. 언급한 바와 같이 전통적으로 선교사들은 말씀을 선포하고 세례를 주고 교회를 세웠다.

이런 자격으로 선교사들은 일반적으로 현지인 신생 교회에서 지도자 직책을 맡았지만 불행히도 대부분 너무 오랫동안 그렇게 함으로써 토착 교회와 토착 지도력을 세우는 과정을 억제하게 되었다. 1990년대의 선교사

---

[13] 출판 정보는 참고 문헌을 참조할 것!

들은 톰 스테픈(Tom Steffen)의 『타 문화권 교회 개척: 단계적 철수와 재생산이 가능한 교회 개척』(Passing the Baton: Church Planting That Empowers)[14]을 기억할 것이다.

이 책에서 저자는 선교사가 처음 사역을 시작할 때부터 자신의 지위에서 벗어나야 한다는 중요한 점을 지적하고 있다. 선교사 지배의 부정적인 현상을 묘사하기 위해 선택된 단어는 "친권주의"(paternalism)다. 3세기 전 개신교 선교가 시작된 이래로, 친권주의적 태도는 신생 교회와 외국 선교사 사이의 관계를 긴장시켜 왔다.

극단적 경우에 일본에서와 같은 일부 교회는 외국 선교사의 존재를 거부하는 선교사에 대한 유예(moratorium)를 선언하기도 했다. 기독교인들은 새롭고 더 나은 감각을 통해 자신의 방식으로 선교하기 위해 외국의 개입과는 별개로 자신의 국가 상황을 평가하고자 했다.[15]

새로운 패러다임으로의 전환을 설명하는 또 다른 요소는 선교가 모든 기독교인에게 포괄적인 일이 되었다는 것이다. 과거에 기독교인들은 주로 십일조와 기부를 통해 해외 선교를 지원함으로써 선교 의무를 완수했다. 루터교 미주리총회가 설립된 1847년 이후 몇 년간 교회는 라이프치히(Leipzig), 헤르만스부르크(Hermannsburg), 또는 노이엔데텔스아우(Neuendettelsau)와 같은 대서양 전역의 독일 선교 단체를 지원했다.

그들은 인도와 같이 먼 나라에 있는 선교사들의 삶과 사역에 관한 설교와 발표를 교인들이 들을 수 있도록 연례 선교 축제를 기획했고, 교인들은 이런 선교회에 자금을 제공함으로써 선교사들에 대한 자신의 지지를 확인할 수 있었다. 기독교인들은 선교를 이해할 때, 자신이 직접 선교사 업무에 참여함이 없이, 국외에서의 직무를 위해 특별히 훈련된 전문가를 고용하는 해외 사업으로서 인식했다. 데이비드 J. 보쉬(David Bosch)는 대위임령에 관한 일반적인 인식을 이렇게 설명했다.

---

14 출판 정보는 참고 문헌을 참조할 것!
15 많은 국가에서, 정부들은 선교사를 추방하기 위해 강력한 조치를 취했다. Neill, *History of Christian Missions*, 422-33쪽 참조.

결국, 대위임령(마 28:19)은 다음과 같이 명시적으로 말한다. "그러므로 너희는 가서…" 이 명령은, 어떤 '특정한 임무'가 아닌, '지역의 기준'을 통해 누군가가 선교사인지 아닌지를 결정하도록 했다. 만약 누군가가 '한 지역'에서 교회의 위임을 받아 '다른 지역'으로 가서 사역하게 된다면, 그는 선교사가 되는 것이다. 이 두 장소 사이의 거리가 멀면 멀수록 그는 선교사라는 것이 분명해진다.[16]

이런 그림은 크게 바뀌었다. "동참은 헌신으로 이끈다"라는 문구는 이런 전반적인 변화를 포착한다. 많은 기독교인은 교회 선교의 주주(shareholder)가 되기 원하며 그곳에서 개인적 장소를 찾지 못하면 교회를 비판한다. 사도행전 13장 1-3절의 내용을 보면 선교를 위해 바나바와 바울을 세울 때 회중 개개인은 금식과 기도 외에 실제로 어떤 역할을 했었는지 궁금하다.

오늘날 그 답변은 간단하다. 특별히 훈련받은 개인 선교사의 파송이 여전히 진행되고 있으며, 또 많은 자원 봉사자가 국내외에서 사역에 참여하고 있다. 세계는 기술뿐만 아니라 여행을 통한 접근성 측면에서도 지구촌이 되었다. 기독교인은 쉽게 선교 후원을 할 수 있으며, 부유한 회중은 자신의 교우들에게 해외 선교와 봉사의 기회를 제공하기 위해 나서고 있다.

따라서 선교의 "보냄"이라는 특성은 모든 기독교인 회중과 그 회원들이, 단지 소수의 개인으로서가 아니라, 조직화된 선교에서의 대리자 역할을 하는 보다 포괄적 모델로 자리 잡았다.

그러나 한 가지 염려는 국내 선교에 대한 집중과 포괄적 접근이 결국 해외에 배치된 장기 경력 선교사들의 수를 고갈시키지는 않을까 하는 것이다. 한 세기 전과는 달리 교회는 전 세계 거의 모든 지역에 존재하며 대부분의 지역에서 선교 임무를 자체적으로 수행할 수 있다. 따라서 우리는 이런 도발적 질문을 하게 된다.

---

16 Bosch, *Witness to the World,* 46. Gensichen, *Living Mission,* 38쪽 참조.

선교사를 통한 해외 선교를 근본적으로 중단하고, 토착 교회들이 자신의 이웃에게 직접 다가가도록 집중하는 것은 어떤가?

　그 답변은 간단하다. 우리는 그 과업의 거대함 때문에 해외 선교를 포기할 수 없다. 또한, 파트너 교회는 종종 자원이 매우 제한되어 있다. 그들은 더 크고 부유한 교회 기관의 재정적 지원과 인력 지원이 필요하다. 소위 말하는 '미전도 지역'이라는 요소를 고려할 때, 훈련된 개인을 장기간에 걸쳐 전략적으로 배치하는 해외 선교 사역을 지속해야 하는 것은 명백한 일이다.

　최근 서구의 교회 단체들은 비용을 절약하기 위해 새로운 방식으로 외국 선교사를 모집하고 있다. 예를 들어, 루터교회 미주리총회는 브라질에 있는 파트너 교회 선교사를 앙골라의 포르투갈어 사용 지역에 배치하거나, 칠레에서 사역하는 아르헨티나 출신 선교사를 재정 지원할 수 있다.

　이 새로운 삼각 배열은 부분적으로 많은 국가가 반미 감정을 품고 있어서 발생한 슬픈 현실의 결과로, 그것은 미국 선교사를 파송하는 일이 위험한 사업임을 보여 준다. 해외에서 사역하고자 하는 미국인 선교사의 순교 가능성을 고려한다면, 삼각 전략은 더 나은 옵션으로 보이고 이는 인적 비용 절감을 가져다 주기도 한다.

5. 선교란 무엇인가?

　이 장은 '죄인 또는 의인'이라는 이분법으로 어려움을 겪고 있는 그리스도인들이 선교 사역에 참여할 때 발생하는 복잡한 상황에 대한 다양한 측면을 다루었다. 그들은 이것을 단지 자신의 의지로만 할 수 없다. 그들은 이 과업에다 정체성, 경륜, 동기 부여, 문화, 구원의 요건 혹은 결핍과 같은 잘못된 개념들을 붙이지 말아야 한다. 그러나 이런 문제를 살펴본 후에는 다음과 같은 질문이 생긴다.

　우리는 무엇을 선교의 주요 관심사로 식별해야 하며, 누가 선교사의 자격을 갖출 수 있는가?

이 질문은 여전히 답을 찾지 못한 현대의 관심사를 다루고 있다. 따라서 교회는 "모든 일이 진행되는" 입장에 서 있으며, 선교적으로 말하면 아마도 그렇게 해야 할 것이다.

선교학자 앤드류 커크(Andrew Kirk)는 그의 책 『선교란 무엇인가?: 신학적 탐구』(*What Is Mission?: Theological Explorations*, CLC 刊)[17]에서 선교의 본질을 밝히려고 시도했다. 그러나 개신교 안에서는 선교에 대한 기본 신학적 원리와 정의에 대한 공통된 합의를 찾기 어려울 것이다. 어떤 사람은 선교를 고전적인 구원론, 즉 전통적인 신앙과 회심으로의 부르심과 연관 지을 것이며, 다른 사람은 인도주의적 봉사로서 선교를 이해할 것이다.[18]

그러나 서구의 기독교 인구가 줄어들면서 마치 교회 지도자들이 선교의 핵심 활동으로 다시 돌아오는 것처럼 보인다. 나는 몇 년 전 선교학자

---

17 출판 정보는 참고 문헌을 참조할 것!
18 인도주의적 봉사와 선교를 동일시하는 것은 종종 복음주의 활동보다 다른 종교의 신념 체계를 존중하는 일을 우선시하도록 만드는 경우가 있다. 일치(Ecumenical)운동 또는 공의회(Conciliar)운동은 그런 입장을 지지하는 것으로 알려져 있다. 그것은 WCC의 세계 선교와 전도위원회(CWME)에 의해 주도되었다.
다음과 같은 에큐메니컬 공의회 문서를 참조하면, "Your Kingdom Come" (Melbourne, 1980), "Stuttgart Consultation"(Stuttgart, 1987), "Mission in Christ's Way: Your Will Be Done" (San Antonio, 1989), "Come, Holy Spirit" (Canberra, 1991), 여기에서 복음의 본질, 평화, 다원주의적 상황에서 다른 신앙의 사람들과 믿음을 나누는 것, 그리스도의 대속, 죄의 본질 및 교회의 연합과 같은 기본 교리가 변형되어 있거나 빠져 있음을 발견하게 된다.
더 자세한 내용은 Scherer and Bevans의 책 *New Directions in Mission and Evangelization*, 1:27-35, 65-72, 73-81, 84-88쪽을 참조할 수 있다. 따라서 1960년대 중반 이후 에큐메니컬운동 진영에서는 칼 하르텐슈타인(Karl Hartenstein, 1894-1952), 게오르그 비체돔(Georg Vicedom, 1903-74) 또는 발터 프라이타크(Walter Freytag, 1899-1959)의 신학적 유산이 점차 줄어들었다. 이들은 평생 동안 당시 많은 루터교회와도 공유한 복음주의와 일치운동적 관심을 이끌고 연합시키려 했다.
이와 관련해서는 Yates, *Christian Mission in the Twentieth Century*, 199, and Van Engen, *Mission on the Way*, 150-53쪽을 참조할 것. 1960년대에 변화가 분명해지자, 몇 명의 학자들이 우려를 표명했다. 그 중 한 명은 튀빙겐의 루터교 복음주의 선교학자였던 피터 바이어하우스(Peter Beyerhaus)다. 그는 웁살라에서 열린 1968년 WCC 총회와 방콕에서 열린 1973년 세계선교대회(WMC)에서의 사건들은 기독교의 기초를 분명히 흔들었던 사건이라고 진단했다. 이와 관련해서는 Beyerhaus, *Shaken Foundations and Missions—Which Way?*를 참조할 것.

발터 프라이타크가 내린 선교의 핵심 관심사에 대한 조작적 정의를 제안한다.

> 성경적 의미에서 개종과 세례를 목표로 하지 않는 것은 선교라고 할 수 없다.[19]

나는 이 진술이 '다른 활동들을 교회 선교의 일부분으로 받아들이는 것에 대해 반대한다'라는 의미로서가 아니라, 교회가 하나님 선교의 도구로 사용될 때 무엇을 놓치지 말아야 할지에 대해 원칙을 제공하고, 그것을 우리에게 지속적으로 상기시켜 주는 역할에 있어서 유용하다고 본다.

교회는 자신의 제자들 앞에 서 계시며 용서를 통해 여전히 세상을 구원하시는 십자가에 못 박히신 주님에 대한 초점을 잃지 말아야 한다. 이런 방법으로 주님은 당신의 백성을 창조하셨고 자신의 선교, 즉 십자가로부터 시작된 선교를 위해 봉사하도록 그 백성들을 인도하신다.

---

19 Freytag, *Reden und Aufsätze*, 2:85.

제2장
선교의 동의어와 개념들

1. Mission 혹은 Missions?

이전 장에서 나는 선교의 현재 상태와 그 도전적 과제들 특히 선교적 과업을 정의하기 위한 기독교의 지속적인 탐색에 대해 논의했다. 약간의 지침을 제공하기 위해 나는 십자가에 못 박히신 그리스도의 복음은 모든 사람에게 회개와 세례를 요구한다고 지적했다. 이 세상에서 그 임무를 수행하기 위해, 교회는 다양한 방법으로 모든 그리스도인을 봉사에 참여시키고 있다.

어떤 사람은 그의 특정한 세속적 부르심 가운데 증인으로 살아갈 것이며, 다른 사람은 목회자와 직업 선교사가 되어 이 사명을 감당하기도 한다. 이런 모든 방법을 통해, 복음은 제일 먼저 사도들에게 선포되었으며, 사람들에게 계속 전해져서 그들과 대면하고, 그들을 그리스도께로 부른다.

우리가 지금 물어야 할 질문은 그리스도를 믿는 신앙으로 사람들을 부르는 활동을 어떻게 명명해야 하는가다. 아래에 설명하겠지만 우리는 '임무'(mission)라는 단어에 익숙하다. 그러나 '복음을 다른 사람에게 전하는 임무'를 설명하기 위해 다른 용어들도 사용되고 있다는 사실을 독자들은 알아야 한다.

어떤 저자는 하나님의 왕국을 확장하는 것에 관해 이야기한다. 다른 저자는 우리가 제자 삼는 일을 해야 한다고 제안한다. 또 다른 저자는 교회를 개척하고 성장시켜야 할 필요성을 우리에게 각인시킨다. 나는 이 장에서 이 용어 중 일부를 설명하고, 이것들이 성경을 통해 올바르게 이해된 것이라면, 이 모든 용어가 선교 과업에 대한 중요한 통찰력을 제공할 것이라고 주장할 것이다.

토론을 시작하기 위해, 나는 문헌에서 단수로 'mission'이라는 용어를 사용하는 것과 복수로 'missions'라는 용어를 사용하는 경우를 독자들이 종종 보았을 것이라는 사실을 언급하고자 한다. 선교학자들은, 비록 일관성을 가지고 있지는 않지만, 이 두 가지 용어를 특정한 경우에 각기 사용하고 있다.

'Mission'은 하나님의 활동 특히 죄 많은 인류를 자신과 화목하게 하시는 일을 설명하기 위해 사용하는 반면, 'missions'는 '하나님의 선교'를 성취하기 위한 다양한 교파 또는 회중의 활동을 의미한다. 독자들은 라틴어 '미시오 데이'(missio Dei)가 오늘날 '하나님의 선교'를 의미하는 관례적 용어로 사용되고 있음을 명확히 알아야 한다.

우리는 단수 'mission'과 복수 'missions'를 구별해야 한다. 단수 'mission'은 주로 '미시오 데이'(하나님의 선교), 즉 세상을 사랑하시는 하나님의 자기 계시, 하나님의 세상과의 관계, 교회와 세상을 모두 포용하시는 하나님의 본질과 활동을 나타내며, 그 속에서 교회는 '하나님의 선교'에 참여할 수 있는 특권을 누리게 된다.

'미시오 데이'는 하나님이 '사람을 위한 하나님'이시라는 복된 소식을 선언한다. 반면, 복수 'missions'(the missiones ecclesiae, 교회의 선교사업)는 '미시오 데이'에 참여하는 특정 시간, 장소 또는 필요와 관련된 특정 형태를 말한다.[1] 한스 베르너 겐지헨(Hans-Werner Gensichen)이 'mission'의 사용은 '신적인 차원'의 개념을 가지고 있으며, 'missions'는 인간적 요소 혹은 '선포적(케리그마적) 의도'를 갖는다는 점을 지적한 것은 우리에게 도움이 된다.

그러나 그는 두 개념이 서로 분리되어 존재하지 않는다는 사실을 지적했다.[2] '하나님의 선교'인 '미시오 데이'는 결코 교회의 활동과 분리되지

---

1 Bosch, *Transforming Mission*, 10. Van Rheenen, *Missions*, 20; and Newbigin, "Logic of Mission," 121쪽 참조.
2 Gensichen, *Living Mission*, 36. Muck, "Missiological Perspective." 419-20.

않는다. 하나님은 자발적으로 당신 자신을 말씀 속에 가둬 놓으시고 교회가 세상에서 그것을 전파할 때 이를 통해 역사 하신다. '하나님의 선교'는 교회의 선교를 끌어내며 그 속에 머물러 계신다. 이런 이유로, 그리고 이를 일관성 있게 구별하여 사용하기 어려우므로, 우리는 단수 형태의 'mission'만 사용하도록 제한할 것이다.

학자들은 'mission'을 대체할 다른 많은 용어와 개념을 제안했다. 놀랍게도, 아무도 그것을 대체시키지는 못했다. 수 세기 동안 'mission'은 교회의 삶과 언어에 그 자체를 새겨넣었다. 로마가톨릭과 개신교 모두 16세기부터 그 용어를 사용했다. 이 역사적 주장에 덧붙여, 나는 신약에서 그리스어 아포스텔로(αποστελλω)가 'mission'이라는 영어 단어로 번역되어 사용되고 있음을 지적하고자 한다(요 17:18; 20:21).

십자가에 못 박히시고 부활하신 주님은 제자들을 파송하셨고, 제자들이 죽은 후에도 교회는 그리스도인들을 세상 곳곳에 보냄으로써 주님의 부르심을 이어갔다. 이런 식으로 교회는 자신이 감당하는 사명 때문에 스스로를 '사도적'이라고 부를 수 있었다. 이제 우리는 선교와 관련된 몇몇 진술을 통해, 이 활동과 관련하여 성경에 나와 있는 몇 가지 차이를 알아보고자 한다.

2. 선포 또는 증거로서의 선교

선교에 관한 주요 성경적, 신학적 개념은 '신앙의 선포와 증거'다. 사실, '복음 전파'는 선교의 중심 활동이다.[3] 특히, 대위임령 본문은 교회가 모든 민족에게 복음을 선포하도록 분명히 의무화하고 있다(마 28:18-20; 막 13:10; 16:15-16; 눅 24:46-48). 그런 선포나 설교 활동 안에는 복음을 전하는 광범

---

[3] Chessman, *Mission Today*, 127; Jongeneel, *Philosophy, Science, and Theology of Mission*, 2:274 참조.

위한 요소, 즉 개인 증거, 신자의 생활 양식과 같은 비언어적 형태, 상징의 사용 등도 포함되어야 한다. 복음을 선포하는 행위에 대한 우리의 집중적 노력은 바울의 케리그마적(사도적 선포) 활동과 관련하여 신뢰를 주지만(롬 16:25; 고전 1:21; 딤후 4:17), '선교'라는 단어를 광범위하게 사용하게 되면 그리스도인과 그들의 비그리스도인 가족, 친구 및 이웃 사이에 일어나는 비공식적 선포도 포함될 수 있다.[4]

로마가톨릭교회는 '선전'(propaganda)이라는 용어를 채택하여 선포하겠다는 약속을 강조했다. 1622년 교황 그레고리 15세는 '신앙 전파를 위한 신성한 총회'(라틴어: Sacra Congregatio de Propaganda Fide, 포교성성)를 설립했다. 1982년에 교황 요한 바오로 2세는 '선전'을 '복음화'로 바꾸기로 하고 기관의 이름을 '인류 복음화를 위한 신성한 총회'(라틴어: Sacra Congregatio pro Gentium Evangelisatione, 인류복음화성성)로 변경했다.

이 이름 변경은 로마가톨릭교회가 특히 제2차 세계대전의 나치 정권 이후로 '선전'이라는 용어가 사회에서 부정적으로 인식되고 있음을 감지하고 있다는 사실을 보여 준다.[5] 개신교 선교도 마찬가지로 복음 전파가 식민지주의와 제국주의 이익과 어떻게 어우러져 있는지를 부정적으로 나타내 주는 '선전'이라는 용어사용을 피하고 있다.

마틴 켈러(Martin Kahler)는 선교 노력이 '선전'이라는 용어를 사용하여 복음의 설교를 순수하지 못하거나 감추어진 동기와 연결했다고 주장했다. 선교사는 자신의 복사판을 만들고 다른 사람에게 자신의 도덕적, 문화적 시스템을 강요하게 될 때 선전자가 된다. 그러므로 현대 선교학자들은 '선전'이라는 단어보다 '선교'(mission)라는 단어 사용을 선호한다. 내가 의미하는 '선전'이란 다른 사람들에게 복음이 아닌 인종적, 문화적 우월성을 증진하려는 관심을 말한다.[6]

켈러와 마찬가지로 다른 사람들도 '성경적 진리에 대한 특정한 방식의

4　Senior and Stuhlmueller, *Biblical Foundations for Mission*, 333. 참조.
5　Oehler, *Geschichte der Deutschen Evangelischen Mission*, 1:80.
6　Káhler, *Schriften zur Christologie und Mission*; Bosch, *Witness to the World*, 138-39.

해석'을 통해 자신들의 신앙고백적 관심을 증진 시키게 하려는 선교 활동을 볼 때, 이것을 선전이라고 이야기한다. 그들은 이것이 복음의 일치운동(에큐메니컬) 요구에 방해가 되고 성령의 믿음 사역을 훼방한다고 주장한다. 그러나 나는 기본적으로 '고백주의'를 인간이 만든 모형이라는 부정적인 관점에서 바라보면서 교리에 대한 신앙고백을 이해하려고 하는 것은 불가능하다는 입장을 견지한다.

성경은 성령을 훼방하지 않고 여러 차례 복음이 고백 되었다는 사실을 지적하고 있다.

> 주는 그리스도시요 살아 계신 하나님의 아들이시니이다(마 16:16).

이런 베드로의 짧은 고백은 주님이 베드로에게 앞서 하신 질문에 대한 답변으로서, 이것은 사람(혈육)에 의해서가 아니라 하늘에 계신 아버지에 의해 알게 된 것으로 설명하고 있다(마 16:16). 바울은 고백(ομολογεω, 시인, 롬 10:9)하는 법을 아는 신앙을 요구한다. 그리고 데살로니가 사람들에게 보낸 서한에서 바울은 그리스도인들이 가진 믿음의 담대함을 칭찬한다(살전 1:8-10).

성경적 관점에서 신앙을 고백하는 것은 그리스도인 생활의 일부다. 신자는 자신의 믿음을 고백하고, 그렇게 함으로써 예수 그리스도의 정체성에 관한 진리를 더욱 진전시키고, 그것에 반대되는 복음을 전하는 사람들을 거부한다(갈 1:8).

이런 견지에서, 믿음을 고백하는 것은 단순히 자신의 정체성을 증진시키기 위한 이기적 관심이 아닌 성경의 내용에 관한 것이어야 한다. '선전'과 같은 용어를 가지고 '고백주의'를 순전히 부정적인 것으로 끌어내리려는 것은, 그것의 목적에 대한 온전한 판단을 내린 것이 아니다. 앞서 언급한 것처럼, '선포'는 성경에서 종종 나타난다.

예를 들어, '케뤽사테 토 유앙겔리온'(κηρυξατε το ευαγγελιο, 복음을 선포하다, 마 10:27; 막 16:15 참조)을 생각해 보자. 동사 유앙겔리조마이

(ευαγγελιζομαι)는 '도시를 복음화하다'(행 14:21; 참조. 눅 20:1; 행 5:42; 롬 1:15; 고전 15:1)를 의미할 수 있다. 예수 그리스도 자신과 사도들 그리고 빌립(행 21:8에서 복음 전도자 '유앙겔리스테스'[ευαγγελιστης]라고 불림)은 선포 또는 복음 전도 활동을 했다. 사도행전에서 사도들은 매일 성전과 가정에서 "예수는 그리스도시다"라는 복된 소식을 가르치고 '선포'하는 일을 멈추지 않았다(행 5:42).

전도자 빌립은 내시를 만나 그에게 "예수에 관한 복된 소식"(행 8:35)을 선포했다. 더욱이 구브로와 구레네 사람으로만 알려진 일부 사람은 "안디옥으로 가서 헬라인들과 대화하며 주 예수에 대해 '선포'했다"(행 11:20). 모든 신자가 이런 활동과 관련되어 있지는 않지만, 베드로전서에서는 하나의 명백한 사례를 보여 준다(벧전 2:9). 이 구절에서 동사 '엑상게일에테'(εξαγγειλητε)는 그리스도인들의 예배에서의 하나님 영광에 대한 선포와 세상에서의 그들의 신앙고백을 포함하고 있다.[7]

따라서 동사 '케뤼세인'(κηρυσσειν)과 '유앙겔리제스타이'(ευαγγελιζεσθαι)는 모두 복음을 세상에 전파하는 외적인 활동을 묘사한다. 명사 '토 유앙겔리온'(το ευαγγελιον, 복된 소식)조차도 종종 선교적 맥락에서 사용된다(눅 2:10). 베드로는 예루살렘에서 사도와 장로들에게 말하면서 다음의 내용을 상기시켰다.

> 하나님이 이방인들로 내 입에서 복음의 말씀을 들어 믿게 하시려고 오래전부터 너희 가운데서 나를 택하셨다(행 15:7).

로마서 1장 16절에서, 바울은 다음과 같이 자신의 계획에 대한 성명을 발표한다.

> 내가 복음을 부끄러워하지 아니하노니 이 복음은 모든 믿는 자에게 구원을 주시는 하나님의 능력이 됨이라 먼저는 유대인에게요 그리고 헬라인에게로다(롬 1:16).

---

[7] 루이스 스피츠(Lewis W. Spitz)는 찬양을 선포하는 것이 예배 환경을 넘어 세상에 이르는 활동임을 설득력 있게 증명했다. 그의 "Universal Priesthood of Believers." 321–41쪽 참조.

또한, 동사 "케뤼세인"과 "유앙겔리제스타이"는 매우 구체적이고 목적이 있는 활동을 나타낸다. 선포는 그런 담대한 간증이 공개적으로 수행된 경우에도 증거하거나 증언하는 행위 이상의 의미가 있는 것 같다(예: 행 22:20; 계 2:13). 종합적으로 바울이 했던 것처럼 그리고 오늘날의 선교사들이 하는 것처럼, 이런 증거는 명확하고 검증되고 위임받은 전파 활동을 가리킨다.

바울은 자신의 사명을 강조하기 위해 "케뤽스"(κηρυξ, 전파하는 자 또는 설교자)라는 타이틀을 스스로 붙였는데, 이것은 자신의 유일한 목적과 헌신은 복음을 선포하는 특정한 활동에 있음을 보여 준다. 그는 "전파하는 자"이며 "사도"(딤전 2:7; 딤후 1:11)다. 전파하는 자는 선포자다. 히브리 세계가 그 주인을 대신하여 정식으로 부름을 받고 보냄을 받은 "샬리아"(shaliach, 파견된 자 또는 사자라는 뜻의 히브리어)를 알고 있었던 것처럼 그들은 왕의 이름으로 소식을 외쳤고 그의 명예와 권위와 특권을 공유했다.[8]

바울은 반복해서 자신을 "사도"라고 언급했다(롬 1:1; 고전 1:1; 9:1f.; 15:9; 고후 1:1; 갈 1:1; 엡 1:1; 골 1:1; 딤전 1:1; 2:7; 딤후 1:1, 11; 딛 1:1). 바울은 자신이 그 임무에 합당하지 않다고 생각했지만(고전 15:9; 갈 1:13, 23) 하나님은 은혜로 그 일을 맡겨 주셨다(고전 15:10). 이방인들에게 복음을 전파하라는 명백한 임무를 그리스도께서 직접(롬 1:1; 갈 1:1) 계시를 통해 맡기셨기 때문에(갈 1:16), 바울은 이 사명을 감당했다.

바울은 자신의 권위를 다른 사도에게서 받는 위임에 의존하지 않았다. 아나니아와의 만남과 세례를 포함한 다마스커스 근처에서의 사울 회심 사건은 그리스도를 향한 봉사가 시작된 인생의 결정적 순간이자 전환점이었다(갈 1:15-16; 행 9:1-19; 22:6-16). 그리스도는 모든 사도에게 자신의 이름으로 그분의 선교를 계속하라고 명하셨다. 그들은 그리스도와 함께 있었고 그분의 죽음과 부활을 목격한 후에 이 사실을 다른 사람들에게 증거했다.

---

8 Rengstorf, *Apostleship*.

그러나 그 증거는 사도들이 죽은 후에도 계속되어야만 한다. 그러므로 오늘날 선교사들이 자신을 "복음의 설교자 또는 선포자"라고 부른다면, 거기에는 그럴만한 충분한 이유가 있다. 복음을 전파하는 사역이란 주님이 자신의 임재를 이 세상과 연결하시는 것이다(마 24:14; 28:20). 오늘날과 세상 끝날까지 전파자가 선포하는 메시지는 그리스도에 관한 새롭고도 알려지지 않은 "공식적인" 뉴스로 남아 있다. 설교는 주님의 권위에 속해 있으며, 그 목적의 측면에서 이 세상 다른 모든 메시지를 능가한다.

3. 하나님 나라의 확장으로서의 선교

성경은 종종 예수 그리스도의 사역과 복음의 지속적인 선포를 이 세상에 가져오는 것으로 하나님의 나라를 표현한다. 하나님 나라 선포는 세례 요한의 활동에서 시작하여 제자들에게 위임되기 전까지 예수께서 지속하셨다. 다가오는 하나님 나라의 소식을 들은 사람은 모두 그리스도를 믿는 신앙을 통해 회심함으로 이를 받아들였다(마 4:17).

이렇게 하나님 나라는 복음과 믿음을 통해 세워졌다. 정의상 그것은 힘과 권력을 통해 나라를 확장하려는 세상의 모든 시도와는 거리가 먼 영적 실체다(요 18:36). 따라서 많은 경우에 '하나님의 선교'가 하나님 나라의 확장으로 인식된다는 것은 놀라운 일이 아니다.

예를 들어, 유명한 루터교 찬송가학자인 필립 니콜라이(Philip Nicolai, 1556-1608)는 『그리스도의 나라에 관한 주석』(Commentarii de regno Christi, 1597년)[9]에서 루터교 정통주의의 전략적 계획과 복음의 확장에 대해 자세하게 설명했다. 또한, 이 주석에서 니콜라이는 복음이 실제로 세계의 모든 지역에 도달했다는 정통주의의 일반적인 주장을 내세우려 했다.

9　Heß, *Das Missionsdenken bei Philip Nicolai*. Größel, *Die Mission und die evangelische Kirche*: Schulz, "Lutheran Missiology," 4-53쪽 참조.

그러나 그는 자신의 연구에서 브라질의 일부 지역과 같은 많은 곳에서 여전히 복음이 존재하지 않는다는 사실을 발견했다. 니콜라이는 세계 여러 지역에서 복음이 부재하거나 상실된 이유를 인류의 죄악 때문이라고 밝혔다. 그들은 이전에 복음에 관해 들은 적이 있지만 그것을 멀리했다. 긍정적으로 니콜라이와 모든 정통주의 신학자는 모든 민족을 포용하려는 하나님의 보편적 구원 의지를 강조했다. 그들은 이런 주장이 복음 자체에 내재되어 있다고 보았다.

그러므로 예수회 선교사들이 이미 인도와 중국의 일부 지역에서 복음을 선포했던 것처럼 복음은 모든 사람에게 전파되고 들려져야 한다. 비록 니콜라이와 루터교 정통주의 신학자들은 직접 선교 사역에 참여하지는 않았지만, 그들은 로마가톨릭 선교사들의 설교와 가르침을 통해서도 하나님 나라가 확장되었음을 인정했다.

마틴 루터는 종종 자신의 신학에서 "하나님의 나라"를 언급했다. '대교리 문답'의 두 번째 청원에는 "나라가 임하옵시며"라는 선교 기도를 포함하고 있다. 루터는 하나님 나라가 비록 우리의 기도와 상관없이 임하지만, 여전히 우리는 그것이 말씀 선포와 성령을 통해 우리에게 올 수 있도록 기도해야 한다고 보았다. 이것은 루터가 하나님 나라의 신성한 영적 차원을 강조한 것이기 때문에 중요한 요지를 담고 있다. 하나님은 당신의 수단인 말씀을 통해 그것을 확장시키신다.[10]

과거의 선교 사역은 종종 하나님 나라를 증진하는 수단에 대해 혼란을 주었다. 복음은 세상의 왕국들과 자주 혼동되었고, 선교사들은 자신의 노력으로 하나님 나라의 최종적인 도래를 앞당기려 했다. 오늘날 "하나님의 나라" 신학은 새로운 주목을 받고 있다.

1980년 멜버른에서 열린 세계선교대회(WMC)는 주기도문의 두 번째 청원 주제인 "나라가 임하옵시며"라는 주제를 가지고 모였다. 하나님 나라는 사회를 변화시키고 이 세상의 문제를 바로잡을 수 있는 변혁하는 힘을

---

10   LC III 50, 54 (Kolb-Wengert, 446-47).

가지고 이 세상에서 시작되었다.

불행하게도 이 하나님 나라의 개념은 개인적인 죄책감과 죄에 시달리는 사람의 마음을 회개시키는 하나님의 말씀을 통해서보다는, 사회적인 어려움을 개선하고 고통당한 인간의 비참한 환경을 바로잡는 교회의 선교를 통해 더 많이 알려졌다. 우리 인간은 사회구조와 그 문제를 바로잡는 복음의 변화시키는 능력을 확인하고 싶어하는데 그것은 본질적으로 예수 그리스도의 속죄 희생을 통해 하나님과 죄인 사이의 관계를 회복시키는 과정을 통해서만 가능하다.

4. 회심으로서의 선교

"하나님 나라"와 관련된 또 다른 중요한 개념은 회심이다(마 3:2; 4:17; 행 2:38). "회심" 현상은 문자 그대로 복음을 접했을 때 '마음과 생각의 변화'를 의미한다. 여기서 복음은 '종교 다원주의'에서 더 큰 관용을 받아들이는 것과 같은 예외를 만들지 않는다. 그것은 모든 사람에게 그리스도 안에서의 회개와 믿음을 요구한다.

성경은 모든 사람에게 다른 종교적 관계에서 벗어나 그리스도에 대한 배타적 믿음으로 돌아가도록 소환한다(막 1:4; 눅 24:47). 그러므로 회개하고 그리스도를 믿으라는 부르심은 선교의 본질을 구체적으로 나타내 준다. 더 긍정적으로 말하면, 회심은 구원의 기쁜 소식과 성령을 통해 제정된 그리스도 안에서의 새로운 삶의 시작으로 향하는 것을 의미한다.

회심(conversion)에 대한 논의는 '개종'(proselytism)의 문제를 제기하는데, 이것은 다른 종교의 지지자들을 기독교로 데려오는 것뿐만 아니라 기독교의 한 교파에서 다른 교파로 교인을 데려오는 것을 의미하기도 한다. 이것은 일반적으로 "양 뺏기"라고 부른다. 많은 사람은 개종주의 혹은 양 뺏기를 교회가 서로 가져야 할 존중심과 예의범절을 어기는 것으로 인식한다. 그러나 다양한 교파가 존재하고 일부 교회 조직이 다른 교단보다 더 나은 대안을 제공하는 한, 사람들은 다른 곳으로 교회를 옮기거나 다른 이들과 친교를 갖도록 유혹받을 것이다. 한 교회의 교인은 다른 교회의 목회자가 설교와 복음을 더 명확하게 가르치는 것을 발견하고는 그곳으로 옮길지도 모른다.

그러므로 그리스도인들은 모든 개 교회가 거대한 기독교 공동체의 일부를 나타낸다는 사실을 알고 있을지라도, 여전히 자신들이 더 좋아하고 선호하는 교회에 참석하려 할 것이다. 그리고 그 선택은 다른 교회의 회원들에게 '구애'해도 문제 삼지 않는 특정 공동체의 의도적 아웃리치 프로그램에 근거 할 수 있다. '개종주의'와 관련된 문제는 대부분 수많은 교회가 공존하는 지역과 불신자 공동체가 실질적으로 감소한 지역에서 발생하는 것으로 보인다.

이런 상황에서, "남의 일에 간섭하지 않고" 서로를 존중하자는 사전 합의는 주변 지역에 남아 있는 불신자는 물론 다른 신자들을 놓고 경쟁하는 일을 허용하도록 만든다.[11] 요컨대, 그들은 아마도 자신이 가르치고 전파하는 복음은 모든 사람에게 들려줄 만한 가치가 있다고 생각하며, 그 확신은 다른 교파와 교회가 이미 존재하는 지역에서 자신의 존재적 정당성을 입증하려고 노력하게 만든다.

회심은 사람의 삶에 영향을 미치고 많은 사회학적 파급 효과와 결과를 낳는다. 가족과 친족의 사회적 관계망이 크게 중요시되는 지역 사회에서의 개인적 회심은 일반적으로 그를 가족에게서 분리하고 소외시킬 가능성을 가지고 있다. 이런 이유로 파푸아 뉴기니의 루터교 선교사였던 크리스티안 카이저(Christian Keysser, 1877-1961)는 가족의 동의와 합의 없이 한 개인에게 세례를 베푸는 것의 이점과 책임에 관해 토론했다.[12] 회심은 이전

---

[11] 예를 들어, 내가 스리랑카에서 복음주의 루터교회 목사를 만났을 때, 그는 나에게 불쾌했던 경험을 나누었다. 그가 스리랑카 중앙의 산악 지대에서 교회 건축 프로젝트를 마치고 나자, 로마가톨릭교회 신부와 불교 승려는 경쟁에 대한 두려움 때문에 함께 공모하여 새로 지어진 루터교회를 불태웠다고 한다.

[12] Keysser, *People Reborn*.

에 자신이 충성하던 것에서 새로운 것으로의 전환을 의미한다. 그것은 회심자를 그리스도의 몸과 새로운 공동체 안에 위치시킨다. 그것은 주님에 대한 공통된 신앙을 공유하고 그분의 재림을 애타게 기다리는 사람들로 이루어진 공동체를 만든다.

그러나 이런 전환은 윤곽이 뚜렷하지 않다. "이전의" 세계관과 "새로운" 세계관 사이에 긴장이 계속 존재한다. 새로운 개종자는 가족과의 이전 관계를 재조정하고 혼합주의에 빠지지 않도록 계속 싸워야 한다. 그러므로 회심은 이 세상과 구별되는 새로운 삶이 시작되었다는 것을 암시하기 때문에(요 15:18-25), 모든 그리스도인은 자신의 과거와 싸워야 할 것이다.

5. 교회 개척으로서의 선교

회심의 목표 외에도 모든 선교 사업은 교회 개척 과업에 직면해야 한다. 그러면 어떤 유형의 교회를 세워야 하는가?

예를 들어, 교회의 신학적 본질은 무엇인지와 그 프로젝트에 어떤 인간적 목표가 포함될 것인지에 관해 물어야 한다. 헨리 벤(Henry Venn, 1796-1873)과 루퍼스 앤더슨(Rufus Anderson, 1796-1880)의 "삼자" 원칙(자립, 자치, 자전)은 1세기 이상 개신교 선교에 지배적 영향을 끼쳤다. 이런 목표가 비록 특정한 인간적 논리를 나타내고는 있지만, 그것에 대한 성경적 지지는 명확하지 않다.

일반 교회와 지역 회중은 하나님과 그분의 말씀에 의존하고 있으므로, 이런 점에서 그들은 삼자 원칙같이 자기 확증적으로 보이는 인간적 목표와는 항상 무관했다. 그런데도, 교회 개척에 있어 인간의 창의성과 노력이 중요하다는 사실은 인정해야 한다. 인간적 기준은 교회 개척 '프로젝트'를 마무리 짓기 위해 적용된다. 여기에는 외국 선교부가 철수할 수 있는 출구 전략이 있어야 한다. 이런 조치의 목적은 외국 선교사의 지원 없이도 민족 교회들이 스스로 생존할 수 있도록 보장하기 위함이다.

교회를 관리하고 유지하는 문제는 비록 교회의 신학적 정의와 별반 상관없다 해도, 이는 교회 개척을 위한 노력 일부를 형성하고 있다. 헌법 설정, 장로 선출, 재무 담당자 지명 또는 은행 계좌 개설과 같은 문제는 교회 개척의 목표를 달성시킬 수 있도록 해 준다.

그러나, 신학적으로 말해, 일단 신자에게 믿음이 생기고 그들이 모여 복음으로 양육되고 그것이 강화되면 이 자체만으로도 교회가 개척된 것으로 간주해야 한다. 그것은 교회에 대한 루터교의 정의인 "복음이 순전히 가르쳐지고 성찬이 올바르게 집행되는 성도들의 모임"과 가장 일치하는 것이다.[13]

사도신경 제3조 역시 교회를 "거룩한 공교회와 성도의 교제"라고 고백한다. 따라서 이런 정의를 교회 개척을 위한 전체 목표에 적용할 때, 교회의 본질을 말해 주는 목표와 인간이 교회 구조와 조직 측면에서 설정한 목표는 서로 구별되어야 한다. "성도의 교제로서의 교회"에 대한 신학적 정의와 관련하여서는 "공동체"의 중요한 측면이 포함된다. 각 개인이 회개를 통하여 스스로 믿음을 갖게 되지만, 교회 개척 목표는 공동체의 개념과 더 큰 교제에 대한 소속감을 포함하고 있다(롬 12장; 고전 12장).

그러므로 교회 개척에서 중요한 것은 개인 신자가 자신을 신앙이 강화되고 양육되는 예배 공동체의 일부로서 인식하게 만드는 것이다. 그러므로 개인 신자는 "말씀의 영적인 공급," "삼위일체 하나님과의 친교," 그리고 "신자 간의 공적 친교"를 통해 구원의 길로 인도되는, 즉 더 넓은 맥락에서의 회심이라는 측면에서 선교를 이해할 수 있다.[14]

---

13 '아우크스부르크 신앙고백서' 제7조 1 (Kolb-Wengert, 43).
14 Margull, *Hope in Action*.

6. 제자 양육으로서의 선교

우리는 또한 제자 삼는 임무로 선교를 말할 수도 있다. 그것은 마태복음 28장 19절의 "그러므로 너희는 가서 모든 민족을 제자로 삼아"와 같은 명확한 성경 구절과 일치할 것이다. 이와 관련하여 제자 삼는 목표는 그리스도인을 만드는 것과 동일하며 여기에는 세례와 올바른 가르침을 포함한다 (20절). 요한복음에서 "제자"는 종종 "기독교인"(예: 요 8:31; 13:35; 15:8)이라는 용어를 대신하여 사용된다.

교회성장운동의 개척자이자 창시자인 도널드 맥가브란(Donald McGavran, 1897-1990)과 1984년부터 풀러신학교 세계선교대학원의 후임자인 피터 와그너(Peter Wagner)는 "제자 삼는"것과 "완벽한" 그리스도인이 되는 것을 구별하여, 제자 개념이 가진 이중적 의미(이중적 제자도)에 관해 설명한다.

전자는 교회에 처음으로 소속된 것을 나타내고, 후자는 영적이고 윤리적으로 성장한 것을 의미한다.[15] 어떤 이들은 "제자 양성"이라는 표현을 사용하여 비슷한 접근 방식을 취했는데, 이것은 일반적인 선교 전문 용어가 되었다. 여기에는 제자였던 사람이 다른 제자를 훈련하는 실질적 '제자 양성가'로 변화되는 윤리적 목표가 포함된다.[16]

제자도에 대한 윤리적 기대는 선교가 종종 '선교 의무를 이행하지 못하는 제자'를 생산한다는 광범위한 우려를 나타낸다. 그것은 야고보서에 표현된 것처럼 신앙의 부족, 즉 열매를 제대로 맺지 못하는 신앙에 대한 우려를 반영한다. 그러나 세속적 헬레니즘의 저술 이외에도 성경은 학습자, 견습생, 추종자, 그리고 스승을 돕는 자에 대한 단일 의미로서 "제자"라는 용어를 사용한다.

따라서 "제자"에 "제자 양성가"라는 용어를 추가한 이중적 제자도에 대한 제안에는 무리가 있다. 제자가 되는 것은 처음부터 선교의 증인이 되는 것을

---

15 Engle and McIntosh, *Evaluating the Church Growth Movement*, 84; Wagner, "Church Growth Movement," 199-200; McGavran, *Understanding Church Growth*, 123-32.
16 Barna, *Growing True Disciples*, 8-9.

내포하고 있다. 제자는 다른 사람에게 증거하는 일을 임의적 표현으로 보지 않으며 또는 이것을 나중 단계에서 해야 할 일로 여기지도 않는다.

사실 1세대 그리스도인은 2세대나 3세대보다 비그리스도인들과 자신의 믿음을 나누는 데 있어 훨씬 더 열성이 있다는 주장이 종종 제기된다. 더욱이 루터교회는 믿음은 항상 살아 있는 믿음이라고 주장한다. 나중 장에서 자세히 설명하겠지만, 칭의와 함께 신자의 삶 속에 성화가 이미 완전하게 자리잡히게 된다.

그러므로 사람이 의롭게 되자마자(칭의) 다른 사람과 복음을 나누는 모습으로 믿음의 열매를 나타내는 것은 그리스도인이 되는 것의 일부다. 성령은 죽은 죄인을 믿음으로 살아나게 한다(요 3:3-8; 딛 3:5). 제자가 된다는 것은 한 사람이 다른 사람에게 그리스도를 고백하는 이런 살아 있는 믿음을 가지고 있음을 의미한다. 이것은 '제자 양성가' 또는 제자도에 대한 이중적 개념에 대한 사용을 불필요하게 만든다.[17]

어느 정도까지 이런 고려 사항은 또한 그리스도인의 삶 가운데 한 신자가 선교에 참여하는 데 완전히 적합한 사람으로 간주하기까지 도대체 얼마나 많은 '양성'이 필요한지의 중대한 질문에 대한 답변이기도 하다. 그리스도인은 평생을 그리스도의 제자로 남아 있다. 따라서 지속해서 평생 교육을 받으면 신앙이 깊어지고, 그런 신앙을 고백하게 되며, 마침내는 복음적인 삶을 살게 된다.

그러나 확실히 믿음은 생존을 위한 끊임없는 투쟁에 참여하는 것이기 때문에, '완벽한' 제자를 만들려고 하는 노력은 선교학자들에게 있어 이상적 비전이지 사실과 현실에 근거한 것은 아니다. 신앙이 매일 성장한다는 것은 죄의 타락하는 본성에 대항하여 끊임없이 싸우는 것을 의미한다.

따라서 제자도는 그것이 끊임없이 오르락내리락하고 성공과 실패 사이를 오가기 때문에 한 단계에서 다음 단계로의 진전이 잘되지 않는 것 같다

---

17 Vicedom, *Mission of God*, 77-80.

(롬 7장).¹⁸ 사실, 제자도에 있어 다른 이들과 복음을 나누고자 하는 소망은, 단지 어떤 선한 일을 하려는 것 같은, 부차적인 요소로 취급되어서는 안 된다. 그러나 완벽한 제자도에 대한 기대는 현실적으로 "죄인과 의인"을 오가는 변증법을 고려하여 살펴볼 필요가 있다.

7. 경계를 넘는 일로서의 선교

종종 교회의 선교 과업은 국경을 넘나드는 활동으로 여겨진다. 문헌들에 대한 객관적 검토에 따르면 이런 경계는 압도적으로 '문화적' 또는 '지리적'인 것으로 규정되어 있다. 이것은 또한 선교사가 누구이며 그들이 무엇을 해야 하는지에 대한 이해에도 영향을 미쳤다. 예를 들어, WCC의 '세계 선교와 전도위원회'(CWME)는 다음과 같이 문화적 측면을 선교사 정의에 두었다.

> 선교사는 교회의 종으로서, 자신의 문화를 떠나, 그곳에 이미 교회가 존재하는 경우에는 협력을 통해 그리고 이전에 교회가 세워진 적이 없다면 교회를 세우려는 의도를 가지고 복음을 전하는 사람이다.¹⁹

복음주의운동은 특히 선교의 문화적 측면과 관련이 있다. 학자들은 이것을 문화 인류학(민족학)으로 발전시켜서, 이 개념은 이제 복음주의 선교학에서 지배적 자리를 차지하게 되었다. 도널드 맥가브란의 학생이었던 피터 와그너는 선교학을 "기독교 신앙의 교차 문화 소통 연구"로 정의한

---

18 예를 들어, 제임스 엥겔(James F. Engel)과 윌버트 노튼(Wilbert H. Norton)이 *What's Gone Wrong with the Harvest?*에서 제안한 "엥겔의 회심 단계의 척도" 또는 "영적 결정 과정"(Engel Scale of Conversion Stages or the Spiritual Decision Process)을 참조할 수 있다.

19 Peter Beyerhaus, "Missionar I," 278.

다.[20] 랄프 윈터가 제안한 감추어진 종족을 대상으로 교차 문화적 또는 교차 지역적 소통을 하기 위한 다차원적 접근 방식은 '복음주의운동'이나 '로잔운동'(Lausanne Movement)의 필수 구성 요소가 되었다.[21]

선교사가 다른 사람에게 복음을 전할 때 각 그룹의 독특한 문화적 특성과 미세한 차이를 간과해서는 안 된다는 것은 사실이다. 문화적 맥락에서 의사소통할 때, 하나님 말씀 안에 있는 모든 진리를 완전하게 보존하는 것이 어려운 일임은 분명한 사실이다. 복음이 특정한 상황을 만나게 되면, 거의 풀리지 않을 것 같은 긴장이 발생한다.

예를 들어, 선교사는 처음에 언어를 배우려고 애쓰지만, 사람들이 메시지를 이해할 수 있도록 정확하게 표현하는 데는 어려움을 겪을 것이다. 그럼에도 그리스도인들이 이미 이런 도전이 있을 것을 예상하고, 또한 그들이 복음을 전하고자 하는 사람들의 언어와 관습을 배우는 학습 과정에 참여하게 된다면 큰 도움이 될 것은 분명하다.[22]

이것은 종종 오늘날의 선교 논의에서 벗어나는 것처럼 보이지만, 선교적 증거에 있어 문화적 측면에 관한 중요한 성경적 통찰력 한가지가 추가되어야 한다. 그것은 대위임령 본문에서 '타 에쓰네'(τα εθνη, 민족)의 의미와 관련이 있다. 한편으로 이들은 지역 및 문화적으로 우리와 분리된 사람들로서, '지리적'이고 '문화적'인 용어로 해석될 수 있다.

일반적으로 이 용어는 이렇게 이해된다. 그런 다음, '타 에쓰네'를 부정과거 분사 '포레우쎈테스'(πορευθεντες, 가다; 마 28:19)와 연결하면 해석은 문화적, 지리적 차원을 나타낸다. "그러므로 가서"라는 단어는 선교사들이 대양을 가로질러 먼 곳에 거주하는 민족들에게 가는 것을 가리킨다. 이것은 지역과 지리적 거리가 선교의 본질을 결정하는 것으로 여기는, 18세기

---

20 Jongeneel, *Philosophy, Science, and Theology of Mission*, 1:64 참조.
21 랄프 윈터는 E-0 커뮤니케이션 레벨(명목상의 그리스도인들)에 다음 세 가지 범주를 추가했다. E-1 전도(동일한 언어와 동일한 문화권), E-2 전도(유사한 문화와 새로운 언어권) 및 E-3 전도(다른 문화와 언어권). Stott, *Making Christ Known*, 29; Van Rheenen, *Missions*, 83쪽 참조.
22 Van Rheenen, *Missions*, 93.

와 19세기에 가졌던 전통적인 이해 방식이다.

하지만 우리가 선교적 과업을 살펴보면, 그것이 다른 국경 즉 '영적인 국경'을 넘어서고 있음을 깨닫게 된다. "타 에쓰네"라는 용어는, 문화적 또는 지리적 의미와 함께, 복음과 세례가 필요한 기독교 신앙 외부에 서 있는 모든 사람을 의미할 수 있다. 그렇게 되면 "민족"은 복음과 예수 그리스도에게서 멀어진 모든 사람을 나타낸다. 이런 의미에 따르면 우리가 건너야 하는 경계는 불신앙의 경계이며 성경에서의 "민족"은 사실상 복음을 거부하거나 무지한 이방인을 의미한다.

이 영적 경계는 기독교회와 매우 가까이에 있다. 사실, 우리는 그것을 모든 미묘한 형태의 '이교 신앙'이 존재하는 기독교 교회 내부에 있는 현실임을 인정해야 한다. 루터 학자인 헤르만 도리스(Hermann Dörries)는 루터의 저술에서 '이교'라는 단어의 의미를 추적했다. 어떤 의미에서, 루터는 기독교 내에서의 이교 확산을 지적한 것이다. 루터는 그리스도인들이 우상 숭배, 미신 또는 거짓 안전에 빠져있을 때, 그들에게 '그리스도인'이라는 이름을 사용하는 것은 적합하지 않다고 강력하게 사전 경고했다.

따라서 루터는 그리스도인 공동체 안에서의 '이교주의'에 관해 이야기하면서, 모든 복음 선포에 선교적 차원을 부여했다.[23] 이런 영적 장벽의 존재는 '아우크스부르크 신앙고백'(Augsburg Confession)에서 예견되었는데, 여기서 지상의 교회는 더 넓은 의미에서 '신자와 위선자들이 공존하는 하나의 몸'으로 묘사되었다.[24]

따라서, 우리가 교회의 모든 선포와 목사직에 선교적 차원을 적용하고, 이것을 이 땅에 있는 교회의 존재 자체에도 적용한다면, 우리는 선교를 지역, 즉 지리적 용어로만 정의하지 않을 것이다. 오히려 우리는 불신자들이 처음 신성한 은혜의 수혜자가 되는 것과 같이, 그리스도인들이 스스로를 그들과 동일한 은혜의 수혜자로 여기기 원한다. 교회는 그 안에서 죄와 이

---

23   Dorries, "Luther und die Heidenpredigt," 330.
24   '아우크스부르크 신앙고백서' 제8조 (Kolb-Wengert, 43).

교의 장벽을 인정할 필요가 있고, 복음의 부요함과 죄의 용서를 선포함으로써 그것을 극복하려고 노력해야 한다. 그렇게 되면 선교는 교회 생활에 없어서는 안 될 부분이 된다. 제임스 쉐러(James Scherer)는 선교에 대한 정의에서 그 경계를 설정한다.

> 교회 사역에 적용되는 선교는 신앙과 불신앙의 경계선에서 예수 그리스도를 통한 구원의 복음을 증거하려는 명확한 의도를 의미한다.[25]

루터교세계연맹의 『하나님의 선교 함께하기』는 선교 경계의 복잡한 특성에 대해 논의하고, 여기에 제시된 것 외에도 다음과 같은 내용을 포함한다.

> 선교의 첨예한 경계는 예수 그리스도를 믿는 신앙이 그리스도를 인정하지 않거나 거절하는 불신앙을 만나는 지점에 있다. 이것이 선교에 있어 교회가 계속해서 요청되는 이유다. 그것은 모든 대륙, 국가 및 지역 사회에서 발견된다. 그것은 교회 안의 교인들 사이에도 존재한다. 예수 그리스도가 계시하신 하나님의 통치와 그리스도의 요구에 반대하고 사람들이 하나님의 사랑을 인식하지 못하도록 막는 세력 사이의 갈등에 초점을 두는 것이 선교 경계의 특징이다.[26]

8. 구약성경과 "보냄"으로서의 선교

선교에서의 불가결한 구성 요소는 항상 '보내는' 그 행위 자체였으며, 지금도 그러하다. 구약에서의 파송은 요나가 니느웨로 가는 것과 같은 고립된 사건과 관련이 있다. 분명히 구약에서 '보내는' 개념에는 예언자들

---

25 Scherer, *Gospel, Church and Kingdom*, 37.
26 LWF, *Together in God's Mission*, 13.

의 사역도 포함된다. 물론, 이런 '보내는' 개념은 신약에서도 온전히 표현된다. 안드레아스 쾨스텐버거(Andreas Kostenberger)와 피터 오브라이언(Peter O'Brien)은 구약의 선교를 다음과 같은 용어로 이야기한다.

> 이스라엘이 선교 과업을 가지고 있었고 그들이 오늘날 우리가 이해하는 방식으로 선교에 참여했어야만 한다는 주장은 증명할 수 있는 범위를 넘어서는 것이다. 구약에는 이스라엘이 교차 문화 또는 해외 선교에 참여했어야만 한다는 제안이 나와 있지 않다.[27]

대신에 우리는 이스라엘이 두 가지 방식으로 선교 과업에 접근했음을 보게 된다.

첫째, 다음과 같은 예를 포함하는 역사적 혼합의 방식이다. 출애굽 당시 이스라엘을 따라 나온 "여러 혼합 민족"(출 12:38), 라합과 그녀의 가족을 받아들임(수 6:25), 다윗 왕국 내에서 외국인을 받아들임(삼하 11:3; 15:19-23), 모압 사람 룻 또한 이스라엘 지파에 역사적으로 혼합된 좋은 예다.

둘째, 구약성경은 또한 하나님의 미래 행동으로 예상되는 이방인들의 '종말론적 추수'로서 선교를 계획한다. 이런 특징은 북이스라엘과 남유다가 통일되어 더 이상 두 나라가 되지 않을 것(렘 31:31; 겔 34:12-13, 15; 37:15-23)이라는 희망으로 시작되며, 이방인의 추수에 대한 종말론적 기대로 이것이 확장된다(사 2:2-4; 사 60-61).[28]

신약에서 라틴어 *"missio"*는 헬라어 동사 "보내다"(예, 마 10:16; 요 17:18; 20:21) 또는 그 명사형인 "파송"의 표현이다. 이와 관련하여 중요한 질문은 "어떤 사람이 선교사 자격을 갖추기 전 또는 그 임무가 실제로 선교라고

---

27 Kostenberger and O'Brien, *Salvation to the Ends of the Earth*, 35.
28 Kostenberger and O'Brien, *Salvation to the Ends of the Earth*, 35-36.

불릴 수 있기 전에 어떤 종류의 보냄이 필요한가?"이다.

우리는 구약 선교 패러다임에서 명백한 파송의 경우가 드물다는 것을 관찰했다. 구약에서는 오히려 구심적인 형태로 사람들이 모이거나 부족에 합류하는 것이 더 흔했다. 그러나 명시적인 파송 또는 '나감'으로서의 선교의 원심적 측면을 고려해야 한다. 구스타프 바르넥(Gustav Warneck)과 다른 학자들이 종교개혁을 너무 가혹하게 판단한 이유 중 하나는, 그들이 보았을 때 의도적 또는 계획적으로 파송하는 행위가 없었기 때문이다.

예를 들어, 바르넥은 평범한 그리스도인이 정식으로 파송되지 않는 한 선교사로 불리지 못하도록 하는 매우 명백한 선교 개념을 가지고 그의 책 『복음주의 선교학』(*Evangelische Missionslehre*)의 서문을 열었다.

> 우리는 그리스도인이 아닌 사람들 사이에 기독교 교회를 개척하고 조직하는 기독교의 총체적 활동으로서 선교를 이해한다. 이 행위는 기독교 교회의 수장인 그리스도의 위임에 기초하고 있으며, 선교사(사도)를 통해 수행되고, 그런 파송이 더 이상 필요하지 않게 되는 목표에 신속하게 도달해야 하기 때문에 선교라는 이름을 붙이게 되었다.[29]

이 정의의 근저에 있는 이해는 바르넥과 같은 많은 학자는 권위 있고 명백한 파송의 맥락에서 선교를 인식한다는 것이다. 그러므로 그들은 선교를 "교회의 총체적 활동"과 동일시하거나 '모든 기독교인을 포함'하는 선교에 대한 더 넓은 정의를 받아들일 수 없을 것이다. 선교는 그리스도인이 비그리스인과 접촉하는 것 이상이어야 한다.

데이비드 헤셀그레이브(David Hesselgrave)는 선교가 선교사와 관련된 특정 임무 그 자체와 분리될 수 없다고 제안한다. 그는 단순히 모든 것이 아닌 특정 임무를 수행하고 교회에 의해 파송된 선교사를 보호하는 일에

---

29 Warneck, *Evangelische Missionslehre*, 1:1. 마찬가지로 위에서 인용한 쉐러의 이해를 참조할 것: *Gospel, Church and Kingdom*, 37.

집중했다. 우리는 그의 이런 의견에 주목해 볼 필요가 있다.

> 교회가 해야 할 모든 것을 설명하기 위해서는 '선교'라는 단어 대신 '과업'과 같은 단어를 사용하는 것이 더 좋다. 또는, 우리가 신약에 나와 있는 단어인 '선지자'와 '전도자'를 사용하는 것처럼, '선교사'라는 단어 대신에 신약의 단어인 '사도'를 사용하는 것이 좋다.
> 그러나 이것은 희망적인 바람이다. 어쨌든 용어 혼동으로 말미암아 최초의 선교사들이 했던 것처럼 선교사들을 전 세계로 파견하여 (복음을 전하게 하고 신자들을 그리스도의 도와 말씀을 배울 수 있는 지역 회중으로 모으게 하는) 최우선적 과업을 정확하게 수행하는 일을 훼손하지 못하도록 막아야 한다.
> 그것이 그들의 특화된 임무다. 만약 그들이 모든 사람에게 어떤 방법으로든지 선을 행한다면(갈 6:10) 그들은 선교사이기 때문이 아니라 그리스도인이기 때문이고 또한 그들은 그리스도라는 더 큰 교회에 속하기 때문에 그 일을 하는 것이다.[30]

정말 성경적 명령과 복음에 대한 전 세계적 필요를 감안할 때, 뒤처진 그리스도인들(행 13:3)을 위하여 교회는 개인을 따로 구별하여 임무를 위탁할 의무가 있음을 강조해야 한다. 비록 선교는 모든 그리스도인에게서 발생하는 자발적인 봉사와 사랑과 자비의 활동을 포함시킬 수 있지만, 그것은 또한 교회가 불신 상태에 있는 사람들을 의도적인 표적으로 삼기 위해 개인을 파송하는 것을 나타내기도 한다.

분명히, '선교'와 다른 지역으로 '가는' 개념은 주행거리에 따라 결정되어서는 안 된다. 거리가 선교의 한 부분인 것처럼 회중을 통해 그들과 인접해있는 불신자들에게 접근하기 위한 조직적인 캠페인이 진행될 수 있는데, 이것은 모든 기독교인을 참여시키는 것으로 일반적인 선교 패러다임을 넘어서는 것이다.

---

[30] Hesselgrave, *Today's Choices for Tomorrow's Mission*, 90.

교회의 임무는 또한 모든 그리스도인 가운데 이따금씩 일어나는 증거와 함께 교회의 선교가 지속될 수 있도록 개인들을 구별시켜 위임하는 것이다. 주님은 자신의 제자들에게 말씀하시고, 그 말씀에 가라는 위임을 포함하심으로써 스스로 이에 대한 예를 보이셨다.

어떤 사람에게 그 가라는 명령은 주님이 십자가에 못 박히신 예루살렘과 거기서 근접한 지역이라는 의미로 받아들여졌을 것이다. 또 다른 사람에게는 이 명령이 사마리아와 유대 그리고 땅끝까지 가서 십자가와 부활에 관한 소식을 전하라는 선교 과업으로 받아들여졌을 것이다.

제3장
학문으로서의 선교학과 우선순위 설정

1. 동의어?

첫 장에서 나는 전 세계의 변화가 여러 단계에서 '선교'라는 용어에 도전하게 만든다는 사실을 언급했다. 그리고 이전 장에서는 선교의 다양한 차원에 대한 성경적 증거를 바탕으로 이에 대한 몇 가지 동의어들을 살펴보았다.

이 장에서는 변화하는 인간 상황에 비추어 선교를 위한 가능한 대체 용어들의 장단점을 검토해 보려고 한다. 전 세계에 있는 국가 중 일부는 기독교 선교사들에게 문을 닫음으로써 기독교 선교와 그 의도에 반대하는 태도를 보였다. 다원주의와 세속주의가 만연한 서구에서는 비기독교인을 개종시키는 사업으로서의 선교를 과거 식민지 시대와 서구 지배의 낡은 일을 상징한다고 하여 거부했다.

서구에서 선교학 박사 학위를 취득한 사람들은 귀국 후 이런 학위가 일자리를 구하는 데 도움이 되기보다는 불리하다는 것을 발견하게 되었다.[1] 이 때문에 대학들은 선교 또는 선교학 학위를 없애거나 혹은 이를 대신하여 문화 인류학 박사와 같이 덜 논쟁적인 용어를 가진 학위를 제공하게 되었다.[2]

---

1 예를 들어, 인디애나주 포트웨인의 컨콜디아신학교는 '선교학 박사'(Doctor of Missiology)라는 이름을 대신하여 '철학 박사'(Doctor of Philosophy)라는 학위명을 채택했을 때, 많은 학생에게 안도감을 주었다. 특히, 한국인과 인도인 학생들은 그런 용어 변경에 대한 결정을 환영했다.
2 튀빙겐대학교의 '에큐메니컬 및 종교문제연구소'(Institute of Ecumenics and Religious Studies)는 디렉터로 있던 피터 바이어하우스 교수가 은퇴한 후 선교학 프로그램을 닫았다.

비록 우리가 기독교 용어에서 선교라는 단어를 완전히 없애기를 주저하고 있지만, 우리는 적어도 어떤 용어가 그것을 대체할 수 있는지 가설적으로 물어볼 수 있다. 선교학이 대학에서 연구하는 학문이 된 이래로 학자들은 선교에 대한 대체 용어에 대해 성경적 데이터를 탐구했다.

선교학자 구스타프 바르넥은 그의 5권으로 된 책 『복음주의 선교학』(*Evangelische Missionslehre*)을 통해 이 문제를 연구한 최초의 인물이다.[3] 네덜란드 선교학자 요하네스 베르카일은 그의 책 『현대 선교신학 개론』(CLC 刊)(*Contemporary Missiology an introduction*)을 통해 그리고 얀 종그넬은 그의 2권짜리 책 『19세기와 20세기의 철학, 과학, 선교신학』(*Philosophy, Science and Theology of Mission in the 19th and 20th Centuries*)[4]을 통해 바르넥의 제안을 본래 상태로 돌이켰다.

이 두 학자는 선교에 대한 모든 대안적 제안은 '선교'를 대체하는 데 거의 도움이 되지 않는다고 결론지었다. 이런 대안적 용어들은 사용하기에 너무 번거로웠다. 그러나 그들은 여전히 선교의 여러 가지 중요한 측면을 강조한다. 이런 이유로 나는 이를 대체할 수 있는 용어에 대한 간략한 개요를 제공하고자 한다.

2. 할리우틱스(*halieutics*, 낚시학)

'할리우틱스'라는 용어는 그리스어 동사 '낚시하다' 또는 명사 '어부'에서 파생되었다. 분명히 여기에서의 목적은 베드로와 다른 제자들이 그리스도를 만나기 전에 그들의 본업으로 하고 있었던(요 21:3; 마 4:18; 눅 5:2; 막 1:16) 물고기를 잡는 일반적인 일을 가리키는 것이 아니다. 오히려 그것은 그리스도께서 그들을 부르신 '사람을 낚는 어부'가 되는 일을 상징한다.

---

3   Warneck, *Evangelische Missionslehre*, 1:18-26.
4   Verkuyl, *Contemporary Missiology*, 1-9; Jongeneel, *Philosophy, Science, and Theology of Mission*, 1:6-27.

나를 따라오라 내가 너희를 사람을 낚는 어부가 되게 하리라(마 4:19; 막 1:17; 눅 5:10; 마 13:47).

선교가 비기독교 세계라는 바다에서 낚시하는 임무라는 것은 사실이다. 이런 이유로 선교 이론은 어업에 관한 연구인 '낚시학'이라고 할 수 있다. 그러나 이 용어를 쓰자는 제안은 일시적이었으며 더 이상 사용되지 않고 있다. 구스타프 바르넥은 이 용어에 대한 그의 혐오감을 분명히 표현했다. 바르넥은 이 용어가 선교 과업을 표현한다 해도, 이것은 선교가 하는 일이나 선교의 역사 연구를 보여 주는 데 정교하지도 적절하지도 않다고 주장했다. 이것은 또한 그 의미가 너무 좁고 상징적이다.[5]

3. 케리틱스(Kerytics, 선포학)

선교에 대한 대안적 용어로 '케리틱스'(kerytics) 또는 '케리그틱스'(kerygtics)나 '케리그마틱스'(kerygmatics)는 어떤가?

이 용어들은 선포 활동을 가리킨다. 복음을 선포하는 것은 분명 선교와 관련된 가장 두드러진 임무다. 이 용어는 동사 '선포하다'(막 16:15; 롬 10:14-15)나 명사 '전파하는 자'(딤전 2:7; 딤후 1:11; 벧후 2:5)에서 유래되었다. 의심의 여지 없이, 선교 사역의 핵심은 복음을 전파하는 일이다. 물론 여기에는 그리스도인이 비기독교인과 더 폭넓은 대화를 하는 것도 포함된다.

그러나 앞의 용어와 마찬가지로 이것은 선교의 포괄적 성격을 나타내는 것은 아니다. 믿지 않는 세상이 그리스도께 나오도록 선포하는 일도 하지만, 선교사는 가르치고 세례를 베푸는 일도 한다. 따라서 '케리틱스'는 전체 과업이 아니라 선교 사업의 일부만을 드러낸다.[6]

---

5 Warneck, *Evangelische Missionslehre*, 1:19.
6 Warneck, *Evangelische Missionslehre*, 1:20.

4. 에반겔리틱스(evangelistics, 전도학)

알렉산더 더프(Alexander Duff, 1806-78)는 선교를 대체할 수 있는 가장 유력한 용어로 '에반겔리틱스'를 제안했다. '에반겔리틱스'의 기초가 되는 단어가 신약에서 명사(76번)와 동사(54번) 형태로 자주 나오기 때문에 그런 대용에 대한 근거는 충분하다.

위의 '케리틱스'에서 언급한 바와 같이, 선교는 복음을 선포하고 그것을 나누는 일과 관련이 있다. 종종, 선포하는 일에 종사하는 사람을 유앙겔리스테스(ευαγγελιστης, 전도자)라고 부른다. '전도자'는 사도, 선지자, 목사 및 교사의 직책과 함께 열거되어 있다(엡 4:11). 초대 교회 교부인 제롬(Jerome)은 모든 사도는 전도자이지만 모든 전도자가 사도는 아니라고 구별했다.[7]

오늘날에도 선교사와 전도자를 비교할 때 이와 유사한 차이점이 적용되어야 한다. 모든 선교사는 전도자이지만 모든 전도자가 선교사는 아니다. 복음을 선포하기 위해 선교사로 파송된 개인은 당연히 "복음주의 선교사"라고 불릴 수 있지만, 선교사는 전도자 이상의 존재다. 그는 또한 교사, 번역가, 성찬 집전자, 기관의 조직자, 회중의 목자이기도 하다.

내가 '케리틱스'에 대해 말한 내용은 '에반겔리틱스'라는 용어가 선교를 대체하려고 하는 데에도 동일하게 적용된다. 이것은 우리가 선교 내에서 한가지의 임무만을 검토하는 용어, 즉 선교학 전체 분야에서 극히 일부에만 해당하는 임무만을 다루고 있다.[8]

---

7 "Omnis apostolus evangelista sed non omnis evangelista apostolus," Warneck, *Evangelische Missionslehre*, 1:20.
8 Warneck, *Evangelische Missionslehre*, 1:20; Jongeneel, *Philosophy, Science, and Theology of Mission*, 1:27-28.

5. 어포스톨로지(Apostology, 사도학)

아마도 '선교'를 대체하는 가장 매력적인 단어는 그리스어 동사 아포스텔레인(αποστελλειν, 보내다)에서 파생된 용어일 것이다. 일반적으로 이 동사는 "*missio*"라는 라틴어로 번역되므로 'mission'이라는 용어로 사용된다. 어떤 이들은 '선교학'(missiology) 대신에 '사도학'(apostology)이라는 어구를 사용함으로써 그리스어적 요소를 유지할 수 있다고 제안한다.

신약에서 그리스어 동사 '아포스텔레인'은 131번 출현한다. 이것은 특히 그리스도께서 사도들을 보내심을 가리킨다(마 10:5). 예수님은 양을 이리떼 가운데로 보냄과 같이 그들을 보내신다(마 10:16). 그리고 그들은 전대나 여행을 위한 배낭이나 신발 없이 보냄을 받았지만 부족한 것이 아무것도 없었다(마 10:9-10; 눅 22:5). 바울은 이런 파송에 관한 중요한 수사학적 질문을 던진다.

> 그들이 보내심을 받지 아니하였으면 어찌 전파하리요(롬 10:15).

그리스도께서 보내신 사람들은 그리스어 아포스톨로스(αποστολος, 보냄 받은 사람)로 불리며, 그들은 주 예수의 부활에 대해 증언한다(행 4:33). 이 '보냄 받은 사람'을 언급하는 칭호는 사도 바울(롬 1:1; 11:13)을 포함하여 신약에서 79번 나온다.

그러나 사도학이라는 용어가 선교나 선교학을 대체해야 한다는 주장은 충분하지 않다. 종그넬은 기독교 '선교'라는 용어에 대한 많은 반론이 있기 때문에, '사도학'은 좋은 대체물이 될 수 있다고 지적한다. 그는 '사도학' 또는 '사도직의 신학'이라는 용어를 사용하면 선교의 부정적인 의미를 피할 수 있다고 말한다.[9]

그러나 이 용어는 우리 귀에 특이하고 이국적이게 들린다. 교회는 이 용

---

9 Jongeneel, *Philosophy, Science, and Theology of Mission*, 1:58.

어에 익숙해지기 어려울 것이다. 그러나 교회는 자신의 사도적 성격을 온전히 고백하기 위해 개인을 식별하고 파송하는 개념을 인정하고 실천해야 한다. 그러므로 선교학은 전통적인 이해를 넘어서 사도직이 무엇을 의미하는지 철저히 조사해야 하는데, 그것은 교회가 말씀과 사도들의 증언을 바탕으로 세워졌기 때문이다. 교회의 사도직은 또한 교회의 선교적 차원과 관련이 있어야 한다.[10]

6. 옥사닉스(auxanics, 성장학)와 프로스테틱스(prosthetics, 보철학)

우리는 다른 두 가지 용어를 간단히 언급할 것이다.

첫째, '옥사닉스'는 '성장, 증가, 번식 또는 발전'의 뜻을 가진 그리스어 동사 옥사네인(αυξανειν) 또는 옥세인(αυξειν)에서 파생되었다. 이것은 양적 성장에 집중하는 '교회 성장 학파' 사람들이 가장 선호하는 것으로 보인다.

이 용어는 신약에서 22번 특히 사도행전(행 6:7; 12:24; 19:20)에 주로 나타난다. 그리고 이것은 영적 또는 내적 성장과 함께 양적 성장이 성경의 한 부분을 차지하고 있다는 사실을 보여 준다. 이 용어는 메신저의 설교를 통해 사람들에게 믿음을 심어 주고 그들로 교회를 이루게 하는 성령의 중요한 사역을 강조한다. 이 과정은 다른 용어, 즉 '프로스테틱스'(보철학)로 이어진다.

둘째, '프로스테틱스'는 사도행전에서 중요한 역할을 한다. 종종 우리는 새로운 신자가 성도들의 몸인 교회에 추가되는 내용을 보게 되는데(행 2:41,47; 5:14; 11:24), 여기서 '추가'를 가리키는 그리스어 단어는 '프로스티데미'(προστιθημι)이다. 그러므로 우리는 선교 연구를 '성장학'이나 '보철학'

---

10 최근 토론은 교회의 사도적 역할을 이해하는 것이 중요하다는 점을 지적한다. 예를 들어, Guder의 *Missional Church*, 83쪽과 Scudieri의 *Apostolic Church*를 살펴보라.

이라고 부를 것을 제안할 수 있다. 그러나 두 용어가 성령의 역사를 다루고 있다는 사실은 그들이 사용하려는 것과는 반대되는 말을 한다. 성령은 회원들을 그리스도의 몸에 더함으로써 교회가 성장하도록 하신다. 즉, '성장'과 '추가' 활동은 모두 사람이 하는 것이 아니라 전적으로 성령을 통한 하나님의 자유 활동에 속한다는 점을 분명히 말해야 한다. 따라서 두 용어 모두 학문적인 관점에서 연구하기는 어렵다.[11]

요약하면, 위의 용어들은 다양한 모양으로 선교를 반영하고는 있지만 '선교' 또는 '선교학'을 대체할 만한 가치는 충분하지 못하다. 언어학적 관점에서 비록 선교학이라는 용어가 라틴어 미시오(보내기)와 그리스어 로고스(연구)를 부자연스럽게 결합함으로써 순수주의자들의 귀에 불쾌감을 줄 수는 있겠지만, 그것은 교회의 선교에 관한 학문 연구를 설명하는 데 가장 널리 받아들여져 왔다.[12]

7. 학문으로서의 선교학 정의

제임스 셰러는 〈학문으로서의 선교학과 그것이 포함하고 있는 것들〉(Missiology as a Discipline and What It Includes)이라는 논문에서 '선교'라는 단어와 관련하여 전 세계적으로 존재하는 혼란에 대해 살펴보았다.[13]

앞서 나는 『선교란 무엇인가?』(CLC 刊)[14]라는 간단한 제목을 채택한 영국인 선교학자 앤드류 커크에 대해 살펴보았다. 셰러는 정의에 관한 문제점은 신학적 부정확함에서 비롯된 것이라고 주장한다. 일단 선교를 위

---

11 Jongeneel, *Philosophy, Science, and Theology of Mission*, 1:22-24.
12 바르넥은 교회가 선교와 함께 존재한다고 제안하면서, 그것의 연구를 '선교 과학'(Missionslehre or Missionswissenschaft)이라고 불렀다. *Evangelische Missionslehre*, 1:21.
13 Scherer and Bevans, *New Directions in Mission and Evangelization*, 173-87.
14 출판 정보는 참고 문헌을 참조할 것.

한 신학적 요소들이 정리되면, 선교학을 정의하고 거기서 파생된 질문들에 답변하는 것이 훨씬 쉬워질 것이다. 이런 연구 보고서에 대한 숙독은 파생된 질문들에 대해 학자들 사이에 매력적 논쟁을 불러 일으킨다.[15] 따라서 나는 선교학에 대한 잠정적 정의를 내린 후, 교회의 선교와 그 과제들에 관한 연구를 설명하는 데 도움이 될 몇 가지 신학적 요소를 열거할 것이다.

> 선교학은 삼위일체 하나님의 구원 활동의 도구인 교회의 선교를 비판적으로 반영하는 학술 연구다. 선교학은 성경신학과 교회신학, 선교 역사, 경험적 연구와 같은 다양한 학문을 통합하는 학제 간 연구이며, '하나님의 선교'에 대한 교회의 충실한 청지기 직분에 긍정적이고 건설적으로 기여하는 것을 목표로 한다.

첫째, 이 정의에서 끌어낼 수 있는 결론은, 선교학은 언어학, 번역, 역사, 통계(기독교의 성장에 관한 통계, 배치된 선교사 수, 배치 영역), 문화 인류학, 심리학, 교육학 그리고 타 종교연구와 같은 경험적 연구는 물론 모든 고전 신학 분야 즉, 성경신학, 역사신학, 조직신학, 실천신학 등의 통찰력을 수용하는 학문 통합적 노력이라는 것이다.

의심의 여지 없이 그 자료는 한 학문이 다 담기에 너무 포괄적이기 때문에 선교학은 선택적인 학문이 될 수밖에 없다. 그러나 주제의 선택 과정은 선교학이 그 초점과 통합성을 잃지 않도록 신중하게 수행해야 한다.

둘째, 선교학은 신학 교육이나 신학 커리큘럼의 틀 안에 존재할 수 있는 자신만의 권리를 부여 받아야 한다. 셰러와 베르카일은 선교학이 그 자체

---

15 Bosch, "Theological Education in Missionary Perspective," 26. 이 주제에 관한 다른 에세이나 연구를 참조할 수도 있다. "Reform of Theological Education." 93-117; Findeis, "Missiology," 299-301; Hesselgrave, "Science Orientation" in *Today's Choices for Tomorrow's Mission*, 131-46; Hogg, "Teaching of Missiology," 487-506; Jongeneel, *Philosophy, Science and Theology of Mission*; Jongeneel, "Missiology of Gisbertus Voetius," 47-79; Medeiros, *Missiology as an Academic Discipline*; Myklebust, *Study of Missions*.

로 독립될 수 있는 상호 보완적인 학문이라고 주장한다.[16] 그것을 통합 학문으로 만듦으로써, 즉 그것을 고전 신학 분야의 하나 또는 전체에게로 병합시킴으로써, 선교학은 신학이 가진 선교적 차원을 연상하는 일에 익숙하지 않은 학자들에게 버려질 위험에 처해 있다. 그럼에도 커리큘럼에서 선교학의 통합적 특성을 주장할 필요가 있다.

모든 신학에는 선교적 차원이 있는데, 그것은 모든 신학 훈련의 일부가 되어야 한다. 신학에서 선교의 이런 측면을 이끌어 내기 위해, 선교학은 보쉬가 주장한 것처럼 "선교가 오직 모금을 위해 외부 전문가가 현장에 나타날 때만 등장하는 것과 같이 교회 생활에서 거의 경시된 분야가 아니라는 것을 새롭게 알리기 위해 신학 전체를 자극"하는 역할을 해야 한다.[17]

셋째, 선교학은 적절한 방법론을 선택해야 한다. 일부 선교학자는 성경과 신학에서 출발하여 오늘날의 상황에 이르는 연역적 방식으로 전개하는 반면, 다른 학자들은 상황이나 환경에서 시작하는 귀납적인 방식을 선택할 것이다. 후자 그룹은 먼저 데이터를 수집한 후 신학을 연구하고 여기서 얻어진 관찰 결과에 대한 결론을 도출하려고 한다.

어찌 되었든 하나의 방법론에 자신을 제한시키는 것은 불가능해 보인다. 궁극적으로 '선교학'은 성경, 교회 및 신학에 대한 책임을 가지고 있다. 따라서 우리의 정의는 '선교학'이 교회와 연대하고 교회의 선교에 건설적으로 기여하는 연구라는 사실을 나타내고자 한다. '선교학'은 기술적(descriptive)이거나 귀납적(inductive)인 방법론을 넘어서서 규범적(normative)이고 처방적(prescriptive) 이기도 하다.

그것은 선교 과제를 분석한 후, 그 과제를 완수하기 위해 해야 할 일을 신학에서 근거를 마련하여 진행하는 것이다. 신학적 연구는 불신자의 회심과 그리스도의 몸을 세우는 일을 위해 하나님 말씀의 선포를 의도적으로 장려한다.

---

16 Verkuyl, *Contemporary Missiology*, 7.
17 Bosch, "Theological Education in Missionary Perspective," 26.

아래의 도표는 연역적 및 귀납적 방법에 의한 접근법을 보여 준다. 각각은 다른 출발점에서 시작된다. 그들은 충돌 노선을 그리든지 아니면 적어도 만나지 않고 서로를 그냥 지나친다.

하나는 성경에서 직접 알 수 있거나 혹은 올바르게 성경에 근거한 논리적 결론에서 도출된 일련의 원칙에서 출발한다. 이것이 그 근본원칙에 강조점을 두고 있으므로, 나는 그것을 '원칙중심의 방법론'이라 부른다.

다른 하나는 세상에 있는 인간 상황에서 얻은 결과에서 출발한다. 나는 이 원리를 '실무지향적 방법'이라고 부른다. 왜냐하면, 이것은 특정한 근본원칙을 알아내기 위해 '실천'에 강조점을 두고 있기 때문이다. 성경은 전 세계 가운데 있는 인간 상황 안에서 선포됨으로써 이 두 방법론은 서로 맞물릴 기회가 있다.

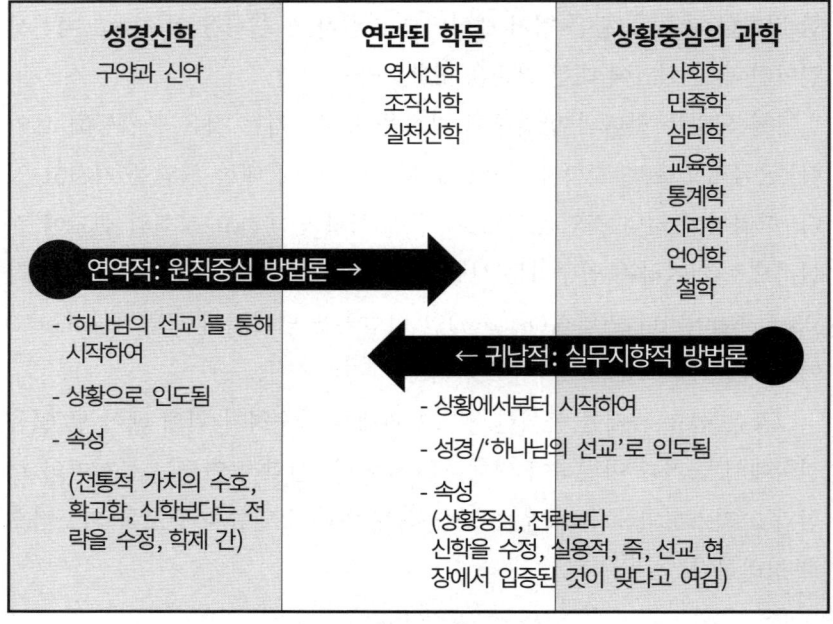

도표 1: 학문으로서의 선교학

두 가지 방법론은 '선교학'의 통합적이고 전체적인 성격에 정당성을 제공하기 위해 상호 협력해야 한다. 1번 도표는 때때로 이것이 실패할 수 있음을 보여 준다. 선교 해석학 및 선교 연구는 사방에서 정보를 모으고 사용 가능한 모든 데이터를 따른다. 그것은 기술(description)에서 처방(prescription)으로, 정보 수집에서 정밀한 분석으로 이동한다. 그러므로 '선교학'을 해석학적 순환과 비교하는 것이 더 적절할 것이다. 이 방법은 동심원으로 움직인다. 하나는 다른 것으로 이어진다. 아래의 도식은 그 요점을 보여 준다.

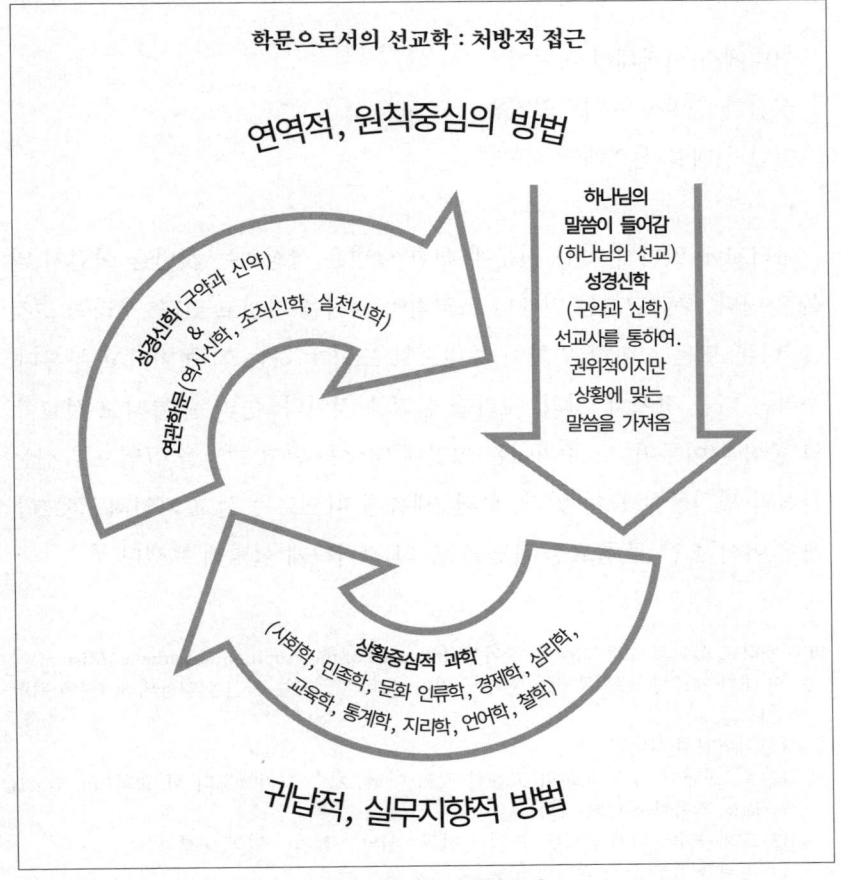

도표 2: 선교학의 총체적 특성

8. 선교신학을 위한 우선순위 설정

끊임없이 변화하는 상태에 놓여 있는 교회의 선교를 바라보는 것은 당황스러운 일일 수 있다. 우리는 선교가 적절한 방법으로 변화를 억제하고, 방법과 전략이 다른 것들에 의해 끊임없이 대체되는 것을 막는, 흔들리지 않는 기초 위에 세워졌을 것이라 기대할 수 있다. 실제로, 선교 '신학'은 시간의 급류를 견뎌내고 안정의 요소를 제공하는 안내 원칙을 확립하려고 노력해야 한다.

그러나 실제로 선교를 위한 신학을 추구함에 따라 다음과 같은 질문이 발생하게 된다.

어디에서 시작해야 하는가?
적절한 출발점은 어디인가?
어떤 원칙을 선택해야 하는가?

루터교에 있어서 이런 질문에 대한 답변은 상상하는 것만큼 어렵지 않을 것이다. 루터교회는 언제나 조직적인 원칙을 가지고 있다. 우리는 그것을 '다른 모든 신학적 원칙이 주변으로 모이게 하는 기준'이라고 부른다. 우리는 다음 장에서 '칭의' 교리를 살펴볼 것이다. 칭의는 '루터교 선교학'의 중심을 이루며, 그 주위에는 그것에 영향을 받고 그것을 규범으로 삼는 일련의 원칙들이 모여 있다. 한편, 새롭게 떠오르는 선교 과업과 '선교학'에 없어서는 안 될 중요한 측면을 좀 더 간략하게 설명해 보겠다.[18]

---

18 '루터교 선교의 고유 속성을 찾아서'(In Search of the Proprium of Lutheran Mission)에서 내가 제공한 논문 목록을 볼 수도 있다. 교회의 선교는 자신을 다음의 8가지에 위탁한다.
(1) 삼위일체 하나님
(2) 이 교회나 특정 교회의 고유한 것이 아닌, 예수 그리스도의 한 교회(una sancla ecclesia, 거룩한 하나의 교회)
(3) 교회가 유일하게 신뢰할 수 있는 지표로서의 은혜의 수단의 순결성
(4) 칭의를 통한 모든 죄인의 구원
(5) 특정 상황에서의 인간인 온전한 사람

선교는 자신의 전 존재를 소통하시며 자신을 세상에 내어 주시는 삼위일체 하나님의 신비에 뿌리를 두고 있다. 삼위일체 하나님은 선교의 주체시며, 교회가 자신의 사명을 추구할 때 행하는 모든 것은 하나님께로부터 나오고, 또한 이는 그분의 존재를 반영한다.[19] 선교는 세상을 향한 하나님의 영원한 사랑의 관계에 내재되어 있다.

교회가 자신의 선교에 관해 이야기할 때, 교회는 무엇보다 '하나님의 선교'인 '미시오 데이'(missio Dei)를 가리켜야 한다. 선교는 하나님의 우선적인 사역을 확증하며 그것은 유리한 입장으로 작용한다. 하나님은 모든 사람이 구원받기를 계획하고 원하시며(딤전 2:3-4), 이 구원이 필요한 모든 사람에게 임하도록 보증하신다.

선교는 구원과 그것에 대한 특별한 이해와 관련이 있다. 하나님은 사람이 자신의 죄에서 해방되며 새로운 삶을 얻게 되기를 원하신다. 이것은 선교가 모든 개인을 죄에서부터 멀어지게 하고 하나님을 향하도록 부르는 임무를 띠고 있음을 나타낸다.

또한, 선교는 이런 개인을 하나님의 가족, 즉 교회로 부른다. 그런 구원은 본질적으로 영적이다. 동시에 선교는 사도신경의 첫 번째 조항인 '창조'와 관련된 육체적 문제를 거부하지 않는다. 좁고 영적인 의미에서 선교는 구원을 가져오는 데 관심을 두지만, 전체적으로 보았을 때는 또한 도움이 필요한 사람들을 돌보는 일을 포함한다.

선교는 항상 신자들의 공동체를 다룬다. 사도신경에서 우리는 "성도의 교제"로서 그 공동체를 고백하며, 아우크스부르크 신앙고백 제7조("교회

---

(6) 말씀과 성찬을 통한 예배를 위해 새로운 회중을 모으고 양육하는 목표와 이 세상에서의 봉사와 증거를 위해 그들에게 교리 교육을 제공
(7) 성직자와 '만인 사제직' 사이에 사역의 적절한 구조
(8) 교리적 통일성에 기초한 회중들과 교회들의 친교(ecclesial fellowship)

[19] 선교에 관한 신학적 진술에서 미주리총회(LCMS)의 신학과 교회 관계위원회(CTCR)는 선교의 기원을 하나님의 마음으로 거슬러 올라간다. "선교는 하나님의 마음에서 시작되며 세상에 대한 그의 위대한 사랑을 표현한다. 자신 스스로를 구원할 수 없는 세상을 구하는 것은 주님의 은혜로운 계획이며 지속적인 활동이다"(Commission on Theology and Church Relations, *Theological Statement of Mission*, 7).

에 관하여")는 이에 대한 동의를 잘 보여 준다. 이것은 하나님이 그리스도인 공동체와 분리되어 존재하지 않는 방식으로 인간을 계획하시고 창조하셨음을 의미한다(고전 12:13).

그리스도인은 다른 사람에게서 독립하여 자신만의 길을 가지 않는다. 오히려 그들은 하나의 몸으로서 서로를 양육하고 지원한다. 그들은 오직 말씀과 성례전의 거룩한 수단을 통해 함께할 때만 영생을 위한 중요한 지원과 양육을 받게 될 것이다.[20] 교회는 구원의 피난처를 상징한다. 신자 공동체는 구원의 선물인 하나님의 말씀을 공유하며, 교회는 세상의 구원을 더욱 확장시키기 위한 성령의 도구가 된다.

선교에 있어서 더욱 중요한 요소는 세상 또는 상황으로, 특히 아직 복음을 듣지 못한 사람과 교회의 신자가 아닌 사람들이다. 선교는 절대 진공 상태에서나 또는 추상적인 방식으로 일어나지 않는다. 그것은 하나님이 세상과 만나시고 신성과 인성의 차원이 결합하는 곳에서 일어난다. 대표적 사례는 예수 그리스도의 생애와 사역이다. 성육신하신 하나님의 아들로서, 그분은 여전히 신성한 로고스이셨지만, 이 세상에서 인간의 모습으로 사셨다.

우리에게 있어서 인간적 요소란 개인이자 동시에 집단으로서 자신의 삶을 질서화하고 조직화하는 온전한 실존과 현실을 포함하는 것이다. 그러나 교회가 복음을 들고 세상과 직면할 때, 복음이 문화에 어떻게 영향을 끼치는지에 대하여는 모든 그리스도인이 동의하지 않을 것이다.

리차드 니버(Richard Niebuhr)는 복음이 문화 가운데 어떻게 작용하는지에 관련하여 기독교인은 다섯 가지 관점을 갖고 있다고 주장했다.

(1) 문화에 대립하는 그리스도(Christ against culture: 반(反))
(2) 문화에 속한 그리스도(Christ of culture: 적응주의)
(3) 문화 위의 그리스도(Christ above culture: 합(合))
(4) 역설 관계에 있는 그리스도와 문화(Christ and culture in paradox: 대립)

---

[20] 루터는 이 측면을 아름답게 설명했다. LC II 52-53 (Kolb-Wengert, 438).

(5) 문화의 변혁자인 그리스도(Christ the transformer of culture: 변환).[21]

이 다섯 가지 중 어느 하나를 가장 바람직한 관점으로 선택하는 것은 어려운 일이다. 어떤 면에서, 이 각각의 가능성은 이 복잡한 주제 일부를 대표해 준다.

사실 레슬리 뉴비긴은 이렇게 말했다.

> 문화 없는 복음은 있을 수 없다.[22]

그의 통찰력은 교차 문화 속에서 증거자로 사역하는 모든 사람을 자유롭게 할 수 있기 때문에 그리스도인은 뉴비긴의 주장을 신중히 고려해야 한다. 그리스도인이 자신의 문화적 환경을 이해하기 시작하면 그는 다양한 상황에서 복음을 증거할 때 발생할 수 있는 잠재적인 실수와 오해를 피할 수 있다.

9. 방법과 접근

신학 서적들을 숙독하게 되면, 우리는 그 안에서 방법론적 차이와 방향의 다양성을 발견할 수 있다. 예를 들어, 토마스 탕가라즈(Thomas Thangaraj)는 그의 책 『공동과업: 기독교 선교신학』(*The Common Task: A Theology of Christian Mission*)에서 다음과 같이 제안한다.

기독교 선교는 '미시오 후마니타티스'(*missio humanitatis*, 선교적 인간)의 개념과 그리스도인과 비그리스도인 사이에 있는 '인간으로서의 공통적인 유대 관계'를 그들에게 도달하기 위한 중요한 출발점으로 삼아야 한다.

---

21 Niebuhr, *Christ and Culture*.
22 Newbigin, *Foolishness to the Greeks*, 4.

그는 그리스도인이 비그리스도인과의 대화에 참여할 때 가능한 한 폭넓은 인간관계를 맺을 것을 요구하는데, 그래야만 그들과 신앙의 특정한 교리를 나누기 전에 서로 공통의 대화를 나눌 수 있는 장이 마련되기 때문이다. 그는 성경에 관한 이야기는 대화를 위한 좋은 출발점이 될 수 없다고 주장했는데, 그것은 대화 범위를 좁히거나 다른 사람이 처음부터 거부감을 가질 수 있기 때문이다.[23]

다른 선교학자들은 성경을 통해 선교를 설명하고 이것을 현대적 질문으로 발전시키는 더 전통적이고 연역적인 방법을 선호한다. 남아공의 선교신학자 데이비드 J.보쉬는 그의 책 『변화하는 선교』(Transforming Mission, CLC 刊)[24]에서 그리스도 안에서의 하나님의 자기 소통을 선교의 출발점으로 삼았다.

그의 책 『현대 선교신학 개론』(Contemporary Missiology an introduction)에서 네덜란드 선교학자인 베르카일은 통합 원리 또는 핵심을 제공하는 것과 관련하여 기여한 것이 거의 없다. 영국 선교학자 앤드류 커크는 성경에서 현대적 질문으로 진행하는 고전적 방법론을 따랐으나, 그는 '선교학'에 있어 해석 장치나 조직 원리가 되는 단일 원칙 또는 기준을 세우는 데는 실패했다.[25]

오늘날 많은 선교학자가 과학적 또는 경험적 방법을 깊이 연구해 왔다. 그들은 선교를 주로 문화적 측면에서 본다. 예를 들어, 『선교신학의 이해』(Translating the Message)에서 라민 사네(Lamin Sanneh)는 선교를 단순히 문화 또는 의사소통의 맥락에 둠으로써 신학을 길가에 방치한 것처럼 보인다. 그는 문화와 의사소통 모두를 기독교 선교의 성공과 실패를 판가름하는 어림짐작의 판단 장치(heuristic device)로 취한다.[26]

---

23 Thangaraj, *Common Task*, 31-60.
24 Bosch, *Transforming Mission*, 22.
25 "폭력 극복과 평화 구축" 그리고 "환경을 돌봄"과 같은 항목들도 그의 핵심 주제들이다. Kirk, *What Is Mission?* 143-83쪽 참조.
26 Sanneh, *Translating the Message*, 6-8.

복음주의 진영에서 문화 인류학 같은 사회 과학은 선교신학에서 전반적으로 큰 비중을 차지하고 있다. 복음주의운동의 가장 중요한 진술인 '로잔 언약'(Lausanne Covenant, 1974)과 '윌로우뱅크 보고서의 복음과 문화'(Willowbank Report on Gospel and Culture, 1978)[27]는 나중에 이런 주제들에 대해 더 연구하기 위한 장을 마련해 놓았다.

게일린 반 리넨(Gailyn Van Rheenen)의 책 『선교학 개론: 성경 기초들과 현대 선교 전략』(Missions: Biblical Foundations and Contemporary Strategies)과 알랜 티펫(Alan Tippet)의 책 『선교학 개론』(Introduction to Missiology)은 현대의 특정한 문화적 주제들을 주로 다루는 귀납적 접근법을 택했다. 그 결과 선교학의 신학적 원리들은 단지 가볍게 취급되었다.[28]

여전히 연구할 가치가 있는 중요한 기여 중 하나는 게오르그 비체돔(Georg Vicedom)의 책 『하나님의 선교』(The Mission of God)이다.[29] 이 책은 이전 세대 학생들에게 큰 도움이 되었으며 비록 이 책이 상황적 주제들을 다루고 있지는 않지만, 기독교 선교를 위한 중요한 신학적 치료법을 남겼다. 비체돔은 실제로 '하나님의 선교'의 중요한 신학적 개념을 체계적으로 전개한 최초의 신학자였다.[30]

오늘날 '하나님의 선교'라는 용어는 일상적으로 사용되고 있지만, 우리는 선교의 더 중요한 우선순위에 따라 다시 한번 이 개념을 이해할 필요가 있다. 우리는 나중 장에서 이 문제에 대해 살펴보도록 하겠다. '에큐메니컬운동'은 자체적으로 선교의 우선순위를 설정했다.

선교에 관한 관심은 19세기 후반에 시작되어 1910년 에든버러에서 열린 '세계선교대회'(WMC)와 함께 강력하게 나타났다. 가능한 한 광범위한 '합의'에 의해 선교를 구축하려는 노력이 항상 있었다. '에큐메니컬운동'에서 분열을 일

---

27 두 진술은 Stott의 *Making Christ Known*, 1-55, 75-113에서 확인할 수 있다.
28 예를 들어, 이것은 Van Rheenen의 *Missions*과 Tippet의 *Introduction to Missiology*에서 명백하게 보여 준다.
29 출판 정보는 참고 문헌을 참조할 것.
30 Kirk, *What Is Mission?* 25.

으킬 수 있는 신학적 토론은 서로 간의 연합을 위해 중단되어야 했다.

그러나 진리에 대해 무관심하게 되면 그리스도인의 메시지가 세상에서 궁극적으로 무의미해져서 선교 자체의 완전성을 침식하게 될 것이다(요 17:11-17). 바울의 말을 재인용하면, 나팔 소리의 질은 나팔 연주자의 질에 의해 결정된다(고전 14:8).

10. 역사 연구의 가치

선교학과 선교 실천에 참여하는 사람들은 과거에서 많은 것을 배울 수 있다. 선교 역사를 연구하는 것은 큰 가치가 있는 일인데, 그것은 현대 선교 활동을 위한 훌륭한 교훈을 제공하기 때문이다. 말 그대로 과거를 기억하지 못하는 사람은 그것을 반복하는 불행을 자초하는 것이다. 독일 할레 출신의 선교학자 구스타프 바르넥(Gustav Warneck)은 선교 역사 연구의 중요한 역할을 인정했다.

실제로 바르넥은 선교학에 관한 학문적 연구를 역사신학 분과에 두려고 했다. 성경의 우선성에 이어, 그는 거의 무한한 정보 저장소 역할을 하는 역사를 두 번째 자리에 올렸다. 결국, 그는 이렇게 선교학을 실천신학 분야에 배치할 것을 결정했는데, 그것은 역사가 선교를 조직하고 계획하는 방법에 대한, 결정적으로 가장 중요한 조언을 해 주었기 때문이다.[31]

역사에서 많은 것을 배울 수 있으므로 과거 기록에 대한 정기적 업데이트를 제공하는 것이 중요해진다. 이 주제에 관한 케네스 스콧 라뚜렛(Kenneth Scott Latourette)과 스티븐 닐(Stephen Neill)의 주요 저작은 그 공헌을 인정받아야 한다.[32] 그러나 이들의 자료는 상당히 오래되었다. 그 이후로, 티

31　Warneck, *Evangelische Missionslehre*, 1:35. 안타깝게도, 이 '*magnum opus*'는 여전히 영어로의 번역을 기다리고 있다.

32　Latourette, *History of the Expansion of Christianity*; Neill, *History of Christian Missions*. 한스 피터 모리첸(Hans Peter Moritzen)이 스티븐 닐의 책을 번역했을 때, 그는 업데이트

모시 예이츠(Timothy Yates)의 책 『20세기의 기독교 선교』(Christian Mission in the Twentieth Century)를 통한 가치 있는 연구는 닐의 작업 이후 선교 역사에 중요한 업데이트를 제공했다.³³

그의 연구에는 풍부한 정보가 있다. 실제로 선교의 지속적인 확장은 최근 사건들을 계속해서 업데이트시키는 일을 극도로 어렵게 만든다. 라뚜렛은 당시의 일반적 인식과 같이 여전히 선교를 서구의 사업 활동으로 묘사했지만, 닐은 그의 선교 역사를 아프리카, 인도, 중국과 같은 세계 다른 지역 교회들로 눈에 띄게 확장시켰다.

이 나라들은 200년 넘게 개신교 선교사들이 존재했으며, 인도의 경우, 사도 도마로 거슬러 올라갈 만큼 매우 초기부터 선교사들이 활동했음을 발견했다. 한 걸음 더 나아가 이 나라의 현지 학자들은 최근 자국 선교 역사를 발생 초기부터 추적하기 시작했다.³⁴

선교 역사 연구에 대한 또 다른 윤리적 도전은 모든 학자는 일반화와 의도적 누락을 피해야 한다는 것이다. 이에 관한 좋은 사례는 데이비드 J. 보쉬 의 대표 저서인 『변화하는 선교』로, 그는 각 시대를 큰 신학적 패러다임에 따라 정리했다. 이런 노력은 도움이 되긴 하지만, 그런 시도의 단점은 너무 분명하다. 그것은 각 패러다임 내에서 지속하고 있는 수많은 선교 운동에 대한 언급들을 가볍게 취급한다.³⁵

된 주석을 추가했다.
33 예이츠의 훌륭한 연구인 *Christian Mission in the Twentieth Century*와 함께, 터커(Tucker)의 *From Jerusalem to Irian Jaya*가 있다. 이 책은 과거의 사건들을 완전히 다룬다고 간주할 수 없다. 우리는 Anderson의 *Biographical Dictionary of Christian Missions*를 살펴볼 필요도 있다.
34 예를 들어, Kuriakose의 *History of Christianity in India*, 그리고 Isichei의 *History of Christianity in Africa*가 있다.
35 언급된 기간:
   (1) 원시 기독교의 묵시적 패러다임
   (2) 교부 시대의 헬레니즘적 패러다임
   (3) 중세 로마가톨릭 패러다임
   (4) 개신교(종교개혁) 패러다임
   (5) 현대의 계몽주의 패러다임
   (6) 최근의 에큐메니컬 패러다임.

예를 들어, 19세기는 현대 계몽주의의 패러다임에 가장 가깝기는 하지만, 이전 세기부터 나타났거나 조금도 누그러지지 않고 계속된 다른 많은 선교운동을 그 기간에도 계속 받아들였다. 열정적 조직자인 존 모트(John R. Mott, 1865-1955)에 의해 발생한 에큐메니컬운동이 19세기 후반의 지배적인 개신교 패러다임이 된 것은 사실이다. 그러나 이것이 그 당시의 유일한 운동은 아니었다.

여기서 우리는 '모라비아 형제단'이나 새롭게 등장한 '루터교 고백주의 선교회'의 지속적 선교 노력이 이 후기의 운동들만큼 매우 중요했다는 사실을 언급할 필요가 있다. 이유는 모르겠지만 보쉬는 독일 노이엔데텔스아우(Neuendettelsau)의 빌헬름 뢰에(Wilhelm Lohe, 1808-72)와 헤르만스부르크(Hermannsburg)의 루드비히 함즈(Ludwig Harms, 1808-65)와 같은 루터교 해외 선교의 영향력 있는 개척자들을 누락시켰다.[36]

에큐메니컬 패러다임 안에는 그 방향을 공유하지 않는 신학자들도 있다. 1974년 WCC의 에큐메니컬운동에서 분리된 신학자들은 그런 신학에 항의했다. 그들은 자신들의 대헌장인 '로잔 언약'(Lausanne Covenant)의 이름을 따서 '로잔운동'(Lausanne Movement) 또는 '복음주의운동'을 구성했다.[37] 다른 주요 교파들은 비록 에큐메니컬 지향적이지만 그들 자체만의 교파 지향적 선교를 유지했다.

제임스 셰러는 루터교, 로마가톨릭, 복음주의, 동방 정교회의 다양한 선교운동에 관한 비교 연구를 통해, 그들 각각이 독특한 원리와 정책을 갖고 있음을 보여 주었다.[38] 따라서 20세기와 21세기의 기독교가 언뜻 보기에는 에큐메니컬 지향적이라고 생각되더라도 각 교단은 여전히 그들 자신의 존재와 선교의 타당성을 주장할 의무감을 가지고 있었음을 알 수 있다.

참조. Bosch. *Transforming Mission*, 182-83. 보쉬의 두 번째 패러다임인 그리스 교부 (Greek patristic) 시대에 대한 비판적 의견은, Kreider의 "Beyond Bosch," 59-68쪽을 참조할 것.

36 독일 시대는 Aagaard의 *Mission, Konfession, Kirche*에서 확인할 수 있다.
37 Yates, *Christian Mission in the Twentieth Century*, 199.
38 Scherer, *Gospel, Church and Kingdom*.

선교 역사에 대한 주의 깊은 연구를 통해 얻게 되는 중요한 이점은 시대와 다양한 상황 가운데 기독교가 어떤 노력을 해 왔는지에 관한 깊은 인식이다. 교회는 선교를 통해 세상과 대면하게 되었는데, 그 결과 교회는 자신의 신앙과 실천을 명확하게 해야만 했다.

이런 이유로 마틴 켈러는 한때 교회의 선교를 "신학의 어머니"라고 불렀다. 교회가 불신자들에게 복음을 전할 때 "그것은 신학적으로 다루어질 수밖에 없었다."[39] 선교 역사 안에는 오늘과 내일의 신학적 행로를 준비하는 데 도움이 되는 정보의 모판이 있다.

예를 들어, 선교에 대한 주님의 명령은 수 세기 동안 살아 남아 있었으며, 수 세기 전에도 그랬던 것처럼, 오늘날 우리에게 끊임없는 힘으로 말하고 있음을 알 수 있다. 그러나 수 세기 동안 진행되어 왔다는 측면에서, 교회의 선교는 다양한 모습을 보여 주고 있다.

우리가 과거를 평가하고 비판하는 것처럼 틀림없이 우리의 선교 시대 또한 후대 자손에 의해 면밀하게 조사될 것이다. 우리는 시간과 상황에 의해 조건 지어지는 냉엄한 현실을 인정하는 것을 꺼릴 수 있다. 우리의 자연스러운 반응은 과거의 불완전한 관행들에 대해 의문을 제기하면서 스스로 순수성과 객관성을 가지려고 하는 것이다.

예를 들어, 우리는 역사를 되돌아봄으로써 이제는 선교사들이 압제적 확장주의 이상에 포로가 되어 사랑과 연민 같은 명백한 기독교적이고 성경적인 원칙을 버릴 수 있다는 것은 상상조차 해서는 안 되는 일임을 알게 된다. 9세기 샤를마뉴에 의한 색슨족의 피의 정복, 11세기의 십자군, 16세기에 포르투갈과 스페인 정복자들에 의한 외국 땅의 침략은 모두 정치적이고 종교적인 동기가 불법적으로 융합된 증거다.

만약, 객관적이어야만 하는 선교 사업이 지극히 개인적이고 정치적인 관심과 얽혀 있다는 이 참혹한 현실을 우리가 너무 쉽게 간과한다면, 오늘날 우리가 이 세상에서 진행하는 선교 방식 또한 미래 후손들의 비판에서

---

39 Bosch, *Transforming Mission*, 16.

자유로울 수 없음을 알아야 한다.

　선교 역사의 전체 과정에서 한가지 안타까운 점은 특히 종교개혁 시기와 종교 정통주의 시대에 루터교가 받았던 가혹한 대우다. 16세기와 17세기 루터교는 해외 선교에 대해 가치를 두지 않았고, 아무런 활동을 하지 않았으며, 심지어 이를 억제했다고 여겨졌다. 다행히도, 종교개혁에 대한 탁월한 변호인들은 그런 고발은 매우 편향되고 불공평하다는 것을 설득력 있게 증명했다. 선교 역사에 대한 대부분의 현대적 표현들은 선교를 선교 기관의 활동으로 이해하는 해석학을 적용한다.

　윌리엄 캐리와 경건주의 시대로 말미암아 선교는 대부분 선교 기관의 활동으로 간주되었으며, 19세기는 선교의 위대한 세기(The Great Century)로 칭송받았다.[40] 그러나 그 세기가 실제로 선교를 올바르게 이해하기 위한 열쇠를 쥐고 있었는지에 관한 여부는 다른 문제다.

　개신교 선교는 종교개혁의 신학적 유산에 기반을 두고 있는데, 그것은 사람들의 조직적 모임이 아닌 교회와 모든 신자에게 임무를 부여한다. 그런 단서와 함께 종교개혁은 교회의 중요한 선교운동, 즉 십자가로부터 시작되는 선교로 갑자기 활기를 띠게 되었는데 이와 관련해서는 다음 장에서 설명하도록 하겠다.

40　Winter, "Long Look," 168-69.

제4장
종교개혁[1]

1. 온 세상에 대한 의무에 응답하지 않은 이유

종교개혁은 복음을 빛 가운데로 가져다 준 것으로는 잘 알려져 있지만, 복음을 세상에 전하는 의도적이고 활동적인 선교 사업은 빠져 있었다. 종교개혁이 좀 더 선교적이지 않았던 이유는 다양하다.

첫째, 회중들은 해외와 직접적 관계가 없었기 때문에 이런 선교를 추구할 수 없었다.
둘째, 개혁가들은 교회 내부 문제들을 개혁하는 데 온 힘을 쏟았다.
셋째, 만약 해외 선교를 할 수 있는 선택의 여지가 있었어도, 그 지역의 교회 업무와 인력 파견에 대한 권한을 가진 영토 통치자에게서 선교 사업을 진행할 수 있는 권한을 부여 받아야 했을 것이다.

그런 다음 주로 귀족과 신흥 상인 계급에 요청하여 자금을 조달 받아야 했을 것이다. 따라서 선교적 의도와 선교 사업의 부족은 대부분 역사적 상황의 요인에 의한 것인데, 개혁가들에 대해 노골적으로 혹독한 비판을 가

---

1 이 장의 일부는 2005년 3월 31일, 일리노이주 '인디언 레이크 리조트'에서 열린 '루터교 고백주의 협의회 컨퍼런스'에서 발표된 논문 〈From Wittenberg with Love: Martin Luther's Theology of Mission.〉에 근거한 것이다. 이 논문을 이 장의 기초로 사용할 수 있는 권한은 '루터아카데미'(Luther Academy)와 '고백주의루터란협회'(Association of Confessional Lutherans)에 의해 허가되었다.

하는 많은 학자는 이것을 인정하기 싫어한다. 그들은 루터 신학이 가진 중요한 선교적 요소에 대해서는 얼버무리고 넘어가며, 대신 종교개혁가 루터가 선교에 있어 실패했다는 것에 더 의도적으로 집중하려고 한다.

2. 선교를 정의하는 것에 대한 도전

19세기 말 독일 할레에서 가르친 선교 과학의 아버지 구스타프 바르넥은 루터 신학에서 선교에 대한 강조가 부족하다고 생각하여 그를 부정적으로 비판한 학자 중 한 명이다. 바르넥은 자신의 독특한 선교 이해에 기초하여 부정적 평가를 내렸다. 그는 다음과 같이 기록했다.

> 선교에 관해 이야기할 때 우리는 비기독교 국가들을 기독교화 한다는 생각을 갖고 복음을 전파하는 사람들을 교회의 모든 시대에 걸쳐 지속적으로 파송하는 것 이외의 다른 것으로 이해해서는 안 된다. 이것은 "가서 모든 민족을 제자 삼으라"는 명령을 수행하는 것이다.²

---

2   Warneck, *Outline of a History of Protestant Mission*, 10. 그의 획기적인 에세이 *Mission unter den Heiden* 128쪽에서 보여 준 것처럼, 바르넥은 이 부정적인 논의의 주요 선동자로 여겨져야 한다. 바르넥은 그의 개요에서 다음과 같이 결론을 내렸다.
"그러나 종교개혁가들과 그들의 직제자들이, 비록 그들이 할 수 없는 선교 의무를 로마 교회가 광범위하게 이행하고 있음을 보고 있으면서도, '환경이 선교사 의무를 수행하는 데 방해가 된다'는 유감이나 변명에 대한 말을 하지 않았다면, 이 이상한 침묵은 그들에게 선교사 의무에 대한 인식 그 자체가 부재한다는 사실에 의해서만 만족스럽게 설명될 수 있다. 오늘날 우리는 종교개혁가들의 선교 행위뿐만 아니라, 오늘날 우리가 그것을 이해하는 것에 있어서의 선교에 대한 개념까지도 놓치고 있다고 생각한다.
그리고 이것은 바다를 건너 새로 발견된 이방 세계가 자신들의 시각적 범위를 거의 넘어서고 있었을 뿐만 아니라, 근본주의적인 신학적 견해 때문에 선교적 방향에 대한 그들의 활동과 심지어 생각까지도 가로막았다" (10). 이 인용은 Burkle의 *Missionstheologie*, 43쪽에서도 발견된다. 그 이후로 많은 학자가 비슷한 이유로 루터를 신뢰하지 않았다.
Latourette, *History of the Expansion of Christianity*, 325; Rosenkranz, *Weltmission und Weltende*, 43-44; Littell, "Protestantism and the Great Commission," 26-42; Ohm, *Machet zu Jüngern alle Völker*, 113; Hogg, "Rise of Protestant Missionary Concern," 95-111; Tucker, *From Jerusalem to Irian Jaya*, 67; Müller, "Missionarischer Gemeindeaufbau

바르넥은 선교회나 개인 핵심 그룹과 같은 기관이 의도적으로 추구하는 '파송'을 장려함으로써, 선교의 사회학적이고 조직적인 개념을 장려했다. 이것은 자신의 영토를 떠나 다른 곳으로 이동하는, 바람직하게는 대양을 가로지르는 지리적 용어로 작용한다.

이런 선교 개념을 가지고 루터에게 접근한다면, 아마도 바르넥의 비판은 정당화될 것이다. 의도적인 목적을 가지고 선교회를 통해 멀리 떨어진 국가로 개인을 파송하게 된 것은 루터 이후 몇 세기가 지나서 일어났다. 선교사를 파송한다는 개념을 갖게 된 것은 기독교 공동체가 없는 새롭게 발견된 땅을 통해서였다.

개신교 통치자들은 이런 나라 중 일부를 통치할 힘을 얻게 되었으며, 그다음에서야 그들은 선교사를 파송할 수 있었다. 16세기 후반과 17세기 초에 유럽 기독교인들은 스칸디나비아 국가, 그린란드의 에스키모, 북부의 라플란드 사람들(Lapps), 인도와 아메리카의 토착민들에게 선교사를 보냈다.

그러나 루터의 신학이 가진 명백한 선교학적 측면을 지지하는 학자들이 많았다.[3] 그들은 구스타프 바르넥이 내린 것보다 더 넓은 선교 정의를 사

---

bei Martin Luther," 31-37쪽을 참조할 것.

3 제공된 목록이 완전하지는 않다. 구스타프 레오폴드 플릿(Gustav Leopold Plitt)과 칼 홀(Karl Holl) 그리고 베르너 엘러트와 같은 학자들은 루터의 신학에서 선교적 강조를 제공한 최초의 학자로서 인정받아야 한다. 다음을 참조하라. Plitt, *Geschichte der lutherischen Mission*, 1:3-15; Holl. "Luther und die Mission," 234-43; Elert, *Structure of Lutheranism*, 1:385-402. 다음의 학자들은 플릿과 홀 그리고 엘러트를 따른다. Drews, "Die Anschauungen reformatorischer Theologen über die Heidenmission," 1-26; Holsten, "Reformation und Mission," 1-32; Gensichen, "Mission und Luthertum," 546-48; Maurer, "Reformation und Mission," 20-41; Gensichen, "Were the Reformers Indifferent to Missions?" 119-27; Koschade, "Luther on Missionary Motivation," 224-39; Peters, "Luthers weltweiter Missionssinn." 162-75; Dorries, "Luther und die Heidenpredigt," 327-46; Schmidt, "Die missionarische Dimension der Theologie," 193-201; Aagaard, "Missionstheologie," 250-74; Blöchle, "Die missionarische Dimension in der Theologie Luthers," 357-68; Bürkle, *Missionstheologie*, 42-46; Scherer, *That the Gospel May Be Sincerely Preached*, 4-15; Bunkowske, "Luther, the Missionary," 54-91; Laman, "Origin of Protestant Missions," 728-74; Bosch, *Transforming Mission*, 239-48; Wetter, *Der Missionsgedanke bei Martin Luther*, Stolle, *Church Comes from All Nations*; Schulz,

용했다. 데이비드 J. 보쉬는 광범위한 선교 개념을 제공했는데, 이것은 루터에게 더 공감적이다.

> 결국, 선교는 누군가가 해외로 나갈 때 시작되는 것이 아니다. 그것은 '활동 이론'(Betriebstheorie)이 아니며 독립된 선교 기관의 존재에 의존하지도 않는다.⁴

만약 우리가 선교의 의미는 '해외 선교를 위한 조직과 운영을 구성하는 것보다 훨씬 광범위하고 깊다'라는 생각에 동의한다면, 루터와 그의 신학은 순식간에 선교에 매우 적합한 것으로 바뀌게 될 것이다. 나는 이 책에서 종교개혁이 선교운동으로 여겨져야 한다고 주장하고자 한다. 교회는 선교회가 아닌 목회자의 설교, 그리스도인의 증거, 성경의 번역과 출판 등을 통해 확장된다.

3. 루터에게서 배울 준비가 되었는가?

최근 몇 년 동안 선교에서 루터의 역할에 관한 여러 연구가 발표되었다. 그 중 일부는 특기할 만하다.

첫째, 볼커 쉬톨레(Volker Stolle)의 책 『모든 민족으로부터의 교회』(*The Churches Comes from All Nations*)는 유용한 자료를 제공한다.
둘째, 잉마르 오베르그(Ingemar Oberg)의 책 『루터와 세계 선교: 역사적 조직적 연구』(*Luther and World Mission: A Historical and Systematic Study*)이다.
셋째, 아마도 가장 훌륭한 연구는, 폴 웨터(Paul Wetter)의 책 『마틴 루터

"Lutheran Missiology," 4-53; öberg, *Luther and World Mission*.
4 Bosch, *Transforming Mission*, 244.

의 선교 개념』(*Der Missiongedanke bei Martin Luther*)이다.[5]

다른 논문들은 베르너 엘러트(Werner Elert)와 폴 웨터(Paul Wetter)가 기고한 것에서 크게 벗어나지 않는다.[6] 엘러트와 웨터는 종교개혁이 본질적으로 선교나 복음주의적 순종에 대한 부르심이 아니라, 기존 기독교 생활의 개혁과 갱신을 위한 운동으로 시작되었다는 것을 인정한다.

그러나 이 두 학자와 또 다른 학자들은 루터의 신학을 조사한 후 그것이 진정 부룬넨슈튜베(Brunnenstube; 우물의 원천),[7] 즉 선교신학과 실천의 귀중한 원천이라고 결론지었다. 『루터 신학의 선교적 차원』(*Die missionarische Dimension in der Theologie Luthers*)이라는 에세이에서 허버트 블로셸(Herbert Blochle)은 다음과 같이 지적했다.

> 루터는 가끔 혹은 정기적으로 이방인 선교의 문제에 관해 말한 것이 아니다. 오히려 그의 전체 신학에는 '선교적 차원'이 골고루 스며들어 있다.[8]

빌헬름 마우러(Wilhelm Maurer)도 이와 유사하게 주장한다.

> 루터는 조직적인 선교 사업을 운영하지 않았지만, 그는 복음 선교 사역의 원칙을 분명히 제시했다. 우리는 이런 원칙을 인식하기 위해 루터로부터 시작해야 한다.[9]

---

5 이런 작업에 대한 자세한 내용은 참고 문헌 정보를 참조할 것. 비록 루터가 가장 많은 주목을 받았지만, 많은 학자가 종교개혁이 칼빈과 멜랑히톤(Melanchthon)을 자신들의 관찰에 포함시켰고 공통점에 관해 논의했다. 겐지헨의 "Were the Reformers Indifferent to Missions?" 119-27쪽과 홀스텐의 "Reformation und Mission," 14쪽은 루터, 멜랑히톤, 부겐하겐, 파이트 디트리히 및 심지어 칼빈의 신학에서 공통적인 주제를 인식하지만, 마틴 부처, 쯔빙글리 및 테오도르 비블리안더와는 구별된다.
6 앞의 각주에 나열한 목록을 참조할 것.
7 Schmidt, "Die missionarische Dimension der Theologie," 193.
8 Blochle, "Die missionarische Dimension in der Theologie Luthers," 367.
9 Maurer, "Reformation und Mission," 28.

이 장에서는 먼저 루터 신학에서의 다양한 선교 강조점을 살펴보도록 하겠다. 그런 다음 루터가 실제 선교적 의도와 활동을 적극적으로 추진한 여러 곳을 살펴볼 것이다. 이 자료 중 어느 것도 루터가 수동성 또는 정적주의를 제안했다고 밝히고 있지 않다. 나는 이 논의들을 '루터는 믿음을 활기차고 생생하게 살아 있는 것으로 이해했다'라는 사실에서 시작하려고 하는데, 이것은 그리스도인이 다른 사람과 자신의 믿음을 나누도록 격려해 준다.[10]

4. 역동적인 말씀에 대한 확신

하나님의 말씀은 우리가 믿어야 할 신조들을 규정해 준다. 오직 '성경'이라는 매개를 통해서만 교리를 검증하는 "오직 성경으로"(Sola scriptura)는, 복음 이외의 다른 가르침들을 평가해야 할 때 기준 원칙으로 작용한다.

루터는 1521년 4월 17일-18일 보름스(Worms) 제국회의에서 이런 이해를 가장 잘 보여 주었다. 그는 황제 앞에서 자신의 사건을 간청하면서, 내가 "성경에 비추어 틀린 것으로 판명되면 모든 글을 철회하겠다"라고 진술했다. 그러나 루터는 또한 선교학적 함의를 지닌 하나님 말씀에 강력한 역동적 특성을 부여했다.

보쉬는 루터가 자신의 모든 선교 패러다임을 로마서 1장 16절의 "내가 복음을 부끄러워하지 아니하노니"에서 근거 삼았다고 지적했다.[11] 루터의 신학에서 하나님의 말씀은 시간과 공간에 국한되지 않고 끊임없이 움직이는 역동적인 선교의 성격을 지니고 있다.[12] 루터는 1523년 승천 주일 설교에서 다음과 같이 잘 알려진 예를 제공했다.

---

10 오, 살아있고 부지런하며 활동적이며 강력한 이 믿음이여! 그것은 끊임없이 선한 일을 하지 않는 것이 불가능하다. 선한 일을 해야 하는지 묻지는 않았지만, 그런 질문이 제기되기 전에, 그것은 이미 선한 일을 해 왔으며 지금도 끊임없이 해 나가고 있다.(로마서 서문, AE 35:370; Bosch, 244)

11 Bosch, *Transforming Mission*, 240.

12 Maurer, "Reformation und Mission," 30.

이 메시지나 설교는 마치 누군가가 물에 돌을 던지는 것과 같다. 그것은 주위에 물결과 원 또는 회전을 만들고 물결은 항상 바깥쪽으로 멀리 퍼져 나간다. 하나의 물결은 그것이 해안에 도달할 때까지 다른 하나를 계속 밀어낸다. 그것이 아직 중간에 있더라도 물결은 쉬지 않는다. 대신 물결은 앞으로 계속 진행된다.

설교도 마찬가지다. 그것은 사도들을 통해 시작되어 항상 진행되며, 설교자를 통해 세상의 이곳저곳에 퍼져가며 쫓기기도 하고 박해도 받는다. 그런데도 전에 이것에 대해 들어본 적이 없는 사람들에게 항상 더 널리 알려지게 된다.

그러나 여행하는 길 가운데서 이것은 이단에 의해 소멸해 버리거나 왜곡될 수도 있다. 또는 말 그대로 누군가 메시지를 보냈을 때 의도한 장소나 특정 지점에 도착하지는 않았지만, 그것은 누군가가 이렇게 말한 것처럼 그 도중에 메시지가 전송된 것으로 여겨진다.

"비록 전갈이 지금 가야 하는 뉘른베르크(Nuremberg)나 튀르키예에 아직 도착하지는 않았지만, 황제의 전갈은 이미 전송되었다."

우리는 이와 같은 방식으로 사도들의 설교도 이해해야 한다.[13]

자주 인용되는 이 예시는 하나님 말씀에 대한 루터의 확신과 그것의 지속적 확장에 대한 통찰력을 제공할 뿐 아니라, 이것은 또한 당시에 갖고 있던 전통 방식의 선교적 입장에 대한 루터의 비판을 보여 주기도 한다. 이 전통적 믿음은 로마서 10장 18절과 같은 본문을 근거로 복음이 세상의 모든 지역에 도달했기 때문에 더 이상 복음 전파가 필요하지 않다는 잘못된 견해를 견지한 것이다.

그러나 루터는 다른 생각을 가지고 있었다. 그는 발견되어야 할 새로운 땅이 있다는 것과 사도들의 설교가 아직 그들에게 도달하지는 않았지만, 복음이 계속 진행됨에 따라 그렇게 될 것이라고 언급했다. 다시 말해, 루

---

13 Stolle, *Church Comes from All Nations*, 24-25.

터는 하나님의 말씀이 아직 세계 모든 곳에 도달하지 않았고, 지금 계속 진행되는 중이라 생각했다. 우리는 엘러트의 말로 결론을 내릴 수 있다.

> 사도들이 이미 모든 사람에게 이르렀기 때문에 현재의 교회는 더 이상 이방인들에게 복음을 전파할 의무가 없다는 많은 후기 신학자의 생각은, 멜랑히톤과 마찬가지로, 루터에게는 완전 이질적인 것이었다. 더욱이 그것은 복음과 교회의 역동적인 모습에 반대될 것이다. 루터는 사도들이 독일에 오지 않았다는 것을 잘 알고 있었다.[14]

하나님 말씀의 이런 지속적인 역동적 모습, 또는 엘러트의 말에 따르면 복음의 영향력(또는 evangelischer Ansatz, 복음의 출발점)은 선교의 두 가지 중요한 원칙을 확립한다.

첫째, 우리는 복음의 전능성과 전 세계적 목적에 대한 믿음을 가져야 한다.
둘째, 우리는 복음을 전파하는 사명에 우리 자신을 헌신해야 한다.[15]

두 가지 측면은 주기도문의 두 번째 청원인 "나라가 임하옵시며"에서 나타난다. 여기서 루터는 하나님 나라가 말씀과 성령을 통해 "아직 그 안에 있지 않은 사람들"에게 올 수 있도록 요청한다.[16] 루터는 이렇게 기도했다.

---

14 Elert, *Structure of Lutheranism*, 1:387.
15 Elert, *Structure of Lutheranism*, 1:385: Blochle, "Die missionarisehe Dimension in der Theologie Luthers," 362.
16 LC III 53-54 (Kolb-Wengert, 447). Peters의 *Kommentar zu Luthers Katechismen*, 3:83쪽 참조.

아버지여, 복음이 전 세계에 올바르게 전파될 수 있도록 먼저 저희에게 당신의 말씀을 주시고, 그것을 우리가 믿음으로 받아서 우리 안에 거하고 역사함으로써 당신의 나라가 우리 가운데 퍼질 수 있도록 하옵소서.

루터는 무엇을 위해 기도하고 있는가?

분명히 그것은 교회 외부에 있는 모든 사람에게 하나님의 선교가 지속되기를 바람에서였으며, 또한 동시에 하나님의 선교가 우리 안에 남아 있기를 바라는 마음에서였다. 다시 말하면, 그것은 최후 승리의 날까지 하나님의 나라가 우리 가운데 머물도록 하는 것이다. 우리는 여기서 루터 신학에 대한 선교적 차원을 다시 한번 보게 된다. 하나님의 선교는 교회의 생활 안에서 이루어지지만, 그것은 또한 교회를 넘어 여전히 불신앙에 있는 사람에게까지 확대된다.

이를 통해 우리는 다음과 같은 사실을 배울 수 있다.

루터는 현재 우리가 쓰고 있는 '하나님의 선교'(미시오 데이)라는 용어를 직접 사용하지는 않았지만, 그럼에도 개념상 그는 그 용어가 나타내는 많은 부분에 있어 선구자였다. 하나님이 주체자이시다. 우리의 활동은 하나님의 일에 종속되어야 하며 모든 성공은 그분에 의한 것이다. 우리는 이제 선교에 있어 누구와 싸우고 누가 그것을 반대하는지 물어야 한다. 루터는 교회의 선교가 주로 하나님의 말씀과 사탄의 세력 사이의 영적 싸움으로 작용한다고 이해한다.

루터는 자신의 진술에서 조금 더 나아가 다음과 같이 결론을 내린다.

당신의 나라가 말씀과 성령의 능력을 통해 우리 가운데 퍼지기 원하며, 악마의 통치가 파괴되어 그의 왕국이 완전히 박멸되고 죄, 죽음, 그리고 지옥이 완전히 사라질 때까지 그가 우리를 지배할 권리나 권력을 갖지 못하기 원한다.[17]

---

17 LC III 53-54 (Kolb-Wengert, 447).

즉, 선교는 중립 지역에서 수행되지 않고 그것은 오히려 최고 권력과 투쟁한다. 루터 시대와 그의 이해에 따르면 이런 권력은 로마 교황의 교회와 튀르키예의 종교인 이슬람으로 구체화되었다. 그래서 루터는 자신의 생애 동안 그들을 반박하고 교정하는 일을 자신의 선교 사역의 전면부에 내세웠다.[18]

5. 종말론, 심판의 날, 그리고 예정론

복음 활동에 반대하는 악마적 태도는 루터가 기대하는 주제인 다가오는 심판의 날로 우리를 안내한다. 실제로 루터는 종말의 때에 관한 생각에 몰입하여 살았다. 재난과 사변들은 심판의 날이 임박했다는 징후로 해석되었다. 그러나 그의 확신은, 역사 안에서 하나님의 말씀이 사탄보다 우세할 것이며 그 승리는 최후 종말의 때에 완전히 나타날 것이라는 것이었다.

일부 학자는 임박한 심판의 날에 대한 생각은 복음 전파에 대한 루터의 활동과 이에 대한 그의 지지를 실제로 억제했다고 주장한다. 바르넥은 다음과 같이 주장했다.

> 루터의 예정교리와 종말론도 고려해야 한다. 루터가 예정교리에 전체 강조를 둔 것은 분명히 한쪽으로 치우친 것이다. 루터는 튀르키예 사람을 마지막 때의 잔인한 원수로 생각했고 이교도와 유대인은 사탄의 지배 아래 있다고 보았는데, 이런 견해는 처음부터 그들 사이에서 선교 사업을 시작하는 것에 대한 모든 생각을 마비시켜 버렸다.
> 하나님은 확실히 자신이 선택한 자들을 모든 곳에 가지고 계시므로, 이것은 몇 사람은 믿음으로 인도되는 것을 의미한다. 그러나 그분께서 이것을 어떻게 실현하실지는 그분의 주권적 은혜의 문제이며 인간의 선교 단체는 그분

---

18 Stolle, *Church Comes from All Nations*, 75-76, 89-90.

의 계획에 있지 않다. 이에 더하여 루터와 그의 동시대 사람들은 세상의 끝이 가까웠다고 확신하고 있었다. 루터와 멜랑히톤(Melanchthon)은 16세기 중반, 1558년의 어느 날 세상의 마지막 날이 올 것이라는 일반적 견해를 공유했다. 종교개혁가들이 가진 이런 종말론적 개념은 그들에게 왜 올바른 선교 개념이 없었는지를 우리에게 명확하게 설명해 주고 있다.[19]

그리스도의 재림에 대한 루터의 기대와 관련하여 아마 일부분의 수정을 제안할 수도 있다. 루터는 1533년 10월 19일 오전 8시에 그리스도가 재림한다는 정확한 날짜를 예상하고 이를 책으로 출판하려 한 그의 동료 마이클 스티펠(Michael Stifel) 목사의 계산에 매우 비판적이었다.

루터는 "계산하는 모든 사람은 손가락을 이완하고 휴식을 취해야 한다"고 말함으로써 종말을 계산하는 자신의 동료들을 향해 독설을 퍼부은 아우구스티누스와 비슷한 진술을 통해 스티펠 목사의 생각을 교정하고, 이 출판물을 위한 서문을 써 달라던 그의 요청을 거절했다.[20]

토마스 옴(Thomas Ohm) 또한 루터의 예정교리와 종말론을 선교에 대한 "숙명론적-정적주의"에 근거한 태도라고 간주했다. 옴은 루터가 기독교인에게 선교할 것을 호소하지 않고, 하나님이 선택한 자들을 그분의 방식을 통해 구원으로 인도하실 수 있도록 모든 것을 하나님 손에 맡긴다고 주장했다.

그러나 옴의 이런 주장은 루터 학자들을 화나게 한다. 옴의 견해는 루터보다 칼빈과 더 유사한 '이중 예정론'이라는 적합하지 않은 교리를 루터에게 적용시킨 것이다. 우리가 다음 장에서 살펴보겠지만, 루터교의 예정론 교리의 특징은 '예정된 자와 유기된 자'라는 제한된 이중성에 대항하여,

---

19 Warneck, *Outline of a History of Protestant Missions*, 15-16.
20 마이클 스티펠 목사가 반종교 개혁의 결과로 오스트리아 북부에 있는 그의 고향을 탈출한 후, 루터는 그를 인근 지역의 목회지에 배정했다. 스티펠은 자신의 책 *Rechenbuchlein vom Endchrist: Apocalypsis in Apocalypsim*에 자신의 신중한 계획을 집어넣었다. Brecht의 *Martin Luther*, 3:20을 참조할 것.

'하나님의 보편적 구원 의지'에 대한 의식적인 결정에서 나온 결과물이다. 모든 사람이 구원받을 것이라는 하나님의 뜻은 전 세계 모든 국가에 복음을 전파함으로써 확장되었다.[21]

그러나 우리는 이 마지막 시대에 교회의 직무와 선교를 해석하는 루터의 진지한 현실성에 주목해야 한다. 특정 기간 내에 결과를 달성하겠다고 서약하고 맹세하는 오늘날 우리의 활동에 대한 경솔한 자신감과 루터의 견해 사이에는 중요한 차이가 있다. 루터는 우리가 최종적 종말에 이를 때까지 하나님 말씀에 대한 저항과 적대감이 지배적일 것임과 기독교는 결코 이 세상에서 지배적 종교가 되는 지위를 얻지 못하게 될 것임을 깨달을 만큼 매우 현실적이고 진지했다.

다가오는 종말은 루터에게 선교에 대한 절박함을 증가시켜 주었지만, 동시에 이 세상의 하나님에 대한 반대와 하나님과의 관계에서의 소외는 항상 교회에 십자가를 가져오도록 만드는 것이었다.

그러면 전 세계가 기독교가 될 것인가?

루터는 이런 가능성에 대해 부정했다.

> 그러므로 온 세상과 모든 사람이 그리스도를 믿을 것이라는 방식으로 이해해서는 안 된다. 왜냐하면, 우리가 거룩한 십자가를 지니고 다닐수록 그리스도인을 박해하는 사람들이 더 많아질 것이기 때문이다.[22]

루터는 복음이 재발견된 독일과 관련하여 다음과 같이 지적했다.

> 복음의 이동은 이제 우리 사이에 있지만 거룩한 말씀에 대한 우리의 배은망덕함과 경멸, 옹졸함과 퇴폐함은 그것이 오래 유지하지 못하도록 만든다. 거기에는 거대한 폭도가 뒤따를 것이며 나중에 큰 전쟁이 올 것이다. 아프

---

21 Wetter, *Der Missionsgedanke bei Martin Luther*, 45.
22 Stolle, *Church Comes from All Nations*, 26.

리카에서는 복음이 매우 강력하게 존재했지만 거짓말쟁이들이 그것을 훼손시켰으며 그 후 반달족의 침입과 전쟁이 일어났다. 이집트에서도 마찬가지였다. 먼저 거짓말을 하고 살인을 했다.

이것은 독일 땅에서도 똑같은 방식으로 진행될 것이다. 경건한 설교자를 먼저 빼앗고 거짓 선지자, 열광주의자, 선동자들이 내 자리와 다른 설교자들의 자리에 들어서서 교회를 나누고 찢어 버릴 것이다.[23]

6. 교회의 중심 역할

루터는 선교 활동에 대한 요청과 함께 자신의 신학에 대한 선교적 차원을 보완한다. 그가 복음의 확장에 관해 이야기할 때 그는 종종 교회론적인 말로 그렇게 했다. 인간 활동은 말씀을 전파하고 성찬을 집례하는 것으로 나타나며 이 활동은 하나님의 나라를 확장시킨다. 불신자들이 말씀을 듣고 세례를 받을 때 그들은 그리스도인 공동체에 연합하게 된다. 선교는 교회의 핵심 활동, 즉 설교와 가르침 그리고 은혜의 수단(means of grace)을 집례하는 것과 관련이 있다.

루터는 다음과 같이 하나님의 선교에서의 교회 역할을 설명한다.

> 성령은 마지막 날까지 거룩한 공동체 또는 기독교인과 함께 계실 것이다. 그것을 통해 성령은 우리를 모아 말씀을 가르치고 전파하는 데 사용하신다. 이 그리스도인 공동체 안에서는 죄의 용서가 이루어지는데, 이는 성찬과 사죄의 선언은 물론 온전한 복음이 주는 모든 위안의 말씀을 통해 이루어진다. 성령은 아직 이 기독교 공동체를 모두 모으지 않으셨기 때문에, 죄를 용서해 주시는 사역도 아직 완료되지 않았다.[24]

---

23 Stolle, *Church Comes from All Nations*, 83.
24 LC II 53, 54, 62 (Kolb-Wengert, 438-39). Gensichen의 "Mission und Luthertum," 546쪽 참조.

이 교회 중심의 선교 접근 방식은 선교회가 아닌 교회가 선교 활동의 촉매 역할과 기초가 되어야 한다는 것을 제시하고 있다.[25] 확장은 궁극적으로 회중의 차원에서 이루어진다. 모든 회중의 선교는 보편적인 교회를 확장하는 일에 참여함으로 이뤄진다. 그것은 복음이 선포되고 신자들이 그리스도를 증거할 때 이방인을 향해 움직인다.[26]

의심할 여지없이 지역 교회를 통한 말씀과 성례전에 관련한 활동들은 가장 근본적이고 적절한 형태의 선교다. 이미 초대 교회에서는 회중의 삶이 주변 세계를 채우는 방식으로 선교를 시작했다(살전 1:8). 루터가 선교 사역을 장려했을 때, 그의 이런 생각은 지역 교회와 개개인 그리스도인이 믿지 않는 자들에게 나아가는 매력적인 힘을 고려한 것이었다. 루터는 우리 자신의 상황에 맞는 가장 적절한 것들을 가지고 이야기했다.

이 모든 것은 직간접적으로 회중의 사역이 선교적 목표를 위해 중요한 비중을 차지하고 있음을 의미한다. 루터가 언급한 것처럼 회중의 전례적 예배조차도 이를 위한 중요한 역할을 한다.

> 두 번째는 독일 미사와 예배 규정(German Mass and Order of Service, 1526)인데, 이는 배우지 못한 평신도를 위해 마련된 것으로 우리가 지금 우려하고 있다. 이 두 가지 예배 규정은 교회에서, 그리스도를 믿지 않거나 아직 기독교인이 아닌 많은 사람을 위하여 공개적으로 사용되어야 한다.[27]

회중 찬송가는 교회의 선교를 더욱 발전시켰다.

---

[25] Maurer, "Reformation und Mission," 33-44; Stolle, *Church Comes from All Nations*; Aagaard, *Mission, Konfession, Kirche*, 208; Koschade, "Luther on Missionary Motivation," 236-37.

[26] 300년 후, 신학자이자 선교사인 빌헬름 뢰에는 이 개념을 재확인했다. "선교는 그 운동에서 하나님의 유일한 교회 즉, 하나의 보편적인 가톨릭교회의 실현일 뿐이다." (Löhe, *Three Books about the Church*, 59); Elert, *Structure of Lutheranism*, 1:390.

[27] Stolle, *Church Comes from All Nations*, 43-44.

하나님은 죄와 죽음과 악마로부터 우리를 구원하기 위해 내어 주신 사랑하는 아들을 통해 우리의 마음과 영을 행복하게 하셨다. 이것을 참으로 믿는 사람은 가만히 있지 못하고, 그는 다른 사람이 듣고 구원으로 가까이 갈 수 있도록 기꺼이 즐거움으로 말하게 된다.

그러나 그가 이 사실에 관해 이야기하고 노래 부르고 싶지 않다면, 이것은 그가 믿지 않고 새로운 기쁨의 신앙에 있지 않으며, 오래되고 썩고 불행한 신앙 아래 속해 있다는 증거다. 따라서 프린터는 부지런히 노래를 출력하고 모든 종류의 수식으로 사람에게 즐거움을 줄 때 매우 잘 작동하는데, 이것은 사람을 믿음으로 인한 기쁨을 얻게 하고 즐거이 노래하게 만든다.[28]

7. 선교를 돕는 교리 교육

루터의 교회론에는 모든 그리스도인의 증인으로서의 활동도 포함하고 있다. 그러나 이를 위한 적절한 기초가 세워져야 한다. 그리스도인은 교리 교육을 통해 올바른 지도를 받아야 한다.

나는 어린이들이 교리 문답을 배울 것을 강력히 촉구한다. 만약에 이 아이들이 침략으로 포로가 된다 해도 그들은 적어도 침략자들에게 기독교 신앙의 뭔가를 가져다줄 것이다.[29]

모든 그리스도인의 신앙은 구주이신 그리스도에 관한 성경적 진리를 잘 아는 것이다. 이것은 사도신경 제2항에 대한 루터의 설명에 분명하게 나타난다.

---

28   Stolle, *Church Comes from All Nations*, 47.
29   Stolle, *Church Comes from All Nations*, 46.

자리와 공간만 있으면 십계명, 주기도문, 그리고 신조를 잘 배우고 공부해야 한다. 특별히, "그 외아들 우리 주 예수 그리스도, 이는 성령으로 잉태하사 동정녀 마리아에게 나시고 본디오 빌라도에게 고난을 받으사 십자가에 못 박혀 죽으시고 장사한 후 지옥에 내려가셨다가 사흘 만에 죽은 자 가운데서 다시 살아나시며 하늘에 오르사 전능하신 하나님 우편에 앉아 계시다가 저리로서 산 자와 죽은 자를 심판하러 오시리라"라고 고백하는 조항을 잘 공부해야 한다.

왜냐하면, 이 조항에 모든 것이 담겨 있기 때문이다. 이 조항으로부터 우리는 그리스도인이라 불리기 시작했고 또한 동일하게 복음을 통해 그리스도인이라 불리게 되며 세례를 받고 기독교인으로 받아들여지며 같은 성령을 통해 죄의 용서를 받는다.[30]

이 가르침에 기초하면 우리 기독교 신앙의 특징적 윤곽은 다른 종교의 특징과 대조적으로 분명해진다. 이미 하나님의 정체성에서 그들과의 구별이 분명해진다. 루터에 따르면 유대인, 무슬림, 거짓 그리스도인들은 모두 삼위일체 하나님을 동일하게 거부한다.

루터는 다음과 같이 진술했다.

우리의 믿음은 지상의 다른 모든 믿음과 구별된다. 유대인은 그것을 갖고 있지 않으며, 튀르키예인과 사라센인(아랍인), 가톨릭교도(Papist, 또는 교황 절대주의자)나 거짓 기독교인, 또는 다른 불신자들 역시 갖고 있지 않고, 오직 정통 기독교인들만 구별되는 믿음을 갖고 있다.[31]

루터가 모든 그리스도인의 섬김에 관해 이야기할 때, 그는 일상적 상황이 더 이상 존재하지 않는 환경에 특히 주의를 기울였다. 그런 특별한 상

---

30 Stolle, *Church Comes from All Nations*, 71.
31 Stolle, *Church Comes from All Nations*, 71.

황에서 평신도의 기독교 증거는 더욱 단호하고 확고해야 한다.

> 만약 그(그리스도인)가 기독교인이 없는 곳에 있다면 그에게는 그리스도인이 되는 것 이외의 다른 부르심이 필요하지 않다. 여기서 그의 의무는 그릇된 이교도나 비기독교인들에게 복음을 전파하고 가르치는 것인데 그 이유는 아무도 이것을 요구하지 않더라도 그에게는 형제 사랑의 의무가 있기 때문이다.[32]

이것은 루터가 가상의 사례를 만들어 낸 것이 아니라, 그 당시에는 실제로 위협이 임박해 있었기 때문이다. 튀르키예인들이 근접해 있었기 때문에 루터는 기독교 전쟁 포로들에게 믿음을 끊임없이 유지하라고 권고했다.

> 나는 튀르키예에서 이미 체포되었거나 체포될 여지가 있는 독일인들에게 격려와 위안의 말을 전하고자 한다. 그들은 바벨론의 신앙과 예배를 통해 분개하지 않도록 포로 상태를 인내하고 풀려날 때까지 믿음을 굳게 유지해야 한다. 그러므로 사랑하는 형제여 주의를 기울이시오. 당신은 당신의 죄를 위해 돌아가신 사랑하는 주님이시요 구주이신 예수 그리스도를 잊거나 부인하지 않도록 올바른 기독교 신앙을 유지해야 함을 주의하시오.[33]

하지만 신자 자신이 다른 많은 그리스도인 가운데 있음을 알게 된다면, 그는 한 발짝 뒤로 물러나서 올바른 규칙이 상황을 좌우하도록 해야 한다. 루터는 이렇게 설명했다.

> 만약 그가 동일한 힘과 권리를 가진 그리스도인들이 있는 곳에 있다면… 그는 그 자리에서 그리고 다른 사람의 명령에 의해 복음을 전파하고 가르

---

32 Stolle, *Church Comes from All Nations*, 21.
33 Stolle, *Church Comes from All Nations*, 71.

치는 일에 부름을 받고 선택되도록 해야 한다.³⁴

우리는 뒷장에서 위급한 상황의 의미와 그 함의에 대해 논의할 때 이 주제를 다시 살펴볼 것이다. 우리는 또한 이 문제에 영향을 미치는 '만인 사제직'에 대한 루터의 개념을 집중적으로 논의해 볼 것이다.

8. 문화적 동기

마지막으로, 관습과 문화에 대한 루터의 놀랍도록 민감한 견해는 전 세계 다양한 사람에게 복음을 전하려고 시도하는 현대 교회에 알려져야 한다. 복음은 현지인의 언어로 가르치고 전파되어야 할 뿐만 아니라, 새롭게 개종한 사람은 특정한 문화적 맥락 안에서 자신의 신앙 표현 방법을 찾아야 한다.

복음 선포는 복음을 받는 사람의 언어로 들려지고 이해되어야 한다. 루터는 번역의 동기와 가치를 더욱 발전시켰다. 훌륭한 설교자와 선교사는 자신이 말씀을 전하려는 사람과 어울리고 그들을 면밀하게 관찰함으로써 단어 선택에 신중을 기해야 한다. 루터는 이렇게 말했다.

> 우리는 독일어를 말할 때 문자적(문어체) 라틴어를 사용해서는 안 된다. 오히려 우리는 집에 있는 어머니와 거리의 아이와 시장의 평범한 남자의 언어를 사용해야 한다. 우리는 그들의 언어와 그들이 말하는 방식에 따라 안내를 받고 그에 따라 번역을 해야 한다. 그렇게 해야만 그들은 그것을 이해하고 우리가 그들에게 독일어를 말하고 있다는 것을 인식할 것이다.³⁵

---

34 Stolle, *Church Comes from All Nations*, 22.
35 *On Translating: An Open Letter* (1530), AE 35:189.

다른 사람에 대해 배우려는 루터의 노력에는 16세기 그리스도인들이 접촉할 가능성이 있는 다른 국가도 포함되어 있다. 1529년, 루터는 1475년에서 1481년 사이에 도미니크회 수도사인 헝가리의 게오르기우스(Georgius)가 쓴 논문 〈튀르키예의 관습과 종교〉(*Libellus de ritu et moribus turcorum*)를 번역하고 서문을 쓰면서 코란과 무슬림에 대한 독일인들의 무지를 언급했다.

그리고 1542년 루터는 14세기 이탈리아 도미니카 수도사이자 선교사인 리콜도 다 몬테 크루시스(Ricoldo da Monte Crucis)가 쓴 『코란에 대한 반박』(*Confutatio Alcorani*)을 번역했다.[36] 우리는 이미 튀르키예인과의 전쟁에서 그리스도인으로서 어떻게 행동해야 하는지에 대한 루터의 논의를 살펴보았다.

루터는 규율 잡힌 튀르키예인들의 삶에 감명을 받고, 독일인들이 이 선례를 따르는 데 유용한 본보기로 삼도록 이를 장려했다. 그런데도 루터는 튀르키예인들의 종교와 무슬림 신앙에 대해 부정적 견해를 가지고 있었다. 일반적으로 루터는 이슬람이 그리스도께서 베푸신 값없는 은혜를 거부했기 때문에, 로마가톨릭 신앙과 유대교와 동등한 수준으로 영원한 형벌을 받는 '율법의 종교'라고 생각했다.

루터는 생의 말년에 유대교에 너무 비판적이어서, 그는 20세기에 유대인 홀로코스트의 선구자로 여겨지기도 했다.[37] 그러나 폴 웨터는 루터가 "유대인을 멸종되어야 할 민족"이라고 보았기 때문이 아니라, 그 "종교가 잘못"되었기 때문에 수정되어야 한다고 보았다고 옳게 지적하고 있다.[38]

유대교 회당은 그리스도인을 개종시키는 중심지 역할을 하게 되었다는 소문이 이미 루터의 귀에 들려왔다. 유대인들의 그리스도에 대한 지속적

---

36 루터의 소책자 독일어 제목: *Vorlegung des Alcoran Bruder Richardi, Prediger Ordens: Verdeutscht und herausgegeben von M. Luther* (1542), WA 53:274. 무슬림에 대한 루터의 입장에 대한 토론은 밀러의 *Muslims and the Gospel*을 참조할 것.
37 Siemon-Netto의 *Fabricated Luther*를 참조할 것.
38 Wetter, *Missionsgedanke bei Martin Luther*, 286-89.

저항에 따른 루터의 노여움과 괴로움은 그가 1543년에 쓴 논문 『유대인과 그들의 거짓말에 관하여』(*On the Jews and Their Lies*)를 통해 표출되었다.

그 논문에서 루터는 유대인들이 자신의 종교적 오류를 깨닫게 하려는 목적으로 정부에게 엄한 재량권(scharfe Barmherzigkeit)을 적용하도록 요청함으로써 유대교에 대한 그의 가장 거침없는 고발을 드러냈다. 하나님이 사람을 회심시키기 위해 처벌이라는 율법적인 방법을 사용하신 것처럼, 루터 역시 정부가 가혹한 조치를 취함으로써 유대인들이 자신의 영적인 속박을 인식하게 만들 수 있다고 생각했다.[39]

실제로 루터는 시간이 지남에 따라 유대인들의 집단적 개종에 대한 희망을 서서히 버렸으나, 그는 항상 유대인 개개인이 기독교로 개종할 것이라는 희망을 끝까지 품고 있었다.[40]

9. 루터에 관한 최종적 소견

루터의 선교학적 어조는 현대 선교 사역에 있어서 여러 가지 의미를 내포하고 있다. 먼저 루터 신학에서 몇몇 부분만 선교를 위해 가치 있는 것으로 선택하고, 나머지 부분은 길가에 남겨 놓으려는 시도에 대해 만족할 수 없다. 하나님의 본성, 복음, 교회, 은혜의 수단, 사역 및 종말론 등의 루터 신학이 모두 의미 있는 방식으로 선교적 인식과 통합되어야 한다.[41]

달리 말하면, 루터 신학의 모든 부분이 선교학적 함의를 지니고 있음에 대한 분명한 설명이 필요하다. 오늘날 교회에서 신학과 선교를 각기 다른 길로 설명하고 있는 불행한 상황은 선교 분야에서 루터의 신학을 소외시키는 결과를 낳았다.

---

39 Wetter, *Missionsgedanke bei Marlin Luther*, 284.
40 Siemon-Netto의 *Fabricated Luther*를 참조할 것.
41 Bosch, *Transforming Mission*, 492-96. 확장된 교리 목록은 Braaten의 *Apostolic Imperative*, 71-72쪽을 참조할 것.

선교 사역에 참여하는 사람들이 교회의 다수와는 거의 관계없는 일에 종사한다고 여겨져 외부 그룹으로 간주되는 것은 참으로 비극적인 현실이다. 불행하게도 이 현상은 경건주의에 뿌리를 내렸는데, 그곳에서 '교회 속의 작은 교회'(ecclesiola in ecclesia)라는 모토는 실질적으로 이 운동의 긍정적 특성이 되어 버렸다. 이런 사고방식은 오늘날 루터교 집단 안에서도 여전히 널리 퍼져 있다.

그러나 루터에 대해 변호하자면, 그는 선교가 일부 헌신된 소수에 의한 핵심 사업이 아닌 교회 전체와 모든 그리스도인이 참여해야 할 영역에 해당한다고 보았다. 나는 루터 신학이 가진 선교학적 함의 가운데 매우 중요한 한가지에 대해 여러 시점에서 언급했는데, 그것은 바로 죄인의 칭의에 관한 것이다.

다음 장에서는 이 내용에 대해 자세히 다룰 것이다. 하나님과 세상 사이의 굉장한 차이에도 불구하고, 하나님은 당신의 주권과 은혜(Sola Gratia)로써 인간을 용서하시고 의롭다 여기시고 구원하시는 일을 주도해 나가셨다. 따라서 칭의는 하나님의 가장 진정한 구원 의지를 표현하고 가져온다. 교회를 세웠다 무너뜨리기도 하는 이 조항의 기초가 되는 '구원론'은 루터 신학에 대한 지지는 물론 실질적으로 선교적 동기를 부여하는 역할을 한다.

루터는 사실상 자신이나 독일 국가를 위해서뿐만 아니라 모든 사람을 위해 복음을 풍부하게 표현했다. 루터의 신학과 독일에서 기독교를 개혁하고 갱신하려던 그의 노력은 그 자체로 끝난 것이 아니었다. 그것은 모두 교회의 최우선 임무인 세상에 복음을 선포하는 일을 준비하기 위한 과정의 일부였다. 이 준비의 주요 부분에는 또한 복음의 흐름을 방해하는 데 최전선에 있던 유대교와 튀르키예의 종교인 이슬람을 폭로하기 위한 루터의 노력이 포함된다.

루터는 그리스도인들에게 믿음과 더 나은 복음의 증거를 제시하려는 의지가 파괴되지 않기 위해 이런 침입으로부터 자신을 보호하라고 경고했다.⁴² 사실 루터가 기독교 교회를 교리적으로 건전하게 만들기 위해 노력했던 것은 그리스도인이 세상에서 복음 증거와 신앙고백을 할 수 있도록 힘을 실어주기 위함이었다.

루터가 하나님의 말씀, 성례전, 신앙과 순종, 교리 교육, 예배와 예전 그리고 번역에 중점을 두었던 목적은 교회의 가장 중요한 임무인 복음을 전파하고 잃어버린 자들을 데려오는 것을 고려할 때 가장 잘 이해된다.

루터교회 내에서는 불행하게도 '순수한 교리의 보존'과 '세계에 대한 교리의 선포'라는 쟁점 때문에 분열이 일어났다. 사실 이 두 개의 방향은 루터의 신학에서 서로 반대될 필요가 없다. 복음 교리를 세상에 전파하려는 의도 없이 그것을 보존하려는 것은 순수한 교리의 존재 이유를 근본적으로 약화시킨다.⁴³

루터는 유대인과 튀르키예인을 복음이 필요한 사람들로 식별했다. 그러나 16세기에 선교 사역은 이미 더 광범위해져 있었다. 독일 전체 국가와 국민이 선교의 대상이었다. 시간이 지남에 따라 그 개념이 바뀌었다. 독일은 이제 해외로 선교사를 파견하는 국가로 발전했다. 오늘날 이것이 한 바퀴 빙 돌아서 독일과 유럽이 주요 선교지를 대표하는 나라가 되었다.

유럽과 북아메리카의 상황은 종교개혁 시절 루터가 알고 있던 지정학적 위치의 문제와 많은 공통점이 있다. 기독교는 그와 관련이 적거나 전혀 없는 사람들이 있는 이질적 상황에서 자신의 존재를 재발견하게 된다. 루터의 글을 채택하여 기록한 서문에서, 볼커 스톨레(Volker Stolle)는 다음과 같은 내용을 관찰했다.

> 선교는 더 이상 기독교 국가의 바깥 변두리에서 주로 실행되는 것이 아니다. 그것은 오히려 모든 기독교 회중의 특정 환경 안에서 삶의 방식을 통해 실행된다. 여기서 루터는 이제 놀라운 지혜로 말하기 시작한다. 그는 선교 주

---

42 Wetter의 *Der Missionsgedanke bei Martin Luther*, 283쪽에서 논의됨.
43 Kolb, "Primary Mission of the Church," 117-29쪽 참조.

제와 어느 정도 흥미로운 관련성이 있는 통찰력을 표명했다.

이것을 통해 우리는 종교개혁과 선교적 관심 사이에는 밀접한 관계가 있음을 알 수 있다. 그 하나는 선교사 증거에 있어서 삶과 교리를 의식적으로 연결하는 것이다. 루터는 그리스도인과 교회의 선교 사역과 관련된 다양한 질문에 있어서 의미 있는 답변을 제공해 준다.[44]

서구에서 우리 주변 세상은 기독교 신앙을 버렸다. 따라서, 우리는 말씀 선포, 세례, 예전, 그리고 개인적 증거를 통해 새로운 이민자들을 우리 안으로 받아들일 수 있어야 한다. 이를 위해서는 반드시 회중을 동원하는 선교적 마인드를 가진 목회자와 교회 회원이 필요하다. 루터의 시대와는 달리, 교회는 이제 영토 통치자들에 의해 어떤 제한도 받지 않는다. 오늘날 그리스도인은 종교의 자유를 가지고 있으므로 정부의 견책 없이 선교 사역에 참여할 수 있다.

10. 루터교 신앙고백서

1) 권위의 문제

많은 사람은 '루터교 신앙고백서'가 직접 선교에 대해 언급하지 않는다고 말한다. 이에 대한 루터교의 대답은, 신앙고백서는 믿지 않는 세상에 어떻게 접근해야 할지를 교회에 지시해 주는 선교 논문이나 매뉴얼의 목적으로 쓰이지 않았다는 것이다. 대신에 그것은 교회 안에서 신학적 입장을 확인하고 교정하는 역할을 한다.

그러나 이런 신학적 강조에도 불구하고, '루터교 신앙고백서'는 교회의 메시지 내용을 명확하게 해 주는 역할을 통해 교회의 선교를 간접적으로 도왔

---

[44] Stolle, *Church Comes from All Nations*, 11.

다. 교회가 말씀을 선포하고 교인들에게 기독교 교리를 가르침으로써 그리스도인이 복음의 내용에 대한 명확한 이해를 갖고 이웃에게 접근하여 이를 보다 효과적으로 증거할 수 있도록 돕는다. 물론 신앙고백서는 그들의 당면한 상황과 관련하여 신학적으로 구별되는 언어를 사용하는 것이 사실이다.

그러나 신앙고백서는 성경에 대한 해석을 나타내므로, 그리스도인들은 신앙고백서의 올바른 가르침과 교리 교육을 통해 성경의 진리를 이웃에게 더 명확하고 효과적으로 연관시킬 수 있을 것이다. 이로 말미암아 신앙고백서는 믿지 않는 세상에 대한 증거를 포함하여, 루터교회가 설교와 가르침에 관한 모든 활동의 기초를 세울 수 있도록 해 주는, 말하자면 견본(template)의 역할을 한다.

루터의 신학이 선교신학에 대해 할 말이 많은 것처럼, 또한 '루터교 신앙고백서'는 우리를 성경에서 제시하는 중요한 원칙에 주의를 기울이도록 인도한다. 신앙고백서는 교회의 선교에 대한 온전함을 더해 주며, 따라서 제임스 쉐러의 항변에 대한 답변을 제공해 준다.

> 루터교회는 신학적 온전함을 가지고 선교와 전도를 해야 한다. 이를 위해서는 교회 전체의 신뢰와 지원이 필요하다. 이런 지원을 받으려면, 그 일이 경멸이나 의심하게 만들 수 있는 이질적인 기초나 동기를 기반으로 하여 선교나 전도를 하지 말아야 한다. 그러므로 선교에 대한 신학적이고 교회론적인 근거에 대한 탐색이 필요하고 정당성을 지녀야 한다. 이것은 미뤄질 수 없는 일이다.[45]

---

45 Scherer, *That the Gospel May Be Sincerely Preached*, 1. 쿠르트 마르퀴트(Kurt E. Marquart)도 비슷한 우려를 제기한다. "루터교 회중과 총회는 루터교 일치서(Book of Concord)를 가장 훌륭하고 가장 확실한 '선교 선언문'으로 소중히 여기고, 교회 생활을 실제로 형성하는 데 있어 교리와 성례전적 실체를 최대한 강화해야 함을 다시 배워야 한다." (*Church and Her Fellowship*, 185 n. 30).

'루터교 신앙고백서'가 선교에 긍정적이고 결정적으로 기여하기 위해서는 교회가 고백서에 대한 권위를 인정해야 한다. 그런 경우 루터교회는 성경과 신앙고백서에 의해 제시된 신학적 표준에 따라 선교 사역을 조정할 준비가 되어 있어야 한다. 독일 선교학자 월터 홀스텐(Walter Holsten)이 주장했듯이, 선교 문헌들은 루터와 종교개혁에 대한 존중을 거의 보이지 않았기 때문에 교회는 그렇게 하기를 꺼릴 수도 있다.[46]

'루터교 신앙고백서'는 어떤 유형의 권위를 제공하는가?

전통적으로 루터교회와 그녀의 선교를 위한 신앙고백서의 규범적이고 구속력 있는 권위는 항상 '쿼아'(quia, ~이기 때문에)에 대한 찬성[47] 중 하나였다. 이것은 신앙고백서가 성경의 정확한 설명으로 이해되기 '때문에(쿼아)' 무조건적 찬성을 의미한다. 이것은 콰테누스(quatenus, "~하는 한에 있어")의 찬성[48]보다 신앙고백서의 권위를 더욱 확신하려는 태도다.

후자(quatenus)의 경우, 독자는 자신이 적합하다고 생각하는 신앙고백서의 권위를 결정할 수 있으며, 그 고백서의 성경 주석에는 잠재적인 오류가 있을 수 있다는 생각을 품을 수 있다.[49]

쿼아 및 콰테누스의 찬성 모두 오늘날 전 세계 루터교 공동체에 존재한다. 내가 속한 교단의 입장은 쿼아에 대한 찬성을 기반으로 한다. 사실 19세기 중반 및 후반기에 대부분의 선교 지지자들은 선교지에서 개신교와 가톨릭 신앙을 증진하기 위한 진정한 수단으로서 루터교 신앙고백에 의지했다.

---

46 Holsten, "Reformation und Mission," 2; Gensichen, "Were the Reformers Indifferent to Missions?" 120. 참조.
47 예를 들어, '일치신조'는 성경에 계시된 그리스도인의 믿음을 충실하게 묘사하기 '때문에' 권위가 있다는 믿음과 관련이 있다. (역자 주)
48 예를 들어, 성경에 나오는 그리스도인의 믿음을 충실하게 묘사'하는 한에 있어' '일치신조'는 권위가 있다는 믿음과 관련이 있다. 따라서 '일치신조'는 성경과 모순될 가능성을 시인한다. (역자 주)
49 찬성(subscription)의 문제에 대한 두 가지 문서가 있다. Walther, "Why Should Our Pastors, Teachers and Professors Subscribe Unconditionally," 241-53, 그리고 Preus, "Confessional Subscription," 43-52.

노이엔데텔사우의 뢰에, 헤르만스부르크의 함즈와 같은 신학자와 라이프치히 선교회는 선교를 수행하는 데 있어서 고백적 루터교 접근 방식의 중요한 촉진자 역할을 했다. 이 전통은 북미를 비롯하여 전 세계에서 결실을 맺었다.

그 결과 프리드리히 비넨켄(Friedrich Wyneken)과 같은 순회구역 전도자를 통해 독일 정착민들이 미국 루터교 공동체, 소위 말하는 삼멜미션(Sammelmission)에 모이도록 이끌었으며, 인도와 남아프리카 같은 먼 나라에서도 선교할 수 있게 되었다. 이런 모든 노력은 교회 역사에서 에큐메니즘(ecumenism)이 지배적 운동이 된 시기에 일어났다.

선교학 연구 자료들을 살펴보면, '루터교 신앙고백서'가 선교와 관련해서 어떤 역할을 했는지에 대해 거의 찾아볼 수가 없다. 반면에 루터 신학에서의 선교에 관한 학문적 논쟁은 널리 알려져 있다. 루터의 교리 문답에 대한 특별한 언급을 제외하고는, '루터교 신앙고백서'를 선교학적 관점에서 시도한 학자는 거의 없었다.[50]

학자들의 이런 무관심은 '고백주의 신학'과 '선교신학' 사이에 단절이 여전히 존재한다는 일반적 인식을 완화할 수 없었다. 사실 프란츠 위브(Franz Wiebe)는 '루터교 신앙고백서'의 선교학적 차원에 대한 그의 입장을 밝히면서, '고백주의 신학'과 '선교신학'의 친밀함이 아직 극복되지 않았음에 대해 솔직하게 이야기한다.[51]

---

50 위베(Wiebe)는 그의 "Missionsgedanken in den lutherischen Bekenntnisschriften"에서 '루터교 신앙고백서'를 선교적 연구에 참여시키기 위한 최초의 그리고 가장 중요한 시도를 했다. 그러나 그는 '삼위일체'와 '칭의' 교리와 같은 종교개혁의 주요 주제를 무시한다. 이 둘에 관한 내용을 다룬 것은 Schulz, *Missiological Significance of the Doctrine of Justification*을 참조할 것.
   저자는 또한 1980년 9월 4일 알자스의 하일리겐슈타인에서 열린 국제신학회의(International Theological Convention)에서 발표된 게오르그 슐츠(Georg Schulz)의 에세이 "Die Bedeutung des Bekenntnisses der lutherischen Kirche"의 미출판 자료를 갖고 있다.

51 프란츠 위베는 이것을 "신앙고백과 선교신학의 이질감은 아직 해결되지 않았다; noch nicht behobenen Fremdheit zwischen Bekenntnis- und Missionstheologie" ("Der Missionsgedanken in den lutherischen Bekenntnisschriften," 18)라고 말한다. 루터교 선교사

오늘날 다른 사람들이 가진 관점에 대한 관대한 태도는 신앙고백서를 변론하는 일을 더욱 어렵게 만든다. 신앙고백 문서에 나타나는 '절대적 진리'와 '거짓에 대한 비난'에 관한 성명들은 오늘날의 보편적인 태도인 화해, 동의 및 다원주의에 대해 전혀 언급하지 않는다. 우리는 교리에 근거한 신앙고백을 갖고 있는 독실한 신앙인들의 모든 주장으로부터 간섭받지 않도록 요구할 수 있는 포스트모던 토론 시대에 살고 있다.

그러나 이런 회의적 태도는 우리 시대의 정신을 올바르게 반영한 것이 아니다. 그것은 오히려 근대 시대의 잔재다. 대신 믿음 공동체가 신앙고백을 중심으로 하는 교회의 지원을 통해 계시와 신앙고백에 근거한 특정한 신념을 받아들이고자 하는 노력은 꽤 허용되는 일이다.[52]

그러므로 나는 이런 포스트모던적 주장이 실제로 '루터교 신앙고백서'를 21세기를 살아가는 믿음 공동체들의 목소리(길잡이)로 사용하기에 완벽한 문서가 되게 만들었음을 제안한다. 분명히 '루터교 신앙고백서'는 '인류에 대한 삼위일체 하나님의 사랑'과 영원부터 진리와 하나님 안에 존재했던 '그 사랑을 전하려는 근본적인 힘(충동)'을 칭송한다.

이런 진리는 절대 진리를 버린 세상에서도 복음의 메시지로 나타나기 때문에, 이 복음을 받아들인 공동체는 신앙고백서를 공동체 자체 내에서의 연합을 증진하고 유지하기 위한 수단으로 사용하는 특별한 위치로 올릴 수 있다.[53] 이런 의미에서 '루터교 신앙고백서'는 한 세대에서 다음 세

인 게오르그 비체돔(하나님의 선교) 조차도 이런 점에서 실망스럽다. 신앙고백에 대한 유일한 참조는 '아우크스부르크 신앙고백서' 제7조에만 나타난다.

[52] Smith, *Who's Afraid of Postmodernism?* 122.
[53] 연합에 대한 이런 교회론적 관심은, 예를 들어 '아우크스부르크 신앙고백서'의 서문에 표현되어있다. 저자들은 그곳에서 루터교파의 목표는 모든 그리스도인이 "한분 그리스도 아래 존재하고 싸워서 하나의 그리스도인 교회 안에서 연합하고 일치하도록" 의견 차이와 오해를 없애는 것이라고 공식화했다(AC Preface 4, Kolb-Wengert, 31). 루터교 선교사들이 자신들을 특정 교단의 신앙고백자들로 보지 않도록 하기 위해, 신앙고백서의 포괄적이고 에큐메니컬한 주장을 아는 것이 중요하다.
Schlink, *Theology of the Lutheran Confessions*, xvi-xvii을 참조. Vajta, "Confessions of the Church as an Ecumenical Concern," 176, 179 참조. '루터교 신앙고백서'의 에큐메니컬 본성에 대한 우려는 또한 Meyer-Roscher, "Die Bedeutung der lutherischen

대로 축약된 형태의 신앙을 보존하고 전달하는, 공동체에서 일종의 전통(*paradosis*, 건네준 것, 고전 10:2; 15:3)의 기능을 한다.

실제로 자신의 뿌리를 16세기 종교개혁 당시로 주장하는 교회인 '개신교'는 신앙고백서를 시간을 초월한 길잡이로 여겨야 하며 적용 가능성이 제한된 역사적 문서로 여겨서는 안 된다.[54] 여기서 제안한 시도를 부정적 시각으로 바라보는 사람은 '오직 성경으로'(*sola scriptura*)의 원리가 어겨지고 있다고 생각할 수 있으며, 그들은 오직 성경만이 교회 전체의 선교학적 의제를 제공하는 데 사용되는 것을 선호할 것이다.

하지만 이런 우려는 부당하다. 그 자체로서 모든 선교적 사고와 행동의 규범(*norma normans*, 절대 규범)이 되는 '절대적 기준으로서의 성경'의 위상은 여전히 이 연구에서 불가침 전제로 남아 있다. '루터교 신앙고백서'는 성경에 대한 올바른 설명이므로, 이 연구는 '오직 성경으로'의 원칙을 위반하지 않고 오히려 그것을 강화하는 역할을 한다.

2) 삼위일체 하나님의 선교와 '아우크스부르크 신앙고백서' 조항의 배열

그렇다면 '루터교 신앙고백서'는 어떤 선교적 추진력을 제공하는가?

우리는 이미 루터의 '대교리 문답'에서의 교회론을 살펴보았으며, 뒷장에서는 다른 것을 다뤄볼 것이다. 먼저 '아우크스부르크 신앙고백서'의 조항 배열을 살펴보도록 하겠다.

이 고백서의 조항들은 무작위로 배열된 것이 아니라, 이 세상에서 삼위일체 하나님의 선교를 구성하는 일련의 사건을 반영한다. 그것은 구원의 역사(Heilsgeschichte, 또는 구속사)[55]를 반영하는 구조다. 하나님에 관한 첫 번

Bekenntnisschriften" 19-34, and Brunner, "Die bleibende Bedeutung des lutherischen Bekenntnisses fur die Mission," 8-22쪽에 의해 주장되고 있다.

54 '아우크스부르크 신앙고백서'의 삶의 자리(Sitz im Leben)를 살펴보려면 마우러의 *Historical Commentary on the Augsburg Confession*을 참조할 것.

55 Oberg, "Mission und Heilsgeschichte," 25-42.

째 조항이 그 순서의 뼈대를 구성한다.

삼위일체에 대한 대부분의 신학적 논쟁은 몇 세기 전, 정확히 4세기에 니케아 공의회(AD 325)와 콘스탄티노플 공의회(AD 381) 기간에 자리 잡았다. 그 이후부터 그리스도인들은 삼위일체에 관한 이야기를 일반적으로 받아들였다. 그러므로 삼위일체는 모든 시간과 장소에서 교회의 교리적 고백으로 확인되는 완성되고 정착된 교리를 나타내 준다.[56]

'아우크스부르크 신앙고백서'의 후반부인 제17조에는 '그리스도의 재림'에 관한 내용을 담고 있다. 신학자 피터 브룬너(Peter Brunner)는 여기서 우리 믿음의 '시작'과 '끝'을 설명하는 독특한 용어를 차용했다. 브룬너는 전자(믿음의 시작)의 관점이 독자를 처음으로 데려가기 때문에 이를 "원초적-원형론적 사건"이라고 부르며, 반면 후자(믿음의 끝)는 미래 지향적이기 때문에 이를 "최후 종말론적 지평"이라고 부른다.[57]

이 양극 사이에서 하나님은 그분의 특별하고 광대한 구원 계획을 수행하신다. 멜랑히톤은 '아우크스부르크 신앙고백서'의 순서대로 삼위일체 하나님의 선교를 추적해 나간다. 삼위일체 하나님(제1조)은 타락한 인류(제2조)에게 구속자이신 그리스도(제3조)를 보내 주셨다.

이를 통한 구원과 회복은 죄인의 칭의(제4조)에서 완성된다. 직무(office)와 말씀과 성례전(제5조)의 유익한 영향을 통해 새로운 영적 힘과 용서가 인류에게 주어진다(제6조). 이런 힘은 '하나의 거룩한 공교회'(제7조)를 통하여 역사적인 사역을 수행하며, 위선자들이 그 사역을 지속적으로 위협하지만(제8조), 성례전(제9조-제13조)의 사용[58]을 통해 계속 존속된다.

---

[56] 이 관찰은 에드문트 슐링크(Edmund Schlink)에 의해 공유된다. "신앙고백서에서 삼위일체 교리는 교리적으로 발전되고 증명되기보다는 전제조건으로 인용된다. 결국, 그것은 완성되고 정착된 교리로 받아들여진다." (*Theology of the Lutheran Confessions*, 65). Brunstad, *Theologie der lutherischen Bekenntnisschriften*, 28쪽과 비교해 볼 것.

[57] 브룬너는 인간 존재의 창조와 타락을 자신의 최후 역사적 종말적 지평 "endgeschichtlich-eschatologischen Horizont"와 대조하여 전역사적 원형적 지평 "urgeschichtlich-protologischer Horizont"라고 부른다. ("Rechtfertigung heute," 136).

[58] '아우크스부르크 신앙고백서' 제9조는 세례, 제10조는 성만찬, 제11조는 죄의 고백, 제12조는 회개이다. (역자 주)

또한, 교회의 존재는 성직자가 영적 직무에 적극적으로 참여(제14조)하고, 공민 생활(사법과 세속의 직무, 제16조)이 전제되어 교회 질서를 확립(제15조)하는 인간적인 방법을 통해서 보장된다.[59] 루터는 그의 '대교리 문답'에서 사도신경을 바탕으로 하나님이 누구시며 그분이 하시는 일은 무엇인지에 관해 자세히 설명한다.

> 여기 사도신경에는 하나님의 본질, 그분의 뜻, 그리고 그분의 사역이 정교하게 묘사되어 있다 ··· 이 세 조항에서 하나님은 자신이 가진 아버지의 마음과 그의 순전하고 말로 표현할 수 없는 사랑의 깊이를 우리에게 스스로 계시하고 열어 주셨다. 하나님은 우리를 구속하고 성결하게 하기 위한 목적으로 창조하셨다.
>
> 더욱이 하늘과 땅의 모든 것을 우리에게 주셨을 때, 하나님은 우리를 자신에게로 인도하시기 위하여 아들과 성령을 또한 주셨다. 전에도 설명했듯이 우리는 아버지의 마음의 거울인 주 예수 그리스도가 아니면 아버지의 특별하신 사랑과 은혜를 인식할 수 없다. 그분을 떠나서는 우리는 화와 끔찍한 심판만 보게 될 것이다. 그러나 이것이 성령에 의해 계시되지 않았다면 우리는 그리스도에 관한 어떤 것도 알 수 없었다.[60]

사도신경에서 취한 삼위일체 하나님의 본질에 대한 루터의 관찰은 세상에 대한 하나님의 활동을 선교적 용어로 잘 묘사했다.

루터와 멜랑히톤은 기독교 교회가 어떻게 삼위일체에 관한 오래된 고백을 긍정할 수 있었는지를 보여 주면서 동시에 그것을 묘사적이고 서술적인 형태로 설명한다. 삼위일체를 진술하는 많은 부분이 이 세상에 대한 하

59　빌헬름 마우러는 멜랑히톤의 편집 의도가 '아우크스부르크 신앙고백' 첫 번째 파트의 조항 순서에 독자의 관심을 끌게 함으로써 루터의 위대한 고백(*Great Confession*, AE 37)을 삼위일체 구원의 역사로 재작업하는 것이라고 설명했다. Maurer, *Historical Commentary on the Augsburg Confession*, 112-24. 참조.
60　LC II 63-65 (Kolb-Wengert, 439-40).

나님의 구원 의도를 포함하고 있다. 삼위일체 하나님에 관한 모든 신학은 창조, 구속, 성화의 사역을 통해 모든 사람을 구원에 이르게 하시려는 그분의 구원 의지에 항상 비추어(세 개의 위격과 하나의 본질이 되시는) 하나님의 완전한 신적 본성을 설명해야 한다.

3) 대위임령 본문들

비록 '루터교 신앙고백서'가 특정 활동을 강조하기 위한 목적으로 '선교'라는 용어를 사용하지는 않았지만, 여기에는 (복음을 선포하고 세례를 베푸는 성경의 대위임령 본문과 관련하여) 선교적 동기를 전달하는 몇 개의 내용이 포함되어 있다.

'아우크스부르크 신앙고백서'와 그 외의 '루터교 신앙고백서'에 나타난 대위임령 본문은 매우 특정한 방식으로 사용된다. 신앙고백서에 있는 몇몇 본문은 마태복음 28장 19-20절 또는 그 본문의 일부를 거룩한 목회의 직분(Office of the Holy Ministry)에 대한 참고 구절로 사용했는데, 이는 요한 게르하르트(Johann Gerhard)의 책 『신학 개요』(Loci Theologici)를 인용한 목회에 관한 월터(Walther)의 두 번째 논문도 마찬가지였다.[61]

---

61 대위임령의 본문은 다양한 용도로 사용된다. 일치신조 제7조와 제8조에서, 이것은 주의 만찬과 그리스도 개인을 말하며, 특히 그리스도에 관한 교리와 성찬 제정의 말씀(Word of Institution)을 위해 마태복음 28장 18절을 사용한다. '아우크스부르크 신앙고백서' 제1조와 슈말칼드 신앙고백서 제1조는 모두 마태복음 28장 19절과 삼위일체를 위한 서구 기독교의 세 가지 신조들(creeds)을 포함하고 있다.
'아우크스부르크 신앙고백서' 제9조(세례), 루터의 소교리 문답서 네 번째 파트(세례의 성례), 루터의 대교리 문답서 서문 및 네 번째 파트(세례)는 '세례의 맥락에서의 삼위일체'와 '하나님의 행동으로서의 세례'를 말한다. 주기도문의 첫 번째 청원을 다루는 루터의 대교리 문답서 세 번째 파트는 세례를 통해 삼위일체의 이름을 모든 그리스도인에게 적용한다. '아우크스부르크 신앙고백서' 제28조는 감독의 권력(라틴)과 교회의 권력(독일)에 관해 마태복음 28장 19-20절을 통해 설명한다.
『교황의 지상권에 대한 소고』(Treatise)도 마찬가지로, 일부 로마가톨릭 주교들도 사용했던 세속적인 권력과 민법에 대항하여, 복음을 가르치고 성찬을 집행할 수 있는 교회의 권위에 대해 이야기한다. 두 자료 모두 이 사역을 통해 교회가 행사할 권한에 대하여 이해한다. 일치신조 제8조는 마태복음 28장 20절을 그리스도의 인격과 함께 사용

이런 본문들은 교회의 사역을 확립하고, 하나님의 말씀을 섬기고(ministerium verbi divini), 그 사역의 기능을 설명하기 위해 인용되었다. 때때로 '만인 사제직'과의 연계는 '루터교 미주리총회'(LCMS) 전통과 같이 추론을 통해 확립된다. 이것은 멜랑히톤의 책 『교황의 지상권에 대한 소고』(Treatise)에서, 열쇠가 '원칙적으로 그리고 즉시' 교회에 주어졌음을 보여 준다.

이것은 '만인 사제직'에 대한 참조로 간주되며, 우리는 그들이 당연한 권리를 통해서가 아닌 세례를 통해 특별히 그 사역의 소유자가 되었다고 가정할 수 있다.[62] 실제로 멜랑히톤은 '거룩한 목회 직분'의 중요한 기능에 대한 하나님의 명령을 강조하기 위해 일부 대위임령 본문을 사용했다. 복음을 선포하고 죄를 용서하는 사역은 요한복음 20장 21-23절에 근거한다.

> 복음을 전파하고, 죄를 용서하는 것과 그대로 남아 있는 것, 성찬을 집행하는 일.

멜랑히톤은 또한 마가복음 16장 15절을 인용한다.

> 너희는 온 천하에 다니며 만민에게 복음을 전파하라(막 16:15).[63]

한다. Kolb-Wengert, 36-37, 92-93, 184, 300, 335, 359, 385, 445, 457, 511, and 600. 참조. Walther, *Church and Ministry*, 186쪽 참조.

[62] Walther, *Church and Ministry*, 51, 273. 참고. 또한, 미주리총회의 교리적 입장에 대한 약언(*Brief Statement* of the Missouri Synod)은 『교황의 지상권에 대한 소고』(*Treatise*) 23-24와 고린도 전서 3장 21-22절을 언급한다. "만물이 다 너희 것임이라." 약언(*Brief Statement*)은 또한 그리스도 자신이 모든 신자에게 천국의 "열쇠"를 주셨고(마 16:13-19; 18:17-20) 모든 신자에게 복음을 전파하고 성찬을 집행하도록 위임(마 28:19-20; 고전 11:23-25)하셨다고 고백한다.
그러나 미주리총회는 복음을 전파하고 성찬을 집행하는 것이 공적(publicly)으로, 즉 개인 그리스도인 증거의 범위를 벗어난 '교회 환경'에서, 교회를 통해 하나님에 의해 제정된 '특정한 직무를 맡은 사람'을 통해 이루어진다고 확언한다. Walther, *Church and Ministry*, 161-97. 참고.

[63] AC XXVIII 5-7 (Kolb-Wengert, 93).

『스말칼트 신앙고백서』(Smalcald Articles)에서 루터는 누가복음 24장 47절을 인용한다.

> 그리스도의 이름으로 죄 사함을 받게 하는 회개가 모든 족속에게 전파되어야 한다 (눅 24:47).[64]

루터는 복음의 올바른 기능을 다음과 같이 설명했다.

> 말로 표현하는 방식으로 죄의 용서를 온 세상에 선포해야 한다.[65]

루터는 '대교리 문답'에서 복음 전파는 성령의 역사로서 이를 통해 교회가 설립된다고 언급했다.

> 그리스도가 전파되지 않는 곳에는 기독교회를 만들고 부르고 모으시는 성령도 존재하지 않으며, 그런 곳에서는 누구도 주 예수 그리스도께로 나아갈 수 없다.[66]

이에 대해 『일치신조의 확고한 선언』(The Solid Declaration of the Formula of Concord)에서 만들어진 진술을 비교했다.

> 당신의 헤아릴 수 없는 선과 자비 속에서, 하나님은 자신의 신성하고 영원한 율법과 우리의 구원에 대한 놀라운 조언, 그분의 영원한 아들이며 유일한 구주이신 예수 그리스도의 거룩한 복음에 대한 공개적 선언을 제공하신다. 그분은 이 선언을 통해 인류로부터 영원한 교회를 모으시고, 인간 마음에 진정한 회개와 죄에 대한 지식과 하나님의 아들 예수 그리스도에 대한

---

64 SA IIIIII 6 (Kolb-Wengert, 313).
65 SA IIIIV (Kolb-Wengert, 319).
66 LC II 44-45 (Kolb-Wengert, 436).

참된 믿음이 생기도록 영향을 끼치신다.

하나님은 인간을 영원한 구원으로 부르시고, 자신에게로 이끄시며, 회심시키시고, 새로운 생명을 주기 원하시며, 다른 방식이 아닌 오직 자신의 거룩한 말씀(사람들이 선포된 말씀을 듣거나 읽은)과 성례전을 통해서만 그들을 성결케 하신다.[67]

이 모든 언급은 복음의 설교가 선교적 맥락, 즉 믿지 않는 세상에 대한 활동을 가리키고 있으며 이를 통해 복음은 모든 민족을 그리스도께로 인도하고자 한다는 결론을 이끌게 한다.[68]

루터는 또한 세례의 제정(institution)과 은혜(benefit)라는 측면에서 '세례 교리'를 뒷받침하기 위해 마태복음 28장과 마가복음 16장을 인용한다. 대위임령 본문은 교회가 세상에 복음을 전하고 난 후에 루터교 선교의 필수적인 행위인 세례를 베푸는 것의 가치를 강조하고 있는데 이것은 매우 의미 있는 것이다.[69]

루터는 마가복음 16장 16절을 고넬료의 세례(행 10:47-48)에 연결하면서 이 땅에 복음 선포와 세례가 필요하다고 이야기했다. 고넬료는 한때 믿지 않았지만, 지금은 설교와 성찬을 통해 구원받은 모든 사람을 대표한다.[70]

루터는 그의 『대교리 문답』에서, "죄, 죽음, 악마로부터 구원받아 그리스도의 나라에 들어가서 그분과 함께 영원히 살기"라는 선교적 측면에서 세례를 바라본다.[71] 사실 신앙고백서 가운데 나오는 세례는 나중에 루터교 정통주의 시대에 일어났던 것처럼 그 중요성이 낮아지지 않았다. 세례는 필수적인 성례전으로 간주되었으며 이것이 없으면 구원을 받을 수 없었다.[72]

---

67 SD II 50 (Kolb-Wengert, 553).
68 Schulz, "Das geistliche Amt nach lutherischem Verständnis in der missionarischen Situation," 167.
69 SC IV 4 (Kolb-Wengert, 359).
70 SA IIIVIII 7-8 (Kolb-Wengert, 322).
71 LC IV 25 (Kolb-Wengert, 459).
72 두 가지의 경우에 있어, '루터교 신앙고백서'는 이 점을 주장한다. '아우크스부르

4) 문화 인류학

신앙고백에 도움이 되는 한가지 측면은 문화 인류학적 진술이다. 그것은 인간의 전적 타락을 강력하게 확인하고, 그에 반대되는 개념은 강하게 거부한다. 이에 대해 가장 명확하게 말한 기사는 '일치신조'의 첫 번째 조항으로, '원죄가 사람을 완전히 타락시켜서 그들은 하나님의 외적 도움에 전적으로 의존하게 되었다'라고 기록하고 있다.

여기에서의 '외적 도움'이란 그리스도의 사역이며, 우리의 믿음을 통해서 그리스도에 의한 칭의를 얻는 것이다. 그 타락은 또한 사람의 의지에 영향을 미쳤기 때문에, 사람은 오직 하나님 말씀과 성령을 통해서만 회심하는 것이 가능하다. 실제로, '일치신조'의 첫 두 조항은 세상에 대한 선교적 말씀 증거에 중요한 원칙을 두고 있다.[73]

5) 아디아포라(*Adiaphora*), 잠정적으로 중립적인 것들

'아디아포라', 즉 성경에서 구원이나 믿음을 구하는 데 필수적이지도 않고 죄라고 금하지도 않은 교회의 관행에 관한 문제가 있다. 이와 관련하여 연결지을 수 있는 것은 전례(liturgy) 상황에서의 의례와 예식이다. '아디아포라'의 원리를 급격히 적용하면 교회에서의 전례를 실행하는 데 있어서의 통일성이 무너질 가능성이 있다.

루터교 '일치신조'의 제10조는 잠정적으로 중립적이거나 '중간적인 것'이 강제로 부과되거나 제거되어 중립성을 잃게 되었을 때 심한 박해를 받게 되면 어떻게 대처해야 하는지에 대한 질문으로서 교회 관행의 문제를 다룬다. 두 경우 모두 저자들은 다음에 동의한다.

크 신앙고백서'는 구원을 위해 세례와 성령의 필요성을 철저하게 강조하고(AC Ⅱ, Kolb-Wengert, 39) '일치신조'는 어린이들이 세례 없이 구원을 받는다고 주장하는 사람들을 거부한다(FC XII 11, Kolb-Wengert, 657).

73 FC I-II (Kolb-Wengert, 531-62).

믿음의 고백이 필요한 시기에는 아디아포론(*adiaphoron*, 대수롭지 않은 것)이 없다.[74]

이것은 합의되지 않는 한 교회는 강제로 부과된 관행을 받아들여서는 안 되며, 어떤 관행을 강제로 제거하려는 때도 교회는 이를 허용하면 안 된다는 것을 의미한다. 물론 여기서 말하는 신앙고백은 심한 환난 상황 가운데서의 이야기지 오늘날 우리의 상황을 이야기하는 것은 아니다.

그러나 평화로운 조건에서도 종교개혁의 상황은 '중간의 것'에 대한 무제한적 자유를 요구하는 일 특히 각 회중 스스로가 적절하다고 생각하여 자체적으로 결정한 '중간의 것'을 선택할 수 있도록 허용하는 것에 대해 거부할 것이다.

'아디아포라'에 대한 논의는 비텐베르크의 교구 목사이며 루터의 개인적인 친구였던 요하네스 부겐하겐(Johannes Bugenhagen, 1485-1558)의 시대에 출판된 수많은 안건을 고려해 살펴봐야 한다. 포메라니아(Pomerania, 이전의 독일 북동부의 주, 현재는 폴란드와 독일의 일부)와 같은 지역의 안건을 작성하기 위한 부겐하겐의 노력은 공통적이고 질서 있는 구조를 통해 교회 전체의 통일성을 표현하고자 하는 종교개혁의 관심을 잘 보여 준다.

나는 전례의 질서와 에큐메니컬한 본질이 항상 교회의 선교에 수반되어야 한다고 주장한다. 실천의 무한한 자유에 대한 권리를 요구하는 공공연한 '회중교회주의'(Congregationalism)는 16세기 루터교회의 '아디아포라'에 대한 이해와 서로 맞지 않는다.[75]

---

74 FC X 10-11 (Kolb-Wengert, 637).
75 1847년 '루터교회 미주리총회'(LCMS) 설립자들이 자신의 헌법을 조직했을 때, 칼 문딩어(Carl Mundinger)가 지적한 것처럼, 그들은 통일성을 요구했다. "다른 제어 장치(control device)는 통일된 전례 예식 문제와 관련된 총회 측의 성문화된 태도였다. 헌법에 기초를 놓은 사람들은 자신들의 통일성에 대한 요구가 절대적이지 않다는 점에서, 변경되지 않은 '아우크스부르크 신앙고백서'의 제7조에 대한 충실함을 유지했다. 그들은 오히려 회중들에게 통일된 예식을 소개하려는 일에 온갖 노력을 다하도록 강력하게 주장했다. 헌법은 심지어 전례의 통일성을 주장하기까지 하는데, 특히 만약 이 전례가 루터교의 표준에 따라 증가되고 발전된다면, 미국 루터교회의 종교개혁적 이상을

11. 요약

종교개혁의 시대는 십자가로부터 시작되는 선교학의 중요한 디딤돌을 제공한다. 그러므로 이 시기가 교회와 교회의 선교에 가져다 준 중요한 공헌을 무시하는 것은 치명적인 실수일 것이다. 교회의 회중이자 가시적 공동체인 모든 성도는 성경 말씀에 기초한 믿음을 받았다. 그러나 우리의 유산과 전통은 오늘날에도 여전히 우리에게 말하고 있으며 혹은 최소한 우리의 믿음과 실천에 대한 조언들을 제공해 준다.

이런 이유로 우리는 종교개혁의 역사와 그 신학을 면밀하게 검토했다. 칭의 교리에서 설명된 바와 같이, 우리의 구원을 위한 '십자가의 신학'(*theologia crucis*, 테오로기아 크루시스)과 그리스도의 사역은 우리의 선교를 가장 활기차게 해 준다는 중요한 관점과 원칙을 밝혀 준다. 다음 장에서는 그 중요한 원리가 '십자가로부터 시작된 선교'에 특별히 어떻게 적용되는지에 대해 살펴볼 것이다.

순수하게 지키는 데 도움이 될 것이다."(*Government In the Missouri Synod*, 191).

제5장
선교의 조직 원리로서의 칭의

1. 조직 원리 소개

신학을 공부하는 사람은 공부할 양이 얼마나 많은지 잘 알고 있다. 신학은 성경에서 하나님에 관한 정보와 하나님과 세상의 관계에 관련된 정보를 수집하여, 이 정보들을 교리라고 하는 수많은 진술로 깔끔하게 정리한 것이다. 성경을 읽는 모든 그리스도인은 신학에 관여하며 어떤 방식으로든 교리를 구성한다. 독자는 성경을 해석하는 데 있어 명확하게 정의된 방법론을 따르는 방식으로 항상 학문적인 접근법을 취할 수는 없다.

하지만 독자는 성경에서 하나님에 관한 정보를 수집할 때 그것을 하나의 일관성을 가지고 정리하여 하나님 말씀이 모순됨이 없는 하나의 메시지를 이야기하도록 한다. 성경을 읽는 사람이 모르고 있는 사실 한가지는 하나님 말씀의 내용을 진전시키는 데 도움이 되는 하나의 열쇠가 있다는 것이다. 루터교가 성경에 계시된 것으로 믿는 열쇠는 '칭의'에 관한 교리다(행 15:11; 롬 1:16-17; 3:28; 엡 2:9).

어떤 사람은 '칭의'를 성경의 중심 원리 또는 성경을 구체화시키는 원리로 언급하고 있는데, 그것은 성경의 핵심 내용을 분명하게 나타내며 그리스도의 인격과 사역에서 구체화되기 때문이다. '칭의'는 그의 아들 예수의 죽음을 통해 십자가에서 자신을 낮추시고, 믿음을 통해 죄의 용서를 선물로 주심으로써 영원한 저주에서 우리를 구원하시기로 선택하신 하나님에 관해 이야기한다.

이 교리는 성경 속에 처음부터 끝까지 퍼져 있는 복된 소식인 복음을 우리에게 전달한다. 칭의는 그리스 신화에 나오는 빨간 실과 같이 성경의 모든 본문을 통해 나타나며, 이것이 분명하게 보이지 않는 경우에도 독자는 여전히 그것을 명심하고 읽어야 한다. 하나님, 사람, 교회, 영생 등에 관한 성경의 모든 진술은 칭의라는 중심 교리에 의해 하나로 묶여 있다. 그것은 하나님의 말씀 전체에 의미를 부여하고 성경에서 어려운 본문을 풀어내는 데 있어서 적합하다.

신학자들은 '칭의'가 성경과 신학을 함께 유지하는 통합 원리로 작용한다고 오랫동안 언급해 왔다. 에를랑겐(Erlangen)의 중요한 19세기 루터파 신학자인 고트프리트 토마시우스(Gottfried Thomasius)는 '칭의'를 교회의 "삶의 원리"(Lebensprinzip)이자 "신학을 구성하는 중심"(konstitutiver Mittelpunkt)이라고 표현한다.[1] 가장 최근에 칼 브라텐(Carl Braaten)은 '칭의'를 다음과 같이 말한다.

> 다른 많은 조항 중 하나가 아니라 … 기독교의 신앙과 삶, 사고의 모든 기관에 영향을 미치는 생식력을 가진 기본적 진리라고 설명한다. 어떤 기독교 교리의 상대적 중요성은 신앙이라는 중심 조항과 얼마나 밀접한지에 의해 결정된다. 실제로 모든 교리는 어찌 되었든 반드시 '칭의'라는 중요 원리로 귀결되어야 한다.[2]

따라서 다른 모든 신학 조항은 서로 긴밀하게 연결되며, 결국에는 '칭의'를 향해 가리킨다. 이것은 다음과 같은 루터의 진술을 설명해 준다.

> 우리가 교황, 악마, 세상에 대항하여 가르치고 실천하는 모든 것은 칭의의 조항에 의존하고 있다.[3]

1　Thomasius, *Das Bekenntniß der evangelisch-lutherischen Kirche*, 4-5.
2　Braaten, *Justification*, 28. Bayer, *Living by Faith*. 참조.
3　SA II 1-5 (Kolb-Wengert, 301).

루터의 의견에 찬성하여 16세기 고백주의자들은 또한 '기독교 교리의 원칙 조항'으로서 '칭의' 교리를 찬양했다.[4]

'칭의'가 신학의 중심 조항일 뿐 아니라 이를 통합시키는 원칙으로서의 위치를 점하고 있다는 사실은 왜 그것이 "교회를 서게도 하고 넘어지게도 하는 교리"라고 불리는지 설명해 준다. 우리는 자주 인용되는 이 진술의 정확한 기원을 알지 못하지만 그것은 칭의의 확고한 중요성을 강조한다.[5]

16세기에 마틴 루터와 그의 친밀한 동료인 필립 멜랑히톤은 성경과 교회의 삶과 전통을 해석하기 위한 해석학적 열쇠로서 '칭의' 교리를 강조한 공로를 인정받아야 한다. 칭의는 수 세기에 걸쳐 교회가 했던 모든 교리적 진술의 중재자 역할을 해 왔으며, 이것은 교회의 전통, 구조 및 관행에 대한 비판적 분석을 포함한다.

하인리히 홀체(Heinrich Holze)는 그의 최근 연구에서 루터는 지난 세기를 판단할 때 낭만주의로 인해 눈이 멀지 않았으며, 대신 그는 어떤 진술에 규범적 성격을 부여할 때 모든 신앙고백을 칭의와 복음이라는 해석학적 열쇠의 기준에 맞춰서 측정했다고 논증했다.[6]

토마스 오덴(Thomas C. Oden)은 종교개혁 이전부터 '칭의' 교리에 대한 광범위한 합의가 이미 존재하고 있음을 지적함으로써 초대 교회를 대담하게 변호했다.[7] 오덴은 다른 연구의 관점에서 이 사례를 과장해서 말했을 수도 있다.[8] 개혁가들의 교회 전통에 대한 보다 신중한 평가는 그들이 교회의 신학과 실천에서 칭의의 교리를 중심적 위치에 두고 있다는 사실에서 비롯된다.

---

4   예를 들어, SD III 6 (Kolb-Wengert, 563).
5   Mahlmann, "Zur Geschichte der Formel 'Articulus stantis et cadentis ecclesiae,'" 187-94.
6   Rittner, *Was heißt hier lutherisch!* 56-86.
7   토마스 오덴의 기본 동기는 은사주의와 오순절의 가르침을 포함하여 동서양 전통, 가톨릭, 개신교, 정교회 전통 사이에 에큐메니컬한 합의를 확립하는 것이다. Oden, *Justification Reader*.
8   Needam, "Justification in the Early Church Fathers," 25-53, and Pelikan, *Riddle of Roman Catholicism*, 50.

구원을 규정하는 조항으로서의 '칭의'를 명확하게 설명하기 위한 노력으로, 루터와 멜랑히톤은 법정에서 빌려 온 매우 독특한 용어를 선택했다. 즉, 이들에게 '칭의'는 법정적 선언이었다.[9] 죄인은 그리스도의 전가를 통해 의롭게 되고 하나님에 의해 선고되는 평결을 통해 의인으로 여겨지게 되는데, 이는 재판관이 범죄 혐의를 기각하는 것처럼 죄인은 무죄 판결을 받게 되는 것과 같다. 우리는 여기서 말장난을 하는 것이 아니라, 성경에 근거한 진실하고 필수 불가결한 설명을 선택하여 다루고 있다(예: 롬 4:1-12).

루터는 교회 내에서 구원론에 관한 명확한 해명을 해야 하는 상황에 맞닥뜨리게 되었는데, 그것은 의례, 성물, 면죄부, 전통이 그리스도로부터 권위와 신뢰를 빼앗아서 인간의 행위와 생각에 이를 둠으로써 그리스도의 영광과 영예가 위태로워졌기 때문이다.

루터가 구원의 관점에서 "인간은 자신의 노력으로 아무것도 성취할 수 없다"(롬 3:28)라는 입장을 변호했을 때, 통치자와 신학자들은 모두 그의 투쟁에 합류했으며 그의 편에 굳게 서 있었다. 하나님은 사람에게 구원의 은혜를 선물로 주시며, 반면 인간의 죄는 모든 사람이 자신의 노력이 아닌 하나님으로부터 받은 이 선물에 전적으로 의지하게 만든다. 믿음은 수동적으로 이 선물을 받게 한다. 그렇게 이해된 '칭의' 교리는 오늘날에도 모순되지 않는다.

하루하루의 일상적 삶은 어떤 일을 성취하고 역경을 극복하는 방법을 모색한다. 그런 일의 성취는 의지의 승리로 환영받는다. 법정 상황에서도 피고는 판사와 원고의 고발 앞에서 자신의 결백을 내세워야 한다. 그런 생각은 마찬가지로 하나님과 자신과의 관계에 대한 그리스도인의 이해 속에 스며들게 된다.

일반적으로 그리스도인과 비그리스도인은 모두 이런 성경에 관한 것들을 잊어버리기 때문에, 교회와 설교자들은 끊임없이 세상의 생각에 도전

---

9 '법정 용법'의 예는 '아우크스부르크 신앙고백서' 해설 제4조 252 (Kolb-Wengert, 159)를 참조할 것.

하여 복음을 선포하려는 노력이 필요하다. 교회는 '칭의'와 그 용어에 대해 명확하게 설명할 필요가 있으며, '칭의'를 이해하기 어려운 세상에서 '믿음을 통하여 그리스도에 의해 의롭게 되는'(justification by Christ through faith) 원칙을 적용할 방법을 찾아야 한다.

설교자들은 종종 다른 문제들을 더 시급하게 생각하기 때문에, 결국 칭의를 놓쳐 버릴 수도 있다. 어떤 이들은 칭의가 호소력을 상실했다고 생각하여 의도적으로 칭의를 포기하고 신학을 할 수 있는 대안적 방법을 찾는다. 신학자 한스 요아킴 이반트(Hans Joachim Iwand)는 교회가 그런 길을 가지 않도록 경고한다.

> '믿음으로 얻는 의'의 가르침을 뻔한 것으로 보는 복음주의 교회는(다른 문제가 더 중요하기 때문에 더 이상 아무도 고민할 필요가 없다고 생각하여) 원칙적으로 다른 모든 질문을 명확하게 해 주는 중심 해결책 자체를 빼앗기게 된다. 그런 교회는 점점 더 분열되고 쇠약해질 것이다.
>
> 우리가 '칭의' 조항을 그 중심에서 빼 버리면, 왜 우리가 복음주의 그리스도인인지 그리고 왜 그렇게 살아야 하는지에 대해 곧 알 수 없게 된다. 그 결과 우리는 교회의 연합을 위해 노력하고 복음의 순수성을 희생할 것이다. 우리는 교회 조직과 교회 행정에 대해 더 많은 관심을 가질 것이며 기독교 권위의 개혁과 교회 훈련에 기초하여 이것들이 제공할 수 있는 것보다 더 많은 것을 약속할 것이다.
>
> 우리가 중심을 잃게 되면 우리는 경건주의만을 추구하려 하며 다른 가르침에 귀 기울이며 우리가 관대해야 할 것은 철저히 하고 철저히 지켜야 할 것은 관대하게 대하는 위험에 처할 것이다. 요컨대, 기준은 낮아질 것이며, 이와 함께 우리가 지금 감사하게 여기는 종교개혁에서 이뤄진 필수적이고 올바른 모든 것이 이해할 수 없는 것이 된다.[10]

---

10 Iwand, *Righteousness of Faith*, 16.

2. 공격받고 있는 중심 조항의 예

　루터교회는 신학과 선교학에 있어 '칭의' 조항의 중심적 위치를 염두에 두어야 하며, 이것이 가장자리로 밀려날 수 있는 급박한 위험 가능성에 대해서도 민감해야 한다. 이것은 단순한 가설에 의한 걱정이 아니라 과거에 이를 소외시키려 했던 일들을 고려할 때 그 근거가 정당하다. 이것은 다섯 가지 예만으로도 충분할 것이다.

　첫째, 에큐메니컬 토론에서의 유혹은 항상 칭의 조항과의 관련성에 관해 묻지 않은 채, 신학의 개별적 관점에 대한 합의를 찾으려 하는 것이다. 이런 문제에 대한 인식은 '루터교세계연맹'(LWF) 대표들과 로마가톨릭교회 대표들 사이의 '칭의' 교리에 관한 토론에서 분명해졌으며, 이로 말미암아 이미 1530년 6월 25일에 신앙고백서가 발표되었던 아우크스부르크 시에서 '칭의 교리에 대한 공동 선언문'(Joint Declaration of Doctrine of Justification, JDDJ)에 서명하는 역사적 사건이 일어나게 된다.

　공동선언문에 서명하기로 선택한 날짜는 1999년 10월 31일로, 이날은 루터가 95개 반박문을 게시한 날이기도 하다. 비록 공통된 합의가 이루어지긴 했지만, 주의 깊게 이 선언문을 읽은 후에, 이 합의는 루터와 다른 개혁가들에게 결정적으로 중요한 많은 요점을 수행하는 데 실패했다는 것이 곧 분명하게 밝혀졌다.

　예를 들어, '칭의' 교리가 실제로 모든 교리의 기준인지, 아니면 다른 모든 교리 중 하나의 기준인지가 불분명했다.[11] 오스왈드 바이어(Oswald Bayer)는 교리에 대한 합의에 도달하려는 에큐메니컬한 시도와 관련하여 다

---

[11] JDDJ와 관련된 또 다른 관심사는 '죄인이자 동시에 의인'(simul iustus et peccator), '세례 후의 죄의 문제', 그리고 '칭의에 있어서 하나님의 단독 구원'(monergism) 즉, 신자들은 평생 동안 선물로서의 칭의를 하나님께 전적으로 의존하는 것으로, 그것은 성화된 상태에서 신자의 선한 일 역시 하나님께 전적으로 의존하는 것임을 언급하는 데 실패했다.

음과 같이 관찰했다.

> 에큐메니컬 담론은 환영받을 것이지만, '칭의'를 '단지 하나의 틀에 박힌 말'(facon de parler)로 잘못 취급하는 대가로서가 아니다.[12]

개별 교리를 분리하고 구별하는 이 절차는 더 넓은 합의를 찾는 일을 촉진시켰다. 성지 순례, 연옥, 고해 성사와 같이 로마가톨릭교회에서 여전히 실천하고 있는 특정 신념들은 모든 교리의 기준이 되는 칭의에 대한 루터의 입장과 반대된다.

다시 말해, 비록 공동선언문은 교리를 설명하기 위해 선택한 용어와 표현이라는 관점에서 루터교와 로마가톨릭교회 간의 만장일치를 결의한 것이지만, 그것은 로마가톨릭교회의 신학과 실천에 있어 온전한 관련성을 갖지 못했으며, 이것은 아마 '루터교세계연맹'과 타협하는 교회에서도 마찬가지일 것이다. 이에 대해 우려하고 있는 루터교와 개혁교회 신학자들에게 있어 공동선언문은 더 깊은 신학적 차이를 다루게 함으로써 두 교회를 계속 갈라지게 하는 의도적인 모호성으로 작용한다.[13]

둘째, 칭의가 신학에 미치는 영향을 깨닫지 못한 것도 개신교의 잘못이다. 일반적으로 칭의는 중심적인 위치를 차지하지만, 종종 이것이 통합 원칙으로 작용하지는 않는다. 모든 개신교회는 솔라(sola, 오직)에 동의할 것이다. 즉, 구원은 '오직 믿음으로'(sola fide), '오직 그리스도로'(solus Christus), '오직 은혜로'(sola gratia) 그리고 '오직 성경으로'(sola scriptura)에 기반을 두고 있다는 데 동의할 것이다.

---

12 Bayer, *Living by Faith*, xiv. Nurnberger, "Thesen zum Stellenwert der Rechtfertigungslehre," 67-86. 참조.

13 컨콜디아신학교의 교수진에 의한 다음과 같은 반응과 평가를 고려해야 한다. '칭의에 대한 루터교와 로마가톨릭의 공동 선언문'과 컨콜디아 신학교 정기 간행물(Concordia Theological Quarterly)에 대한 '합의서'(Formula of Agreement). 개혁적 관점을 포함하는 JDDJ에 대한 유용한 토론은 Blocher, "Lutheran—Catholic Declaration on Justification," 197-217쪽을 참조할 것.

그러나 신학에서 칭의가 어떻게 작용하는지를 설명할 때 각 교단은 각자의 고유한 해석이 있다. 루터교회는 선포된 하나님의 말씀과 성례전을 통해 칭의가 전달된다고 믿는다. 그러나 대부분의 개신교회는 성례전을 통한 거룩한 은혜와 믿음에 성령을 연결하지 않으면서 단지 칭의를 성령의 사역으로만 연결시키려 한다.

세례의 성례를 예로 들어 보겠다. 세례는 복음의 가시적(visible)인 형태이다. 이것은 하나님이 자신의 의를 객관적으로 전가해 주시는 것이지, 단순한 인간의 일로 이해되지 않는다. 이 성례에서 세례받은 사람들이 그리스도의 십자가 사역을 통해 용서의 선물을 받도록 돕는 것은 본질적으로 성령의 사역이다.

이 문제에 대한 혼란은 세례에 내재되어 있는 '선물'이라는 본질을 흐리게 한다. '칭의'가 말씀의 적절한 중재에서 이탈하게 된다면, 그것은 추상의 영역으로 전락하게 된다. 이때 잃어버리게 되는 것은 선물로서의 그리스도의 구체적이고 개인적인 임재하심이다.

셋째, 공동선언문에 대한 논의는 또한 16세기 신학, 특히 루터교 신앙고백을 어떻게 해석하는 것이 최선인지에 관한 논쟁을 보여 준다. 기본적인 질문은 '아우크스부르크 신앙고백서'에 표현된 '정죄의 내용'이 오늘날의 화해 노력에 방해가 되는지의 여부다. 최초의 고백자들도 믿음에 대한 모든 긍정적인 진술과 함께 명백한 오류들에 대한 정죄를 분명히 표현하는 것이 중요했다.

그러나 공동선언문의 저자들은 이 정죄를 역사적으로 조건 지어진 것으로 정의했다. 그들은 오늘날의 역사적 상황이 달라졌기 때문에 정죄는 더 이상 관련이 없는 것이라고 주장했다.[14]

따라서 '루터교 신앙고백서'는 독자의 변덕에 따라 매우 가치 있는 것이 언제든 적출될 수 있는 문서가 되어 버렸다. 이런 해석학적 접근은 1963

---

14 JDDJ에 관한 본문 참조: Commission of Theology and Church Relations, *Joint Declaration on the Doctrine of Justification*, 14.

년 헬싱키에서 열린 '루터교세계연맹 4차 회의'에서 이미 분명하게 드러났으며 1971년 성찬식에 관한 '루웬베르크 협약'(Leuenberg Concord)에서 다시 모습을 보였다.[15] 이런 우연한 접근은 에큐메니컬 협약의 문을 넓히도록 작용한 것이 분명했다.

넷째, 1970년대 중반 헬싱키대학교 '핀란드루터연구소'(School of Finnish Luther Research) 학자들이 '칭의'의 전통적 설명에 대한 새로운 해석을 시작했다. 그들은 에큐메니컬 관계를 증진시키기 위해 동방 정교회에 접근했다. '칭의'가 토론의 주제가 되면서, 이 교리를 중심으로 공통된 끈이 꿰어지게 되었고, '테오시스'(*theosis*, 신성화)라는 용어가 동의어로 채택되었다.

그러나 이 토론에서 핀란드 신학자들은 동방정교회와의 화해가 루터의 '칭의 신학'에 의해서만 이루어질 수 있지, 멜랑히톤과 '루터교 신앙고백서'로는 불가능하다는 것을 곧 깨달았다. 그 결과 개혁가들 사이에서 특히 멜랑히톤과 루터 사이에 분열이 생기게 되었다.[16]

핀란드 신학자들은 멜랑히톤의 칭의에 대한 법정주의적 선언의 특성이 호소력이 없다고 주장했는데, 그것은 루터의 '칭의' 개념을 올바르게 이해하지 않았기 때문이다. 핀란드 신학자들은 루터가 갈라디아서 강의(1535)에서 '신자가 그리스도 안에' 있고 '그리스도가 우리 안에' 있다고 언급한 것 같은, 즉 루터의 저술에서 선택한 몇 가지 진술에만 근거하여 자신들의 주장을 펼쳤다.

이 신학자들은 '칭의'를 본질적으로 신자와 그리스도 사이의 존재론적 연합으로써 제시했다. 따라서 이들에게 '믿음을 통한 신자 안에서 그리스도의 임재하심', 즉 '내주'는 '칭의'의 참 본질을 나타내는 것이지 죄인을 용서하

---

15 Braaten, *Justification*, 13. 루터파 신학자 칼 브라텐(Carl Braaten)은 신학에서 중요한 중심적이고 통합적인 위치에 대한 분명한 표현을 했음에도 불구하고, 왜 그가 JDDJ를 그렇게 열렬히 지지하는지 당혹스럽기만 하다. 헬싱키에 대한 비판적 평가는 Schlichting, *Rechtfertigung und Weltverantwortung*, and Martens, *Die Rechtfertigung des Sünders*에서 제공된다.

16 Mannermaa, "Why Is Luther So Fascinating?" 1-20, and "In ipsa fide Christus adest," 11-93.

시는 선포가 아니라고 여겨졌다. 루터 신학에 대한 이런 해석적 접근은 '동방 정교회'의 '테오시스'(theosis, 신성화)라는 주제에 심금을 울렸다.

그러나 보다 최근의 연구는, '테오시스(신성화)로서의 칭의에 대한 묘사'가 루터 해석의 모든 미묘한 차이를 다루지 못할 뿐만 아니라, 이것은 루터와 멜랑히톤이 보여 준 '칭의'의 순서를 무시하고 있다는 것을 설득력 있게 보여 주었다.[17]

예를 들어, 그리스도인은 그리스도와 함께 매일 죽고 부활해야 한다는 것을 생각해 보라. 정확히 말하면, '칭의'는 동방 정교회가 '테오시스'(신성화)라고 생각하는, 즉 최후에 신과 한목소리로 조화를 이루기까지 신자의 의로움이 점점 증가하는 것을 의미하지 않는다. 이 모든 문제에 관한 신중한 연구를 통해, 라인하르트 플로가우스(Rinhard Flogaus)는 칭의의 본질에 대한 명백한 판별은 루터 자신에게 있는 것이지, 그와 멜랑히톤의 차이 혹은 '일치신조'와의 차이점에 있지 않다고 결론지었다.[18]

다시 말해, 루터와 멜랑히톤은 핀란드 신학자들이 주장하는 것처럼 '칭의'에 관한 이해에 있어 명백한 차이가 없었다. 루터의 모든 진술을 주의 깊게 분석한 후에, 루터가 의도했던 '그리스도의 내주' 개념에 대한 전제 조건과 근거가 '법정적 개념으로서 전가된 선언'을 의미했음이 매우 분명하게 밝혀졌다.

그러므로 문제는, 고백자들이 앤드류 오시안더(Andrew Osiander)의 제안[19]에서 맞닥뜨린 '그리스도의 내주'에 대한 생각이 아니라, 그 '순서'에 있었

---

17 다음과 같은 유용한 자료를 참조할 수 있다. Mattes, *Role of Justification in Contemporary Theology*, and "Future for Lutheran Theology?" 439-57; Kolb, "Contemporary Lutheran Understandings of the Doctrine of Justification," 153-76.
18 Flogaus, *Theosis bei Palamas und Luther*, 321.
19 앤드류 오시안더의 입장은 다음과 같이 요약된다. "그리스도는 그의 신성에 따라서만 하나님 앞에서 우리의 의가 되신다. 선지자와 사도들이 믿음의 의에 대해 말할 때, '의롭게 하다'와 '의롭게 되다'라는 단어는 죄로부터 자유롭게 되고 죄의 용서를 받는다는 의미를 나타내는 것이 아니다. 이것은 오히려 성령을 통해 우리에게 주입된 사랑과 다른 선행들 그리고 그 결과로 초래되는 일들 때문에 실제로 의롭게 되는 것이다." (FC III 60, 62, Kolb-Wengert, 573)

다. 하나님의 '신성화' 또는 '내주'는 '그리스도의 의'에 근거한 선언 행위를 '따른다'. '그리스도의 의'는 믿음이 없이는 존재론적으로 그리스도인 안에 내재될 수 없다.[20]

마지막으로 우리가 그 순서를 볼 때 학자들이 토론에서 어떻게 '유니오 미스티카'(*unio mystica*, 신비적 연합)라는 개념을 완전히 무시했는지 당혹스럽기만 하다. 교리 학자들이 루터를 따라 이 용어와 개념을 사용했지만, 이 신비적 연합은 그리스도 안에서 신자의 갱신과 삶을 강조하는 설명적인 용어가 되고 말았다.

다섯째, 마지막으로 '칭의'는 '문화 상대주의'를 극복하는 복음의 핵심 내용을 상기시켜 준다. 복음은 항상 문화적으로 구체화되는 것이 사실이다. 따라서 복음은 특정 언어와 특정 생활 방식으로 전달된다. 레슬리 뉴비긴은 그의 저서, 『다원주의 사회에서의 복음』(*The Gospel in a Pluralist Society*)에서 이와 관련된 문제를 다루고 있다.

> 복음이 어떻게 문화와 중요한 관계를 맺을 수 있는가?
> [그리고] 그것(복음)은 인간 문화의 모든 요소를 받아들일 것인가?[21]

문화 안에서 복음의 중요한 역할을 무시하려는 사람들과는 달리, 뉴비긴은 복음이 대항문화로서 역할 수행을 해야 한다고 확언했다. 복음은 선교사들이 여행에서 마주치는 관습, 즉 파푸아뉴기니의 식인 풍습, 장례식 때 과부의 살아 있는 몸을 장작에 함께 태우는 사티(*sati*) 풍습, 그리고 노예 제도 등에 반대하게 했다.

따라서 성경에 대한 다음과 같은 서술은 분명하다.

> 성경은 단순히 인간 문화의 산물이 아니라, 모든 것의 창조주이시며 지지

20　FC III 54 (Kolb-Wengert, 571-72).
21　Newbigin, *Gospel in a Pluralist Society*, 185, 191.

자이신 하나님의 말씀과 행동에 대해 말하고 있다.[22]

문화의 모든 것이 용납될 수 있는 것은 아니다. 뉴비긴은 예수의 죽음과 부활 두 가지 사건을 지적하며 그에 따라 다음과 같이 말한다.

> 우리는 인간 문화에 대한 단순한 긍정이나 거부를 요구받지 않았다.[23]

뉴비긴은 복음서 내용에서 중요한 요소를 감지하는데, 여기에는 죄인의 죄를 고발하고 그들을 사면하는 행위로서의 '칭의'가 포함된다. '칭의'는 하나님에 대한 인간들의 끊임없는 흉악한 반역을 드러내 주며, 그리스도께서 십자가에서 이루신 용서를 찬양한다. 이 복음의 내용은 토착적인 문화 맥락과 행동 양식에 상관없이 전 세계 모든 사람에게 전해진다는 점에서 보편적이며 대항문화적이다.

3. 칭의와 십자가

칭의를 기독교의 중심 조항으로 만들게 되면 '그리스도의 죽음과 부활'이라는 객관적 현실'이 '믿음을 통해 실제 주관적으로 주어지는 것'으로 초점 이동을 이룰 수 있는가?

우리는 객관적(칭의) 차원과 주관적(믿음) 차원이 모두 기독교에 필수적이라고 주장한다. 예를 들어, 브라텐(Braaten)은 다음과 같이 주장했다.

> 십자가는 모든 그리스도인의 생각과 삶의 기준을 제공한다. 그것은 모든 기독교 지식에 대한 관점을 제공하고, 진정한 기독교인의 신학하기(to do

---

22 Newbigin, *Gospel in a Pluralist Society*, 192.
23 Newbigin, *Gospel in a Pluralist Society*, 195.

theology) 방법을 보여 준다.[24]

우리 신학의 십자가적 성격과 통합 원칙으로서의 '칭의' 교리를 긍정하는 것 사이에는 분명히 이견이 없다. '칭의'란 믿음을 통해 신자들에게 구원이 주어진 것에 대한 주관적인 설명 이상의 것이다. 그것은 "하나님의 위엄에 관한 고귀한 조항"과 "예수 그리스도의 직무와 사역 또는 우리의 구속과 관련된"(고후 5:19-21; 엡 2:1-10) 것들을 포함한다.[25]

십자가 자체가 어떻게 우리 신학의 중추를 형성하고 '칭의'의 일부가 되는지의 예는 루터의 책 『하이델베르크 논제』(*Theses on the Heidelberg Disputations*)에서 볼 수 있다. 여기서 루터는 신학과 모든 신학자의 임무를 다음과 같이 설명한다.

> 십자가와 고난을 통해 드러나는 하나님의 뚜렷하고 명백한 행위들을 이해하는 사람은 신학자라고 불릴 자격이 있다.[26]

루터교회에 있어 '십자가의 신학'(*theologia crucis*, 테오로기아 크루시스)이라는 표현은 그리스도인이 모든 신학과 실천을 평가할 수 있는 '렌즈'를 의미한다. 십자가에서의 그리스도의 죽음은 인간의 지나친 자만감과 능력에 대한 결정적 교정을 제시한다(고전 1:18-25). 그것은 또한 그리스도를 믿는 신자가 되기 위한 우리에게 부과되는 우리 자신의 고통을 나타내기도 한다.

> 하나님의 말씀이 전파되고 받아들여지고 믿어지고 열매 맺는 곳에서는 거룩하고 존귀한 십자가가 그리 멀리 떨어져 있지 않을 것이다.[27]

---

[24] Braaten, *Apostolic Imperative*, 17.
[25] SA Ⅰ-Ⅱ (Kolb-Wengert, 300).
[26] Thesis 20, AE 31:52.
[27] LC Ⅲ 65 (Kolb-Wengert, 448-49).

그러므로 그리스도의 십자가는 모든 신학과 선교의 기초가 되며, '칭의' 교리는 오직 그리스도만이 우리의 구원자가 되심을 보여 준다. 우리의 하나님이자 주님이신 예수 그리스도는 우리의 죄 때문에 죽으셨고, 우리를 의롭게 하시기 위해 살아나셨다(롬 4:25). 그의 고난과 죽음은 모든 인류를 위한 속죄이며, 이로 말미암아 우리가 하나님께 나아갈 수 있는 길을 열어 주셨다(롬 5:2).

십자가는 세상의 모든 죄에 대한 대가를 지불(빌 3:9)하는 것을 나타낸다. 그리고 하나님 앞에서 죄가 용서되는 '의로움'은 그리스도의 인격에서만 발견될 수 있다(고전 1:30). 따라서 '칭의' 교리는 그리스도의 죽음과 부활에 관한 교리를 포함한다. 세상을 위한 의를 이루시는 그리스도의 완전한 성취는 우리로 하여금 "십자가만이 우리의 신학"(*crux sola est nostra theologia*)이라는 루터의 말을 고백하도록 만든다.[28]

그러나 십자가 사건을 아무 가감없이 우리 구원을 위한 기정사실로 인정함으로써, 우리는 교회가 가진 '세상에 복음을 선포하여 이를 듣게 하고 믿도록 하는'(롬 10:14-17) 선교적 사명을 경감시키는 거짓 보편주의의 함정에 빠지지 말도록 해야 한다. 화해의 메시지는 모두에게 전달되어야 한다.

선교는 말씀을 선포하고 성례전을 집행함으로써 의와 용서의 선물을 세상에 전하는 행위다. '믿음을 통한 그리스도에 의한 칭의'가 십자가의 객관적 중요성을 포용하는 것과 마찬가지로, 이것은 강력한 전도의 차원과 개인의 차원도 포함한다. 세상을 위해 십자가에서 행하신 그리스도의 의는 개인에게 제공되며 그 개인은 믿음을 통해 의가 주어짐으로써 구원받게 된다.

앞서 지적한 바와 같이 그리스도의 의가 믿는 자에게 실제로 전달되는 것은 전가의 개념, 즉 선포된 말씀의 선언을 통해 의가 주어지는 행위가 포함된다는 것이 매우 중요하다. 하나님은 선포되는 말씀을 통해 "약속을 믿는 죄인이 의롭게 된다"고 선언하신다.

우리는 일반적으로 말씀을 개인적인 용도로 사용하는 것을 '주관적인 칭

---

[28] Theses 20-21, AE 31:52-53.

의'로 식별한다. 그러나 앞서 말했듯이 복음을 믿는 행위는 또한 그리스도 십자가의 객관적인 현실에 근거한다. 다시 말해서 칭의의 객관적 측면과 주관적 측면 모두는 칭의 조항의 양 측면으로서 분리되지 않은 채로 남아 있다(롬 5:17-19; 엡 2:8-9).[29]

4. 조직화 원리의 선교학적 차원

우리가 논의하는 주요 초점은 칭의의 선교학적 특성에 근거해야 한다. 비록 이런 연결이 어려운 것처럼 보이지는 않지만, 사실 칭의에 대한 대부분의 논의는 그렇게 많이 진행되지 않았다. 칭의는 '죄의 용서를 통해 구원을 전하는' 그 중심 속에서 선교가 무엇인지를 설명하기 때문에 본질적으로 선교학적이다.

따라서 한 마디로 칭의는 우리 구원에 관한 성경 메시지의 진리를 이야기 형식으로(예: 탕자, 눅 15:11-32) 보여 주거나, 바울이 이방인 선교에 대한 본질로서 훌륭하게 설명한 것(롬 1, 3-5, 10; 갈 2-3)을 나타내 준다. 바울은 우리의 구원을 삼위일체 하나님의 활동으로 다시 말해서, 하나님의 단독적 구원(monergism, 예: 롬 3:21-26)으로 제시한다. 세상은 자신의 행위와 상관없이 하나님의 구원을 선물로 받는다.

사도 바울에게 '오직 은혜로'(sola gratia)의 원리는 이방인 선교에 대한 그의 신학과 동기를 의미했다. 그것은 사도 베드로가 이의를 제기했을 때도 어떤 대가를 치르더라도 반드시 지켜야만 했던 것이다(갈 2:11-21).

방금 언급했듯이, '칭의' 교리에 부가된 의미가 대부분 신학을 공부하는 학생들에게 친숙하지만 그것의 광범위한 선교학적 함의는 거의 언급되지 않았다. '믿음을 통한 은혜에 의한 칭의'는 우리가 구원이라고 부르는 것과 동의어이므로, 그것은 분명히 강력한 선교 주제와 동기를 부여하고 촉

---

[29] Braaten, *Justification*, 23-25.

진한다. 이런 이유로 '칭의'를 잃어버린 선교 활동이나 선교신학은 일종의 바벨론 포로 상태에 남아 있게 될 것이다.

5. 선교에서 중요한 척도로서의 칭의

'칭의'를 신학의 중심으로 삼을 때, 그것은 또한 모든 신학과 교회 선교의 중요한 척도가 된다. '칭의'를 선교의 핵심 열쇠로 삼으면 선교학에 대한 많은 잘못된 인식이 드러나게 될 것이다. 세 가지 예가 이 요점을 잘 설명해 준다.

1) 선교를 교회에 국한 시키는 경향이 있다

다시 말해서, 교회가 선교에 집중함에 따라 교회는 선교의 전달자일 뿐만 아니라 출발 지점이 되기도 한다. 그러나 '믿음을 통한 그리스도에 의한 칭의'는 하나님을 유일한 주도자이자 선교의 근원으로 가리킴으로써 교회의 범위를 확장시킨다. 선교의 온전한 성취라는 관점에서도 그리스도인은 성령을 통해 하나님의 사역을 찬양하고 경배한다. 자기 자신에 대한 공적을 주장함으로써 칭찬과 찬사를 받기 위한 노력은 선교에서 삼위일체 하나님 사역을 진정으로 감소시킨다.

'믿음을 통한 그리스도에 의한 칭의'는 또한 내적인 성장이 아닌 단지 교회의 수치적 확장으로만 선교를 동일시하려는 잘못된 개념을 거부한다.[30] 올바른 선교학은 그리스도인 안에 존재하는 죄를 드러내며, 그들에게 성령의 거룩한 행위를 통해 전해지는 지속적인 용서가 필요함을 강조한다. 교회 내에서의 영적인 성장은 숫자적인 외적 확장만큼이나 중요하다.

---

30 아우크스부르크 신앙고백 해설 제4조, '믿음의 성장에 대한 정의'는 루터교 일치서 콜브와 벵거트판 167쪽을 확인할 것.

루터는 그리스도인에 대해 다음과 같이 설명한다.

> 그들의 낡은 가죽 부대가 제거되지 않았다. 악마와 세상으로부터 너무 많은 방해와 공격이 있으므로, 그들은 종종 피곤하고 무기력해지며 때로는 넘어지기도 한다.[31]

그리스도인이 비기독교 세계에 접근하려고 할 때, '믿음을 통한 그리스도에 의한 칭의'는 또한 우리 자신에게 지속적인 죄의 용서와 성령의 성화 사역이 필요하다는 것을 알려 준다.

칭의 교리는 선교를 위한 중요한 과업, 즉 오직 그리스도께만 영광과 찬양을 드리고 인간은 하나님 앞에서 자신의 있는 모습 그대로를 진술하게 드러내도록 한다. 만약 여기에 루터교 신학에 스며 있는 중심 주제가 있다면, 그것은 송영적(doxological)[32]이고 죄론(hamartology)적인 동기의 조합이다(예: "모든 사람이 죄를 범하였으매 하나님의 영광에 이르지 못하더니"[롬 3:23]).

올바른 '죄론'은 지속적으로 그리스도론적 송영을 확증하게 한다. 우리 자신의 타락한 상태에 관해 이야기하지 못하는 것은, 송영적 동기에서 일탈하는 것을 나타내며 '중보자이자 위로자이신 그리스도의 영광을 빼앗는' 것이다.[33]

'믿음을 통한 그리스도에 의한 칭의'는 선교에서 "믿음의 주요 온전케 하시는"(히 12:2) 분이신 주님께 온전한 찬사를 드리는 하나님 중심의 관점으로 우리를 초대한다. '그분께 모든 영광을 돌리는 것'은 모든 선교의 최종 목적이다. 칭의는 그리스도인이 하나님과 그분의 말씀에 책임 있는 행동을 하도록 훈련시켜 준다.

---

31 루터의 『대교리 문답』 5번째 파트 23 (Kolb-Wengert, 469).
32 송영은 영광(doxa)과 말(logia)의 합성어로, 다양한 형태의 기독교 예배에서 삼위일체 하나님을 찬양하는 짧은 찬송가이며, 종종 찬가, 시편, 찬송가의 끝에 추가되어 불려진다. (역자 주)
33 Ap IV 157, 285; Ap XXVII 17 (Tappert, 130, 150, 272). SD V 1 (Kolb-Wengert, 581) 참조.

2) 선교는 일반적으로 선포 및 의사소통 기술과 연관이 있다

핵심은, 선교는 본질적으로 복음을 선포하는 것이며 이를 위해 의사소통의 기술을 배울 필요가 있다. 이 분야에서 가장 영향력 있는 기여는 유진 나이다(Eugene Nida)의 책 『메시지와 선교』(Message and Mission)[34]를 통해 시작되었다. 특히, 성경 번역과 개정에 관한 나이다의 통찰력은 그의 뒤를 잇는 많은 언어학자를 위한 방향을 마련했다.

하지만 이런 연구가 문화 과학과 세속적 인류학에만 전념하기 시작했을 때 여기에는 내재적 위험이 있었다. 올바른 선교학은 성경신학과 말씀을 통한 하나님의 활동이 우위를 차지한다는 것을 인정한다. 하나님의 말씀을 연구하는 것은 언어 규칙이나 의사소통 이론에 관한 연구 그 이상의 노력이 필요한 작업이다. 경험적 조사와 인간의 통찰력에 기반한 언어 연구는 결점을 지녔다는 점을 기꺼이 인정해야 한다.

3) '믿음을 통한 그리스도에 의한 칭의'는 전통적 구원론을 대표한다

그것은 죄의 용서를 통해 죄의 속박과 하나님의 진노에서 개인이 자유롭게 되는 것을 의미한다. 데이비드 J. 보쉬는 얼마나 많은 신학자와 교회 지도자가 '하나님과 각기 죄인 간의 수직적 차원'이라는 전통적 구원 개념을 무시하고, 이를 이 세상의 삶과 그와 관련된 문제들에 적용하여 '평화와 해방의 개념'으로 끼워 맞췄는지를 설명한다.

이런 변화는 "오늘날의 구원에 대한 이해에 있어 위기"를 초래했다.[35] 구

---

34 출판 정보는 참고 문헌을 참조할 것.
35 Bosch, *Transforming Mission*, 397. 보쉬는 공의회 에큐메니컬운동 내에서 구원을 설명하는 데 '자유'라는 용어를 사용함으로써 발생하는 이런 위기를 식별한다. 로마가톨릭 안에서 해방 신학을 지지하는 사람들은 분명히 같은 오류에 관여한다. Nunez, *Liberation Theology*, 175-206쪽을 참조할 것. 그러나 교황 요한 바오로 2세가 그것의 여러 가지 측면을 단호히 반대함에 따라, 해방 신학은 그 이데올로기적 성격 때문에 로마가톨릭교회 안에서 논쟁의 여지가 있다.

원과 관련하여 보쉬는 구원에 대한 고전적 해석을 다음과 같이 말한다.

> 마치 하나님의 진노에서 벗어나 개인의 영혼이 미래에 구원받는 것으로만 정의하며 … 창조와 새로운 창조, 안녕과 구원 사이에 절대적 구별을 만드는 것으로 여기게 함으로써 구원의 의미를 위험스럽게 좁히고 있다.[36]

이런 변화는 칭의가 타협되는 결과를 가져왔다. 그러므로 선교는 더 이상 하나님과 신자 사이의 손상된 관계를 회복하고 영적 평화를 가져오는 일에 전념하지 않게 되었으며 교회는 죄의 용서를 선포하는 일을 주요 과업으로 삼지 않게 되었다.

이와 같은 구원론에서의 신학적 변화와 혼란에 대항하여 칭의는 중요한 수정을 제공한다. 실제로 그것은 이 세상에서의 평화를 이루려고 하는 이상적이고 낭만적인 개념을 배제시켜 버린 종말론적 주제를 보여 준다. 칭의는 변화하는 사건들 속에서 인간 능력이 제한될 때, 이런 세상일에 대한 침착한 태도를 요구한다.

그러므로 칭의 교리는 우리가 이 세상에서 하나님의 나라를 어떻게 확장시킬지에 대해 인식시켜 주고 우리를 인도한다. 이 땅에서 하나님의 나라가 이뤄지는 것은 개인의 죄에 대한 속박과 그의 하나님과의 관계 회복과 관련이 있다. 따라서 해방으로서의 선교를 촉진하는 대신에 루터교 선교학은 '개인의 죄를 용서'하는 것과 '영적인 자유'로서의 구원을 강조하는 '칭의'라는 용어로 계속 작용한다.

---

[36] Bosch, *Transforming Mission*, 398.

6. 문헌에서의 공헌들

앞서 언급한 예들은 비판적 자기반성을 요구하는 중대한 쟁점과 관련된 상황, 사고방식, 해결 방법 및 아이디어 실행이 포함된다. 그런 성찰의 정신을 가지고, 나는 기존의 학술 문헌들이 칭의 교리를 선교의 통합 원칙으로 제시하고 있는지 그리고 구원론을 적절하게 묘사하고 있는지에 대한 여부를 확인하고자 한다.

이에 대한 대답으로, 나는 학자들이 칭의 교리의 선교학적 중요성에 주의를 기울였는지에 대해 생각해 보고자 한다. 아돌프 쉴라터(Adolf Schlatter)는 그의 논문 〈루터와 선교〉(Luther und die mission)에서 모든 복음주의 선교 활동을 구성하는 주제로서의 '믿음을 통한 칭의의 교리'와 이를 통한 선교적 결과로서의 '율법주의로부터의 해방'을 찬양했다.[37]

게오르크 비체돔의 짧은 논문 〈선교를 형성하는 힘으로서의 칭의〉(Justification as the Shaping Power of Mission)는 구원의 실제(즉, 하나님의 심판과 세상을 구하려는 자비로우신 의도)를 가져오는 선교적 노력의 기초로써 칭의 교리를 강조한다.[38]

월터 홀스텐(Walter Holsten)은 그의 저서 『케리그마와 사람』(Das Kerygma und der Mensch)[39]에서 복음 메시지의 '현재성'에 집중함으로써 불트만(Bultmann)의 전통을 따른다. 그에게 있어 기독교 선교는 오직 하나님 자신의 케리그마(선포)적 활동에 기초할 수 있다. 사실 칭의의 메시지인 케리그마 그 자체가 복음을 전한다.

홀스텐은 선교 활동을 '바울이 칭의에 대해 선포(케리그마)한 것'에 대한 구두적 증거라고 제시한다. 이런 통찰력은 하나님의 말씀(케리그마적 동기)을 선포하는 일을 유효하게 하지만, 예수 그리스도의 죽음과 부활이라는 역사적 사건을 보호하지는 못한다. 홀스텐에 대한 또 다른 논쟁의 포인트

37　Schlatter, "Luther und die Mission," 281-88.
38　Vicedom, *Die Rechtfertigung als gestaltende Kraft der Mission*.
39　출판 정보는 참고 문헌을 참조할 것.

는 이런 구두적 증거에 대한 그의 일방적 강조가 처음부터 기독교 선교의 일부였던 인간적 돌봄과 봉사라는 선교적 과제를 약화한다는 것이다.[40]

한스 슈바르츠(Hans Schwarz)는 〈칭의 교리의 선교학적 측면〉(Missiologische Aspekt der Rechtfertigungslehre)[41]이라는 제목의 발표에서 죄론적인 동기, 즉 세계의 죄성에 대해 강조했다. 따라서 그는 선교의 목표를 그리스도의 십자가를 통한 화해 사건에서 설립된 목표인 '하나님으로부터의 인간 소외를 극복하는 것'이라고 정의한다. 그러므로 칭의 교리에서 볼 때 선교는 신앙을 갖게 하고 이를 통해 그리스도인을 강화하는 것이다.

모든 학자는 칭의 교리의 선교학적 차원이 그 구원론적 중요성에 달려 있음을 보여 주었다. 칭의는 사람에 대한 하나님의 구원 행위를 구현하고 이를 집약적으로 보여 준다. 칭의는 그리스도의 임재가 온 세상에 세계적이고 보편적으로 확장되는 것과 관련이 있으며 선포를 통해 받는 믿음을 강조한다.

그러므로 칭의는 선교 사업에 동기를 부여하고 자신에게 이기적인 적용을 하거나 그것을 교회의 내부 문제로 축소하지 않도록 이끈다. 오히려 칭의는 구원이 필요한 모든 사람에게 기독교 메시지를 선포하기 위한 더 깊고 근본적인 선교적 원인과 동기를 드러낸다.[42] 그것은 '십자가로부터 시작되는 선교'를 위한 환경을 구성한다.

7. 종합적이고 교리적인 방법의 제안

'칭의'를 통합적 원칙으로 삼아 이 연구는 이제 다른 신학적 주제로 넘어가고자 한다. 나는 신학에 대한 분석적 접근보다는 종합적 접근을 추구한다. 나는 각 조항을 개별적으로 자세히 설명하기보다는 각 신앙 교리의

40　Müller, *Mission Theology: An Introduction*, 20-21.
41　Schwarz, "Missiologische Aspekt der Rechtfertigungslehre," 209-17.
42　Bürkle, *Missionstheologie*, 45.

통합적인 본질을 논하고자 한다.

우리는 먼저 창조자, 구속자, 거룩하게 하시는 분이신 삼위일체 하나님의 선교와 사역으로부터 시작하고자 한다. 하나님은 전 세계에 손을 펼치셨으며 교회를 잃어버린 자를 향한 자신의 도구로 삼으셨다.

그러므로 나는 교회의 선포에 관한 내용과 하나님이 어떤 방법으로 당신 말씀이 세상에 전파되어 각 개인이 용서를 통해 그 나라에 들어가도록 인도하시는지를 다루고자 한다. 그런 다음 나는 교회의 본질과 모든 그리스도인의 섬김, 은혜의 수단, 새로운 명령으로서의 선교의 윤리적 특성을 살펴보고, 타 종교로부터 기독교 세계(Christendom)를 올바로 분별하는 데 칭의가 얼마나 중요한 열쇠를 지니고 있는지 논의할 것이다.

따라서 우리는 단순히 신학과 실천에 대한 전체 경관을 보는 것이 아니라 특정한 선교학적 추진력을 가진 패러다임에 참여하게 될 것이다. 결과적으로 나는 올바른 선교신학은 귀납적이 아닌 연역적이며 그것은 단지 기술적(descriptive)일 뿐만 아니라 그 접근 방식에 있어서 처방적(prescriptive)이고 규범적(normative)인 것이라고 주장할 것이다. 다시 말해서, 선교학적 문제를 논의할 때 우리는 주로 교리적이고 교의적인 선교학의 제한된 범위 안에 머물러 있을 것이다.[43]

---

43 Jongeneel, *Philosophy, Science, and Theology of Mission*, 1:177-80; 2:49-50쪽을 참조할 것. Paul Heerboth는 조직신학과 선교와의 관계를 다음과 같이 정의한다. "조직신학은 선교에서 그리스도론과 구원론의 의미와 적용, 그리고 세속적 세계와 기독교 신앙의 상호 작용을 추구한다"("Missouri Synod Approach to Mission in the Early Period," 26). 같은 연구는 "신학의 모든 측면은 피할 수 없는 선교학적 차원을 가지고 있다"라고 결론지었다. 겐지핸은 자신의 책 *Glaube fur die Welt*, 250쪽에서 선교학은 "모든 신학의 주제"(Gegenstand aller Theologie)여야 한다고 명시했으며, 데이비드 J. 보쉬는 *Transforming Mission*, 494쪽에서, "선교학은 더 폭넓은 신학의 백과사전 안에서의 '공관적 학문'으로 불릴 수 있다"고 제안했다.

제2부

삼위일체 하나님의 선교

제6장   선교의 삼위일체적 구조

제7장   하나님의 선교에서의 창조와 보존

제8장   하나님의 선교 기초와 목표

제9장   하나님의 선교 동력

제10장 하나님의 선교에 대한 전망

제6장
선교의 삼위일체적 구조

1. 삼위일체 선교로서의 하나님의 선교

오늘날 대부분의 신학자는 삼위일체 하나님의 신학이라는 맥락에서 선교신학을 제시한다. 즉, 그들은 삼위일체 차원에서 선교를 설명한다.[1] 예를 들어, 레슬리 뉴비긴(Lesslie Newbigin)은 다음과 같이 주장했다.

> 교회의 선교는 오직 삼위일체 모델의 관점에서만 올바르게 이해될 수 있다.[2]

1952년 7월 5일-17일까지 독일 빌링겐(Willingen)에서 열린 '국제선교협의회'(IMC: International Missionary Council)는 '하나님의 선교'에 대한 최초의 정의를 제시함으로써 토론의 토대를 마련했다.

---

1 비체돔의 책, 『하나님의 선교』(Mission of God)를 특별히 참조할 것. 1952년 7월 5일-17일 빌링겐(Willingen) 대회에서 영감을 얻은 당시의 많은 현대 선교학자는 다음과 같은 구원론적 패러다임을 공유한다. Neill, *Unfinished Task*; Andersen, *Towards a Theology of Mission*; Hartenstein, "Theologische Besinnung," 51-72; Freytag, "Sendung und Verheißung," 217-23; Newbigin, *Trinitarian Faith and Today's Mission*; LWF, *Together in God's Mission*; LWF, *Mission in Context*; Wagner, "Das lutherische Bekenntnis als Dimension des Missionspapiers," 149-61.

2 Newbigin, *Gospel in a Pluralist Society*, 118.

선교는 삼위일체 하나님 안에 근거를 두고 있다. 우리에 대한 그분의 깊은 사랑으로 인하여 아버지는 자신의 사랑하는 아들을 보내어 모든 만물을 자기 자신과 화목하게 하셨는데, 이에 우리와 모든 사람은 성령을 통하여 하나님의 본질인 완전한 사랑 안에서 아버지와 하나가 될 수 있게 되었다.³

이 자체는 독일 선교학자 칼 하르텐슈타인(Karl Hartenstein)의 준비 작업에서 비롯되었다. 1934년 하르텐슈타인은 칼 바르트(Karl Barth)의 "하나님의 행동"(actio Dei)에 대응하여 "미시오 데이"(missio Dei)라는 표현을 만들었다.⁴ 이 표현은 아우구스티누스의 삼위일체 교리와 같은 전통적 서구 사상을 회상하며 그의 책 『고백록』(Confessions)에서 힌트를 얻었지만 선교학에서의 주요 적용은 빌링겐에서 처음으로 나타났다.⁵

발터 프라이타크, 칼 하르텐슈타인, 칼 바르트와 같은 주요 선교학자와 신학자의 지도 아래에서, 선교를 '하나님의 선교'로 표현하기 위해 '미시오 데이'라는 용어가 곧 널리 채택되었다.⁶

이 용어에서 획기적인 것은 무엇인가?

선교를 '미시오 데이'로 표현하는 것은 실질적인 인간 노력으로서의 선교에 대한 일반적 인식에서, 인간이 아닌 하나님을 선교의 원천이자 선도자로 만들어 신 중심적 접근법으로의 신학적 전환을 이루려는 것을 의미한다. '하나님의 선교'라는 용어는 세 개의 위격 중 어느 하나님(성부, 성자, 성령)을 의미하는지에 대한 혼동을 막기 위해 '삼위일체 하나님의 선교'(missio Trinitatis)라는 정확한 표현을 사용했다.

아마도 이런 통찰력을 사용하는 것이 특별히 무리하게 보이지는 않는 것 같다. 그러나 제2차 세계대전 후 몇 년이 지나고 선교학적 사고에 다시 초점

---

3 "Missionary Calling of the Church," in *International Review of Mission* 41(1952):562. Thomas, *Classic Texts in Mission and World Christianity*, 103-4. 참조.
4 Van Sanders, "Mission of God and the Local Church," 24.
5 Augustine, *Confession* 1:18, 38; 3:6, 61-62; 6:5, 117; 8:12, 178. 참조.
6 '미시오 데이'(missio Dei) 개념의 역사는 보쉬의 책 *Transforming Mission*, 389-93쪽을 참조할 것. 좀 더 자세한 내용은 Rosin, *Missio Dei*에서 참조.

을 맞출 이유가 생겼는데, 그것은 그때까지 선교가 사상 최저 수준에 도달했기 때문이다. 두 번의 전쟁은 해외 선교를 위한 자원을 고갈시켰고, 선교와 정치의 치명적 연합은 선교지에서 선교 동기에 대한 신뢰성을 훼손시켰다.

따라서 1910년 '에딘버러 세계선교대회'에서 언급한 세계 복음화 달성에 대한 희망은 완전히 무너져 내린 것처럼 보였다. 이런 정세는 선교의 기본으로 돌아가려는 매우 바람직한 일을 야기시켰으며, 신학자와 교회 기관은 그들의 동기와 전략을 하나님의 뜻과 의도에 맞게 재조정하려 했다.

2. 구원의 역사, 창조의 은총, 그리고 구속

빌링겐 대회(Willingen IMC)의 신학자들은 구원의 역사, 종말론, 그리고 이 세상에서 하나님이 일하시는 도구로서의 교회 활동과 같은 중요한 신학적 요소들을 '미시오 데이'(*missio Dei*)에 추가했다. 각 개념을 차례로 간단히 살펴보자. 종말론적 경향은 교회의 선교를 다가오는 하나님 나라에 초점을 맞추도록 했다. 교회가 하는 일의 대부분은 여전히 주님의 재림으로 모든 것이 완성될 것이라는 의미에서 예비적이다.[7]

구속사(Heilsgeschichte)라는 용어는 시간에 따른 하나님의 구원 활동을 설명한다. 구속사는 교회 안에서 그리고 교회를 통한 말씀의 선포로 구원을 이루시는 하나님의 의도를 묘사한다.[8] 구원의 역사는 하나님이 당신의 말씀과 동일한 방식으로 세상에서의 다른 활동과 사건을 그분의 수단으로 사용하신다는 생각을 거부한다.

하나님은 그분의 섭리적 보살핌을 통하여 세상을 영원토록 인도하고 보호하시어 교회를 통한 그분의 선교가 계속될 수 있도록 하신다. 하나님의

---

7 Walter Freytag, "Mission im Blick aufs Ende," 186-98.
8 오스카 쿨만은 특히 성경에 대한 구원사적 토론으로 유명하다. 쿨만의 책 『구원사』(*Salvation in History*) 또는 보쉬의 *Transforming Mission*, 498-510쪽을 참조할 것.

선하심은 "세상이 복음을 위한 준비를 갖추도록 하시고, 그분의 구원 계획을 위협하는 혼돈으로부터 붕괴되지 않도록 막으심"으로 세상을 인도하고 보호하실 때 드러난다.[9]

따라서 하나님의 섭리적 보살핌은 구원의 선물과 같지는 않지만, 그렇다고 완전히 분리된 것도 아니다. 그분이 확립하신 질서와 인간의 활동이라는 채널을 사용하여 인류와 세상을 돌보시는 하나님의 보살핌은 그리스도 안에서의 구원을 기다리기 때문에 본질적으로 선제적이다.[10]

그러므로 하나님은 당신의 '구원의 은혜'(*gratia redemptoris*)를 지원하기 위해 '창조의 은혜'(*gratia creatoris*)를 사용하신다. 달리 말하면 개신교 신학에서 이 거룩한 구원의 행위는 '칭의'로 다가온다. '칭의'는 하나님의 광범위한 활동을 묘사하는 더 넓은 틀에 내재된 구속의 은혜를 나타낸다. 게오르그 비체돔은 다음과 같이 말한다.

> 칭의는 … 인류와 관계하시는 하나님의 총제적인 일에 포함된다. 하나님의 이런 관계는 사람을 의롭다고 선언하시고 그들을 거룩한 교제로 받아들이시는 것 이상을 포함한다.[11]

하나님이 사람과 더 넓은 차원에서 관계하신다는 것은 사실이다. 그러나 칭의는 구원적 사명을 염두에 두고 계신 주님이 세상을 보호하시는 것을 가리킨다. 따라서 지진이나 전쟁과 같은 파괴적 사건을 포함하여 하나님이 관계하시는 광범위한 틀 안에서 일어난 사건들은 종종 사람들로 하여금 하나님을 찾고 그들을 다시 교회로 돌아오게끔 이끌었다.

불신자가 어떻게 믿음을 가질 수 있는지에 대한 그런 생각은 새로운 것이 아니다. 심지어 히포의 아우구스티누스조차 성경을 진정으로 배우고

---

9 Forde, "Forensic Justification and the Law." 301.
10 Beißer, *Hoffnung und Vollendung*, 75.
11 Vicedom, *Mission of God*, 14; Pannenberg, *Faith and Reality*, 72-73; Martens, *Die Rechtfertigung des Sünders*, 32.

신앙을 되찾기 위해 외적이고 내적인 시련을 겪었다고 설명했다. 사람이 그 시점에 도달하게 되어 죄 용서에 대한 확신을 갖게 되면 이것은 진정으로 구원의 사건이 된다.

이런 이유로 구원의 역사는 세상이 시작된 이래로 진행되고 있는 역사 안에서의 삼위일체 하나님의 활동에 초점을 맞추고 있다. 아담과 이브, 선지자들, 이스라엘 민족, 그리스도의 제자들, 최초의 신자들, 그리고 오늘날 전 세계의 모든 그리스도인은 거룩한 구원 계획의 수혜자들이다.

하나님과 세상 사이의 화해를 위한 중심에는 십자가가 자리하고 있다. 십자가에서의 그리스도의 죽음 사건은 곧 세상의 구원, 구속, 칭의 사건이기도 하다. 그러므로 구원의 역사는 이런 행동이 과거에 일어났고 앞으로도 시간이 지날수록 계속해서 일어나게 함으로써 하나님의 구원 행위를 이끌어낸다.

그러나 이 거룩한 행위에는 '수직적' 차원이 남아 있다. 그것은 인간이 의도하는 방향으로 영향을 끼치거나 세상을 변화시키기 위한 단순한 '수평적' 발전 계획의 틀을 계속해서 초월한다. 선교학적 의제는 때때로 이런 구별을 하지 못한다.

3. '미시오 데이'(하나님의 선교)에 대한 논쟁

안타깝게도 한때 '미시오 데이'의 일부였던 위의 많은 신조가 더 이상 당연한 것으로 간주되지 않을 수 있다. 많은 선교학자가 '미시오 데이'라는 용어에 동의는 하지만, 그것의 신학적 의미는 많이 달라졌다. 실제로, 그것의 정의에 대한 특정한 관점에 초점을 맞추면 합의와 오해가 잇따라서 발생하게 된다.

가장 논쟁의 여지가 있는 것은 우리가 칭의와 동일시한 하나님의 구원하시는 선교에 대한 설명이다. 모든 기독교 교단이 칭의를 가장 중요한 구원의 개념으로 선택하지 않으며 대신 그들은 '해방'을 선호한다. 이런 견해는 다음과 같은 공의회운동(Conciliar Movement) 진술에서 볼 수 있듯이, 공의회 또는 에큐메니컬운동을 지지하는 신학자들 사이에서 가장 널리 퍼져 있다.

> 해방에 대한 그리스도인의 이해는 성경에 나오는 '공의'에 대한 이해를 통해 알려졌다 … 그것의 목표는 압제자와 압제당하는 자의 역할이 완전히 사라지는 질적으로 새로운 공동체에서의 하나님의 평화(샬롬)다. 하나님 나라의 가치는 포괄적이고 확실한 해방을 위한 기준이 된다.[12]

소위 '해방'에 대한 동시대적 강조는 현대의 수많은 선교학적 논의 가운데 왜 특정 루터교적 접근법을 주장하는지에 대한 이유를 제공해 준다. 루터교의 칭의에 대한 이해를 증진하기 위한 과거의 시도로는 게오르그 비체돔의 『하나님의 선교』, 루터교세계연맹(LWF)의 연구 『하나님의 선교 함께하기』, 『상황속에서의 선교: 변화, 화해, 권능 부여』 등이 있다. 미국 복음주의 루터교회(ELCA)에 의한 최근의 연구에는 『전도하는 교회: 루터교의 공헌』[13]이 있다.

그러나 우리를 당혹스럽게 만드는 '미시오 데이'의 내용에 대한 명백한 차이에도 불구하고, 그 근원을 여전히 하나님께로 돌리는 것은 올바른 선

---

12 WCC-CWME, *Statement on Urban Rural Mission*, and Scherer and Bevans, *New Directions in Mission and Evangelization*, 1:62, 65-72. "Mission and Evangelization" (1982)을 참조 또는 1996년 살바도르에서 열린, WCC산하 '세계선교와 전도위원회'(CWME)의 세계선교대회(WMC)를 참조할 것. 로마가톨릭 신학자들은 대규모 토지 소유자와 기업들의 착취로 고통을 겪고 있는 남아메리카의 많은 시민의 사회적 곤경을 보면서 억압된 자들의 "해방"을 약속하는 '하나님의 선교'를 간청했다.
"구원"의 의미에 대한 전반적인 논의는 보쉬의 *Transforming Mission*, 397-99쪽을 참조할 것. Krusche, "Die Kirche fur andere," 151쪽도 참조. 공의회운동의 "자유"에 대한 강조는 프랑크푸르트 선언문(Frankfurt Declaration)의 주요 저자 중 한 명인 피터 바이어하우스에 의해 강하게 반대되었다. 바이어하우스의 *Missions—Which Way?* 와 *Shaken Foundations*를 참조할 것. 다음의 학자들은 바이어하우스의 노선을 따랐다. 지원용, "Evangelization and Humanization," 176; 겐지헨, *Glaube fur die Welt*, 203.
13 이 저작들에 대한 언급은 서문을 참조할 것.

교신학을 위한 중요한 요점으로 남아 있다. 용어의 내용에 대한 혼란에도 불구하고 나는 우리가 그것을 완전히 버려야 한다고 주장하고 싶지는 않다. 대신에 우리는 성경과 역사신학을 통해 그것의 모든 측면을 논의하기 위한 추가적 노력을 기울여야 한다.

'미시오 데이'에 대한 올바른 언어와 개념은 이미 기독교 교회의 첫 4세기 동안, 특히 AD 325년 니케아(Nicaea)와 AD 381년 콘스탄티노플(Constantinople)의 첫 두 에큐메니컬 협의회에서 결정되었다. 어떤 이들은 '삼위일체 하나님의 선교'를 설명할 때 성경에서 직접 찾지 않고 초대 교회에 주의를 기울이려고 하는 것에 대해 이의를 제기할 수도 있다.

성경도 마태복음 28장 18-20절과 고린도후서 13장 14절과 같은 본문은 삼위일체를 나타내 준다. 삼위일체 선언문이 기독교 교회의 초기 역사를 통한 신학적이고 고백적인 성찰의 후기 결과물일 것이라는 생각은 매우 유혹적이다. 실제로 처음 몇 세기 동안 교회는 삼위일체 교리와 관련된 오류를 분명히 지적하고 이를 거부해야 하는 과제를 가지고 있었다. 그러나 교회는 성경을 다시 언급함으로써 삼위일체 교리를 분명히 했다.

신약에서 이미 예수 그리스도를 하나님의 아들, 사람의 아들, 다윗의 자손, 그리고 메시아로 고백한 것은 유대 전통의 한 분의 신을 믿는 신념에 필요한 보완물이 되었다.[14] 이것은 하나님이 모든 신자에게 상담자요 위로자로 보내신 성령의 위격에도 동일하게 적용된다(요 15:26; 갈 4:6).

마태복음 28장 19절과 고린도후서 13장 14절을 포함한 신약의 삼위일체적 신앙고백(triadic formulas)은 '예수 그리스도'의 '아버지'시며 교회 생활에서 '사랑과 화해의 영'으로 계시는 '한 분 하나님'에 대한 신약 성경의 신앙을 말하고 있다. 이 구절들에서 성령을 통하여 그것을 교회에 가르친

---

14 적절한 구절은 마가복음 1:11(예수의 세례), 마가복음 8:29(베드로의 고백), 마태복음 17:5(예수의 변형), 마태복음 21:9(예수께서 예루살렘으로 입성하심), 마태복음 27:54(백부장의 고백), 누가복음 24:26(엠마오에서 제자들과의 만남), 로마서 1:3(다윗의 자손), 고린도 전서 15:3-11, 빌립보서 2:5-11, 골로새서 1:15-20.

것과 '대신경들'(The Great Creeds)[15]에 대한 교회의 응답은 '미시오 데이'의 진정한 의미에 기초를 두고 있다.

4. 세상에 대한 하나님의 외적 활동

필립 멜랑히톤은 최초의 루터교 교의학 책『신학총론』(Loci)에서 그리스도인은 단지 삼위일체의 신비를 감탄하거나 검증할 뿐만 아니라, 또한 자기의 아들과 영을 통해 세상에 스스로를 계시하시는 하나님을 믿어야 한다고 강조했다.[16]

그 이후로 서구 신학은 하나님의 사역이 세상에 미치는 구속적 의미를 설명하기 위해 무수한 노력을 기울였다. 로버트 젠슨(Robert Jenson), 볼프하르트 판넨베르크(Wolfhart Pannenberg) 그리고 칼 라너(Karl Rahner)와 같은 학자는 특히 세 위격의 내적 및 외적 관계에 관련한 연구를 통하여 삼위일체 교리에 공헌했다.

그러나 멜랑히톤이 말했던 다음과 같은 관찰은 확실히 옳다.

> 삼위일체 교리는 그리스도 안에서의 구원의 의도를 강조하는 관점에서만 의미가 있다.

그러므로 그리스도의 사역, 고난과 부활이 없으면, 하나님은 이질적이고 무관심한 존재로 남게 될 것이다.

따라서, 성육신하시고 십자가에서 돌아가신 예수 그리스도를 통하지 않고서는 하나님과 '하나님의 선교'에 대해 논할 수가 없다(요 3:16; 요일 4:10;

---

15 대신경들에는 사도신경(150-250 AD), 니케아 신경(325 AD), 칼케돈 신경(451 AD), 아타나시우스 신경 (대략 500 AD), 벨기에 신경(1561 AD), 그리고 도르트 신조(1619 AD)가 있다. (역자 주)

16 Melanchthon, *Loci Communes*, 20-21.

롬 3:25). '하나님의 선교'는 예수 그리스도를 통해 알려졌던 하나님 사랑의 의지에 대한 의도를 발견할 때야 비로소 완전히 이해될 수 있다.[17] 따라서 '하나님의 선교'는 삼위일체 하나님의 연합에 대한 존재론적 정의를 전제로 한다.

다시 말해서, 하나님은 한 분으로 존재하고 계신다(신 6:4 "이스라엘아 들으라 우리 하나님 여호와는 오직 유일한 여호와이시니라").[18] 하나님의 신격(Godhead)의 선교학적 중요성은 세상에 대한 세 위격의 섭리적 활동에 놓여 있다.

'하나님의 선교'는 창조, 구속, 성화의 인격적인 행동에 따라 하나님이 '하신 일'의 관점에서 보여야만 한다. 마틴 루터는 그의 『대교리 문답』을 통해 이런 이해에 크게 기여했다. 루터가 『대교리 문답』을 특정한 선교학적 틀 안에서 쓰지 않았다는 것은 사실이지만, 그럼에도 그는 그것을 '하나님의 선교'에 맞게 배치하여 선교를 위한 신학적 청사진을 제공했다.

여기서 루터는 사도신경을 전통적으로 12개의 문장으로 나누었던 것 대신 3개의 신조를 구분하여 선택하고, 각 조항(1조: 창조, 2조: 구속, 3조: 성화)은 삼위일체 중 한 위격의 특정한 외적 활동에 관해 설명하려고 했다. 그렇게 함으로써 루터는 하나님의 외적인 활동이 분리되지 않는다는 중요한 규칙을 지키려고 했다.

> 삼위일체 하나님의 외적 사역은 분리될 수 없다(*opera Trinitatis ad extra sunt indivisa*).[19]

---

17 Gensichen, *Living Mission*, 252.
18 Schlink, *Theology of the Lutheran Confessions*, 63. 예를 들어, AC Ⅰ 3 (Kolb-Wengert, 37).
19 Schlink, *Theology of the Lutheran Confessions*, 66; Gensichen, *Glaubefur die Welt*, 81; Wagner, "Das lutherische Bekenntnis als Dimension des Missionspapiers," 153; Mueller, *Christian Dogmatics*.

루터는 세 위격의 실제적 통일성 또는 신성을 파괴하는 양태론[20]이나 고지식한 삼신론에 빠지지 않았다. 루터는 교육적인 이유로 이렇게 삼중 분할을 했다고 명시적으로 언급했다.[21]

이 개혁가는 무지한 사람들을 위해 성경의 증거와 교회의 신앙고백을 쉽게 축소해야 한다는 것을 매우 잘 알고 있었다. 그래서 루터의 교리 문답에 제시된 것보다 루터의 교리에 대한 더욱 풍부한 자료를 찾기 원하는 학생들은 그의 교리 해설집이나 삼위일체 설교를 참고할 수 있다.[22]

창조, 구속, 성취라는 외적 행위는 삼위일체 하나님이 얽혀 있지만 불가분하게 연합된 모습을 보여 준다.

> 아버지는 아들을 보내시고, 아버지와 아들은 성령을 보내신다. 여기서 하나님은 자기 스스로를 보내신 주체일 뿐만 아니라, 동시에 각 위격의 본질이 동등하며 서로 섞여서 용해됨이 없이 삼위일체를 계시하는 방식으로 보내심을 받은 대상이 되셨다. 신성의 모든 위격 안에서 하나님은 온전히 그대로 역사하신다.[23]

이 외적인 삼위일체의 활동은 모든 면에서 한 분이신 하나님이 일하고 계심을 반영한다. 예수 그리스도의 선교는 때때로 인간의 논리에 도전하고, 자연인(육에 속한 사람)의 하나님 인식을 바로 잡는다. 특히, 십자가의 죽음을 통해 자신의 신성과 거룩한 사명을 보이신 성육신하신 하나님의 아들 그리

---

20 양태론은 초대 교회가 이단으로 간주한 삼위일체에 대한 잘못된 견해로서, 한 분 하나님이 세 개의 위격으로 나타나시는 것이 아니라, 각기 다른 시간에 다른 방식으로 계시된다는 즉, 세 가지 모습(모드)을 가지고 있다는 믿음이다. (역자 주)
21 LC II 5-6 (Kolb-Wengert, 431-32).
22 Peters, *Kommentar zu Luthers Katechismen*, 2:38. '슈말칼드 신앙고백서'에서 루터는 "하나의 신적인 본질과 본성에 있는 별개의 세 위격은 하늘과 땅을 창조하신 한 분 하나님"이라고 확언했다. (SA I 1, Kolb-Wengert, 300). 삼위일체 교리에 대한 신앙고백서의 진지함은 고대의 '반 삼위일체 주의자들'의 비난(AC I 5-6, Kolb-Wengert, 37)을 볼 때 그리고 종교개혁 시대의 '반삼위일체주의자들'(SD XII 1, 37-38, Kolb-Wengert, 656, 659-60)을 볼 때 가장 분명하다. Schlink, *Theology of the Lutheran Confessions*, 64쪽 참조.
23 Vicedom, *Mission of God*, 8.

스도의 선교에 대한 인식을 바로 잡는다(고전 1:18-31).

복음서에 나타난 삼위일체의 두 번째 위격에 해당하는 칭호인 그리스도, 메시아, 랍비, 주님은 그리스도의 인격과 사명에 대한 거룩한 특성을 반영하지 않을 수도 있다. 그러나 여기에는 아버지와의 연합을 나타내며(요 10:30; 17:21) 그분의 인격의 완전한 신성을 나타내는(빌 2:6-11; 골 1:15-18; 2:9) 진술도 있다.

교회는 항상 이전부터 존재하시고 성육신하셨으며 세상을 공동으로 창조하신 하나님으로서의 그리스도를 경배해 왔다. 따라서 그리스도를 아버지께 종속시키려 했던 아리우스의 주장은 AD 325년 '니케아 공의회'에서 거부되었다. 논란의 여지가 된 문제는 아리우스가 엄밀하게 하나님을 인간으로 태어나서 고난받으시고 죽으신 성육신하신 그리스도의 선교로 끌어들이는 것을 반대한 것이다.

이런 이유로 니케아의 결정은 그리스도가 아버지와 동일한 본체(*homoousios*, 동일본체)임을 확인함으로써 성육신하신 그리스도의 신성을 보호하고자 했다. 신학자들은 아들과 아버지의 동등함에는 성령이 함께 포함되어야 한다는 것을 빨리 깨달았다. 그렇게 되지 않으면 성령은 다른 두 위격보다 열등한 존재로 취급될 것이기 때문이다.

요한복음 16장 15절, 17절과 26절에 따르면 세 위격의 활동은 세상에 그리스도의 영광을 알리며 그것은 결과적으로 아버지의 영광을 알리는 것이다. 교회는 하나님을 한 분으로 고백하지만 그리스도 안에 계신 하나님은 또한 성령의 임재와 역사하심을 통해 교회 생활에서 그분의 존재를 입증하신다.

AD 589년 스페인 톨레도(Toledo)에서 열린 지역 공의회는 유명한 '필리오케'(*filioque*, '그리고 아들로부터')를 추가함으로써 성령의 신성한 지위를 확인했는데, 이것은 주님이자 생명의 수여자이신 성령이 아버지와 '그리고 아들로부터' 나온다는 것을 말한다. '필리오케'는 성령이 아버지와 아들과 더불어 예배받으실 자격이 있으며 아버지와 아들과 함께 주권을 공유하신다는 것을 보증했다.

그러므로 '하나님의 선교'에는 세상을 향한 그분의 외적 활동, 즉 시간 안에서와 하나님의 창조와 관련한 활동들이 포함된다. 우리는 이런 식으로 거룩한 사명을 공식화할 수 있다. 그분의 '사랑의 의지'에 따라 아버지 하나님은 그분의 말씀을 보내시고 이로써 세상을 창조하신다. 타락한 인간은 창세기 3장에서의 사탄의 거짓말로 인해 하나님의 말씀을 업신여긴 것 때문에 단순히 창조에서 배제되지 않았다.

하나님의 말씀은 최초의 선교사인 예수 그리스도 안에서 육신이 되었으며, 그분을 통해 하나님은 사람과 화목하게 되셨다. 예수 그리스도는 피조물을 그리스도와 창조주께로 인도하시는 그분의 영을 위해 자리를 내어주셨다. 그러므로 선교의 근원은 바로 하나님 자신이시다. 한 분이신 하나님은 이 세상에 대한 사랑 때문에 행동하신다. 세 위격 안에서 하나님은 세상을 창조하시고 구속하시며 성결케 하신다.

이런 삼위일체의 외적 활동은 삼위일체의 내적 관계(intra-Trinitarian)와 동일하지 않다. 삼위일체의 내적 관계는 한 분 하나님 안에서, 각 위격은 아버지로부터 아들이 나오고 아버지와 아들로부터 성령이 나오는 실제 내적인 움직임을 통해 스스로 존재한다.

이런 활동은 분리될 수 있는 것으로 간주되며(opera ad intra sunt divisa, 삼위일체 하나님의 내적 사역은 분리될 수 있다), 하나님의 신격(Godhead) 안에서 어떤 방식으로든 내부적 계급 질서를 표현한다. 반면에 외적 활동은 세상에 대한 하나님의 사역에 대해 논의하고 하나님의 연합을 확인한다.[24]

교회는 신격(Godhead)의 세 위격이 같은 본질을 서로 관통하고 서로의 삶을 공유할 뿐 아니라, 모두가 한 분이신 하나님의 거룩한 사역에 참여하고 있음을 강조하기 위해 '페리코레시스'(perichoresis, 상호일치 또는 상호내주)의 개념을 사용한다. 루터의 교리 문답에서 알 수 있듯이 각각의 외적 작

---

[24] 니케아 신경(Kolb-Wengerl, 22-23), 슈말칼드 신앙고백서 I 2 (Kolb-Wengert, 300). 더 많은 설명을 보려면 다음을 참조할 것. Brunstad, *Theologie der lutherischen Bekenntnisschriften*, 30; Schlink, *Teology of the Lutheran Confessions*, 66; Mueller, *Christian Dogmatics*, 156.

업은 세 위격 중 한 위격이 주로 사역을 수행한다는 의미에서 삼위 중 한 위격의 일에 속하게 된다.

그러나 모든 위격은 삼위일체의 각 위격에게 할당된 일을 수행하는 데 참여한다. 창조는 아버지의 사역과 아들의 구속 그리고 성령의 성화와 관련되어 있다. 그러나 각각의 위격은 또한 각자에게 특정하게 주어진 거룩한 행위에 참여한다.[25]

5. 필리오케(*Filioque*, '그리고 아들로부터')의 가치

우리는 단순히 성경과 역사적 권위에 경의를 표하기 위한 목적으로 위격의 내적 활동과 경륜적 삼위일체를 주장하지 않는다. 삼위일체의 활동과 경륜은 '하나님의 선교'와 매우 관련 있다. 삼위일체의 한 측면은 서방 교회가 '니케아 신조'에 삽입한 '필리오케' 조항을 포함한다.[26] '필리오케' 조항은 성령과 예수 그리스도 사이의 명백한 연결을 확인시켜 준다.

영은 그리스도의 영이며 그리스도께서 승리하신 세상에 구원의 선물을 가져다 주신다. 이렇게 말하는 것은 그리스도와 독립적으로 일하시고 임재하시는 성령의 자유를 제한하는 것으로 간주될 수 있다. 따라서 많은 학자에게 '필리오케'는 타 종교와의 진정한 대화를 방해하는 것으로 보인다. '필리오케'는 성령을 그리스도와 묶어줌으로써, 다른 종교의 구원적 요소는 거짓된 것으로 그 자격을 상실하게 만드는 결과를 가져온다.

다른 학자들은 '교회일치운동'의 이유로 '필리오케'의 가치를 무시할 수 있는데 그것은 '필리오케'가 동방정교회와 로마가톨릭교회와의 관계를 개선하는 데 장애가 된다고 여기기 때문이다. 우리는 여기서 두 가지 다른 관심

---

25 Erickson, *Making Sense of the Trinity*, 64.
26 여기서 신앙고백은 서양 전통을 따른다. 아타나시우스 신조 22 (Kolb-Wengert, 24), 니케아 신경 7 (Kolb-Wengert, 23), and 슈말칼드 신앙고백서 I 2 (Kolb-Wengert, 300). 참조. Fagerberg, *Die Theologie der lutherischen Bekenntnisschriften*, 128.

사를 알 수 있다. 서방 교회가 세 위격의 연합을 강조하는 것과는 대조적으로 동방 교회는 아버지 하나님의 위격을 신격(Godhead)의 근원으로 여긴다.

우리는 '필리오케'를 포기하게 될 때 어떤 선교학적 재앙이 발생할지 알 수 있다. 고전적 선교 개념에서는 그리스도의 독특한 직위가 존재했으며 성령은 모든 종교의 신자를 그분에게로 인도하는 역할을 했다. 만약 성령이 그리스도의 위격과 결별하게 된다면 성령의 역할과 그분의 외적인 구원의 경륜은 그리스도의 현재 역할을 다른 것으로 변화시킬 것이다.

또한, 만일 그리스도와의 관계를 배제한 채 성령의 중심적 역할에만 관심을 두게 되면 그리스도 자신의 역할과 관계가 바뀌게 되는 매우 심각한 위험을 초래하게 된다. 우리의 이런 관심사가 적용될 수 있는 예는 현재의 종교간 대화에 있다. 여기서 성령은 그리스도와 연결되어 있으며 말씀의 선포를 통해 모든 사람을 그리스도께로 인도하는 역할을 한다는 점에 유의하는 것이 중요하다.

우리는 그리스도의 실존과 그 매개로서의 말씀을 배제한 채 타 종교 안에서 성령의 임재에 대한 증거나 간증을 찾아 '종교 다원주의'에 대한 의견을 뒷받침하는 연구를 해서는 안 된다.[27]

'필리오케'를 제거하기 위한 진자(pendulum)가 한번 흔들리게 되면, 그리스도는 역사적인 과거로 그리고 아마도 부적절한 자리로 밀려나게 될 것이다. 그러므로 '하나님의 선교'에서 '필리오케'는 계속해서 성령의 사역을 돕고 '종교 다원주의'에 대한 수정을 돕는 유익한 조언자 역할을 할 것임이 분명하다.[28]

---

27 Schulz. "Tensions in the Pneumatology of the Missio Dei," 99-121. 참조. Smail, "Holy Spirit in the Holy Trinity," 149-65. 참조.
28 Braaten, *Justification*, 137-38. Weber, "Mysterium Trinitatis," 355. 참조.

6. 교회

가톨릭신조(개신교의 '사도신경')의 세 조항에 담긴 삼위일체 하나님의 이런 외적 또는 경륜적 활동은 오늘날 교회 선교의 본질과 상태에 관해 설명하는 데 가장 큰 도움이 되었다. 교회는 사람이 아닌 하나님으로부터 선교가 시작된다는 것을 확인한다.

교회의 선교적 의무는 하나님의 보내시는 활동에 기초하고 있으며 그로 말미암아 창조자, 구속자, 통치자, 그리고 인도자로서의 하나님은 그분의 성취 목적과 교제 안에서 세상과 사람을 세우고 포함시키신다.[29] 따라서 교회 선교의 지속적 임무는 삼위일체의 세 가지 활동, 즉 창조(아버지), 성육신(아들), 성화(성령)에 맞추어 재조정하는 것이다.

실제로 교회는 자신의 선교를 신조의 세 가지 조항 모두와 관련시키지만 교회의 선교는 성령의 경륜적 활동인 세 번째 조항에 의해 가장 명확하게 정의된다는 것이 가장 맞는 말이다. 이 정의는 그리스도 중심적 관점을 약화하지 않으며, '그리스도'를 통한 타락한 인류와 '하나님'과의 화해는 말씀과 성례에서의 '성령'의 활동을 통해 나타난다는 점을 강조한다. 성령의 사역에 대한 루터의 관점은 이와 관련이 있다.

> 성령에 의해 복음이 선포되어 이런 것들이 먼저 우리에게 제공되지 않거나 우리 마음에 수여되지 않는 한, 당신도 나도 그리스도를 전혀 알지 못하거나 그분을 믿고 우리의 주님으로 삼을 수 없다. 사역은 끝났고 완성되었으며, 그리스도께서는 그의 고난과 죽음과 부활 등을 통해 우리를 위한 보물을 획득하셨다.
>
> 그러나 그 일이 숨겨지고 아무도 그것에 대해 알지 못했다면, 그것은 헛된 것이 되고, 모두 잃어버리게 되었을 것이다. 이 보물이 묻히지 않고 사용되

---

29 Gunther, *Von Edinburgh nach Mexico City*, 74-76. Gunther, "Gott selbst treibt Mission," 57. 참조.

고 향유되기 위해 하나님은 말씀이 출판되고 선포되게 하셨으며, 이 구원의 보물이 우리에게 제공되고 적용될 수 있도록 성령을 주셨다.[30]

오늘날 선교의 본질과 특성은 의심의 여지 없이 성령의 선교에서 그 위치를 찾는다. 첫 번째 조항에서 제안한 것처럼 선교는 부분적으로 인간을 돌보는 봉사를 포함한 전인적인 노력이 될 수 있다. 하지만 그것은 또한 십자가에서의 그리스도의 객관적이고 화해적인 사역에 전적으로 기초하고 있으므로, 선교의 지속적인 타당성은 그것의 존재를 케리그마적(선포)이고 성례적인 행위에 두어야 한다(롬 10:9-17).

비록 이 접근 방식을 비논리적인 과장으로 간주하려는 사람들이 있을 수 있지만, 그럼에도 나는 교회의 선교는 하나님 중심적이고 삼위일체적인 추진력과 계시 자체에서 흘러나온다고 주장한다. '미시오 데이'의 개념은 선교의 하나님 중심적 차원을 강조함으로써 인간의 사업을 통합하고 정의하는 데 어려움을 줄 수 있을 것이라고 여겨질 수 있다.

비록 그 성공은 오직 하나님께 달려 있지만 하나님의 선교는 결국 세상에서 인간 설교자와 사역자의 활동을 통해 계속되고 있다. 뉴비긴은 다음과 같은 방식으로 선교의 두 가지 측면을 식별한다.

> 교회는 증거하는 일의 근원이 아니다. 오히려 교회는 증거하는 현장이다.[31]

반 리넨(Van Rheenen)도 비슷한 말을 했다.

> 선교는 인적 자원에서 비롯된 것이 아니므로 그것은 궁극적으로 사람의 사업이 아니다. 선교는 보내시고 구원하시는 하나님의 본성에 뿌리를 두고 있다.[32]

---

30 LC II 38 (Kolb-Wengert, 436).
31 Newbign, *Gospel in a Pluralist Society*, 120.
32 Van Rheenen, *Missions*, 14.

이런 선교의 상호적이고 쌍방적인 본질은 '미시오 데이'라는 용어로 완전히 파악되지 않을 수 있다. 이런 이유로 한스 베르너 겐지헨은 '미시오 데이'라는 용어를 완전히 삭제하고, 대신에 하나님 선교의 신학적 차원과 케리그마적(선포) 의도를 말해야 한다고 제안했다.[33]

네덜란드의 에큐메니컬 신학자 '요하네스 크리스티안 호켄다이크'(J. C.Hoekendijk)를 따르는 다른 선교학자들은 '하나님의 선교'에서 교회가 중심 위치를 차지하는 것을 반대하며, 대신에 교회의 중재를 통하지 않고 세상이 거룩한 선교에 대한 직접적인 공공광장(forum)이 될 것을 제안했다.[34]

데이비드 J. 보쉬는 그런 제안을 "불합리한 관점"이라고 올바르게 지적했는데, 왜냐하면 "교회가 존재할 권리 자체가 논란거리가 된다면 교회의 세상 참여에 관해 이야기하는 것"은 불가능하게 되기 때문이다.[35] '하나님의 선교'는 교회가 복음을 선포하고 성례전을 집행하는 섬김을 통해서만 성취된다. 그러므로 '하나님의 선교'에서 교회의 도움은 의심의 여지 없이 '하나님의 선교'가 계속되기 위해 반드시 필요하다.[36]

구원 역사의 개념은 '하나님의 선교'에서 교회의 중심적 역할에 대해 완전히 거부하지 못하도록 보호하는 작용을 한다. 분명히 우리는 창조물에 대한 아버지 하나님의 보호하시고 인도하시는 활동인 신조의 첫 번째 조항을 버리고 싶어하지 않는다. 하지만 구원의 역사는 하나님의 특별한 구원 활동이 세상의 사건 속에서 소멸하지 않는다는 중요한 요점을 전달한다.

대신에 구원은 교회의 선포 활동 안에서 그리고 교회의 선포 활동을 통해 이루어진다. 구원의 역사는 교회의 선교 활동을 필요로 한다. 왜냐하면, 교회의 선교(missio ecclesiae)는 그리스도의 사건과 심판의 날 사이에서 적극적으로 '하나님의 선교'에 참여하는 시간과 공간의 중간 기간을 암시하기 때문이다. 이와 관련한 비체돔의 통찰력은 매우 적절해 보인다.

---

33 Gensichen, *Living Mission*, 34-38; Gensichen, *Glaubefur die Welt*, 80-95. 참조.
34 Guder, *Missional Church*, 99.
35 Bosch, *Transforming Mission*, 385, 392.
36 Scherer, *That the Gospel May Be Sincerely Preached*, 13-14.

교회는 구원의 완성과 최종 심판(구원이 대속을 통해 계시될 때)의 중간기에 사람에게 회개를 요구하고 구원의 믿음을 전할 의무가 있다.37

이런 관점에서 아마도 '하나님의 선교'에 대한 나 자신의 정의를 제공하는 것도 적절할 것이라 여겨진다. 이 정의는 삼위일체 선교(*missio Trinitatis*)의 본질과 세상에서 삼위일체 교리가 작용하는 범주 내에서의 교회의 역할에 대한 구체적인 인식을 확증한다.

'미시오 데이'는 아버지 하나님의 온 세상에 대한 사랑의 의지로부터 동기 부여되고 예수 그리스도의 속죄 사역에 근거하며 은혜의 수단을 통하여 그리스도의 성령에 의해 수행된 역사 안에서의 삼위일체의 구속과 화해의 활동이다. 하나님은 은혜의 수단을 통해 사람을 의롭게 하시며 반역과 죄와 죽음에서 사람을 구해 주시며 그분의 온화한 통치하에 사람을 복종시키시고 그와 구속된 공동체가 역사 안에서 최종 목표를 향해 나아가도록 이끌어 주신다.

---

37 Vicedom, *Mission of God*, 65.

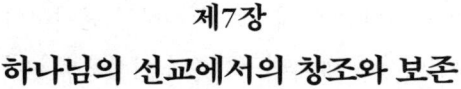

제7장
하나님의 선교에서의 창조와 보존

1. 삼위일체 선교 펼쳐 보기

제6장에서 우리는 '미시오 데이'에 관해 살펴보았고, 그것을 삼위일체 하나님의 선교로 정의했다. 여기에는 세 위격 모두가 관련되어 있다. 이제는 하나님의 선교에서 세 위격의 역할을 좀 더 자세하게 풀어 봐야 할 때다. 제7장에서부터 제9장까지는 삼위일체의 위격과 삼위일체의 외적 사역이 선교와 어떻게 연관되어 있는지 살펴보고자 한다.

이 장에서는 창조자로서의 하나님의 역할을 다루며, 궁극적이고 보편적인 진리가 되시는 하나님에 대한 올바른 의미를 살펴보도록 하겠다. 이에 대한 다양한 측면으로 하나님의 형상, 디아코니아(봉사), 기독교 직업 소명 및 자연법이 포함된다.

제8장에서는 선교에 중심이 되는 십자가, 죄 그리고 그리스도의 인격과 사역을 포함한 기독론에 중점을 두고자 한다. 제9장에서는 교회와 그리스도인의 삶에서의 성령의 역할, 은혜의 수단, 그리고 이런 것들이 선교에서 얼마나 중요한지에 대해 살펴보도록 하겠다.

2. 보편주의적 관점

세상이 하나님의 피조물이라는 사실은 교회의 선교에 큰 영향을 미친다. 창조는 기독교를 다른 모든 종교나 영적 표현들 가운데 중심이 되게 하는 데, 그것은 창조의 하나님은 다른 신이 아닌 바로 삼위일체 하나님이시기 때문이다. 삼위일체 하나님은 세상을 창조하신 분이시다. 이것은 그분을 모든 민족의 하나님이시자 세상의 구세주가 되시도록 한다.

그러므로 기독교 선교는 선교사들이 복음을 선포할 때 다른 국가들에 대한 권리를 불법적으로 침해하지 않는다. 오히려 모든 사람은 그들이 멀리했던 유일하시고 참되신 삼위일체 하나님과 화목해야 한다고 부르짖는다. 요나와 룻과 같은 구약의 중심인물들은 '모든 민족을 창조하신 하나님은 자신을 멀리했던 민족들도 그분의 구원 사역의 수혜자가 되기 원하신다'라는 것을 보여 주었다.[1]

그러므로 창조 교리는 그리스도의 십자가와 연결된 보편적 주제와 동기를 위한 토대를 마련한다. 마태복음 28장 19-20절에서 주님은 자신의 십자가 죽음의 수혜자가 모든 민족이라는 사실을 사도들에게 알리셨기 때문에 사도들과 성경을 읽는 모든 독자는 '하늘과 땅을 만드신 한 분이신(창 1:1; 시 24:1) 참하나님'의 소유된(창 10장; 시 86:9; 신 32:8) 이 세상에 사는 수많은 '민족'을 항상 염두에 두어야 한다.

구약은 하나님의 메시지와 행동이 한 특정 민족을 목표로 하는 것이 아니라 모든 민족을 돌보신다는 것을 보여 주고 있다.[2] 그러므로 창조 교리는 배타주의가 아니라 올바른 보편주의를 장려한다. 성경적으로 '보편주의'는 하나님의 구원 계획이 '모든 것을 포괄한다'라는 의미를 나타낸다. 이것은 하나님의 선교가 이스라엘 민족이나 선택된 남은 자들뿐만 아니라 인류 전체를 포함한다는 것을 의미한다.

하나님은 당신의 말씀을 통해 모든 사람을 부르시는데 이때 그들이 하나님께 돌아오도록(딤전 2:4) 하기 위해 그리스도는 모든 사람의 구세주로 제시된다. 만약 우리가 방금 논의한 대로 보편주의를 정의한다면, 우리는

---

1   이 구약의 책들에서 '하나님의 선교'가 어떻게 예수 그리스도의 사역 안에서 성취되고 기독교 교회들의 선교를 계속 수행하는지에 관한 설명은, Lessing, *Jonah*, 131-69, and Wilch, *Ruth*, 25-28, 58-60, 83-86, 101-7쪽을 참조할 것.

2   Rzepkowski, "Creation Theology and Missiology," 90.

'말씀과 그리스도를 제외하고 하나님의 심판이라는 현실을 배제'한 채로 모든 사람에게 구원을 선포하려는 보편주의에 대한 잘못된 개념을 거부해야 한다.

3. 하나님 형상의 회복

창조 교리는 한때 모든 인류가 창조되었을 때 가지고 있던 '하나님의 형상(창 1:26-27)을 죄인들 안에서 회복'시키는 것이 구원이라는 사실을 우리에게 상기시켜 준다. 모든 인류는 타락을 통해 하나님의 형상을 잃었다(창 3). 하나님의 형상을 상실한 것과 관련하여 볼 때 이 세상 사람들 사이에는 아무런 구별이 없다. 아담과 하와의 후손은 모두 아담의 모습과 형상을 공유하고(창 5:3) 악에 참여한다(창 6:5; 롬 5:12-21).

성경은 '하나님의 형상'(*Imago Dei*)의 상실에 대한 정확하고, 기술적이고, 경험적인 설명과 관련하여 침묵하고 있다.[3] 그러나 '하나님의 형상'이 십계명의 첫 계명에 적용되는 한 하나님과 인간의 관계에는 중요한 장애가 생긴다. 공통적으로 모든 인간은 하나님 앞에서 원래의 완전한 상태가 상실되었다.

그가 "여전히 옛사람으로 존재하는 한, 의롭다고 인정된 그리스도인이나 여전히 회개하지 않고 믿지 않는 비그리스도인 사이에는 실질적인 차이가 없으므로," 그리스도인은 비그리스도인과 연대한다. 그러나 하나님은 인간의 타락 후에도 당신의 피조물을 버려두지 않으셨다.[4]

하나님은 여전히 자신의 형상으로 인간의 생명을 보호해 주신다(창 9:6).

---

[3] 게르하르트 폰 라트(Gerhard von Rad)는 그의 *Old Testament Theology*, 1:147에서 다음과 같이 주장했다. "확실히, 타락 이야기는 사람의 창조된 본성에 심각한 불안을 알려 준다. 그러나 이것들이 인간 안에 있는 하나님의 형상에 영향을 미치는 방식에 관해서는 구약성경은 분명하게 말할 것이 없다." Peters, *Kommentar zu Luthers Katechismen*, 2:86.

[4] Bayer, *Living by Faith*, 68.

따라서 인간은 하나님과의 관계를 재개하기 위해 끊임없는 노력을 기울이고 있지만 그들은 결국 자신의 종교를 만들고 말았다. 그러므로 주도권은 하나님께로부터 나와야 한다. 하나님의 구속만이 하나님과의 적절한 관계와 태도를 회복시킨다. 하나님과의 회복된 관계는 영적인 것이며 이것은 복음 선포와 예수 그리스도에 대한 믿음을 통해 생겨난다.

하나님은 "각 족속과 방언과 백성과 나라"와 "아무도 셀 수 없는 큰 무리"가 그분의 보좌 앞에 모일 때(계 5:9-10; 7:9-17)까지 쉬지 않고 일하실 것이다.[5] 이런 이유로 교회의 선교는 그 회복을 가져오기 위해 하나님 말씀의 선포에 전력을 다한다.

> '하나님의 선교'와 하나님의 주권의 목표와 내용은 이 적대적인 지역을 정복하고 하나님과 얼굴을 마주하는 올바른 장소로 사람을 다시 데려오고 그를 하나님과의 교제로 회복시키고 그를 죄에서 해방하는 것이다.[6]

4. 디아코니아(봉사)를 통한 선교 범위의 확대

교회 선교의 우선순위는 죄악으로 가득 찬 인류가 하나님과의 깨진 관계를 회복하도록 하는 것이다. 그러나 창조 교리는 단지 하나님이 인간을 회심이 필요한 영적 대상으로만 만드신 것이 아닌 교회의 선교가 남자와 여자의 몸과 영혼 전체를 그분의 형상대로 창조하신 방식에 따라 접근해야 한다는 것을 알려 준다.[7]

---

5   Verkuyl, *Contemporary Missiology*, 91.
6   Vicedom, *Mission of God*, 15.
7   1973년 루터교회 미주리총회는 공식적으로 교회의 선교에 관한 섹션을 포함하는 "성경과 신앙고백 원리에 관한 진술"(Statement of Scriptural and Confessional Principles)을 채택했다. 진술에 따르면, "우리는 교회의 주된 사명이 복음을 전파하고 성찬을 집행함으로써 예수 그리스도를 증거하여 모든 민족을 제자를 만드는 것이라고 믿고, 가르치고, 고백한다. 사람의 육체적 필요를 채워 주는 사역과 같은 교회의 다른 필요한 활동

탈레스(Thales)와 아낙시만드로스(Anaximander)에서부터 플라톤(Plato)과 아리스토텔레스(Aristotle)에 이르기까지 그리스 철학을 바탕으로 한 서구 세계는 육체와 영혼을 철학적으로 구별 짓는 경향이 있다. 이것은 지상에서의 삶과 영생 사이의 이분법으로 인간 존재를 해석하여, 영적이고 영원한 것들보다 육체적이고 현세적인 것들을 덜 가치 있게 만든다.

선교 사업이 누군가를 영생으로 데려오는 데만 집중한다면 선교사는 하나님 자신이 매일 풍부하고 풍성하게 제공해 주시는 인류의 육체적 필요를 매우 쉽게 무시할 수 있다. 반대로 모든 강조가 신체적 필요에만 놓이게 된다면 인간의 영적 상태는 무시될 수 있다.

그러므로 선교는 모든 면에서 인간의 존엄성을 보존하는 봉사에 신중하게 참여하는 전인적 실천이 되어야 한다. 올바른 선교는 인간 존재의 육체적 측면을 진지하게 고려하고, 사람의 몸, 세상에서의 삶 및 환경을 돌보는 것이다. 또한, 선교의 전인적 특성에는 언어, 문화, 종교적 민감성 및 사회적 현실과 같은 요소가 포함되며, 그것은 특히 디아코니아(봉사) 활동의 형태로 하나님이 창조하신 사람들의 필요에 부응한다. 봉사 활동은 초대 교회의 삶의 일부였다.

예를 들어, 사도행전 6장 1-7절에는 사도들이 계속 말씀을 전하는 동안 예루살렘에 있는 그리스인 과부들의 필요를 충족시키기 위해 이에 적합한 사람들을 따로 선택하는 장면이 나온다. 그 이후 행위를 통해 사랑을 전하려는 교회의 노력은 말씀의 전파를 보완해 주었다.

어떤 사역자는 말씀을 전파하는 일을 하지만 다른 그리스도인은 도움이 필요한 사람들에게 사랑과 돌봄 서비스를 통하여 믿음을 표현하는 일에 앞장선다. 말씀 선포와 마찬가지로 사람을 돌보는 일은 모든 그리스도인의 공동 관심사다. 교회는 사람들의 필요를 보게 될 때 조직적인 형태를 취하게 된다.

은, 교회의 주요 선교 사역이자 목표인 '사람들이 예수 그리스도를 주님과 구주로 믿고 고백'할 수 있도록 돕기 위해 존재한다."

교회 내의 조직에 의해 수행되는 디아코니아 활동은 선교 사역을 매우 잘 보완하는데 이것은 가능한 어디서든지 하나님 말씀의 선포를 동반해야 한다. 이상적으로 말하면 그리스도께서 직접 개인적으로 그리고 사역을 통해 구제 활동과 사랑의 모범을 보이신 것처럼 모든 그리스도인은 사랑의 마음으로 이웃을 보살피도록 격려된다.

육체적으로 도움이 필요한 사람들에 대한 그리스도의 위대한 자비와 거룩한 사랑은 모든 그리스도인도 그렇게 행동하도록 동기를 부여한다. 하나님의 말씀은 또한 사랑과 봉사의 행위에 대한 사명을 고무시킨다. 선한 사마리아인의 비유(눅 10:25-37)에는 곤경에 처한 이웃에게 자비를 베푸신 주님의 행동을 본받으라는 명백한 명령이 있다.

> 가서 너도 이와 같이 하라(눅 10:37).

이 말씀은 그리스도인들이 사랑과 봉사의 행동을 하도록 영감을 준다. 그와 마찬가지로 대재판관인 임금은 실제로 '지극히 작은 자'에게 사랑을 보여 준 자신의 오른편에 있는 자들에게 축복을 빌어 주었다(마 25:31-46). 주님은 자신의 선교사들이 이웃에 대한 자비의 '표적'을 지니도록(막 16:17) 하셨으며, 사실 사도들이 각자의 사역을 수행할 때 주님은 그들이 전하는 말씀이 사실임을 확증해 주셨다(막 16:20).

종종 '총체적 선교'라는 용어는 선교의 전인적인 본질을 정의하는 데 사용된다. 이 모든 것이 의미하는 것은 이 세상에서의 삶을 다루는 다양한 종류의 섬김은 선교를 수반하여 일어난다는 것이다.[8] 그러나 '총체적 선교'는 '총체적 구원'에서 나온다.

다시 말해서, 모든 디아코니아(봉사) 활동은 말씀을 전파하는 데 있어서 보조적인 수단으로 예수님이 하셨던 사역과 같이 복된 소식을 선포하게 되면 현세적인 축복이 함께 흘러 들어가게 된다. 피터 부룬너(Peter Brunner)

---

8 Verkuyl, *Contemporary Missiology*, 197.

는 다음과 같은 특징을 제공한다.

> 교회는 이 인간적인 필요의 전체 범위를 진지하게 받아들이고 그것을 해결하려고 노력해야 한다. 교회가 존재하는 이유이자 기능이 이 세상에 대한 봉사 활동이라면 여기에는 위험이 발생하게 된다 … 이런 이유로 믿음을 통한 칭의 메시지는 실제로 이와는 정반대가 된다.[9]
> 교회의 '인도주의적 섬김'(humanitarian service)은 말씀의 선포 옆에 붙어 있을 때 그 위치가 올바르다. 『하나님의 선교 함께하기』의 지지자들도 마찬가지로 기독교 선교에서 하나님 말씀의 우월성을 확증한다. 그러나 교회의 모든 사역 가운데 '말씀과 성례전'의 사역은 '은혜의 수단'으로서의 책임 때문에 특별한 위치를 차지하고 있다.[10]

따라서 교회 내에서의 대면적 모임이나 단체가 봉사 활동을 선교에 통합하려고 할 때는 열두 사도가 도움이 필요한 사람을 돌볼 일곱 집사의 후원 사역을 설립하고 그들 자신은 말씀에 우선순위를 두었던 것처럼 사도행전 6장의 선례를 따르는 것이 좋다.[11] 이런 이유로 기독교 선교는 선교사의 선포하는 주요 임무를 구체적으로 지원하고 강화하는 보조적 수단인 디아코니아(봉사)에 적극적 도움을 구해야 한다.

복음주의 선교사가 현지인에 대한 사랑을 표현하지 못하는 것은 열의가 없고 불성실해 보일 수 있다. 불행하게도 많은 경우 그런 보조적 디아코니아가 없기 때문에 복음주의 선교사는 건축 프로젝트를 시작하고 감독하며 음식과 의복 사역을 돕는 것과 같은 인간 관리 활동에 묶여 있어야 했다.

---

9 Brunner, "Rechtfertigung heute," 128.
10 LWF, *Together in God's Mission*, 14.
11 집사와 여집사의 공식 직무가 사도행전 6장을 따라 '제정'되는 것으로 추적할 수는 없으나, 이 구절은 복음 안에서 교회가 자비와 다른 사역을 수행하는 보조 직무자들을 자유롭게 임명하는 것을 하나님이 허락하신다는 것을 보여 준다.

후자의 활동이 중요하지만 그들은 하나님의 말씀을 전파하고 가르치는 선교사의 주된 업무를 절대로 대체해서는 안 된다. 그러므로 보조적 수단인 디아코니아는 선교사가 말씀에 충실할 수 있도록 돕는 것은 물론 현지인들의 인간적 필요가 고려되어야 함을 확인해 준다. 선교와 사회적 돌봄의 관계가 앞에서 제기되었다.

예를 들어, 로잔운동의 지지자들은 그런 사회적 봉사가 혼란을 가져오거나 심지어 가장 중요한 과업을 저버리게 만들 수도 있다는 두려움을 표명했다.[12] 그러나 심사숙고 끝에 다음과 같은 진술로 합리적인 해결책이 제시되었다.

> 복음 전도와 사회적 책임은 서로 다르지만 이 둘은 우리의 복음에 대한 순종과 복음 선포에 있어 밀접하게 관련되어 있다. 둘의 협력은 실제적인 결혼이다. 실제로 예수의 공생애에서와 같이 둘은 최소한 개방된 사회(열린 사회)에서 분리될 수 없다. 그들은 서로 경쟁하기보다는 서로에 관한 관심이 증가함에 따라 서로 지지하고 강화한다.[13]

위의 진술은 루터교회에 합리적이고 적절한 제안을 제시한다. 이에 대한 일부 의미는 의사, 간호사, 집사, 및 농업 전문가를 선교적 맥락에서 모집하는 결과를 가져 왔다.[14] 선교는 일반적으로 사람이 하나님의 피조물을 잘 관리할 수 없어서 초래되는 부정적 영향이 분명하게 드러나는 곳으로 관통해 들어간다. 베르너 엘러트는 "말이 발굽 아래의 모든 것을 짓밟

---

[12] 사회 복지와 선교의 적절한 관계를 찾는 것은 그랜드래피즈에서 열린 국제협의회(International Consultation, 1982년 6월 19-25일)모임의 복음주의 선교운동(Lausanne Movement)에서 오랫동안 논의되었다. 더 많은 목록은, Scherer, *Gospel, Church and Kingdom*, 182-83쪽을 참조할 것.

[13] International Consultation of the Relationship between Evangelism and Social Responsibility (CRESR) at Grand Rapids, June 19-25, 1982. Scherer and Bevans, *New Directions in Mission and Evangelization*, 1:279-80.

[14] Hopf, "Zur Begründung unserer Hospitalarbeit," 143-44.

을 수 있는 폐쇄된 방목장에 있는 기수들"을 예로 들어 좋은 청지기가 되지 못한 것과 비교해 보았다.[15]

그러므로 문명의 진보를 통해 이 세상에 생겨난 모든 것이 긍정적인 시각으로 보이는 것은 아니다. 세계 인구의 급격한 증가, 세계 자원의 지속적 고갈, 원시 우림 파괴, 육지와 물의 오염, 원자 방사선은 모두 인간 실패의 결과다. 그와 같은 수많은 실패는 청지기인 인간은 하나님이 만드신 세상과 피조물을 더 잘 지키기 위해 충실하고 양심적인 방법으로 우리의 이성을 사용해야 한다는 것을 보여 준다. 하나님은 당신의 피조물을 돌보아야 할 의무를 인간의 손에 맡기셨다(창 1:28-30; 2:15).

사도신경 첫 번째 조항을 보게 되면, 우리는 교회의 선교가 새로운 도전들에 대해 열려 있어야 한다는 생각을 가질 수 있게 된다. 앤드류 커크는 교회의 선교에는 '가난한 사람을 위한 정의', '폭력 극복 및 평화 구축' 그리고 '환경 보호'와 같은 문제가 포함되어야 한다고 제안했다.[16]

이런 문제를 해결하는 데 도움이 되는 태도가 있기 때문에 이런 이슈의 정당성에 대한 의견의 차이가 매우 적을 것이다. 이 세상을 지상 낙원으로 만드는 상황은 인간의 노력으로 이루어질 수 없다는 점에 유의해야 한다. 선교는 이 세상의 모든 억압과 빈곤을 극복하는 것을 목표로 하는 '샬롬'의 비전을 얻기 위해 '복음'을 버릴 수 없다.

이런 목표는 실망과 좌절로 이어질 수 있다. 확실히 그리스도인은 가능한 한 세상을 보존하고 절망적 상태를 개선하기 위해 노력해야 한다. 그러나 죄인된 인간의 관리하에 이 세상은 완전해지지 않을 것이라는 솔직한 진실이 남아 있다. 이처럼 구원은 인간의 노력으로 이루어질 수 없고 오직 복음을 전파해야만 얻을 수 있다.

---

15 Voigt, *Was die Kirche lehrt*, 72.
16 Kirk, *What Is Mission?* Gensichen, *Glaube für die Welt*, 204쪽을 참조할 것. "Ambassadors of Reconciliation," 242쪽에서 겐지헨은 "선교의 두 가지 기어(gear)"에 대해 말한다. 비슷한 논의는 Bürkle, *Missionstheologie*, 142쪽을 참조할 것.

5. 직업 소명과 문화적 명령

우리는 하나님의 피조물에 대한 청지기 직분을 제기함으로써 중요한 소명의 개념에 도달하게 되었다. 마틴 루터와 루터교회는 그리스도인에게 이 세상에서 자신의 소명을 실천하는 방법을 가르쳐 준다. 소교리 문답, 십계명, 십계명의 이웃 계명(4-10계명), 주기도문의 네 번째 간구(일용할 양식), 그리고 의무표는 모든 그리스도인이 하나님을 창조주로서 그들 삶에 받아들이고 그들의 믿지 않는 이웃과 함께 일상 활동에 참여하도록 격려하는 출처를 제공한다.[17]

창조신학은 기독교인들에게 이 특정한 루터교의 소명(vocatio) 개념을 지지하도록 하는데, 이것은 라틴어의 '보케이션'(vocation) 또는 '콜링'(calling)에서 왔다. 이 개념은 인간이 발명한 것이 아니며, 성경은 그리스도인이 이것에로의 부르심을 받았다(엡 4:1; 살전 2:12)는 사실을 보여 준다.

소명에는 큰 선교적 잠재력이 포함되어 있는데 그것은 그리스도인들이 시민 사회에서 복음이 널리 퍼지는 데 어떻게 기여할 수 있는지를 보여 준다.

> 만인 사제직은 매일의 직업 속에서 그리고 교회와의 협력을 통해 복음 증거의 책임을 공유함으로써 그리스도인으로서의 소명을 실천하는 것이다.[18]

교회 단체와 회중이 조직화 된 디아코니아 활동을 지지하고 있는 것처럼 일상생활에서의 그리스도인들의 섬김이 복음 전파에 기여한다는 점을 고려하면 소명은 또한 선교의 범위를 확장시킨다. 실제로 특별한 재능과 능력과 은사를 가진 모든 그리스도인은 자신만의 특정한 방식으로 하나님의 선교에 기여한다.

---

17 SC I 1-22 (Kolb-Wengert, 351-54); LC I 1-333/ SC III 12-13 (Kolb-Wengert, 386-431, 357); LC III 71-84/SC IX 1-15 (Kolb-Wengert, 449-52, 365-67) 참조.
18 LWF, *Together in God's Mission*, 14.

이것은 그들이 이웃에게 하나님의 말씀을 증거할 수 있도록 돕고 그들에게 개인적 자비 행위를 통해 복음을 증거할 수 있는 길을 마련해 줌으로써 가능하다. 두 가지 활동 모두 소명의 맥락에서 발생할 수 있다. 그리스도인들이 이웃의 복지와 보호에 이타적으로 헌신할 때 그들은 세상에 대한 그리스도의 사랑을 나타낸다. 진 비스(Gene Veith)는 소명에 대해 다음과 같이 요약한다.

> 소명의 목적은 그것이 무엇이든 간에 다른 사람에게 봉사하는 것이다. 그것은 이웃을 사랑하라는 그리스도의 명령을 이행하는 것과 관련이 있다. 칭의는 선한 일과 아무 관련이 없지만 소명에는 선한 일이 포함된다. 그리스도인과 하나님의 관계는 하나님의 순수한 은혜와 용서에 기초하지만 다른 사람과 그리스도인의 관계는 사랑을 실천에 옮기는 것에 근거한다.[19]

그러나 그리스도인들은 자신들의 '소명'을 특별한 기독교 활동에 사용하는 데 초점을 두지 않는 것이 분명하다. 그들은 오히려 자신들의 '직업'을 통해서 해야 할 일에 대한 상식들을 이웃과 공유한다.[20]

그리스도인들은 일상적인 역할에서 다른 사람과 함께할 때 하나님의 눈에 무엇이 선하고 옳게 여겨지는지에 대해 모범적으로 생각하려 한다. 그리스도인들은 공동의 선이 무엇인지를 정확하게 보여 줌으로써 자신의 동

---

19 진 에드워드 비스, *Spirituality of the Cross*, 77. 세부적인 내용은 빙그렌의 *Luther on Vocation*을 참조할 것.
20 홀스텐 파거버그는 자연법이 십계명(Decalogue)의 내용에 동의한다고 지적한다. 그는 독특한 기독교 윤리가 필요하지 않다고 결론지었다. "그러므로 독특한 기독교 윤리에 대해 말할 필요는 없다. 외적인 의미에서, 그리스도인은 비기독교인과 같은 방식으로 행동한다"(*New Look at the Lutheran Confessions*, 68). 루터의 *How Christians Should Regard Moses*에서도 동일한 설명을 한다.
"그러므로 나는 모세를 통해 주신 계명들을 지켰는데, 그것은 모세가 계명을 주었기 때문이 아니라 그것들이 자연스럽게(본질적으로) 나에게 이식되었기 때문이며, 모세도 그 본질과 정확히 일치하기 때문이다"(AE 35:168). "우리는 모세를 선생으로 간주하지만, 그가 신약과 자연법에 동의하지 않는 한, 우리는 모세를 법률 제정자(입법자)로 간주하지 않는다" (AE 35:165).

료들에게도 공동의 선을 격려하려고 한다.

어떤 의미에서 십계명은 자연법과 관련이 있으므로 그리스도인은 비그리스도인과 공통된 신념을 공유한다. 그러므로 비그리스도인은 제한된 범위 내에서 십계명을 표면적인 의미로 이해할 수 있다. 더욱이 그리스도인에게 십계명과 자연법은 자신의 이웃을 사랑하라는 명령으로 요약되어 있다(마 22:39).

그러므로 모든 그리스도인은 동료 시민들과 함께 하나님이 그들을 위해 마련하셨고 그들의 이웃에게 도움과 사랑을 필요로 하는 곳인 '삶의 자연적 영역'을 향해 나아간다. 멜랑히톤은 다음과 같이 언급했다.

> 사랑은 사람이 있는 땅에서 출발하며 위로하고 가르치고 훈련하고 돕고 개인적으로나 공적으로 상담함으로써 많은 선을 행한다.[21]

분명히 이웃을 사랑하라는 계명은 그리스도인이 사회적 책임을 포기하기보다는 사회생활에 참여하기를 특별히 요구한다. 비록 자신의 지위나 부르심에 따라 사람마다 가진 의무는 다르지만 모든 사람은 말과 행동으로 십계명에 대한 동등한 책임을 진다. 루터는 다음과 같이 말했다.

> 십계명에 비추어서 당신 인생의 행보를 한번 생각해 보시오.[22]

창조주 하나님은 기독교인과 비기독교인 모두의 소명을 통해 피조물을 관리하고 보존하신다. 인간은 혼란에 빠지지 않기 위해 창조에 대한 하나님의 사랑과 돌보심에 참여한다. 하나님은 사람을 각자의 직업에 따라 그

---

21 Ap IV 104; AC. XIV 4 (Kolb-Wengert, 49).
22 독일어는 한 개인이 직업 소명 가운데 서 있다는 생각을 훨씬 더 잘 전달한다. "Da siehe deinen Stand an nach den 10 Geboten"(십계명에 비추어서 당신의 지위(stand)를 보십시오.) (SC V 20, Kolb-Wengert, 360 참조).

의 '선하심의 손길과 통로'로 사용하신다.[23]

각자의 소명에 대한 책임감 있는 삶을 위해 하나님은 인간에게 자신의 이성으로 일상적인 문제를 관리할 수 있는 능력을 주셨다. 만약 그렇지 않으면 우리는 마치 체스판에서 이리저리 움직이는 말처럼 하나님이 일상생활에서 인간의 운명을 결정하신다고 생각할지도 모른다.

그러나 인간은 이성을 사용하여 일상적인 문제를 스스로 조정할 수 있는 자율성이 있다. 그것은 이성과 의지로는 완전히 불가능한 '영적인 문제'에는 적용되지 않는다. 그러나 '아우크스부르크 신앙고백'은 세상일에서의 이성의 자유를 지적한다.

> 인간은 어느 정도의 자유 의지를 갖고 있어서 외부적으로 명예로운 삶을 살며 이성적으로 이해할 수 있는 것을 선택할 수 있다.[24]

'소명신학'을 통해 배울 수 있는 한가지 중요한 교훈은 교회의 선교 범위가 영적 또는 종말론적 관심, 즉 사후의 삶에 관한 문제로만 축소될 수 없다는 것이다. 그리스도인은 영원한 삶을 대비할 때 하나님께만 전적으로 의지하는 정적주의자이거나 수동적인 태도만을 보이지 않는다. 반대로 올바른 그리스도인의 삶을 위한 최선의 준비는 이 세상의 일에 적극적으로 참여하는 것이다.

모든 그리스도인은 죄를 용서받은 은혜에 대한 응답으로 이 세상을 자신의 소명 안에서 그리스도에 대한 새로운 순종을 수행하는 영역으로 인식한다. 그런 윤리적 행동은 말씀을 통해 하나님의 선물이 주어진 예배 생활에서 비롯된다. 따라서 그리스도인은 거룩한 선물에 대한 응답으로 그들의 특정 소명 안에서 하나님께 충성을 바치고 봉사한다.

---

23 LC Ⅰ 26 (Kolb-Wengert, 389).
24 AC ⅩⅧ 1 (Kolb-Wengert, 50). 영적인 문제와 관련하여 '아우크스부르크 신앙고백서'는 다음과 같이 계속한다. "그러나 성령의 은혜와 도움과 작용이 없다면, 인간은 온 마음을 다해 하나님을 기쁘시게 하거나 두려워하거나 믿을 수 없다."

그러나 그리스도인으로서 그들은 또한 그 말씀을 나누기 위해 그 말씀 밖으로 나온다. 성령은 그렇게 할 기회는 물론 우리가 사용할 단어들을 제공해 주실 것이다(마 10:19-20).[25] 희생의 개념이 여기에 적용된다. 하나님이 우리 이웃들을 그분의 나라로 인도할 수 있도록 하시기 위해 그리스도인들은 자신의 삶과 봉사를 하나님과 이웃에게 공로를 드러내지 않는 방법으로 제공한다.

우리는 공로가 아닌 오직 믿음으로만 구원받을 수 있다. 성령에 의한 그리스도인의 섬김과 소명은 그 근거를 칭의에 두고 있다.[26] 제14장에서 우리가 기독교 선교의 윤리적 차원에 대해 논의하겠지만 칭의는 항상 '윤리'를 관통하고 지나서 '세례'와 하나님과 함께하는 새로운 삶을 위한 원천이신 '그리스도'께로 나아간다.

6. 자연법과 일반 계시 그리고 정부의 역할

비그리스도인들에게 있어서 하나님의 뜻과 그분에 관한 일반적 지식(롬 1:19; 2:15)은 극도로 제한적일 수 있다. 그러나 긍정적으로 말하면, 인간은 (무엇이 옳고 무엇이 그른지에 대한) 자연법의 제한된 지식을 사용함으로써 그리고 자신의 소명을 통해 사회에 이익을 줄 수 있으며, 공공법을 통하여 민사 재판과 정의에도 기여할 수 있다. 신앙고백서에 따르면 다음과 같다.

---

[25] 모든 그리스도인은 '만인 사제직'의 회원으로서, 자신의 이웃에게 복음을 전해야 할 부르심에 대한 책임이 있다. 베드로전서 2장 5절과 9절은 우리에게 이것을 상기시켜 준다. "너희도 산 돌 같이 신령한 집으로 세워지고 예수 그리스도로 말미암아 하나님이 기쁘게 받으실 신령한 제사를 드릴 거룩한 제사장이 될지니라 … 너희는 택하신 족속이요 왕 같은 제사장들이요 거룩한 나라요 그의 소유가 된 백성이니 이는 너희를 어두운 데서 불러내어 그의 기이한 빛에 들어가게 하신 이의 아름다운 덕을 선포하게 하려 하심이라." 베드로전서 3장 15절은 복음의 희망 때문에 이것을 증거할 수 있는 준비가 항상 되어 있다고 확언한다.

[26] Fagerberg, *New Look at the Lutheran Confessions*, 279.

하나님은 시민 규율이 영적이지 못한 것들을 억제하기 원하시며, 그가 주신 법률, 학습, 교육, 정부 및 형벌을 보존하기 원하신다.²⁷

이런 식으로 자연법은 선한 상태로 생명을 유지하고 보호함으로써 이 세상에서의 정의를 지키는 긍정적이고 사회 윤리적인 역할을 수행한다.²⁸ 그러므로 모든 인간은 하나님의 동역자가 된다.

하나님이 모든 축복을 주실 수 있는 손, 통로, 수단이 된다.²⁹

엄밀히 말해서 비록 인간은 하나님이 자신에게 부여해 주신 역할을 인지하지 못하더라도 지구상의 생명을 관리하고 보호하며 악과 파괴적인 힘을 억제한다.

불행하게도 인간은 하나님과 거리를 두고 결과적으로 그들의 소명을 남용하고 변색시키며 사회를 혼란에 빠뜨린다. 이런 사실은 낭만적인 눈으로 문화를 바라보는 사람들, 특히 기독교 선교로부터 어떤 영향도 받지 않고 존재하는 사회 체계에 냉정한 경고가 된다.³⁰

예를 들어, 내셔널 지오그래픽에서 고립된 아마존 인디언들에 관한 기사를 쓴 저자는 "문명에 접촉되지 않은 인디언은 잃어버린 낙원에 산다"라고 주장하면서, 소위 문명의 맹공격과 그것의 부정적인 영향에 대해 애도했다. 인류학자로 보이는 한 독자는 이 말에 이의를 제기했다. 그는 이

---

27 Ap IV 22-24 (Tappert, 110).
28 루터교 신학은 이 세상에서의 두 가지 의로움에 대한 생각을 담고 있다. 신앙을 통한 영적 의로움과 때때로, 이성의 의로움(iustitia rationis)과 같은 시민적 의로움(iustitia civilis). Ap IV 22, 224 (Tappert, 110, 138). '루터교 신앙고백서'(예: Ap IV 9, Tappert, 108)는 영적인 문제에 적용될 때 종종 '이성의 의로움'을 버리기 때문에 각별한 주의를 기울여야 하는데, 이것은 특히 로마가톨릭교회가 하나님의 용서하시는 공로를 얻는다는 생각을 언급할 때 더욱 그러하다. 두 가지 의에 관한 내용은 Maurer, *Historical Commentary on the Augsburg Confession*, 89-97쪽을 참조할 것.
29 LC I 26 (Kolb-Wengert, 389); Peters, *Kommentar zu Luthers Katechismen*, 2:64.
30 Richardson, *Peace Child and Eternity in Their Hearts*를 참조할 것.

아마존의 사람들이 어떤 선교사나 서양과의 접촉 이전에도 질병에 의한 죽음, 개인 간의 폭력, 그리고 전쟁을 경험했을 것이라고 진술했다.[31]

비록 무의식적일지라도 정부와 통치자는 하나님의 섭리적 돌보심의 도구로서 봉사하며 신성한 법에 따라 인도된다. 하나님은 인간 사이에서 질서 있고 규제된 삶을 가능하게 하시며 확립된 제도를 통해 그분의 피조물을 유지하신다. 하나님은 인간 사이에 국가 통치를 허용하셔서 자기 파괴를 막을 수 있는 정의가 지배할 수 있도록 하셨다.

이 법은 정치적 또는 시민적 용도로 알려져 있다. 실제로 이 법은 루터교의 두 왕국 교리에 따르면 교회와는 별개인 왼손 왕국에 적용하기 위해 사용된다. 법에 대한 이런 생각은 교회의 선교를 보호하고 교회가 복음과 구원을 더욱 촉진시키는 일에 도움이 된다.[32] 만약 처음의 창조가 구원적인 것으로 이해된다면, 인간은 사회 참여를 통해 그리스도의 중재 없이도 그것을 스스로 성취할 수 있을 것이다.

역사가 반복해서 보여 주듯이 정부와 통치자들은 하나님이 새겨 주신 율법의 수호자 역할을 남용하고 있다. 따라서 '루터교 신앙고백서'는 국가의 정의를 확립할 수 있는 인간의 능력에 대해 신중하다.

> 그러나 인간은 자신의 건전한 판단보다는 악한 충동에 복종하는 욕망의 힘이 너무 크다. 우리는 이런 정의를 원했던 철학자들도 그것을 달성하지 못했다는 사실에서 알 수 있듯이 국가적 정의는 사람들 사이에서 매우 드문 것이다.[33]

---

31 내셔널 지오그래픽 (2003년 12월), 2003년 8월호의 시드니 포수엘로의 기사에 대한 포럼 섹션.
32 Beißer, "Mission und Reich Gottes," 51; Öberg, "Mission und Heilsgeschichte," 27.
33 아우크스부르크 신앙고백 해설 제4조 23(Tappert, 110)은 계속 설명한다. "이성의 자체적인 힘으로 말미암아 이런 의가 어느 정도까지 나올 수는 있지만, 그것은 종종 그것을 범죄의 가능성으로 이끄는 자연적 약점과 악마에 의해 압도된다." Ap II 9-12 (Tappert, 102), Ap XVIII 5-6 (Tappert, 225) 참조.

실제로 사회 체계와 구조는 악한 세력의 영향을 받는다. 따라서 선교는 그런 실패를 목격하고 그런 결함이 있는 시스템의 희생자들을 마주 대한다. 타락한 세상에서 자신의 직업 소명을 살아가는 그리스도인들에게 지침을 제공하기 위해 교회가 취할 수 있는 가장 적절한 접근 방법은 하나님의 말씀과 십계명으로 그런 실패를 해결하는 것이다.

그러나 그렇게 함으로써 교회는 두 왕국의 구별을 위반하거나 너무 정치적이라고 비난받을 수 있다. 반면에 교회가 이런 말을 하지 않으면 자신의 예언자적인 목소리를 내지 않았다는 비난을 받게 된다. 어느 쪽이든 교회는 타락한 세상에 사는 그리스도인들을 위한 올바른 형태의 조언을 찾는 데 어려움을 겪고 있다.[34]

제3제국(독일 나치 정권)에서의 루터교회의 상황은 이런 딜레마를 반영한다. 본훼퍼(Dietrich Bonhoeffer)는 나치즘에 동의한 라이히교회(Reich Church)의 사람들을 반대했지만 그렇게 함으로써 그는 다른 반대자의 비판을 받았다. 남아프리카의 아파르트헤이트(남아공 인종차별정책, Apartheid) 정권하에서도 비슷한 상황이 발생하여 기독교인과 교회 지도자들은 적절한 해답을 찾도록 크게 도전을 받았다.

7. 창조 질서를 통한 하나님의 돌보심

하나님은 소명, 정부(정치적·사회적 질서), 결혼 및 가족과 같은 '창조의 질서'를 확립하셨다. 그 결과 문화에 대하여 생각할 때 많은 사람은 그 안에 있는 질서가 지켜지고 어떤 수를 써서라도 그것이 침해되지 않아야 하는 것으로 여긴다. 그러나 창조의 질서는 악한 영향을 받고 남용될 수 있다. 성경은 세상을 다스리는 기관이 하나님께 속한 제도라고 증언하지만

---

[34] Schlink, *Theology of the Lutheran Confessions*, 226, 240; Öberg, "Mission und Heilsgeschichte," 27.

(롬 13장) 동시에 그것은 죄에 의해 악용될 수 있다(계 13장).

우리는 성경이 증언하는 관점에서 세상 정부를 긍정적으로만 볼 수는 없다. 또한, 기존에 확립된 질서의 형태는 변경될 수 있다. 오늘날 가장 보편적 형태인 민주주의 이전에는 군주제가 유일하게 하나님에 의하여 세워진 정부의 형태라고 생각되었다. 그러나 오늘날 존재하는 다양한 형태의 민주주의는 하나님이 민주주의 모습의 정부만을 선호하신다고 생각하게 만들 수 있다.

사람이 하나님의 피조물인 동시에 죄인인 것은 이 세상에서 확립된 질서다. 헬무트 틸리케(Helmut Thielicke)가 말한 것처럼 사람은 중립적으로 창조된 존재일 뿐 아니라 '또한 타락한 존재의 구조적 형태'이기도 하다.[35] 질서는 피조물과 죄 사이에 자리 잡고 있으므로 그들은 타락한 피조물과 질서에 대한 인간의 반역 모두의 특징을 갖고 있다. 틸리케는 다음과 같이 말한다.

> 노아 시대의 세상은 진정한 창조의 질서(Schöpfungsordnung)를 은폐시켜 버렸다. 만약 우리가 이 은폐된 것을 간과하고 존재하지 않거나 더 이상 존재하지 않을 명백한 세상을 의지하면 우리는 필연적으로 광신자가 될 것이다.[36]

따라서 정부, 결혼, 가족 및 사회 문화가 인간의 삶을 가능하게 한다는 의미에서 좋은 질서가 되는 것처럼 이것들은 또한 죄로 인하여 사람의 악용 대상이 되기도 한다. 이것들은 이 세상에서의 조화를 위해 선험적으로 보증되지 않는다. 오히려 이것들은 인간의 죄에 대한 남용을 경감시키기 위하여 하나님의 자연 질서와 자연법의 선하심을 기대하며 정기적인 재구성과 교정을 통해 회개하도록 요청받아야 한다.

35　Thielicke, *Foundations*, 440.
36　Thielicke, *Foundations*, 611.

예를 들어, 결혼에 대하여는 창세기 1장 28절과 2장 24절에서 기본적으로 확립된 질서는 물론 아가서로부터 복음서와 계시록에 이르기까지의 그리스도론적이고 종말론적인 주제들까지 시선을 돌려야 한다. 육체적 차원과 영적 차원 모두에서 일어나는 '해악이 없는 인간의 타락'을 받아들이도록 재정의할 수는 없다. 그것을 인정하든 인정하지 않든 정부와 여타 기관도 주님의 통치 아래에 있다.

그들의 축복의 정도는 하나님의 창조 질서에 대한 충실성에 의해 결정된다. 그들이 하나님의 뜻에서 벗어나게 되면 박해와 불행이 생길 것이다. 다시 말해서, '창조의 질서'는 '원죄이후설(infralapsarian) 신학'의 맥락에서, 즉 하나님에 의해 확립되었지만 죄 많은 사람에 의해 악용되는 상호 관계에 얽혀 있다는 사실에서 현실적으로 보인다.

그런데도 많은 긍정적인 방식으로 사회는 그 삶을 조정하려고 한다. 실제로 복음은 거룩하신 창조주의 의도와 일치하는 긍정적 특성이 존재하는 사회나 문화를 만날 수도 있다. 그러므로 복음이 자연적인 경험과 마주칠 것이며 사회에서 완전히 타락한 형태로 적용될 것이라고 선험적으로 가정하는 것은 잘못된 것이다. 우리는 폴 알트하우스(Paul Althaus)의 다음 진술에 동의한다.

> 이것은 복음이 국가들 사이의 모든 종교 전통을 대신한다는 것을 의미하지는 않는다. 이것은 오히려 그들과 관계를 맺는 데 그것은 부정이 아니라 판단의 형태로 나타난다.[37]

---

[37] "또한, 복음이 단순히 민족의 모든 종교적 전통을 대신한다는 의미도 아니다. 복음은 그것과 관계를 맺으며, 항상 부정적 판단에서만 그런 것은 아니다"(Althaus, "Um die Reinheit der Mission," 52). 알트하우스가 원계시(Uroffenbarung, Original revelation)라고 부른 것에 대해 더 알기 원하면, Pöhlmann, "Das Problem der Ur-Offenbarung bei Paul Althaus," 242-58쪽을 참조할 것.

8. 창조와 보존: 하나님의 선하심과 사랑의 표현

창조는 또한 하나님 자신과 세상을 보존하려는 그분의 의도에 관한 중요한 사실을 보여 준다. 기독교 신학은 종종 하나님을 자신을 버린 세상에 대해 화를 내며 분노하는 재판관으로서 제시한다. 이런 방식으로 하나님을 바라보는 것은 피조물을 보존하려는 하나님의 행위를 모호하게 만든다. 만약 세상에 대한 하나님의 관계를 원한을 품은 재판관으로서만 다룬다면 피조물은 설명할 수 없고 예측할 수 없는 방식으로 세상을 다루는 신에 의해 지배를 받게 될 것이다.

그리스의 비극은 신을 이런 식으로 제시한 것이다. '데우스 엑스 마키나'(Deus ex Machina)라는 용어는 연극 배우인 인간이 스스로 발견할 수 없는 '문제를 해결하기 위해 기계 장치로서 갑자기 무대에 나타난 신'을 묘사한다. 복잡한 문제를 신속하게 해결한 후 신은 세상에서 물러나 그 상황을 사람들에게 맡긴다. 그러나 기독교의 하나님은 가끔 나타나서 분노하는 방식으로 자신의 피조물을 다루시는 분이 아니다.

또한, 하나님은 이 세상에서 자신이 할 일에 대해 시선을 돌리시는 분도 아니다. 세상을 향한 하나님의 의도는 세상을 사랑하고 보존하기 원하시기 때문에 전적으로 선하다. 사실 피조물에 대한 하나님의 사랑과 십자가 사이에 일직선이 그려질 수 있다. 요하네스 블라우(Johannnes Blauw)는 다음과 같이 말했다.

> 이스라엘 하나님의 편에서 하나님의 구원에 대한 의지와 창조에 대한 뜻은 서로 일치한다.[38]

그러므로 하나님은 당신의 피조물을 적극적으로 보존하신다. 하나님은 '유신론'이나 '개방적 유신론'의 교리가 암시하는 것처럼 당신의 피조물로

---

38 Blauw, "Biblical View of Man in His Religion," 34.

부터 떠나서 그들 스스로가 자기의 길을 가라고 내버려 두지 않으신다. 다시 말해서, 유신론의 일반적 오류는 하나님이 당신의 피조물로부터 자신을 제거하셨다는 것이다.

그렇게 되면 창조는 자의적이거나 잊혀진 하나님의 행위가 된다. '유신론'은 갈릴레오(Galileo Galilei)와 데카르트(René Descartes)와 함께 등장했으며 이 이론은 여전히 현대 사회에 대한 많은 생각을 담고 있다. 현대 사상은 하나님이 처음에는 세상의 창조에 대한 책임을 갖고 계셨지만 그 후에는 피조물이 스스로 자기의 길을 가도록 세상에서 물러나셨다고 말한다.[39]

반대로 우리는 창조가 '무'로부터 시작된 과거의 일회적 사건으로 이 세상의 끝에서만 멈추게 되는 지속적인 하나님의 행위임을 확인한다. '창조의 보존'은 하나님이 특정한 시점에서 창조하신 모든 존재하는 생명은 여전히 그분에 의해 보존되고 보호되어야 한다는 것을 나타내는 완료시제로 생각되어야 한다. 창조된 존재인 우리 인간은 다른 모든 피조물과 마찬가지로 창조주에게 전적으로 의존한다.[40]

우리의 신앙고백(creedal confession)을 통해 교회는 하나님을 무로부터(ex nihilo)[41] 하늘과 땅을 만드신 전능한 창조주로서뿐만 아니라 그의 피조물을 계속 보호하시고 보존하시는 계속적 창조(creatio continuata)의 존재로서도 가리킨다. 하나님은 창시자이시자 보존자이시다. 이런 창조의 두 차원은 루터교 신앙고백의 일부다.

> 우리가 소유하고 있는 모든 것 그리고 하늘과 땅의 곁에 있는 모든 것이 매일 하나님에 의해 주어지고 유지되고 보호된다.[42]

39　Pannenberg, *Systematic Theology*, 2:65-66.
40　Blauw, "Biblical View of Man in His Religion," 32.
41　사도신경 1 (Kolb-Wengert, 21); 니케아 신경 1 (Kolb-Wengert, 22).
42　LC II 19 (Kolb-Wengert, 433); SC II 1-2 (Kolb-Wengert, 354). Peters, *Kommentar zu Luthers Katechismen*, 2:63.

루터는 하나님을 광범위한 우주적 용어로뿐만 아니라 매우 개인적이고 실존적인 방법으로 창조를 위한 지속적인 공급자로 묘사한다. 다시 말해서, 이 세상에서 멀리 떨어진 곳에서 활동하시는 하나님을 바라보거나 그 영향을 받지 않는 사람은 없다. 창조와 관련하여 하나님의 개인적 역할에 대한 루터의 의견은 주목할 만한 가치가 있다.

> 나는 내가 하나님의 피조물이라는 사실을 믿는다. 즉, 하나님은 나에게 몸과 영과 생명, 크고 작은 나의 몸의 기관들, 나의 모든 감각, 이성, 이해 등을 주셨고 또 지속적으로 유지시켜 주심을 믿는다. 여기에는 내 음식과 음료, 의복, 영양, 배우자와 자녀, 하인, 집과 농장 등을 포함한다.
> 또한, 하나님은 모든 피조물에게 삶의 유익과 필요성이 제공되도록 도와주신다. 태양, 달, 하늘의 별, 낮과 밤, 공기, 불, 물, 대지 그리고 그것이 산출하여 나오는 모든 것, 새들, 물고기, 동물, 곡식, 모든 종류의 농산물. 더욱이 하나님은 좋은 정부, 평화, 안보와 같은 모든 육체 및 현세적 축복을 주신다.[43]

9. 창조의 은혜와 구속의 목적

창조 교리에서 중요한 점은 하나님이 창조주와 보호자가 되기로 결정하셨다는 사실이다. 하나님은 자신의 피조물에게 몸을 낮추시어 자발적이고 의도적으로 그들과 친교를 맺으셨다. 마치 어떤 피조된 존재가 필요한 것처럼 하나님이 그렇게 하실 필요는 없었다. 루터는 이것에 대해 다음과 같이 말했다.

---

43 LC II 13-14 (Kolb-Wengert, 432); Peters, *Kommentar zu Luthers Katechismen*, 2:65.

그분의 사랑은 그분을 순결하고 자애로우며 거룩한 선하심과 자비로 행동하도록 만든다.[44]

하나님이 만드신 세상은 완전했고 그분은 피조물을 보고 심히 좋았다고 하시며 세상은 이를 거룩하게 하신 하나님을 경배했다. 오스왈드 베이어(Oswald Bayer)는 다음과 같이 언급했다.

> 세상은 세속적인 조건 없이 순수한 자유와 선하심으로 존재하도록 만들어졌다. 무로부터의 창조는 존재하는 모든 것은 순수한 선물이며 순수한 선에서 나온 것임을 의미한다.[45]

안타깝게도 세상은 하나님의 자애로운 마음과 그분이 세상에 대해 하시는 모든 일에 대한 무한한 사랑을 인식하지 못한다. 타락, 홍수, 바벨탑(창 1-11장)에 관한 성경의 기록은 하나님의 애정어린 보살핌에 대한 세상의 부정적인 반응을 생생하게 묘사해 준다.

그러나 하나님은 사람과의 끊임없는 관계를 반복적이고 충실하게 갱신하셨다. 노아의 언약(창 8:15-9:17) 사건은 그의 후손들을 위한 하나님의 창조에 대한 충실하심을 영원히 기억하게 해 준다. 비록 죄와 멸망이 지속적으로 증가되었지만 사랑의 이유로 하나님은 세상과의 유대 관계를 끊지 않으셨는데 결국 이것은 그의 독생자 아들의 고난으로 이어지게 된다.

앞서 언급했듯이 하나님의 처음 창조 설계는 완벽하게 좋았지만(창 1:31) 악용과 파괴라는 현실은 결국 하나님 아버지께서 타락한 세상에 아들을 보내어 개입하시는 사건으로 이어지게 했다. 그리스도의 고난과 칭의에 관한 메시지 선포를 통하여 모든 것은 모든 피조물보다 먼저 나신 이(골 1:15)시며 회복자가 되신 그리스도의 인격을 통해 원래의 창조 상태로

---

44 SC II 2 (Kolb-Wengert, 354); LC II 23 (Kolb-Wengert, 433).
45 Bayer, *Living by Faith*, 80.

되돌아간다.⁴⁶

그러므로 오늘날 인간의 타락과 부패에도 불구하고 생명에 대한 하나님의 돌보심은 축복으로서 계속되고 있다. 신학자 볼프하르트 판넨베르크(Wolfhart Pannenberg)는 여기서 하나님의 자비로운 태도를 표현하기 위해 '아가페주의'(Agapism) 라는 용어를 만들었다.

'아가페주의'는 '사랑'이 하나님의 세상을 향한 창조적이고 보편적인 원칙이 됨을 의미한다. 아가페주의는 독특하고 이기적이지 않은 방식으로 사랑을 나타내며 아버지 하나님의 '아들'을 향한 사랑과 관련이 있다. 피조물은 그분의 사랑의 대상이므로 하나님은 그리스도를 만물의 매개자로 행동하도록 하셨다(히 1:2; 요 1:3). 아가페주의는 하나님의 창조적 행동이 전적으로 그분의 피조물에게 향하고 있다고 주장한다.

하나님의 사랑은 판넨베르크(Pannenberg)가 "아모르"(amor)라고 부르는 사랑의 이기적인 형태와 구분되어야 한다. 판넨베르크에 따르면 우리는 "하나님이 피조물에 생명을 주심으로써 자신의 영광을 구하셨다고 말할 수 없다."⁴⁷ 창조된 하늘과 땅에 하나님의 영광이 나타나는 것(시 9:2)이 사실이며 창조의 배후에 있는 하나님을 인식함으로써 사람은 그분을 마땅히 하나님으로 존중해야 한다(롬 1:21; 참조, 눅 17:18).

결과적으로, 인간의 운명은 하나님을 창조주로서 찬양하고 영화롭게 하는 것이다(시 19:2; 계 19:1-7). 하나님을 영화롭게 하고 찬양할 때 사람은 또한 아들과 성령과 연합한다(요 17:4). 인간 또한 자신의 창조주이신 하나님에 대한 이기적이지 않은 사랑과 서로에 대한 사랑인 '아가페주의'를 나타내도록 요청받는다(신 6:5; 레 19:18; 마 22:37-39).⁴⁸

안타깝게도 하나님과 동료 이웃에 대한 관계가 죄악 때문에(창 1:26) 악화되었으며 한때 하나님과 피조물 사이의 완벽했던 관계도 도덕적으로 상

46　Vicedom, *Mission of God*, 13.
47　Pannenberg, *Systematic Theology*, 57. Schlink, *Theology of the Lutheran Confessions*, 39; Peters, *Kommentar zu Luthers Katechismen*, 2:58, 86.
48　Deuser, *Kleine Einfuehrung in die Systematische Theologie*, 75.

처를 입게 되었다. 사람은 마땅히 영광 받으셔야 할 하나님을 영화롭게 하는 일을 하지 않음으로써, 이타적으로 그분을 사랑하는 일에 끊임없이 실패한다(롬 1:21).

그러므로 하나님이 세상을 창조함으로써 명백하게 자기 영광을 추구하고 영예를 누렸다는 주장은 잘못된 것이다. 만약 그분이 단지 영광과 명예만을 구한다면 우리는 하나님의 의도를 사람의 타락하고 이기적인 태도와 비교해 볼 수 있을 것이다. 하나님은 그분의 신성을 증명할 필요가 없다. 그분은 창조 이전에 이미 신이셨다.[49]

더욱이 성육신, 특히 그분의 고난과 죽음을 통한 그리스도의 겸손에서 하나님은 사람의 이기적인 영광과 찬양의 기준을 부정하고 뒤집으셨다. 하나님은 그런 식으로 자신을 낮추심으로써 스스로 멸시의 대상이 되셨다. 우리는 이 세상에 대한 하나님의 자비를 '창조의 은혜'(*gratia creatoris*)라고 부를 수 있다. 마태복음 6장 26-34절과 10장 29-30절에 나오는 그리스도의 말씀은 피조물에 대한 하나님의 자비와 사랑을 적절히 조명한다.[50]

'구속의 은총'(*gratia redemptoris*)은 사탄과 그 세력의 끊임없는 해로운 영향에 대항하여 피조물이 그 최종의 목적을 향하여 나아갈 수 있도록 조정하시고 인도하시는 하나님의 계획적인 의도로 가장 잘 묘사된다. 라틴어 '구베르나치오'(*gubernatio*, 영어 government)는 하나님을 종종 통치자(*gubernator*)로, 즉 조종사가 보트를 조종하는 방향으로 세계를 조종하는 '조타수'와 '가이드'로 묘사하는 데 사용된다.

그러나 이 보존 및 안내 기능 자체가 목적으로 간주되어서는 안 된다. 창조의 조항 안에는 그 구원의 신성한 계획이 내포되어 있다.

다시 말하면, 통치자로서의 하나님은 '자신의 피조물을 구속하고 성취

---

49 Pannenberg, *Systematic Theology*, 74.
50 신앙고백서의 어디에서도 창조의 은혜(gratia creatoris)라는 용어는 구속의 은총(gratia redemptoris)과 일치하지 않는다. Schlink, *Theology of the Lutheran Confessions*, 40; Pöhlmann, *Abriß der Dogmatik*, 140.

하기 위해' 구원론적인 동기를 부여하신다.[51] 목적론이라는 용어가 이와 관련하여 완전히 부합할지는 모르겠지만, 그것은 사건들이 실제로 의도적인 과정, 즉 구원의 관점에서 하나님이 계획하신 '목표 또는 궁극적 목적'을 따른다는 중요한 생각을 표현한다.[52]

확실히 하나님의 창조에 대한 뜻과 의도가 모든 사건 이전에 이미 명확하게 결정되어 있지 않다는 것을 암시하고 있다면, 즉 마치 사건이 진행되는 동안 하나님이 계속 결정을 내려야 하는 것이라면 '목적론'(teleology)에 대해 잘못 이해한 것이다. 역사는 하나님이 개입하시는 행위(잠 16:4)로 보이지만 그 뒤에는 하나님의 영원하고 변치 않는 자기 정체성이 있다.

판넨베르크는 다음과 같이 결론지었다.

> 비록 하나님이 일의 성취를 피조물의 삶과 행위의 조건에 연결해 놓으셨다 하더라도 하나님이 뜻하시는 목적은 이미 실현된 것으로 생각되어야 한다.[53]

그러므로 창조에 대한 하나님의 주제, 목표, 목적에 비추어 볼 때 창조의 역사를 측정하기 위한 직선 방향이 있음을 알 수 있다. 그것은 최초의 시원적인 창조 사건(proton)에서 최종 완성(eschaton)으로 진행된다.

> 시원적 창조와 종말론은 약속과 성취, 기원과 결승점과 같이 서로 연관되어 있다.[54]

51　Pannenberg, *Systematic Theology*, 57.
52　Brunner, "Rechtfertigung heute," 35.
53　Pannenberg, *Systematic Theology*, 57; Peters, *Kommentar zu Luthers Katechismen*, 2:90.
54　Brunner, "Rechtfertigung heute," 49; Pöhlmann, *Abriß der Dogmatik*, 154; Prenter, *Spiritus Creator*, 240.

한때 부패하지 않았던 피조물은 예수 그리스도를 믿는 신앙으로 갱생되어야 하며 성령의 역사를 통해 부활 때 완전히 회복되어야 한다는 것은 하나님의 설계에 따른 것이다. '창조, 구속, 완전한 회복'의 순서는 창조에서 비롯된 논리적 결론을 수반한다. 이 순서는 단순히 부수적 사건만을 설명하지는 않는다. 창조자는 아들과 성령의 내재적 역할과 함께 삼위일체 하나님으로 계시된다.

성령의 관점에서 그분의 모든 활동은 부활과 새로운 창조를 목표로 한다. 사도신경 제1조인 '창조'의 교리는 제2조 '구속'과 제3조 '성화'에서 지속과 완성을 발견한다. 구속과 성화는 마지막 날에 새 하늘과 새 땅, 영원한 예루살렘이 나타남과 함께 창조 사역을 회복시킴으로써 완결된다.

10. 창조: 신앙의 조항

루터교 신학자들은 '불신자가 창조와 보존에 대한 하나님의 선하심과 축복을 인식하는 능력이 있다'라는 것에 대해 인정하지 않는다. 자연적 지식은 타락을 통해 부패되었으므로(창 3장) 자연인(육에 속한 사람)의 응답도 역시 부적절하다. 예를 들어 루터가 사도신경 제1조에 대한 그의 마지막 설명, "이 모든 것에 대해 나는 하나님에게 감사하고 찬양하며 섬기고 순종해야 한다"는 내용이 믿음이 없는 자연인도 포함하는 것인지에 대해 의심스럽다.[55]

불신자의 본성을 통한 하나님에 대한 이해(롬 2:14-15)나 창조된 세계에 대한 경험적인 관찰(롬 1:19)도 모두 하나님의 자비하심에 대한 진정한 감사와 이에 대한 인정(시인)을 불러 일으키도록 하지는 못할 것이다. 하나님에 대한 자연적 지식은 결함이 있어서 하나님의 거짓 그림을 붙잡고 사람이 자신의 행위에 대한 의를 증진시키도록 인도한다. 루터는 다음과 같이 말했다.

---

[55] SC II 2 (Kolb-Wengert, 355); LC II 19 (Kolb-Wengert, 433).

이방인, 튀르키예인, 유대인은 하나님이 누구신지는 알고 있지만 그 존재의 본질에 있어 그가 실제로 어떤 분인지는 알지 못한다.[56]

정확히 말해서 자연인은 십계명의 첫 번째 내용, 즉 우상 숭배를 멀리하고 참 하나님을 예배하라는 율법을 파악하고 이행하지 못한다.[57] 타락한 사람은 그런 요구를 이행할 수 있는 능력이 없다. 타락한 인간의 마음과 의지는 실제적인 죄를 범하게 할 뿐만 아니라 처음부터 그는 하나님을 두려워하고 사랑할 수 없다. 실제로 그는 하나님을 미워하고 멸시하며 자신의 모든 신뢰와 두려움을 다른 힘과 재물에 둠으로써 자신만의 신을 창조한다.[58]

긍정적으로 말하면 이 주장의 반대 측면에서 신자는 그리스도를 믿는 신앙을 통해 하나님의 거룩한 돌보심에 감사하고 창조주 되신 하나님 안에서의 삶에 감사해야 한다는 것을 포함하고 있다. 믿음 안에서 하나님은 믿는 자에게 사랑의 대상이 되시며 감사와 찬양과 섬김을 받으셨다.

그리스도를 통해 아버지와 화목하게 될 수 있다는 사실을 아는 모든 사람은 참으로 하나님을 알고 하나님이 그들을 돌보아 주신다는 것과 그에게 무엇을 요구하시는지를 안다.[59]

신자가 "아버지"라는 이름으로 창조주 하나님을 부르는 것은 삼위일체 하나님을 믿는 신앙으로써 그렇게 함을 의미한다. 알브레히트 페터스

---

56 Fagerberg, *New Look at the Lutheran Confessions*, 67, LC II 66 (Kolb-Wengert, 440)에 있는 루터의 말을 재인용.
57 "모든 인간은 … 죄로 잉태되고 … 본질적으로 하나님에 대한 참된 두려움과 하나님에 대한 참된 믿음을 가질 수 없다"(AC II I, Kolb-Wengert, 37-38). "이 구절은 우리에게 육신에 따라 태어난 사람들은 하나님에 대한 실제 두려움과 신뢰뿐만 아니라 그것을 생산할 수 있는 가능성과 선물도 존재하지 않는다는 사실을 입증해 준다"(Ap II 3, Tappert, 101).
58 첫 번째 계명에 대한 루터의 설명을 보려면 그의 대교리 문답 첫 번째 파트 1-3 (Kolb-Wengert, 386); 피터스의 *Kommentar zu Luthers Katechismen*, 2:110-12쪽을 참고할 것.
59 AC XX 24 (Kolb-Wengert, 57); Mildenberger, *Theologie der lutherischen Bekenntnisschriften*, 74.

(Albrecht Peters)는 다음과 같이 유용한 말을 했다.

> 아들에 관한 두 번째 조항에서, 그의 십자가와 부활을 통해 우리가 세례에서 그분을 하나님의 아들로서 받았는데, 그분(아들)은 첫 번째 조항의 '아버지'라는 단어에 은밀하게 존재하는 분이시다.[60]

---

[60] Peters, *Kommentar zu Luthers Katechismen*, 2:83, 67. Meyer, *Historischer Kommentar*, 274쪽 참조.

제8장
하나님 선교의 기초와 목표

1. 보내심의 동기

우주를 창조하셨을 때 하나님은 자신의 형상대로 창조하신 인류와 특별한 친밀한 관계를 갖고 그 안에 거하시고 그것을 거룩하게 하심으로써 교감을 시작하려는 뜻과 목적을 선택하셨다. 아담과 이브가 반역함으로써 은혜에서 멀어져 하나님의 형상을 잃어버렸음에도 불구하고 동일하신 하나님은 그들을 버리지 않으셨다. 그는 자신의 외아들 예수 그리스도를 세상을 위한 구세주로 내어 주셨다.

우리는 이미 '하나님의 선교'에서 그리스도 사건의 중심성을 지적했다. 그리스도 사건은 그분의 지상에 오심, 지상에서의 모든 사역, 그의 주권과 재림을 포함하는 그리스도적 사명을 나타낸다. 교회는 큰 기대를 갖고 주님의 재림을 기다린다. 따라서 교회에는 종말론적 동기가 부여된다. 즉, 교회는 주님의 재림을 기대하면서 모든 사람에게 복음을 전해야 할 시급함을 느끼게 된다.

그리스도의 인격과 사역은 선교 주제와 관련한 수많은 쟁점을 가져왔다. 예를 들어, 초대 교회는 서기 381년의 니케아-콘스탄티노플 신조를 통해 그리스도가 아버지와 동일본체(homoousios)라는 교리적 입장을 제시했으며 에베소 회의(432)와 칼케돈 회의(451)에서는 그리스도의 한 인격 안에 신성과 인성이 모두 존재함을 교리적으로 확립했다.

오늘날 신종교운동과 문화는 새로운 문제를 제기한다. 이에 기독론은 세계의 종교가 제기한 다원주의적 주장과 빈곤의 문제와 사회경제적 요청의 맥락에서 이와 같은 문제들을 해결하려고 노력해야 한다. 기독교는 모든 상황과 문제에 대해 반응할 때 의미 있게 행동해야 하지만 구원의 기초가 되는 그리스도의 십자가 사건을 포기해서는 안 된다.

선교학 문헌은 기독론을 종종 지나가는 말로 언급한다. 그것은 기독론의 모든 측면을 당연한 것으로 여긴다. 그러나 나는 선교와 관련된 기독론의 몇 가지 쟁점에 대해 논의할 것이다.[1] 여기에서의 중요한 해석학적 원리는 그리스도의 영광을 밝히고 찬송하기 위해 그분의 선교를 묘사하는 신학적 과제에 분명히 전념하는 것이다.[2]

그리스도의 선교는 심판이 아닌 구원을 위해 이 세상에 보내심으로 시작된다(요 3:16). 우리는 하나님이 우리를 사랑하신다는 것을 그분의 아들을 통해 더 잘 알게 된다. 그럼으로써 아들의 선교가 우리에게 드러나게 된다. 그분은 우리를 심판하고 죽이기 위함이 아니라 우리가 그분 안에서 생명을 얻게 하려고 오셨다.[3]

그리스도의 선교는 창조와 하나님의 섭리 활동과는 다르다. 하나님은 십자가에서 성육신하신 말씀과 같은 독특한 방식으로 자신을 계시하셨으며 그는 세상의 구세주가 되셨다. '하나님의 선교'는 자신의 외아들을 세상에 보내심으로써 자비의 선교가 되었다. 그리스도께서는 하나님의 은혜를 선포하고 가져올 뿐만 아니라 실제로 그것의 기초가 되고 우리에게 그 은혜가 확장되도록 하셨다.[4]

우리는 십자가의 객관적 현실과 구원의 주관적 분배를 가져오는 속죄

---

[1] 기독론과 세계 종교의 관계를 보려면, 반 엥겐의 *Mission on the Way*, 169-87쪽을 참조할 것. 기독론의 상황적 의미는 그린(Greene)의 *Christology in Cultural Perspective*에 제시되어 있다. 포스트모더니즘 세계에서 그리스도를 선포하려면 Lose, *Confessing Christ*, and García and Raj, *Theology of the Cross*를 참조할 것.
[2] 건전한 신학을 통해 그리스도를 공경하고 영화롭게 하는 것은 루터교 신앙고백의 주요 목회적 관심사 중의 하나다. 예를 들어, 아우크스부르크 신앙고백 해설 제4조 2,156 (Tappert. 107,128).
[3] Maurer, *Historical Commentary on the Augsburg Confession*, 252.
[4] "아버지의 은혜와 은총은 아버지 마음의 거울인 주 그리스도를 위한 것이 아님을 우리는 결코 인식하지 못했다"(대교리 문답 두 번째 파트 29, 65, Kolb-Wengert, 434, 440). Vicedom, *Die Rechtfertigung als gestaltende Kraft der Mission*, 12.

모두를, 즉 믿음을 통한 칭의를 긍정한다. '하나님의 선교'는 과거 사건이었던 그리스도의 십자가가 모든 사람에게 그 의미가 독특하고 최종적인 것임을 나타낸다. 그러나 동시에 복음이 선포될 때 십자가는 모든 사람의 삶에서 현실이 된다.

이처럼 그리스도 사건이 객관적이고 역사적인 사실이라면 그리스도를 모든 사람의 삶에 모셔 오도록 선포되는 일은 오늘날에도 계속되어야 한다. 따라서 기독론은 또한 케리그마(선포)적 신학이기도 하다. 오늘날 모든 불신자의 구원을 위해 이천 년 전에 일어난 속죄의 축복은 복음의 선포와 가르침을 통해 그들의 귀에 들려져야 한다(롬 10:14-17).

하나님은 그리스도께서 십자가에서 성취하신 이 보물이 묻히지 않고 사용되며 누릴 수 있도록 말씀이 출판되고 선포되게 하셨으며 이 구원의 보물이 우리에게 제공되고 적용될 수 있도록 또한 성령을 주셨다. 만약 그 일이 숨겨져 있고 아무도 알지 못했다면 그것은 헛된 것이 되고 우리는 모든 것을 잃어버리게 되었을 것이다.[5]

따라서 보내심의 동기는 교회가 말씀을 전하는 사람들을 계속 파송하도록 격려한다. 그리스도 이전에 구약 선지자들의 거룩한 임명을 통해 파송이 시작되었고 그 후에 그리스도 자신이 이 세상에 오셔서 하나님의 뜻에 대한 예언적 선포를 이어가셨다. 예수의 제자들이 그 일을 계속했으며, 오늘날 교회가 복음의 선포를 이어가도록 부름을 받았다.

2. 하나님 사랑을 확증하는 그리스도의 십자가

속죄 교리는 자신의 외아들을 십자가에서 죽게 하신 하나님의 동기에 대한 많은 논쟁을 불러일으켰다.

---

[5] 루터의 대교리 문답 두 번째 파트 38 (Kolb-Wengert, 436). 예, Kretzmann, "Crosscurrents in Mission" 354.

하나님이 당신 아들의 죽음으로 세상을 자신과 화목하게 하신 것은 당신의 진노를 달래기 위함이었는가 아니면 사랑의 동기로 그렇게 하셨는가?

프리드리히 슐라이어마허(Friedrich Schleiermacher)나 알브레히트 리첼(Albrecht Ritschl)과 같은 저명한 신학자들은 십자가가 하나님의 진노를 상징하며 그리스도의 죽음이 이런 하나님의 진노를 화해시키거나 소멸시킨다는 생각을 의도적으로 기피했다. 확실히 하나님은 우리의 구원을 위해 그리스도를 보내신 것이지 당신 자신의 욕구나 바램을 만족시키기 위해 보내신 것이 아니다.

그러나 하나님은 십자가 사건을 통한 그리스도 선교의 주체이셨을 뿐만 아니라 그 객체이기도 하셨다. 하나님은 세상을 위하여 그리스도를 보내셨을 뿐만 아니라 이를 통해서 아버지의 진노를 달래기도 하셨다. 아버지와 아들 모두 십자가에서 두드러진 역할을 하셨다. 두 분 모두 거룩한 왕권을 행사하셨지만 모든 사람을 대신하여 완전히 버려진 십자가에서 저주받은 길을 택한 것은 아들이신 그리스도였다.

일부 방관자에게 그 길은 순전히 진노와 갈등의 모습으로 보였겠지만 다른 사람들에게 그것은 세상에 대한 하나님의 진정한 사랑으로 드러났다 (마 27:46; 막 15:34; 눅 23:46; 요 18:33-38). '십자가의 신학'(*theologia crucis*, 테오로기아 크루시스)은 하나님의 '복음적 사역'(proper work)과 '율법적 사역'(alien work)을 구별[6]함으로써 이것을 표현한다. 루터만큼 효율적으로 '십자가의 신학'(*theologia crucis*, 테오로기아 크루시스)을 가지고 이 구별을 진전시킨 신학자는 없다.

루터는 십자가에서 숨겨지고 계시된 하나님을 통해 하나님의 '복음적' 사역과 '율법적' 사역에 대한 가장 깊은 통찰을 얻었다.[7] 루터의 통찰은 그

---

6 복음적 사역(proper work)은 복음 안에서 보여지는 하나님의 본래적 사역으로 '십자가 신학'(*Theologia Crucis*)을 가리키며, 율법적 사역(alien work)은 율법 안에서 보여지는 하나님의 비본래적 사역으로 영광의 신학(*Theologia gloriae*)을 가리킨다 (역자 주).

7 이런 차이점을 통해 루터는 기독교 역사신학의 토대를 마련했다. Loewenich, "Zur Gnadenlchre bei Augustin und bei Luther," 75-86.

리스도의 죽음을 통해 화해된 하나님의 진노는 '복음적'인 것이 아니라 '비복음적'인 일이라는 것이다. 하나님은 단지 간접적인 화해의 대상일 뿐이라는 것이다.

그러나 복음적으로 말하면 하나님은 화해의 주체이시다. 사랑은 하나님의 복음적 사역이다.[8] 이것은 십자가 사건이 실제로 하나님의 율법적인 일, 즉 그분의 진노에 대한 절규와 만족뿐만 아니라 그분의 복음적인 일, 즉 세상에 대한 그분의 은혜와 사랑의 표현을 전달한다는 것을 의미한다.

하나님은 당신의 아들을 보내심으로 십자가에서 일어난 일에 참여하셨다. 그는 멀리서 관찰하는 분이 아니셨다. 오히려 예수 그리스도의 신적 본성 안에서 하나님 자신은 십자가에서 죽으셨다. 하나님 자신이 십자가에서 죽으심은 이성에 거슬리거나 적어도 이해하기가 어려운 일이다. 그러나 다음과 같은 통찰력이 분명히 밝히는 것처럼 루터는 이 시점에 있어 협상이 없었다.

> 하나님의 아들은 고통을 당하셨다 … 만약 하나님이 우리를 위해 죽으셨다고 말할 수 없다면 그리고 오직 사람만 가능하다고 한다면 우리는 길을 잃게 될 것이다. 본질적으로 하나님은 죽으실 수 없다. 그러나 이제 하나님과 사람이 하나로 연합되었으므로 하나님과 하나의 본체 혹은 하나의 인격인 사람이 죽었을 때 우리는 이것을 하나님의 죽음이라고 부를 수 있다.[9]

3. 그리스도 사건의 독특성

따라서 제사장의 직분은 인류를 구원하기 위해 우리를 대신해서 희생당하신 그리스도를 가리킨다. 중요한 표현인 '대리적 무릎'(*satisfactio vicaria*)은

---

[8] Pöhlmann, *Abriß der Dogmatik*, 226; Peters, *Kommentar zu Luthers Katechismen*, 2:138.
[9] 일치신조의 확고한 선언 VIII 42-44 (Kolb-Wengert, 623-24)에서 인용함.

죄인을 대신한 그리스도의 희생을 강조하기 위해 사용된다. '루터교 신앙고백서'는 다음과 같이 가르친다.

> 그리스도께서 자기의 죽음을 통해 우리의 죄를 물러주셨다(*hostia*).[10]

'호스티아'(*Hostia*, 희생)라는 라틴어를 사용하는 것은 여전히 흥미롭다. 예수 그리스도는 '호스티아,' 즉 하나님의 진노 아래 '희생'되어 죽으셨다. 그는 하나님의 징벌하시려는 의지를 눅이기 위해 하나님에 의해 버림받으셨다. '루터교 신앙고백서'에는 실제로 하나님의 진노가 포함되어 있는데 이것은 그리스도에 대해 다음과 같이 명확하게 말한다.

> 원죄뿐만 아니라 다른 모든 죄를 위해 그리고 하나님의 진노를 화해시키기 위해 희생당하셨다.[11]

성경적 이미지는 대제사장이시며 "세상의 죄를 지고 가시는"(요 1:29; 히 9:11-12) 희생양이 되신 그리스도에 대한 언급으로 위의 내용을 명확히 한다. 예수께서는 다음과 같이 스스로 말씀하셨다.

> 인자가 온 것은 … 자기 목숨을 많은 사람의 대속물로 주려 함이니라(막 10:45).

더욱이 그리스도께서는 당신의 피가 쏟아져 나오면 새로운 언약을 맺으실 것이라고 말씀하셨다(막 14:24; 눅 22:20). 바울은 로마서 4장 25절에서 다음과 같이 기록했다.

---

[10] AC III 3 (Kolb-Wengert, 39).
[11] '아우크스부르크 신앙고백서' 제3조 2 (Kolb-Wengert, 38). 신약과 '루터교 신앙고백서'에서의 '희생'(hostia)에 대한 교리와 그와 관련된 것들에 대해서는 Franzmann, "Reconciliation and Justification," 81-93쪽을 참조할 것.

> 예수는 우리가 범죄 한 것 때문에 내줌이 되고 또한 우리를 의롭다 하시기 위하여 살아나셨느니라(롬 4:25).

이사야는 또한 다음과 같이 기록했다.

> 여호와께서는 우리 모두의 죄악을 그에게 담당시키셨다(사 53:6).[12]

이 모든 진술을 포함한 더 많은 진술은 그리스도께서 그분의 죽음과 부활을 통해 돌이킬 수 없을 정도로 깨어졌던 하나님과의 관계를 회복시키셨음을 나타낸다.

그 결과 하나님은 모든 인류에게 공의와 자비와 동정심을 부어 주셨다. 그러므로 대제사장이신 그리스도는 하나님과 인간 사이에 화해를 가져오기 위해 하나님 앞에서 사람을 위한 중재자와 중보자로서의 독특한 역할을 담당하셨다(딤전 2:5). 여기서 그리스도의 역할에는 중보자, 위로자, 대제사장 또는 조정자와 같은 수많은 직함이 주어진다.

그러나 이 모든 직함은 그리스도가 세상과 하나님 사이에서 성취한 중요한 역할을 나타내기 위한 동의어로 작용한다. 에드문트 슈링크(Edmund Schlink)는 이렇게 말한다.

> 속죄를 나타내기 위해 어떤 용어가 사용되든 모든 것은 '예수 그리스도의 순종적 죽음은 대속적 죽음'이라는 사실을 인정한다는 공통 분모를 갖고 있다.[13]

'위로자'는 그리스도께서 당신의 희생을 통해 하나님의 진노를 진정시

---

12 그리스도 사역의 독특성과 배타적 특성을 지지하고 있는 루터의 관심을 살펴보기 위해서는 '슈말칼드 신앙고백서' 2조 1-5(Kolb-Wengert, 301)의 인용을 참고할 것. Martens, *Die Rechtfertigung des Sünders*, 33; Schlink, *Theology of the Lutheran Confessions*, 84. 참고.

13 Schlink, *Theology of the Lutheran Confessions*, 85.

킴을 의미한다. 이상하게 들릴 수도 있겠지만 그런데도 우리를 의롭게 하시기 위해 하나님이신 그리스도가 아버지와 맞서신 것은 사실이다. 그리스도의 사역은 하나님과 화해를 이루심으로 아버지께서 아들과 모든 인류에게 관대하게 우호를 베푸시도록 만드는 것이다.[14]

루터가 우리에게 상기시켜 주듯이 그리스도는 우리의 구원에 전적으로 독특하게 기여하신다. 하늘과 땅에 있는 것은 무엇이든지 일시적이며 사라지지만 이 조항의 어떤 내용도 양보하거나 포기할 수 없다.[15] 그리스도의 독특한 공헌을 손상시키는 것은 무엇이든 그리스도의 영광과 영예를 감소시킨다.

그리스도의 공로를 종종 '보물, 대가, 속죄'라고 부르는 것은 사람을 구원하는 것이 인간의 공로가 아닌 그분의 사역이자 단독적인 공로라는 것을 나타내기 위함이다.[16] 신학자들은 또한 그리스도의 성취를 강조하기 위해 "오직 은혜로"(sola gratia), "그리스도로 말미암아"(propter Christum), 또는 "오직 그리스도로"(Solus Christus)와 같은 배타적인 표현을 사용한다.[17] 어떤 식으로든 이 모든 표현은 속죄가 오직 그리스도의 사역에만 의존하는 것을 나타낸다.

상황신학은 일반적으로 타 종교와의 경쟁적인 진실 주장에 직면했을 때 그리스도의 유일한 사역에 의문을 제기한다. 특히, 기독교가 광범위한 문

---

14 '루터교 신앙고백서'는 여러 차례 아버지에 대한 아들의 화해(위로)를 언급한다. Ap IV 45-46, 80-81, 163, 376, 386 (Tappert, 113, 118, 129, 165-66); Ap XII 64 (Tappert, 191); Ap XXI 20 (Tappert. 232); Ap X XIV 19 (Tappert, 252); AC XXI 2 (Kolb-Wengert, 59). 중재자 및 화해자로서의 그리스도는 종종 서로 구분 없이 사용되며, 사실상 이 둘은 동일한 의미를 갖고 있다. Schlink, *Theology of the Lutheran Confessions*, 86; Elert, *Structure of Lutheranism*, 1:129.

15 SA III 5 (Kolb-Wengert, 301).

16 Ap IV 53, 57 (Tappert, 114); LC II 31 (Kolb-Wengert, 31).

17 예를 들면, '아우크스부르크 신앙고백서' 4조 1 (Kolb-Wengert, 39). "오직 그리스도 때문에"(*propter Christum*)라는 고백은 신앙고백에서 여러 번 나타난다. 예를 들어, 아우크스부르크 신앙고백 해설(Apology)에서 이것은 Pöhlmann, *Abriß der Dogmatik*, 206쪽이 지적하는 것처럼 106번 나타난다. "오직 그리스도 때문에"(propter Christum)에 관한 자세한 내용은 Maurer, *Historical Commentary on the Augsburg Confession*, 309-20쪽을 참조할 것.

화 안에서 가장 우세한 신앙과 맞서야 하는 경우 이런 것을 보게 된다. 예를 들어, 아프리카의 기독교는 특히 아프리카의 전통 종교와 이슬람과 경쟁하면서 중재자이며 제사장이신 그리스도의 중심 역할을 훼손당할 위험이 있다. 동일한 입장에서의 상황신학적 압력이 타 종교와의 접촉에서도 적용될 수 있다.

이슬람은 그리스도를 알라 아래에 있는 선지자로 두며 힌두교에서 그리스도는 수많은 힌두 신에게 흡수되거나 위대한 도덕 선생과 동일시 된다. 불교에서도 그리스도는 종종 도(道) 혹은 따오(Dao)와 관련이 있다.[18] 물론 아프리카와 아시아 지역에서는 이에 대한 식별이 가능하겠지만 오늘날과 같은 다원주의 풍토에서 그런 환경에 있던 집단이 유럽이나 북미로 이주할 때는 유사한 현상을 볼 수 있다.

4. 보편적인 동기

그리스도의 선교(missio Christi)는 지리나 인종에 제한을 두지 않고 모든 민족이 회개하도록 부름을 받고 복음을 믿도록 권유받는다고 가르친다. 이런 이유로 그리스도께서는 다음과 같이 명하셨다.

> 그의 이름으로 죄 사함을 받게 하는 회개가 모든 족속에게 전파되어야 한다(눅 24:47).

만약 그리스도께서 자신의 지상 사명을 모두 완수하셨다면 당신의 제자들에게 복음을 전파하라고 명하지 않으셨을 것이다.

어떤 이들은 '루터교 신앙고백서'가 믿음을 통한 구원의 주관적 분배에

---

[18] 기독교 선교사 칼 라이헬트(Karl Reichelt, 1877-1952)는 불교의 도(Dao)에 관한 원칙을 기독교에 수용하려는 시도로 유명하며, 그는 헨드릭 크래머(1888-1965)로부터 비판을 받았다. Thelle, "Legacy of Karl Ludwig Reichelt," 35-40; Berger, *Skeptical Affirmation of Christianity*. 참조.

초점을 맞추기 위해 구원의 객관적 본질을 축소시켰다고 주장할 수도 있다. 그러나 많은 증거는 믿음을 통한 구원에 대한 우리의 이해만큼 '루터교 신앙고백서' 또한 그리스도의 속죄 사역에 집중하고 있음을 시사해 준다. 예를 들어 다음 구절을 고려해 보자.

> 그분은 아버지를 우리와 화목시키시고 인간의 원죄를 위해서뿐만 아니라 모든 실제적인 죄를 위해 산 제물이 되셨다.

더욱이 "어떤 사람도 저주받지 않고, 모든 사람이 그분께 돌아가 구원받는 것이 하나님의 뜻이다"(딤전 2:4). 나중의 인용문은 에스겔 33장 11절에서 발췌한 것이며 요한복음 3장 16절과 관련이 있다.[19]

종종 아리스토텔레스의 '원인'(cause)이라는 용어는 구원의 유일한 효율적인 원인(causa efficiens, 작동원인)으로서의 그리스도의 사역을 칭송하기 위해 사용되었다.[20] 그런데도, '루터교 신앙고백서'는 또한 그리스도의 사역이 신자의 존재와 분리되어 있지 않다고 가르친다. 그리스도께서 행하신 것은 신자에게 그분의 은혜를 분배해 주는 것과 분리되어 있지 않다.

그리스도의 객관적 속죄 사역은 믿음을 통해 죄인을 주관적으로 의롭게 하는 데 목적이 있다. '엑스트라 노스'(extra nos), 즉 밖에서부터 주어진 구원은 '프로 노비스'(pro nobis, 우리를 위하여)에 의해 보완된다.[21] '프로 노비스'는 그리스도의 속죄 사역 또는 십자가 신학의 완전성과 충분성을 감소시키지 않는다.

---

19 AC III 3 (Kolb-Wengert, 39); SD II 49 (Kolb-Wengert, 553); Ap IV 103, 262 (Tappert, 121, 145). Schurb, *Does the Lutheran Confessions Emphasis on Subjective Justification Mitigate Their Teaching of Objective Justification?* 76 참조: "루터교 신앙고백서는 객관적인 칭의를 가르치며 이 교리는 주관적 칭의에 대한 그들의 가르침에 의해 제한되거나 방해받지 않는다. 신조들(Symbols)은 정확한 표현으로, "모든 것이 의롭게 되었다"고 말한다 - SA II, I, 3."
20 Ap IV 98 (Tappert, 121).
21 Pöhlmann, *Abriß der Dogmatik*, 223.

그러나 기독론의 역설은 모든 사람이 그리스도 안에서 속량받지만 오직 믿는 자만이 의롭게 된다는 것이다. 이것은 객관적 화해인 십자가가 개인의 칭의와 얼마나 밀접한 관련이 있는지를 보여 준다. 오류에 빠짐이 없이 이 둘은 서로 분리될 수 없다. 일부 저명한 신학자들은 이 접점의 객관적 측면을 부정한 반면 다른 신학자들은 주관적 측면을 부정했다.

루돌프 불트만(Rudolf Karl Bultmann)의 '실존주의'는 게르드 뤼데만(Gerd Ludemann)에 의해 다시 부각되었는데 그는 그리스도 사건의 역사성과 객관성을 거부하는 것으로 유명하다.[22] 폴 틸리히(Paul Tillich)는 '익명의 기독교'를 주장했으며 칼 바르트는 아포카타스타시스(apocatastasis, 보편구원론)로 알려진 '포괄적인 그리스도론'을 주장했다. 이들은 모두 객관적 화해를 긍정하면서도 믿음을 통한 구원의 주관적 분배의 필요성을 실질적으로 부인했다.[23]

이런 경향은 '믿음을 통한 그리스도에 의한 죄인의 칭의'와 십자가의 중요한 결합을 충분히 설명할 수 없다.[24] '오직 그리스도'(*Solus Christus*)는 선포를 통해 역사적 그리스도 사건과 물리적이고 직접적으로 연결됨으로써 이 세상의 모든 사람에게 객관적이고 물리적으로 필요한 것이 되어야 한다. 피터 바이어하우스(Peter Beyerhaus)는 다음과 같이 주장한다.

> 골고다에서의 구원 사건은 선포 행위를 통해 제시되어야 한다.[25]

22　예를 들어, 불트만의 신학에 도전하는 가장 최근 출판물인 뤼데만의 *Jesus' Resurrection*을 참조할 것. 십자가와 부활을 사실로 받아들이기를 거부하는 불트만에 관한 내용은 이 인용문에 잘 나타난다. "그러므로 그리스도의 십자가를 믿는다는 것은 우리의 세상 밖에서 일어난 신화적 과정을 보거나 하나님이 어찌 되었든 우리의 신뢰에 맡기신 객관적으로 보이는 사건을 바라보는 것을 의미하지 않는다. 오히려 그리스도의 십자가를 믿는다는 것은 십자가를 자기 자신의 것으로 받아들이고 그리스도와 함께 십자가에 못 박히는 것을 의미한다."(*New Testament and Mythology?* 34).
23　칼 라너에 반대하며 칼 바르트를 지지하는 의견을 참조하기 원하면 Hitel, "The Way," 279-93쪽을 볼 것. Scott, *Barth's Theology of Mission*, 30. 참조. 바르트의 포괄적인 그리스도론에 대한 논쟁은 Seils, "Heil und Erlosung IV," 632-33쪽을 통해 확인.
24　Scherer, *That the Gospel May Be Sincerely Preached*, 84. 참조.
25　Beyerhaus, "Christi Heilsangebot durch seine Gesandten," 62.

5. 죄론적 동기

그리스도의 선교(missio Christi)의 관점에 비추어 볼 때 인류의 극심한 타락과 죄가 가득한 상태는 특히 명백해진다. 그러므로 이 시점에서 인류의 이런 상태에 대해 논의하기에 가장 적절하다. 시몬 베드로가 제자로 부름을 받은 이야기는 기독론과 죄의 관계를 잘 보여 준다(눅 5:4-11).

여기서 그리스도께서 제자에게 깊은 곳으로 가서 그물을 내려 고기를 잡으라고 요청하셨다. 그때가 정오였는데 이 시간에는 고기가 잘 잡히지 않는다. 시몬의 의심은 합리적으로 보이며 그 의심은 그리스도의 존재에 대한 의문을 제기한 것이다. 베드로의 의심은 그리스도 앞에 서서 고백할 때 명백하게 바뀌었다.

> 주여 나를 떠나소서 나는 죄인이로소이다(눅 5:8).

우리의 죄는 그리스도와 마주하게 될 때 그리스도의 거룩함으로 덮일 것이다. 멜랑히톤이 '아우크스부르크 신앙고백서'에서 제1조 '하나님에 관하여'와 제3조 '그리스도에 관하여' 사이에 제2조 '원죄에 관하여'를 배치한 것은 우연의 일치가 아니다. 그렇게 함으로 저자는 모든 죄인이 예수 그리스도를 통해서만 거듭날 수 있음을 보여 준다. 그러므로 제3조의 '그리스도론'은 단순히 추상적인 교리 진술이 아니다. 그것은 강력한 '구원론적 관점', 즉 '선교적 지향'을 나타낸다.

'그리스도를 통한 하나님과 의로운 관계로의 회복'에 대한 이런 긍정적인 표현은 원죄가 인간의 본성을 모두 손상시키는 '혐오스럽고 두려운 유전병'이라고 인정되는(시 51:5; 롬 3:23) 부정적인 현실에 반대한다.[26] 오늘날 많은 사람은 자신의 행동(실제적 죄) 결과로부터 나오지 않은 죄에 대한

---

[26] 예를 들어, SD I 5, 11, 60 (Kolb-Wengert, 533-34, 542). AC II 1-2 (Kolb-Wengert, 37-38); Maurer, *Historical Commentary on the Augsburg Confession*, 245.

책임을 받아들이는 것이 부당해 보이기 때문에 원죄를 부인한다.

그러나 인간의 '전적 타락'에 관한 교리는 모든 실제 죄가 하나님으로부터 매우 깊이 소외된 결과라고 가르친다. 인간은 하나님에 대한 완전한 적대감 속에서 삶을 살며 그 안에는 신앙고백자들이 '강한 욕망'이라고 부르는 죄에 대한 강력한 갈망이 있다. 누구든지 그런 강한 욕망으로부터 자유롭게 되지 못한다. 그것은 오직 그리스도 안에서의 영적 삶에 의해서만 억제되고 깨질 수 있다.

그러므로 바울은 그리스도를 떠나 자신의 힘을 통해 하나님께 나아가는 길을 찾고자 하는 사람을 용인하지 않으려 했다. 그는 실제로 '태어나면서부터 율법이 요구하는 바를 행하는'(롬 2:14) 이방인이 있음을 알고 있었지만 여전히 모든 불신자에 대한 부정적인 평결을 내렸다(살전 4:5; 갈 4:8).

바울은 그들에게 '다른 신에 대한 우상 숭배'에 관한 첫 번째 계명을 버렸다고 비난했다. 그들의 예배와 행동은 하나님께 향한 것이 아니었다(고전 10:20). 그러므로 그들은 모두 '핑계하지 못하고'(로마서 1:20) '하나님의 진노가 모든 경건하지 않음과 불의에 대해 하늘로부터 나타난다'(로마서 1:18). 유대인도 비록 율법을 소유하고 있지만 그들이 율법의 가르침을 따르지 않는다고 해서 이것으로 판단되지는 않는다(롬 2:17-29).

그러므로 죄의 교리는 선교를 수행해야 하는 강력한 이유를 제공한다. 교회는 참 하나님 없이 우상 숭배에 참여하는 세상을 바라본다. 교회는 선교를 위한 첫 번째 동기로서 모든 사람에 대한 하나님의 사랑을 강조하기 원한다. 그러나 죄론적 동기는 왜 그리스도의 선교가 필요한지를 설명한다. 하나님은 자신을 대적하는 세상을 정죄하지 않기로 스스로의 의지를 통해 결정하셨다.

대신에 그는 구원을 위해 그리스도를 보내셨으며 모든 믿는 자를 위해 하나님께 나아가는 길을 열어 영원한 생명을 주신다(롬 5:2). 교회는 믿지 않는 세상에 그리스도를 통해 구원받는다는 복된 소식을 선포하는 사자를

보내어 아버지의 사역을 이어 간다.[27]

6. 성육신

교회는 성경과 교리적 진술을 통해 다음과 같이 고백한다.

> 하나님의 아들 그리스도가 인간의 육체를 취하여 사람이 됨으로써 지상에서의 그분의 선교를 시작하셨다.[28]

아타나시우스 신경 제27조에서 제40조까지의 내용은 다른 두 개의 신경, 즉 니케아 신경과 사도신경보다 성육신에 관한 사실을 더 많이 포함하고 있다는 것을 확인한다. 인간이 되신 하나님의 아들은 죄에 굴복되지 않고 모든 한계를 지닌 인간의 상태와 완전히 동일하게 되셨다. 그 결과 그리스도는 '동시에 하나님이자 인간'으로 드러났다.[29]

루터교 교리 "유한히 무한을 포함하고 있다"(*finitum capax infiniti*)는 골로새서 2장 2절에 따라 '그리스도 안에서 유한한 몸은 무한한 신성을 취한다'라고 가르친다.

> 그리스도 안에서 온전히 충만한 신성이 육신에 거한다(골 2:2).

그리스도께서 인간의 본성을 취하셨기 때문에 두 본성은 그리스도의 한 인격 안에서 연합되어 서로 분리될 수 없게 된다. 루터의 말을 인용하면

27　로마서 5장 1-2절은 아우크스부르크 신앙고백 해설에서 주요한 본문이다. 예를 들어, Ap IV 45, 80 (Tappert, 113, 118).

28　선재하는 그리스도께서 인간적 본성을 지니셨음을 인정하는 것의 핵심은, '아우크스부르크 신앙고백서' 제3조 1 (Kolb-Wengert, 39)에서 고백하는 것처럼, 그분의 신성이 어떤 변화도 겪지 않고 인간 본성을 버리지 않으셨다는 것이다.

29　아타나시우스 신조 27 (Kolb-Wengert, 24).

다음과 같다.

> 마스터 잭(Master Jack)이 잠자리에 들 때 외투를 벗어 옆에 놓는 것처럼 그리스도는 한 사람이 되어 인성으로부터 자신을 분리하지 않는다.[30]

따라서 성육신은 왜 그리스도의 인성이 예배 공동체에 활기를 불어넣는 말씀과 성례전에 항상 존재하는지 설명해 준다.[31] 빌립보서 2장 5-11절은 그리스도의 성육신을 묘사하는 데 공헌하는 기독론적 찬가다. 사실 지상에서의 그리스도의 선교는 겸손(6-8절)과 승리의 환희(9-11절)의 모습을 모두 포용한다.

겸손은 그리스도께서 신적 능력의 완전한 사용을 자발적으로 거절하셨을 때 일어난다. 그 대신에 그리스도는 스스로 겸손해지셔서 자기를 비웠는데 이것은 헬라어 '케노시스'(kenosis, 빌 2:7의 kenoein에서 나옴)로 알려진 용어다. '자기 비움'의 기독론은 그리스도의 마음 또는 자발적인 희생과 하나님에 대한 순종을 확인한다.[32]

전통적 교의학은 그리스도의 순종을 수동적인 것과 능동적인 것으로 나눴다. 이 두 종류의 순종은 인류를 대신하여 누군가에게 완전한 순종을 요구하는 하나님의 뜻이나 율법에 비추었을 때 의미가 있다. 그리스도께서는 동정녀 탄생에서부터 십자가에 이르기까지 죄 없이 하나님의 뜻에 적극적으로 순종하셨으며 우리를 위해 완전한 희생을 보이셨다.

다른 한편으로 그는 인류에 대한 처벌뿐만 아니라 모든 유혹, 고통, 시련을 수동적으로 인내할 것을 결정하셨다. 그러므로 그리스도께서는 그분의 전적인 순종, 즉 능동적이고 수동적인 태도를 통해 세상이 스스로 성취할 수 없는 일을 행하셨다.

더욱이 그리스도께서는 인성과 신성을 모두 지닌 온전한 인간의 모습으

---

30 *Confession Concerning Christ's Supper*(그리스도의 성찬에 관한 고백, 1528), AE 37:217.
31 SD VIII 29 (Kolb-Wengert, 621) 참고.
32 Bosch, *Transforming Mission*, 512-13.

로 이런 순종을 성취하셨다. 그리스도 안에서 하나님이 우리 모두에게 자유롭게 부여하신 의로움을 얻는 데 두 본성은 중요한 역할을 담당했다. 비록 "참하나님"과 "참사람"이라는 표현은 이성적으로 이해하기 어려운 역설을 나타내지만 그리스도의 선교는 한 인격 안에서 분리될 수 없는 연합을 나타내는 본질(hypostatic)의 결합에서 일어났다.[33]

판넨베르크의 책 『예수: 신이자 인간』(Jesus: God and Man, 1968)이 나온 이래로, 상황적 논쟁들을 그리스도론과 관련시키는 데 있어 '위로부터'(from above)와 '아래로부터'(from below)라는 용어를 널리 사용하기 시작했다.[34] 아시아 선교학자 스탠리 사마르타(Stanley Samartha)는 '위로부터'의 기독론을 헬리콥터에 그리고 '아래로부터'의 기독론을 우마차에 비유했다. 그는 후자의 것이 상황에 적합한 것이기 때문에 이를 더 선호했다. 그는 이렇게 말했다.

> '위로부터의 기독론'은 그 주위의 사람들이 아래로 향하는 기독교의 목소리를 듣고 그 비전을 볼 수 없도록 방해하는 너무 많은 신학적 먼지를 일으키는 경향이 있다. 이에 비해 '우마차 기독론'은 아시아의 포장되지 않은 도로를 그 바퀴가 접촉하고 있다. 지면과 끊임없는 마찰이 없이는 마차는 앞으로 전혀 전진하지 못할 것이다.[35]

그러므로 선교를 위한 기독론을 그리스도께서 당신의 인성을 통해 구원을 이루시는 완전히 '아래로부터'의 기독론으로 축소하거나 또는 육신을 입고 인간으로서 고통당하시는 하나님의 겸손을 완전히 무시하는 '위로부

---

33 "일치신조의 확고한 선언"에서, 본질의 결합은 기독론에 있어 타협할 수 없는 원칙이다. 예를 들어, SD III 15. 56 (Kolb-Wengert, 564, 572). 폴 틸리히는 '참 하나님(vere Deus)이자 참 인간(vere homo)'이라는 전통적인 기독론을, 그리스도는 "본질적 인간이면서 실존적 인간"(Christus homo essentialis homo existentialis)이라는 역설로 대체한 신학자 중 한 사람이다. Tillich, "Die Lehre von der Inkarnation," 205-19쪽 참조.
34 Pannenberg, Jesus: God and Man.
35 Samartha, One Christ—Many Religions, 115-20.

터'의 기독론으로 축소하는 것 모두 옳지 않다.³⁶ 복음서가 서로 다른 관점에서 시작되었더라도 성경은 그리스도론의 두 가지 측면을 모두 나타낸다. 예를 들어, 요한복음은 '위로부터'(그리스도께서 로고스로 오심으로)로 시작할 수 있고 마태복음과 누가복음은 '아래로부터'(예수의 탄생으로)로 그리스도론을 제시할 수 있다.

네덜란드의 선교학자 얀 종그넬(Jan Jongeneel)은 '헬리콥터 그리스도론'이 착륙에 어려움이 있다면 거의 쓸모가 없으며, 따라서 이것은 그리스도의 성육신에 관한 완전한 의미를 설명할 수 없다고 옳게 지적했다. 다른 한편으로, '우마차 그리스도론'은 그리스도의 선재(preexistence)와 재림에 대한 개념을 가져오거나 추적하는 데 어려움을 겪을 수 있다.³⁷

7. 모범으로서의 그리스도

그리스도의 선교적 독특성은 윤리적 해석을 위한 여지를 거의 남기지 않는 것처럼 보이지만 과거에는 금욕주의적 관념이나 그리스도를 본받으려는 모습이 반복적으로 기독교 안에 등장했다. 중세 시대의 신비주의자 토마스 아 켐피스(Thomas a Kempis)의 책 『그리스도를 본받아』(*De imitatione Christi*)는 그 당시의 문학 작품 가운데 가장 널리 보급된 책 중의 하나가 되었다.³⁸

그러나 그런 접근 방식의 문제점은 구원의 선물인 십자가의 메시지가 하나의 윤리로 바뀌게 된다는 것이다. 이것은 특히 그리스도의 신성을 거부하고 그를 역사적 인물로 축소시키는 신학적 합리주의의 결과다. 신학자와 그리스도인이 그리스도의 신성을 받아들이는 것을 거부하게 되면 기

---

36 칼 바르트는 소위 초 칼빈주의 "Extra Calvinisticum"(로고스는 육의 바깥에 머문다(logos extra carnem)의 지지자다. Barth, *Church Dogmatics*. 4/1-94, 140.
37 Jongeneel, *Philosophy, Science, and Theology of Mission*, 2:180-81.
38 Hagglund, *History of Theology*, 207.

독교는 도덕적 프로젝트가 되고 그리스도는 모범이 되거나 훌륭한 설교자이자 교사가 된다.

분명히 다른 종교들은 그리스도를 그런 모범 교사로서 기꺼이 받아들일 것이다. 그러나 선교적 선포는 믿지 않는 세상에 그리스도와 십자가를 생명의 선물로써 전하는 데 관심이 있으며 이것은 도덕적인 메시지 이상의 의미를 지닌다. 의심의 여지 없이, 모범으로서의 그리스도에 대한 언급은 매우 제한적이다(고전 11:1; 벧전 2:21). 그런 구절은 그리스도를 '선을 행함으로 고난을 받는 최고의 모범'으로 묘사한다.

그러나 여기서 조차도 그리스도는 단지 도덕적 모범으로만 제시된 것이 아니다. '루터교 신앙고백서'에는 그리스도의 생애와 고통이 단지 모범이 되어야 한다는 명시가 없다. 그리스도인은 종종 그리스도의 모범을 따르는 방식으로 참된 고통을 요구받기도 하지만 그 고통은 전적인 믿음으로 그리고 그리스도의 고통을 우리의 것으로 받아들이지 않는 한 가치가 없다.[39]

'루터교 신앙고백서'는 음식의 구별에 대한 잘못된 이해, 회개에 대한 거짓 교리, 가톨릭교회 미사에 있는 잘못된 희생의 교리에 반대하여 이 점을 반복해서 확인한다.[40] 그리스도의 모범을 따르려고 하는 생각은 '행위를 통한 칭의'(works-righteousness)라는 본래적 위험을 가져올 수 있다.

'루터교 신앙고백서'는 그리스도의 모범을 따르고자 하는 인간의 행위는 오직 그리스도를 믿는 신앙을 통해서 하나님의 선물을 수동적으로 받은 사람만 가능한 것이라고 만듦으로써 이에 대한 각별한 주의를 기울인다. 구스타프 빙그렌(Gustav Wingren)은 그의 규범 연구에 관한 책 『루터의 소명』(Luther on Vocation)에서 이 점에 대한 루터의 신학을 다음과 같이 요약한다.

39　AC ⅩⅩⅣ 31 (Kolb-Wengert, 78); Ap Ⅳ 358 (Kolb-Wengert, 173).
40　AC ⅩⅩⅣ 31 (Kolb-Wengert, 78); Ap ⅩⅡ 31 (Kolb-Wengert, 208); Ap ⅩⅩⅣ 57 (Kolb-Wengert, 268); SA ⅡⅡⅡ 2 (Kolb-Wengert, 312); LC Ⅰ 4 (Kolb-Wengert, 387).

우리는 그리스도를 모방하는 것이 아닌 그분을 믿음으로 받아들여야 한다. 왜냐하면 그리스도는 사람이 가질 수 없는 직분인 사람의 구원을 위한 특별한 직분을 가지고 계시기 때문이다.⁴¹

그러므로 궁극적으로 그리스도는 행위를 위한 '모범'이나 패러다임을 우리에게 제공하기 위해 헌신하신 것이 아니라 우리에게 성사(*sacramentum*)로서, 즉 우리의 구원의 대가로서 믿음을 통해 우리에게 주어진 분이시다.⁴² 문헌들 속에서 십자가는 종종 사회 정치적인 것으로 해석되었다. 위르겐 몰트만(Jürgen Moltmann)의 책 『십자가에 달리신 하나님』(*The Crucified God*)에서 볼 수 있듯이 그것은 신학자들 사이에서도 마찬가지이다.⁴³

1980년 멜버른에서 열린 세계선교대회(WMC)에 동의하여 에큐메니컬 운동 신학자들은 예수가 자신의 제자들에게 주변의 가난한 사람과 함께하는 일에 동참하라고 하신 명령과 같이 그리스도의 자기 비움(*Kenosis*)을 '인간 권력 구조에 도전을 가하는 것'이라고 이해했다.

> 하나님은 자신의 외아들 예수를 보통 사람과 직접 대화하는 갈릴리 사람으로 살고 섬기도록 보내심으로써 그를 가난하고 억압받는 자와 동일하게 하셨다. 배고픈 자, 목마른 자, 이방인, 헐벗은 자, 병든 자와 죄수의 필요를 충족시켜 주는 자에게 축복을 약속하셨다. 그리고 마침내 정치범으로서 십자가에서 죽음을 맞이하셨다.⁴⁴

41　Wingren, *Luther on Vocation*, 172.
42　Oberg, "Mission und Heilsgeschichte," 39.
43　Moltmann, *Crucified God*, 25. 몰트만의 '십자가의 신학'에 대한 비판으로 Braaten, "Trinitarian Theology of the Cross," 113-21쪽을 참조. 남아공을 포함한 여러 국가에서는 '진실과화해위원회'를 통한 정치적 화해 추구와 같은 기독론적으로 동기 부여된 전략을 사용했다.
44　Scherer and Bevans, *New Directions in Mission and Evangelization*, 1:28.

'자기 비움의 기독론'은 그리스도를 '예외적인 방법으로 자기 부인을 보여 준 사람이며 사회의 관습에 저항한 최초의 빼어난 선교사'로 묘사한다. 그런 해석은 절망적인 조건에 처한 사람들에게 변화를 일으키는 데 흥미를 갖게 하고 그 선례를 따르도록 영감을 줄 것이다. 그러나 그리스도의 선교에서 '모범이나 모형'을 찾으려는 이런 자기 비움의 기독론은 그리스도께서 우리를 대속하시기 위해 독특한 방법으로 자신을 비우시고 낮추셨다는 점을 반드시 주목해야 한다.

확실히 전 세계에 있는 많은 사람의 절망적인 상태는 교회의 선교에 큰 도전을 가져온다. 기독교는 십자가에 대한 교회의 선포가 고통받는 사람들의 깊은 실존적 관심사를 어떻게 의미 있고 적절한 방법으로 해결할 수 있을지 스스로 물어봐야 한다. 그러나 현세의 고통을 완화시키겠다는 희망으로 그리스도를 고난의 최고 모범으로 내세우는 것은 내생을 위한 구원으로서의 십자가의 종말론적 의미를 완전히 충족시킬 수 없다.

선교적 선포에는 반드시 그리스도의 통치가 포함되어야 하는데 이것은 절망적 상황에서 고통받고 있는 사람들을 포함하여 모든 사람의 죄에 대한 용서의 선물로 십자가를 제시함으로써만 가능하다. 실제로 그 선물은 행위를 통해서가 아니라 그리스도를 믿는 믿음을 통해서만 얻을 수 있다.

8. 선교의 목표 또는 그리스도 통치(Kyriological)의 동기

이후 장에서 우리는 선교의 목표를 다시 살펴볼 것이다. 선교의 목표는 다층적으로 그것은 그리스도론뿐만 아니라 인류학과 교회론과도 관련이 있다. 그러나 '하나님의 선교'의 궁극적 목표는 이 세상에 그리스도의 주권을 세우는 것이다. '하나님의 선교'는 모든 사람에 대한 그리스도의 통치가 확장되는 목표를 가지고 있다. 이 목표는 그리스도의 재림을 통해 산

자와 죽은 자를 심판하시는 종말론적 사건으로만 마무리될 것이다.[45]

그리스도의 현재적 통치에 대한 선교학적 의미는 그분의 죽음과 부활이 선교의 기초 역할을 할 뿐만 아니라 주님으로서 그는 오늘날의 선교를 이끌어 나가시는 동력이 되신다. 그리스도께서는 당신의 영을 보내시며 그 성령을 통하여 그는 당신의 통치를 세우시고 확장시키신다. 여기서 우리는 교회에 대한 퀴리올로지(kyriological)적인 동기, 즉 그리스도의 왕국이 올 수 있도록 선교를 추구하는 것에 대해 말할 것이다.[46]

중요한 핵심은 왕과 주님으로서의 그리스도의 통치는 미래에만 실현되는 것이 아니라는 사실이다. 주님은 자신의 주권을 이미 현재에도 행사하고 계신다. 주님은 '과거의 왕이자 미래의 왕인 아서왕'(Arthurian)이 아니시다. 오히려 그는 현재의 왕이시며 동시에 다시 오실 미래의 왕이시다. 그것은 또한 선교를 통해 받은 선물에도 영향을 미친다. 그리스도의 재림과 그분의 현재 왕국은 서로 만나기 때문에 믿음을 통해 오늘날 우리가 받은 용서와 생명의 선물은 이미 영원하고 종말론적인 선물이다.[47]

그리스도의 통치에 관한 한가지 더 중요한 점은 하나님의 왕국과 그리스도의 왕국을 나누는 것이 옳지 않다는 것이다.[48] 하나님 우편에 앉아 계신 그리스도께서는 우주의 통치자이시다. 그는 하나님으로서 바다에서 땅끝까지 통치하기 위해 어디에나 존재하신다. 교리학자들은 모든 피조물, 역사, 우주에 대한 그분의 통치를 나타내기 위해 이런 다스림을 그의 '권능의 왕국'(*regnum potentiae*)이라는 말로 지칭한다(마 28:18).

---

45 Andersen, *Towards a Theology of Mission*, 53. Freytag, "Mission im Blick aufs Ende," 187. '루터교 신앙고백서'에서, 그리스도의 재림에 대한 설명은 '아우크스부르크 신앙고백서' 3조 4 (Kolb-Wengert, 39): '아우크스부르크 신앙고백서' 제17조 1-5 (Kolb-Wengert, 51); 사도신경 5 (Kolb-Wengert, 22)를 참고할 것.
46 비체돔의 선교학적 계획은 그리스도 통치의 관점에서 설명된다. Vicedom, *Mission of God*, 13-14. Beißer, "Mission und Reich Gottes," 43. Gensichen, *Glaube für die Welt*, 105쪽 참조.
47 Beißer, *Hoffnung und Vollendung*, 78.
48 Beißer, *Hoffnung und Vollendung*, 58, 80쪽에서 보여 주고 있는 것처럼, '하나님의 왕국'과 '그리스도의 왕국'은 동의어로 사용될 수 있다.

그러나 성도의 모임에 대한 그리스도의 주권은 성경에서 '지상에서의 통치'(요 18:36)가 아니라 구원론적이고 종말론적인 현실, 즉 '구원받은 사람과 구원된 공동체에 대한 통치'로 제시된다. 이 통치는 "그리스도의 은혜의 왕국"(regnum Christi gratiae)이라고 불린다. 모든 사람은 선포와 세례를 통해 이 은혜의 왕국으로 부름을 받는다.

그러므로 우주와 구원받은 사람 모두를 포함하는 오직 하나의 통치와 한 분 그리스도만이 존재한다는 사실을 강조하기 위해서는 그리스도의 통치를 구원론의 관점으로 연관시키는 것이 필요하다. 베르너 엘러트는 이렇게 진술했다.

> 그분의 말씀대로 그분이 우리의 주님이 되셨을 때만 우리는 그분의 통치권에 관해 이야기한다. 그분의 우주적 통치가 그것을 초과하기 때문에 우리는 우리 눈에 보이지 않는 하나님의 신비 가운데 그것을 세어 나가야 한다. 우리가 속한 전체 우주와 함께 우리는 그분의 통치에 구속되었으며 하늘이나 땅에는 우리에 대한 그분의 통치를 방해할 만한 것이 아무것도 없음을 아는 것으로 충분하다.[49]

'그리스도의 완전한 우주론적 통치'와 '그의 은혜의 통치'에 대한 구별은 두 왕국 교리에 대한 생각을 불러 일으킨다. '은혜의 통치'는 성령과 복음의 전파를 통해 자신의 통치를 확장하신 예수 그리스도를 가리킨다. 반대로 왼손 왕국은 다른 방식으로 통치하는데, 즉 이 세상에 거주하는 모든 사람에게 세상의 질서를 유지하기 위해 그분의 율법을 통해 다스린다.

그리스도의 '은혜의 통치'에 대한 교회론적 함의는 그리스도가 믿는 자들에게 죄의 용서를 베푸시는 말씀과 성례전을 통해 통치하시는 한 교회는 그리스도가 통치하시는 자리가 된다는 것이다. 그러나 일상적 인간 조직으로서의 교회는 은혜의 왕국과 동일시되지 않는다. 지상 조직으로서의

---

[49] Elert, *Christian Faith*, 241.

교회와 그리스도의 주권 간의 구별은 분명해야 한다.

일상생활을 규정하기 위해 교회에서 수행되는 일상적 기능은 구속된 공동체에 대한 그리스도의 통치와 동일시되지 않는다. 그리스도의 주권은 말씀을 전파하고, 세례를 베풀고, 주의 만찬을 거행하는 거룩하게 제정된 활동과 동일시된다. 그리스도께서는 이런 기능이 일어나는 곳에서 당신의 주권을 행사하신다. 그러므로 교회의 선교는 이런 기능들을 의도적으로 추구하는데 그것은 이런 일들을 통해서만 그리스도의 주권이 믿지 않는 세상으로 확장되기 때문이다.[50]

9. 두 영역 사이의 다툼

그리스도 왕국의 확장은 죄악과의 싸움이 없이는 일어나지 않는다. 사도신경 두 번째 조항에 대한 루터의 유명한 설명을 살펴보자.

> 그는 타락하고 죄 많은 인간인 나를 구속하셨다. 그분은 내가 그에게 속하고 그의 왕국 아래에 살도록 하시려고, 금이나 은이 아니라 거룩하고 존귀한 피와 무고한 고통과 죽음을 통해 모든 죄와 죽음과 사탄의 권세로부터 나를 사셨으며 나를 자유롭게 하셨다.[51]

그리스도 통치의 구원론적 의미에 대한 전체 차원이 여기에 제시되었다. 루터의 『대교리 문답』을 인용하면, 은혜의 왕국에 들어간 모든 사람은 이전에는 하나님의 진노와 노여움 아래 놓여 있었다. 그러나 복음이 전파되었을 때 영원하신 하나님의 아들은 우리에게 자비를 베푸셨으며 천국에서 오셔서 죄인인 우리를 지옥의 문턱에서 구하셨다.

---

50 Tr 31-33 (Kolb-Wengert, 335); Ap XIV 2 (Tappert, 222).
51 SC II 4 (Kolb-Wengert, 355).

이제 하나님은 악한 세상과 악마와 죽음 그리고 죄로부터 신자들을 완전히 나누고 분리하시는 마지막 날까지 우리를 다스리신다.[52] 루터가 여기서 설명하는 것은 하나님의 선교와 사탄의 통치 사이의 종말론적 투쟁이다. 그렇다고 해서 하나님의 선교가 무신론적 정부나 왕과 같은 지상 권력과 단순히 반대되는 것으로 생각해서는 안 된다.

항상 그리스도의 선교인 '하나님의 선교'는 이 세상에서의 악마의 세력과 맞서 싸우고 있다. 그것은 악마와의 권력 다툼이다. 자신의 삶 가운데 영적인 힘을 민감하게 인지하고 있는 타 문화권에 있는 그리스도인들은 이런 관찰에 동의할 것이다.[53]

성경은 적그리스도로서 그리스도의 선교를 반대하는 진정한 적에 관해 묘사하는데 그는 은혜의 왕국 밖에 서서 일할 뿐만 아니라 실제로 그 안에서도 지배적이다(살후 2:4).[54] 그러므로 그리스도의 선교는 모든 신자를 더 악한 공격으로부터 보호한다. 그러나 이것이 지속적인 공격에 대한 면역성을 만들어 주지는 못한다.

사실 루터가 말한 것처럼 모든 신자는 매일 알지 못하는 사이에 그들을 몰래 움직이고 그들의 마음에 불신앙의 불을 붙이기 위해 밤낮으로 노력을 멈추지 않는 사탄의 지배 아래 놓여 있다.[55] 따라서 그리스도와 사탄 사이의 투쟁은 그리스도인의 삶을 사로잡으며 끊임없는 전투를 일으킨다. '의인이면서 동시에 죄인'(*Simul iustus et peccator*)이라는 말은 '그리스도인은 그리스도와 악마의 왕국에서 동시에 살고 있는 존재'임을 의미한다.[56]

---

52 LC II 28-31 (Kolb-Wengert, 434).
53 그리스도의 통치에 관한 논의는 다음을 참조할 것: Lochmann, "Lordship of Christ in a Secularized World," 71 n. 26. Trillhaas, "Regnum Christi," 42. Cullmann, *Salvation in History*, 25. Gensichen, *Living Mission*, 23.
54 루터의 진술은 슈말칼드 신앙고백서 IIIV 10 (Kolb-Wengert, 307-10)를 참조. 적그리스도에 대한 루터의 설명은 Hendrix, *Luther and the Papacy*, 그리고 Bizer, *Luther und der Papst*를 참조.
55 LC I 100 (Kolb-Wengert, 400); LC III 104-5 (Kolb-Wengert, 454).
56 LC III 106 (Kolb-Wengert, 454). 그리스도인은 하나님이 주신 힘과 능력을 통해 자신

루터가 이 투쟁을 표현하기 위해 사용한 이미지와 단어는 고전적인 '승리자 그리스도'(Christus Victor)의 종말론과 유사하다. 그리스도는 주님으로서 승리를 거두시며 그 승리는 마귀와의 권력 투쟁보다 우선한다. 이 주제에 그리스도의 십자가 죽음으로 인한 만족 또는 용서를 포함하기 위해서는 전통적인 안셀무스(Anselmian)의 '속죄 교리'로 보완되어야 한다는 것은 옳은 주장이다.[57]

그러나 학자들은 비록 루터가 속죄라는 고전적이고 영웅적인 생각의 이미지를 사용했지만 그는 '예수 그리스도 자신이 어떻게 율법의 저주와 모든 인류에 대한 하나님의 진노를 견디셨는지'에 대해 라틴 전통을 사용함으로써 이것을 심화시켰다는 사실을 증명했다.[58] 따라서 호르스트 조지 푈만(Horst Georg Pöhlmann)은 "희생을 통하여 승리한 자"(Victor quia victima)라는 문구를 만들었는데 이는 승리하기 위해서는 그리스도가 희생자가 되어야 한다는 것을 암시한다.[59]

그러나 우리는 이 투쟁이 완료되지 않았다고 말할 필요가 있다. "마귀와 그의 모든 권세가 그리스도에게 복종하고 그분의 발 아래에 있게 되는" 마지막 날까지 그리스도의 구원하는 선교는 사탄에 대한 지속적인 투쟁으로 남아 있게 된다.[60]

이것은 모든 그리스도인의 믿음이 슬픔과 고통과의 투쟁에 사로잡혀 있지만 이 최종 완성에서는 희망으로 채워질 것을 의미한다. 이것이 바로 '십자가의 신학'(Theologia Crucis)이 '영광의 신학'(Theologia gloriae)과 대조적으로 암시해 주는 것이다. '십자가의 신학'은 기독교인이 최후의 승리를 참을성 있게 기다리도록 해 주는 그들의 실존에 대한 현실적 이해를 제공해 준다.

과 하나님의 왕국에 대한 공격에 저항하는 데 기여할 것이다. Peters, *Kommentar zu Luthers Katechismen*, 2:138.
57　Aulen, *Christus Victor*, 101-22. 참조.
58　Peters, *Kommentar zu Luthers Katechismen*, 2:138.
59　Pöhlmann, *Abriß der Dogmatik*, 224-25.
60　LC II 31 (Kolb-Wengert, 434).

제9장
하나님 선교의 동력

1. 성령의 인격과 사역 확인

주류 개신교회는 종종 성령의 인격과 사역에 대해 눈에 띄게 침묵을 보이는 결점을 갖고 있다. 그러나 사람들은 루터교의 성령신학을 면밀하게 살펴봄으로써 이런 (오순절과 은사주의 계열에서 비롯된) 비판을 재고해 봐야 한다. 덴마크의 신학자 레긴 프렌터(Regin Prenter)는 마틴 루터의 신학에서 성령은 칭의, 성경, 성례, 교회 및 윤리와 같은 교리에서도 중심 위치를 차지하고 있다고 지적한다.[1]

루터와 '루터교 신앙고백서'에서 성령을 항상 명시적으로 언급하지 않더라도 그들은 성령의 인격과 사역을 언제나 암시하고 있다. 교회는 성령을 하나님으로 온전히 인정한다. 그분의 인격은 다른 종교의 가르침에서 주장하는 것과 같이 단순히 하나님으로부터 발산한 에너지가 아니다. 루터는 다음과 말했다.

> 성경에는 사람의 영, 하늘의 영들, 악의 영과 같은 여러 종류의 영이 언급되어 있다. 그러나 하나님의 영만이 오직 거룩한 영(성령)이라 불린다.[2]

---

1 Prenter, *Spiritus Creator*. 루터의 신학에서 구원론적 차원은 특히 강력하게 나타난다. Mostert, "Hinweise zu Luthers Lehre vom Heiligen Geist," 26쪽 참조. 동일한 것이 루터교 신앙고백에서도 적용된다. Kvist, "Der Heilige Geist," 206, 209쪽 참조.
2 LC II 36 (Kolb-Wengert, 435). AC XVIII 1-3 (Kolb-Wengert, 39) 참조.

이 영은 삼위일체의 셋째 인격이며 아버지와 아들과 동일한 본질과 힘을 가지고 있다. 한 분이신 참 하나님의 제 삼 인격으로서 성령은 아버지와 아들처럼 '측정할 수 없는 능력', '지혜', '선'이시며 '보이는 것과 보이지 않는 모든 것의 창조자이자 보존자'이시다.³ '니케아 신경'은 그가 '주님'이시자 '생명을 주시는 분'이시며 아버지와 아들과 함께 경배받고 영화롭게 된다고 덧붙였다.⁴

그분의 인격 외에도 교회는 성령의 선교(또는 우리가 일반적으로 부르는 그분의 섭리)의 중추적 역할에 대해 지적한다. 성령은 거룩한 구원 계획을 지속적으로 이루어 가시는데 이런 방식으로 그분의 사역은 그리스도의 인격 및 사역과 불가분의 관계를 유지한다. 성령은 스스로가 돋보이기 위한 목적으로 세상에 오시지 않았다. 오히려 성령은 예수 그리스도를 영화롭게 하고 그가 우리의 구원을 위해 행하신 일을 위해 오셨다(요 16:14).

이처럼 그것은 이미 '성부와 성자로부터 성령이 발생했다'(필리오케, *Filióque*)라는 사실에 기초하고 있으므로, 삼위일체의 제3 위격과 제2 위격 사이에는 불가분의 친교 관계가 존재(요 14:26; 15:26)한다. 따라서 '상담자' 또는 '위안자'이신 성령은 그리스도나 하나님이 부재한 상태를 나타내는 것이 아닌 두 위격의 임재를 전달하는 역할을 한다.⁵

성령이 없으면 그리스도의 고난과 죽음과 부활로 인한 구원의 유익이나 또는 루터가 말한 '구원의 보물'이 인간에게 도달하지 못할 것이다.⁶ 성령을 통해 단지 이천 년의 역사적 거리뿐만 아니라 거룩한 하나님과 죄 많은 사람 사이의 간격이 극복되었다.

그러므로 성령이 없으면 하나님과 교회의 선교는 계속되지 못할 것이다. 안데르센(Andersen)이 주장한 것처럼 성령을 보내심으로써 "하나님은 선교 사업을 자신의 손에 유지하시고 그것을 어떤 인간의 권위에도 넘겨주

---

3 AC Ⅰ 2 (Kolb-Wengert, 37); Ap Ⅰ 1 (Tappert, 100); LC Ⅱ 36 (Kolb-Wengert, 435).
4 Nicene Creed 7 (Kolb-Wengert, 23).
5 Joest, *Dogmatik*, 1:310; LC Ⅱ 39 (Kolb-Wengert, 439); Prenter, *Spirilus Creator*, 27.
6 LC Ⅱ 38 (Kolb-Wengerl, 415): Peters, *Kommentar zu Luthers Katechismen*, 2:196-97.

지 않으실 것을 분명히 하셨다."[7] 하나님이 교회의 역사 전체를 통해 보이신 것처럼 성령을 통해 자신의 선교 사업을 수행하신다는 사실은 우리로 하여금 우리 이전 세대에 활동했던 모든 선교 기관에 대한 비판을 자제하도록 요청한다.[8] 회심, 교회 개척, 교회 성장, 선교 동기 부여와 같은 교회의 선교에 대한 모든 논의는 엄밀히 말하면 성령의 권능과 활동에 기인하는 것이다.

2. 교회와 신자의 삶에서의 성령

성령의 사역은 교회의 생활과 매일의 존재 양식 그리고 구원론에 영향을 끼친다. 성령은 창조와 역사 안에서 하나님이 사람을 위해 계획하신 생명과 축복을 전달하는 특별한 임무를 수행하신다. 신약에서 성령은 그리스도가 십자가와 부활을 통해 가져오신 '새 생명'을 그리스도인에게 부어주심으로써 전체 구원의 순서(*ordo salutis*)에 대한 책임을 지신다(고후 3:6).

성령은 복음을 통해 우리를 부르시고 죄와 은혜에 대한 지식으로 우리를 깨우치시며(시 51:12; 요 16:8; 행 2:37; 고전 2:12) 우리가 예수 그리스도를 통해 의롭게 되도록 우리 안에 회개와 믿음을 주시고 우리를 하나님의 자녀로 만들어 주시며 우리가 아버지 하나님께 기도할 수 있도록 도우신다(롬 8:14-17, 26-27).

성령은 우리의 삶을 거룩하고 새롭게 하시며(롬 8:13; 고전 6:11) 우리에게 선한 영적 열매를 맺게 하신다(갈 5:22). 또한, 성령은 그리스도의 재림 때에 우리와 그리스도의 영원한 재회를 희망하며 우리를 강하게 만들고 지켜 주신다(롬 8:23-25; 고후 1:22; 엡 1:13-14; 4:30).[9]

---

7   Andersen, *Towards a Theology of Mission*, 46.
8   Andersen, *Towards a Theology of Mission*, 48. LWF, *Together in God's Mission*, 9; SD II 55 (Kolb-Wengert, 554). 참고.
9   신앙고백서에서 구원의 순서(ordo salutis)에 대한 언급으로는 SD II 54, 71 (Kolb-Wen-

이 긴 목록은 성령의 역사 외에는 아무도 자기 자신의 구원을 위한 어떤 것도 성취하거나 보존할 수 없다는 성경적 진리를 확립한다. 성령 없이는 누구도 하나님을 주님이라고 부를 수 없다(고전 12:3; 행 5:32). 루터는 이런 내용을 그의 유명한 말로 확인한다.

> 나는 나 자신의 이해나 힘으로 그리스도를 나의 주님으로 믿거나 그분에게 갈 수 없음을 믿는다. 대신 성령은 복음을 통해 나를 부르셨고 그분의 선물로 나를 깨우치셨음을 믿는다. 나는 또한 그가 지상에 있는 교회 전체를 부르시고 모으시고 깨닫게 하시고 거룩하게 하셨으며 그 교회를 하나의 공통된 참된 믿음 안에서 예수 그리스도와 함께 지키셨던 것처럼 진실한 믿음 안에서 나를 거룩하게 하시고 지키셨음을 믿는다.
>
> 매일 이런 교회에서 성령은 모든 죄, 즉 나와 모든 믿는 자의 죄를 깨끗하게 용서해 주신다. 성령은 마지막 날에 나와 모든 죽은 자를 일으키실 것이며 나와 그리스도를 믿는 모든 신자에게 영원한 생명을 주실 것이다.[10]

루터는 때때로 성령을 "성결하게 하시는 분"이라고 부르거나 또는 우리에 대한 그분의 사역을 "성화"로 정의했다. 즉, 그분은 우리를 성결하게 만드셨으며 여전히 그렇게 하고 계신다.[11] 이런 방식으로 성화에 대해 말하는 것은 때때로 좁은 의미가 아니라 광범위하게 사용되기 때문에 혼란을 초래할 수도 있다.

---

gert, 554, 557); SD III 40-41 (Kolb-Wengert, 569); SD IV 17 (Kolb-Wengert, 590)를 참조할 것. 신앙고백서는 또한 신자가 새로운 영적 움직임에 의해 감화되어 믿음을 갖게 되는 인류학적, 심리학적 차원을 추가한다. Ap IV 64-65, 125, 136, 351 (Tappert, 116, 124-25, 161). 참조. 구원의 순서에 관한 사건은 다양한 각도에서 속죄를 적용하는 것을 나타내는 것이지, 도미노 현상의 관점 즉, 하나가 시작되면 다른 하나가 자동적으로 따라가는 관점에서 생각해서는 안 된다. (McGowan, "Justification and the ordo salutis," 147). Kvist, "Der Heilige Geist," 210, and Peters, *Kommentar zu Luthers Katechismen*, 2:209. 참조.

10 SC II 2 (Kolb-Wengert, 355-56).
11 LC II 36 (Kolb-Wengert, 435). Peters, *Kommentar zu Luthers Katechismen*, 2:209. 참조.

넓은 의미에서 성화라는 용어는 성령이 누군가를 성화시키거나 거룩하게 만드는 데 사용하는 모든 수단, 즉 교회, 죄의 용서, 육체의 부활과 영원한 생명, 의로운 믿음의 역사 등을 포함한다. 그러므로 넓은 의미의 성화는 믿음, 즉 우리의 칭의를 불러오는 성령의 맨 처음 행동도 포함된다.[12]

다른 경우에 사랑과 선행을 의미하는 성화는 칭의와 구별 짓는 데 사용하는데 이것은 일반적인 규칙이 되었다.[13] 여기서 성화라는 용어는 성령을 소유한 신자가 하나님을 두려워하고 사랑하며 그분의 도움을 요청하고 이웃을 사랑한다는 의미에서 행하는 모든 것을 가리킨다. 이런 의미에서 '성화'는 의로운 신자의 믿음에서 나온 선한 일과 관련된 모든 것과 연관되어 있다.

성령의 선교에 대한 중요성은 그분은 사람을 믿음으로 인도할 뿐만 아니라 그렇게 함으로써 기독교 공동체로 신자들을 모으시고 그 공동체 안에서 매일 그들의 죄를 용서해 주시고 모든 그리스도인을 영생에 대한 진정한 믿음으로 지켜 주신다. 어떤 사람에게는 이 모임이 신자가 되기 위한 두 번째 단계를 나타내 준다.

그러나 둘 다 동등한 행위로 간주되어야 한다. 누군가가 믿음을 갖게 되면 그는 그리스도의 몸 안에 거하게 된다(고전 12:14, 27; 행 2:41-42). 성령의 사역은 개인적으로 나에게만 해당하거나 한정되기 때문에 자기중심적 용어로 인식되는 경향이 있다. 그러나 나에게 일어나는 이런 일이 기독교에 속한 모든 그리스도인에게도 매일 동일하게 일어난다. 믿음을 갖고 그것을 보존하여 영생으로 인도되는 것은 공동의 문제다. 신자들이 모여 하나님의 말씀을 찬양하는 곳에서는 성령의 임재가 보장된다.[14]

앞서 언급한 것처럼 성령의 역사는 자신이 아니라 예수 그리스도에 대

---

12 예를 들어, SC II 6 (Kolb-Wengert, 356); LC II 38 (Kolb-Wengert, 436).
13 예를 들어, SD III 40-41 (Kolb-Wengert, 569). Kvist, "Der Heilige Geist," 209-10.
14 교회를 모이게 하시는 성령의 사역을 아름답게 다룬 것을 확인하기 위해서는 마틴 루터의 대교리 문답 두 번째 파트 52 (Kolb-Wengert, 438). 그리고 엘러트의 *Structure of Lutheranism*, 1:86쪽을 참조할 것.

한 증거를 나타낸다. 신자들의 공동체는 그리스도에 대한 성령의 증거로 충만해 있다. 그는 물과 성령으로 태어난 자들을(요 3:5; 딛 3:5) 그리스도의 몸과 하나님 성전의 회원이 되게 하셨으며(고전 12:13; 엡 2:21-22) 사도와 목사를 임명하시고 승인하셨고(고전 12:28; 엡 4:11-12; 딤전 4:14) 모든 신자를 각자의 믿음의 척도(롬 12:3)에 따라 왕 같은 제사장으로 봉사하도록(롬 12 : 4-31; 벧전 2 : 5-9) 그분의 은사를 부여하셨다.

그분은 부활하신 그리스도의 대리인으로서 믿음을 가진 사람들을 위로하시는 보혜사이시다. 그는 모든 신자가 세상에 대해 변증하는 일과(눅 12:11-12; 벧전 3:15) 선교적 증거(행 1:8)를 하는 일을 도우신다. 그는 그리스도인들을 그들의 죄악으로부터 오직 그리스도 안에서만 발견되는 의로움으로 인도하시는데 그분은 이런 일을 마귀와 세상의 모든 권력에 대한 최종 심판(계시록 20:10)이 일어나기 전에 행하실 것이다(요 16:7-11).

3. 은총의 수단(means of grace)과 성령

성경의 증언에 따르면 하나님은 오순절 사건 이후 그리스도께서 제정하신 성례전을 통해서(마 28:19; 요 6:53; 고전 10:3-4)는 물론 선포되고 기록된 말씀을 통해서도 성령을 주신다(살전 1:5; 갈 3:2). 하나님은 이런 수단(means) 이외의 방식으로는 일하지 않기로 선택하셨기 때문에 앞서 언급한 바와 같이 교회는 이런 수단을 적절히 제공할 수 있는 구조를 갖도록 책임져야 한다.

모든 경우에 교회는 하나님이 이런 '수단'을 통해 그분의 선물을 주신다는 것을 인정해야 한다. 그런 선물은 인간의 행동을 통하여 강요하거나 강제될 수 없고 특정한 날짜에 요청할 수도 없다(행 8:18-24 참조).[15] 성령의 이런 '수단'은 어린아이와 같은 믿음으로 기도할 때에만 요청될 수 있다

---

15 Maurer, *Historical Commentary on the Augsburg Confession*, 365.

(눅 11:13). 성령은 언제 어디서나 하나님을 기쁘시게 하는 외적 말씀을 통해 자유롭게 믿음을 전달해 주신다는 점에서 하나님의 주권을 드러내신다.¹⁶

그렇다고 해서 하나님이 다른 길을 통해 믿음을 전달하는, 즉 다른 수단을 포기하신 것은 아니다. 그것은 믿음을 주실 것인지 아닌지의 결정이 하나님께 달려 있음을 의미한다. 이것은 교회가 성례전을 마법의 수단으로 사용하는 것, 즉 믿음 공동체의 상황을 고려하지 않거나 믿음 없이도 은혜의 수단을 받게 하는 것을 어디든 적용하지 못하도록 하기 위함이다. 예를 들어, 이런 그릇된 일은 기독교 신앙에 대한 사전 교육 없이 성례전을 받은 수많은 인도인이 정복자들에 의한 집중 세례를 받았을 때 발생했다.

성령의 수단을 보장하기 위해 하나님은 또한 '교회를 통해' 사역을 제정하셨다. 이것은 교회가 '말씀 선포와 성례전'의 활동을 통해 자신의 사명을 수행하도록 보장해 준다. 따라서 만약 교회가 선포된 말씀과 성례적 말씀을 전하는 일을 포기하게 된다면 그것은 하나님이 제정하신 것과 상반된 것이다.¹⁷

---

16 AC V 3 (Kolb-Wengert, 41). "예정론자적"(predestinarian) 이해에 관한 인용은 Schlink, *Theology of the Lutheran Confessions*, 289; Maurer, *Historical Commentary on the Augsburg Confession*, 363; Kvist, "Der Heilige Geist," 208쪽을 참조할 것. '루터교 신앙고백서'에서 은혜의 수단에 대한 강조는, 그것을 거부하거나 성령이 은혜의 수단과는 별개로 마음에서 직접 작용한다고 가르치는 사람들 그리고 재세례파(Anabaptists)나 슈벵크펠트(Schwenkfelder)와 같이 성령의 존재는 영적 경험에 기초하여 입증할 수 있다고 가르치는 사람들에게 명백하고 암시적으로 주장한다.
AC V 2-3 (Kolb-Wengert, 41); Ap IV 67 (Tappert, 116); Ap X XIV 70 (Tappert, 262); SA III/VIII 6, 10 (Kolb-Wengert, 322-23); LC V 31 (Kolb-Wengert, 469); SD II 48-52, 80 (Kolb-Wengert, 553, 559); SD XII 30 (Kolb-Wengert, 659) 참조. 이 모든 것이 그 내용적으로 칭의의 사건을 가지고 있기 때문에, 세례와 성찬식 옆에, '성례'라는 용어의 하위 개념으로 사죄와 말씀의 사역이 포함된다.
Martens, *Die Rechtfertigung des Sunders*, 23-24, and Maurer, *Historical Commentary on the Augsburg Confession*, 366. 참조. 또한, 거부해야 할 것은 성례에 대한 로마 교회의 입장(ex opere operato)으로, 그것은 구원의 선물을 충당하게 하는 수단으로써 믿음을 포함시키지 않는다. Grane, *Augsburg Confession*, 76. 참조.

17 AC V 1-2 (Kolb-Wengert, 40-41). 또한, Nagel, "Office of the Holy Ministry," 289. Maurer, *Historical Commentary on the Augsburg Confession*, 360; Gensichen, *Glaube fur die Welt*, 125쪽을 참조할 것.

성령이 사람 안에서 믿음을 행하신다는 것은 사실이다. 그러나 그는 외부 수단을 통해 그렇게 하신다. 이를 위한 '말씀과 성례전'의 수단은 성령이 칭의의 믿음을 부여해 주시고 수행하시는 데 절대적으로 필요하다.

마우러(Maurer)는 다음과 같이 말했다.

> '외적인 구두로 전하는 말씀과 물질적 표적(sign)'을 '성령의 내재적 활동과 믿음'으로부터 분리하는 것은 불가능하다.[18]

그렇게 되면 구원의 확실성이 위태로워진다. 성령이 사용하는 물질적 또는 외적 수단은 신자가 자기 스스로 구원을 가져오거나 이룰 수 있다는 자기기만을 방지해 준다.[19]

신자는 자신에게 믿음을 가져다줄 수 있는 요인은 두 가지, 즉 말씀과 성령뿐임을 인정해야 한다. 사람은 '수단'을 통해 이런 요인의 작용을 수동적으로 받게 된다.[20] 종종 성령의 책이라고 불리는 사도행전에는 말씀의 작용을 통해 죄인이 믿음을 갖게 되는 여러 구절이 등장한다.

이 짧은 이야기를 통해 우리는 하나님께 다가가기 위해 주도권을 행사하는 것은 사람이 아니라 하나님 스스로가 성령의 증거와 세례 그리고 말씀을 통해 주도적으로 행동하심을 보게 된다. 예를 들어, 예루살렘에 처음으로 모인 사람들(행 2:41-42), 베드로와 요한(행 4:4)과 빌립(행 8:12)의 설교를 들은 사람들, 에티오피아 내시(행 8:38), 바울(행 9:18), 고넬료(행 10:44, 48) 그리고 리디아(행 16:14-15)를 생각해 보라.

이 모든 사람은 성령과 세례를 통해 하나님께 도달했다. 성령께서 말씀과 세례라는 외적 수단을 통해 그들에게 오심으로, 그들의 삶에 중요한 변

18　Maurer, *Historical Commentary on the Augsburg Confession*, 361; Kvist, "Der Heilige Geist," 207.

19　Elert, *Lords Supper Today*, 11: "선포된 말씀과 성례적(성찬) 행동은, 이것이 믿음과 관련하여 '외적' 활동이라는 공통점을 가지고 있다. … 그들은 마치 스스로가 생산자인 것처럼 의심으로부터 믿음을 보호한다."

20　FC Ep II 18 (Kolb-Wengert, 494); FC SD II 22, 89 (Kolb-Wengert, 548, 561).

화가 일어났다. 때로는 구원받은 사람들의 수가 언급되어 있지만(행 2:41, 47; 6:7; 9:31; 11:21; 12:24; 14:1; 16:5; 19:20) 이것이 단지 그 숫자를 강조한 것은 아니다. 이런 장면은 말씀을 통해 하나님과 개인이 만나는 개별적 경험과 그 만남의 결과가 무엇인지를 엿보게 해 준다.

그러나 때때로 하나님 말씀을 전하는 자가 박해를 받았고 그 메시지가 거절되거나(행 8:1; 13:50) 이해되지 않을 때가 있었다(행 8:31). 이런 부정적인 예들은 자연인(육에 속한 사람)은 하나님 말씀에 귀가 열리거나 이를 인식할 수 없다는 것을 나타낸다.

> 육에 속한 사람은 하나님의 성령의 일을 받지 아니하나니 이는 그것이 그에게는 어리석게 보임이요 또 그는 그것을 알 수도 없나니 그런 일은 영적으로 분별되기 때문이라 (고전 2:14).[21]

4. 인간의 경험과 능력 대결

위의 논의는 또한 사람의 영적이고 종교적인 경험의 문제를 제기한다. 회심의 과정에서 성령의 구원 사역은 사람의 전체 존재, 즉 그의 생각, 감정 및 욕구를 붙잡는다는 것이 사실이다. 하나님께서 우리에게 아들의 영을 보내실 때 성령은 또한 인간 영혼의 가장 내면에 있는 마음을 사로잡으시고(롬 8:16; 갈 4:6), 기쁨과 평강과 같은 매우 명백한 감정을 심어 주신다(롬 15:13). 하나님께 사로잡히는 경험은 방언을 말하거나 (고전 14) 환상을 보는 것과 같은 성령의 구원 사역(롬 14:17)을 동반한다.

그러나 환상 체험은 하나님 말씀을 통해 검증되고 해석되어야 한다. 비록 믿음이 선교지의 회심 과정에서 관찰되거나 은사주의나 신오순절운동에 의해 주장되는 그런 경험을 하는 것이라고 가정하더라도 그리스도인은

---

[21] LC II 67–69 (Kolb-Wengert, 440) 참조.

여전히 구원이나 믿음의 보존을 위해 그것에 의존하지는 말아야 한다. 믿음은 그 신뢰를 그리스도의 대속 사역과 하나님의 말씀을 통한 약속 등의 외적인 것에 두어야 한다.

믿음은 '보이는' 경험을 넘어서서 세상의 것에 대한 기대로부터 '보이지 않는' 영역으로 이동해야 한다(고후 4:18; 롬 4:11-25; 히 11:17-19). 신실한 그리스도인이 고난을 인내하거나 하나님에 의해 버림받았다고 느끼거나 이 생에서 다른 형태의 고통을 겪을 때(롬 5:3-5) 믿음은 성경 안에 있는 외적인 말씀으로 옮겨지고 말씀이 육신이 되심을 고수하게 된다.

'오순절운동'과 '은사주의운동'이 치유 사역에 초점을 맞추면서 그런 치유의 맥락에서 믿음은 치유에 대한 자신감과 신뢰를 주는 뭔가로 제시된다. 그러나 이는 잘못된 확신(securitas)을 심어준다.

치유 또는 방언의 현상이 나타나지 않는다면 어떻게 될까?

그런 것의 부재는 절망과 죄책감으로 이어질 수 있다. 루터교회는 '자신감'이나 '확실성'(certitudo)을 '믿음 자체에 두지 말라'고 말하며 대신에 확실성을 '말씀을 통한 하나님의 외적 약속'에 두라고 호소한다.[22] 성령의 선교에 대한 한가지 중요한 측면은 그분은 하나님을 대적하는 통치와 권력(요 8:44; 계 12:9; 엡 2:1-3; 6:11-12) 또는 개인이 이기적인 이유로 '우주적 힘'을 사용하려는 일(행 8:18-19)을 저지하신다는 것이다.

성경과 종교개혁의 전통에 따르면 '마귀의 계획'(엡 6:11)은 자신이 말씀과 별도의 '다른 영'을 가지고 있다고 주장하는 악마적으로 영감을 받은 열광주의자들(Schwärmer) 또는 쾌락주의자들을 붙잡는(고후 11:4) 것이다. 루터의 이런 말은 사실이다.

---

[22] 예를 들어, LC IV 29, 30, 32 (Kolb-Wengert, 460). Lindberg, *Third Reformation*; Commission on Theology and Church Relations, *Charismatic Movement and Lutheran Theology*. 참조.

말씀과 성례전을 제외한 채 영으로부터 오는 그런 것을 자랑하는 것은 모두 악마의 것이다.[23]

그러므로 그리스도인은 그런 대적의 영들을 견뎌내고(벧전 5:9) 하나님의 전신갑주를 입고(엡 6:11) 영을 분별할 수 있는 능력을 갖추도록 훈련을 받으라고(고전 12:10; 요일 4:1) 권고 받는다.

선교적 환경에서 선교사는 마술과 주술을 하나님과 성령의 능력이라며 기만적이고 설득력 있게 사용하는 사람을 만나게 될 것이다. 선교사는 그런 능력이 하나님의 이름으로 사용되는 것이 아니라 복음에 의해 전복되어야 하는 마술적이고 사탄적인 기원이라는 것을 신속하게 지적해야 한다.

이와 관련하여 인류학자와 선교사들이 논의한 일반적 현상은 샤머니즘이다. 샤머니즘의 예는 남아프리카의 츠와나족(Tswana)과 줄루족(Zulu) 문화에서 찾을 수 있는데 줄루족 사이에서 점술가(*isangoma*)로 알려진 전통적인 부족 의사는 신비로운 효력을 발휘한다.

이 점술가는 그 문화에서 조상과 살아 있는 사람들 사이의 의사 소통자이며 진정한 연결자로 간주된다. 그는 또한 사회의 보호자이기도 하므로 질병이나 소를 잃었을 때 또는 설명할 수 없는 재난이 발생할 때 자주 조언자 역할을 한다. 점술가는 재난의 원인을 발견한 후 모든 것을 바로잡는 데 필요한 단계적 처방을 내린다.

이때 그는 때때로 영적 존재에게 지배되고 있는 사람을 지목하고 그 영을 '내쫓기' 위한 조처를 취한다. 점술가의 자격은 세습되지 않고 일반적으로 자신이 영을 소유했다는 스스로의 주장에 의해 확립되며 그런 다음 다른 점술가의 안내에 따라 확인의 절차를 거친다.[24]

복음이 현지인들 사이에 뿌리를 내리려 할 때는 점술가의 강력한 반대에

---

23 SA IIIMVIII 10, 4-6 (Kolb-Wengert, 323, 322). LC I 18-21, 100-101 (Kolb-Wengert, 388, 400). 참조.
24 줄루족(Zulu)의 종교에 관한 자세한 내용은 Krige, *Social System of the Zulus*, 280-335쪽을 참조할 것.

부딪히게 될 것이다. 현대에는 그런 전통적 아프리카 관습이 사라졌을 것이라 여겨지지만 실질적으로 악령이나 그들보다 하위에 있는 난쟁이(Tokoloshe)들이 여전히 확인되고 있으며 실제로 남아프리카 문화에서는 재아프리카화(re-Africanization) 과정이 부활하는 것을 경험하고 있다. 남아프리카 공화국의 기독교인들 사이에는 끊임없는 혼합주의의 위험이 보이는데 그곳에선 기독교인조차 점쟁이와 상담하는 것이 여전히 만연해 있다.[25]

위의 샤머니즘의 예는 복음이 문화의 전통적 권력 구조와 만났을 때 '능력 대결'을 통해 선교를 진보시키는 것이 무엇인지를 보여 준다. 이것은 '능력 전도'의 일환으로써 능력 대결을 자랑하는 교회 성장 그룹과 은사주의인 오순절운동들 사이에서 대중화되어 있는 것인데 그것은 치유, 악의 세력에 대한 승리(축귀), 또는 '번영신학'(Prosperity theology)을 통한 빈곤 극복과 같은 다양한 수단을 사용하여 복음을 진보시키려는 것이다.

이런 운동의 주창자들에게 오늘날 이와 같은 형태의 '능력 전도'는 1세기에 했던 경험보다 훨씬 더 큰 성령의 부어주심과 대각성으로서 긍정적인 환호를 받는다.[26]

루터교회는 당연히 명백한 이유로 '능력 전도'를 반대한다. 그것은 바로 능력 전도가 하나님의 은혜의 수단의 중심 자리를 훼손하고 대신에 이 중간 시기에 다가오는 하나님의 나라를 개인의 성취와 만족에 대한 거짓 희망과 약속으로 점유하려는 '영광의 신학'(*theologia gloriae*)으로 대체하려 하기 때문이다.

십자가에 근거하여 루터교는 기적을 구경거리식 이벤트로 보여 주려고

---

[25] 남아프리카 루터교회의 교무원장인 Isashar Dube의 개인적인 간증을 보려면 *Mit den bösen Geistern unter dem Himmel* (하늘에 있는 악의 영들, 엡 6:12)을 참조할 것.

[26] Wagner, *Spiritual Power and Church Growth*. 맥가브란의 *Understanding Church Growth* 세 번째 판에서, 편집자인 피터 와그너는 카리스마 그룹과의 빈번한 만남을 경험한 후에, 교회의 성장을 위해 병자를 고치는 것의 중요성을 다루는 추가 장을 삽입했다. 나중에 와그너는 이 개념을 '능력 대결'(power encounter)이라는 개념으로 발전시켰다. Wagner, *Church Growth*. 참조. 여기에는 한국의 샤머니즘과 관련된 배경을 가진 한국인 목사 조용기 박사도 포함된다. Cho, *Fourth Dimension*. 참조.

하는 개념을 거부한다. 성경에서 보여 주고 있는 '모든 기적'은 이것을 그리스도의 부활에 비추어 보아야 한다고 기록한다. 그리스도의 부활은 단순히 대중에게 보이기 위한 구경거리가 아니라 믿음의 기적이다. 사람이 요구하는 그런 표적이나 기사가 항상 하나님이 보여 주시기 원하는 종류의 것은 아니다(마 12:38-42).

루터교회는 하나님이 자연 질서를 다스리시며 초자연적인 능력이 있으시다는 것을 부인하지는 않지만 그럼에도 우리는 성경의 분명한 증거에 따라 '기적'이 능력을 일으키시는 하나님을 가리키기보다는 오히려 하나님의 자비, 특히 그리스도, 십자가, 부활에 대한 것을 가리킨다고 지적한다(마 12:39; 요 2:19-21; 고전 1:18-25). 그리스도의 부활은 견고하고 흔들리지 않는 실질적인 것으로 우리는 눈에 보이는 것을 통해서가 아니라 믿음을 통해 그것이 기적임을 파악해야 한다(고전 15 : 12-28).

마찬가지로 우리는 인간의 눈은 배신할 수 있다는 사실을 알고 있다. 마태복음 28장 11-15절에서 볼 수 있듯이 빈 무덤 사건은 마음이 완고한 바리새인들에게 그리스도의 기적적인 부활을 입증하지 못했다. 그들은 단지 그분의 몸이 도난당했다고 믿었다. 그러므로 모든 기적은 눈으로 보는 것이 아니라 믿음을 통해 기적으로 인식된다. 믿음은 하나님의 말씀이 전파될 때 흘러나오는 것이지 기적에서 비롯되거나 기적에서 흘러나오지 않는다. 이것은 요한복음에 명확하게 제시되어 있다(요 4:48; 20:29).

기적의 지속과 관련하여 주님은 제자들에게 직접 기적을 행할 능력을 주셨음을 명백하게 인정해야 한다. 반대로 오늘날 그리스도인들은 병든 사람과 모든 의료 자원과 기술이 고갈된 사람들을 위해 기도를 통해 하나님의 치유 능력을 구해야 한다. 여기에서 하나님의 치유는 하나님이 적합하다고 보시거나 또는 전혀 그렇지 않을 때 한꺼번에 일어난다.

따라서 그리스도인은 자신의 필요에 따른 기적을 수행하기 위해 명성 있는 신적 능력을 사용할 수 없으며 이런 이유로 그들은 비그리스도인 구경꾼들을 설득하거나 믿음으로 인도하는 수단으로써 기적을 사용할 수 없다.²⁷ 그들은 예수의 십자가와 부활을 우리가 지상에서 부활을 미리 맛보는 것, 즉 우리가 지상의 모든 유익보다 더욱 소망하고 지상의 모든 고통을 치유해 주는(고전 15:29-58) 것으로 나타내야 한다. 사도 바울에 따르면 이 세상의 모든 피조물은 '썩어짐의 종노릇'하는 데서 신음하며 다가올 미래의 육체적 치유를 희망하여 살아간다(롬 8:21).

5. 선교를 위해 교회를 모아서 준비시키시는 성령님

우리는 성령이 교회의 교리와 연결되어야 한다는 사실을 강조한다. 성령은 교회를 존재하게 하시고 그 가운데서도 예수 그리스도를 믿는 신앙을 지속적으로 가져오시고 보존하신다. 이것은 비체돔이 말한 것처럼 교회와 하나님을 올바른 관계로 만든다.

> 교회 자체가 선교의 출발지, 목적, 주체가 될 위험이 있다. 그러나 항상 그리스도인을 그분의 나라의 일원으로 삼으시는 것은 삼위일체 하나님이시기 때문에 이것은 성경과 일치하지 않는다. 교회는 단지 하나님의 손에 있는 도구일 뿐이다. 교회 그 자체는 보내시고 구원하시는 하나님의 활동의 결과일 뿐이다.²⁸

그러므로 우리가 성령의 사역과 그분의 수단과 교회를 고려할 때 선교학적 관점에서 다음 순서를 제안할 수 있다. 하나님은 말씀이 전파되고 성례전이 집행되는 곳에서 성령을 통해 당신의 교회를 모으신다. 교회는 먼

---

27 17세기에 개신교 선교가 등장하게 되면서, 당시 신학자들에 의해 사도직과 사도들의 역할에 관한 활발한 논의가 진행되었다. 요한 게르하르트와 같은 루터교 신학자들은 사도들이 기적을 행할 수 있는 권세를 직접 소유하고 있는 것과 기도를 통해 주님의 사역에 의존해야 하는 오늘날 기독교회 사이의 차이점을 구별했다. Größel, *Die Mission und die evangelische Kirche*, 80-81. 참조.

28 Vicedom, *Mission of God*, 4-5.

저 회중이 모인 후에 다음으로 선포 행위가 뒤따르는 곳이 아닌 복음에 의해 함께 불러 모여진 말씀의 피조물(*creatura verbi*)이다. 따라서 교회의 존재는 성령의 오심과 그분의 말씀 선포 이후에 성립된다.[29]

교회는 자신의 생존과 세상을 위해 성령의 역사를 보장하기 원한다면 이런 활동을 금할 수 없다. 교회는 성령께서 당신의 교회를 세우고 증가시키도록 선택하신 수단 위에 나태하게 앉아 있을 수 없다. 교회는 부지런히 하나님의 말씀을 선포하고 연구하며, 기도와 교제에 참여하고, 세례를 신앙의 기초로 실천하며 성찬식의 강력한 효력을 신뢰해야 한다.

그런 활동으로부터 사랑의 은사(고전 12; 롬 12:3-8)와 같은 다양한 영적 은사, 성도 간의 상호 대화와 위로, 세상에로의 증거, 그리고 선한 행위로서의 섬김의 열매(마 5:16; 엡 5:9; 갈 5:22-23)가 나온다.[30] 그러나 교회 안에 존재하는 은사는 모든 것이 한 몸이 되고 한 성령을 가리키는 방식으로 배열되어야 한다(고전 12:12-30).[31]

---

29 '아우크스부르크 신앙고백서'는 AC 7조 앞에 AC 5조를 배치할 때, 이 순서를 분명히 제시한다. Kimme, "Die Kirche und ihre Sendung," 103쪽 참조. 이 순서는 SC II 6 (Kolb-Wengert, 355); LC II 44-45, 51 (Kolb-Wengert, 436-37)에서도 제안된다. 그것은 성경을 읽는 것도 수단이 된다는 사실을 배제하지 않는다. 예를 들어, SD II 50 (Kolb-Wengert, 553). 하지만 강조는 바로 '말씀을 듣는 것'에 두고 있다. 게오르그 비체돔은, "그러나 주님이 계신 곳에는, 가시적(visible)인 회중이 말씀의 선포뿐만 아니라, 무엇보다도 증거(witness)의 전제 조건인 들음을 통해 존재하고 살아가게 된다. 교회는 또한 말씀을 들음으로써 그리스도가 자신에게 효과를 발휘하게 되는 방식으로 사랑 안에 살고 있다."(*Mission of God*, 86). 신앙고백서 안에 있는 복음(viva vox evangelii)의 생생한 음성에 대한 간증을 보기 원한다면, Ap IV 257, 271 (Tappert, 144, 148); Ap VII 28 (Tappert, 173); Ap X 12 (Tappert, 180); Ap XII XIII 39 (Tappert, 187). Wiebe, "Missionsgedanken in den lutherischen Bekenntnisschriften," 25 n. 15, 53쪽을 참조할 것.

30 멜랑히톤이 "교황의 권력 및 수위권에 대한 논문" 8(Kolb-Wengert, 341)에서 언급한 것처럼, "상호적인 위로"(SA III IV, Kolb-Wengert, 319)로부터 "단지 특정 사람에게서가 아니라, 교회에 열쇠를 줬다"는 주장을 할 수 있으며, 여기서 그는 마태복음 18장 18절로부터 '만인 사제직'에 대한 증거를 제공한다. 멜랑히톤은 베드로전서 2장 9절 "왕 같은 제사장들이요."로 자신의 입장을 입증한다.

그러나 '상호적 위로'는 '공개적 사죄'와 같지 않다. 멜랑히톤은 긴급한 경우(casus necessitatis)에만 후자를 기독교인에게 기꺼이 허용한다. 따라서 정상적인 상황에서 '상호적 위로'는 그리스도인 각자가 이웃을 복음으로 용서하고 위로하는 활동이다.

31 은사적 선물에 관련해서는 Commission on Theology and Church Relations, *Lutheran*

게오르그 비체돔은 성령께서 칭의와 용서를 통해 교회를 지속적으로 새롭게 하시고 능력을 주심으로 선교에 참여할 수 있도록 하신다고 강조했다.³² 이로 말미암아 성령의 내적(ad intra) 사역은 세상에서의 섬김을 위해 교회를 강화하고 준비시키시는 것이다.

> 교회는 외부적 사역(opera ad extra)을 수행하기 위해 먼저 내부적 사역(opera ad intra)을 수행한다. 그런 다음 경계를 확장할 수 있도록 자체적으로 강화된다. 내부적 사역은 외부적 사역을 목표로 하는 수단이다.³³

교회의 내부 활동은 항상 세상에 대한 선교에 초점을 두며 이를 통하여 새로운 회원들이 교제 공동체로 들어오게 된다. 우리 주님이 부활하시고 승천하신 때부터 재림하실 때까지의 기간 동안 교회는 하나님 선교의 도구로 사용된다. 성령은 마지막 날까지 교회와의 사역을 함께 계속하고 계신다.³⁴

그러나 이 시대의 교회는 그 자체가 성령 사역의 발생지가 될 수 없으며 또한 최종 목표가 될 수도 없다. 모든 신자를 그분의 영광스러운 왕국에 모으겠다는 성령의 보편적 관심에 비추어 교회에서의 그분의 사역은 마지막 날에 비로소 끝날 것이다.³⁵

그러나 그리스도께서 심판하러 오실 때까지 성령의 목표는 항상 교회의 경계를 넘어 땅끝까지 도달하는 것이다. 세상 사람들 중의 일부는 아직 주

---

*Church and the Charismatic Movement*를 참조할 것. '루터교 신앙고백서'는 믿음과 소망 다음으로, 사랑의 선물이 가장 중요하게 요구된다고 덧붙일 수 있다. Ap IV 226 (Tappert, 138) 참조.

32 Vicedom, *Die Rechtfertigung als gestaltende Kraft der Mission*.
33 Recker, "Concept of the Missio Dei," 194. Schulz, "Die Bedeutung des Bekenntnisses der lutherischen Kirche," 3쪽 참조.
34 LC II 45, 53 (Kolb-Wengert, 436, 438).
35 모든 개신교회는 이 점에 동의하는 것 같다. Berkhof, *Doctrine of the Holy Spirit*, 39. 참조. Andersen, *Towards a Theology of Mission*, 41. LC II 61-62 (Kolb-Wengert, 439); SD II 50 (Kolb-Wengert, 553); Brunstad, *Theologie der lutherischen Bekenntnisschriften*, 127; Bosch, *Transforming Mission*, 201. 참조.

님의 복음에 대한 소식을 듣지 못했다. 교회는 하나님 나라의 실현이며 동시에 그 나라의 도구이기도 하다. 이런 이유로 교회는 정적인 실체가 아니라 하나님 나라의 실현을 위한 종으로서 자신을 제공하는 도구다.

그러므로 선교는 교회의 실제적 표현 그 이상이다. 그것은 성령의 본질에서 찾을 수 있다. 선교는 교회의 자유재량에 있지 않다. 선교와 교회 모두 다 성령의 자유재량에 있다. 이런 식으로 세상과 교회 자체의 존속이 위기 가운데 처해 있기 때문에 교회와 선교는 동반자의 관계를 이룬다.

> 교회 소명의 본질은 선교적 교회로서 존재하는 것이며, 교회는 오직 선교 활동에 종사해야만 생존할 수 있다.[36]

이런 이해는 오늘날 학문에서 자주 논의되고 있으며 '선교적'(missionai)이라는 용어가 그 요점을 강조한다. 그분의 보편적인 선교를 위해 성령은 교회를 협력하거나 협력자(cooperatrix)로 섬기도록 부르셨다.[37] 이런 목적을 위해 교회는 하나님의 말씀을 선포하고 성례전을 거행하는 성령의 수단에 참여하는 사역에 사람들을 부름으로써 선교 사역에 충실히 임한다.

더 넓은 의미에서 각 그리스도인은 '왕 같은 제사장'의 일원으로서 자신의 능력에 따라 하나님의 선교에 특별한 선교적 책임을 져야 한다. 이런 식으로 교회는 그분이 말씀하시며 당신의 일을 행하시기 위한 성령의 지속적인 활동의 도구가 된다.

십자가로부터 시작되는 선교의 주체로서 성령을 인정하는 것은 '확장을 꾀하는 야심적 목표'로부터 루터교 선교를 자유롭게 해 준다. 오히려 교회는 하나의 주요 활동, 즉 복음 선포를 통해 공동체로서의 교회가 생겨나고 살아가게 되는 일에 중점을 둔다. 온전한 교회의 선교는 하나님 말씀을 올

---

36 Andersen, *Towards a Theology of Mission*, 48. Brunner, "Rechtfertigung heute," 128; Meyer-Roscher, "Die Bedeutung der lutherischen Bekenntnisschriften," 24; Vicedom, *Mission of God*, 130. 참조.

37 Peters, *Kommentar zu Luthers Katechismen*, 2:239.

바르게 선포하는 것이며 바로 이것만이 하나님의 선교를 구성한다.

교회의 성장과 확장을 포함한 우리의 복음 선포 활동 이외의 것은 모두 성령의 손에 달려 있다. 이런 이해는 루터교회의 선교적 기여를 잘 요약해 준다.[38] 교회는 성령의 선교에 참여하지만 엄격한 의미에서 교회는 '공동 구속자'(*co-redemptrix*)가 되지는 않는다.

간단히 말해서 교회의 말씀 선포는 사람들의 귀에만 닿는다. 비록 설교자가 자신이 목회하는 사람들의 언어와 문화에 정통하고 지식이 풍부할지라도 교회는 구원하는 믿음을 가져오기 위해 사람들의 마음을 관통할 수는 없다.

---

[38] 이 요점은 루터교의 선교학에 대한 공헌에 있어 반복적으로 나타난다. Kimme. "Die Kirche und ihre Sendung," 97. 참조. Gensichen, *Glaube für die Welt*, 75; *Toward a Theological Basis*, 14; Koester, *Law and Gospel*. 이것은 맥가브란의 *Understanding Church Growth*, 24, 93, 147, 159쪽에 나타난 교회 성장운동에 대한 루터교의 의구심을 설명한다.

제10장
하나님의 선교에 대한 전망: 보편적이고 구원적인 의지

1. 하나님의 참뜻 발견하기

16세기부터 18세기까지 개신교는 '예정의 교리' 또는 '복음에 대한 보편적 요청'을 선교를 위한 합의된 명령으로 지지할 수 있었다. 당시 해외 선교에 반대하는 것으로 제기되었던 많은 이유 중에 하나인 '예정의 교리' 역시 불신자에게 복음을 전하고자 하는 개신교의 소망을 감소시키는 거짓된 해석의 대상으로 여겨졌다.

초기 개신교회가 수년에 걸쳐 확장되면서 개인에 의해 스스로 세워진 선교회와 정치적으로 인가를 받은 지역 교회인 '국교회' 사이에 싸움이 일어났다. 예를 들어, 오스트리아 귀족 폰 벤츠(Justian von Welz, 1162-68)는 자신의 선교회인 '예수사랑선교회'(Jesus-Loving Society)를 통해 해외 선교를 추진했다.

레겐스부르크(Regensburg)의 루터교도인 하인리히 우르시누스(Heinrich Ursinu, 1608-67)는 "지금이 선교 사역을 위한 적절한 시기"라는 벤츠의 주장에 대해 그 진실성을 의심했다.[1] 확실하게 우르시누스와 정통주의 루터교회는 복음에 대한 보편적인 주장과 그것을 선포하는 데 있어서의 교회의 중심적 역할을 긍정했다.

그러나 문제는 하나님이 교회에 그 임무를 수행하도록 중요한 신호를

---

1 "개신교연맹(*Corpus Evangelicorum*)은 신성 로마 제국 내의 일부 39개 개신교 왕국과 영토의 이익을 대표하는 국가 고문들의 느슨한 모임이었다." (Scherer, *Justinian Welz*, 17).

주셨는지에 관한 여부였다. 그 신호를 받을 때까지 교회는 기다려야 했다.[2] 교회는 또한 중세 시대에 일반적이었던 일종의 '보편적 신관'을 접했다. 보편적 신관은 모든 민족이 계시를 통해 그들의 마음에 창조주 하나님에 대해 알게 되어야 한다고 주장했다. 하지만 그러기는커녕 그들은 하나님에게 대항하여 두 번씩이나 복음을 들을 기회를 놓쳤다.

벤츠의 노력이 우르시누스와 다른 사람들에게 해외 선교의 문을 열어야 한다는 하나님의 신호가 될 수 있다는 가능성을 고려할 때 그런 자기만족은 더욱 모순적인 것처럼 보였다.[3] 그러나 이 사건은 그것보다 더 큰 의미를 지니는 것 같다. 그것은 교회의 역사에서 여러 시대에 걸쳐 많은 분파의 교회가 다른 사람들에게 다가가 복음을 전하는 노력을 피했음을 보여 준다.

하나님은 이미 세상 가운데서 일하셨고 이를 통한 특정한 때나 사건들이 선교의 기회로 이용될 수 있었다는 것은 명백한 사실이다. 그때 교회는 그런 순간들을 하나님의 부르심에 적절하게 응답하는 데 사용할 수 있었다.

1990년대 라이베리아를 황폐하게 만든 내전을 예로 들어보자. 그 사건은 끔찍하기는 하지만 선교 사역에 유리하게 작용 되었으며 그런 관점에서 하나님이 기독교 선교를 위해 문을 열어 주신 것으로 해석할 수 있다. 난민들이 시에라리온, 아이보리코스트, 가나와 같은 인근 국가로 피신했을 때 많은 사람이 설교자로 훈련되었다. 그리고 평화가 차츰 회복되면서 새로운 설교자들은 선교 사역을 시작하기 위해 자국으로 돌아왔다.

성장의 또 다른 기회는 1950년대 일어난 한국 전쟁으로, 그 기간에 많은 기독교인 미군이 한국인들과 중요한 접촉을 했다. 그리고 전쟁이 끝났을 때, 선교사들은 한국으로 다시 초대되어 열매 맺는 사역을 시작했다. 세상의 많은 사건은 축복을 받는 뜻밖의 좋은 결과를 가져오게 했다. 그러

---

2 예를 들어, 멜랑히톤은 아담과 노아 시대 이후 이방인 국가들이 복음의 보편적 약속을 반복해서 받았다고 지적했다. Maurer, "Die Lutherische Kirche und ihre Mission," 197-98; Raupp, *Mission in Quellentexten*, 26-27쪽을 참조할 것.

3 Raupp, *Mission in Quellentexten*, 90; Größel, *Die Mission und die evangelische Kirche*, 89-91; Scherer, *Justinian Welz*, 20.

므로 세상에 존재하는 교회는 다른 사람들과 복음을 나누는 중요한 기회를 놓치지 않도록 주의를 기울이고 시대의 사건을 해석할 수 있는 법을 배워야 한다.[4]

이런 역경의 시기에도 하나님은 이 세상에서 자신의 백성들에게 등을 돌리지 않으신다. 하나님은 영원에서부터 그들을 선택하셨으며 복음의 확실성이 존재하는 그분의 은혜의 수단을 통해 그들을 일찍이 부르셨다.[5] 하나님은 자신을 거부한 사람들을 버리지 않으셨고 교회를 통해 가장 완고한 불신자들에게까지도 다가가도록 지시하신다.

2. '이중 예정론'의 문제점[6]

예정의 교리는 선교를 위한 명백한 문제점을 나타낸다. 하나님의 구원이 전 세계의 모든 사람에게 확대될 것임이 분명하지만 예정론에 대한 특별한 개념은 그리스도인이 선교 사역에 참여하는 것을 방해할 수 있다. 영국에서는 그런 일이 있었는데, 우리가 '하이퍼 칼빈주의'(Hyper-Calvinism, 또는 '초칼빈주의')라고 부르는 것에 의해 선교에 대한 큰 논쟁이 있었다.

1792년까지 윌리엄 캐리(William Carrey)는 '이중 예정론' 교리에 뿌리를 두고 있는 선교에 냉담한 기독교인과 마주쳐야만 했다. 그들은 하나님이 이미 그분의 구원 계획에 누구를 포함시키고 누구를 배제시킬지를 결정하고 계신다고 생각했다. 이런 식의 생각은 교회가 하나님의 주권적인 뜻을 거슬러 개종을 위한 노력을 무력하게 만들었다.

만약 하나님이 세상을 창조하시기 전에 사람의 운명에 대해 마음을 미

4　루터는 현실주의자로서 독일인들이 언젠가 다시 떠날 수 있는 복음을 들을 수 있게 해 준 것에 대해 하나님께 감사했다. Stolle, *Church Comes from All Nations*, 62.
5　FC Ep XI (Kolb-Wengert, 517-20).
6　이 장의 나머지 부분은 "Universalism: The Urgency of Christian Witness," *Missio Apostolica* 14.2 (November 2006): 86-96쪽을 편집한 것이다.

리 정하셨다면 교회는 복음을 전파함으로써 하나님이 하시는 선교를 방해할 이유가 없다. 윌리엄 캐리는 이런 태도에 직면하여서 이것을 자신의 책 『이방인의 회심을 위해 수단을 사용해야 할 그리스도인의 의무에 관한 연구』(*An Enquiry into the Obligations of Christians to Use Means for the Conversion of the Heathens*)에서 설명했다.

> 많은 사람은 하나님이 이방인의 구원을 원하신다면 어떤 방법으로든 그들에게 복음을 가져다 주거나 그들을 복음으로 올 수 있도록 인도하실 것으로 생각하는 것 같다. 따라서 많은 사람이 오늘날까지도 무지와 우상 숭배에서 길을 잃고 있는 수많은 동료 죄인을 보고도 걱정하지 않고 편히 쉬고 있다.[7]

캐리에 따르면 그리스도의 나라와 복음은 모든 사람을 위해 존재하기 때문에 교회는 세계에 대한 자신의 영역을 넓혀야 한다. 비록 주께서 자신의 목적을 성취하기 위해 특정한 시간을 정해 놓으셨더라도 그리스도인은 이 하나님의 나라를 세상에 선포하는 일을 하는 것에 관해 변명할 여지가 없다.[8]

감사하게도 모든 신학자가 선교에 대한 안일함과 이에 대한 결단력의 부족을 공유했던 것은 아니다. '이중 예정론'의 아버지인 칼빈조차도 이방인에 대한 선교의 필요성을 갖고 있었다.[9] 선교에 대한 칼빈의 정당성은 다음과 같이 요약될 수 있다.

> 그 누구도 누가 선택받은 사람의 수(*numerus praedestinatorum*)에 들어갈지 알지 못하기 때문에 교회는 모든 사람이 구원받기를 바라는 태도를 취해야 한

---

[7] Winter and Hawthorne, *Perspectives on the World Christian Movement*, 228.
[8] Neill, *History of Christian Missions*, 222.
[9] *Institutio Christianae Religiones*, vol. 2/111, 21; 5 (p. 133): "공평하지는 않지만, 그들은 모두 이렇게 창조되었다. 어떤 이들은 영생에 어떤 이들은 영원한 저주에 떨어질 것이 미리 결정되었다."

다. 그러므로 비록 선택되고 예정된 사람들 가운데 복음의 열매를 맺는 것은 최종적으로 하나님께 달려 있다 할지라도, 그리스도인은 유익한 복음을 나누는 일을 부지런히 행해야 한다.[10]

칼빈주의 입장에서 이중 예정론(Double Predestination)교리는 선교에 대한 실제적 문제를 제기한다. 사실 하나님이 이미 영원 전부터 결정 내리신 것을 인간이 바꾸는 것이 불가능하므로 그리스도인은 모든 것을 하나님께 완전히 맡길 수 있었다.[11] 엄격한 칼빈주의는 전도에 대한 확신이나 동기를 부여할 수 없다. 한 학자는 다음과 같이 말했다

> 만약에 칼빈주의자가 자신의 신학에 대한 일관성을 보인다면 그는 자신이 지금 말하는 사람이 하나님에게 선택된 사람이 아닐 수도 있으므로 만나는 모든 사람에게 '하나님은 당신을 사랑하십니다' 또는 '예수님은 당신을 위해 죽으셨습니다'라고 말할 수 없다.[12]

윌리엄 캐리는 선교를 마비시켰던 이런 종류의 사고방식에 대항했다. 특히, 그는 우리가 '하나님의 영원한 작정'이라고 부르는 것과 그런 '거룩한 계획에 신자들이 참여'하는 것 사이에 중요한 연관성이 있음을 깨달았다. 그래서 캐리는 다음과 같이 권고했다.

> 하나님으로부터 위대한 일을 기대하라!
> 하나님을 위하여 위대한 일을 시도하라!

그래서 누가 하나님께 선택받은 자이고 그 선택받은 자가 복음을 들을 수 있도록 하나님이 언제 개입하실지를 짐작하기보다는 교회는 하나님이

10　*Institutio Religionis*, 1559, Book III, 711.
11　Bosch, *Transforming Mission*, 258.
12　Boyd and Eddy, *Across the Spectrum*, 143.

선택하시고 자신은 선교의 도구로 사용될 수 있도록 내주어야 한다. 그리스도인은 모든 사람이 예수 그리스도의 진리에 대한 지식을 얻기를 진실로 바라며 하나님의 복음을 적극적으로 선포해야 한다.

한가지 질문은 여전히 신학적인 설명을 요구한다.

영원 전부터 주님은 이미 그분의 선택에 대해 작정을 하셨는데 왜 교회는 복음 선포의 사명을 수행해야 하는가?

비록 루터교회는 '이중 예정론'을 받아들이지 않지만 그들 중 누구도 하나님의 선택이 이미 이루어졌다는 것을 부인하는 사람은 없을 것이다. 그러나 우리는 하나님이 선택하신다는 실체를 확인하면서 두 가지 오류를 피해야 한다.

첫째, 우리는 모든 인간의 운명이 창조 이전에 이미 봉인되었다고 해서 복음 선포를 결코 선택(예정)과 관련이 없는 단순한 부수적인 행동으로 보아서는 안 된다. 그런 생각은 선교에 적대적인데 그것은 하나님 말씀을 하나님의 은혜의 수단으로 받아들이지 않기 때문이다.

둘째, 우리는 우리 자신의 능력에 모든 확신을 두어서는 안 되며 우리의 노력이 하나님의 뜻에 영향을 미친다고 생각해서도 안 된다. 그런 경우 우리는 하나님이 당신의 주권에 근거한 것이 아니라 우리가 성취하는 것에 기초하여 누구를 구원할지를 결정하신다고 믿게 된다.

'이중 예정론'은 긍정적인 것과 매우 부정적인 두 가지 기본 접근 방식을 생성할 수 있다. 이 두 가지 모두는 '일치신조'(Formula of Concord)의 제11조에서 강조하고 있는 성경의 증거에 대해 왜곡하고 있다.

하나는 구원을 받을 자와 유기될 자의 선택에 관한 엄정한 교리이고
다른 하나는 교회의 노력으로 선교가 완전히 효과적으로 달성될 수 있다는 신인 협력의 사고방식이다.

아래에서 살펴보겠지만 이 입장 중 어느 것도 교회 선교의 본질에 대한 완전한 정의를 제공하지 않는다. 정답은 두 극단 사이의 중간에 있다.

3. 그리스도를 구원의 평형 상태로 모셔오기

예수 그리스도는 예정론으로 제시된 질문에 대한 답이다. 하나님은 영원 전부터 사람을 택하시지만 이는 오직 그리스도의 인격과 사역을 통해서만 가능하다. 레슬리 뉴비긴은 다음과 같이 말했다.

> 우리가 하나님의 전능하심이라는 추상적 개념에 근거한 '하나님의 작정'의 교리에서 시작한다면 우리는 분명히 길을 잃게 될 것이다. 우리는 '하나님이 실질적으로 예수 그리스도 안에서 행하신 일이 무엇이었는지'에 관한 질문을 모든 신학적 주제에 대한 우리의 생각을 결정하는 실재로 그리고 우리의 출발점으로 삼아야 한다.[13]

확실히 하나님의 자녀들을 위한 구원은 세상의 기초가 세워지기 전에 그분의 영원한 작정에 의해 대부분이 결정되어 있다. 그러나 그리스도를 고려하여 하나님이 그 아들을 선택받는 자들의 통로가 되게 하신다면 선택하는 일을 하시는 하나님의 본질이 명확해질 것이다.

> 그 기쁘신 뜻대로 우리를 예정하사 예수 그리스도로 말미암아 자기의 아들들이 되게 하셨으니(엡 1:5).

성경은 하나님의 선택이 그리스도를 통하여 행하시는 모든 사람에 대

---

[13] Newbigin, *Gospel in a Pluralist Society*, 86. FC Ep XI 13 and SD XI 87 (Kolb-Wengert, 518, 654). 참조.

한 은혜이자 선의이지 소수의 사람에게만 혜택을 주는 신성한 비밀이자 예측할 수 없는 일이 아니라고 밝힌다. 따라서 이기적인 결론을 내리고 현재 불신 가운데 있는 사람들은 하나님께 선택되는 은혜를 벗어난 것으로 간주하는 것은 어리석은 일이다. 성경은 그 전체를 통하여 모든 사람이 그리스도께로 나와야 한다는 것과 그분은 결코 그들을 자신으로부터 스스로 멀리하지 않으신다는 것을 증거한다(요 6:37 참조).

그리스도로 말미암아 영원 전부터의 선택은 우리에게 하나님의 비밀과 영원한 계획(경륜)에 대해 추측하게 만드는 것이 아니라 가능한 한 많은 불신자에게 복음을 전하는 데 집중해야 할 더 많은 이유를 준다. 교회는 모든 사람에 대한 그리스도 안에서의 하나님의 사랑과 그들의 구원에 대한 하나님의 갈망을 강조하는 데 힘써야 한다.

예정의 교리에 있는 특수성을 고려하면 복잡성이 드러난다. 하나님의 뜻은 모든 사람을 구원하기 원하시는 순전한 은혜의 하나라는 것이 사실이지만 하나님은 선택된 사람을 그리스도 안에서 미리 선택하기로 결정하셨다는 것 또한 사실이다.

다시 말해서, 하나님은 일반적인 방법으로 단순히 그분의 구원 계획을 준비하신 것이 아니라 항상 그의 선택이 예수 그리스도를 통해 구원받을 수 있도록 고려했으며 구원받을 자들의 이름을 생명책에 기록해 놓으셨다(계 20:15). 따라서 예정의 교리에는 특수성에 대한 척도가 있다. 그리스도인은 다음 공식으로 축소된 질문에 대해 추측하지 말아야 한다.

> 왜 누구는 선택받았고 누구는 선택받지 못했는가?

이것은 라틴어에서 다음과 같이 나타난다.

> 왜 어떤 사람은 다른 사람보다 더 선호되는가? (*cur alii, non alii* 또는 *cur alii, prae aliis*).

그런 추측으로 그리스도인은 인간이 결코 알 수 없는 하나님의 알려지지 않거나 숨겨진 마음을 발견하려고 한다. 이런 추측은 실제로 기독교와 인류가 하나님에 대해 대답할 수 있는 한계를 넘어서려고 노력하면서 수많은 이론으로 이어졌다. 루터교의 신앙고백은 그런 추측들에 대해 필요한 수정을 제공한다.

> 그러므로 만약 사람이 구원받기를 원한다면, 그는 자신이 영원한 생명을 위해 선택되고 예정되었는지에 관한 하나님의 비밀스러운 계획(경륜)에 스스로가 신경 쓰지 말아야 한다. 오히려 그는 그리스도에게 귀 기울여야 한다. 그리스도께서는 '하나님은 짐을 지고 죄에 눌린 모든 사람이 자기에게 오기 원하신다'라는 사실을 모든 사람에게 구별 없이 증거 하심으로써 그들이 평안을 누리고 구원을 받기 원하신다(마 11:28).[14]

4. 복음을 통해 하나님의 부르심으로 돌아서기

'루터교 신앙고백서'는 우리에게 추상적 추론에 관여하지 말고 계시된 하나님의 말씀, 세례, 그리고 눈에 보이는 은혜의 수단으로 관심을 돌림으로써 구원에 대한 확신을 찾도록 권고한다. 이런 수단을 통해 죄인은 자신이 복음에 의해 부름을 받았으며 속죄의 희생을 통해 쟁취되고 승리하게 되었다는 확신을 얻는다. 참으로 하나님의 말씀은 우리에게 구원을 보장해 줄 뿐만 아니라 실제로 우리가 선택되었음을 영원 속에서 현실로 가져온다.
그러면 하나님의 말씀은 선택하는 일을 하게 되는데 이 사실은 모든 그리스도인에게 큰 영향을 미친다. 모든 그리스도인, 즉 이 세상의 모든 인간은 그리스도의 말씀을 듣도록 초대받고 자신을 구원으로 부르시는 목자의 음성에 위안과 기쁨을 누린다. 여기에 보편적 선교의 동기인 영광스

---

[14] SD XI 65 (Kolb-Wengert, 650); SD XI 66 (Kolb-Wengert, 651); SD XI 33-37 (Kolb-Wengert, 646).

러운 확증이 있다. 교회는 모든 사람이 그리스도의 초청하는 말씀을 듣고 그것들을 신뢰할 수 있도록 돕기 위해 모두에게 하나님의 사랑을 선포해야 한다.

이 세상의 모든 사람이 복음을 들어서 그들 각자가 이 부르심을 자신을 위한 것이라고 똑같이 믿을 수 있도록 해야 한다. 그리스도인은 자신을 '베아티 포시덴테스'(*beati possidentes*, 올바른 신앙의 행복한 소유자)로 볼 수 있다.

하지만 그들은 다른 사람이 복음을 들을 가능성을 부정함으로써 이기적으로 선물을 지키려는 사람이 되어서는 안 된다.[15] 따라서 이런 복음 선포(엡 1:9-10; 롬 8:29-30)를 통해 드러나는 보편적이고 구원적인 하나님의 뜻은 모든 사람에게 회개와 복음의 약속을 선포하는 주님의 명령을 포함한다(눅 24:47).[16]

5. 보편구원론(만인구원설)이 아닌 보편적인 요청

지금까지의 예정의 교리는, '그리스도 안에서 미리 하나님의 자녀를 영원히 선택'한다는 생각을 의지적인 복음 선포를 통해 명확해진 '하나님의 보편적 구원 의지'와 연결해 주고 있음을 분명히 알아야 한다. 비록 하나님은 모든 믿는 자를 부르시고 회심하게 하는 때와 시간을 이미 아시고 또 그렇게 결정하셨지만 성경과 '루터교 신앙고백서'는 역사 안에서의 하나님의 구원 계획을 제시한다(겔 33:11; 요 3:16; 고전 1:21).[17]

---

15 "예정되고, 그리스도 예수 안에서 선택되며, 이 외의 다른 선택이 없다는 것은, 세상에 대한 그의 선교에 포함되는 것을 의미하며, 온 세상을 위한 하나님의 구원의 목적을 전하는 사람이 되는 것이며, 그의 축복 받은 왕국의 표징과 대리인 그리고 첫 열매가 모두를 위한 것임을 의미한다." (Newbigin, *Gospel in a Pluralist Society*, 87).

16 SD XI 28, 70 (Kolb-Wengert, 645, 651).

17 '일치신조'를 고려해 보자. 그 누구도 저주를 받는 것은 하나님의 뜻이 아니며, 모든 사람이 그에게로 돌아가 구원을 얻는 것이 하나님의 뜻이다. 그러므로 하나님은 그분의 헤아릴 수 없는 선하심과 자비로 말미암아, 그분의 거룩하고 영원한 율법과 우리의 구속에 관한 놀라운 조언, 그분의 영원한 아들에 관한 거룩한 복음, 그리고 우리의 유일

그러나 이와 관련하여 우리는 교회를 반복적으로 괴롭히는 하나의 위험한 오류를 피해야 한다. 우리는 하나님이 모든 사람을 구원하기 원하신다면 결국 모든 사람이 틀림없이 구원받을 것이라고 결론지을 수 있다. 이런 식으로 하나님의 보편적 구원 의지는 모든 인류에게 기정사실이 되었는데 그것은 하나님의 말씀을 거부하는 사람들에게는 부정적 결과가 있을 것이라는 생각을 너무 쉽게 잊게 만든다. 그런 생각은 적어도 모든 사람에게 복음을 전파하는 활동인 선교에 또 다른 장애를 제공한다.

'보편구원론'은 그리스도 재림(종말론)의 최종 결과에 대한 추측을 그 근거로 한다. 어떤 사람은 '만물이 회복될 때'(행 3:21)가 있을 것이라는 추측을 했다.[18] 이 입장에 대한 지지자는 알렉산드리아의 신학자 오리겐(Origen)과 20세기 바젤의 신학자 칼 바르트(Karl Barth)였다. 일반적인 용서의 개념은 언뜻 보기에 성경에서 전혀 이질적인 것이 아니다.

보편적 용서에 대한 지지자들은 일반적으로 성경에서 '모든'이라는 단어가 나오는 구절을 지적한다. 예를 들어, 로마서 5장에서 바울은 아담의 범죄로 '모든' 사람은 정죄에 이르렀지만 예수 그리스도의 행동은 '모든' 사람에게 의롭다 하심을 받아 생명에 이르도록 하신다고 말한다.

로마서 11장 32절은 분명히 다음과 같은 보편적 주장으로 끝난다.

하나님이 모든 사람을 순종하지 아니하는 가운데 가두어 두심은 모든 사람에게 긍휼을

한 구원자인 구주 예수 그리스도를 공개적으로 선포하는 것을 제공해 주신다. 이 선포를 통해 그는 인류로부터 영원한 교회를 모으시고, 인간의 마음에 죄에 대한 참된 회개와 깨달음을 주시며, 하나님의 아들 예수 그리스도에 대한 참된 믿음을 갖게 하신다. 하나님은 오직 그분의 거룩한 말씀과 성례전을 통해서만 인류를 영원한 구원으로 부르시고, 그들을 자신에게로 이끄시며, 그들을 회심시키시고, 새롭게 태어나게 하시고, 이런 수단을 통해 그들을 성화시키신다. (SD II 49-50 『Kolb-Wengert, 553』; SD XI 23, 56 『Kolb-Wengert, 644, 649』).

18 이 용어는 성경에서 사도행전 3장 21절에 한번만 나타난다. 그러나 베드로가 자신의 진술에, 실제로 모든 사람을 위한 일반적인 용서로써 '하나님 안에 있는 모든 것의 회복'을 포함시키고 있는지에 관하여는 의문의 여지가 있다. 그렇게 생각하는 신학자들은 이 의미를 본문에 추가했다. 그러나 '아우크스부르크 신앙고백'은 이 입장을 명시적으로 거부한다. AC XVII 4 (Kolb-Wengert, 51).

베풀려 하심이로다(롬11:32).

바울은 에베소서 2장에서 '그리스도는 세상을 자신과 화목하게 하고 하나님과 세상 사이의 평화를 회복하기 위해 십자가에서 희생되셨다'고 말한다. 마지막으로 바울은 디모데전서 2장에서 하나님은 '모든 사람이 구원을 받으며 진리를 아는 데에 이르기'를 원하신다고 기록했다(4절).

만물의 보편적 회복을 지지하는 사람들은 이런 성경적 증거를 사용하여 하나님이 원하시는 것은 무엇이든지 성취하신다는 결론을 내린다. 모든 고통과 괴로움은 예수 그리스도의 인격을 통해 끝날 것이다. 이에 반대되는 말은 그분의 전능한 능력과 그리스도의 죽음과 부활에 대한 보편적인 의미를 제한시킬 것이다.

분명히 칼 바르트가 주장한 대로 이 입장은 종교개혁의 예정교리를 완전히 재구성한 것이다. 이전에는 '어느 한쪽의/ 또는'이었던 것이 이제는 '둘 다/ 그리고'가 되었다. 그리스도께서는 당신의 아버지께 돌아가셨지만 언젠가는 그분의 인격 안에서 '모든' 인류를 연합시킬 것이다. 이 '모든'에는 진실한 믿음을 가진 사람뿐만 아니라 진리에 대한 지식이 없거나 죄 때문에 그것을 거부한 사람들도 포함된다.

최후의 승리는 그들이 누구인지에 관계없이 모든 인류에 대한 일반적인 용서가 될 것이다. 어떤 면에서 이런 종류의 '보편구원론'은 그리스도 사역의 결과를 최대한으로 끌어내기 때문에 '이중 예정론'보다는 논리적으로 보인다. 그러나 이렇게 해석된 '보편구원론'은 루터교 신학자들에게 어려움을 주었다.

사실 이런 해석에 대해 아돌프 쾌벨(Adolf Koberle)은 우려가 되어서 다른 사람과 함께 바젤에 있는 고령의 칼 바르트 집을 방문하기로 결정하고 그와 이런 교리를 놓고 대면했다. 그들은 바르트의 보편구원론이 교회의 선교를 통해 일어나는 회심과 중생을 거부하게 만든다고 옳게 주장했다. 불

행히도 쾌벨의 방문 결과는 공개되지 않았다.[19]

그러나 그의 책 『교회 교의학』(Church Dogmatics)에서 칼 바르트는 선교를 회개와 회심을 통해 실제로 개인을 죄에서 부르는 개념보다 그리스도인 이전의 상태를 알리거나 그 상태를 확인하는 활동으로 만듦으로써 그 문제에 대해 답변했다.[20]

이런 주장은 논쟁에서 그리스도를 완전히 생략시키기 때문에 방금 논의한 것보다 더 급진적인 것으로 간주될 수 있는 '보편구원론'의 또 다른 변형을 보여 준다. 그런 그리스도 없는 '보편구원론'은 신 중심적이거나 일신론적 접근을 취함으로써 그리스도의 십자가가 배제된 하나님의 보편적인 구원 의지를 강조한다.

이런 견해의 지지자들은 하나님의 구원 의지를 보편적인 것으로 주장하지만 그들은 이 거룩한 의지의 결과가 오직 예수 그리스도를 통해서만 보증될 수 있다는 생각은 거부한다. 로마가톨릭 신학자 폴 니터(Paul Knitter)는 칼 라너(Karl Rahner)의 영향을 받은 이 문제에 관한 '제2차 바티칸 공의회'(Vatican II)의 진술을 극단으로 가져갔다.[21] 니터는 거룩한 구원의 계획에서 그리스도의 독창성을 버린 수많은 학자를 대표한다.

---

19 Koberle, *Universalismus der Christlichen Botschaft*, 81.
20 우리는 먼저 이방인에 대한 선교를 지속해야 하며, 이것은 '모든 사람의 구원에 필요한 모든 것이 이미 이루어졌다'는 분명한 약속과 확고한 믿음의 전제하에서만 의미 있게 추구될 수 있다. 그러므로 선교의 임무는 이것을 그들에게 알리는 것만으로도 구성될 수 있다. (Barth, *Church Dogmatics* 4,3/2, p. 874). Scott, *Barth's Theology of Mission*, 30. 참고.
21 '바티칸 제2 공의회'의 문헌인 "인류의 빛"(Lumen Gentium)과 "비기독교와 교회의 관계에 대한 선언"(Nostra Aetate)은 세상 사람들이 그리스도 밖에서(그리스도가 아니더라도) 진리와 구원을 추구하는 지식의 불꽃이 있다고 말한다. 이 버전은 교황의 회칙 "주님이신 예수님"(Dominus Iesus, 2000)에 의해 부분적으로 취소되지 않더라도, 다소 수정된 것으로 보인다. 그러나 로마가톨릭 신학이 교회 밖에서, 특히 도덕적 신학에 비추어 구원의 가능성에 전적으로 문을 닫을 수 있을지는 의문이다. 이에 대한 자세한 내용은 Schulz. "Lutheran Response," 5-8쪽을 참조할 수 있다.

예수 그리스도 안에서 표현된 하나님의 구원 의지가 결코 기독교 이전 시대의 매개(mediation) 형태를 사용하지 않을 것이라고 확신할 수 있는가?

그리고 우리가 이것을 거부한다면 인간적으로 말해서 우리는 이런 구원 의지의 "논리적" 표현을 거부하는 것뿐만 아니라 하나님의 자유와 전능하심을 부인하는 것인가?

오해하지 말 것은 우리는 이런 종교들이 반드시 또는 항상 "구원의 길"을 제공한다고 주장하려는 것이 아니다. 우리는 단지 그들이 하나님의 구원 의지의 도구가 될 가능성이나 개연성을 배제할 수 없다고 말하는 것이다.[22]

복음을 듣지 못한 이들의 최후 운명에 대해 추측하는 사람들은 그리스도 밖에서의 구원의 가능성 또는 개연성에 관해 이야기한다. 복음을 듣지 못한 사람들의 운명에 대한 기독교의 많은 그룹 안에서의 이런 추측은 그리스도 밖에서의 구원에 대한 완전한 승인은 물론 기독교와 다른 모든 신념 체계를 완전히 동일한 것으로 여기도록 이끌었다.[23]

이런 주장은 선교에 대한 뒷받침의 부족은 물론 성경의 가르침을 저버렸다. 성경은 그리스도 외에는 구원이 없다고 주장한다(요 14:6; 막 1:15; 요 6:40; 요 3:16). 아버지 하나님은 "그의 영원한 계획(경륜)을 통해, 그의 아들을 인정하고 진정으로 그를 믿는 사람 외에는 아무도 구원하지 않을 것"(롬 11:32; 딤전 2:4; 겔 33:11; 18:23)이라고 작정하셨다.[24]

그리스도 밖에서 자기 자신의 공로로 스스로를 구원하려는 인간의 자연스러운 욕구는 완전히 거부된다. 하나님의 선택은 그리스도를 통한 은혜의 행위이며 하나님은 그리스도 안에서만 그것에 대해 완전한 인정을 해주신다.

19세기 북미에서의 루터교의 경우, 하나님의 예정에 있어 신인 협력에 관한 입장을 거부했는데 이것은 '개인의 신앙도 하나님이 선택하신다는

---

22 Knitter, *Towards a Protestant Theology of Religions*, 222.
23 샌더스(Sanders)의 *No Other Name*에 있는 설문 조사를 참조할 것.
24 FC Ep XI 13 (Kolb-Wengert, 518).

것'(*intuitu fidei*, 믿음의 관점에서)에 기초를 두지 않는 한 그 신앙 자체도 거부하도록 결정했다. 신앙은 하나님이 선택하시는 기준이 아니며 오히려 하나님이 선택하신 결과로 우리가 얻게 되는 것이다. 루터교회는 믿음 자체가 미국의 알마니안주의(Arminianism)의 맥락에서와 같이 '노력'에 의해 얻는 것으로 주장될까봐 두려워했다.[25]

6. 선교에 관한 확인

그러므로 선교는 하나님이 당신의 '구원의 의도'를 실천하시는 활동이다. 즉, 하나님은 의도적으로 자신의 '말씀과 성례전'을 사람들을 향한 그분의 의지에 대한 표시와 증거로 사용하시며 그것을 사용하는 사람에 대해서는 믿음을 일깨우고 확증시키신다.[26] 그러므로 하나님은 이런 수단보다 앞질러 가지 않으시고 자신의 구원 사역을 일으키기 위해 이것들을 사용하신다.

우리는 선교가 교회의 선포적 행위임을 확인한다. 하나님은 복음을 넘어서거나 멀리하지 않으시고(롬 10:14) 그것을 통해 믿음에 영향을 미치게 하신다. 이와 관련하여 종종 학자들은 하나님이 아직 그리스도를 만나지 않은 사람들을 은혜의 수단을 통해 구원하실 것인지에 대한 의문을 제기한다. 이 학자들은 하나님이 자신의 전형적인 방법의 범위를 넘어서 일하신 욥이나 고넬료와 같은 인물을 예로 제시한다.[27]

그러나 욥조차도 대속자를 알고 있었으며(욥 19:25) 고넬료는 천사가 나타났을 때가 아니라 베드로가 복음을 전했을 때 성령을 받았다

---

25 Boyd and Eddy, *Across the Spectrum*, 143. SD XI 5, 23, 43 (Kolb-Wengert, 644, 648).
26 AC XIII 1 (Kolb-Wengert, 47); Ap XIII 1 (Kolb-Wengert, 219). "하나님은 당신의 뜻이 성례전을 통해 전달되기를 허락하신다. 그것은 인간의 고백 행위거나 한번 일어난 어떤 일의 상징이 아니다. 그것들은 믿음을 만들어 내는 거룩한 수단이다"(Fagerberg, *New Look at the Lutheran Confessions*, 170). SD XI 27, 29 (Kolb-Wengert, 645). 참조.
27 Smith, "Religions and the Bible," 9-29.

(행 10:3, 44). 이런 예는 분명히 드문 것으로 하나님이 인간에게 직접 나타나신 특별 계시의 증거다.

이것은 희귀한 예이며 복음 선포가 그런 사건에 대한 상황을 제시한다는 사실 때문에 루터교 신학은 하나님이 신자를 믿음으로 부르시는 일반적인 방법을 주장하며 그런 일반적인 방법 이외의 상황에 대해서는 거부한다. 이것과 다른 방법을 제안한다는 것은 하나님이 스스로 모순되어 그분의 말씀으로 주신 확신과 약속을 훼손하고 파괴한다는 것을 의미한다.[28]

7. 부정적인 결과

이것은 여전히 해결되지 않은 상태로 남아 있기 때문에 예정에 대해 논의할 때 한가지 견해를 추가해야 한다.

인류를 구원하려는 하나님의 무한하신 의도를 고려할 때 우리는 어떻게 영원한 저주와 형벌이라는 전통적 개념을 분류해야 하는가?

우리가 그것을 하나님께로 귀속시킨다면 사랑과 인자가 가득하신 그분

---

[28] SD XI 39 (Kolb-Wengert, 647). 일치신조의 확고한 선언 9조 76 (Kolb-Wengert, 652)의 구절은 은혜의 수단이 "정상적인 방법"을 구성함을 관찰한다. "그러나 아버지께서는 우리를 수단에서 멀어지게 하려는 의도가 없으시다. 대신에, 그분은 사람들을 자신에게 끌어들이기 위한 일반적인 수단과 도구로 자신의 말씀과 성찬을 미리 예정해 놓으셨다.
사람들이 그분의 말씀의 선언을 듣지 않거나 그것을 멸시하는 것은 아버지나 아들의 뜻이 아니며, 또한 그들은 말씀과 성찬을 제외하고 아버지께로 오는 것을 기대해서는 안 된다. 그분의 정상적인 방법에 따르면, 아버지는 그의 거룩한 말씀을 듣게 함으로써 자신의 성령의 능력으로 사람들을 끌어들이신다." 본문은 "정상적 방법"을 벗어나는 상황을 명시하지 않는다. 그것은 성경에는 거의 언급이 없지만, 은혜의 수단과는 별도로 이뤄지는, 삼위일체 하나님으로부터의 직접적인 부르심에 대한 생각일 수 있다.
이런 특별한 방법(직접적 부르심)을 통해 일어나는 것은 드물며, 우리는 이런 보편주의에 대한 "정상적인 방법"을 포기할 이유가 없다. 이 문제에 대한 다른 의견은 하나님 자신을 모순적으로 만듦으로써 하나님에 대한 비난을 만든다. "왜냐하면 이것은 하나님에게 모순적인 의지가 있다고 탓하는 것이 되기 때문이다"(SD XI 35, Kolb-Wengert, 646).

에 대한 우리의 이해와 모순이 되는가?

그 질문에 대한 답은 하나님께 있지 않고 인류학에 있다. 이 장의 시작 부분에서 나는 루터교 정통주의가 그리스도 밖에 있는 민족들의 무죄함을 변명하려는 것에 대해 어떻게 거부했는지 설명했다. 루터교회는 모든 민족이 하나님 앞에서 그리스도의 약속에 대해 스스로 완고해졌기 때문에 유죄가 되었다고 주장한다.

실제로 죄론적인 동기는 모든 사람을 죄의 저주 아래 동등하게 놓아둔다. 올바른 선교학은 이 죄 많은 '자기 완고함'을 내버려 두지 않으며 성경은 그리스도를 떠난 모든 사람에게 주님의 구원하시는 의지를 멸시하거나 거부한 것에 대한 개인적인 유죄를 선고하는 것이 분명하다(롬 3:24).

예를 들어, 누가복음 14장 15-24절에 있는 큰 잔치의 비유를 생각해 보라.

> 오소서 모든 것이 준비되었나이다(눅 14:17).

안타깝게도 많은 손님이 왕의 초대를 거절했다. 각각은 잔치에 응하지 않은 것에 대한 다른 변명을 제시한다. 따라서 이 비유는 이런 가혹한 말로 끝난다.

> 내가 너희에게 말하노니 전에 청했던 그 사람은 하나도 내 잔치를 맛보지 못하리라(눅 14:24).

열 처녀의 비유에서도 비슷한 지적이 이루어진다(마 25:1-14). 열 처녀 모두 결혼 잔치에 참여할 계획이었지만 모든 사람이 신랑과 함께 입장하는 것이 허용되지는 않았다. 그녀들은 닫힌 문 뒤에 서서 헛되지만 계속 입장을 간청했다.

같은 장에서 마태는 모든 민족을 그분 앞에 모으신 영광스러운 보좌에 앉으신 인자의 오심을 설명한다(마 25:31-46). 목자가 양과 염소를 분리하는 것처럼 모든 사람이 전능한 통치자이신 그리스도의 왼편과 오른편에 놓이게 된다. 그리스도께서는 당신의 오른편에 있는 사람에게 이렇게 말씀하신다.

> 내 아버지께 복 받을 자들이여 나아와 창세로부터 너희를 위하여 예비된 나라를 상속받으라(마 25:34).

그리고 왼편 사람들에게 그분은 신랄한 말씀을 전하셨다.

> 저주를 받은 자들아 나를 떠나 마귀와 그 사자들을 위하여 예비된 영원한 불에 들어가라 (마 25:41).

누가복음 16장에 묘사된 부자는 결국 고통의 장소에 있게 된다. 그는 부유했기 때문에 자신이 그곳에 있다는 것을 자각하지 못했다. 그는 자신의 집 문 앞에 누워 있던 가난한 사람(나사로)을 돕기 위한 시간을 내는 것을 잊어버린 채 호화로운 시간을 보냈다. 이제 부유한 사람은 불꽃 가운데서 괴로워하며 가난한 사람을 통해 자신의 혀를 서늘하게 해 달라고 간청한다. 불행히도 그는 자신과 생명수 사이에 갈라진 구렁텅이를 건너갈 수 없었다.

부정적인 결과는 마태복음 12장 31절에 기록된 것으로 "사람에 대한 모든 죄와 모독은 사하심을 얻되 성령을 모독하는 것은 사하심을 얻지 못할 것"이라는 사실이다. 성령에 대한 죄는 도덕적 범법이 아니라 이는 예수 그리스도 안에서 얻게 되는 구원과 관련이 없는 사람의 의식적인 결정과 관련되어 있다. 그러므로 성령에 대한 신성 모독이란 복음에 대한 강력하고 지속적인 거부를 의미한다.

루터교회는 '보편구원론'에 반대해 항상 '불신앙에 대한 저주'의 교리를 확증했다. 따라서 '아우크스부르크 신앙고백'은 제2조와 제17조를 통해 "세례와 성령을 통해 다시 태어나지 않은 모든 사람"은 영원한 형벌, 즉 하나님의 영원한 진노를 받을 것이라고 단언한다.[29] 그러나 부정적인 결과는 영원 전에 누가 구원을 받고 누가 구원을 받지 못할지의 하나님의 작정(이중 예정론)에 관한 결정이 아니다. 저주에 대한 책임은 분명하게 하나님께 반대하는 결정을 내린 믿지 않는 사람의 어깨에 달려 있다.[30]

어떤 의미에서 예정의 교리는 불균형적으로 구성되어 있다. 하나님은 오직 구원을 위해 선택하시지만 저주에 대한 책임은 인간 자신이 져야 한다. 따라서 루터교의 예정교리는 '이중 예정론'의 개념을 따르지 않는 것이 분명하다. 왜냐하면, '이중 예정론'은 하나님을 예측할 수 없고 변덕스러운 존재로 만들기 때문이다. 대신에 루터교는 보편적 은혜에 대한 성경 말씀과 그런 하나님의 본성이 사랑이라는 것을 확증한다.[31]

이런 가르침의 실제 결과는 사람은 '자유 의지'를 통해서 그분과 화해하라는 그리스도의 제안을 거부할 수 있다는 것이다. 누구도 하나님을 대적하도록 저항 못할 정도로 부추길 수는 없다. 반면에 아무도 자신 스스로 구원을 성취할 수 없다. 그는 단지 그것을 잃을 수만 있다. 이것은 예루살렘에 대한 주님의 눈물을 설명한다.

---

29 AC II 3 (Kolb-Wengert, 39).

30 Schlink, *Theology of the Lutheran Confessions*, 290: "하나님의 선택 때문이 아니라 사람의 죄가 그의 저주의 원인이 된다." 따라서 신앙고백서는 루터의 '노예 의지'(Bondage of the Will)의 강한 결정론적 색깔을 따르지 않는다. (참고, AE 33:140), 이에 대해 프리드리히 밀든버거(Friedrich Mildenberger)는 *Theologie der lutherischen Bekenntnisschriften*, 157쪽에서 주장했다.

31 SD XI 67 (Kolb-Wengert, 651); Pöhlmann, *Abriß der Dogmatik*, 260. 예정론 교리의 이런 불균형과 타락후 예정론적(infralapsarian) 측면을 유지함에 있어, 신앙고백서는 칼빈의 이중 예정론에 대한 이름이 아니라 그 내용을 거부한다. 예로는, 일치신조 개요 19 (Kolb-Wengert, 519)를 들 수 있다.
'아우크스부르크 신앙고백서' 제19조 (Kolb-Wengert, 52-53)의 예는 가능한 해석적 오류를 피하기 위해 아우크스부르크 신앙고백 해설 제19조 1(Kolb-Wengert, 235)에서 멜랑히톤에 의해 "*non adiuvante Deo*"(독일어: 하나님이 손을 떼자마자 … 라틴어: 하나님의 도움을 받지 않았기 때문에 …)라는 문구가 생략되었다. 이는, 하나님에게 죄의 원인에 대한 책임을 씌우는 것을 피하기 위함이었다. Schlink, *Theology of the Lutheran Confessions*, 290. 참조.

예루살렘아 예루살렘아 선지자들을 죽이고 네게 파송된 자들을 돌로 치는 자여 암탉이 제 새끼를 날개 아래에 모음 같이 내가 너희의 자녀를 모으려 한 일이 몇 번이냐 그러나 너희가 원하지 아니하였도다(눅 13:34).

바로의 마음이 굳어진 것조차도 하나님의 단독 행동 때문만은 아니다. 출애굽기 7장으로부터 9장까지의 내용에서 하나님은 모세를 통해 바로에게 반복적으로 선포하라고 명하셨다. 바로가 그 선포를 거듭 거부한 후에야 하나님은 바로의 마음을 완고하게 하신다(출 10장). 하나님의 완고하게 하심은 그 궁극적인 목표가 아니었다. 바로는 그것을 피할 수 있는 적당한 기회가 있었다.

한 사람에게는 당신의 말씀을 전하게 하시고 다른 사람에게는 완고하게 하시는 하나님의 행동은 온전히 말씀 듣기를 거부하는 사람의 관점에서 설명될 수 있다. 이렇게 복음 듣기를 거부하는 것은 오직 저주받을 여지만 남기고 하나님이 구원하시려는 의도를 철회하게 만드는 것을 의미한다.[32]

예정에 관한 이 토론에서 나는 선교에 대한 종말론적 태도를 유지했다. 루터교회는 모든 사람의 최후 용서에 대해 설교하지 않으며 인생에 대해 세속적인 용어로만 이야기하지도 않는다. 주님의 보좌 앞에 반드시 모여야 하는 사람들에게 복음을 가져다 주는 것은 올바른 선교를 확립하게 해 준다.

선교는 "우리가 그리스도를 대신하여 간청하노니 너희는 하나님과 화목하라"(고후 5:20)라는 호소와 함께 모든 사람이 회개하도록 하는 것이다. 그런 관점은 복음 전도의 열심을 가지게 하고 선교를 고취시킨다.

도널드 맥가브란(Donald Anderson McGavran)의 유명한 질문이 있다.

---

[32] SD XI 57 (Kolb-Wengert, 649); Ep XI 12 (Kolb-Wengert, 516). 이와 관련하여, 우리는 하나님의 거부하심이 인간의 원죄에 기초하고 있을 뿐만 아니라, 그들이 들은 복음에 대한 실제적 거부와 복음을 통한 성령의 활동에 반대하기 때문임을 지적하고 있다. 예를 들어, SD XI 40-42, 58-62 (Kolb-Wengert, 647, 649-50).

웁살라(Uppsala)가 20억의 불신자들을 배신할 것인가?

이는 복음에 대한 동기 부여와 복음주의의 날카로움이 기독교의 주요 부분에서 빠져버렸다는 그의 우려를 반영한다.[33]

8. 보편적 동기

예정의 교리는 인간의 지적 능력에 과중한 부담을 준다. 예정의 신학적 복잡성 때문에 우리는 선교에 참여함을 통해서만 그리스도의 권위에 순종할 수 있다.

> 선교는 하나님의 보편적인 구원의 뜻을 가장 잘 나타내는 교회의 활동을 나타낸다.[34]

우리는 이미 기독교가 전 세계 인구의 34퍼센트에 불과하고, 2050년까지도 그 수준에 머물 가능성이 크다고 지적했다. 예정의 교리와 더불어 이런 통계는 하나님의 절박함과 의지를 불러 일으킨다. 모든 선교적 노력은 교회의 영역을 확장하는 것뿐만 아니라, 전 세계를 포용하려는 하나님의 구원과 사랑에 대한 열망의 도구로 여겨져야 한다.

인간과의 교제와 연합에 대한 하나님의 적극적인 의지가 그분의 아들을 십자가에 달리도록 한 것 같이 또한 하나님의 구원 의지는 교회가 그분을 위한 섬김에 참여하도록 동기 부여했다. 하나님은 '선포된 말씀과 성례전'의 활동을 통해 온 세상을 자신과의 사랑의 교제 관계로 데려오기 원하신다.

---

33 Yates, *Christian Mission in the Twentieth Century*, 197.
34 Kahler. "Evangelisation der Welt—Gottes Wille," 101.

제3부

교회의 임무와 상황

제11장 선교와 하나님의 말씀

제12장 선교적 목표

제13장 새로운 공동체의 구축

제14장 윤리로서의 선교

제15장 선교사 직무

제16장 종교 간 상황에서의 그리스도인의 증거

제17장 결론

제11장
선교와 하나님의 말씀

1. 복음 전도와 선교

교회 선교의 중요한 요소는 복음 전도 활동이다. 교회는 구원에 관한 성경 메시지를 아직 들어보지 못한 청중에게 복음을 전하는 일에 전념한다. 실제로 이 복음 전도 활동은 선교의 핵심을 구성한다. 그러나 많은 학자는 선교가 단순한 전도보다는 더욱 광범위한 활동을 다루고 있다고 지적한다.[1]

선교 활동에서 복음 전도와 관련된 일의 예로는 디아코니아(봉사) 사역을 통한 사회적 책임과 성경 및 기타 기독교 문헌의 번역을 지원하는 것이 포함된다. 사실 '선교'라는 용어를 유지하려는 이유는 전도 자체보다 훨씬 더 많은 활동 목록을 포함하고 싶기 때문이다.

제2장에서 이미 언급했지만 성경적 증거에 따르면 복음 전도는 선교의 본질로 간주되어야 한다. 복음 전도는 그리스어 '유앙겔리온'(ευαγγελιον, 복음, 복된 소식)이 제시하는 활동을 말하며, 동사인 '유앙겔리제인'(ευαγγελιζειν, 복된 소식을 선포하다)은 다른 사람과 복음을 나누는 활동을 나타낸다. '케리그마'(κηρυγμα, 선포) 또는 '마르투리아'(μαρτυρια, 간증, 증거)라는 용어도 마찬가지로 기독교인이 아닌 사람들과 복음을 나누는 일을 나타낸다.

그러므로 성경은 복음을 나누는 활동과 관련이 있는 '유앙겔리제인'(복된 소식을 선포하다), '케루세인'(선포하다), 또는 '마르튜레인'(증거하다)과 같

---

[1] 선교를 위한 복음 전도의 역할에 관련해서는 Bosch, *Transforming Mission*, 411-20, 그리고 Scherer, *Gospel, Church and Kingdom*, 182-84쪽을 참조할 것.

은 유사한 표현들에 계속 주목한다. 교회의 복음 전도 또는 케리그마적 활동은 아직 복음과 접촉하지 않은 사람들에게 예수 그리스도에 관한 복된 소식을 전하기 위해 마련되었다. 선교학자 한스 베르너 겐지헨은 선교의 필수적인 목적이자 목표에 대해 다음과 같이 말했다.

> 모든 사람에게 보편적 화해의 메시지를 전하는 것이다.[2]

이런 선교의 핵심적 측면과 관련하여 우리가 고수하는 주장은 잃어버린 자를 찾고 구원을 제공(요 3:17)하는 성경의 거룩한 의도와 일치한다. 그러나 전도와 선교는 서로 다른 그룹을 그 목표로 삼고 있다고 주장하는 사람이 상당수 있다. '선교'에 참여하는 사람은 불신자를 개종시키고 세례를 베풀려고 노력하는 반면, '전도'에 참여하는 사람은 신앙이 변절한 자나 명목상의 그리스도인과 같이 이미 세례를 받은 사람에게 나아간다.

그런 변절자나 명목상의 그리스도인은 전에 복음의 메시지를 접한 적이 있는 사람들로 설교자는 그들에게 복음을 선포할 때 교회와 교리에 대한 현존하는 지식을 제공해 줄 것이 요청된다. 그런 것들은 선교사가 통상적으로 접촉하는 세례 받지 않은 청중에게는 제공할 수 없다. 그러나 두 청중은 모두 교회에서 멀리 떠나있기 때문에 선교와 복음 전도는 그들을 교회에 동화시키거나 재동화시키는 공통의 목표를 공유한다.

이런 목표에 비추어 볼 때 선교와 복음 전도 사이에는 커다란 차이가 없다. 청중이 누구인지에 따라 설교자가 복음 선포의 내용을 조정할 필요가 있겠지만 복음을 듣지 못했거나 변절한 사람 모두는 반드시 예수 그리스도에 대한 믿음으로 나와야 한다.

---

2 Gensichen, *Glaube fur die Welt*, 75; Kirk, *What Is Mission?* 56.

2. 거대 담론으로서의 메시지

설교자가 청중에 맞게 '메시지를 조정'해야 한다는 것은 정확히 무엇을 의미하는가?

그 의미의 일부는 성경 메시지의 출처와 관련이 있으며 그 일부는 청중의 상황과 관련이 있다. 그러나 그것은 메시지가 너무 많이 변경되어 얼마 후에 그 내용이 원본 메시지와 많이 달라져 있음을 의미하지는 않는다.

판사가 법원에 출석할 필요가 없는 도둑에게 예시를 사용하여서 무죄 판결을 내렸다. 도둑은 몇 시간 후에 여러 차례의 다른 소식통을 거쳐서 그 소식을 전해 들었다. 그러나 아이들의 '텔레폰'(telephone) 게임 또는 그것의 독일어 버전인 '말 없는 우편'(stille Post)과 같은 메시지는 재판에서 원래 말하는 용서와 그 의미가 거의 같지 않다.

복음도 역시 그리스도인의 선포 활동과 증거 활동을 통해 한 세대에서 다음 세대로 전달된다. 그러나 다행히도 그들이 말하는 내용은 복음이 기록된 성경과 비교하여 판단된다. 성경은 시간과 지리적 공간을 초월한 역사적 경험이나 지식에 대한 포괄적인 설명으로써 복음을 일종의 거대 담론적인 것으로 제시하며 이는 모든 사람에게 그리스도가 그들의 구주라는 동일한 메시지를 제시한다.

다르게 말하면, '그리스도의 생애와 사역'을 포함하는 사도신경 두 번째 조항은 '거룩한 공교회와 그 교회의 선언'을 제시하는 세 번째 조항과 불가분의 관계에 있다. 예수 그리스도 안에서 우리의 죄가 용서되는 것에 대해 말하는 두 번째 조항은 모든 선포의 중추적 역할을 한다. 선포와 증거는 명확하고 변색되지 않은 전달 체계를 통해 청중에게 도달하도록 해야 한다.

이런 식으로 세 가지 요소가 선교적 선포와 관련이 있는데 그것은 십자가 사건, 십자가의 선포, 그리고 신자의 귀와 믿음이다.[3] 루터는 이 세 가

---

3 Brunner, "Das Heil und das Amt." 296. Beyerhaus, "Christi Heilsangebol durch seine Ge-

지 요소를 결합시켰다.

> 이것이 성령에 의한 복음 선포를 통해 우리에게 제공되고 우리의 마음에 수여되지 않는 한 당신도 나도 그리스도에 대해 아무것도 알지 못하거나 그분을 주님으로 영접하는 믿음을 가질 수 없다.[4]

신학자들은 선교적 선포에서 이 세 가지 요소의 관계를 논의하는 일을 결코 기피하지 않았다. 다시 말해서, '메시지 내용'이 그것의 '출처'와 이를 듣는 '청중'과 어떻게 관련되어 있는지는 선교 사업의 중요한 구성 요소중의 하나이다. 신정통주의는 예수 그리스도의 선포(케리그마)에 신학을 집중시켰다(롬 16:25). 칼 바르트와 루돌프 불트만과 같이 영향력 있는 신학자가 그런 운동을 발달시킨 인물이다.

헨드릭 크래머(Hendrik Kraemer)[5]와 월터 홀스텐(Walter Holsten)과 같은 선교학자는 바르트와 불트만의 영향을 받아 케리그마(선포)[6] 중심의 선교학을 만들었다. 두 번의 세계대전 기간 사이에 바르트를 지지했던 크래머는 타 종교에서 가르치고 믿는 것들에 반대해 기독교 메시지의 독창성을 강조했다. 진정한 바르트주의의 방식으로 크래머는 십자가의 설교와 관련되지 않은 하나님에 대한 기존의 모든 개념을 버렸다.

크래머는 모든 비기독교인이 그리스도에 대한 계시의 바깥에 서서 거짓으로 자신들의 믿음을 실천한다고 생각했다. 이런 이유로 하나님은 그들이 스스로의 잘못에 대한 책임을 지도록 하셨다. 크래머는 여전히 비기독교 세계에서도 하나님과 그분의 계시를 경험할 수 있다는 여지를 남기고 싶어 했으나 그는 복음이 그와 같은 잘못된 개념들의 '성취'(fulfillment)라는

---

sandten," 62. Thomasius, *Das Bekenntnis der evangelisch-lutherischen Kirche*, 10-11.
4　LC II 38 (Kolb-Wengert, 436).
5　Kraemer, *Christian Message in a Non-Christian World*. 비슷한 관점을 공유하는 독일어판이면서 여전히 유용한 논의 자료인 Wyder, *Die Heidenpredigt*를 참조할 것.
6　Holsten, *Das Kerygma und der Mensch*, 44.

생각에 대해서는 거부했다.

그리스도는 '인간의 모든 종교적 열망에 매우 적대적'이셔서 하나님은 오직 복음과 회심과 영적 신생의 행위를 통해서만 인간의 열망에 대한 자신의 성취를 이루신다.[7] 반면 홀스텐은 불트만의 '케리그마적 신학'을 더 지지했으며 그렇게 함으로써 그는 복음의 내용을 그 근원인 십자가의 역사적 사건과 결별시켰다.[8]

불트만의 케리그마적 신학이 항상 지니고 있는 위험성은 십자가와 부활이라는 역사적 사건을 후기 부활 이후 공동체의 신화적이고 전설적인 표현이 되게 했다는 것이다. 기독교 메시지의 역사적 근거를 제거하고 그런 모든 설명을 전설적이고 신화적인 표현으로 만드는 해석학을 "비신화화"라고 부른다. 불트만은 다음과 같이 주장했다.

> 성경의 세계관은 신화적이어서 과학에 의해 사고가 형성되어 더 이상 신화적이지 않은 현대인에게는 받아들일 수 없는 것이 되었다. 오늘날 아무도 초월적인 힘에 의한 직접적 개입을 고려하지 않는다.[9]

결과적으로 모든 관심은 선포된 말씀인 케리그마와 신자의 실재적인 현실(실존)로 옮겨졌다. 실제로 중요한 것은 케리그마는 비록 그것이 말하는 내용이 십자가와 부활이라는 '실제적인 역사적 사실'과 거의 일치하지 않더라도 그것을 듣는 사람들에게 의미가 있는 방식으로 전파된다는 것이다.

7　Kraemer, *Christian Message in a Non-Christian World*, 123-24: Yates, *Christian Mission in the Twentieth Century*, 113.

8　홀스텐은 이렇게 말했다. "케리그마는 그리스도 안에서의 하나님의 결단적인 행동을 그 목적과 원인으로 가지고 있다"(*Das Kerygma und der Mensch*, 44). Andersen, "Die kerygmatische Begründung." 29-37. Althaus, *Fact and Faith in the Kerygma of Today*, 47-55. 참조.

9　Bultmann, *Jesus Christ and Mythology*, 36. 불트만은 또한 다음과 같이 잘 알려진 관찰을 수행했다. "전등과 무선을 사용하고 현대 의학 및 외과적 발견을 이용하면서 동시에 신약의 영과 기적 세계를 믿는 것은 불가능하다"(*New Testament and Mythology*, 5). 이 토론은 윌리엄 레인(William Lane)과 게르드 뤼데만(Gerd Ludemann)에 의해 최근에 다시 불붙었다. Copan and Tacelli, *Jesus' Resurrection*을 참조할 것.

이제는 현대의 세계관이 기준이 되었기 때문에 기독교 메시지는 그와 모순되는 말을 해서는 안 된다.

대부분의 신학과 선교학은 여전히 성경에 대한 다양한 형태의 현대적 해체 비평 때문에 어려움을 겪고 있다. 그러나 그리스도 생애의 사건은 누군가의 믿음이나 불신을 통해 그것을 진실하다거나 그렇지 않다고 주장한다고 해서 단순히 서거나 넘어질 수 있는 종류의 것이 아니다. 그리스도의 죽음과 부활 사건은 이런 모든 주관적 접근을 초월하며 그 자체가 실질적인 것이기 때문에 독립적으로 여겨져야 한다.

우리는 이전 세대의 신학자들이 몰두했던 지난날의 학문적 유행과 같은 '급진적 실존주의'를 멀리하려는 경향이 있다. 그러나 수십 년이 지난 오늘날에도 이런 논의는 여전히 포스트모더니즘 시대에 다양한 형태로 계속 진행되고 있다.[10]

그러나 이제 우리의 관심은 약간 변했다. 그것은 예수의 죽음과 부활에 대해 비판적인 의식을 갖고 이를 허구라고 부인하려는 것이 아니다. 그것은 오히려 예수의 죽음과 부활이 지역성과 주관성을 초월하는 거대 담론으로서의 자격을 갖추었는지의 여부에 관한 것이다.[11] 포스트모더니즘의 경향은 성경의 객관성과 성경이 담론에서 그 문자(뜻) 자체로 단적이고 직접적으로 말할 수 있게 하는 것에 반대한다.

대신에 포스트모더니즘은 성경의 가치가 독자의 주관적인 의견에 크게 의존한다고 주장한다. 예상대로 불트만의 신학과 해석학의 실존적 차원은 그 호소력을 잃지 않았다. 그것은 의미 구조(semantics)에 대해 질문하고 성

---

10 Keegan, *Interpreting the Bible*, 81. 루돌프 불트만에 큰 영향을 준 마틴 하이데거(Martin Heidegger)와 한스 게오르그 가다머(Hans-Georg Gadame)의 실존 철학에 대한 독자 반응 비평가들 사이에 새로운 관심이 생겨났다. 불트만은 그의 영향력 있는 에세이 "객관적인 주해가 가능한가?"(Ist voraussetzungslose Exegese möglich?)를 통해 객관적인 물음들에 대한 모든 논의를 선점했다. 출판 정보는 참고 문헌을 참조할 것.
11 이것은 괴팅겐 대학 교수인 논쟁적인 신학자 게르드 뤼데만과 탈봇 신학교 교수인 윌리엄 레인의 최근 토론에서 볼 수 있듯이, 완전히 버려진다는 의미는 아니다. 그런 논쟁은 Copan and Tacelli, *Jesus' Resurrection*에 기록되어 있다.

경의 진정한 의미를 확립하려고 노력하는 '성경 해석의 원리'에 대한 현대적 논쟁을 일으켰다.

'독자반응비평'을 장려하는 일부 학자는 성경을 포함하여 문헌들의 전체적 의미가 독자들에 의해 밝혀졌다고 주장하며 그것이 말하는 것들이 독자의 세계를 넘어서게 되면 어떤 보편적인 의미도 갖게 되지 않는다고 주장한다. 그들에게 있어서 하나님의 거룩한 말씀에는 여러 가지 의미가 포함되어 있는데 그것들 가운데 무엇을 선택할지의 문제는 독자의 몫이다.[12]

예를 들어, 그렌츠(Grenz)는 포스트모더니즘이 '성경은 모든 민족과 모든 시간을 포괄하는 하나의 거대한 담론을 제공하지 않는다'라고 주장하기 때문에 이런 포스트모더니즘은 성경 저자로서의 하나님을 타협하는 실제적인 위험을 지니고 있다고 주장했다.

여기서 우리는 복잡한 성경 해석 분야를 다루고 있는데 이와 관련해서는 루터교 해석학을 가지고 충분한 답변을 제시할 수 있다. 루터교회는 그들이 5세기에 살았든 21세기에 살고 있든 관계없이 성경의 기록들을 모든 사람에게 거대하고 변함없는 이야기로 확인함으로써 성경에 대한 무작위적이고 국한된 해석으로부터 스스로를 보호한다.

그러나 성경이 모든 사람에게 똑같은 이야기를 하도록 하기 위해서는 역사적 맥락과 본문의 문법을 이해하면서 신중하게 그 내용을 읽어야 한다. 독자는 저자의 실제 의도와 그가 의도한 바에 대해 최대한 근접하도록 노력해야 한다.[13] '상황화'나 '문화 적응주의'와 같은 어떤 방법도 성경의 분명한 메시지를 버리게 해서는 안 된다. 성경과 그 말씀은 그 문화의 바깥에 있는 사람이 인식할 수 없을 정도로 변경되어서는 안 된다.

---

12 Grenz, *Primer on Postmodernism*, 164.
13 Voelz, *What Does This Mean?* 351쪽 이후.

3. 기독교 메시지에서의 그리스도의 존재

모든 기독교 선포의 중요한 관심사는 그것이 예수 그리스도의 인격과 그분의 지상 사역의 성취와 관련이 있느냐 하는 것이다. 우리는 그리스도께서 당신의 제자들에게 "온 천하에 다니며 만민에게 복음을 전파"(막 16:15)하도록 사명을 맡기신 후에 본인은 그런 복음을 전하는 행동과 완전히 무관해지셨다고 생각해서는 안 된다.

그와는 반대로 우리는 그분의 "내가 세상 끝날 까지 너희와 항상 함께 있으리라"라는 약속을 받았다(마 28:20). 그는 교회가 전파하고 가르치고 세례를 베풀 때마다 어디서든지 자신의 임재를 보증해 주신다. 오늘날까지도 그리스도의 인격과 행실은 선포가 이루어지는 모든 곳에서 복음의 핵심 내용이 된다.

전파되고 들려지는 복음은 그것의 기초인 그리스도의 성육신, 십자가에서의 죽음, 부활이라는 역사적 사건과 분리되어 있지 않다. 이 독특한 사건들은 복음을 통해 의로움을 가져다 주는 것으로써 선포된다. 이런 것들은 항상 '루터교 신앙고백서'의 관심사들이었다.

예를 들어, '아우크스부르크 신앙고백'은 제3조에서 예수 그리스도의 인격을 강조하며 그분의 동정녀 탄생, 십자가에 못 박히심, 죽음, 장사 및 부활의 역사적 사건을 통해 무엇을 이루셨는지를 보여 준다. 그런 다음 '아우크스부르크 신앙고백'(*Augustana*)는 제4조와 제5조로 넘어가서 칭의와 우리의 구원의 믿음이 오는 수단에 관해 설명한다.

그리스도와 그분의 은혜는 어딘가에 떠 있는 합리적인 생각이 아니라 복음 전파와 결합되어 있으며 교회가 세상에 전하는 모든 메시지에 손상되지 않은 채 남아 있어야만 하는 것이다.[14]

---

[14] 예를 들어, 일치신조의 확고한 선언 3조 57 (Kolb-Wengert, 572): "… 복음에 계시된다." 신학자 에드문트 슈링크는 이 점에 대해 다음과 같이 말한다. "복음 전체, 죄의 용서에 대한 하나님의 약속, 그리고 온전한 그리스도는 서로 갈라지지 않는다. 복음을 통해 죄인은 십자가에서의 예수 그리스도의 죽음이 동시대적 사건이 된다. 그리스도께서 십자

쾨니스버그(Königsberg) 대학의 신학자 앤드류 오시앤더(Andrew Osiander)는 복음 메시지 내용의 일부에서 '그리스도의 지상 사역'에 대해는 언급하지 않은 채 믿는 자들에게 오신 그리스도가 단지 '부활하고 거룩하며 승천하신 그리스도'라고 거짓 주장했는데 이와 관련하여 '일치신조'(Formula of Concord)에서도 비슷한 관심사를 다루었다.

그에 대한 응답으로 '일치신조'는 복음과 우리의 칭의를 그리스도의 역사적 사역과 연결했다. 또한, '일치신조'는 우리의 칭의가 인간이자 하나님이신 '온전한 그리스도'(totus Christus) 특히 그분이 지상 사역을 통해 행하신 모든 일, 즉 수동적이고 적극적으로 지상에서 인내한 모든 일에 달려 있다고 말한다.[15]

지금까지 나는 복음의 본질을 빼앗거나 그것을 그리스도의 실질적인 역사적 지상 사역과 연결하는 데 실패하지 않고 온전한 그리스도를 전함으로써 '선교적 선포를 지지'하는 입장에서 논의해 왔다. '선교적 선포'는 성경이 그리스도에 관해 가르치는 것에 대한 충실한 간증이다. 그것은 그리스도에 대한 교리적인 공약이다.

선교함에서 교회가 청중에게 어떤 진리에 대해 알리지 않거나 복음 메시지에 '물을 타서 희석'시키려 한다면 나중에 새로 개종한 사람들이 그런 결점을 자신들의 전통적 교리나 스스로 세운 교리로 대체하려고 할 때 그 교회는 이에 대한 비참한 결과를 치러야 한다. 그와 같은 상황으로 말미암아 기독교와 전통 이교도 신념이 섞인 혼합주의적 신념 체계가 탄생하게 되었다.

어떤 교회와 공동체도 그런 위험에 대한 면역력을 갖고 있지 않다. 어떤 이유로든 '온전한 그리스도'와 올바른 복음 메시지를 청중에게 전하는 것

가에서 죽으심으로 이미 화해의 사건이 완성되었음에도 불구하고, 그는 복음으로 우리와 화해하신다. 화해는 오래 전에 역사적 사건을 통해 발생한 칭의의 기초일 뿐만 아니라, 칭의는 '그리스도를 위한' 화해이기도 하다" (*Theology of the Lutheran Confessions*, 103).

15 예를 들어, SD III 15-16 (Kolb-Wengert, 564). Martens, *Die Rechtfertigung des Sünders*, 92.

을 두려워하는 설교자에게는 말씀의 충만함으로 사람들의 마음과 생각에 도달하고자 하시는 주님이 반드시 책임을 물으실 것이다.

동시에 그리스도의 이야기에 대한 총체적 내용은 상황과 언어, 사고방식에 따라 청중에게 달리 전달되어야 한다. 우리가 뒤에서 논하겠지만 여기에서의 모든 선포는 상황과 문화에 의해 도전을 받는다. 기독교의 메시지가 불완전하게 제시되는 경우, 즉 충실하지 않거나 사람들에게 이질적인 것으로 남아 있게 되면 슬프게도 청중들은 전통적인 이교적 신념 체계로 이를 대체하려고 할 것이다.[16]

4. 케리그마적 동기의 정의

복음 선포가 상황과 문화에 의해 항상 도전을 받는다고 해서 그 도전에 직면했을 때 우리가 그것을 마음대로 할 수 있는 것은 아니다. 우리는 하나님의 말씀에서 직접 그 지침을 찾을 수 있다. 성경은 이미 복음을 전할 청중을 구별했다. 사도행전에서의 선포는 교회 밖의 사람인 이방인을 대상으로 한다(행 17:16-21; 참조, 갈 1:16; 2:2).

이방인에 대한 이런 선포 활동은 특히 모든 선교 활동에서 중심이 되어 일어나야 한다. 세례자 입교 교육과는 달리 이방인에게 복음을 전파하는 것은 아직 기독교 신앙의 기초를 가르치는 정규적인 사역이 아님을 기억해야 한다.

이는 그보다 먼저 일어나는 사역, 즉 짧은 메시지를 통해 이방인이 처음으로 예수 그리스도에 관한 구원의 복음을 듣게 되는 선교사와 이방인 사이의 첫 만남에서 이루어지는 사역이어야 한다. 이렇게 이방인에게 전파하는 것은 예수와 사도들이 했던 선포 활동의 연속으로 여겨지며 이것은 이미 메시지를 듣고 믿음을 가진 사람에게 교회가 제공하는 교육과는

---

16 Nida, *Message and Mission*, 184-88.

구분되는 것이다.

이방인에 대한 선교적 선포는 듣는 자가 믿음을 일깨우고 자신의 잘못된 믿음에서 예수 그리스도에게로 향할 수 있게 하려는 것이며 그 메시지는 하나님의 나라에 대한 진술과 예수 그리스도의 구원을 담은 짧고 간결한 내용으로 구성되어야 한다. 이 설교가 결실을 보게 되면 선교사는 더 깊은 가르침(didaskalia; 마 28:20), 즉 세례와 그리스도를 따르는 그리스도인의 신앙적 요소로 그들을 안내해야 한다. 이 짧고 간결한 이방인에 대한 선포는 그 자체가 특정한 장르다.

신학적으로 말하면 비록 오늘날 선교사 대부분이 이미 복음에 헌신한 사람을 가르치는 사역에 참여하고 있더라도 우리는 성경에서 그것을 발견하게 되고 또 그것의 중요성을 알고 있으므로 그런 형태의 일회적이고 독특한 '선교적 선포'를 주장해야만 한다.

이방인에게 복음을 전하는 것은 오늘날 '교회의 전체적인 차원에서 교인들을 참여'시키는 선포의 형태로 남아 있어야 하는데 그것은 기독교와는 거리가 멀고 실제로 그리스도에 대해 전혀 들어 본 적이 없는 사람들이 우리의 옆집에 이웃으로 거주하고 있는 상황을 발견하게 되었기 때문이다. 앞에서 언급했듯이 기독교 인구는 전 세계의 33-34퍼센트에 불과하므로 선교적 선포에 대한 과업은 교회의 다른 활동보다 많이 우선시되어야 한다.

비록 선교사와 전도자 또는 다른 사역자들이 구제 사역을 통해 기독교적 사랑을 표현하는 일에 참여하고 있더라도 교회는 성경과 루터교 신학으로부터 '선교적 선포'를 추구해야 할 의무가 있음을 깨달아야 한다. 이런 '케리그마적 동기'는 교회가 세상 가운데에서 불신자들을 찾으려고 노력하는 일에 대한 의무감을 제공한다.

5. 의사소통

복음 메시지를 세상에 전하는 전체 활동을 설명하기 위해 '의사소통'이라는 광범위한 용어를 사용하는 것이 관례가 되었다. 의사소통은 말씀을 다른 사람에게 전하는 선포, 증거 또는 비구술적 소통의 형태를 띤 모든 종류의 활동을 포함한다. 의사소통은 복잡한 언어 문제를 나타내며 전달자, 성경 본문, 청자와 같은 두세 관계 사이의 일련의 기호(sign)를 부호화(encoding)하고 해독(decoding)하는 체계를 연구하는 것이다.

복음을 선포하는 데 필요한 이 기술적인 측면만큼이나 중요한 것은 그런 의사소통의 거룩한 특성을 강조하는 것이다. 그렇지 않으면 단순히 복음을 전하는 기술에만 중점을 두게 되기 때문이다. 의사소통은 하나님도 이런 과정에 참여하고 계시다는 사실을 포함시키거나 제공해야 한다. 의사소통은 하나님이 말씀하시는 것과 관련이 있다. 불신자들의 삶에 개입하셔서 말씀하시고 그들을 이전 상태에서 완전히 변화시키시는 분은 하나님이시다.

그러므로 복음을 선포하는 것은 서로 다른 종교적 배경을 가진 두 사람 사이의 교차 문화적 사건 또는 상호 간의 대화 이상의 일이다. 그가 베이징에 있든 나이로비에 있든지 관계없이 하나님은 이런 특정함을 넘어서서 인간이 그분 앞에 서 있는 모습을 보신다. 성경은 모든 불신자 각각의 독특한 상황과 관계없이 공통으로 공유하는 일반적인 인류학을 제시한다.

비록 하나님은 다양한 상황 가운데 있는 사람들에게 다양한 언어로 복음을 전하도록 인간 대리자를 사용하시지만 이 대리자를 통해 화해라는 똑같은 목표를 가지고 말하게 하시는 분은 동일한 하나님이시다. 하나님 자신은 그들에게 말을 거시고 그분의 음성을 들려주시며 이 음성을 들은 사람들이 믿음을 갖고 자신을 섬길 수 있기를 원하신다(요 10:16).

'선포로서의 의사소통'에는 인간의 상태를 물으시고 용서를 베푸시는 하나님의 말씀하심에 대한 중요한 신학적 개념이 포함된다. 1544년 10월 5일 토르가우의 성교회(Castle Church in Torgau) 봉헌 설교에서 루터는 선포에 대한 명확한 복음적 정의와 그것에 우리가 어떻게 응답할지를 제시했다. 그는 다음과 같이 말함으로써 설교를 시작했다.

> 예배에서 우리의 존귀하신 주님만이 그분의 거룩한 말씀(Word)을 통해 우리에게 말씀(speak)하실 수 있으며 우리는 기도와 찬양으로 그분에게 응답한다.[17]

여기서 루터는 선포를 '하나님의 말씀하심'과 '우리의 응답'으로 정의한다. 하나님 자신이 사람들에게 말씀을 전하시며 그 하나님의 말씀하심에 대한 적절한 반응은 기도와 찬양이다. 실제로 하나님은 사람에게 복음을 단정적으로 말씀하신다. 즉, 듣는 사람이 응답할 수 있는 방법은 두 가지뿐인데 그것은 예수 그리스도에 대한 진실을 믿고 인정하거나 아니면 거절하거나 거부하는 것이다(요 14:6). 말씀을 들은 사람이 선택할 수 있는 세 번째 영역, 즉 회색 또는 중간 지대는 없다.

그러나 우리는 케리그마적 의사소통이 복음을 전하는 데 있어 다른 활동들을 배제시키지 않는다는 점을 강조할 필요가 있다. 성직자와 안수받은 선교사의 전파 활동은 여러 형태의 증거 중의 하나이다. 이런 이유로 '의사소통'과 '대화'라는 용어는 사람이 서로 복음을 전달하는 비공식적인 교류를 가리키는 데 도움이 된다.

유명하고 매우 존경받는 선교사인 루드비히 노멘손(Ludwig Nommenson, 1834-1918)은 복음 전도를 위한 '케노틱(kenotic, 자기 비움: 대화적) 접근'의 방식을 채택했다. 그는 강단에서의 선포에만 제한시키지 않고 사람들 가운데 삼위일체 하나님에 대한 희망, 영생, 순종과 관련한 질문을 던짐으로써 수마트라(Sumatra)섬에 사는 바타크족(Batak) 사람들과 복음을 나누기로 결심했다.

그는 그리스도의 생애를 본받아서(빌 2:5-11) 그런 대화 활동을 개인적인 삶의 방식과 결합했다. 노멘손 선교사를 이끌었던 기본 원칙은 자신이 바

---

[17] AE 51:333.

타크족 사람들을 이해하고 또한 그들이 자신을 이해할 수 있도록 하는 것이었다.[18]

불행하게도, '대화'는 많은 사람에게 포스트모더니즘에 대한 전문적 용어가 되었다. 오늘날 대화는 종종 그리스도인과 다른 종교를 가진 사람들 사이의 공개적인 상호 교환을 요구하며 양쪽 모두 개종시키려는 목표를 추구함이 없이 서로에게서 배우게 된다.

다시 말해서, 그리스도인은 다른 사람과 대화할 때 자신의 믿음과 신념을 포기할 준비를 해야 한다. 분명히 오늘날의 대화 개념은 노멘손이 추구했던 것과는 다른 원칙을 따른다. 교회는 안수받은 목사와 선교사에게 모든 그리스도인을 대신하여 나가도록 요청함으로써 매우 특별한 선포 활동에 전념한다. 그러나 모든 그리스도인은 그리스도를 적극적이고 의지적으로 증거함으로써 선교 사역에 헌신해야 한다.

이후의 장에서 우리는 그리스도인이 다른 사람과 그리스도를 나누는 동기에 대해 논의할 것이다. 여기서 그리스도인 각자는 더할 나위 없이 자신의 구원받음에 너무 기쁘고 감격하여 의식적이고 의도적으로 세상에 그리스도를 알리는 일에 참여하게 된다. 사도 바울은 이 기쁨을 너무 잘 알고 있었기 때문에 이것은 그에게 부담스러운 고통이 되었다.

> 내가 만일 복음을 전하지 아니하면 내게 화가 있을 것이로다(고전 9:16).

6. 하나님 말씀의 목표와 목적

종교개혁가들 특히, 루터는 하나님 말씀의 능력에 특별한 확신을 두었다. 루터와 다른 사람들에게 종교개혁이 성공할 수 있었던 이유를 묻는다면 그들은 성공이 인간의 활동이 아니라 하나님의 말씀에 의한 것이라고

---

[18] Schreiner, "Legacy of Ingwer Ludwig Nommenson," 81-84.

말할 것이다. 그것은 개혁가들이 하나님의 말씀에는 인간 대리자의 역할이 필요 없다고 말한 것처럼 들릴 수 있다. 즉, 말씀의 전파는 자동적으로 계속될 것이며 그 과정은 멈추지 않는다.

루터가 1523년 승천 주일 설교에서 선포했듯이 사람이 하루 종일 집에서 쉬고 있어도 하나님의 말씀은 세상 밖으로 퍼져 나간다.

> 이 메시지나 설교는 마치 돌을 물에 던지는 것과 같다. 그것은 주위에 물결과 원 또는 회전을 만들고 물결은 항상 바깥쪽으로 멀리 퍼져 나간다. 하나의 물결은 그것이 해안에 도달할 때까지 다른 하나를 계속 밀어낸다. 그것이 아직 중간에 있더라도 물결은 쉬지 않는다. 대신 물결은 앞으로 계속 진행된다. 설교도 이와 마찬가지다.[19]

데이비드 J. 보쉬는 로마서 1장 16절을 16세기 개혁가들이 가장 강조했던 성경 본문으로 선택했다.

> 내가 복음을 부끄러워하지 아니하노니 이 복음은 모든 믿는 자에게 구원을 주시는 하나님의 능력이 됨이라(롬 1:16).[20]

그러나 개혁가들은 하나님의 말씀을 수단(means)으로 삼았기 때문에 특히 신령주의자나 열광주의자와 같은 급진적 개혁주의자들로부터 많은 반대를 받았다. 이에 대해 열광주의자들은 하나님을 말씀에다 묶어둠으로써 하나님의 주권이 줄어들거나 억제된다고 생각했다.

루터는 그런 생각에 반대해 자신의 입장을 열정적으로 변호했다. 로마 가톨릭과 개신교의 배후에 빠르게 등장하는 '제3의 세력'인 오순절에 비

---

19 Stolle, *Church Comes from All Nations*, 24. 신앙고백서에도 동일한 확신이 표현된다. 예를 들어, SD II 55-56 (Kolb-Wengert, 554).
20 Bosch, *Transforming Mission*, 240.

추어 볼 때 그의 단호하고 비판적인 말은 오늘날에도 적용할 수 있다.[21] 루터는 다음과 같이 주장했다.

> 말로 표현하는 외적 말씀과 관련된 문제에 있어, 하나님은 우리에게 앞서서 주신 외적 말씀을 떠나서는 자신의 영이나 그 어떤 은혜도 베풀어 주지 않으신다는 것을 확고히 유지해야 한다. 우리는 열광주의자, 즉 하나님 말씀과 접촉하기도 전에 또는 접촉하는 것과 무관하게 이미 자신이 성령을 가지고 있다고 자랑하는 '영들'로부터 우리 자신을 보호하기 위해 이것을 말한다.[22]

복음에 대한 루터교의 확신은 그 기능과 목적과 관련이 있다. 복음이란 하나님 자신이 의도하신 대로 이 세상을 위해 그분의 일을 하시는 것임을 우리는 믿음을 통해 이해하게 된다.

> 구원받기를 원하는 모든 사람은 이 선포를 들어야 한다. 하나님의 말씀을 선포하고 듣게 하는 것은 성령이 사용하시는 도구이며 그 안에서 그것과 함께 그리고 이를 통해 성령은 효과적으로 일하심으로써 사람을 하나님께로 회심시키고자 하시며 그 안에서 그는 회심에 대한 사람의 소망과 그 완성에 영향을 미치길 원하신다.[23]

그러므로 우리는 지적인 생각을 요구하거나 또는 그들이 누구이고 무엇을 하는지에 관련하여 사람들에게 단순히 확인시켜 주는 추상적 정보를

---

21 데이빗 헤셀그레이브(David Hesselgrave)는 적어도 네 가지의 오순절주의 흐름을 식별한다. (1) 고전적 오순절주의 (2) 신 오순절주의 또는 카리스마적 오순절주의 (3) 가톨릭 카리스마운동(종종 가톨릭 성령쇄신운동이라 불림) (4) 제3세계 비백인 현지인 교회 내에서의 오순절운동; Hesselgrave, *Today's Choices for Tomorrow's Mission*, 117. 참조.
22 SA III/VIII 3 (Kolb-Wengert, 322).
23 SD II 52 (Kolb-Wengert, 554).

전달하는 것이 아니라 복음을 전파해야 한다.[24] 하나님의 말씀은 오히려 죄와 죄책감에 시달리거나 자신의 삶에서 일어나는 불안한 사건들을 통해 고통당하는 사람에게 양심에 대한 믿음과 위로를 가져다줌으로써, 이를 듣는 모든 사람에게 유익하고 유용한 교리나 메시지가 된다.

요컨대, 위에서 강조한 '루터교 신앙고백서'의 두 가지 인용문처럼 그것은 회심을 가져오도록 설계되었다. 궁극적으로 '선교적 선포'의 목표는 모든 청중을 예수 그리스도께로 부르는 것 외에는 없다. 그러므로 우리는 로마서 10장 11-13절과 17절을 참조하여 이방인에게 복음을 선포하는 목적은 믿는 자가 주님의 이름을 부르고 구원을 받음으로써 의롭게 되는 믿음을 깨닫게 하는 것이라고 말한다. 이런 회심의 목표는 종교적이고 심리적인 성격의 다른 모든 목표를 능가하는 것이다.

더욱이 말씀에 관한 루터교 신학은 '하나님이 말씀을 듣는 이들에게 어떻게 믿음을 일깨우셨는지'의 방법에 대한 세부 사항을 추측할 여지를 거의 남겨 놓지 않았다. 말씀은 '율법과 복음'으로 구성되어 있어서 하나님은 이 세상에서 율법의 공포와 복음의 위로를 통해 일하고 계시다는 것을 아는 것만으로도 충분하다.

'율법과 복음'은 종종 "사람에 대한 하나님의 두 가지 주요 사역"이라고 불린다.[25] 율법의 그 주된 용도는 다음과 같다.

> 회개하지 않는 사람의 마음을 두려워하게 하고 죄에 대해 알게 해 주며 회개를 가져온다.

---

24 단지 "확실한 지식"(acuti intellectores)이 아니라 "주의 깊은 듣기"(attenti auditores)가 요구된다. (Ap IV 33. Kolb-Wengert, 125); Brunner, "Rechifertigung heute," 131: "복음은 단지 정보, 가르침, 소식에 관한 것이 아니다. 복음은 권위의 말씀, 실행 능력을 가진 말씀 … 주고, 창조하고, 구원하고, 결단하게 하는 말씀이다."

25 Ap XII 53 (Kolb-Wengert, 195). 예를 들어, 일치신조의 확고한 선언 제5조 여러 곳 (Kolb-Wengert, 581이후)에서, 설교에 있어서 그것들에 대한 가장 큰 관심은, 율법과 복음이 두 가지 해석학적 원리로 사용되는 것과 성경을 읽는 것도 성령이 믿음을 역사하게 하시는 수단이라는 사실을 감소시키지 않는다 … (예, SD II 52, Kolb-Wengert, 554).

복음은 율법을 듣는 사람에게 힘을 북돋아 주고 위로해 줌으로써 율법의 기능에 대응하도록 설계되었다.

> 이 복음은 '그리스도를 통해' 하나님은 복음을 믿는 사람의 모든 죄를 용서하시고, '그리스도를 위해' 사람의 공로 없이 순전한 은혜로 그들을 자녀로서 받아주시며 그들을 의롭게 만들고 구원해 주신다고 선포한다.[26]

하나님의 말씀을 이런 '율법과 복음'이라는 두 가지 형식의 선포로 나누면서 개혁가들은 성경을 해석하고 인류를 다루는 하나님의 복잡성을 풀기 위한 열쇠를 찾았다. 율법은 하나님이 우리에게 기대하시는 것에 대한 의롭고 불변하시는 뜻을 나타내므로 그것은 우리의 부적절한 행동을 측정하는 기준이 된다. 그것은 인간이 하나님을 기쁘시게 하고 그분에게 받아들여지기 위해 자신의 본성, 생각, 말과 행동을 어떻게 처신해야 하는지를 보여 준다.[27]

이런 이유로 선교사는 율법을 명확하게 전파해야 하는 일이 절대적으로 요구된다. 그가 그렇게 함으로써 율법은 모든 사람의 실패를 밝혀내고 그들에게 하나님의 진노와 심판을 선언한다. 율법은 청중에게 그리스도께서 마지막 날에 재판관으로 다시 오실 것이라는 전망을 제공한다.

율법의 선포는 이를 듣는 자들이 하나님 앞에서 전적으로 타락했음을 폭로함에 따라 그들의 완고한 반대에 부딪치게 된다. 율법은 사람이 하는 일, 즉 사람의 실제 죄에 대해 책망할 뿐만 아니라 사람이 완전히 타락하

---

[26] SD V 24, 25 (Kolb-Wengert, 586); SD V 20 (Kolb-Wengert, 585). 법률과 복음의 변증법적 관계에 대한 강조는 특히 베르너 엘러트의 신학에서 분명하다. Elert, *Christian Faith*, 69-100. 참조. 내용과 기능을 분리해서는 안 된다. Horde, "Forensic Justification and the Law." 293-94. 참조.

[27] SD V 17 (Kolb-Wengert, 584). "율법을 선포하면 회개하지 않은 사람들의 마음에 두려움이 생겨 자신의 죄에 대해 깨닫게 되며 회개하게 된다." (SD V 24, Kolb-Wengert, 586); 아우크스부르크 신앙고백 해설 제4조 9 (Kolb-Wengert, 121): "하나님의 분노 또는 심판." 루터는 율법을 하나님의 심판과 진노를 드러내어, 정죄하고 죽일 "벼락"이라고 묘사했다. (SA IIIII 2, Kolb-Wengert, 312).

고 어떤 선한 것도 갖고 있지 않다는 것을 밝힘으로써 더 깊게 나아간다. 모든 인간은 죄로 잉태되고 태어났으며 그들은 모두 율법의 고발 아래에 동등하게 서 있다(시 51; 롬 3:23).²⁸

태아로부터 갖고 태어나는 이 선천적인 타락은 본래적이고 유전적인 또는 개인적인 죄와 같은 다양한 용어로 설명될 수 있다. 각 용어는 '아담의 첫 번째 죄를 통해 사람이 하나님에게 분명하게 접근할 수 있는 능력을 결핍'하게 되었고 대신에 '죄에 대한 선천적 성향을 가지게 되었다'라는 슬픈 현실을 표현한다.

교회의 전통적인 언어로 그런 성향을 '정욕'이라고 말한다. 그것은 사람을 하나님에게 대항하도록 하는 힘이나 욕망이며 '무엇보다도 하나님을 두려워하고 사랑하고 신뢰'하지 않도록 이끈다. 실제로 루터는 모든 계명을 지키지 않는 근본적인 원인은 정확히 '하나님을 두려워하고 사랑하고 신뢰'하는 것에 대한 결핍 때문이라는 것을 깨달았다.²⁹

사람이 하나님을 멸시하는 원인은 자신의 타락한 상태에 대한 소식을 기꺼이 받아들이지 않으려 하며 또한 자신이 그렇게 되었다는 것을 이해할 수 없기 때문이다. 루터는 다음과 같이 말했다.

> 유전적 죄는 너무 깊은 본성의 타락이기 때문에 이성은 그것을 이해할 수 없다.³⁰

---

28 SA IIIII 4 (Kolb-Wengert, 312): "율법의 가장 중요한 직무 또는 힘은 유전된 죄와 그 열매를 드러내는 것이다. 그것은 인간 본성의 깊이가 얼마나 타락했고 완전히 부패했는지를 보여 준다." 아우크스부르크 신앙고백 해설 제4조 14 (Kolb-Wengert, 589): "율법의 올바른 기능" SD II 17 (Kolb-Wengert, 547); SD V 12, 20, 22 (Kolb-Wengert, 583, 585). 참조. "여기에는 어떤 사람도 예외가 없다." '아우크스부르크 신앙고백서' 제2조 1 (Kolb-Wengert, 37): "모든 인간 존재"; 슈말칼드 신앙고백 IIIII 1 (Kolb-Wengert, 312): "모든 세상" "어떤 인간도."
29 루터는 십계명에 대한 각 설명을 다음과 같은 문구로 시작하여 이런 점을 지적한다.: "우리는 하나님을 두려워하고 사랑해야 한다." (SC I 2, Kolb-Wengert, 350).『대교리문답』의 십계명 첫 번째 계명에 대한 설명에서, 루터는 모든 종교의 뿌리는 마음이 정확하게 참 하나님에게 의지하는 데 실패했다고 지적했다. LC I 2-3 (Kolb-Wengert, 386). 멜랑히톤은 아우크스부르크 신앙고백 해설(Apology)에서 이런 생각을 선택했다. Ap IV 7-8 (Kolb-Wengert, 121).
30 SA III I 3 (Kolb-Wengert, 311).

따라서 율법을 들을 때 성령이 없는 인간의 마음은 '자기만족에 빠져 하나님의 심판을 멸시하거나 형벌에 아랑곳하지 않고 자신을 심판하시는 하나님을 피하고 증오한다.'[31]

오직 하나님만이 이 반대나 반항을 제거하실 수 있다. 성령은 하나님과 사람의 화해를 이루시기 위해 복음을 통해 사람에게 믿음이 일어나도록 하신다. 더욱이 복음은 사람에게 선한 일을 하게 하고 십계명의 첫 번째 계명을 이행하도록 만든다.[32] 그러므로 복음은 거울로서의 율법의 기능을 보완해 주어야만 한다. 그것은 용서가 가까이 있으며 하나님이 그리스도를 위해 용서를 은혜롭게 베풀어 주신다는 확신과 함께 회개와 절망을 제거해 주는 것이다.[33]

이것은 하나님의 법정적이고 종말론적인 행동이다. 율법에 따라 내려진 심판이 심판의 날을 미리 보여 주듯이 복음에 의한 믿음의 선물은 사라지지 않을 영원한 구원을 준다.

> 죄의 용서는 종말론적 현실이다.[34]

복음 선포와 증거에서 '율법과 복음'을 적절히 구별하지 못하게 되면 교회 생활과 교회의 선교에 치명적 결과를 초래하게 된다. 도미노 효과와 같이 율법과 복음의 혼돈은 앞에서부터 하나씩 차례대로 넘어지게 한다. 그것은 그리스도께서 우리를 위해 행하신 일에 대한 모든 명예와 영광을 감소시킨다.

---

31 Ap IV 34-38 (Kolb-Wengert, 125-26). SD II 17 (Kolb-Wengert, 547). 참조.
32 AC XIV 4 (Kolb-Wengert, 49); AC XX 29, 36-37 (Kolb-Wengert, 57); LC II 10 (Kolb-Wengert, 432).
33 SD V 21 (Kolb-Wengert, 585); Ap XII 79 (Kolb-Wengert, 200-201). 베르너 엘러트는 다음과 같이 말씀의 변증법적 기능과 관련이 있다.; "하나님에게서는 진노와 은혜가 드러나고, 인간에게서는 죄와 믿음이 드러난다." (*Christian Faith*, 87).
34 Prenter, *Spiritus Creator*, 244. Ap IV 305 (Tappert, 154); Ap IV 41 (Kolb-Wengert, 126-27) 참고.

말씀은 한 번 그 효력이 상실해 버리게 되면 위험한 인간 중심주의가 나타나 구원의 계획에 있어 우리의 업적과 역할을 환영하게 된다. 그리스도께서 우리를 위해 하신 일보다 우리의 공헌이나 노력을 높이는 것은 참으로 침통한 목회적 실수일 것이다. 결국, 인간 중심주의는 그리스도 안에서의 참된 위로에 대해 고뇌하고 있는 양심을 빼앗아 갈 것이다. 우리의 행위가 '칭의와 구원의 조항으로 끌어들여져 섞이게 될 때' 신학적 언어는 이 문제를 칭의와 성화의 잘못된 혼합이라고 취급한다.[35]

7. 언어와 번역

지금까지 우리는 복음 선포가 가진 신학적 측면에 대해 논의했으며 더욱 두드러진 신학적 차이에 대해 강조했다. 위에서 지적한 바와 같이 저명한 선교학자들은 언어학에 관심을 기울이게 되었고 선교의 의사소통 기술과 기호론(pragmatics)을 강조하기 시작했다.

20세기 후반 선교학은 대부분 유진 나이다(Eugene Nida)의 『메시지와 선교』(Message and Mission)의 영향력 있는 출판으로 말미암아 기술적인 방향 전환을 이루었다.[36] 결과적으로 언어학과 철학과 함께 문화 인류학은 선교학의 중요한 부분으로 자리 잡게 된다.

하비 콘(Harby Conn)에 따르면, 현대의 선교학은 삼중 구조를 취해야 한다. 신학과 선교학의 전통적인 기둥 옆에는 언어학 분야가 있으며 이것은 성경의 지역적 해석과 상황화에 중점을 둔다.[37] 그러므로 언어학은 '성경

---

35 SD IV 22 (Kolb-Wengert, 578); SD III 28 (Kolb-Wengert, 566), SD V 1 (Kolb-Wengert, 581), 유죄와 관련해서는 '아우크스부르크 신앙고백서' 제2조 3 (Kolb-Wengert, 39) 참조.

36 출판 정보는 참고 문헌을 참조할 것. 그 이후로 이에 대한 많은 공헌이 있었다. Kraft, *Christianity in Culture*, 131–46, 392-94. 그리고 Van Rheenen, *Missions*, 113-33. 등을 참조.

37 Conn, *Eternal Word and Changing Worlds*. 언어 학자인 헤셀그레이브는 그 삼중 구조가

의 세계나 성경 본문의 영역,' '발신 또는 의사소통의 맥락,' 그리고 '대상 문화' 간의 역동적 관계를 자세히 검토한다.**38**

분명히 대상 그룹 사람들의 언어를 배우고 말하는 것은 모든 선교 과업의 기본적인 전제 조건이다. 이를 위해 선교학은 항상 언어학 영역을 탐구해 왔다. 그러나 오늘날 많은 사람은 사회 과학 분야에서 학위를 받은 인류학자나 언어 학자가 선교에 특히 적합하다고 생각한다. 물론 선교가 문화 인류학과 더 넓은 사회 과학 분야에서 통찰력을 얻고는 있지만 그것은 여전히 과업이라는 측면에서 전반적인 신학적 특성을 유지해야만 한다.

> 그들은 어떤 의미로든 대체될 수 없으므로 사회 과학을 통한 선교에 대한 성찰은 진정으로 보조적이라는 것을 입증해야만 한다.**39**

분명히 언어 연구, 특히 특정 집단의 지역 언어를 배우는 것은 항상 선교사 훈련의 중요한 요소였으며 현장에서의 성공 대부분은 대상 사람들의 관습과 언어에 대한 철저한 지식에 따라 결정되었다. 성공의 표시는 선교사가 통역자에게 의존하지 않고 외국어로 복음을 전파하는 것이다. 개신교 선교는 항상 예배와 선포를 위해 다른 언어를 받아들이는 열린 자세를 취해 왔다.

중세 이후로 루터는 그 접근법에 대한 최초의 성공적인 지지자 중 한 명이었다. 그러나 그 전에 선교사 울필라스(Ulfilas, 약 311-383년)는 고딕 언어의 알파벳을 개발하고 성경을 그 언어로 번역했다. 북유럽어가 문자 언어(문어)가 될 수 있도록 기초를 제공한 첫 번째 언어가 바로 지금은 멸종된 이 동게르만(East Germanic)어이다.**40**

큰 잠재력이 있다고 생각하지만, 그는 성경의 권위를 손상할 수 있는 위험을 고려하여, 인류학에 큰 비중을 두고 있다. Hesselgrave, *Today's Choices for Tomorrow's Mission*, 145.
38 Nida, *Message and Mission*, 46.
39 Scherer and Bevans, *New Directions in Mission and Evangelization*, 2:182.
40 Neill, *History of Christian Missions*, 48-49.

반대로 로마가톨릭 선교는 전례 언어로 라틴어를 엄밀히 고수했으며 콘스탄틴(*Constantine*, 나중에 시릴, 826-829)과 메소디우스(*Methodius*, 약 815-885)라는 슬라브(Slav)의 두 위대한 선교사를 제외하고는 '제2차 바티칸 공의회'(1962-65)까지 지역 언어를 억압했다. 동로마에서 온 시릴과 메소디우스는 로마 교황청에 그들의 사역을 위한 법적 허가를 신청하고 이에 대한 권한을 부여 받았다.

그들은 소위 글라골 문자(Glagolitic script)라는 알파벳을 만들었고 오늘날 우리가 알고 있는 현대 슬라브어의 전신인 고대 교회 슬라브어(Old Church Slavonic)로 성경과 전례를 번역했다.

그러나 일반적으로 로마 교회는 그런 관행이 혁명적이라고 여겨 그를 폐지하려고 했으며 라틴어를 서구의 유일한 전례 언어로 사용했다. 비록 예배자들이 예배에서 무슨 일이 일어나고 있는지 거의 이해하지 못하더라도 로마 교회는 야만인의 언어가 전례의 존엄성을 위해 적합하지 못하다고 생각했다.[41]

루터 자신도 부지런히 성경을 독일어로 번역하려고 했으며 그렇게 하면서 '사람들의 입을 주의 깊게 관찰'하는 규칙을 따랐다.[42] 다시 말해서, 루터는 사람들이 일상적인 집안일과 의무를 추구하면서 자신을 표현하는 방법에 관심을 가지고 바라보았다. 이 개혁가에 의해 제시된 이런 원칙은 모든 개신교 선교사에게 영감이 되었다.

전 세계의 개척 선교를 위한 '위대한 세기'라고 불리는 19세기는 성경을 세계의 여러 언어로 번역하는 일에서도 가장 큰 성과를 거두었다. 이 작업은 오늘날까지도 성경 번역 작업에만 전념하는 단체들과 함께 계속 진행되고 있다.

개척 선교사들은 비록 식민지 확장에 관한 관심과 더불어 선교지 사람들에게 전반적으로 문화적 무감각을 보여 퇴색된 이미지를 갖고 있음에도 불구

---

41 Neill, *History of Christian Missions*, 73.
42 *On Translating: An Open letter* (1530), AE 35:189. Sanneh, *Translating the Message*, 78-79.

하고 성경 메시지를 현지 언어로 전달하려는 그들의 노력은 진정으로 훌륭한 업적이라 할 수 있다. 처음부터 선교사들은 성경 번역을 우선순위로 삼았다.

인도 최초의 독일 개신교 개척 선교사인 바돌로뮤 지켄발크(Bartholomaus Ziegenbalg, 1682-1719)는 타밀어를 사용하는 인도인을 위해 신약과 구약의 많은 부분을 번역했다. 개척 선교사이자 언어 학자였던 로버트 모팻(Robert Moffat, 1795-1883)은 1817년 런던선교회(London Missionary Society)에 의해 남아프리카로 파송 받았을 때 즉시 성경을 츠와나어(Setswana)로 번역하는 일에 착수했다.

전 세계에서 수행된 많은 번역 프로젝트 중 일부는 성공을 거두었으나 윌리엄 캐리의 캘커타에서의 노력과 같은 일부 번역 프로젝트는 알렉산더 더프(Alexander Duff)와 같은 더 뛰어난 언어 학자가 출연하여 더욱 향상된 번역을 제공했을 때 그 중요성을 잃게 되었다. 번역 작업은 아직 완료되지 않았다. 성경 외에도 사람들의 신앙을 심화시키기 위한 중요한 문헌들의 번역은 이제 자격을 갖춘 학자와 선교 기관의 손에 달려 있으며 이런 작업은 전 세계적으로 여전히 진행되고 있다.[43]

성경과 기타 서적의 번역에 대한 개신교 선교사들의 공헌은 그런 임무가 대부분 정기적인 선교사 업무 이외의 추가적인 일로 수행되었다는 사실을 고려할 때 이는 실로 엄청난 노력이었다. 선교사들은 문법, 사전, 교리적 도움, 주석 및 목회 신학의 지침서와 같은 기초 작업을 번역하고 작성하기 위해 밤늦게까지 공부해야만 했다.

이 문헌들은 실제로 현지 교회와 목회자를 훈련하고 양육하기 위한 목적으로 사용되었으며, 기독교 메시지가 그들의 모국어로 선포되고 들려질 수 있었다. 사실 선교사들은 개인적인 건강과 가족생활에 대한 중압감, 그

---

[43] 번역에 대한 윌리엄 캐리의 초기 노력에서의 좌절은, 1812년 그의 귀중한 원고가 창고에서 화염에 휩싸일 때 상기된다. 그러나 벵골어, 산스크리트어, 마라티어로의 성경 전체의 방대한 번역의 질은, 실력 있는 언어학자이자 캐리의 조력자였던 알렉산더 더프가 나중에 인정했듯이 개선이 필요했다. Tucker, *From Jerusalem to Irian Jaya*, 118-20. 참조.

리고 시간과 재정에 대한 압박이 조금이라도 덜했다면 훨씬 더 많은 출판을 할 수 있었을 것이다.[44]

8. 상황에 따른 도전들

기독교 메시지의 번역은 상황과 관련되어 있다. 그러나 복음의 상황화 작업은 도전적인 노력이며 이를 위해 취해야 하는 조치는 각각 매우 다르므로 모든 상황을 전부 설명할 수가 없다. 다시 말해서, 성경적 진리의 의미를 가능한 한 주어진 상황에 적합하게 전달하려는 시도는 엄청나게 어렵고 도전적인 것이다.

610년에 교황 그레고리(Pope Gregory)가 영국 켄트에 있는 캔터베리에 파송한 선교사인 아우구스티누스(Augustinus Cantuariensi)에게 보낸 편지에서 보여 주었던 상황화에 대한 하나의 고전적인 조언이 있다. 아우구스티누스는 기독교 선교가 두 가지, 즉 이교도 관행에 관한 '신중한 연구'와 이것을 '기독교의 관행으로 점진적으로 대체'하는 것으로 구성되어 있다고 생각했다. 이에 교황이 답변했다.

> 이 사람들의 이방인 신전은 파괴될 필요가 없고 그들 안에 있는 우상만이 파괴될 필요가 있다. 그들의 신전이 잘 지어진 경우에는 악마 숭배로부터 그들을 분리해 참 하나님을 예배하기 위한 장소로 개조시키는 것이 좋다. 희생 제의를 위해 모일 때 그들은 악마에게 바치기 위해 많은 황소를 죽이는 데 익숙하므로 그들에게 이를 대체할 만한 축제를 지정해 주는 것이 합리적으로 보인다.

---

[44] 다행히도 과거 선교사들의 문학적 기여를 밝혀내기 위해 새로운 노력이 이루어지고 있다. 중요한 신학 및 교육적 문헌을 번역하려는 노력에 대해서는 10여 년 전에 설립된 Lutheran Heritage Foundation(LHF)의 업적을 인정해야 한다.

사람들은 악마를 기리는 것이 아니라 하나님에게 경의를 표하고 그들의 음식으로 쓰기 위해 가축을 죽이는 법을 배워야 한다. 그들이 먹고 배가 부르게 되면 모든 좋은 것을 주신 분에게 감사해야 한다. 우리가 그들에게 이 외적인 기쁨을 허용한다면 그들은 진정한 내면의 기쁨을 향한 길을 찾을 가능성이 크다. 높은 산을 오르기 시작한 사람이 급속하게 나아가지 않고 한 걸음씩 일정한 속도로 올라가는 것처럼 난폭한 마음이 한번에 모든 악습을 끊어버리는 것은 의심의 여지 없이 불가능하다.[45]

이 인용문은 복음을 통하여 외적 관행과 행동 그리고 인공적으로 만들어진 것들을 변화시키는 것이 얼마나 중요한지를 생생하게 묘사해 준다. 하지만 사람의 신념 체계와 세계관의 완전한 변화 없이 외적인 것을 제거하는 것만으로는 기독교에 대한 장기적인 생명력을 산출해 내지 못할 것이다.

9. 역동적 등가와 문자적 등가

복음은 인간의 말로 이해할 수 있는 말씀의 선포를 통해 전해진다. 메시지는 상황에 의해 영향을 받을 수 있으며 언어 자체의 특성에 대한 논의도 발생할 수 있다. 언어의 문제에 대해 두 그룹의 언어 학자, 이른바 '순수주의자'(또는 문자주의자)와 '역동적 등가'를 주장하는 사람들이 의견을 달리하고 있다.

'순수주의자'들은 성경의 단어나 본문의 문자적 의미에 충실하기 원하는 반면에 문자 그대로의 번역 방식보다 역동적인 등가를 선호하는 사람들이 있다. 두 진영 모두 중요한 지적을 한다. 적어도 이런 주장은 기독교 메시지를 선포하는 것이 실제로 복잡한 일임을 보여 준다. 복음을 전하는

---

45 Thomas, *Classic Texts in Mission and World Christianity*, 22.

사람은 종종 본문과 청자 모두에게 가능한 한 충실하기 위한 노력으로 언어의 구조와 그것의 상징에 대해 고민해야 한다.

실제로 복음이 특정 문화와 상황에 접하게 될 때 이 문제와 관련된 적합한 해결책은 거의 없다. 그러나 하나의 일례는 이런 논의의 가치를 예시해 줄 수 있다. 고린도후서 5:18-20에 나오는 헬라어 '카탈라게'(καταλλαγη, 전통적으로 '화해'로 번역됨)는 '적대적인 세상을 자신과 화목하게 하시려는 하나님의 활동'을 암시한다. 성경과 신학은 이것을 인간의 업적과는 별도로 하나님이 혼자 행하시는 일방적인 일로 설명한다. 변화하는 청중을 만족하게 하려고 한 번역은 그 단어의 의미를 '친구를 사귐'으로 만들었다.[46]

그러나 그런 번역은 하나님의 단독적인 구원(*monergism*)을 파괴하고 하나님을 사람과 동등한 입장에 서게 한다. 이 예에서 성경 용어의 문자적인 의미는 역동적 등가에 반대하며 주의를 기울인다. 여기서 취해야 할 중요한 단계는 단어의 의미를 원래의 문맥(어원적 의미)으로 되돌리는 것뿐만 아니라 시간이 지남에 따라(통시적 접근) 현대적인 이해(공시적 접근)에 대한 의미를 따르는 것이다.

이 절차는 어떤 특정한 의미가 전체 복음 메시지에서 생략되어서는 안 된다는 사실을 드러내 준다. 이 경우 선교사는 그 개념이 이질적인 것일지라도 필수 불가결한 의미는 반드시 사용해 줘야 한다. 필수 불가결한 의미에 대한 아이디어는 파푸아뉴기니나 알래스카의 이뉴잇(Inuit) 지역과 같은 곳에 있는 선교사들이 비록 이 개념이 현지인들에게는 이질적이지만 왜 양을 돌보는 일에 대한 성경적 주제를 계속해서 가르치는지의 이유를 설명해 준다.

보츠와나(Botswana) 북부와 짐바브웨(Zimbabwe) 남부에 있는 칼랑가(Kalanga) 사람들에 대해서도 마찬가지로 그들에게 와인이나 포도원 그리고 포도나무 열매 같은 성경적 개념이 익숙한 것은 아니었지만 그런데도 이런 개념들은 그들에게 익숙해지게 되었다. 그러므로 선교사가 보았을 때 성

---

46 Beck, *Holy Bible: An American Translation*.

경 메시지의 문자적 의미를 그대로 사용하는 것이 필수 불가결하다고 생각된다면 그는 그 의미를 가져와서 적절한 교리 교육을 통해 보완할 수도 있다.

10. 변증론, 사도적 성육신 및 접촉점

선교적 선포는 성경의 번역과 선포를 포함할 뿐만 아니라 선교적 변증론에도 관여한다. 기독교인은 기독교에 대한 일반적인 오해와 비판에 대항해 설득력 있고 합리적으로 주장하는 일의 가치를 과소평가해서는 안 된다. 선교학자 올라프 마이클버스트(Olav Myklebust)는 다음과 같이 변증학의 필요성을 강조한다.

> 비기독교적 신앙과 그런 삶의 방식과 기독교와의 대면은 학문적 문제일 뿐만 아니라 교회의 존폐 문제이기도 하다. 가장 위기 가운데 처해 있는 것은 복음의 본질과 목적이다.[47]

분명히 변증론은 교회의 증거를 위한 보조적 학문이다. 물론 그것이 '율법과 복음' 또는 '성례전'의 역할을 대신할 수는 없다. 복음은 본질적으로 '자기 인증적'이므로 증거가 필요하지 않다.[48] 그러나 기독교 증거의 중요한 시녀인 변증론은 언론, 문학, 대중의 견해 가운데 존재하는 기독교에 대한 일반적인 실제 오류와 실수를 다룬다.

사도 바울도 사도행전에서 자신의 메시지와 사역 그리고 믿음에 반대하는 사람들과 논쟁했고 그들을 설득했다(행 26:2). 더욱이 그는 높은 곳에서 아래를 내려다보는 관점(bird's-eye perspective)이나 승리의 방식으로 상대방

---

[47] Myklebust, *Study of Missions*, 1:29; Jongeneel, *Philosophy, Science, and Theology of Mission*, 2:343-45.
[48] Valleskey, *We Believe — Therefore We Speak*, 111.

에게 접근하지 않고 자발적으로 자신을 낮추기로 선택했다(고전 9장).

사도 바울은 그의 전인격을 의사소통 과정에 가져왔고 신학적 접근뿐만 아니라 그의 증거를 위해 비언어적 접근 방법을 채택한 것이 분명하다. 그의 선교사 생활 방식은 기독교 신앙을 타협하지 않으면서 자신의 의복, 행동 및 식습관에서 충분히 유연했다.[49] 인간으로서의 바울은 다른 사람을 그리스도께로 인도하는 데 전적으로 헌신함으로써 진정으로 특정 율법으로부터 자유했고 이를 실천해 보였다.

선교학자들은 이런 바울의 태도를 파악한 후 성육신적 증거를 독려하기 위해 '사도적 성육신'이라는 문구를 만들었다. 이 성육신적 선교 접근 방식은 예수 그리스도와 사도 바울의 사역과 삶에서 제시된 제1 원칙을 따른다.[50] 핵심은 선교에 종사하는 모든 사람의 '삶'이 그들의 '메시지의 주장을 반영'해야만 한다는 것이다. 이것은 모라비아 선교사들이 면밀하게 따르던 원칙이었다.

예를 들어, 1730년대 초 모라비아 선교사 레온하르드 도버(Leonhard Dober)와 토비아스 류폴드(Tobias Leupold)가 세인트 토마스(St. Thomas) 섬의 노예들 사이에서 선교 사역을 하도록 파견되었을 때 그들은 스스로 노예가 될 계획을 세웠다.[51] 1738년 진젠도르프(Zinzendorf)는 모든 불신자는 성경에서 말하는 '그리스도의 십자가'나 '창조주 하나님'에 대한 이해를 갖고 있지 않다고 진술하면서 선교사들에게 급진적인 그리스도 중심적 접근 방식을 분명히 사용하도록 지시했다.

전자의 '그리스도의 십자가'가 이방인에게 미련한 것(고전 1:23)이라는 내용에는 대부분이 동의할 것이지만, 일반 계시에 기초한 청중들은 하나님이 창조주로서 성경에 묘사된 방식과 어느 정도 공통된 감정을 공유할 수 있기 때문에 후자의 입장에 대해 동의하는 것은 주저하게 될 것이다.[52]

---

49 Braaten, *Apostolic Imperative*, 77-78.
50 Guder, *Incarnation and the Church's Witness*, xii.
51 Roy, *Zinztndorfs Anweisungen*, 13.
52 돈 리차드슨(Don Richardson)은 자신의 책 『평화의 아이』를 통해 "구속사적 유비"라

'선교적 선포'를 위해 가교 역할이나 연결점(Anknüpfungspunkte)을 마련하는 일을 필요로 하는가?

설교자는 메시지를 전할 때 청중의 편의를 도모해야 하는가 아니면 복음이 사람들의 마음속에서 자신의 길을 찾도록 해야 하는가?

이론적으로는 적어도 루터교의 신학은 타 종교가 갖는 하나님에 대한 일반적인 지식이 가교 역할을 한다는 생각을 결코 거부한 적이 없다. 그리고 앞에서 언급한 바와 같이 선포는 언어적 문제만을 의미하지 않는다. 그것은 우리가 언급한 사도 바울 자신이 사용한 방법(고전 9장)과 같이 대화에서 상대방에게 자신을 낮추려고 하는 설교자의 전인격을 포함한다.

이 문제에 대한 대답은 선교사가 만나는 청중의 유형에 따라 다르다. 다시 말해서, 선교사는 사도들과 마찬가지로 자신의 청중을 신중하게 구별해야 한다. 바울은 이방인 청중을 대할 때는 유대인과 다른 방식으로 이야기했다. 유대인 가운데서 이야기할 때 바울은 율법과 선지자에 대해 토론했고 그들에게 이에 대한 순종을 요구했다. 그는 또한 그들에게 하나님이 그리스도를 통해 나타나셨다는 것을 분명하게 듣도록 보장해 주었다.

이교도의 경우는 달랐다. 그들은 루스드라에서의 사건이 보여 주듯이 (행 14:8-18) 한 분의 신에 대해 듣는 것이 익숙하지 않았고 여러 명의 신과 그들에 대한 신화적인 이야기에 대해 더 많이 익숙해 있었다. 기독교 변증론 학자들은 청중들, 특히 영지주의와 그리스 철학을 따르는 사람들 사이에서 온갖 종류의 거짓 유사점들을 제거하려고 노력했다.

오늘날의 탈 기독교 상황에서 설교자는 그의 청중이 인식하고 있는 하나님과 기독교에 관한 어떤 생각을 찾을 수 있을 것이라 기대한다. 그러나 그가 청중과의 공통된 연결 다리를 구축하는 방법을 찾으려고 노력할 때 그는 선포가 가진 온전한 특성을 타협하게 되는 위험에 처할 수 있다.

성경에서의 설교는 항상 예수 그리스도의 생애와 인격을 완전히 드러내고 있기 때문에 아무리 공통된 접촉점을 찾더라도 복음 선포는 결코 예수

고 부르는 것에 대해 주장했다.

그리스도에 관한 계시된 진리를 간과하지 않는다. 사도 바울은 부활하신 그리스도를 가리킬 때 이 사실을 보여 주었다(행 17:31).

그러므로 청중을 연구하고 그들이 하나님에 관한 메시지를 발견할 수 있도록 하는 방법은 '복음이 그들을 그리스도 안에서 새로운 삶으로 변화' 시킬 수 있도록 '그리스도를 온전히 드러내는' 궁극적인 목적에 기여한다.

따라서 우리의 기독교 증거는 단순히 기독교 메시지와 비기독교 종교의 것을 '일치'시키거나 그와 유사점을 찾거나 비교하는 방법으로 하지 않는다. 그 대신에 목표는 죄인을 회개와 믿음(칭의)으로 이끌기 위해 청중의 선입관을 바꾸고 수정하는 것이다.

칭의는 복음을 통해 그를 다시 소생시키기 위해 사람을 교정하고 책망하고 감동받게 한다. 일반 계시는 하나님에 대한 올바른 예배를 제공해 주지 못하고 부정적으로 말하면 궁극적으로 그를 부인하게 만드는 그릇된 지식과 그릇된 예배를 제공해 주기 때문에 우리는 삼위일체 하나님에 대한 기존의 지식을 바탕으로 하는 단호한 접근법을 주장하기 위해 힘써야 할 것이다.

분명히 복음을 위한 연결 다리를 건설하는 것은 결국 성령을 통해서만 이루어질 수 있다.[53] 인류학적 통찰은 선교사 선포가 어떻게 믿음을 가져오는지를 적절히 설명할 수 없다. 왜냐하면, 인간은 하나님의 창조된 피조물이지만 하나님과 의사소통할 수 있는 타고난 능력을 가지고 있지 않기 때문이다.[54]

기독교의 증거는 성령을 통해 이뤄지는 사역을 가리켜야 한다. 성령만이 믿음과 하나님과의 관계로 인도하는 힘을 가지고 계신다. 의사소통에서의 성령의 역할은 또한 사람과 하나님 사이의 관계를 자극하려고 하는

---

53 LC II 31-33, 44-45 (Kolb-Wengert, 434-35, 436); Ap II 10 (Tappert, 102); Ap IV 298 (Tappert, 153): Ap XII 50-52 (Tappert, 189). Holsien, *Das Kerygma und der Mensch*, 61-65; Strasser, "Das Wesen der Mission nach lutherischem Verständnis," 11. 참조.

54 Blauw, *Goden en Mensen*, 163: "그러므로 사람은 인간에게 있는 가능성에 대해 말하지 않고 오직 하나님의 은혜 안에서 주어진 현실에 대해서만 말해야 한다."

어떤 종류의 힘, 부정직, 유혹 또는 설득이 제거되도록 하는 것이다.

성령의 역할은 또한 우리의 증거가 실패했음을 설명한다. 사무엘 즈웨머(Samuel Zwemer, 1867-1952)는 거의 38년 동안 아라비아와 이집트에서 수고했지만 단지 소수의 무슬림만이 기독교 신앙을 고백하는 것을 보았다. 로버트 모팻(Robert Moffat)은 베틀레핀(Batlhaping) 부족의 한 사람이 개종하기까지 15년을 기다렸다.

이 '실패'의 원인은 무엇인가?

사람을 믿음과 세례로 인도하지 못하는 것은 선교사의 제한적인 의사소통 기술의 결함 때문이 아닐 수도 있다. 명백한 실패는 신학적으로 사람이 하나님을 거부한 것으로 설명될 수 있다. 결국, 실패는 교회의 선교가 항상 씨름해야 하는 '숨겨진 하나님의 영역'에 속하는 설명할 수 없는 현상이다.[55]

---

[55] SD XI 40 (Kolb-Wengert, 647). 의사소통의 효과성 또는 비효율적 특성을 조사하는 '결과 지향적 의사소통'에 대한 설명은 Kane, "Work of Evangelism," 564-68쪽을 참조할 것.

제12장
선교적 목표

1. 연속으로서의 목표

우리는 지금까지 의사소통의 맥락에서 말씀을 통해 역사하시는 성령이 '어떻게' 선교하시는지에 대해 살펴보았다. 우리는 이제 '왜'에 관한 물음, 즉 선교의 목표에 대해 살펴보도록 하겠다. 그러나 선교의 목표를 둘러싼 논의는 독자들이 처음에 예상했던 것보다 더 복잡할 수 있다. 선교학자들의 지속적인 도전은 선교의 목표가 무엇인지를 정의하는 것이다.[1]

선교 목표에 대한 명확성은 선교 사역에 참여할 사람들의 전략, 과제 및 역할 등에 큰 영향을 미칠 것이다. 우리는 모든 사람이 예수 그리스도를 믿도록 하기 위해 복음을 열방에 가져온다는 가장 중요한 목표에 대해 이미 지적했다. 따라서 우리는 다시 한번 선교신학의 핵심 조항으로서 그리고 선교를 함에 있어 선교사의 핵심 목표(롬 10:14-17)로서 '칭의 교리'를 확인한다. 설교자는 죄인에게 회개하고 예수 그리스도를 믿도록 요청한다. 이것은 요단강에서의 세례 요한의 본질적인 임무였다(막 1:4; 마 3:2). 그것은 또한 지상에서 예수 그리스도의 선포 활동의 일부였으며(마 5:17; 11:20-21; 12:41; 눅 5:32) 베드로(행 2:38; 3:19)와 바울(행 17:30; 26:20)과 같은 사도들에게도 마찬가지였다. 그러나 우리는 신앙과 회심을 일으킨다는 목표를 교회라는 더 넓은 맥락 안에 두어야 한다. 개인의 신앙은 세례를 통

---

1 다양한 모델에 관한 논의는 뮐러와 순더마이어의 *Dictionary of Mission*, 431-32쪽을 참조할 것.

해 공동체에 들어간 후에 교회 안에서 영양을 공급받고 유지된다(행 2:41; 롬 12:4, 5; 고전 12:13).

그러므로 세례는 신자의 명백한 영적 삶의 시작이며 그가 그리스도의 몸에 연합되는 것이다(막 1:4; 눅 3:3; 행 2:38; 13:24; 19:4-5). 그러므로 선교의 목표는 모든 민족이 개종하고 세례를 받는 것이며, 그 결과 이 세상에 교회가 세워지는 것이다. 성경은 종종 설교와 회심 그리고 세례를 통해 신자들의 공동체와 하나님의 나라가 확장되는 것에 대해 지적한다(막 1:15). 사도행전에 관한 연구만으로도 그런 관찰 결과가 확연히 드러난다.[2]

일을 더욱 복잡하게 하는 것은 교회의 임무는 선교의 전반적인 목표와 관련이 있는 여러 가지 세속적이지만 중요한 사안을 통합한다는 것이다. 성경에는 이것에 대한 언급이 거의 없지만 교회 조직을 세우는 목표에는 일반적으로 삼자 원리, 즉 신생 교회가 자립, 자전, 자치하는 것이 포함된다. 얼마간 시간이 지난 후 개척된 교회는 재정 지원과 교회의 치리와 성장에 있어 스스로 일어설 수 있는 능력을 보여 주어야 한다.

이 삼자 원리는 또한 새롭게 개척된 교회와 부모, 즉 새로운 그리스도인들에게 처음으로 복음을 전한 선교사와의 관계를 측정할 수 있는 유용한 척도를 제공한다. 위의 소개를 통해 우리는 선교의 목표에는 여러 가지 쟁점이 포함되어 있음을 살펴보았다. 그 목표는 한 사건이 다른 사건으로 이어지는 연속을 나타낸다. 다음 두 장에서 우리는 선교에서의 이런 연속적 현상을 탐구하고 밝힐 것이다.

---

2 이 장은 사도행전의 여러 구절을 다룬다. 다음을 참조할 것. 사도행전 2:41-42, 47; 4:4; 6:7; 8:12, 36, 38; 9:31; 10:44, 48; 11:21; 12:24; 14:1; 16:5; 16:14-15; 19:20.

2. 회심: '악마의 왕국'에서 '그리스도의 왕국'으로의 전환

우리는 '회심'에 관한 이야기로 시작할 것이다. '회심'은 하나님의 말씀을 통해 믿음을 가져오는 성령의 역사다. 그것은 거룩한 기적이며 그것을 통해 신자는 예수 그리스도의 통치 아래 놓이게 되는 지배권의 전환을 경험하게 된다. 이렇게 되면 우리는 논의가 종결된 것으로 간주할 수 있다. 그러나 회심은 기독교 인류학에서 자리를 잡았으며 특히 귀납적 연구에 참여하고 개인이 선포된 말씀에 직면하는 상황을 살펴보는 선교학자들의 주된 관심사가 되었다.

인류학의 관점에서 하나님의 말씀은 사람의 양심, 의지 및 마음을 건드린다. 사람이 하나님의 말씀을 듣게 되면 그는 하나님 앞에 죄인의 모습으로 서게 된다. 그의 양심에 따라 청중은 하나님이 옳고 그르다고 생각하시는 것과 심판하실 것을 구별하는 법을 배운다(행 23:1; 24:16; 롬 2:15; 13:5; 고전 8:7; 10:25, 27-29; 고후 1:12; 4:2; 5:11).

하나님의 말씀은 율법과 복음의 용도로 사용된다. 하나님의 율법은 사람에게 빛을 비추고 그의 진정한 죄를 드러낸다. 결과적으로 하나님의 말씀에 노출된 사람은 내적 갈등을 겪게 되고 두려움과 공포에 휩싸이게 된다. 그러나 동시에 예수 그리스도의 복음은 청중에게 그의 죄가 용서받고 하나님과 화해가 되었다는 소식으로 위로를 전해 준다.

그러므로 복음은 두려움과 공포에 휩싸인 죽음의 투쟁에 대한 돌파구 또는 승리를 가져다 주며(고전 15:57) 이것은 이제 하나님을 기쁘시게 하는 삶을 살겠다는 의지를 자극한다.[3] 즉, 복음을 통해 우리의 믿음이 활성화된다. 그 열매는 선한 일을 통해 볼 수 있는데 그것은 신앙을 고백하고 증거하며 그리스도인의 생활 양식으로 인도하는 선교 활동도 포함한다. 실제로 선교에는 윤리적 차원이 있다.

---

3 순서는 일치신조의 확고한 선언 3조 41, 70-71 (Kolb-Wengert, 569, 557)에 설명되어 있다. 율법과 복음에 관한 진술은 아우크스부르크 신앙고백 해설 제12조 53 (Tappert, 189)을 확인할 것.

신자는 회심을 통해 '악마의 왕국'에서 '그리스도의 왕국'으로 전환하게 (Herrschaftswechsel, 주권교체) 된다. 이전에는 흑암 왕국의 통치를 받았지만 이제는 하나님의 자녀가 되었으며 주 예수 그리스도의 통치를 받는다. 여기서 세례는 중요한 역할을 한다.

루터는 삼위일체 하나님의 이름으로 세례가 집전되기 때문에 그것은 하나님 자신의 행동이 되며 성령이 세례 받는 이를 악마의 턱에서 낚아채게 될 때 지배권의 전환이 일어난다고 주장했다. 다시 말해서 세례는 구원이다. 그것은 죄, 죽음, 악마로부터 건짐을 받아서 그리스도의 왕국에 들어가 그분과 영원히 살기 위한 것이다.[4]

이때 예비 세례자는 의도적으로 악마와 그의 일을 포기해야 한다. 아프리카의 많은 교회에서는 여전히 공통적인 관습으로 종종 성인은 새로운 이름을 요청하여 그 사건을 더욱 부각시킬 수 있으며 또는 그가 개종과 세례로 시작하는 새로운 외견상의 시작을 보여 주기 위해 복장의 변경을 선택할 수도 있다.[5]

3. 인류학 연구와 회심

그러므로 회심은 사람의 인생이 하나님에 대한 반역적 삶에서 성령을 통하여 하나님과 이웃에 대한 즐거운 그리스도인의 봉사하는 삶으로 변화하는 것을 의미한다. 일부 신학자와 선교학자들은 사탄의 왕국에서 그리스도의 왕국으로 넘어갈 때 사람이 겪는 내적인 투쟁을 추적하기 위해 귀

---

4 LC IV 10, 83, 24-25 (Kolb-Wengert, 457, 466, 459). 프란츠 위브는 세례에서의 이 주권 교체(Herrschaftswechsel)를 "세례에 있어서의 변방 지역의 급진적 변화"라고 증명한다('루터교 신앙고백서'에서의 선교 사상, *Missionsgedanken in den lutherischen Bekennlnisschriften*, 37). 게오르그 비체돔도 비슷한 언급을 했다. "이것은 이방인들 사이의 세례에 관한 것이다. 자신을 그리스도의 편에 놓고 신이 없는 세상과 결별하도록 하시오" (*Taufe unterden Heiden*, 19).

5 Vicedom, *Taufe unter den Heiden*, 37.

납적이고 경험적인 연구에 참여했다.

발터 프라이타크는 이 분야의 주요한 선교학자다. 아시아로 선교 여행을 가서 '선교적 선포'라는 상황에 직면했을 때 발터 프라이타크는 성인의 개종과 그 결과로서 발생한 영향에 대해 자신이 관찰한 것을 두 개의 중요한 논문에 기록했다.

이 논문에서 발터 프라이타크는 복음 메시지가 청중에게 들어갔을 때 발생하는 긍정적 비전과 이와 동시에 발생하는 그들의 내적 갈등에 관해 설명했는데 이는 복음 메시지의 '타자화'(otherness)시키는 힘에 대한 중요한 증거를 제공한다. 참으로 그리스도인이 되는 것은 그의 주변 환경 가운데서 신자의 삶 전체에 영향을 미치는 것이다.[6]

그러나 그런 인류학 연구에 수반되는 특정 위험이 있는데 그것은 회심을 거룩하고 영적인 현상으로 보는 것을 방해할 수 있다는 점이다. 다시 말해서, 중요한 것은 회심은 하나님이 하시는 일이라는 사실이다. 그렇지 않으면 사람과 하나님 사이의 일종의 '협동' 또는 하나님의 말씀을 신뢰하는 것보다 '자신의 마음과 내면의 상태'에 더 귀 기울이기 시작하는 '신인 협력'적 용어로 회심을 인식할 수 있다. 이런 이유로 회심의 신학은 행동 양식(modus agendi), 즉 그리스도인이 되는 방식에 주의를 기울여야 한다.

첫째, 회심은 신 단독적 또는 타동적인 사건이므로 여기에서의 사람의 역할은 순전히 수동적인 용어로 설명된다.[7] 이 모든 일에서 주체자는 하나

---

6 발터 프라이타크의 에세이 "Wie Heiden Christen werden"과 "Zur Psychologie der Bekehrung bei Primitiven"를 참조할 것. 또한, 프라이타크의 선교학 Triebel, *Bekehrung als Ziel der missionarischen Verkündigung*을 참조할 것.

7 따라서 다음 사항을 확인해야 한다. 신앙고백서는 제한된 인류학적 관찰, 즉 회심과 믿음을 갖는 것에 대한 심리학적인 관찰을 제공하지만, 그런 문제에 대한 그들의 확실성은 하나님이 어떻게 일하고 계시며 그분은 아무에게도 회심을 강요하지 않음을 묘사함으로써, 회심에서 하나님의 단독적 역할을 강조한다.
(예를 들어, SD II 64-65, 83, 89, Kolb-Wengert, 556, 560-61). 따라서 슈링크의 말은 옳다. "명백한 심리학적 용어를 사용함으로써, 모든 성취는 실제로 배제된다"(*Theology of the Lutheran Confessions*, 97). 이런 견해를 강조한 "수동적 기능"(capacitas passiva)에 대한 참조는 (SD II 23, Kolb-Wengert, 548)를 확인할 것.

님이시다. 겐지헨은 하나님의 '단독적 구원설'(monergism)을 단언했다.

> 회심은 사람이 스스로 또는 다른 사람을 대신하여 수행할 수 있는 일이 아니다. 그것은 하나님이 사람에게 하시는 일이다.[8]

'루터교 신앙고백서'는 신자의 영적 갱신을 위한 두 가지 동인(efficient cause)으로 '하나님의 말씀과 성령'에 대해 강조한다.[9] 그러므로 사람이 적극적인 역할을 할 수 있는 것처럼 회심을 묘사해서는 안 된다. '펠라기우스주의'는 하나님의 활동을 약화하고 예수 그리스도의 명예와 영광을 앗아간 일종의 '신인 협력'적 구원을 주장한다. 빌헬름 마우러(Wilhelm Maurer)는 '하나님의 말씀과 성령'을 유일한 회심의 수단으로 설명했다.

> 그러므로 회심은 성령에 의해 일어나는 믿음의 사역이다. 회심 사건에서의 결정적인 변화는 죄의 용서를 확신하는 인간의 의지를 통해 성취되지 않는다. 오히려 말씀 안에서 일하시는 성령은 우리의 귀와 마음을 열어 변화를 가져오시므로, 우리가 하나님의 초대하시는 부르심을 들을 수 있게 된다.[10]

둘째, 회심은 믿음을 갖는 것과 관련된 중요한 사건이다. 일반적으로 말하면 회심은 그 선행적 사건인 '회개'와 그 후속 사건인 선한 행위를 통한 '영적 갱신'을 포함시킴으로써 칭의 이상의 것을 의미하지만 회심과 칭의는 모두 이런 공통점이 있다. 그리스도의 의가 전가되자마자 또는 청중에 대한 죄의 용서가 선언될 때, 그는 구원받게 된다.[11] 사람에게는 불신 또는

---

8   Gensichen, *Glaube für die Welt*, 112.
9   이것은 멜랑히톤의 세 번째 원인, 즉 '인간의 의지'를 추가하려는 시도와 반대된다 (SD II 90, Kolb-Wengert, 561).
10 Maurer, *Historical Commentary of the Augsburg Confession*, 312. 참조.
11 여기서, Beißer, *Hoffnung und Vollendung*, 34쪽에서 지적한 것처럼, 회심은 과정이 아니라 실제적 사건(Ereignis or Urteil)이다. 즉, 신앙고백에 따르면, 이것은 "불의한 사람들을 의롭게 만들거나 그들을 새로운 사람이 되게 하고"(ex iniustis iustos pronuntiari seu

신앙의 상태 이외에 설 수 있는 세 번째 단계 또는 회색 지대는 없다. 따라서 '거룩한 죄의 전가나 용서의 선언'으로서의 '칭의'는 회심의 중심에 내재되어 있으며, 엄밀히 말하면 회심을 중대한 사건으로 만든다.

사도행전 10장의 고넬료 사건은 이 점을 완벽하게 설명하고 있는데 여기서 회심은 그 중요한 특성을 버리지 않고 일련의 사건을 포함시키고 있다. 비록 베드로가 전하는 메시지를 듣기 전의 모든 사건 또한 고넬료의 회심의 일부이긴 하지만 실질적인 믿음을 위한 중요한 점화는 44절을 통해 일어난다.

베드로가 전하는 말을 들음으로써 고넬료의 영적 생활에서 결정적인 사건이 발생하게 되었다. 이때가 바로 정확한 또는 엄밀한 전환점이다.[12]

셋째, 회심은 사람의 삶에 구원을 주시는 것과 다름없는 하나님의 '개입하심'을 보여 준다. 그러므로 그것은 일반적으로 인간을 고통에서 해방시켜 주거나 세상의 필요를 충족시켜 주는 것 이상의 의미를 지닌다. 복음은 사람의 요구나 욕구를 채워 주는 데 필요한 상용화된 도구 이상의 목적을 지니고 있다.

종종 청중을 복음 메시지에 '유연하게' 만들기 위해 그들의 필요를 채워 주는 전략들이 사용되는데, 이것은 그들이 '복음에 수용적인 사람이 되도록 자극하여 기독교를 받아들이는 기회'를 제공하기 위함이다.[13]

그런 시도는 실제로 '성령의 활동과 운동에 완고하게 계속 저항'하는 사람이 얼마나 타락했으며 영적으로 결핍되어 있는지, 즉 자연인(육에 속한 사람) 상태의 그릇된 본성에 대해 보여 준다.[14] 그런 반역적인 사람이 기꺼

---

regenerari) "의롭다고 분명하게 선언되고 설명되는 것"(iustos pronuntiari seu reputari)을 의미한다. 우리는 수동 부정사에 주목해야 한다. (Ap IV 71, Tappert, 117) 일치신조의 확고한 선언 제3조 20, 41 (Kolb-Wengert, 565, 569)과 비교해 볼 것.

12 루터는 이 예를 슈말칼드 신앙고백서 IIIVIII 7-8 (Kolb-Wengert, 322-23)에서 사용했다. 삭개오에 대한 다른 예는 누가복음 19장 1-10절을 참조할 것. Elert, *Structure of Lutheranism*, 1:90-106.
13 Wagner, *Church Growth*, 290.
14 SD II 83 (Kolb-Wengert, 560).

이 순종하는 사람이 되기 위해 변화되어 가는 모습은 전적으로 하나님의 기적에 의한 것이다.

복음은 분명히 그런 영적 곤경에 대한 해답이다. 그것은 삶의 모든 측면에서 건강, 행복, 부와 문제 해결을 위한 수단이 되는 '사용자 친화적인 도구'가 아니다. 이것은 비록 복음 전도를 위해 '필요가 요청되는' 접근법이지만 복음은 모든 것에 대한 답변을 줄 수가 없다. 폴 틸리히는 복음을 실존적 질문과 연관시키고 이를 사람들의 특정 관심사에 대답하는 수단으로 보았다.[15]

우리는 물론 인간 상황에 관련한 관심을 완전히 무시할 수 없다. 그렇다고 복음이 모든 문제에 대한 피상적인 치료법으로 변할 수도 없다. 반대로 루터에게 있어서 자비로우신 하나님에 대한 발견과 돌파구는 개인적 필요에 대한 단순한 대답 이상이었다. 루터는 화내고 심판하시는 하나님과 씨름하는 깊은 영적 절망 가운데서 돌파구를 경험했다.

그는 해답을 찾기 위해 거룩한 말씀을 연구함으로써 이런 하나님을 피하려고 노력했다.[16] 그리고 그리스도인은 평생 유혹과 고난 가운데 시달리면서도 계속 위로와 확신을 얻을 수 있는데, 이것이 루터가 복음의 위로하는 말씀인 '확실성'(*certitudo*)이라고 정의한 것으로, '거짓 확신'(*securitas*)과는 대조되는 것이다.[17]

따라서 고전적 선교학자들은 회심은 '단순히 기존의 영적 개념과 필요를 충족시키는 것' 이상의 것이라고 옳게 주장한다. 회심은 신자들의 삶에서 중대한 영적 변화 또는 변형을 나타낸다. 그것은 '한계를 넘어서게' 하

---

15 Tillich, *Systematic Theology*, 1:59-66.
16 어떤 사람들은 "쾌락주의적" 구원론을 위해 필요한 것들을 채우기 위해 복음을 사용할 것을 요청했다. 반면에, 칭의는 단지 우리의 존재에 대한 확인(Daseinsgewißheit) 보다는 믿음의 확신(Glaubensgewißheit)을 증진시키기를 원한다. Martens, "Glaubensgewißheit oder Daseinsgewißheit?" 171-79. 해리슨(Harrison)의 *Righteous Riches*를 통해 이 질문에 대한 비판적 설문 조사를 볼 수 있다.
17 Kurz, *Heilsgewißheit bei Luther*, 197.

며¹⁸ 칭의를 통해 악마와 죽음의 위험으로부터 인간을 해방시켜 준다.

복음은 청중에게 그리스도를 보여 주는데, 이 그리스도는 십자가에서의 대속을 통해 하나님의 진노를 달래 주셨으며, 그로 말미암아 우리가 아버지께로 나아가는 길을 열어 주셨다. 신자는 믿음을 통해 의롭다고 인정되며 평화를 얻고 죄의 용서에 대한 선물로써 하나님을 향한 접근이 가능해짐을 이해할 수 있게 된다(롬 5:1-2; 엡 3:12).[19]

하나님은 그리스도를 통해 타락한 피조물에게 '하나님의 형상'을 회복시켜 주시고 그들을 그의 자녀로 삼아 주신다(골 3:10; 고후 3:18).[20] 중요한 결과는 신자는 지금 그리스도를 통해 하나님을 아버지라 부를 수 있으며 성령을 통해 그리스도를 주님으로 고백할 수 있다는 것이다. 선교학자 피터 바이어하우스는 이것을 선교의 송영적(doxological) 목표라고 불렀으며 "다른 선교 목표보다 상위에 있는 이 송영적 목표의 우선순위를 강조하는 것이 매우 중요하다"라고 말함으로써 이를 부각시켰다.[21]

---

18 LWF, "Two Kingdoms and the Lordship of Christ," 79-88.
19 로마서 5장 1-2절은 신앙고백서에서 자주 인용되는 글이다. Ap IV 81, 195 (Tappert, 118, 134).
20 일치신조에서는 "선언된 의," "죄의 용서," 그리고 "양자 삼음"에 관한 내용이 함께 언급된다. SD III 9, 19 (Kolb-Wengert, 563, 565); Ap IV 196, 351, 354 (Tappert, 134, 161); Ap XII 47 (Tappert, 188); SD XI 49 (Kolb-Wengert, 648). 참조. Vicedom, *Mission of God*, 15, 그리고 Johnson, "Justification according to the Apology," 193. 참조.
21 Beyerhaus, *Shaken Foundations*, 42. 이 송영적 목표는 루터교 신학에서 반복적으로 발견된다. 예를 들면, '아우크스부르크 신앙고백서' 제20조 24-25 (Kolb-Wengert, 56): "모든 사람은 자신들이 그리스도 안에서 은혜로운 하나님의 부르심을 받았으며, 이방인처럼 하나님이 없는 삶으로 부름 받지 않았음을 알고 있다."
신앙은 기도와 찬송으로 응답하는 것이다; Ap IV 59-60, 205, 385 (Tappert, 115, 135, 166); Ap XXI 10, 13 (Tappert, 230); SC II 2, 4 (Kolb-Wengert, 355). 참조. 알브레히트 페터스는 루터의 교리 문답에 대한 그의 설명에서 이 측면을 논의한다; "Vaterunser-Auslegung in Luthers Katechismen," 75쪽 참조. Trillhaas, "Regnum Christi," 42, 그리고 Goppelt, "Lordship of Christ," 15-39. 참조.

4. 믿음을 더 자세히 살펴보기

바울은 '선포'와 '믿음'이 어떻게 관련된 용어인지 설명한다. 로마서 10장 8-9절에서 그는 복음의 전파, 믿음, 그리고 그리스도를 주님으로 고백하는 것을 함께 나열한다. 그러고 나서 바울은 만약 "당신의 마음속에 하나님이 그를 죽음에서 일으키신 것을 믿으면 당신은 구원을 받을 것이다"(고전 2:5; 빌 1:27; 살전 2:15; 엡 1:13)라고 덧붙인다. 신자의 관점에서 볼 때 믿음은 하나님이 의롭게 하시는 외적인 말씀과 유일한 관계가 있다.

'루터교 신앙고백서'는 오직 믿음 외에는 그 어떤 것도 복음에 약속된 하나님의 은혜와 그리스도의 공로를 받아들이고 붙잡고 응하며 우리에게 적용하고 적절하게 하는 수단이나 도구가 될 수 없다고 말한다.[22] 그러므로 믿음은 복음에서 제시하는 그리스도의 의와 죄에 대한 용서를 이해하는 유일한 수단이다.

'구원의 과정에 있어 인간의 자유 의지에 큰 역할을 부여함'으로써 수세기에 걸쳐 교회를 괴롭게 만들었던 신학 체계를 고려할 때, 우리는 믿음의 정확한 본질을 설명할 필요가 있다.[23] 만약 '자유'에 대한 인식이 구원론의 영역에 들어가게 된다면 '믿음은 선행이나 노력'으로 이해될 수 있게

---

[22] SD III 38 (Kolb-Wengert, 569). 신앙과 그리스도는 분리될 수 없다. (SA IIIII 20, Kolb-Wengert, 315); SC II 6 (Kolb-Wengert, 355). 따라서 슈링크는 다음을 수행한다. "그리스도와 신앙은 너무 밀접하게 결합되어서 '믿음 때문에 의롭게 되는 것'(propter fidem)이 아니라 '그리스도 때문에 의롭게 되는 것'(propter Chirstum)이라고 말한다 (*Theology of the Lutheran Confessions*, 100). 믿음은 또한 그리스도의 인격을 공유한다. 이런 식으로, 의는 우리 안에 있는 '의'이지만, 이것은 항상 전가된다(예를 들어, Ap IV 140, 351, Tappert, 126, 161; Ap X 3, Tappert, 179). 그러나 우리 안에 있는(in nobis) 그리스도는 여전히 외부에서 주어지는 '낯선 의'(iustitia aliena)로 남아 있다" (Ap IV 305, Tappert, 154).

[23] 가장 뻔뻔스럽게도 이 입장은 5세기 영국 수도사 펠라기우스가 취했다. 그러나 그것은 17세기 초의 신학자 야콥 아르미니우스(Jacob Arminius)에 의해 시작된 '알마니안주의'(Arminianism)에서 계속되는 것으로 보인다. 그것은 또한 최근 몇 년간 존 웨슬리와 찰스 피니가 대표하는 '재세례파운동'(Anabaptists)과 '신앙부흥운동'(Revivalism)과 관련이 있을 것이다. C. S. 루이스와 클락 피녹(Clark H. Pinnock)은 구원 과정에서 인간의 자유를 증진시킨 것으로 알려져 있다. Boyd and Eddy, *Across the Spectrum*, 134. 참조.

된다. 그런 오해와는 달리 '믿음은 성령의 선물'(*donum*)로 올바르게 이해된다.

그것은 또한 그리스도의 고난과 죽음에서의 부활에 대한 역사적 지식(*notitia*) 이상의 것이다. 그것은 신뢰(*fiducia*)라고 불리는 특별한 믿음이다. 이 믿음은 그리스도의 현세적 실존에 관한 모든 역사적 사실을 참된 것으로 받아들이도록 해 줄 뿐만 아니라 이를 계속 지켜나가도록 그들에게 위탁한다. 믿음은 또한 개인적인 것이므로 신자는 말씀에서의 죄의 용서에 대한 약속을 수동적으로 자신을 위해(*pro me*) 적합하게 만든다.[24]

비록 칭의와 죄의 용서에 대해서는 '수동적'이지만 이 특별한 믿음은 '약속된 제안을 원하고 받아들이도록' 하며 '마음을 변화시키는 성령의 강력한 사역'으로 말미암아 사랑과 노력과 같은 선한 의지를 일으킨다는 점에서 '능동적'인 것으로 묘사된다.[25] 로마서 주석의 서문에서 루터는 믿음이 무엇인지 정의한다.

> 오! 이 믿음은 살아있고 활기차며 능동적이고 강력하다. 이것이 끊임없이 좋은 일을 하지 않는 것은 불가능하다.[26]

여기서 의롭게 하는 믿음은 기어를 수동적 믿음에서 능동적 믿음으로

---

24 이 구절들에서 신앙에 관한 토론을 살펴보라. SD III 10-13, 31 (Kolb-Wengert, 564, 567). 신앙고백은 "하나님을 아는 지식"(*notitia*)이라고도 부른다. "귀신들도 가지고 있는 일반적인 믿음" (예를 들어, Ap XII 45, Tappert, 546). 신앙고백서는 경건한 믿음이나 개인적인 믿음에 대해 말한다. "그것은 역사뿐만 아니라 역사의 결과, 즉 죄의 용서에 관한 조항을 믿는 신앙을 의미한다." (AC XX 23, Kolb-Wengert, 57): Ap IV 45 (Tappert, 113) 그리고 AC XX 26 (Kolb-Wengert, 57). 참조. Mildenberger, *Theologie der Bekenntnisschriften*, 40-41; Schlink, *Theology of the Lutheran Confessions*, 96. 참조.

25 각각의 인용문과 참고 문헌은 Ap IV 48 (Tappert, 114) 그리고 Ap IV 125, 250 (Tappert, 124, 143)을 참조할 것. 유일하게 구원을 가져오는 법정 행위로써의 '칭의'를 명확히 밝힌 후에, 신앙고백서는 '칭의가 선행을 일으키는 효과적인 변화인 흑백혼혈(mulatto)적 경험'을 가져오는 한, 성화에 대하여 설명하는 데 거리낌이 없을 것이다. AC XX 29-31 (Tappert, 45) 그리고 Ap IV 72 (Tappert, 117) 참조.

26 AE 35:370-71. SD III 10 (Kolb-Wengert, 576)에서 인용됨.

바꾸는 성화 또는 영적 신생의 수단이 된다. 이런 믿음의 전환에 주목하고 또한 그것이 칭의와 성화의 수단으로 작용한다는 것을 아는 것이 중요하다. 믿음을 이 두 가지 중요한 사건에 연결함으로써 루터교는 믿음이 그리스도인의 삶의 시작일 뿐이며 선한 일은 믿음과는 다른 방식으로 생산된다는 태도를 거부한다. 또한, 믿음이 없이는 하나님을 기쁘시게 하는 그 어떤 행위도 없다.

만약 인간의 공로로 하나님의 은혜가 그리스도인에게 확대된다면 그는 충분한 일을 하지 않은 것에 대해 절망과 슬픔에 빠지거나 하나님의 은혜를 얻는 데 필요한 모든 일을 이미 했다는 거짓된 안전감에 빠질 수 있다. 이 두 가지 오류는 그리스도인 사이에서도 흔하므로 하나님의 말씀에서 율법과 복음을 적절히 구별하여 이를 바로잡는 것이 필요하다.

요약하면, 모든 것은 '은혜에 대한 접근뿐만 아니라 우리를 은혜 안에 거하게 해 주는 기초'로서 믿음에 그 원인을 두고 일어난다.[27] 믿음으로 말미암아 선한 일은 하나님을 기쁘시게 하고 이것이 그분께 받아들여진다.[28] 그러나 '사랑과 행위'는 은혜에 대한 접근을 제공하거나 은혜 안에 남아 있음을 보증하는 데 관여하지 않는다. 그것들은 믿음의 결과일 뿐이다.[29]

선교의 상황과 관련하여 성화의 관점에서 볼 때 '신앙은 실제로 신앙고백과 행동을 통해 선교에 기여한다'는 것을 상기시키는 것이 도움이 될 것이다. 바울이 데살로니가 사람들을 칭찬한 것처럼 믿음은 세상에서 복음 증거와 선교적 생활 방식으로 우리를 인도한다(살전 1:8; 비교 마 5:16; 벧전 2:12 : 롬 10:9).

---

[27] SD IV 34 (Kolb-Wengert, 579-80).
[28] SD IV 8 (Kolb-Wengert, 575).
[29] Ap IV 64-68, 74 (Tappert, 115, 117); Fagerberg, *New look at the Lutheran Confessions*, 159.

5. 선교적 성례로써의 세례

앞에서 우리는 복음을 전파해야 할 의무에는 세례의 책임과 목표도 포함되어 있다고 언급했다. 비록 회심은 하나님 말씀의 전파를 통해 이루어지지만 이것은 세례를 통해 뿌리가 내려지고 가시적으로 명확하게 확인된다.[30] 성경을 통해 우리는 또한 세례가 성도의 교제에 더하여지는 수단이라는 것을 알고 있다(행 2:38, 41; 8:12; 18:8).

대위임령을 통해 말씀 선포가 세례와 결합되어 있음을 분명히 말하고 있다는 사실을 고려하면(마 28:19; 막 16:16) 선교학 문헌에서 세례 성사에 별다른 관심을 기울이지 않는 것이 이상하게 보인다. 세례를 포함하지 않고 증거하는 데만 초점을 둔 최소주의자들의 견해를 주목해 볼 필요가 있다.[31] 이를 위해 세례에 관한 피터 부룬너의 통찰력은 유익한 것 같다.

> 복음은 이를 듣는 사람의 믿음을 요구한다. 그들이 신앙을 갖게 되면 세례는 당연히 그 뒤를 따라온다. 그래서 대위임령도 세례를 직접 포함했다. 성령을 통한 복음으로 믿음에 이르지 못하면 세례를 원하게 되거나 세례로 인도함 받지 못하게 된다. 세례가 이루어지는 곳에서는 교회가 세워진다.[32]

미국에서 현존하는 선교 문헌들 가운데서 세례에 대한 언급이 눈에 띄게 부족하다는 것은 이들이 세례를 '하나님이 당신의 나라를 확장시키기 위한 가시적인 말씀'으로 보지 못하게 만듦으로써 개신교를 변색시켰다는

---

30 "하나님이 세례 안에서 성령을 통해 시작하신 후에" (SD II 16, Kolb-Wengert, 346)
31 선교학 문헌을 정독하면 세례가 거의 또는 전혀 다뤄지지 않고 있다는 것을 알게 된다. 예를 들어, 반 뤼넨(Van Rheenen)의 *Missions*, 25-26과 반 엥겐(Van Engen)의 *Mission on the Way*를 보면 이에 대한 언급이 없다. 그리고 데이비드 J. 보쉬도 이에 대해 매우 드물게 언급하고 있다.(*Transforming Mission*, 167-68, 219). 구더의 *Missional Church*, 159-62쪽에서도 용감한 신학적 시도가 이뤄지지만 그도 역시 세례에 대해 주의를 기울이지 않는다.
32 Brunner, "Hell und das Amt." 304. Vicedom, *Taufe unter den Heiden*, 34. 참조.

것을 가리킨다. 대위임령을 완전히 충족시키기 위해 교회는 세례 행위를 포함하는 전략을 요청해야 한다.

이것은 교회가 세례받지 않은 사람이 주로 살고 있는 지역에 주의를 기울이도록 만들고, 성인 세례를 실천하고 강조하도록 동기를 부여할 것이다. 그러므로 복음주의적 교회는 성인 세례와 교리 교육에 새로운 초점을 맞출 것을 촉구한다. 실제로 이 성례전은 더욱 조심스럽게 우리의 선교 영성과 정체성의 일부가 되도록 해야 한다.[33]

선교를 위한 세례의 가치와 필요성은 "그렇게 하라"고 하시는 주님의 명령에 기초한다. 이것은 그분의 권위와 삼위일체 하나님의 이름으로 행해진다. 이것보다 더 높은 승인 도장이 있을 수는 없다. 그러므로 세례는 교회의 선교 중 무기한으로 연기될 수 있는 임의적이거나 선택적인 행위가 아니다.[34] 세례를 '인간에게 이로움을 주는 목적'으로 사용하려는 것이 하나님의 의도라면 그것을 빨리 수행하는 것이 최상의 방법이다.

교회가 선포와 세례를 베푸는 활동을 하지 않는다면 그것은 주님의 선교를 부적절하게 나타내는 것이다. 그것이 성경적이며 신학적인 원칙이다. 그것은 오늘날 비록 그 현실이 다르더라도, 즉 선교사들이 교사로 배치되거나, 또는 스리랑카 및 남부 인도와 같은 많은 국가가 세례를 받았거나 받으려고 하는 사람들을 소외시키거나 박해하려고 할 때도 마찬가지다.

심지어 세례의 필요성에 의문을 제기하는 사람들도 있다. 예를 들어, 허버트 후퍼(Herbert E. Hoefer)는 그의 책 『교회 없는 기독교』(*Churchless Christianity*)에서 세례의 필요성에 대해 논의한다. 그는 인도 타밀 나두(Tamil Nadu)의 농촌과 첸나이(Chennai) 도시와 같은 지역에 사는 무수한 예수 추종자들(Jesu bhakta, 예수 박타)이 세례와 교회 회원이 되기를 피한다는 사실

---

33 Bliese and Van Gelder, *Evangelizing Church*, 47.
34 성인 입교 전례교육(The Roman Catholic Rite of Christian Initiation for Adults, RCIA)은 5단계로 나누어져, 부활절까지 연장되는 1년의 세례 교육을 계획하고 있다. 루터교의 관점에서 볼 때, 세례가 지연되는 것은 큰 도움이 되지 않는데, 그것은 세례의 유익한 효과와 그 긴급성을 해칠 수 있기 때문이다.

을 교회가 받아들여야 한다고 주장했다.

그것은 그들 가운데 특히 많은 헌신자가 브라만을 포함한 상층 카스트 출신으로 세례와 교회 회원이 되기를 포기함으로써 그들이 사회에서 거부당하지 않도록 하기 위함이다.[35] 어떤 사람에게는 기독교 교회에 속한다는 생각이 서구 제국주의나 식민주의에 대한 부정적인 의미를 가져올 수도 있다. '예수박타(Jesu bhakta)운동'은 세례와 교회 회원이 되기를 피하고 여전히 힌두로써 자신의 문화적 사회적 정체성을 유지하고는 있지만 배타적으로 예수만을 숭배하기로 결심한 사람들을 인정하는 모델이다.

그러나 이런 제안은 선교학 분야에서 널리 받아들여지지 않고 있는데 그것은 성경과 신학적 증거에 나타난 명백한 증언에 반대될 뿐만 아니라 교회의 회원이 되고 세례를 받은 것에 대해 대가를 치른 기독교 순교자들의 대의에 의심을 품는 것이기 때문이기도 하다.[36]

세례를 받음으로써 교회 회원이 되는 것보다 하나님과의 관계를 더 잘 표현할 수 있는 것은 없다. 이런 성례전만큼 회심자의 삶에서 하나님의 개입을 눈에 띄게 구체적으로 나타낼 수 있는 다른 사건은 없다. 세례를 받기 전이나 후에 무슨 일이 있었든 관계없이 그리스도 안에서의 회심자의 삶은 처음부터 눈에 띄게 드러나며 계속해서 그 모양을 유지한다.

그러므로 세례는 복음의 느슨한 전제가 아니다. 모든 인류에게 다가가서 세례를 통해 교회를 세우는 것은 거룩한 선교 일부이다. 루터는 사도신경 세 번째 조항에 대한 설명에서 세례를 "우리가 처음으로 그리스도인

---

35 Hoefer, *Churchless Christianity*. 세례와 교회 회원이 되는 것에 대한 중요성은 LWF, *Mission in Context*, 28쪽을 참조할 것.

36 티모시 테넌트(Timothy C. Tennent)는 다음과 같은 이유로 '교회 없는 기독교' 개념에 도전한다. "우리는 본질적으로 관계적 하나님이신 삼위일체 하나님을 예배한다. 그는 자신의 아들의 성육신을 통해 그의 관계적 본성을 완전하게 공개했으며, 그것은 교회의 삶에 반영되었으며, 그것을 그의 몸이라고 부른다.
그리스도에 대한 우리의 교리는 전 세계 모든 지역의 모든 신자가 가능한 한 가시적인 믿음의 공동체를 추구할 것을 요구한다. 가시적인 공동체는 초대 교회처럼 카타콤에서 만나거나 큰 박해를 받거나 문화적 오해를 겪어야 할 수도 있지만, 초대 교회는 스스로 모이는 일을 저버리지 않았다. 그들은 정의상 성경의 회심이 공동체를 의미한다는 것을 이해한다("Challenge of Churchless Christianity," 176).

공동체에 받아들여지는 행동"이라고 칭송한다.[37] 세례는 세례받은 사람의 삶 가운데 하나님의 통치가 임하게 되는 명백한 표지로써 기독교인과 비기독교인 사이의 분명한 구분을 만든다.[38]

세례에 의해 나타나는 다양하고 명백한 표지(sign)를 고려할 때 선교 활동과 그 목표는 교회의 표지(notae ecclesiae)에 의해 형성된다.

> 교회는 복음을 순전히 가르치고 성례전을 올바르게 집행하는 성도들의 모임이다.[39]

비록 이 표지는 그들이 인정한 공동체 내에서 발생한다는 것을 암시하는 '어느 곳에서'라는 전치사와 연결되어 있지만, 교회는 또한 자신의 외적인 방향성과 사역에서 이 표지들을 적극 활용한다. 교회의 선교는 하나님 말씀의 성격이 역동적이라는 점에서 교회의 표지의 일부이다. 하나님의 말씀 자체는 결코 멈추지 않고 믿음의 공동체를 넘어서 믿지 않는 세상으로 나아간다.[40]

실제로 교회가 그리스도를 전파하는 임무를 수행할 때 세례는 성인과 유아를 포함한 모든 새 신자를 지역 사회에 통합시키는 '선교적 성례'이다. 유아 세례는 '모든 민족'(마 28:19)이라는 용어에 암시적으로 내포되어 있으며 성경의 여러 곳에서 권장된다(행 2:38-39; 10:48; 16:15). 명백하게 초대 교회의 처음 세대와 새로운 선교지의 사람이 그리스도인이 되었을 때는 성인 세례를 베푸는 것이 우세했다.

그러나 2세대 이후부터는 어린이 세례가 더욱 우세하게 되었다. '루터교

---

37 LC Ⅳ 2 (Kolb-Wengert, 456). 루터는 또한 복음에 대하여 동일하게 말한다. "성령은 복음을 통해 나를 부르셨다" (SC Ⅱ 6, Kolb-Wengert, 355: LC Ⅱ 52, Kolb-Wengert, 438). 이것은 세례 성사가 얼마나 "복음적"인 것으로 여겨지는지 보여 준다. Vicedom, *Taufe unter den Heiden*, 32.
38 Schlink, *Doctrine of Baptism*, 150.
39 AC Ⅶ 1 (Kolb-Wengert, 43).
40 Brandt, "Uber den Beitrag lutherischer Mission zum Gemeindeaufbau," 19-44.

신앙고백서'는 이 문제에 관심을 가졌는데 특히 원죄를 가지고 태어났다는 관점에서 유아 세례를 필수적인 것으로 주장했다.

> 그러므로 그리스도의 명령(마 28:19)인 "모든 민족에게 세례를 베풀고"에 따라 구원의 약속이 그들에게 적용될 수 있도록 아이들에게도 세례를 주어야 한다. 구원이 모든 사람에게 제공되는 것처럼 세례 또한 모든 사람, 즉 남성과 여성, 어린이 및 영아에게 제공되어야 한다. 따라서 구원이 세례와 함께 제공되기 때문에 영아도 세례를 받아야 한다는 것이 명백하다.[41]

그러나 '그런 장소'라는 전치사는 유아와 성인 세례가 누구에게나 수행되는 것이 아니라 그들이 교회의 환경에서 자라날 것이라고 약속하는 사람들에게만 베푼다는 중요한 원칙을 제공한다.[42] 세례는 이것을 받는 사람이 적절한 영적 감독과 지도로 양육될 수 있는 환경이 조성된 신앙 공동체의 환경에서 수행되어야 한다.

세례를 받는 사람의 동의 없이 그리고 신앙 공동체의 승인 없이 사람들에게 그것을 강요하는 행위는 성경적 보증을 얻지 못하는 것이다. 에티오피아 내시의 예(행 8:26-40)에서 보여 주듯이 교회는 성인의 세례 요청을 무시해서는 안 되며 그런 경우 교회는 불필요하게 세례를 지연시켜서는 안 된다.[43]

그러나 그런 요청은 성경에서 유일한 결정적 요인으로서의 근거가 아니

---

41 Ap IX 2 (Tappert, 178). '아우크스부르크 신앙고백서'는 다음과 같이 주장한다. "그들은 세례와 관련하여 구원이 필요하다고 가르치고, 세례를 통해 하나님의 은혜가 제공되며, 어린이들도 세례를 받아야 한다고 가르친다. 그들은 세례를 통해 하나님께 바쳐질 때 하나님의 은혜로 받아들여진다" (AC IX 1-2, Kolb-Wengert, 43). 분명히 모든 민족에게 세례를 베푸는 동기는 '하나님의 명령'(mandatum/Gottes Gebot or Befehl)에서뿐만 아니라 특히 세례에 대한 '하나님의 약속'(Verheißung/promissio)에서도 나온다. Fagerberg, *New look at the Lutheran Confessions*, 185-88; SC IV 1-2 (Kolb-Wengert, 359): LC IV 39-41 (Kolb-Wengert, 461); Ap VIII 3, 15-16 (Tappert, 211, 213). 참조.

42 Schllnk, *Doctrine of Baptism*, 130. Schlink의 유아 세례에 관한 논쟁은 157-160쪽을 참조.

43 Fagerberg, *New Look at the Lutheran Confessions*, 183-84; Vicedom, *Taufe unter den Heiden*, 20.

다. 우리는 이를 나아만의 이야기(왕하 5:1-19)에서도 찾아볼 수 있다. 나아만은 목욕을 하는 결정을 내리기까지 내적이고 영적인 고민으로 가득 차 있었다.

요르단에서 나아만이 정화된 사건의 핵심은 '하나님의 역사하심'이기 때문에 따라서 성인이 결정을 내릴 수 있는 능력과 심지어 유아의 믿음에 관한 문제는 세례의 수직적이고 신 중심적인 것에 대한 부차적인 차원에 해당하게 된다. 전적으로 인간의 의사 결정에 기초한 세례는 실제적인 구원의 도구로써 하나님의 뜻을 나타내는 세례의 특성을 감소시킬 것이다.

신학자들은 세례를 교회의 표지(sign) 중의 하나이자 구원의 도구로서 유지하며 종종 이것을 '가시적인 칭의의 성례'(Sacrament of visible Justification)라고 부른다.[44] 사도행전 2장 38절을 예로 들면 다음과 같다.

> 너희가 회개하여 각각 예수 그리스도의 이름으로 세례를 받고 죄 사함을 받으라 그리하면 성령의 선물을 받으리라(행 2:38).

디도서 3장 5절은 다음과 같이 기록한다.

> [그는] 우리를 구원하시되 우리가 행한 바 의로운 행위로 말미암지 아니하고 오직 그의 긍휼하심을 따라 중생의 씻음과 성령의 새롭게 하심으로 하셨나니(딛 3:5).

바울은 로마서 6장 1-14절에 나오는 독자들에게 "그리스도 예수와 합하여 세례를 받았다"라고 상기시켜 준다. 그들은 세례를 받음으로써 그분과 함께 장사(buried)되고 그리스도께서 새 생명 가운데로 걸어 나오실 때

---

44 Brunner, "Rechtfertigung heute," 132. 참조. 칭의가 복음을 통해 오는 것처럼 세례가 신자를 은혜와 교회로 받아들인다는 점에서 칭의와 복음은 서로 일치한다.(LC IV 2, Kolb-Wengert, 456). LC II 45(Kolb-Wengert, 436)와 비교할 것. 그러므로 "그들은 은혜로 받아들여진다"라는 말이 세례에도 적용된다. 둘 사이의 내용을 비교하여 참조할 것. AC IV 2 (Kolb-Wengert, 41), 그리고 AC V 3 (Kolb-Wengert, 41)과 AC IX 1-2 (Kolb-Wengert, 43).

죽은 자 가운데서 부활한다. 세례는 우리를 예수 그리스도의 삶으로 그분과의 친교로 인도한다.

> 누구든지 그리스도와 합하기 위하여 세례를 받은 자는 그리스도로 옷 입었느니라 (갈 3:27).

이 성례전의 또 다른 중요한 측면은 본질적으로 물과 연결되어 있다는 것이다. 물은 주님의 거룩한 말씀과 결합하여, 세례를 "은혜로 가득 찬 생명의 물"(gnadenreich Wasser)과 "성령으로 새롭게 태어나는 목욕"으로 만든다.[45] 물에 임하는 말씀을 통해 세례는 믿음을 깨우고 강화시킨다.

> 세례를 베풀 때의 물은 세례 때의 말씀과 같이 은혜롭고 이로운 것이다. 성례에서 말씀과 물은 더 이상 분리될 수 없다. 성례의 정의에서 말씀이나 물은 술어 명사가 될 수 있다. 믿음은 말씀과 물에 접착될 수 있다.[46]

평생에 걸쳐 신자는 이 눈에 보이는 행동을 자신의 구원에 대한 표현이자 보증으로 신뢰할 수 있다. 진정한 세례의 목적은 구원의 객관적인 현실을 제공하고 그들이 "그리스도를 영접"한 날이든 물신(fetish)이나 다른 의식의 방법으로, 즉 이 사건과는 별개의 것으로 구원을 확보하려는 시도를 제거하기 위함이다.[47]

---

[45] SC IV 10 (Kolb-Wengert, 359). 신앙고백서에서 이 중생과 조명은 세례, 성령, 영생 또는 영원한 죽음에서의 구원과 관련이 있다. SD II 15 (Kolb-Wengert, 546): Ap IV 352 (Tappert, 161); AC II 2 (Kolb-Wengert, 29).

[46] Schlink, *Theology of the Lutheran Confessions*, 184. SA IIIV 1 (Kolb-Wengert, 320): LC IV 36, 52-54 (Kolb-Wengert, 461, 443). 분명히 이것은 '말씀과 성만찬'의 요소에도 적용된다. Schlink, *Theology of the Lutheran Confessions*, 155-56. 참조.

[47] 세례를 통해 의롭다 인정된 사람들을 위한 '구원의 확실성'(Heilsgewißheit)의 측면은 신앙고백에서 중요하다. 예를 들어, SA III XIII 1-2 (Kolb-Wengert, 325): Ap IV 345 (Tappert, 160). LC IV 54-63 (Kolb-Wengert, 463-64). Krispin, "Baptism and Heilsgewißheit in Luther's Theology," 113-15. 참조.

세례 성사에서 물과 같은 세상적인 요소를 사용하는 것은 '시각'적인 데 기여하며 여기에 더하여 말씀과 함께하면 구원의 수여와 확증에 대해 '청각'적으로도 기여하게 된다. 이처럼 종교 제의에서 의무적으로 손을 씻고 조상에게 술을 따르는 것과 같이 제의(ritualism)와 물의 사용을 중시하는 문화를 소유한 아프리카나 인도에서는 세례가 널리 받아들여지고 있다.

명백하게 세례를 통해 기독교적인 동기를 갖게 되면 그들이 이전에 갖고 있던 '제의적인 씻기'(ritual washing)의 관습은 과거의 일이 되어 버린다. 그러나 '제의적인 씻기'가 중요한 역할을 하는 상황에서 세례는 상황에 맞는 중요한 연결점을 형성한다.

6. 탈 기독교(Post-Christian) 상황에서의 세례

탈 기독교라는 오늘날의 상황은 선교에서 세례의 의미에 대한 새로운 관점을 제시한다. 우리가 말하는 탈 기독교의 의미는 서구 사람들 가운데 신앙을 실천하지 않고 세례를 받지 않은 사람이 많이 있다는 것이다. 종종 이 신앙을 실천하지 않는 그리스도인들은 '명목상의 그리스도인'으로 묘사된다. 명목상의 그리스도인은 자신이 루터교나 로마가톨릭과 같은 특정 교파에 속한다고 주장하지만 이들은 그리스도나 기독교 신앙에 대한 개인적인 헌신을 보이지 않는 사람들이다.

또한, 어떤 이들 가운데는 의도적으로 교회의 회원이 되기를 거부하는 사람이 있다. 학자들은 탈 기독교의 상황이 콘스탄틴 황제 아래 기독교가 합법적인 종교가 된 4세기 초에 시작되었다고 믿는다. 교회는 박해를 받다가 인가되고 심지어 호의적인 기관이 되면서 유아 세례를 공개적으로 주기 시작했다. 그 관행의 단점은 세례받은 유아가 점점 자라나면서 많은 경우에 기독교 교회에 대한 의식적인 충성심을 잃어버리게 된다는 것이다.[48]

---

[48] Vicedom, *Taufe unter den Heiden*, 33.

이런 경우에 선교를 위해 세례를 받은 자와 받지 않은 자를 일반적으로 구별하는 것은 크게 도움이 되지 않는다. 명목상의 그리스도인도 교회가 반드시 복음을 전해야 하는 잃어버린 사람들의 일부이다. 이 탈 기독교 상황에서의 복음주의적 선포는 선교지에서의 일반적 전략과 같이 청중에게 세례를 베풀려는 목적이 아닌 오히려 "하나님이 그들에게 베푸셨고 결코 제거된 적이 없는 세례의 은혜"라는 보물로 다시 돌아오도록 요청하는 것이다.[49]

탈 기독교의 상황은 16세기 종교개혁 시기의 교회 현실과 비슷한 특성을 가지고 있다. 루터는 교회를 개혁할 때 이미 세례를 받은 사람들 사이에서 세례에 대한 인식을 회복시키려는 시도를 의도적으로 포함시켰다.[50] 그는 주로 세례 성사에 관한 부분이 포함되어 기독교 신앙의 기본 진리에 대한 적절한 기초 교육을 증진시켜 주는 그의 『소교리 문답』을 통해 이것을 달성했다.

오늘날도 마찬가지로 세례 신학에 대한 올바른 가르침은 그리스도인들이 이 성례를 통한 거룩한 부르심에 긍정하도록 만든다. 세례에 관한 기독교 교육은 믿지 않는 사람, 명목적으로 세례를 받은 사람, 또는 적극적으로 교회에 참석하는 자도 예외 없이 모든 사람에게 세례의 실재를 전해 주어야 한다는 교회의 지속적 선교 의무를 상기시켜 준다.

그리스도인 회중의 회원 자격 상실은 교회가 세워진 이래로 계속해서 일어나고 있는 현실이다. 그러나 교회는 그들에게 손을 내밀려는 결심에 대해 의기소침해져서는 안 되며, 또한 교회가 세례 받은 모든 사람을 자신 안에 보유하겠다는 지나치게 이상적인 생각을 가져서도 안 된다. 왜냐하면 그리스도인은 평생 동안 자신의 신앙에 대한 지속적인 시험을 받으며 불행히도 많은 사람이 유혹과 시련에 굴복되기 때문이다.

---

49 겐지헨의 *Taufproblem in der Mission*을 참조할 수 있다. 독일 선교학에서 그 용어는 일반적으로 세례받지 않았거나 명목적인 그리스도인에게 복음을 전하는 것을 의미한다. 이런 구별은 도움이 되지만 더 이상 사용되지 않는다. 영어를 사용하는 선교학에서는 그 구분이 전혀 이루어지지 않았다. 선교와 복음 전도는 대부분 같은 그룹을 다루는 활동으로 여겨진다.
50 신앙고백서는 이 현실을 잘 보여 준다. SD II 67-69 (Kolb-Wengert, 557).

세례받은 사람이 그리스도에 대한 헌신을 기꺼이 거부하는 경우 그들은 세례를 통한 구원의 경로에서 벗어나기 때문에 세례 성사의 이로운 은혜를 잃어버리게 된다. 믿음을 잃게 되면, 성례는 '열매 없는 표지'로 남게 된다.[51] 그러나 이것이 세례를 통해 하나님이 베푸셨던 그분의 거룩한 은혜의 약속을 철회한다는 것을 의미하지는 않는다. 문제는 바로 그 선물을 거절한 불신자 자신에게 달려 있다.

그러므로 '세례를 받으면 신앙과는 별개로 선물을 마술처럼 베풀어 준다'라는 생각을 공표하고 신뢰하게 함으로써 교회가 잘못된 안전감을 선포할 위험이 있다. 동시에 교회는 세례가 신자에게 가져다 주고 이를 통해 그가 힘과 위로를 얻게 되는 구원의 확신과 위안을 감소시키거나 파괴할 수 없다.

성례의 오용은 그 본질을 파괴하지는 않지만 그 실체를 확인시켜 준다.[52]

---

51 대교리 문답 네 번째 파트 73 (Kolb-Wengert, 465): "신앙의 열매가 있는 곳에서 세례는 무의미한 상징이 아닌 그 효과가 발생된다. 그러나 신앙이 결여된 곳에서는, 그것이 단지 열매 없는 징조로 남아 있다." 그리스도인에 대한 루터의 진술, 즉 대교리 문답 두 번째 파트 58 (Kolb-Wengert, 438)에서의 "반은 거룩하고 순수하며" 또는 "동시에 의인이자 죄인"(simul)은, 그리스도인들을 "이방인" 또는 '기독교인 이방인'(christliche Heiden)이라고 부르는 것으로 종종 보완될 것이다.
이런 현실을 고려하여 루터는 모든 설교를 "이방인 설교"(Heidenpredigt)라고 정의하기까지 했다(모든 설교는 선교 설교다 "alle Predigt ist Missionspredigt!"). 그러나 "이방인"이라는 용어에 대한 이런 "깊이 있는" 정의는 결국 세례 받은 공동체 외부에 있는 사람들을 잊지 않게 했다. Dörries, "Luther und die Heidenpredigt," 327-46; Wiebe, "Missiosgedanken in den lutherischen Bekenntnisschriften," 34-35; Peters, *Kommentar zu Luthers Katechismen*, 2:227. 참조.

52 LC IV 59 (Kolb-Wengert, 464).

7. 그리스도 통치(Kyriological)의 동기

하나님의 나라(마 12:28) 또는 그리스도의 나라(마 13:41; 16:28; 눅 1:33)를 확장한다는 생각은 선교의 목표에 있어서 매우 중요하다. 앞서 언급했듯이 하나님 나라의 신학은 회심, 세례 및 교회의 선교 목표와 분리되어 있지 않다. 선포와 회심, 그리고 세례를 통해 신자는 그리스도의 몸인 교회에 더해지고 주 예수 그리스도의 통치를 받게 된다.

그러므로 우리는 모든 신자에 대한 그리스도의 통치를 포함하는 회심과 교회 개척의 모델을 주장한다. 다음 장에서 우리는 그런 모델의 교회론적 영향에 대해 논의할 것이다. 그러므로 이 세상에서 선포하는 일이 계속될 때마다 성령은 믿음의 선물을 주심으로써 모든 신자에 대한 그리스도의 통치가 이뤄지게 하신다. 루터의 유명한 기도인 "나라가 임하옵시며"라는 청원이 떠오른다.

> 사랑하는 아버지, 우리는 먼저 당신의 말씀을 우리에게 주실 것을 요청합니다. 그것은 복음이 전 세계에 올바로 전파되고 그것이 또한 믿음으로 받아들여져서 우리 안에서 일하고 거할 수 있도록 하기 위해서입니다. 그것은 당신의 나라가 말씀과 성령의 능력을 통해 우리 사이에 퍼지고 악마의 왕국이 파괴될 수 있도록 하기 위해서입니다.
> 그것은 그의 왕국이 완전히 박멸되고 죄, 죽음, 지옥이 전멸될 때까지 악마가 우리에 대한 권리나 권력을 갖지 못하게 하기 위해서입니다. 그것은 우리가 완전한 의와 축복으로 영원히 살 수 있기 위해서입니다.[53]

루터는 하나님 나라의 임재를 하나님의 말씀을 선포하는 것과 관련시켰다. 그는 또한 하나님의 나라가 인간의 노력으로 앞당겨지거나 사람에게

---

53 LC III 52, 54 (Kolb-Wengert, 447).

강요될 수 없는 하나님의 선물임을 지적한다.⁵⁴

교회가 하나님 나라의 임재를 위해 기도할 때 교회는 항상 그것을 믿음으로 받은 모든 신자에게 주시는 하나님의 선물로 이해한다(마 10:15; 눅 18:17). 더욱이 믿는 사람들 가운데 하나님의 나라가 임재하는 한 그것은 또한 미래를 가리킨다. 다시 말해서, 그리스도의 나라는 종말론적 실체를 가지고 있는데 이는 그리스도가 재림하실 때에야 비로소 완전히 입증될 수 있음을 의미한다.

그런 다음 마침내 악의 왕국과의 투쟁이 끝날 것이며 믿음을 통해 그리스도의 통치를 받는 모든 사람이 자신을 발견하게 되는 축복된 국가가 나타나게 될 것이다. 지금 그 왕국은 이미 구원의 선물을 구체적인 모습으로 나타냈다. 그러나 이것은 주님의 재림에 가서야 온전히 나타날 것이다.

이런 이유로 선교의 목표는 항상 하나님의 나라를 고려해야 한다. 교회는 선교 사업을 위해 동기 부여를 받았으므로, 아직 그리스도를 주님으로 고백하지 않은 모든 사람에게 하나님 나라를 가져올 수 있으며, 또한 하나님의 나라에 있는 사람을 저버리지 않고 그들과 함께 머무를 수 있다. 독일 신학자 폴 알트하우스는 이 동기를 하나님의 선교에 대한 "퀴리올로지적인(Kyriological, 그리스도 통치) 동기"라고 불렀다.

> 선교의 목표는 두 가지로 표현될 수 있다. 모든 무릎이 예수 그리스도의 이름 앞에 꿇고 모든 입으로 그를 주님으로 시인하거나(빌 2:10), 구원이 이방인에게 올 수 있도록(롬 1:14) 하는 것이다. 선교의 동기는 동시에 '퀴리올로지적'이며 '구원론'적이다 … 퀴리올로지 신학적 그리고 구원론적 동기는 서로 분리된 것이 아니라 하나이며 동일하다.⁵⁵

---

54 Vicedom, *Mission of God*, 26.
55 Althaus, "Um die Reinheit der Mission," 49-50.

우리는 하나님 나라의 종말론적 현실을 확인하는 것이 중요하다. 세상이 존재하는 한 그리스도의 통치권은 그분이 실제로 자신의 말씀을 통해 다스리시는 신자에게만 좌우된다. 따라서 신학적으로 하나님의 나라는 참된 신자만을 수용하는 곳이라고 말하는 것이 옳을 것이다.[56]

당연히 그리스도께서는 자기 아버지의 모든 권능을 공유하고 계시며 우리는 신앙고백을 통해 아들이 '하나님 우편'에 앉아 계신다고 진술한다. 여기에는 아들이 아버지 하나님의 권능과 우주적 통치를 공유하고 계시다는 이해가 포함된다. 아들은 예외 없이 창조의 주님이시다. '권능의 왕국'(*regnum potentiae*) 또는 '보편적 왕국'(*regnum universale*)은 이른바 보편적인 세계, 신자, 불신자 모두에게 퍼져 있다.

그러나 이런 통치 방식은 오직 회심하고 세례를 받은 사람들에게만 선포되고 확장되기 때문에 그분의 은혜 말씀과 관련된 그리스도의 통치에 의하여 보완된다. 이런 왕국을 "은혜의 왕국"(*regnum gratiae*)이라고 부르며 그 안에서 그리스도는 말씀과 연결된 "당신의 제정하시는 능력"(*potesta ordinata*)을 나타내시어 그것을 통해 모든 신자의 마음에 대한 통치를 행사하신다.[57]

안타깝게도 선교사들은 이 문제에 대해 동의하지 않는다. 많은 나라에서 하나님의 통치나 하나님의 나라가 요청될 때 선교사들은 은혜의 왕국이 아니라 하나님의 왕국과 그리스도의 보편적 통치가 온전히 드러나기를 요구한다. 위대한 해방 신학자인 위르겐 몰트만은 '이미 다가오고 있는' 하나님 나라에 속하는 영광을 '오늘날 요청되고 있는 현실'로 제시한다.

---

56 멜랑히톤은 교회에 대한 조항에서 그렇게 했으며(Ap VII-VIII 16, Tappert, 171), 루터 또한 그렇게 했다(LC II 31, Kolb-Wengert, 435); LC III 51 (Kolb-Wengert, 437); Vikstrom, "Mission und Reich Gottes," 64. Beißer, *Hoffnung und Vollendung*, 20.

57 '권능의 왕국'(*regnum potentiae*) 또는 '보편적 왕국'(*regnum universale*)은 넓은 의미에서의 '하나님 나라'를 가리킨다. 권능의 왕국은 우주뿐만 아니라 내세의 모든 영역 즉, 전 영역에서 하나님의 통치가 행사된다. 반면, '은혜의 왕국'(*regnum gratiae*)은 좁은 의미의 하나님 나라로, 특히 하나님의 백성들로 구성된 공동체를 가리킨다. 이 하나님의 백성들은 원래 죄인이었으나 하나님의 은혜로 말미암아 죄 사함을 받고 그분의 백성이 되었는데 이를 가장 잘 드러내 주는 곳이 바로 교회다(역자 주).

몰트만의 관점에서 우리의 현재 행동과 교회의 선교는 보이지 않는 미래를 가능한 한 눈에 보이도록 만들어야 한다. 미래 지향적 관점은 교회가 이 세상에서 신음하고 있는 피조물을 절망적 상태로부터 구제해 주고 사회적으로 소외되고 억압받는 자들을 공감해 주는 임무를 수행하게 해 준다. 요컨대 교회의 목표는 미래를 '눈에 보이는 현실'로 만드는 것이다.[58]

그러나 루터교회에 있어 하나님 나라의 확장은 말씀의 선포와 믿음을 갖게 됨을 통해 이루어진다. 정의와 평화에 관해 이야기하는 것은 숨겨진 하나님이 아니라 말씀과 신앙과 교회의 통치와 관련된 이 세상에서의 그리스도의 통치에 복종하는 것이다.

그러나 몰트만의 영향을 받은 많은 학자는 현대의 인간 이성은 마지막 때를 기다리는 것을 받아들일 수 없기 때문에 하나님의 통치는 이미 그 절대적인 능력을 훨씬 더 영광스러운 모습으로 나타내야 했다고 주장한다. 정의와 평화(또는 샬롬) 같은 개념이나 관념은 설교, 교회 및 개인의 신앙과 결별한 용어가 되었다(눅 8:11-15; 요 18:36).[59] 여기서 '두 왕국'과 '이 세상에 있는 그리스도 왕국의 종말론적 현실'의 전통적인 차이점은 도움이 된다. 물론 교회의 선교는 청중의 물질적 상태에 관심을 가져야 한다.

그러나 물질적인 것에 우선순위를 부여하는 것은 그리스도 통치의 영적이고 종말론적 현실을 감소시키거나 타협하게 만든다. 그리스도 왕국의 도래는 선포된 말씀을 통한 그리스도와의 개인적인 만남을 나타내며 그것은 개인적인 죄의식과 죄로부터 용서를 가져다 준다. 여기서 우리는 베르너 엘러트의 의견에 동의해야 한다.

---

58 마크 매트(Mark Mattes)가 그의 *Role of Justification in Contemporary Theology*, 86쪽에서 지적한 것처럼, 이것은 칭의의 교리와 일치하지 않는다.
59 이것은 멜버른에서 열린 선교와 전도(Mission and Evangelism)에 관한 1980년 WWC 컨퍼런스에서 볼 수 있다. 비록 이 회의는 "나라가 임하옵시며"라는 주기도문의 두 번째 청원을 주제로 열렸지만, 그것은 하나님 나라를 주권과 권력의 손아귀로부터 정의, 사랑, 평화, 기쁨, 자유를 가져다 주는 곳으로 자백했고, 결국 이것은 종말론적 현실로서의 회심과 하나님의 나라와는 관련이 없는 것이 되어 버렸다. Scherer and Bevans, *New Directions in Mission and Evangelization*, 1:27-35.

그리스도의 통치에 대한 이 구원론적 개념 외에 다른 것은 아무것도 있을 수 없다.[60]

---

60 Elert, *Christian Faith*, 241. 다른 루터교 학자들도 마찬가지다. Brunner, "Herrlichkeit des gekreuzigten Messias," 61; Brunstäd, *Theologie der lutherischen Bekenntnisschriften*, 37-38; Terray, "Mission und Reich Gottes," 69-70; Beißer, "Mission und Reich Gottes," 46.

제13장
새로운 공동체의 구축

1. 선교를 위한 교회의 현실 확인

교회론을 배제시킨 선교의 목표에 대한 논의는 불완전한 것이다. 지금까지 나는 '회심과 세례를 통해서만 신자가 하나님의 나라에 들어갈 수 있다'라는 개인주의적 용어로 선교의 목표에 관해 이야기했다. 그러나 그런 구원에 대한 독점적 소유는 또한 교회의 현실을 가리킨다.

다시 말해서, 선교 사역이 이루어지는 곳에서 신자는 이 세상에서의 삶 전반에 걸쳐 자신의 신앙을 성장시킬 수 있는 영적 공동체를 찾아야 한다는 데 관심을 기울이게 된다.[1] 윌리엄 아브라함(William Abraham)은 『전도의 논리』(*The Logic of Evangelism*)에서 개신교의 여러 교단 가운데 교회론을 포함하기 위해 자신의 개별적 기준을 넘어 목표를 확장시킨 경우가 실제로 없었다고 지적했다.

> 지난 몇 년간 경건주의자, 감리교도, 그리고 부흥 운동자들은 전도의 핵심이 교회 전통 예배의 전례와 예식과는 아무런 관련이 없다는 뚜렷한 인상을 주었다. 그들에게 전도는 신생(영적인 새로운 탄생)과 회심에 집중되어 있다. 개인은 영적 신생을 위해 하나님 앞에 홀로 서는데 이것은 교회가 제공해 줄 수 없는 것이다.

---

1   Aagaard, "Missionary Theology," 207-8. 참조.

성령의 활동을 통해 오직 하나님만이 이 필요를 충족시켜 주실 수 있다. 교회는 이 분야에서 도움을 주는 것이 아니라 오히려 무관심하고 최악의 경우에는 철저한 적대감을 나타낸다. 이것이 개신교 전통 안에서 현대 전도의 역사를 검토함으로써 얻게 된 인상이다. 이전 세대에서 단순했던 인상의 것이 이제는 텔레비전 전도자의 출연으로 인해 고정적이고 절대적인 원칙의 내용이 되었다.

그 대조는 극명하다. 한쪽에는 형식주의, 지루한 전례, 도덕주의적 설교에 중점을 둔 '교회'가 있는데 이들은 누구도 회심시키지 않으려고 한다. 반대편에는 회개와 신앙에로의 부름을 받을 때 죄에 대한 양심의 가책을 느끼고 필사적으로 복음을 통해 구원받기를 바라는 '개인 영혼'이 있다. 이 둘은 적대감의 관계에서 서로에 대해 대치한다.[2]

대부분의 경우 아브라함의 견해는 분명히 정확하지만 복음주의 안에는 그와 같은 명백한 개인주의를 상쇄시키기 위해 교회론과 예배를 중심으로 하는 '이머징교회운동'(Emergent church movement)이 있다. 신생(emergent) 교회는 젊은 세대가 '선교적'으로 살아가기를 희망하면서 전통을 개선하는 방법을 찾아 비판적이지만 건설적으로 포스트모던 문화를 다루고 있다.

우리는 복음주의자들에게 교회를 하나님의 구원 계획에 대한 단순한 부록으로 만드는 개인주의에서 돌아설 것을 요청한다. 개인주의적 복음주의는 현재 교회 없는 기독교(churchless Christianity), 비즈니스 모델에 따른 교회 개념 재정의, 분리주의 교회론 및 교회에 대한 비판적 태도에 기여했다. 그러므로 우리는 복음주의자들에게 보편적인(catholic) 교회 공동체 안에서 그들의 위치를 회복할 것을 요구한다.[3]

---

2 Abraham, *Logic of Evangelism*, 118.
3 '이머징교회운동'(Emergent church movement)문서인 The Call(Thesis 2)에서 발췌함: www.anclentfutureworship.com. 참조. 2006년 11월 7일부터 9일까지 일리노이주 시카고 북 침례신학교에서 열린 최근 회의는 "Towards an Ancient Evangelical Future"라는

우리는 교회를 중심으로 하는 선교 목표를 주장해야 한다. 사실 우리가 교회의 존재를 배제한다면 그것은 복음의 잘못된 표현일 것이며, 한가지 덧붙이자면 실제로 교회는 신자의 믿음보다 앞서 존재하는 것이다. 다음은 복음 선포를 교회의 현실과 연결시키려는 선교적 목표를 보여 준다.

> 복음은 이교도 환경에 사는 사람들을 그리스도인으로 만든다고 해서 그 목적을 달성한 것이 아니다. 아니, 복음은 말씀이 선포되고 성례적인 친교를 통해 삼위일체 하나님과 신자들이 함께 교제함으로써 개인이 구원의 길로 인도될 수 있는 '그리스도인 공동체를 형성'할 필요가 있다고 선포한다.

구원에 대한 개인적인 경험이 반드시 신앙과 교회 사이의 의식적인 연결로 이어지지는 않는다. 그러나 성경과 신앙고백은 '그리스도를 통한 구원의 믿음'과 '교회의 일원이 되는 것' 사이에 강력한 연결 고리를 형성한다. 그런 생각은 종종 그리스도인이 신앙을 갖게 된 후에 교회를 하나의 선택 사항으로 생각하게 만드는 교회에 대한 일반적인 인식을 거스르게 한다.

이것은 "교회 떠돌아다니기"와 같은 표현 또는 교회를 "어떤 일이 일어나는 장소"로 인식하는 것과 같은 일반적인 용법으로 설명한다. 안타깝게도 교회를 단지 종교 서비스 및 물품을 공급해 주는 업체로 만드는 것은 그리스도인들이 신앙을 얻은 후에 다른 동료 기독교인과의 교제와 봉사에 참여해도 되고 그러지 않아도 된다는 것을 시사해 준다. 그렇게 된다면 교회 생활은 그리스도인들의 삶에 부차적인 것이 될 것이다.

그러나 교회론은 처음부터 그리스도인들의 신앙생활에 중심이 되어야 한다. 신자가 삼위일체 하나님과의 교제에 들어감에 따라 동시에 그는 그리스도의 몸인 '성도의 교제'에 속하게 된다. 사실 칼 바르트가 올바르게

주제로 열렸으며 여기서 중요한 문서인 "The Call"을 면밀히 연구했다. 이 운동에 대한 설명은 Gibbs and Bolger, *Emerging Churches*를 참조할 것.

지적한 것처럼 "믿음에 눈뜨는 것과 공동체에 '추가'되는 것은 하나의 동일한 일"이라는 점에서 이미 명백해진다. 믿는 사람은 교회에 있고 그들이 바로 교회다.[4]

바르트의 생각은 사도행전 2장 41절과 47절을 떠오르게 한다. 그 구절에서 우리는 새 신자가 이미 구원받은 사람들인 교회에 '추가'되었다는 사실을 보게 된다. 또 다른 구절은 공동체 또는 교회론적 차원을 언급한다 (고전 1:2-9; 12:12-31; 엡 1:21-23; 2:11-21). 마틴 루터는 자신의 많은 부분을 교회에 통합시켰다.

> 나는 성령에 의해 교회로 인도받아서 교회에 들어가게 되는 시작점인 하나님의 말씀을 들었고 여전히 듣고 있다는 사실을 통해 교회에 통합되었다. 우리가 이 공동체에 들어오기 전에 우리는 하나님과 그리스도에 대해 전혀 알지 못하는 완전히 마귀였다.[5]

루터는 공동체의 가치를 정확하게 알고 있었는데 그곳은 "신자가 와서 다른 곳에서는 얻을 수 없는 구원의 선물을 받는 곳"이라고 생각했다.

> 그리스도가 선포되지 않는 곳에서는 기독 교회를 창조하고 부르고 모으시는 성령도 없으며 이것이 없이는 아무도 주 그리스도께 나아갈 수 없다.[6]

---

4 Gensichen, *Living Mission*, 58. 이 주제에 대한 추가적인 토론은, Guder, *Missional Church*, 77-85, 그리고 Schulz, "Towards a Missionary Church for the City," 4-13쪽을 참조할 것.

5 LC II 52 (Kolb-Wengert, 438).

6 LC II 45 (Kolb-Wengert, 436); Ap IV 138-39 (Tappert, 126).

2. 구원의 방편(Heilsanstalt)으로서의 교회

위의 내용은 선교사들에게 교회를 하나님의 피조물로써 평가하게 하는 인상을 준다. 비록 예산 책정, 건축 자재 및 계약자와 같은 문제는 반드시 교회 개척자가 명심해야 하는 필수 요소이기는 하지만 교회는 사람에 의해 형성되지 않는다. 아니, 교회는 하나님으로부터 그 존재가 나오고 오직 하나님 앞에서(*coram Deo*) 계속 존재한다.

그리스도인은 하나님 없이는 자신이 죄 안에 머물러 있을 것이란 사실을 잘 알고 있다.[7] 이런 의미에서 교회의 존재와 생존은 삼위일체 하나님의 선교 사역에 달려 있다. 엄밀히 말하면 교회는 예수 그리스도 안에서의 하나님의 구원 의지의 결과이다.

교회는 그리스도 안에 있는 그분의 몸으로서(롬 10; 고전 12) 십자가의 죽음과 부활에서 발견된 삶으로 인도함을 받는다.[8] 이로 말미암아 예수 그리스도는 교회를 자신의 소유로 삼으시고 그곳에서 주권을 행사하신다. 그리스도 사건의 객관적 사실에 기초한 교회는 이제 말씀을 통해 믿음으로 의롭다 인정을 받고 구원을 받는다.[9]

이런 이유로 교회는 결코 자신의 존재를 주관적인 개념으로 생각하지 않는다. 사람은 매우 개인적인 이유로 교회를 선택할 수 있으며 오래된 교인은 교회가 자신의 것이라는 소유의식을 가질 수도 있지만 궁극적으로 교회의 주인은 그리스도시다. 그리스도와 그분의 교회 사이에 분열을 형성하는 어떤 종류의 침입도 있어서는 안 된다. 그런 일은 종교개혁 이전 시대에 특히 교황의 지배권과 교황 무오설과 같은 로마 교회의 정교한 계

---

7   SA IIIIII 5 (Kolb-Wengert, 313); Ap VII 15 (Tappert, 170).
8   예를 들어, Ap VII 29 (Tappert, 173); SA II I 1-5 (Kolb-Wengert, 300-301). 두 에세이는 칭의와 교회론의 관계에 대해 논한다. Schwarzwaller, "Rechtfertigung und Ekklesiologie, 85-86, 그리고 von Loewenich, "Die Kirche in lutherischer Sicht," 200.
9   그리스도 통치권의 구원적 의미는 대교리 문답 두 번째 파트 30 (Kolb-Wengert, 414)에 기술되어 있다. 이것과 피터 부룬너의 관계에 대한 설명을 비교하려면 "Rechtfertigung heute," 127-28쪽을 참조.

층적 체계가 '성경보다 전통에 의해 세워졌을 때' 발생했다.

그와는 반대로 개혁가들은 교회를 그리스도께로 방향 전환 했으며 가장 중요한 것은 교회가 그리스도의 복음의 산물임을 이해했다는 것이다. 오직 말씀만이 '그리스도'와 그분의 '교회' 사이의 매개 수단이 되었다. 따라서 종교개혁 당시에 교황권이 진전되고 변호되는 일, 즉 '제 삼의 길'(*tertium non datur*, 배중률: 중간 배척의 원리)은 가능하지 않았다.[10]

오늘날 행동주의가 교회 안에서 지배적으로 자리잡고 있다. 그러나 교회는 여전히 하나님의 선물을 받는 쪽에 있다. 루터는 그의 임종 시에 자신과 모든 그리스도인의 올바른 자세와 태도를 묘사하기 위해 '거지'라는 용어를 사용했다. 그리스도인은 항상 그리스도로부터 그분이 주신 선물을 받는다.

칭의의 교리는 수동적 태도에 대한 최고의 설명이다. 신자는 수용적인 사고방식을 채택함에 따라 자신의 존재가 말씀을 통한 주님의 활동에 기인한다고 여기게 된다. 이런 이유로 루터가 교회를 "자신의 목자 음성을 듣는 거룩한 신자와 양들"이며 여기에서의 거룩함은 오직 "하나님 말씀과 참된 믿음으로 구성"되었다고 묘사함으로써 이에 대한 정의를 내린 것은 의미가 있다.[11]

루터의 주장을 간략하게 살펴보면 다음과 같다.

> 만약에 '모든 것'이 그리스도께 달려 있다면, '모든 것'은 교회가 살아가는 데 선물로써 주신 '말씀과 성례전'을 통해 그리스도께로부터 나오게 된다.[12]

10　SA II IV 9-13 (Kolb-Wengert, 308). 교황권에 대한 루터의 거부는, 교황권이 그리스도와 신자들 사이의 중재적 위치에 불법적으로 자리 잡았을 때 생긴 명백한 결과였다.

11　SA IIIXII 2-3 (Kolb-Wengert, 325). von Loewenich, "Die Kirche in lutherischer Sicht," 200. 참조.

12　Schwarzwaller, "Rechtfertigung und Ekklesiologie," 89. 그리스도에 관한 조항이 성례전 및 교회의 삶과 어떻게 관련이 있는지에 대해서는 슈말칼드 신앙고백서에서 확인할 수 있으며, 여기에서 미사(SA II II 1, Kolb-Wengert, 301)에 관한 조항은 그리스도의 직

그리스도는 '성도들의 모임'의 주님이시다. 교회는 구원이 중재되는 공동체, 즉 구원의 방편(Heilsanstalt, 또는 구원이 전달되는 장소)이다. 이런 배타성은 루터의 『대교리 문답』의 다음 구절에서 분명히 나타난다.

> 이교도, 사기꾼, 유대인, 또는 거짓 그리스도인과 위선자 등의 여부에 관계없이 기독교의 외부(*extra christianitatem*)에 있는 모든 사람은 영원한 분노와 저주를 받는다. 그들은 주님이신 그리스도를 얻지 못하고 성령의 선물로 조명받고 축복받지 못한다.[13]

이런 배타성은 말씀을 통해 자신의 자녀를 키우고 양육하는 루터의 '어머니로서의 교회'에 대한 이미지에 의해 더욱 뒷받침된다.[14] 당연히, 이 루터교회론을 배경으로 "교회밖에는 구원이 없다"(*extra ecclesiam nulla salus est*)라는 고전적 진술이 여전히 유지되고 있다. 그러므로 우리는 교회와 관계없는 모든 외부인을 수용하고자 하는 제안에 대해 의문을 제기한다.

예를 들어, 폴 틸리히는 타 종교들 가운데 "잠재적 교회"(latent church)[15]라는 개념을 촉구했고 칼 라너는 세계의 다른 종교들 사이에 "익명의 그리스도인들"(anonymous Christians)이 널리 퍼져 있다고 하여 틸리히의 제안과 비슷한 영향을 미쳤다.

그러나 그런 노력은 교회가 구원 역사에서 중심적인 장소가 된다는 믿음을 파괴한다. 그리스도와 성령을 연결하는 끈이 끊어지고 그 장소는 '성령, 은혜의 수단, 기독교 공동체'와는 무관하게 하나님의 구원 활동이 일

무와 사역에 관한 조항을 따른다.
13 LC II 66 (Kolb-Wengert, 440). 신앙고백서에는 배타적인 주장들이 산재해 있다. 예를 들어, Ap IX 2 (Tappert, 178); LC II 56 (Kolb-Wengert, 438); LC IV 69 (Kolb-Wengert, 465).
14 LC II 42 (Kolb-Wengert, 436). 교회가 말씀을 소유했기 때문에 부룬너는 교회를 "구원의 방주"(Arche des Heils)라고 부른다 ("Rechtfertigung heute," 128-29).
15 Tillich, "Missions and World History," 281-89. 그리고 Amstutz, *Kirche der Völker*, 104쪽 참고.

어난다는 계획(음모)에 의해 빼앗기게 된다.¹⁶

3. 어떤 종류의 교회를 개척해야 하는가?

교회의 본질에 대한 우리의 논의는 교회 개척(*plantatio ecclesiae*)의 개념에 대한 귀중한 정보를 제공한다.¹⁷ 교회 개척은 교회가 무엇인지에 대해 우리가 정확히 알게 되면 더 유용한 개념이 된다. 기본적인 정의는 교회를 '영적 실체, 의롭다고 인정받은 모든 사람으로 구성된 성도들의 모임 또는 신자들의 친교'라고 부를 수 있다.

일부 학자는 이 정의에 세례가 포함되어야 한다고 지적한다. 그것은 세례가 "그리스도인 교회에서 가장 분명한 회원 자격의 표시"이기 때문에, "세례를 받은 사람"(*coetus baptizatorum*)을 신자로 보는 것과 같이 이에 대해 더욱 엄밀하게 식별할 수 있을 것이다.¹⁸ 개중에는 세례를 받았지만 더 이

---

16 이것은 '제2차 바티칸 공의회'의 수많은 진술에서 명백하게 드러난다. 확실히, "주님이신 예수님"(*Dominus Iesus*, 2000)에 관한 회칙은 교회론적 차원에 더 중점을 두었다. '제2차 바티칸 공의회'는 "비기독교와 교회의 관계에 대한 선언"(*Nostra Aetate*)에서 "모든 사람을 밝히는 진실의 빛"에 대해 언급하고 있다. 교회에 관한 교의 헌장: 인류의 빛(*Lumen Gentium*) 참조: "자기의 탓 없이 그리스도의 복음과 교회를 알지 못하지만, 성실한 마음으로 하느님을 찾으며 양심의 명령으로 알려진 하느님의 뜻을 은총의 힘으로 실천하려고 노력하는 사람은 영원한 구원을 얻을 수 있는 것이다.
또한, 자기의 탓 없이 하느님을 아직 명백히 인정하지는 못할지라도, 하느님의 은총으로 올바로 살아 보려고 노력하는 사람에게는 하느님의 섭리가 구원에 필요한 도움을 거절치 않으신다." 이 진술은 Abbott, Documents of Vatican II, 662, 35쪽을 참고할 것.
17 개신교의 관점에서 볼 때, '교회 개척'(*Plantatio ecclesiae*)이라는 용어는, 그 용어가 교회의 표징인 '선포된 말씀과 성례전'의 말씀 주위에 모인 성도들의 모임과 참된 신자들의 교회를 암시하는 경우에만 신학적으로 허용된다 (AC VII 1, Kolb-Wengert, 43).
그러나 로마가톨릭 진영에서는 '교회 개척'이라는 이론은 단순한 공동체 형성에서부터 완전한 계층 구조 수립에 이르기까지의 교회 조직을 포함한다. Müller, *Mission Theology*, 37-38. 참조. 구스타프 바르넥과 같은 개신교 선교학자들은, 더 넓은 지역 사회에 스며들어 문명화함으로써 교회를 세우는 일로 '교회 개척'의 개념을 확장시켰다. Warneck, *Evangelische Missionslehre*, 1:5. 참조.
18 Elert, *Christian Faith*, 252.

상 교회와 자신을 동일시하지 않는 사람이 있다는 것 또한 분명한 사실이다.

우리는 또한 '교회를 세례받은 것과 동일시'한다는 것이 '복음을 듣고 믿음을 갖게 되었지만 아직 세례를 받을 기회가 없는 사람'을 여기서 배제시키는 것은 아님을 덧붙이고자 한다. 교회는 특정 대상 집단에 주의를 기울이기 때문에 교회 외부의 사람들과 구분하여 '세례'를 교회의 경계 또는 가장자리로 사용하는 것은 여전히 교회를 구별하는 데 가장 도움이 되는 방법이다.

우리는 또한 교회가 말씀을 배제시키고서는 믿음을 유지할 수 없다는 사실을 알고 있다. 교회에 대한 최초의 개신교 정의를 제공하는 '아우크스부르크 신앙고백서'는 교회의 정의에 "성도의 모임"(*congregatio sanctorum*) 즉, 복음을 순전하게 가르치고 성찬을 올바르게 집행하는 "사람들이 있는" 또는 "그런 장소에서"라는 관계절을 덧붙였다.[19]

'말씀과 성례전 주위에 모인 신자들'로서 교회를 바라보려고 할 때 만약 그것을 단지 플라톤적 마음의 실체(마음은 실체가 없는 일련의 상태일 뿐)로서 교회를 이해하려고만 한다면 가시적인 것과 비가시적인 것이라는 전통적 교회에 대한 구분은 별로 도움이 되지 않는다.[20] 지상의 교회는 설교 행위와 은혜의 수단을 베푸는 그 표지에 의해 형성되고 규범화됨으로써 가시적(visible)이 된다.

신자가 모이는 교회의 가시적인 표지(sign)는 기독교 공동체의 영적인 삶을 형성한다. 특히, 이교도 문화가 지배적인 맥락에서 성례전은 궁극적으로 신자들에게 비기독교적 요소에 대한 끊임없는 맹공격을 막아 주는

---

19 AC VII 1 (Kolb-Wengert, 43). 따라서 칼 헤르만 칸들러(Karl-Hermann Kandler)는 모든 강조 사항이 상대 조항에 배치되어야 한다고 지적했다. "따라서 상대 조항은 결정적인 요소다. CA VII는 은혜의 수단으로 교회를 정의한다" (Kandler, "CA VII," 74).

20 멜랑히톤은 교회가 전 세계에 흩어져 있는 참된 신자들과 의로운 사람들로 구성되어 있기 때문에, 교회를 '플라톤 공동체'로 지정하려는 시도를 분명히 반대한다. 그리고 우리는 그 교회의 표지에 '복음과 성찬'의 순수한 가르침을 추가한다. (Ap VII 20, Tappert, 171). Ap X V I13 (Tappert, 224). 참조.

차단 장치로써 작용한다. 세례를 통해 공동체의 삶을 형성하게 해 준 선물(교회)은 제단의 성례(Sacrament of the Altar, 예수 그리스도의 참된 몸과 참된 피의 성례)를 통해 계속해서 교제를 강화시켜 준다.

교회는 이질적이고 적대적인 상황 가운데 살아가고 있는 성례전 공동체이며 주의 만찬(성찬)의 성례는 교회를 그렇게 확증한다. 그리하여 그리스도의 교회는 성례전의 안팎에서 산다. 선교학자 발터 프라이타크는 "성례전이 없는 교회는 죽을 것이다"라고 올바르게 주장했다.[21]

주장한 바와 같이 기독교 공동체가 자기 주도적 행동이나 관심사가 아닌 외부 수단에 의하여 모이게 되었다는 것을 안다면 그것이 다른 회합이나 사회 모임과는 매우 다르다는 것을 이해할 수 있을 것이다. 교회는 '자신이 하는 일이 무엇인지'가 아니라 '자신이 누구인지'를 나타내는 직설법으로 정의된다. 확실히 그리스도인은 자신의 삶에서 확립된 목적으로, 즉 자신이 하는 일에 의해 스스로를 이해하려는 경향이 있으며 따라서 그들은 윤리와 행동주의의 관점에서 생각한다.

예를 들어, 일부 그리스도인은 선교 사역에 참여함으로써 그리스도인으로서의 부르심을 확인한다. 그러나 그런 행동주의(또는 심지어 선교 행동주의조차도)는 '교회가 무엇인지'에 대한 진정한 정의와 혼동되어서는 안 된다. 교회의 윤리적 차원은 단지 자신이 누구인지의 결과, 즉 자신이 믿음의 공동체라는 사실의 결과일 뿐이다.

이 모든 것은 선교 목표와 어떤 관련이 있는가?

교회 개척을 위한 노력은 '말씀과 성례전'이라는 객관적인 현실로 자신의 정체성을 확인하는 공동체를 세우는 데 중점을 두어야 한다. 만약 교회가 교회의 정의에 명시된 대로 그런 활동을 보장할 수만 있다면 교회 개척의 선교적 목표는 실질적으로 달성될 수 있다.

따라서 해외에 거주하고 있는 교회 개척자나 현지인 지도자에게 영적

---

21 Freytag, *Reden und Aufsätze*, 1:219-28쪽부터 228쪽까지. 이것은 '아우크스부르크 신앙고백서' 제13조 1-2 (Kolb-Wengert, 47)에서 확증된다.

지도자의 임무를 부여하는 것은 궁극적으로 부적절하다. 하나님의 말씀을 전하고 지속하는 것은 무엇보다 중요한 일이며 이것은 모든 교회 개척 사업에서 가장 먼저 보장되어야만 하는 것이다.

4. 교회 개척에서 중요한 사항

교회 개척을 위한 노력은 덜 중요한 문제와 절대적으로 필요한 문제를 구별해야 한다. 더 이상 교회 개척을 위한 노력이 선교사를 파송한 교회의 조직을 복제하려고 하거나 프로젝트를 후원하는 단체로 만드는 데 초점을 두게 해서는 안 된다. 남아프리카를 예로 들면, 대형 건물과 파이프 오르간과 금관 악기의 사용은 츠와나족(Tswana)과 줄루족(Zulu)이 외국 선교사의 것을 수입해 왔음을 나타내 준다.

대부분의 경우에 선교사가 자국으로 철수한 후에는 주변의 것을 수리하는 데 필요한 자금과 기술이 부족하여 그런 건물과 도구들이 황폐해지고 사용할 수 없게 된다. 그러나 여기서 '절대 필요한 것'은 공동체가 기독교 신앙의 필수 요소 위에서 자라나는 것이다. 교회 개척에는 성경에서 발견되고 신앙고백서에 설명된 루터교 신앙의 모든 필수 요소를 선포하고 가르치는 의무가 포함된다.

교회 개척을 위한 노력에는 또한 토착적이고 독립적인 교회를 세우는 목표도 포함된다. 이것은 절대적으로 필요한 일이다. 로마가톨릭교회는 개신교보다 전 세계에 그런 요원을 더 쉽게 배치한다. 그러나 이상적으로는 지역 교회 조직이 복음 선포와 성례전 집행을 지속하고 유지할 수 있도록 자신의 현지인 성직자를 세워야 한다. 지역 교회는 자신의 재정적 필요를 스스로 해결하고 모든 차원에서 지도자를 찾을 수 있어야 한다.

삼자 원리(자전, 자치, 자립)에 '자신학화'를 추가하여 교회 개척은 자신이 어디에 있든지 복음과 성례전을 스스로 가르칠 수 있어야 한다. 그러나 때때로 교회 조직은 결코 삼자 원리에서 제시한 수준까지 도달할 수 없다. 그러므로 교회 개척 전략은 어느 정도의 범위를 유지하여 개발과 성장을 위한 시간을 충분히 남겨둬야 한다.

예를 들어, 신생 교회의 복지를 위해 루퍼스 엔더슨(Rufus Anderson)과 헨리 벤(Henry Venn)은 토착 기독교인들에게 외국의 구조를 형식적으로 엄격하게 부과하려는 교회 개척에 대한 친권주의적 접근을 피하기 위한 끊임없는 노력을 했다.

교회 개척자가 신생 교회를 책임감 있는 성숙한 교회로 이끌기 원한다면, 그들에게 안내 지침을 제공하는 것이 합리적이다.[22] 그러나 이 지침을 엄격하게 부과하면 치명적인 결과를 초래할 수도 있다. 예를 들어, 조기에 지원을 철회하면 회중의 선교 및 회중에 대한 목회 활동이 중단되어 복음 사역에 지장을 초래할 수도 있다.

예를 들어, 남아프리카의 교회가 독일과 미국의 파트너 교회들로부터 자체 지원이 끊기려 했을 때 불행한 결과는 많은 목회자가 가족을 부양할 수 있는 급여와 기본 수단이 부족해져서 교구를 버려야 하는 사태가 발생하게 되었다. 삼자 원리의 목표가 이행될 때마다 파트너 교회는 그런 결정으로 인해 발생할 파멸적인 결과를 고려하여 재정 지원 중단에 관한 생각을 신중하게 판단해야 한다.

5. 교회 구조와 배턴(Baton) 넘기기

우리는 교회 개척 프로젝트가 '교회가 무엇인지'에 대한 기본 정의로 돌아가서 그 정의에 기초한 '기본 목표'와 부수적인 문제에 참여하는 '보조적 목표'의 차이를 인식해야 한다고 제안한다. 이런 정의는 교회 기관들이 자유로이 자신의 구조를 찾을 수 있도록 해 준다. 종교개혁은 교회가 계층

---

22 Stolle, "Ober die Zielsetzung orgamsierter Missionsarbeit," 134. Smalley, "Cultural Implications of an Indigenous Church," 494-502쪽 참고.

구조에 의해 정의되거나 회중에게 부당하게 주입시킨 외국 전통에 의해 정의된 것이 아니라고 우리에게 가르쳤다.

교회의 정치와 구조는 다양하다. 우리는 '제도적인 교회의 이러저러한 확장'과 '복음의 진보'를 동일시할 수 없다.[23] 교회 조직이 감독제도(episcopal)를 선택하든 또는 총회 구조(synodical)를 채택하든 또는 이 둘을 종합하든지의 여부는 고정된 규칙이 아닌 협상 가능한 것이 되어야 한다.

1990년대와 그 이전에는 토착 교회를 개척하고자 하는 목표가 논의의 주요 대상이 되었다. 톰 스테픈(Tom Steffen)[24]은 자전 및 자치 원칙에는 사람들의 언어로 가르치고 설교하는 복음뿐만 아니라 토착 교회를 관리하는 데 있어서 자기 선택적 리더십 구조도 포함되어야 한다고 주장한다. 선교는 외국 선교사의 지배적 존재를 감소시키고 토착 교회가 자신이 선호하는 구조를 취할 수 있도록 하는 방법과 수단을 시행하도록 해야 한다.

예를 들어, 1990년대 초 남아프리카 공화국 루터교회(LCSA)는 선교사의 지위를 목회자 정기총회의 공식 유권자에서 고문(조언자)으로 변경시켰다. 그런 변화와 그 밖의 많은 것이 전 세계 교회 기관에서 이루어졌으며 오늘날에도 외국인 선교사가 계속해서 존재하기 때문에 교회는 이런 문제에 역점을 두고 있다. 안타깝게도 교회가 이런 과도기를 겪으면서부터 선교사와 현지 교회 지도자들 사이에 긴장 관계가 발생하게 되었다.

그런 갈등은 선교사들을 의기소침하게 만들었으며 많은 사람은 자신의 나라로 철수하는 것을 선택했다. 불행하게도 토착 교회가 외국 선교사와의 관계를 재조정하기를 요구하는 것은 종종 교회가 '형성 단계'에서 '성숙 단계'로 발전하는 데 있어서 개척 선교사가 그들을 위하여 일군 귀중한 공헌과 봉사를 가려 버리게 만든다. 또 다른 곤경은 파트너 교회나 선교지에서 선교사들의 적절한 체류 기간에 관한 것이다.

---

23 교회의 구조와 전통에 관한 이슈는 '아우크스부르크 신앙고백 해설' 제7조 23-42 (Tappert, 172-77)에서 논의되었다. Gensichen. "Were the Reformers Indifferent to Missions?" 121.

24 Steffen, *Passing the Baton*.

추세에 맞게 교회와 선교회는 가능한 한 가장 짧은 시간을 체류하도록 선택해야 하는가?

선교 계획자들은 해외 파송 선교사가 선교지에 오래 머물러서 뿌리를 내려 신흥 교회를 손상시킬 수 있는 '친권 주의적 구조'를 확립할 수 있다는 염려를 하고 있는가?

배턴(baton)이 원주민 지도부에 너무 빨리 전달되면 자체 문제가 발생하는데 그중 하나는 혼합주의의 위험이다. 하나님의 말씀이 전통적인 토착 신앙과 합쳐지는 그런 혼성 기독교는 가능한 '짧은 시간'에 '최소한의 교육'으로 현지인들에게 지도력이 위임된 상황의 결과일 수 있다.

아프리카는 기독교의 급속한 성장으로 인한 부작용 중 하나로 수천의 혼합주의 공동체가 대거 출현한 예를 보여 준다. 이를 통하여 배운 한가지 교훈은 교회 개척을 위한 노력은 '복음'에 대한 '세계적이고 보편적'인 주장을 무시할 수 없으며 무슨 일이 있어도 이런 복음은 세계 각지의 모든 상황에서 가르쳐야 한다는 것이다.

따라서 문화적이고 토착적인 상황에 복음을 적응시키는 방법과 수단을 찾는 것은 그 자체의 위험을 감수해야 한다. 그런 염려가 필요한 만큼 본토에서 자생한 토착 교회를 세우기 위해서는 보편적이고 세계적인 기독교와 복음의 특성을 놓치지 말아야 한다. 다음 진술은 보편성과 지역성 사이의 균형을 맞추겠다는 방침을 나타낸다.

> 지역 회중이 선교에 참여하려고 노력할 때 보편성과 특수성은 서로 불가분의 관계에 있으므로, 지역성과 보편성의 균형을 추구해야 한다. 보편적인 믿음의 교제가 없으면 각 지역 교회는 지역적 상황에서 진정한 자기 이해를 찾을 수 없다. 그러므로 교회가 선교를 하는 데 있어서 맥락성(contextuality)이 없는 일반성이나 보편성은 제국주의를 초래하고 보편성이 없는 맥락성은 편협성(지역주의)을 초래하게 된다.[25]

---

[25] LWF, *Mission in Context*, 29-30.

6. 민족 정체성과 사회 계층

'동질 집단'의 원리는 교회 기관이 사람들의 특정 집단 또는 민족과 동일시된다는 생각이다. 그것은 교회 성장 그룹 내에서 광범위한 지지를 얻었다.[26] 이런 동일화는 교회론의 성경적이고 선교적인 본질에 관한 흥미로운 질문을 제기한다. 동질 집단을 통한 접근 방식은 도널드 맥가브란을 통해 선교학적 토론과 실천으로 이어졌다. 도널드 맥가브란은 다음과 같은 사실을 명확히 관찰했다.

> 사람은 인종, 언어 또는 계급 장벽을 넘지 않고 그리스도인이 되기를 좋아한다.[27]

또한, 그는 다음과 같은 사실을 확인했다.

> 목표는 한 도시나 지역에서 하나의 대형 교회를 세우는 것이 아니다. 그들은 그렇게 할 수는 있겠지만 결코 이것이 그들의 목표가 되어서는 안 된다. 그것은 모든 회원이 그의 종족과 밀접한 관계를 유지하면서 자라나는 토착민 회중의 집단이 되어야 한다. 이 집단은 한 사람, 한 명의 카스트, 한 명의 부족, 한 사회 안에 있을 때 가장 잘 성장한다.[28]

동질 그룹에 대한 맥가브란의 관심은 인도의 카스트 제도에 대한 경험, 즉 인도 교회의 수적 성장의 한계를 목격한 데서 비롯되었다. 그러나 대부분의 사람은 맥가브란이 두 명의 중요한 루터교 선교사인 브루노 구트만(Bruno Gutmann)과 크리스티안 카이저로(Christian Keysser)부터 이런 관찰을

---

26 Engle and McIntosh, *Evaluating the Church Growth Movement*, 140, 197.
27 McGavran, *Understanding Church Growth*, 163.
28 McGavran, "Church in Every People," 624쪽 참조; McGavran and Arn, *How to Grow a Church*.

끌어냈다는 사실을 알지 못할 것이다.

구트만(1876-1966)은 탄자니아의 샤가족(Chaga)에게 그리고 카이저(1877-1961)는 파푸아뉴기니 고원의 작은 씨족 시스템에게 관심을 기울였다.[29] 두 선교사 모두 자신이 사역하는 특정 종족에게 복음을 적응시키는 독특한 방법을 채택했다. 그들은 구트만이 '원시적 관계'(urtümliche Bindungen)라고 부르는 부족의 자연 그대로의 관행과 구조를 복음이 보존해야 한다고 주장함으로써 창조와 관련된 복음과 사도신경 제1조에 대한 문제를 결합시켰다.

분명히 민족적이고 부족적인 상황은 항상 교회 개척을 위한 노력에 영향을 미쳤으며 선교사는 특정 종족이 가진 그들만의 민족적이고 문화적인 정체성을 무시하기 어려웠다. 그러나 이런 원칙이 분별없이 적용된다면 교회는 자신과 자신의 이익을 보호하는 데 초점을 맞추게 될 것이다.

그것은 1948년 네델란드의 신학자인 요하네스 호켄다이크의 책 『독일 선교학에 있어서의 교회와 민족』(*Kerk en Volk in de Duitse Zendingswetenskap*)에서의 구트만과 카이저에 대한 비평이었다. 구트만과 카이저에 대한 호켄다이크의 비판은 이 두 사람이 선교지의 사람들에게 다른 부족에 대한 이기심을 증가시키는 방식으로 전략을 사용하지 않았기 때문에 부당한 것 같다.

호켄다이크는 교회론을 거의 고려하지 않았기 때문에 그의 관심은 오늘날 너무 급진적인 것으로 간주되고 있다. 그런데도 그의 관심은 적어도 모든 교회 조직에 사회적이고 인종적인 구성과 그 이유로 발생 가능한 부정적인 결과들에 대해 진지하게 반성할 것을 요청한다. 교회 조직이 스스로의 특정 관심사를 따랐던 그런 극단적인 결과는 남아프리카의 아파르트헤이트(남아공 인종 차별 정책, Apartheid) 정권 기간에 존재했다.

---

29 브루노 구트만(Bruno Gutmann)과 크리스티안 카이저의 연구에 대한 자세한 설명은, Burkle, *Missionstheologie*, 67-73; Yates, *Christian Mission in the Twentieth Century*, 34-56; Jaeschke, *Bruno Gutmann*. 참조. 맥가브란은 카이저의 *Eine Papuagemeinde*가 영어로 Keysser, *People Reborn*으로 출판되었다는 것을 알았다.

교회는 그들 자신의 부족과 국가적 정체성을 보호하는 데 집착하여 복음의 통합적 본질을 잃어버리게 되었다.[30] 이전에는 '민족, 혈통, 국가'(Volk, Blut, und Boden)의 게르만적(Germanic) 이상을 따라 제3제국(독일 나치 정권) 기간 동안 설립된 독일 국가 교회에서도 비슷한 문제가 발생했다.

동질 집단의 원칙을 미국의 상황에 적용한다는 것은 교회가 사적, 사회적, 문화적 성향에 따라 모든 그룹의 사람에게 호소해야 한다는 것을 의미한다. 한 교회 조직은 20대 초반의 청년에게 초점을 맞추고 다른 교회는 어린 자녀를 둔 부모에게 다가가는 데 집중하고 또 다른 교회는 문신을 많이 한 오토바이족을 찾는다. 오늘날 '동질 집단의 원리'는 다양한 생각과 접근 방식으로 발전했다.

예를 들어, 소그룹에 대한 홍보 활동을 촉진하는 사람들 사이에 이 원리가 사용된다. 이 전략은 골프나 자수 수업과 같은 기존의 관심사로 사람을 모아서 그들에게 복음을 전하는 방식이다. 실제로 그리고 틀림없이 거의 모든 교회 조직은 특정 그룹의 사람과 자신을 동일시한다. 확실히 선교는 복음을 특정한 상황에서 전달하기 때문에 언어와 문화적 특성과 같은 사람들의 집단적 요구에 진정으로 관심을 가져야 한다.[31]

그러나 이런 원칙을 염두에 두고 교회가 세워지는 곳에서는 항상 목표 그룹의 '필요성'에 너무 집중하게 되는 위험이 있는데 그렇게 되면 교회는 결국 복음 이외의 것으로 자신을 동일시하거나 그 일부를 타협하게 된다. '시장 주도적'이고 '구도자 중심의 접근' 방식과 같은 모든 대중적인 교회 성장 형태는 사람의 '필요한 요구'로부터 사역을 결정하고 그런 요

---

30 도널드 맥가브란의 남아프리카에 대한 논의는 Fung, *Evangelistically Yours*, 147-50쪽에서 확인할 수 있다. 펑(Fung)과 같은 남아프리카의 비판적 신학자들은 일반적으로 "복음이 항상 사람들의 삶과 문화에 있어 혼란을 초래하기 때문에, 동질그룹의 원칙을 무시하고 있다. 그리스도인은 항상 새로운 공동체에 들어가기 위해 오래된 삶의 관계로부터 나와서 복음으로 부름 받아야 했다."

31 소위 "가난한 사람들과 노숙자들을 위한 교회"는 진정한 그리스도인의 관심사를 반영하지만, WCC가 보여 주듯이 그것은 일방적인 관심사일 수도 있다. Section I of *Your Kingdom Come*, 171-78쪽의 에큐메니컬 진영의 제안을 참조할 것.

구를 충족시키기 위해 복음을 마련하는 실수를 범하는 경향이 있다.[32]

사회적이고 문화적인 특징들이 교회로 들어가서는 안 된다. 그 이유는 복음의 통합하는 능력과 신학적 주장에 있다. 복음은 이기적인 이유로 사람들 사이에 세워진 인간의 경계와 벽을 허물고 싶어한다. 복음은 사회적인 통합을 이루며 사람들을 그룹으로 나누지 않는다. 그것은 계급, 인종, 문화의 장벽을 허물고 성령을 통해 새로운 공동체를 불러낸다.

베드로(행 11:4-18)와 바울(갈 3:28) 모두가 선포한 것처럼 이상적으로 모든 교회는 그 삶과 예배에서 다문화적이며 심지어 초문화적인 태도로 복음을 반영하려고 노력해야 한다. 인구통계학적으로 동질 집단이 존재하는 곳에서 하나님은 언젠가 다른 집단의 사람을 배치하시고 그리스도인들이 그들에게 새로운 관점을 갖도록 요구하실 수도 있다.

아마도 회중이 교회의 전통적인 고전적 특성, 즉 하나의, 거룩하고, 보편적이며, 사도적인 것에 집중한다면 교회는 사고방식과 구성에 있어 더 완전하고 성경적인 것이 될 수 있다. 성경에서 우리는 다양한 사회적 인종적 배경을 가진 사람을 통합하는 교회를 보게 된다.

오직 하나님의 말씀만이 모든 사람을 모아서 자신의 민족적 정체성을 보존하려는 것과 같은 인간 중심적 욕구와 이기적인 관심사를 교정시킬 수 있다(예: 엡 2; 갈 3:28). 복음의 자유가 널리 퍼지도록(롬 1:16-17) 민족적 규정과 전통의 마비 상태를 깨뜨리기 위하여 사도 회의(행 15)가 필요했다.

바벨탑 때문에 널리 퍼져 있는 문화적 모자이크를 진지하게 받아들여야 하지만 교회 조직은 인종적, 민족적, 사회적, 언어적 분열을 넘어서는 화해를 분명하게 구현해야 한다. 한가지 생각은 루터는 교회를 특정 인간의 욕구와 관심사를 중심으로 모이는 다른 사교 모임으로 이해해서는 안 된다고 보았다는 점이다.[33]

---

32 Engle and McIntosh, *Evaluating the Church Growth Movement*, 51.

33 이것은 루터가 교회를 '게마인샤프트'(Gemeinschaft, 집단 공동체)가 아닌 '게마이네'(Gemeine, 개인 공동체)로 선택한 것에 대해 설명한다 (LC II 47-50, Kolb-Wengert, 436).

예를 들어, 케냐의 복음주의 루터교회 (ELCK)는 루오족(Luo), 키시족(Kisi), 키쿠유족(Kikuyu)을 포함한 부족들로 구성되어 있다. 남아프리카 공화국 루터교회(LCSA) 또한 츠와나족(Batswana), 줄루족(Zulu), 코사족(Xhosa) 및 소토족(Sotho)과 같은 다양한 부족의 멤버들을 보유하고 있다.

이 교회 조직들은 마태복음 28장의 '민족'이라는 성경의 용어를 살펴보면서 자신들이 함께 모여 예배하는 수많은 민족을 포용하고 있다는 것을 보게 된다. 그런 교회 조직은 특히 지도자 구성과 관련하여 한 부족이 다른 부족보다 더 우대받지 않도록 노력해야 한다.

7. 윤리적 교회

오랫동안 윤리는 교회 개척 전략에서 중요한 역할을 맡아 왔다. 클레르보의 베르나르(Bernhard of Clairvaux, 1090-1153)와 아시시의 프란시스(Francis of Assisi, 1182-1226) 그리고 레이몬드 룰(Raimund Lull, 1235-1316)은 마태복음 10장 7-10절의 이상을 따르는 금욕적인 성자들로서 이들은 한창 진행 중이었던 '십자군 운동'의 방식이 아니라 무슬림에 대한 평화의 선교를 통해 그리스도인들을 얻고자 했다.

경건주의 시대에는 많은 사람이 더 큰 교회(교회 안의 작은 교회, *ecclesiolae in ecclesia*) 안에서 핵심적인 것에 대한 헌신을 통해 선교를 추구하려는 경향을 보였다. '수도원주의'와 '경건주의' 두 가지 모두 선교를 위해서는 평범한 그리스도인이 가진 것 이상의 특별한 형태의 신앙심이 요구된다고 생각했다. 슐라이어마허는 교리의 지배를 받지 않는 윤리적인 용어로 교회를 정의했다.

> 실제로 그런 개념이 있어야 한다면 모든 경우에 '교회'는 자유로운 인간 행동을 통해서만 시작되고 이를 통해서만 계속 지속될 수 있는 집단이기 때문

에 이제 '교회'라는 일반적인 개념은 주로 '윤리'로부터 파생되어야 한다.[34]

보다 최근의 선교학적 사고는 교회를 '행동가 조직'으로 묘사하려는 경향이 있다. 많은 사람에게 교회는 '진정한 신자들의 모임'이 아니며 제자보다는 제자 훈련자로 구성된 '재생산하는 공동체'(reproductive fellowship)로 비추어졌다.[35] 교회에 대한 이런 정의를 지지하는 사람들은 '교회가 무엇을 하는지'에 대한 역동적인 표현을 선호하며, '교회가 무엇인지'의 정적인 묘사에 대해서는 만족하지 못한다고 지적한다.

여기서 초점은 교회가 무엇인지를 나타내는 '직설법'(indicative)이 아니라 행동을 촉구하는 '명령법'(imperative)에 있다. 이것이 제기하는 우려는 교회는 활동에 참여하기 전에 먼저 그곳이 어떤 곳인지 알아야 한다는 '직설법'을 잠재적으로 무시한다.

교회의 존재에 대한 윤리적 형태와 형성에 초점을 둔 사람들은 종종 선교 활동이 결여된 교회 조직에 대해 비판적으로 언급한다.

> 전도와 사회 활동에 뛰어들지 않고 예배를 위해서만 모이는 모든 교회는 '교회'라고 불릴 만한 가치가 없다.[36]

이런 비판은 윤리를 교회의 표식으로 바꾸어 버린다. 그들은 경건주의에서 동기 부여를 받았으므로 회중의 무 활동성을 공격 목표로 삼는다.

그렇게 함으로써 이 접근법은 또한 교회에 대한 루터교의 정의를 공격

---

34 Schleiermacher, *Christian Faith*, 1:3. Holsten, "Die Lutherische Kirche als Träger der Sendung," 12-14쪽 참조.

35 Van Rheenen, *Missions*, 148. 9장에서, 재생산된 친교에 대한 그의 요점을 증명하는 성경적 증거는 불분명하고 설득력이 없다. 구더의 *Missional Church*, 110, 183-220쪽에서 "사도적"이라는 전통적인 표식은 파송과 "하나님의 백성을 선교에 준비"시키려는 목표로만 확인된다.

36 Seamands, *Harvest of Humanity*, 16. 릭 워렌의 생각 또한 비슷하다. Warren, *Purpose Driven Church*, and Warren, *Purpose Driven Life*. 참조.

한다. 물론 선교적 흥미를 갖고 복음에 응답하는 회중이 가장 바람직한데 신학적으로 말하면 이것은 교회 조직의 존재에 매우 중요한 부분이라고 할 수 있다.

> 선한 행위가 없이는 결코 믿음이 존재하지 못한다. 물론 회중이 내적인 방향만 취하고 선교적 의무를 잊어서는 안 된다. 반면에 우리는 회중이 잃어버린 자를 찾는 일에 대해 느리거나 실패했다고 해서 그들을 그리스도의 몸인 교회로부터 실격되었다고 추정해서는 안 된다. 그런 방식으로 결론을 이끌게 되면 '성령과 하나님의 말씀'에 초점을 둔 교회의 본질이 '모든 그리스도인의 삶과 공동체를 건설'하는 것으로 타협될 것이다.[37]

교회에 행동과 윤리를 요구하는 사람들은 종교개혁이 세상으로 나가 복음을 전했던 단순함으로 돌아가야 한다. 사회 과학, 기술, 프로그램 및 미디어는 복음을 대체할 수 없다.[38]

확실히 선교는 복잡하고 정교한 노력이 되었으며 오늘날 선교 이론가로서 우리가 배운 많은 것이 실제로는 "비즈니스 과학을 가르치는 기술 고

---

[37] '루터교 미주리총회'의 *Toward a Theological Basis*, 10쪽을 참조: "우리가 잃어버린 자를 찾는 것이 느리거나 실패했다고 해서, 그것이 그리스도의 몸이 되는 데 실격되었음을 의미하지는 않는다." Kandler, "CA VII," 76: "모든 교회는 분명히 증인이자 봉사 공동체이다. 그것은 단지 결과일 뿐이지 교회를 교회되게 만드는 것은 아니다." 비체돔은 또한 모든 윤리적 설명을 교회에서 제외시킨다. "교회는 하나님의 말씀으로 살고 있기 때문에 무엇보다 먼저 듣는 교회가 되어야 한다. 교회는 일상생활에서 들은 내용만 구현하고 증언할 수 있다." *Die Missionarische Dimension der Gemeinde*, 29.

[38] 피터 와그너가 다음과 같이 분명히 확인한 것처럼, 교회 성장운동을 지지하는 사람들에게는 사회 과학이 중요하다. "교회 성장은 사회 과학을 동종 학문으로 본다" (*Church Growth*, 33). Kngleand McIntosh, *Evaluating the Church Growth Movement*, 45-48쪽 참조. 다른 학자들은 인간의 관찰에 대한 자신감을 가지지 않도록 경고하는데, 그렇게 함으로써 현대 문화와 선교의 식별과 종합이 더 분명해 보인다.
따라서 게르하르트 포드(Gerhard O. Forde)는 어떻게 칭의가 이전의 사회적, 심리적 구속력과 불연속성을 만들어내고, 복음이 과거의 사회적 구속에서부터 우리를 끄집어내어 어떻게 이 세상에서 우리가 봉사하도록 해방시켜 주는지에 대해 주장한다 ("Forensic Justification and the Law," 283).

등학교 수준에 해당 된다"라고 지적한 베르너 엘러트의 말에는 여전히 많은 진실이 있다.³⁹ 보조적인 방법과 추가적인 수단을 선교에 포함시키려고 할 때 우리는 복음과 성례전 중심의 사역으로부터 선교를 더 멀어지게 할 위험을 피해야 한다.

8. 선교와 예배

루터는 다음과 같이 말한다.

> [성령이] 말씀하시고 모든 일을 행하심으로써 지상에서 공동체를 세우셨다.⁴⁰

하나님은 교회를 통해 세상에서 그분의 선교를 지속하시므로 교회는 하나님의 선교의 도구가 되는 역할을 하게 된다. 하나님은 그 활동을 위해 교회를 승인하셨다. 교회는 두 사건 사이에 임시로 자리 잡고 있다. 시작점(*terminus a quo*)은 그리스도의 십자가이고 목표점(*terminus ad quem*)은 마지막 날에 그리스도의 통치가 완전히 드러나는 것이다.

이 기간 동안 기독교 공동체는 하나님이 일하시는 곳이며 세상을 향해 나아가시는 자리이다.⁴¹ 교회 없이는 하나님의 선교가 계속되는 것을 볼 수 없다. 비록 엄밀히 말하면 하나님의 선교는 선포자가 아니라 오직 말

---

39 Elert, *Structure of Lutheranism*, 1:390.
40 LC II 61 (Kolb-Wengert, 439). 신앙고백서의 각 권에 나오는 교회론은 다소 다르다. 교회는 하나님이 당신의 선교를 수행하시는 매개체이지만, 루터는 교리 문답에 있어 회중(Gemeinde)에게 큰 초점을 맞추는 반면, 멜랑히톤은 보편적 차원(Kirche)에 대해 더 많이 생각한다.
41 다음은 교회의 중심 역할을 확인하는 학자들의 목록이다. 오베르그, "Mission und Heilsgeschichte," 32-33; 바이써(Beißer), "Mission und Reich Gottes," 51; 암슈투츠(Amstutz), *Kirche der Völker*, 47, 68-74; 비체돔, *Die missionarische Dimension der Gemeinde*, 52; 프라이타크, "Sendung und Verheißung," 217-23; 위브(Wiebe), "Missionsgedanken in den lutherischen Bekenntnisschriften," 41; 뮐러, *Mission Theology: An Introduction*, 24-25.

씀과 성령에 달려 있지만 하나님은 여전히 교회가 복음을 전파하기 원하신다.[42]

겐지헨은 하나님의 선교의 이 두 측면을 "하나님의 의도"와 "선교적 차원"이라고 부른다. 하나님은 인류를 구원하기 원하시며 그런 자신의 소망을 "교회를 선교 사역으로 부르시는 일"로 바꾸어 표현하신다. 두 측면은 모두 연결되어 있다. 모든 인간 활동이 구원으로 우리를 부르시는 하나님께로 거슬러 올라가기 때문에 이것은 하나님의 선교에 대한 방향을 타협하지 않는다.[43]

실제로 교회의 정의는 특히 복음이 순전하게 전파되고 성례전이 올바르게 집행되는 '그런 장소 안에서'라는 관계절을 고려할 때 이미 선교적 차원을 지니고 있다. '그런 장소 안에서'라는 관계절은 '안'이라는 전치사를 사용하며 신자가 친교 '안에서' 건전한 신앙을 유지하기 위해 행해야 하는 활동을 나타내 준다. 믿는 자들이 이것을 통해 삼위일체 하나님의 선물을 받는 한 우리는 '교회의 내부에 초점을 둔 전례적 측면'을 기꺼이 "선교적"이라고 부를 것이다.

교회의 예배와 전례 예식은 교인들에게 세상이 아직 받지 못한 구원의 선물을 자신들이 받았다는 것을 이해할 수 있게 해 준다.[44] 예를 들어, 예배에 대한 그런 이해는 교회 밖에 있는 사람들을 위한 교회의 전통적인 중보 기도 서비스에서 그 뿌리를 공유한다.

> 전능하고 영원하신 하나님 당신은 죄인의 죽음이 아니라 모든 사람이 회개하고 살기를 원하십니다. 교회 밖의 사람들을 위한 저희의 기도를 들으소서. 그들의 죄악을 없애시고 그들을 거짓 신들로부터 살아 계시고 참 하나

---

42 되리스(Dörries)의 글 "Luther und die Heidenpredigt," 340쪽 (그리고 333쪽)은 루터 신학에서 이 두 가지 측면을 제시한다. "선교는 인간의 것이 아니라 하나님의 것이다. 그러나 선교는 모든 그리스도인에 관한 문제다."

43 Gensichen, *Glaube für die Welt*, 90.

44 예배, 예전, 선교의 관계에 대한 토론을 위해서는 샤타우어(Schattauer)의 *Inside Out*을 참조할 것.

님이신 당신께로 돌이키게 하옵소서. 당신 이름의 영광을 위해 그들을 당신의 거룩한 교회에 모으소서. 우리 주 예수 그리스도의 이름으로 기도합니다. 아멘.[45]

초대 교회에서 개종자와 세례 지원자가 호명되고 교회의 문이 닫히게 되면 성찬을 거행하기 전에 회원들은 교회와 세상의 문제를 하나님 앞에 아뢴다. 그리고 그들이 할 수 있는 만큼 하나님의 백성들은 마지막 때의 세상을 위하여 하나님께 기도한다.[46] 따라서 교회의 내부에 초점을 맞춘 정의는 아직 의도적으로 외부에 초점을 둔 활동이 아니더라도 선교적 성격을 지닌다.

그러나 그것은 단지 하나의 '초점'의 변화일 뿐 '기능'의 변화는 아니다. 교회는 세상으로 관심을 변경하면서 외부인에게 복음을 전파하고 가르치는 활동은 동일하게 유지한다. 여기서 빌헬름 안데르센(Wilhelm Andersen)의 생각은 다음과 같은 사실을 우리에게 알려 준다.

> 의심할 수 없는 한가지가 있는데 선교 활동은 교회의 존재, 본질, 실체에 속한다.

교회는 "성령을 가진 자"(아우크스부르크 신앙고백 해설 VII, 22)라는 점을 기억함으로써 안데르센의 진술에 주의를 기울여야 하며 따라서 은혜의 수단을 통해 역사하시는 성령에 비추어 선교 '활동'을 바라볼 수 있어야 한다.[47] 교회가 존재하고 일치를 이루기 위해 예배에서 말씀과 성례전을 통하여 이뤄지는 성령의 역사는 선교적 차원을 가지고 있다.

반면에 '교회가 단순히 선교'는 아니다.[48] 외적 또는 비본질적 선교 초점

---

45 Commission on Worship, *Lutheran Service Book*, 305.
46 Sasse, "Ecclesia Orans," 3-4. 참조.
47 Kolb-Wengert, 177.
48 Andersen, *Towards a Theology of Mission*, 54. Hartenstein, "Theologische Besinnung," 63.

이 교회의 내적 선교 실재로부터 흘러나오기는 하지만 두 측면이 동일하지는 않다. 회중은 단순히 외부인에게 전도하기 위해 예배를 드리지는 않는다. 피터 부룬너는 다음과 같이 말했다.

> 예배를 '완성되지 못한 선교 사업을 완수하기 위한 기능'으로 바라보는 사람은 예배를 세우기보다는 대신 이를 훼손시키고 있다. 예배의 필요성을 제시한 이유는 선교 사역이 기본적으로 완수된 것으로 간주되었을 때도 이것의 필요성이 여전히 존재한다는 사실에 의해 그 타당성이 입증되어야 하기 때문이다.
>
> 참 신자 특히 진정으로 그리스도인이 되기를 간절히 원하는 사람에게 '왜 예배가 내적이고 영적인 필요성을 지니고 있는지'를 보여 주어야 한다. 비록 이런 이해관계가 현재 무관심하고, 소외되고, 거의 신앙을 버린 사람을 위해 (회중의 예배와 일치하지 않거나 그것에 흡수될 수 없는) 교회의 특별한 프로그램을 요구할지라도 참된 신자를 위한 예배의 기능을 인정하고 이것을 예배의 본질과 실현을 위한 표준으로 삼을 경우 이런 예배는 본질의 변화 없이 선교적 관심을 가질 수 있다.[49]

앞의 긴 인용문은 우리에게 아주 상세한 설명을 해 주고 있다. 교회는 '세상을 향한 하나님의 선교의 도구로서 불신자에게 접근하는 것'과 '예배에서 은혜의 수단을 통해 복음을 전하는 역할을 하기 위한 회원들을 섬기고 강화'하는 것 사이에서 '중요한 균형을 이루어야 한다'는 것을 추가하

참조. Strasser, "Das Wesen der Mission nach lutherischem Verständnis," 7쪽은 교회의 선교와 기능적 이해를 동일시한다. "살아 있는 말씀을 가진 교회는, 그 존재가 그 안에서 선포되는 말씀에 달려 있다는 데 본질을 두고 있다. 만약 복음이 그 안에서 선포되어진다면 그것의 존재와 작용과 삶은 그 안에 있다. 이 삶의 표현은 다름 아닌 선교다."
Meyer-Roscher, "Die Bedeutung der lutherischen Bekenntntsschriften," 24쪽 참조: "교회는 실제로 가르치고 설교하고 성찬을 실제로 받는 곳에만 존재한다. 교회는 세상에 증거하기 위한 목적으로만 존재한다. 교회와 선교는 선교적 간증이 교회의 본질에 속하는 방식으로 동반적 관계를 이룬다."

[49] Brunner, *Worship in the Name of Jesus*, 110-11.

면 충분하다.

새 신자들을 예배에 환영한다고 해서 예배가 전례적 의식에 참여하고 이를 배운 기존 교인들을 위한 것이 아니라 새 신자들만을 위한 것이라고 암시되어서는 안 된다. 이런 이유로 데이비드 발레스키(David Valleskey)는 비록 방문자를 위한 '친구 초청 주일'과 같은 대안적인 예배 형식에 대한 생각을 기꺼이 받아들이지만 그는 전통적인 예배에 대한 이해에 있어 매우 이질적인 성격에 근거한 소위 '구도자 예배'를 거부한다.[50]

복음주의 진영에 있는 많은 사람은 발레스키가 제기한 우려에 동의할 것이다.

> 그러므로 우리는 복음주의자들에게 단순한 지성의 대상으로서 하나님께 초점을 맞추거나 스스로를 예배의 원천으로 주장하는 형태의 예배를 피할 것을 요구한다. 그런 예배는 하나님의 보편적인 구속을 적절하게 선포하지 않는 강의 중심, 음악 중심, 공연 중심 및 프로그램에 의한 모델을 가져 왔다.[51]

9. 종말론적 목표

종종 교회는 '그렇게 하겠다'라는 엄숙한 서약과 함께 선교적 목적과 의도를 강조한다. 그런 서약에는 수치적 목표가 포함될 수 있다. 그러나 바렛이 지적했듯이 1910년에 에든버러 서약이 "이 세대 안에 세계를 복음화"하겠다[52]고 했던 경우와 또는 소위 1990년대의 '선교적 10년'의 기간 동안 기독교를 전 세계로 확장하기 위해 전체 교단이 선교 활동을 강화하

---

[50] Valleskey, *We Believe - Therefore We Speak*, 197-204.
[51] "The Call" (Thesis 4). www.ancienlfutureworship.com.
[52] 학자들은 이 회의의 분위기가 종말론적인 열광주의에 의해 동기 부여되었다고 결론지었다. Bosch, *Transforming Mission*, 336-39. Gabler, "Der eschatologlsche Neuansalz in der Mission," 42-43. 참조.

기로 맹세했을 때의 예에서 보여 주는 것처럼 선교의 역사는 그런 서약의 목표가 달성되지 않았음을 보여 준다.[53]

선교 목표가 달성되지 못한 이유에 대한 설명에는 여러 가지가 있을 수 있다. 아마도 복음은 인간이 통제할 수 없는 거대한 힘의 세력과 싸워야 하기 때문일 것이다. 우리는 이미 교회의 종말론적 특성에 관해 이야기했다. 우리는 지상의 교회가 전투하고 있는 교회이기 때문에 교회의 승리는 종종 명백하게 실패한 표식들에 의해 숨겨져 왔다는 점을 반복해서 이야기할 필요가 있다.

교회는 적대적인 세상에 맞서서 싸운다. 교회가 복음을 전할 때 거절, 보복, 그리고 순교에 직면한다. 비구름이 특정 장소에 떨어지는 것처럼 루터는 복음의 축복을 받기 전에는 그 복음이 불안정하다고 말했다.[54] 교회는 이 세상에서 승리하지 않을 것이며 오히려 주님의 마지막 오심 때의 최후 승리의 날을 애타게 기다리고 있다.

그렇다고 교회가 낙담하고 활동적이지 않다는 의미는 아니다. 그러나 교회의 태도에는 복음 전파에 저항하는 사람들을 위해 지구력과 회복력을 주실 수 있도록 주님께 겸손히 기도하는 자세가 포함된다.[55] 종말에 초점을 맞추는 것은 교회가 종말이 오는 것을 앞당기거나 '지연'시키지 못하는 자신의 제한된 힘과 무능력을 알게 하는 태도를 포함한다. 선교 사역은 교회의 노력이 아니며 복음에 대한 보상이기 때문에 교회는 복음을 통제할 수 없다.[56]

53　Barrett and Johnson, *World Christian Trends*, xiii.
54　Stolle, *Church Comes from All Nations*, 82; Maurer, "Reformation und Mission," 31. Blöchle, "Die Missionarische Dimension in der Theologie Luthers," 362. 참조.
55　루터는 최후의 입증(final vindication)에 대한 희망을 표현한다. SA IIIV 15 (Kolb-Wengert, 310): "우리는 우리 주 그리스도께서 그의 원수들을 공격하셨고 그분의 성령과 그분의 재림으로 우리를 승리의 날로 이끄실 것이라는 희망에 의존해야 한다. 아멘." LC II 31, 58 (Kolb-Wengert, 434-35). 참조. 프라이타크의 글 "Mission im Blick aufs Ende," 186-198쪽은 선교에서의 종말론적 방향의 3가지 결과를 지적한다. 그것은 '선교의 타당성'(Begründung)을 부여하고, '교회의 선언'(Verkündigung)의 중요한 측면을 구성하며, '교회의 목표'(Zielsetzung)를 정의한다.
56　루터는 교회의 적들을 "악마", "죄 또는 우리의 육체" 그리고 "세상"이라고 열거한다

교회는 자신을 단순히 대리인, 말하자면 '협력자'(*cooperatix*)로 보며 '공동 구속자'(*co-redemptrix*)로 보지 않는다.[57] 그러나 교회가 세상에서 거룩한 활동인 말씀 선포와 성찬을 충실히 수행할 때 성령께서 회원들을 교회 공동체에 더하여 주신다고 확신할 수 있다. 주님은 참으로 주권자이시지만 말씀을 통해 구원을 가져오시는 사역에 참여하고 계신다.[58]

아마도 교회의 전투는 결코 '하나님의 의도'와 '자신의 선교 참여' 사이에 완전한 일치를 이루지 못하도록 할 것이기 때문에 교회는 자신의 선교 동기를 순수하게 하도록 끊임없이 요청받을 것이다. 폴 알트하우스는 교회가 이 세상에서 자신의 활동을 끊임없이 검토하는 일을 결코 잊지 말 것을 제안했다.[59]

알트하우스는 기독교인이 여전히 비기독교인들에게 사과해야 하는 독일 교회와 국가 그리고 선교와 식민 제국주의 사이의 10년간의 의심스러운 협력의 배경에 대해 반대하는 입장을 밝혔다.[60]

10. 교회와 선교회의 관계

교회가 자신의 선교적 의무를 추구하는, 즉 모든 신자가 선교에서 각각 역할을 맡는다는 한가지 중요한 원리를 가정해 보자. 우리는 다음 장에서 이 원칙에 대해 논의할 것이다. 과거에 교회 조직들이 선교에 응했을 때 이는 교회 내에서 헌신적인 몇몇 인원들의 임무가 되어 왔다.

종교개혁 이후 교회의 확장은 곧 헤르만스부르크, 노이엔데텔사우, 라이프치히의 위대한 루터교 선교회의 사역으로 보완되었으며 이들은 해

(LC III 62-64, Kolb-Wengert, 448).
57 Gensichen, *Glaube für die Welt*, 114. 참조.
58 *Toward a Theological Basis*, 16. 참조.
59 Althaus, "Um die Reinheit der Mission," 48-60; Gensichen, *Living Mission*, 20-21.
60 이것은 특히 기독교-무슬림 대화에 영향을 미친다. Huff, "Crusades and Colonial Imperialism," 141-48. 참조.

외 선교를 다루는 어려운 임무를 맡았다. 19세기가 지나면서 종종 교회 조직의 지지와 동의 없이 선교 사업을 수행하는 패러처치(parachurch, 범 교회 선교회) 조직이 등장했다. 교회 지도자들은 종종 선교사에게 안수를 주고 파송하기를 거부했는데 그런 지원의 부족은 고통스럽지만 명백한 사실이었다.

선교가 교회 전체의 관심사가 되는 것을 고려할 때 선교적 의무를 회중을 대표하는 위원회나 선교회가 아니라 회중의 일부의 것으로 만드는 아이디어는 많은 의미를 지니고 있다. 빌헬름 마우러는 초대 교회와 종교개혁 시기에 선교의 고유문(*proprium*)**61**은 선교회(Gesellschaftsmission, 공통의 목적으로 모인 선교회)의 조직적 사역이 아니라 회중(Gemeindemission, 개인 공동체의 선교)의 것이었다고 주장했다. 그는 선교 역사를 통해 살펴볼 때 다음과 같이 결론을 내렸다.

> 회중을 통한 선교가 본래의 것이고 더 적절한 형태의 것이었다.**62**

그리고 루터가 선교를 장려했을 때 그는 개신교 회중과 개인이 믿지 않는 환경에 있는 주변 사람들을 끌어들이는 힘이 있다는 점을 생각했다. 겐지헨은 현재와 종교개혁 시대의 비교를 통해 동일한 결론을 도출한다.

> 여기에 아마도 종교개혁가들에 의해 발전된 선교신학과 선교를 교회의 여러 활동 중의 하나, 즉 교회 전체가 너무 큰 관심을 기울일 필요 없이 일부 전문가나 소수의 열광적인 단체에 맡길 수 있는 부가적인 사업으로 정의하려는 다양한 현대적 시도 사이의 주요 차이점이 있을 것이다.**63**

---

61 기독교 전례에서 미사의 일부분(미사 고유문)과 성무일도의 일부분(성무일도 고유문)을 한꺼번에 일컫는 말로, 전례 주년이나 성인의 기념이나 어떤 특별한 거행에 따라 바뀌는 기도문과 전례문을 가리킨다 (역자 주).

62 Maurer, "Der lutherische Beitrag zur Weltmission," 181.

63 Gensichen, "Were the Reformers Indifferent to Missions?" 124.

이미 초대 기독교는 적어도 사도 시대 이후로 주변 환경에 침투한 회중 전체의 삶을 통해 선교를 수행했다. 오늘날 선교는 교회의 여러 단계에 있는 프로젝트가 되었다. 교단 또는 총회 차원에서 조직되어 지역 총회와 지방 교구에 의해 시작되고 마지막으로 회중과 모든 회원이 참여한다. 선교는 오늘날 모든 그리스도인에게 해당하는 일이므로 그들은 더 이상 단순히 기부와 십일조를 통해서가 아니라 기독교 신앙을 모르는 사람에게 '실제로' 가야만 한다.[64]

그러나 오늘날 해외에서 일어나고 있는 그런 작업과 수많은 활동들을 살펴보면, 특히 해외 선교가 '교회 전체가 참여하는 중요한 협력적이고 조직적인 노력'으로 여겨져서는 안 되는지에 대한 질문이 제기된다. 그러므로 선교 의무를 위원회나 선교회에 두는 것은 그것이 모든 회중을 대표하며 공동 노력으로 하고 있다는 것을 의미한다.

체계적이고 명확한 전략적 초점이 제공되지 않으면 해외 선교는 혼란스러운 사업으로 전락할 수 있다. 게다가 외국 선교의 자원들을 효율적으로 사용하기 위해서는 모든 회중이 자체 감독 위원회를 구성하는 것보다는 위원회나 선교회와 같은 행정 기구를 갖는 것이 더 논리적이고 신중할 것이다.

마지막으로 선교는 권한을 부여하는 파송 행위를 통해 일을 진행한다. 루터교는 위원회나 선교회를 통해 교회 조직의 승인된 위임 없이 개별 그리스도인이 자신의 의향을 따라 선택하여 나가는 급진적인 믿음 선교(faith mission)의 접근 방식을 취한 적이 없다. 우리가 선교의 에큐메니컬하고 전 세계적인 성격을 볼 때 교회와 선교회의 관계는 더욱 분명해진다.

선교는 복음을 전파하는 임무를 나타내므로 그것은 성경이 가르치는 내용에 따라 그렇게 해야 할 것을 보장해야 한다. 이 문제는 '아우크스부르크 신앙고백서'에 이미 반영되어 있다.

---

[64] Bliese and Van Gelder, *Evangelizing Church*, 28.

교회는 순전히 복음을 가르치고 성례전을 올바르게 집행하는 성도의 모임이다.[65]

'순전히'와 '올바르게'라는 부사는 선교사가 사람들에게 다른 것이 섞이지 않은 순수한 구원의 성경적 메시지를 전한다는 것을 의미한다. 선교는 불신앙 가운데 있는 사람들에게 복음을 전하는 것에 관한 모든 것이지만 이 활동은 복음이 성경 메시지에 충실한 사람들에게만 전해진다는 중대한 관심사에 기초한다.

루터교 신앙고백은 성경에 대한 올바른 설명으로서 이것은 교회가 세상에 전하는 메시지를 성경적으로 건전하게 지키도록 돕는 역할을 한다. 그러나 종종 복음의 내용에 대한 이런 고백적인 관심은 "교회의 선전 활동" 또는 "가부장적 교육"이라고 논쟁거리가 되고 비난받는다.[66] 어떤 사람은 이것을 보고 다른 사람에게 "교회론을 강요"하고 그것을 필요로 하는 사람에게 메시지를 전하는 데 방해를 일으킬 수 있는 "순수함의 기준을 강요"하는 선교사의 이기적인 관심이라고 부른다.

이런 평가는 잘못된 양자택일적 관점을 설정한다. 하지만 '메시지를 전달'하는 것과 '성경과 교회의 가르침에 따라 그렇게 하는 것' 사이에는 충돌이 없어야 한다. 사도 바울은 두 가지 관심사를 모두 공유했다. 실제로 그의 목표는 복음을 모든 민족에게 전하는 것이었지만 그는 그것이 복음을 손상시키지 말아야 한다는 것을 분명히 명령했다(갈 1:6-9).

로마서는 두 가지 관심사를 잘 보여 준다. 바울은 자신의 신학의 깊이와 마음을 로마인들과 나누고 그것을 그의 로마서 시작과 끝장의 북엔드(bookend, 세워놓은 책들이 쓰러지지 않도록 받치는 것)로 넣었다.

그런 구성 기술을 사용함으로써 바울은 그의 신학을 자신의 선교적 관

---

65 AC VII 1 (Kolb-Wengert, 43).
66 Scherer, *Mission and Unity in Lutheranism*, 41. 피터 바이어하우스도 역시 *Die Selbstandigkeit der jungen Kirchen*, 313쪽에서 실수했다. 스톨레가 *Wer seine Hand an den Pflug legt*, 97-100쪽에서 비판한 내용을 참조할 것.

심사, 즉 그것을 모든 민족에게 가져다 주고자 하는 열망과 연결시켰다 (롬 15:28). 너무 자주 이 로마서의 선교적 구조는 주석을 다루는 데 있어서 관심 밖에 밀려나고 있다. 그러나 바울은 뼛속 깊이 선교사였으며 복음을 완전무결한 상태로 선포하고 싶어했다.

그러므로 롤랜드 앨런(Roland Allen)이 "복음의 올바른 내용을 보존"하는 데 대한 바울의 관심을 적절하게 파악했는지의 여부에 관해서는 의문의 여지가 있다. 앨런은 선교사와 교회 개척자에게 메시지를 전파하고 가르치는 데 너무 조심스럽고 엄격하게 해서는 안 된다고 경고하는데 그것은 성령의 사역을 방해하는 것이기 때문이다. 앨런은 우리가 일반적으로 두려움과 걱정에 의해 동기 부여된다고 지적한다.

> 우리를 괴롭히는 끔찍한 두려움, 교리, 도덕적 기준, 문명화된 기독교, 조직에 대한 두려움 … 자발적 확장은 자유로워야 한다. 그것은 우리가 통제할 수 있는 것이 아니다.[67]

앨런이 주장하는 것처럼 복음이나 교리의 내용에 대한 우려는 교회 개척의 가변적 요인에 포함될 수 없다. 선교 역사는 교회가 적절한 신학적 토대 위에 세워지지 않은 곳에서의 피상적 설교의 결과로 인한 혼합주의의 예들로 가득 차 있다.

11. 에큐메니컬(ecumenical)하지만 참 루터교적인 선교 목표

아마도 '누구를 위해 선교를 수행 하는가'에 대한 대답은 위의 질문 중 일부를 명확히 하는 데 도움이 될 수 있다. 어떤 선교도 특정 교단을 더 확장시킬 것이라고 주장하지는 않는다. 모든 선포 활동은 전 세계의 신자들

---

[67] Allen, *Spontaneous Expansion of the Church*, 5.

로 구성된 보편적(catholic) 교회 또는 하나의 거룩한 공교회(*una sancta ecclesiae*)인 그리스도의 교회를 위하여 이루어진다.

선교 명령은 전 세계적인 것이며 그것은 모든 교파를 초월하여 지상에 있는 하나의 교회를 위한 봉사를 나타낸다. 교회의 이런 연합은 "그리스도인은 분파는 물론 교회 내에 많은 악인이 있음에도 불구하고 그런 연합을 믿는다"라는 믿음의 조항에서 확인할 수 있다.

그리고 선교를 통해 우리가 특별한 자기 의로움을 갖고 자신이 참된 가시적 교회라고 믿는 것의 경계를 넘어 하나님은 모든 교파를 초월하셔서 그분의 구속된 공동체를 모으신다. 선교사는 한 분이신 주 예수 그리스도와 그분의 보편적인 교회를 위해 일한다.

동시에 선교사는 자신의 교단을 대표한다. 루터교 선교는 하나의 참된 교회를 섬겨야 하며 그것은 전 세계에 복음의 순수성을 유지하기 위한 목적으로 존재한다. 따라서 루터교의 선교는 보편적인 교회와 분리된 채 이기적으로 자신의 타당성을 주장하지 않는다. 선교사는 진리를 말하려고 노력할 때 어떤 것도 성령의 사역에 방해가 되지 않도록 조심해야 한다.

그들은 또한 새 신자가 교리에서 어긋난 것들로부터 복음을 구별하는 법을 배우고 이미 다뤄진 것들에 대해 같은 실수를 반복하지 않기를 바란다. 독일 헤르만스부르크에 있는 루터교 선교회의 위대한 창시자인 루드비히 함즈는 다음과 같은 동기 부여와 함께 선교의 목표를 발표했다.

> 우리는 그들(이방인)에게 우리가 소유한 것 외에 다른 것을 가져다줄 수 없다. 우리는 루터교회에 속해 있기 때문에 우리가 속한 루터교회 외에 다른 교회로 이방인을 데려가고 싶지는 않다. 루터교회는 순전하고 다른 것과 섞이지 않은 순수한 형태로 하나님의 말씀을 가르치고 순전히 주님의 제정하심에 따라 세례와 성찬을 집례한다.[68]

---

68 실레지아(Silesian)의 루터회의 에두아르드 후쉬케(Eduard Huschke), 드레스덴(Dresden mission, 후에 Leipzig) 선교회의 카를 그라울(Karl Graul)과 요한 고트프리트 쉐이벨(Johann Gottfried Scheibel), 그리고 노이엔데텔사우(Neuendettelsau Society for Home

루터교 선교의 전통을 담은 세 가지 프로그램에 입각한 설명도 명심해야 한다. 이것은 1892년에 설립된 루터교선교회(Bleckmar Mission, 블랙마르 선교회)에 의해 주장되었다. 프리드리히 빌헬름 호프(Friedrich Wilhelm Hopf) 상임이사는 1953년에 이를 재확인했다. 이 세 가지 원칙은 '모 교회, 선교회 및 목표' 사이의 관계에 대한 중요한 전략적 규칙을 설정한다.

원칙 1: 루터교회는 오직 루터교 선교만 추구할 수 있다.
원칙 2: 루터교 선교 사역은 오직 루터교회만이 추구 할 수 있다.
원칙 3: 루터교 선교 사역은 루터교회로 인도되어야만 한다.[69]

이 원칙들은 또한 모든 루터교의 선교적 활동, 특히 루터교회를 위하여 목표를 추구하고 후원하는 선교회들을 위한 중요한 교회론적 지침을 확립한다. 다윗과 마리아(가명)에 대한 다음 사례 연구는 그 타당성을 보여 준다.

> 다윗과 마리아는 멕시코 국경을 넘어서 선교 사업을 시작했으며 루터교회 교인으로서 그들은 텍사스에 있는 루터교 회중 사이에서 사역했다. 그들은 매주 멕시코의 한 마을을 방문하여 교회를 개척하고, 자신들이 인도하는 예배를 위해 교회 건물을 세웠다. 그러나 다윗과 마리아는 아이들에게 세례를 베풀지 않기로 결정했다. 그것은 침례교회가 12세 이상의 나이가 되어서 자신의 믿음을 설명할 수 있는 사람만 침례를 받아야 한다고 믿었기 때문에 이런 그들의 전통에 충실하기 위해서였다.
> 그들은 온몸을 물에 담그는 침례를 선택했다. 또한, 그들은 주의 만찬이 실

---

and Foreign Mission) 선교회의 루드위그 아돌프 페트리(Ludwig Adolf Petri)와 빌헬름 뢰에(Wilhelm Löhe)와 같은 자신의 선교 단체를 대표하는 다른 많은 신학자도 함즈(Harms)의 관심을 지지했다. Maurer, "Der Lutherische Beitrag zur Weltmission," 177-79. 참조.
69 Hopf, "Lutherische Kirche treibt Lutherische Mission," 13-47.

제로 그리스도의 육체적 임재를 포함하고 있는지의 여부를 불확실하게 여기며 미결문제로 남겨두었다. 더욱이 그들은 '서번트 이벤트'(servant events, 루터교 봉사 활동)를 준비할 때 단지 루터교회가 아닌 모든 교파의 협력을 구했다.

다윗과 마리아는 아마 위에서 언급한 세 가지 원칙에 동의하지 않을 것이다. 그들이 사역하는 곳의 회중은 원칙 1을 위반하여 다윗과 마리아의 증거와 선교에 대한 비 루터교적 특성에 만족해 하는 것 같다. 다윗과 마리아는 그들의 선교회가 신학적으로 루터교 회중에 의해 지지받고 뒷받침되어야 할 이유가 없다고 생각한다.

그들은 더 많은 후원자를 수용하기 위해 고의적으로 사역의 범위를 폭넓게 유지한다. 그들의 비 교파적 성격은 많은 후원자를 수용하고 있는데 그렇지 않으면 그들은 기꺼이 협력을 받지 못하기 때문이다. 이것은 원칙 2에 위배 되는 것이다. 목표 또는 최종 결과라는 측면에서 그들이 만든 교회 조직과 예배 생활은 텍사스에 있는 루터교 모 교회와 그 신앙을 반영하지 않음으로써 원칙 3을 위반한 것으로 보인다.

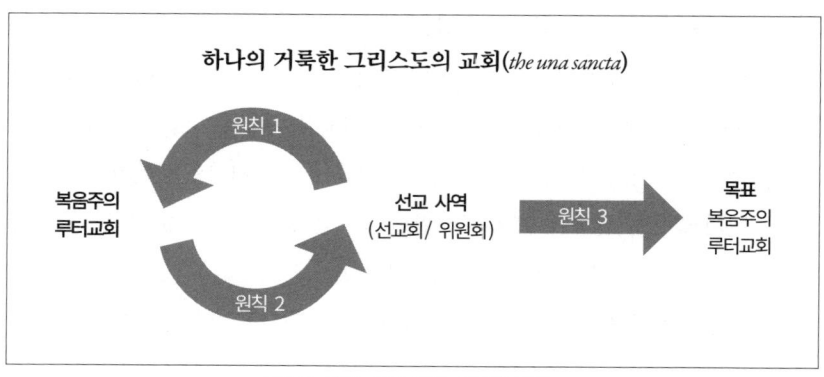

도표 3: 교회, 선교 사역, 목표의 관계

원칙 1: 루터교회는 오직 루터교 선교만 추구할 수 있다.
원칙 2: 루터교 선교 사역은 오직 루터교회만이 추구 할 수 있다.
원칙 3: 루터교 선교 사역은 루터교회로 인도되어야만 한다.

루터교 선교사와 교회 개척자는 복음의 내용을 대변하여 말하기 때문에 교회 조직을 대표하는 사람이다. 그가 교회 개척 상황에서 복음의 내용을 전할 때 새로운 공동체의 신앙과 실천은 선교사의 설교와 신앙고백을 반영할 것이다. 모든 설교자는 자신의 설교와 가르침이 그리스도인 공동체의 삶에 얼마나 영향을 끼치는지 잘 알고 있다.

설교자이며 교사로서의 역할을 통해 교회 개척자는 자신에게 배운 대로 성경을 해석하는 특정 사람들과 이에 관한 진리를 나눈다. 그리스도가 누구인지, 어떻게 의롭게 되는지, 믿음과 행위의 올바른 구별, 두 왕국, 주님의 만찬에서 그리스도의 실제적 임재와 같은 중요한 진리는 선교사 설교의 모든 요소에 해당한다. 따라서 모든 교회 개척자는 두 가지 방식으로 책임을 진다.

첫째, 그는 자신이 속한 교회 조직의 신앙에 대해 책임을 진다.
둘째, 그는 교회 회원들의 신학적 사고방식에 대한 책임을 진다.

후자의 관점에서 성실하게 복음을 전파하고 가르치는 것은 '특정한 지역과 시간에 존재하는 특정 교회'의 가시적인 표식이 된다. 신생 교회의 토착적인 측면에서의 진정한 표식은 '사람들의 언어로 복음을 올바르게 전파하고 성례전을 올바르게 집행함으로써 세상과 교회 주변의 사회 전체에 복음이 침투'할 수 있도록 하는 것이다.

이런 목표를 실현하는 것은 교회 개척자의 진정한 영적 관심에 대한 증거를 보여 준다. 나는 이것이 신학적 친권주의의 표현이 아니라고 말하고 싶다. 이 토론은 자주 묻는 질문을 가리킨다.

선교사는 누구와 함께 교회 개척과 복음 전도 사업을 추진할 수 있는가?
여기에서 강단 혹은 제단 교환의 원칙 또는 종종 소위 성스러운 것의 나눔(*communio in sacris*)이 적용된다. 이 원칙은 파트너 교회 조직과 그 회중 그리고 선교 사업과 같이 '그리스도 안에서 같은 믿음을 가진 사람들'에게만 공동 설교와 교회 개척을 위한 노력을 허용하는 것이다.

따라서 루터교는 선포하는 일에 있어서 오직 "복음과 그 교리에 대한 공통된 합의"가 존재하는 타 선교 프로젝트에 한해서만 협력할 것이다.[70] 반면에 물질적 관심사를 다루는 인간 관리 및 기타 서비스는 외적인 표준을 나타내며 선포된 성례적인 말씀과 직접 관련이 없기 때문에 동일한 기준을 준수할 필요는 없다.

따라서 외적으로 잘 알려진 협력(cooperatio in externis)의 규칙이 여기에 해당하며 완전한 신학적 합의를 취하지 않는 두 교파 사이에 진료 또는 구호 프로그램을 확립하는 것과 같은 노력에 공동 협력을 허용한다. 루터교 신앙고백은 교회 개척자가 자신의 교인들에게 성실하게 복음을 전할 수 있도록 돕는 도구이다. 여기에서의 핵심은 신앙고백의 주장 자체는 아무것도 아니지만 그것은 성경이 말하는 것에 대해 설명하고 있다는 데 있다.

또한, 이것은 새로운 신자들 특히 새로운 교회 조직에 의해 받아들여지면서 그들 자신의 신앙고백을 명확하게 해 주는 데 도움을 줄 수 있다. 실제로 에드문트 슐링크(Edmund Schlink)와 같은 학자는 새로운 신앙고백에 대한 생각을 기꺼이 받아들인다. 그는 다음과 같이 주장한다.

> 교회의 신앙고백은 그 이외의 추가적인 신앙고백들의 가능성을 불가능하게 한다는 의미에서 어떤 것도 최종적(완성된)인 것으로 간주될 수 없다.[71]

슐링크의 제안은 확실히 흥미롭다. 처음에는 다른 상황에서 새로운 신학

---

70 교리에 대한 이 합의의 본질과 내용은 그것이 구원하는 믿음을 보존하고 증진시키는 한 매우 중요하다. 예를 들어, 그리스도인들은 자신이 그리스도 안에서 구원받았다고 믿을 뿐만 아니라 그들의 구원자가 누구신지 알아야 한다(마 16:16). 루터교 신앙고백 그 자체는 합의된 아이디어를 지지한다. 예를 들어, SD X 5-8, 16 (Kolb-Wengert, 636, 638), 그러나 그런 합의의 개념이 복잡한 신학적 체계로 제시되어서는 안 된다.
오히려 그것은 전파되고 성례를 베푸는 말씀의 활동, 즉 교회 생활의 맥락에서 장려되어야 한다. (AC VII). Meyer-Roscher, "Die Bedeutung der lutherischen Bekenntnisschriften für die gegenwärtige ökumenische Diskussion," 31. 참조. Sasse, "Über die Einheit der Lutherischen Kirche," 244-58; Sasse, "Die Frage nach der Einheit der Kirche," 216-27. 참조.
71 Schlink, *Theology of the Lutheran Confessions*, 31.

적 문제가 발생한다는 것이 사실처럼 보일 수 있다. 그러나 뒤돌아 생각해 보면 소위 말하는 대부분의 '새로운' 문제는 오래된 술을 새 부대에 담는 것에 지나지 않는다는 사실을 알게 된다.

더욱이 새로운 신앙고백이 세워지는 것을 막는 것은 그것을 만든 하나의 특정 교회 조직보다 더 광범위한 교회 조직들 사이에서 동의를 구해야만 하는 에큐메니컬한 문제이다. 교회 조직들 사이의 연합을 위해 필요한 중요한 규정은 신앙고백의 다양성이 아니라 '공통의' 고백 문서에 의해 강조된 연합을 증진시키는 것이다.[72]

12. 송영적(Doxological) 목표: 예배하는 공동체를 개척

궁극적으로 선교의 목표는 무엇인가?

세례받은 사람들이 선포되고 공급(성찬)된 말씀 주변으로 모여서 그리스도를 주님으로 찬양할 때 선교의 목표는 정점에 이른다. 이것이 예루살렘 교회가 세워졌을 때 일어난 일이다(행 2:42). 그리스도인들은 함께 모여 찬송과 기도를 통해 그리스도를 찬양하고 주의 만찬을 나눴다. 송영적 순간은 키리올로지(그리스도의 통치)적 목표와 일치하게 된다.

전자의 관점에서 예배는 새로운 신자와 모든 그리스도인을 그리스도의 임재의 자리로 인도하고 그들은 그리스도를 자신의 주님으로 찬양하게 된다.[73] 공동체는 십자가에 못 박히시고 부활하신 그리스도를 주님으로 환영

---

[72] 이것은 '일치신조'의 저자와 구독자에게 깊은 관심사였다; SD Summary I (Kolb-Wengert, 526). Schlink, *Theology of the Lutheran Confessions*, 207 n. 13, 그리고 Sasse, "Ober die Hinheit der Lutherischen Kirche," 245. 참조.

[73] 송영적인 차원은 이 예배의 목표이자 정점이다. "Ziel und Gipfel dieses Gottesdienstes" (Brunner, "Theologie des Gottesdienstes?" 114). Cullmann, *Salvation in History*, 116. 참조. 따라서 로마서 10:9에서도 제안된 대교리 문답 첫 번째 파트 70 (Kolb-Wengert, 395)의 순서에 유의해야 한다. "네가 만일 네 입으로 예수를 주로 시인하며 또 하나님이 그를 죽은 자 가운데서 살리신 것을 네 마음에 믿으면." Beyerhaus, "Die Predigt als Kuf zur Mission," 27쪽은 송영적 측면을 교회 사명(Missio ecclesiae)의 최우선 과제로

하며 그를 최후에 심판자로 돌아오실 주님으로 바라본다. 후자의 관점에서 볼 때 그리스도인들의 예배는 주님 자신이 통치하시는 자리가 된다. 그분은 영원한 생명의 선물을 주기 위해 그 자리에 계시며 이에 대해 공동체는 기도와 찬양과 감사, 그리고 봉사로 그분께 응답한다.[74]

모든 선교적 노력은 예배 공동체로 이어져야 한다. 선교적 선포를 처음으로 접하게 된 외부인들은 함께 모이는 공동 예배를 통해 구원의 선물을 계속해서 받게 된다. 선교적 선포처럼 세례에서 시작하여 성만찬에 이르기까지의 교회 예배는 공통의 구원론적 동기를 지닌다. 예배는 주로 하나님 앞에서의 모든 그리스도인의 구원과 그 구원에 대한 보존과 관련이 있으므로 그의 죽음의 때에 영원한 저주가 그를 기다리지 않도록 한다.[75]

교회 개척자와 목회자는 가지각색의 다양한 이유로 새로운 사람들이 예배에 참석하고 신자가 교회에 모인다는 사실을 잘 알고 있다. 그러나 예배는 그곳에 모인 모든 사람에게 죄의 용서를 통해 강단과 제단에서 구원을 전하기 위해 공공의 행사로서 드려진다. 결과적으로 죄의 용서와 칭의는 이상적인 교리일 뿐만 아니라 이것은 예배를 통해 신자가 실질적으로 말씀을 듣는 구체적인 건물 안에서 실현되는 것이다.

루터에게 있어서 전통 예배인 미사(Mass)에서의 거짓 요소를 판단하는 주요 기준이 칭의의 교리라는 것을 우리는 알고 있다. 오늘날 우리도 다르게 생각하지 말아야 한다. 칭의 교리는 무엇을 설교해야 하며 무엇을 상담(Seelsorge, 목회상담)하고 신앙고백과 죄의 용서를 어떻게 바르게 집행할지의 관점에서 올바른 예배를 평가하기 위한 여전히 중요한 요소로 남아 있다.[76]

삼는다.
74 Ap IV 309-10 (Tappert, 155). Brunner, "Theologie des Gottesdienstes?" 315.
75 Brunner, "Theologie des Gottesdienstes?" 109.
76 Martens, *Die Rechtfertigung des Sünders*, 23: "신앙고백서에서의 칭의는 교회의 핵심 구성 요소, 말씀과 성례전은 물론 그 내용에서 일어나는 교리로 언급된다." 칭의가 설교에 있어 교회의 행위와 관련된 '루터교 신앙고백서'의 각 구절을 참조할 것. AC XX 8 (Kolb-Wengert, 55); Ap XII 88 (Tappert, 195); Ap X V 42-43 (Tappert, 220-21): FC SD V I (Kolb-Wengert, 581); 참회와 미사: AC X X V 5 (Kolb-Wengert, 73); AC X XVI 7 (Kolb-Wengert, 75); Ap IV 300 (Tappert, 153); Ap XII 91-92 (Tappert, 195-96).

교회를 세웠다 넘어뜨리기도 하는 중심 교리는 예배에 있어 중요한 자리를 차지하며 이것은 모든 거짓 예배와 우상 숭배를 명백히 밝혀 준다. 참 그리스도인의 예배는 단 하나만 존재하며, 그것은 모든 거짓 예배 표현을 막아 주는 벽으로 서 있다.

그러면 참 예배란 무엇인가?

근본적으로 참 예배는 하나님이 누구신지를 인정하고 그분께 전적으로 의지하는 마음의 전적인 신뢰와 믿음이다. 루터는 이렇게 말했다.

> 하나님과 우상을 만드는 것은 오직 마음의 신뢰와 믿음뿐이다. 당신의 믿음과 신뢰가 옳은 것이라면 당신의 하나님은 참된 분이시다.[77]

우리가 믿음을 하나님만을 신뢰하고 다른 누구도 신뢰하지 않는 곳에 둘 때 비로소 올바른 예배가 이루어진다. 그리스도에 대한 의롭고 올바른 믿음은 이것이 하나님을 기쁘시게 하는 것인지 아니면 예수 그리스도의 명예와 영광을 흐리게 하는 것인지에 대한 그 종교적 행동을 판단하는 기준을 정해 준다. 반대로 거짓 예배는 그리스도와 그분이 성취한 것에 대해 완전한 영광을 돌리지 않는다. 오히려 그것은 죄의 용서와 의를 얻는 데 있어서의 관심을 자신에게 맞춘다.[78]

루터의 관점에서 볼 때 적어도 개인적으로 온전한 기독교 예배는 하나님께 대한 그리스도인의 올바른 관계와 믿음에 의해 주장되는 것이 사실이다. 우리는 이것을 "넓은 의미"의 예배로서, 즉 그리스도인의 하나님께

---

[77] LC Ⅰ 2 (Kolb-Wengert, 386). 칭의 또는 믿음을 종종 예배(cultus)와 연결시킨 루터와 멜랑히톤의 참 예배와 거짓 예배에 대한 논의를 위해서는, '아우크스부르크 신앙고백 해설' 제15조 13-21 (Tappert, 216-18)를 참고할 것. 그것은 멜랑히톤이 믿음과 행위와 관련하여, 칭의 교리를 사용함에 있어 어떻게 그리스도인 예배와 이방인 숭배의 근본적인 차이를 이끌어 내고자 했는지를 보여 준다. 루터는 그의 『대교리 문답』을 통해 십계명의 첫 번째 계명과 사도신경의 내용과 관련하여 기독교에 대항하는 연합된 장애물을 보았다. 예를 들어, LC Ⅰ 3, 13, 17 (Kolb-Wengert, 386-87); LC Ⅱ 66 (Kolb-Wengert, 440); SA ⅢⅧ 9 (Kolb-Wengert, 323).

[78] 예를 들어, Ap ⅩⅤ 14, 17, 20 (Tappert, 216-18)을 참조할 것.

대한 믿음의 직접적이고 실제적인 관계로서 말할 수 있다.

그러나 우리는 이 개인적인 본질이 예배의 집단적 본질이나 우리가 "좁은 의미"로 예배라고 부르는 것을 정의한다는 점을 지적해야 한다. 이것이 집단적이고 개인적인 측면을 모두 이끌어 낸다 하더라도 이것은 "하나님의 사람에 대한 관계"와 "사람의 하나님에 대한 관계" 모두를 반영한다. 이런 의미에서 둘 다 함께 논의되어야 한다.[79]

신자는 개인으로서 예배를 드리고 공공 및 집단적 특성에서 가치를 발견한다. 그곳에서 모든 신자는 자신이 그리스도인으로서 홀로 존재하지 않으며 다른 모든 사람과 동일한 구원의 선물을 받는다는 확신을 얻는다. 예배는 또한 공적인 전례를 통해 지역 사회에 에큐메니컬적 관점을 제공하는 장소이기도 하다. 지역 사회가 실천적 차원에서 실행하는 것들은 '보편적인 교회'(catholic Church)가 가르치는 것에 대한 이해를 반영한다.

이것은 문화화되고 상황에 맞는 예배 양식을 제공하고자 할 때도 혁신(바꾸거나 고치는 것)에 대한 신중한 접근 방식을 취해야 함을 상기시켜 준다.[80] 그러므로 공공 예배는 그리스도인의 믿음을 지지하고 보존하는 데 매우 중요하다.

---

79 Brunner, "Theologie des Gottesdienstes?" 97.
80 '아우크스부르크 신앙고백서'는 다음과 같은 계획적(programmatic) 방식으로 진술한다. "교회의 참된 연합은 복음의 가르침과 성례전의 집행에 관해 동의하는 것으로 충분(satis est)하다. 인간이 제정한 인간의 전통, 예식 또는 의식이 모든 곳에서 똑같을 필요는 없다." (AC VII 2-3, Kolb-Wengert, 43); Ap VII 30 (Tappert, 174); SD X 9 (Kolb-Wengert, 637).
또한, 특정 의례나 전통에 대한 강렬한 요구가 구원에 유용하거나 필요하다는 인상을 전달해서는 안 된다는 진술도 있다 (Ap X V 20. Kolb-Wengert. 218). 이 주제에 관한 최근의 연구로는 Waddell, *Struggle to Reclaim the Liturgy*; Brunner, "Theologie des Gottesdienstes?" 109; Martens, *Die Rechtfertigung des Sunders*, 25. 등이 있다.

13. 신앙과 불신앙의 경계선

'공적인 예배'(communal worship)가 모든 의미에서 완전성을 나타내는 것으로 기대해서는 안 된다. 루터는 참 예배 공동체의 밖에서 이들에게 대항하는 세속적이고 악마적인 권력의 획일적이고 우상 숭배적인 요소에 대해 말했다. 그러나 루터는 또한 교회가 지상에 존재하는 한 그것은 거짓 그리스도인과 위선자가 있는 혼합된 사람들의 조직을 대표한다는 점을 염두에 두었다(마 13:24-30).

이 거짓 그리스도인들은 다른 사람들과 함께 한 분이신 참 하나님을 예배할 수도 있지만 루터가 말한 것처럼 그들은 자신에 대한 하나님의 태도를 알지 못한다.[81] 다른 사람들과 함께 예배에 참여하는 그리스도인은 우상 숭배와 이교적 영향에 자동적으로 면역되지 않는다. 사실 모든 그리스도인 심지어 자신이 성경에 완벽하게 정통한 것으로 생각하고 교회가 가르치는 대부분의 것들을 습득했으며 이교도 관습을 삼가고 있다고 믿는 사람조차도 여전히 마귀의 지배에 노출되어 있다.

루터의 말에 따르면 악의 존재는 낮이나 밤에도 쉬지 않으며 방심한 사이에 그리스도인을 움직이고 그들의 마음에 불신과 악한 생각을 자극한다. 그러므로 모든 그리스도인은 평생 주의를 기울여야 하며 지속적으로 하나님의 말씀과 예배 생활을 유지하는 삶 가운데 머물러야 한다. 그곳에서 하나님의 말씀이 선포되고 그 권능이 공적으로 작용한다. 그것은 마귀가 해를 끼치지 못하게 한다;[82]

그리고 그것은 성경에 대한 새로운 이해와 헌신뿐만 아니라 하나님의 뜻을 행하려는 새로운 즐거움과 소망을 일깨운다. 예배에서 하나님의 말

---

81 LC II 66 (Kolb-Wengert, 440).
82 제3계명과 예배에 관한 루터의 토론을 참조할 것: LC I 91, 94, 100-102 (Kolb-Wengert, 399-400). Wiebe, "Missionsgedanken In den lutherischen Bekenntnisschriften," 33: "그러므로 당신은 단지 하나님을 믿거나 기독교 교회에 소속됨을 통하여 이교도와의 결속을 벗어나지는 못한다!"

씀을 선포하는 것은 선교적 역할을 담당한다. 대부분의 예배가 성숙한 청중을 전제하더라도 그들에게도 역시 설교는 '선교적 선포'가 된다.[83]

신자는 자신의 죄를 상기하며 그들이 '선포된 말씀과 성례전'에 정기적으로 참여할 때 하나님은 그들을 구원하신다. 예배 공동체는 세례를 통해 그들의 삶에 들어온 구원의 실재 위에 세워졌다. 그리스도인의 예배가 결코 직접적인 선교 기능을 수행하지 않더라도 모든 그리스도인의 모임은 영적 공격에 대한 하나님의 보호하시는 행동에 여전히 감사하게 된다.[84]

14. 주님의 만찬

성만찬(주님의 만찬)의 성례는 신자들이 주님의 임재에 대한 공통된 믿음을 가지고 유대를 형성하는 데 중요하고 지속적인 역할을 한다. 더욱이 그것은 신자의 영적 형성에 중요한 역할을 하고 예배 공동체가 세상에서 영적 싸움을 하기 위한 힘을 북돋아 준다. 비록 주의 만찬은 세례와 마찬가지로 '선교적' 성례가 아니지만 그것은 신자들의 삶 가운데서 특별한 일이 일어나고 있음을 세상에 공개적으로 증언한다.

그것은 모든 새 신자를 (그들이 누구인지 어떤 배경에서 왔는지 확인하지 않고 차별 없이) 테이블에 참여하도록 허용하지 않기 때문에 많은 사람은 성찬식에서 배제되는 경험을 하게 된다.[85] 성찬식은 세례를 받고 가르침을 받은

---

83 헤르만 도메스(Hermann Domes)는 이것을 "모든 설교는 선교 설교다"(alle Predigt ist Missionspredigt!)("Luther und die Heidenpredigt," 328)라고 루터 신학을 통해 결론을 내린다.
84 Brunner, "Theologie des Gottesdienstes?" 115.
85 신자와 불신자 모두에게 동일하게 성찬 참여에 대해 환대하는 것에 대하여, 블리스와 반 켈더는 *Evangelizing Church*, 46-47쪽을 통해 실망감을 드러냈다. 대조적으로, 성만찬의 독점적 특성은 루터교의 신앙고백서에 의해 확인된다. AC X XIV 6 (Kolb-Wengert, 69): "사람들은 우선적으로 자격이 검토되고 들을 기회가 있는 경우에만 성찬이 허락되어 진다." LC V 2 (Kolb-Wengert, 467). 참조.
많은 선교학자가 칸들러(Kandler)에게 동의한다. "Kirche als Exodusgemeinde," 256: "성찬은 결코 교회에서 선교적이 된 적이 없다!" Viccdom, *Die missionarische Dimension der*

사람을 위해서만 마련된 성례이다. 이런 의미에서 주의 만찬에 참여할 수 있도록 허용되는 것은 올바른 기독교 교육(*didache*, 가르침)의 결과로서 오는 것이며 따라서 마태복음 28장 19절을 적용함에 따라 그들은 모두 그리스도 자신이 가르치신 대로 "가르침"을 받을 수 있다.[86]

앞서 얘기한 고려 사항은 선교적 환경에서의 예배에 대한 선교학적 중요성을 강조한다. 예배(Divine Service)는 "온전하게 선포된 말씀과 성례전"이 결핍된 셀 그룹 또는 '소그룹' 중심의 교회 개척 프로젝트가 제공할 수 없는 선교의 기초와 전제 조건을 제공한다.[87] 공동체는 예배를 통해 세상(*ad extra*, 외부)에서의 선교적 섬김을 위한 힘과 준비를 마련한다.

예배는 그리스도의 몸을 높이고 세우며 비기독교 세계에서의 활동과 대항을 위해 그것을 강화한다. 스탠리 하우어와스(Stanley Hauerwas)와 윌리엄 윌리몬(William H. Willimon)은 예배 생활이 적대적인 세상에서 그리스도인을 이질적인 형태로 만든다고 주장했다.[88] '거류민'과 '외국인 거주자'라는 직함은 그리스도인이 이질적인 문화에서 그리스도께 헌신한다는 것이 무엇을 의미하는지에 대해 자신의 지혜를 연마해야 함을 나타내 준다.

그러나 이것은 그리스도인이 격리된 생활을 선택해야 한다는 것을 의미하지는 않는다. 루터교회는 세속적인 소명에 헌신하고 있으며 그들은 집단적 예배 생활을 통해 하나님으로부터 받은 믿음과 성화가 하나님을 기쁘시게 하는 방식으로 일상생활로 흘러 들어가는 것을 보게 될 것이다.[89]

Gemeinde, 40; *Toward a theological Basis*, 8. 참조.

[86] "집중적인" 교육과 "확장적인" 선언은 일반적으로 각각 "디다케"(didache)와 "케리그마"("kerygma)로 알려져 있다. 그러나 "디다케"는 세례 전의 교리 교육과 관련이 있기 때문에 선교사 선포와 연관되어 있다. 그러므로 디다케는 대위임령의 논리적인 가르침의 연속이며 대위임령의 명령을 수행하려는 시도 외에는 아무것도 아니다. 이런 관찰은 루터의 소교리 문답서 1-3 (Kolb-Wengert, 347) 서문에서도 발견된다. Caemmerer, "Kerygma and Didache in Christian Education," 197-208; Weber, "Die lutherische Tradition in Gottesdienst," 177.

[87] Viccdom, *Die missionarische Dimension der Gemeinde*, 30. 셀 그룹 또는 소그룹에 대한 이해는 수년에 걸쳐 수정되었다.

[88] Hauerwas and Willimon, *Resident Aliens*, 12쪽.

[89] 예를 들어, AC XIV 1-2 (Kolb-Wengert, 49)를 참조할 것.

'주님과 그의 백성' 그리고 '세상의 흑암의 세력' 사이에 충돌로 말미암아 그리스도인은 세상과 구별되는 거룩한 생활을 하는 것(골 3)으로 인해 세상으로부터 미움을 받을 것이다(요 15:18). 그리스도인은 소명과 증거를 통해 이 세상에서 이웃에 대한 사랑을 실천한다(마 22:37-40).

제14장
윤리로서의 선교

1. 선교: 공동 관심사

모든 그리스도인에게 있어서 가장 중요한 역할은 하나님과 교회의 선교에 참여하는 것이다. 선교적 의무가 무엇을 수반하는지 정확하게 정의하는 것에 대한 다양한 의견이 있을 수 있다. 그러나 근본적인 전제는 교회의 선교는 단지 일부의 사람이 아니라 '모든 그리스도인을 참여'시키는 것이어야 한다.

그리스도인이 그리스도를 자신의 구주로 고백하지 않는 사람에게 그리스도에 대해 증거할 기회가 생겼을 때 그는 마땅히 그렇게 해야 하는 것에 대해 두 번 생각할 필요가 없다. 그러나 루터교인으로서 우리는 정확하게 이런 방식으로 선교를 증진시키는 데 어려움이 있다.

앞서 말했듯이 대체로 교회 조직은 여전히 선교를 선택된 사람들을 특정 프로그램이나 프로젝트에 참여시키는 복잡한 사업으로 만든다. 사실 조직화 된 선교를 수행할 때 어느 정도는 특정한 개인을 참여시켜야 할 필요가 항상 있다. 교회 개척이나 다른 민족에게 가서 수행하는 선교 활동과 같은 해외 및 회중 기반의 프로젝트를 위해서는 그런 개인이 필요하다.

여러 가지 면에서 그런 선교를 위한 접근은 정식으로 위임된 파송이 요청된다. 다음 장인 '선교사 직무'에서 우리는 '정식으로 위임된 파송'의 의미에 주목할 것이다. 그러나 좁은 의미로 정의된 과업의 기저에는 '모든 그리스도인'이 선교에 참여한다는 이해가 있다. 그리스도인은 '말씀과 성례전'이 그들의 '삶과 소명'으로 흘러감으로써 그들의 문화적 상황 가운데 나누는 '증거'를 통해 하나님의 나라를 확장시키는 데 기여한다.

선교가 이뤄지는 장소는 가정과 직장, 그리고 그들의 일상 활동이 일어나는 곳과 같이 그리스도인이 있는 모든 곳이다. 이것은 기본적인 루터교 교리다. 수도원 생활과는 달리 루터교의 '직업 소명 교리'는 그리스도인이 주님의 뜻을 따르도록 요청받은 세상에서의 삶을 가리킨다.[1]

구원하는 믿음은 이 세상에서 열매를 맺는 삶으로 인도한다. 파울 슈페라투스(Speratus)의 찬송가 〈구원이 우리에게 임하네〉(Salvation Unto Us Has Come)는 이 장에서 우리가 자세히 다룰 내용, 즉 신앙을 통해 흘러나오는 선교의 윤리적 요소가 있다는 것과 이것은 이웃을 섬기는 사랑을 통해 분명하게 드러난다는 것을 암시해 준다.

> 믿음은 오직 예수님의 십자가만 바라보며
> 끊임없이 그분만을 믿는 것,
> 그 열매로서의 진정한 믿음은
> 사랑과 희망이 증가하는 것으로 알려져 있네.
> 오직 믿음으로만 의롭게 될 수 있으며,
> 행위는 이웃을 섬기고
> 믿음이 살아 있다는 증거를 제공하네.[2]

2. 교회에서 선교적 문화 또는 사고방식 키우기

오늘날 대부분의 진영에서는 다른 교단에서 전도 계획을 차용하여 시행 또는 채택하는 프로그램에 입각한 방식으로 선교와 전도를 진행하는 것이 교회 조직의 선교적 잠재력을 적절하게 다루지 못한다는 데 동의한다.[3]

---

1   예를 들어, Afflerbach, *Handbuch Christliche Ethik*, 55. 참조.
2   Commission on Worship, *Lutheran Service book*, 555:9.
3   Bliese and Van Gelder, *Evangelizing Church*, 2.

교회가 선교를 추구함에 따라 받게 되는 복음 안에서의 거룩한 은사와 새로운 삶은 교회의 공적 생활의 모든 측면, 즉 일요일뿐만 아니라 교인들의 사생활에도 침투한다.

교회의 선교적 차원이 효력을 발휘하기 위해서는 예배와 같은 집단 역할에서의 교회 상황과 교인들의 사생활 사이에 다리를 놓는 것이 중요하다. 이 둘은 별개의 실제가 아니라 하나는 다른 하나로 이어진다. 예배에서의 '말씀과 성례전'은 그리스도인이 세상에서의 변화된 삶을 살게 하는 거룩하게 제정된 수단이다.

그리스도인은 예배를 통해 세례에서 받은 은혜를 재확인하며 세상에서 활동적인 그리스도인의 삶을 다시 시작하기 위해 그것으로부터 영양을 공급받는다. 주님은 예배를 통해 세례 공동체를 세우시고 그분의 '수단'을 통해 직업 소명에서 오랫동안 봉사할 수 있기 위한 힘과 활력을 주신다.

선교 활동에 대한 생각이 개념적으로나 의도적으로 모든 그리스도인의 삶에 스며들 수 있기 위해 회중은 특정한 '선교' 문화 또는 사고방식을 적극적으로 교육받아야 한다. 교회의 선교 문화란 "사람들의 삶의 방식을 나타내는 믿음, 행동, 지식, 구속력, 가치, 목표의 총체"를 의미한다.[4]

그런 문화는 목사와 교인들이 공통의 관심사를 공유하고 성경공부에서의 올바른 교훈과 설교, 문학, 선교사 초청, 예배에서의 특별한 시각적 알림, 목회자 자신의 모범과 같은 다양한 방식을 통해 이것을 교육한다면 교회에서 널리 보급될 수 있을 것이다. 교회에서 선교적 사고방식을 형성하기 위해서는 목사의 적극적인 기여가 필수적이다. 『목회 신학』(Pastoral Theology)에서 존 프리츠(John Fritz)는 목사가 어떻게 선교의 모범을 보여야 하는지를 보여 준다.

> 기독교 목회자는 자신의 회중을 가르칠 의무가 있으며, 기도와 개인적인 증거, 교회가 없는 지역 사람의 영혼을 구원하려는 개인적 노력, 그리고 그들

---

[4] Bliese and Van Gelder, *Evangelizing Church*, 114.

의 편견 없는 공헌으로 교회의 사업(대학, 신학교, 선교)을 지원하는 방식으로 교회의 선교 사역에 적극적으로 참여하도록 교인들을 설득할 의무가 있다. 목사 자신도 영혼에 대한 열정을 가짐으로써 선교적 지도자가 되어야 한다.[5]

더욱이 목사는 그의 양들이 주님의 선교를 위해 준비될 수 있도록 설교하고 가르친다. 멜랑히톤이 증명하는 것처럼 목사는 자신의 설교에서 모든 신자의 마음에 자주 기독교 직업 소명의 세부 사항들에 대해 명심하도록 해야 한다.

> 우리 교회에서 모든 설교는 회개, 하나님에 대한 두려움, 그리스도에 대한 믿음, 믿음의 의, 믿음을 통한 양심의 위로, 믿음의 행사, 기도 … 십자가, 치안 판사와 모든 민사 질서에 대한 존중, 그리스도의 왕국(영적 왕국)과 정치 문제의 구별, 결혼, 자녀 교육 및 지도, 순결 및 모든 사랑의 행위들과 같은 주제를 다룬다. 우리 교회의 상태에 대한 이런 설명으로부터 우리는 교회의 규율, 경건한 의례 및 훌륭한 교회 관습을 부지런히 유지하고 있는지 측정할 수 있다.[6]

교리 문답 교육도 선교사 양성의 역할에 기여한다. 데이비드 발레스키는 그리스도인들이 종종 두려움과 자신감 부족으로 자신의 믿음을 다른 사람에게 증거하고 관련시키는 것을 꺼린다는 사실을 관찰했다. 그것은 다양한 수준의 올바른 교육을 통해 극복될 수 있다.[7]

『소교리 문답』에는 일반적으로 의무의 일람표(Table of Duties)로 알려진 성경에 따른 '가정용 계획표'가 포함되어 있는데 여기에는 그리스도인들

---

5 Fritz, *Pastoral Theology*, 283. 프리츠는 또한 (연례 선교 축제를 축하하고, 월간 선교 강의를 하고, 지역 차원에서 선교 기회에 관한 정보와 격려를 전파하는 등) 목회자들에게 선교 증진에 관한 구체적 조언을 제공하는 데 시간을 보냈다(*Pastoral Theology*, 268-69).
6 Ap XV 43-44 (Kolb-Wengert, 229).
7 Valleskey, *We Believe — Therefore We Speak*, 168.

이 직업 소명에 전념하는 삶을 살기 위해 해야 할 일들을 기록해 놓았다.[8] '가정용 계획표'는 모범적인 삶과 동시에 선교적 생활 양식의 기초가 된다. 그것은 또한 자신을 진정한 그리스도인이라고 여기는 어떤 기독교인도 신앙의 윤리적 결과를 피할 수 없음을 보여 준다.

믿음의 열매는 분명해져야 한다. 또한, 모든 그리스도인은 '상호 대화와 위로'를 통해 서로를 신뢰할 수 있다. 그들은 복음의 메시지로 서로 위로하면서 아직 복음 메시지를 듣지 못했고 그 메시지를 통해 위로가 필요한 사람들을 향한 선교적 지향성을 갖도록 서로 격려한다.[9]

교인들은 교회의 선교를 활성화하기 위해 특정한 임무를 수행할 수 있다. 목회자는 회중의 돌보는 선교 업무 전체를 혼자 맡아서 할 수 있는 능력이 제한되어 있으므로 그는 장기 결석 교인을 방문하고 외부인을 접촉하는 일을 보조할 수 있는 교인들의 협력을 요청할 수 있다. 성경에서 사도 바울은 브리스길라 아굴라와 같은 개인을 그리스도인 공동체로부터 선택했다. 회당에서 봉사한 후 그들은 아볼로를 불러서 개인적으로 가르쳤다.

교회는 목회 사역과 함께 특정 보조 사역 또는 동료 사역자를 세울 수 있는데(예: 엡 6:21; 골 1:7; 4:7; 살전 3:2; 또는 롬 16:3, 9, 21; 고전 16:16; 고후 8:23; 빌 2:25; 4:3; 골 4:11 참조) 그들은 복음 전도자, 교리 교사, 또는 집사라고 불린다.[10] 이런 관행은 오늘날 전 세계 많은 루터교회 조직에서 발견된다. 특히, 교회의 선교를 증진시킬 목적으로 보조적인 직무에 특정한 역할과 의무를 부여해 준다(6번 도표 참조).

성경은 모든 그리스도인에게 봉사의 의무가 있음을 알려 준다. 그리스도인은 자신을 세상에 스며드는 소금이며 모범적인 행동으로 모든 사람을 밝히는 빛으로 봄으로써 다른 사람이 그의 이런 행위를 관찰할 때 그는 하늘에 계신 아버지께 영광을 돌릴 수 있게 된다(마 5:13-16). 선교적 생활 양

---

8 Kolb-Wengert, 365-67.
9 SA IIIIV (BSLK, 449; Tappert, 310).
10 Commission on Theology and Church Relations, "Ministry," 12. 참조.

식을 요구하는 이 송영적이고 윤리적인 동기는 베드로전서 2장 12절에서도 확인된다.

그리스도인은 이방인들(τα εθνη, 타 에쓰네) 사이에서 선한 행실(η αναστροφη, 헤 아나스트로페)을 유지하여서 그들이 이 "선한 행동을 보고 하나님께 영광 돌리도록" 해야 한다. 베드로전서 2장 9절과 3절 15절에서 그 생활 방식이나 비언어적 의사소통은 올바른 신앙고백, 변증(απολογια, 아폴로기아) 또는 불신자에게 주님이 행하신 일에 대한 선포(εξαγγελλω, 엑상겔로)와 같은 언어를 통해 믿음을 나누는 것과 결합되어 있다.

데살로니가전서 1장 8-10절을 통해 우리는 데살로니가의 그리스도인들이 삼위일체 하나님에 대한 믿음을 거부하는 이질적인 환경에서 자신들의 기독교 신앙을 비언어적 방법과 언어적 방법으로 전했을 때 사도 바울에게 칭찬받는 모습을 봄으로써, 바로 그 선교사 의무의 실제적 차원을 엿볼 수 있게 된다. 세상에서 그리스도인의 선교적 생활 양식은 거의 보상을 받지 못한다.

요한복음 15장 18절-16장 4절까지의 말씀은 그리스도인은 경멸과 증오 그리고 궁극적으로 박해를 받는다는 사실을 보여 준다. '증인'이라는 용어는 순교라는 단어의 유래인 '마르투레오'(μαρτυρεω, 요 15:26-27) 외에는 없다. 사도행전에서 우리는 박해를 엿볼 수 있다. 그리스도인들은 예루살렘에서 도망쳤고 그들은 이웃 지역으로 흩어지면서 적극적으로 복음을 전파했다(행 8:1, 4; 11:19-20). 이런 예는 박해 때문에 시작된 위급한 사태에서 일어났다.[11]

한스 베르너 겐지헨은 교회에서 선교적 사고방식을 장려할 수 있는 다섯 가지 유용한 점을 명백한 방법으로 제시한다.

---

11 예를 들어, 19세기의 신학자 빌헬름 뢰에는 정식적인 조건하에서 안수 받은 자의 목회 사역을 주장했다. Aphorismen printed in GW V, I, 315-17; Pragman, *Traditions of Ministry*, 134. 참조.

첫째, 교회는 외부인을 환영하며 교회를 집처럼 느끼게 만든다.
둘째, 목회자는 모든 사역을 독점하지 않고 교인들을 통해 목회적 돌봄 및 기타 서비스를 제공한다.
셋째, 교인들은 사회에 참여할 수 있도록 양성되며 실제로 사회에 참여한다.
넷째, 회중은 구조적으로 유연하며 새로운 요구와 도전을 충족시킬 수 있다.
다섯째, 회중은 선택된 자들로서의 교인들의 특권을 옹호하는 것이 아닌 하나님의 선교의 자리인 세상에 계속 집중해야 한다.[12]

각기 사항에 대해 자세히 설명하지 않더라도 우리는 복음이 온 세상에 전해질 것이라는 소망을 품고 있다. 여기서 우리는 그 소망이 기독교 공동체에 초대하고 연합하고 참여하는 목표에 의해 뒷받침되지 않는 한 불완전하다는 점을 강조해야 한다. 이런 신념은 하나님 말씀의 충만함이 그리스도인 공동체에 명확히 나타나야 한다는 이해에 근거한다.[13]

확실히 그리스도인의 직업 소명은 신자가 자신의 주변 환경을 통해 그리스도에 대한 자발적이고 이타적인 증거를 할 수 있도록 그를 이 세상에서 하나님의 선교에 적합한 자신의 장소 가운데 배치한다.

데이비드 발레스키는 우리 주변에 그리스도를 모르는 친구(Friends), 친척(Relatives), 동료(Associates), 이웃(Neighbor)이 있음을 그리스도인들에게 상기시켜 주는 유용한 약어인 FRAN 네트워크를 사용하여 기독교인 개인이 선교해야 하는 분야에 대해 보여 준다.[14] 그러나 그리스도인은 그런 개인

---

12 Gensichen, *Glaube für die Welt*, 168-73; Bosch, "Theological Education in Missionary Perspective," 26.
13 Hoffmann, "Gedanken zum Problem der Integration," 207; Vicedom, *Die Rechtfertigung als gestaltende Kraft der Mission*, 15. Freytag, *Reden und Aufsätze*, 1:228쪽에 따르면: "그러므로 성찬이 없는 교회는 멸망될 것이다." Manecke, *Mission als Zeugendienst*, 86; Holsten, "Reformation und Mission," 27.
14 Valleskey, *We Believe — Therefore We Speak*, 171.

대상을 식별한 후에 그들을 예배와 봉사 공동체로 초대해야 한다.

안드레는 그의 형제 시몬을 예수께 데려왔고(요 1:40-42) 빌립도 나다나엘을 똑같이 데려왔다(요 1:45-46). 베드로의 메시지를 통해 믿음을 얻게 된 사람들은 신자들과의 교제에 참여하게 되었다(행 2:42-47).

간단히 말해서 각 그리스도인은 교회의 선교 지향적 특성을 지지해야 한다. 모든 그리스도인에게 똑같이 요구되는 역할은 외부인을 자신의 공동체에 초대하고 환영하는 것이다. 여기에서 선교학자 데이비드 J. 보쉬는 '사도 바울과 그의 사역이 일반 그리스도인들의 선교적 역할에 대해 어떻게 바라보았는지'에 관한 중요한 해석상의 관찰을 제공했다. 보쉬는 그리스도인에 관해 다음과 같이 말한다.

> 그들의 '모범적인 생활'은 교회를 향해 외부인을 끌어들이는 강력한 자석과 같다. 바울주의 그리스도인들의 선교적 차원의 행위는 명시적이기보다는 암시적이다. 젠지헨의 말을 빌리자면 그들은 선교화(missionizing, missionier-end)하기보다는 선교사적(missionary, missionarisch) 이다. 바울 서신에서 교회의 직접적인 선교사 활동을 언급하는 경우는 드물다.
>
> 그러나 이것을 결점으로 보아서는 안 된다. 오히려 바울의 모든 주장은 소규모 기독교 공동체의 매력적인 생활 방식이 그와 그의 동료 일꾼들이 참여하는 선교 사역에 신뢰성을 준다는 것이다. '평범한' 그리스도인들의 주된 책임은 나가서 설교하는 것이 아니라 그들의 호소력 있는 행동을 통해 그리고 '외부인'들이 그들 가운데 환영받는다고 느끼도록 함으로써 선교 사역을 지원하는 것이다.[15]

---

15 Bosch, *Transforming Mission*, 137-38. 그의 책의 여러 곳에서, 보쉬는 고린도, 로마, 데살로니가에 있는 바울의 회중에 관해 언급한다. 거기에서 그들은 직접적인 선교 사역에 관여하지 않았지만 그들의 연합, 상호 사랑, 모범적인 행동과 기쁨을 통해 본질적으로 선교사의 모습을 보여 준다고 언급했다 (*Transforming Mission*, 168).

3. 꽃으로서의 공동체

더 넓은 맥락에서 선교를 공동의 문제로 만들고 실질적인 현실로 만들려고 할 때 교회의 네 가지 전통적인 활동 혹은 표현이 떠오른다. 교회는 다음 네 가지 역할, 즉 인간적 돌봄(디아코니아, *diakonia*), 증거(마티리아, *martyria*), 친교(코이노니아, *koinonia*), 예배(리뚜르기아, *leitourgia*)를 수행하는 것이 중요하다.

아래의 그림에서 알 수 있듯이 오직 이 네 가지 활동이 적소에 있을 때 회중은 이 세상에서 균형 잡힌 성경적 역할을 수행하고, 비유적으로 말하면 그들은 달콤하고 매력적인 냄새가 세상에 스며들게 하는 꽃의 역할을 수행할 수 있다. 따라서 교회는 꽃처럼 보이고 꽃처럼 활짝 피고 꽃향기가 나며 꽃처럼 사람들을 끌어들인다.

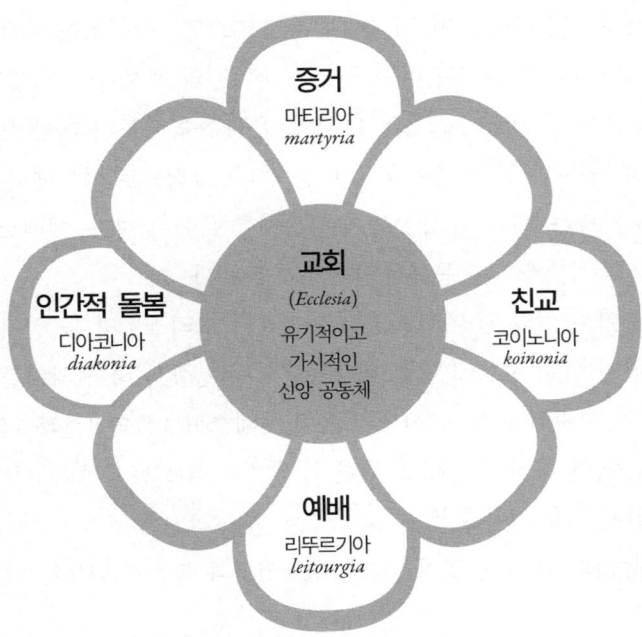

도표 4: 꽃으로서의 선교적이고 상황적인 교회

1) 에베소서 4장 12절

교회가 선교를 위해 평신도를 봉사에 참여시킬 때 교회는 성경을 참고하여 그들의 협력을 올바르게 강조한다. 이 문맥에서 자주 사용되는 본문은 에베소서 4장 12절이다. 그러나 12절의 복잡한 구문은 학자들에게 정확한 번역과 해석에 대한 논쟁을 불러 일으켰다. 이 논의에 대해서는 두 가지 입장이 있으며 여기서 우리는 그 입장을 간략하게 추적할 것이다.

첫 번째 옵션은 에베소서 4장 12절의 헬라어 원본을 다음과 같이 번역한다.

> … 이는 하나님의 백성들을 '봉사의 일을 위하여' 준비시켜서 그리스도의 몸을 세우려 하심이라(NIV 버전).

가장 현대적인 본문을 따르는 이 번역에 따르면 '봉사 또는 사역의 일(디아코니아, *diakonia*)을 위하여'라는 구절은 하나님의 백성이나 성도, 즉 모든 그리스도인을 지칭한다. 그들은 11절의 '은사', 즉 사도나 다른 특정한 사역을 통해 '봉사의 일'을 수행할 준비를 한다. 그러므로 성도에게 어떤 종류의 '봉사' 또는 '사역'이 내포되어 있는지를 물어야 한다. 에베소서는 정확한 '봉사의 일'에 대한 목록을 제공하지 않는다.

그러나 이 서신의 일반적인 방향은 이것이 그리스도의 몸 안에서 연합을 유지하기 위한 서로에 대한 더 넓은 '사랑의 봉사'라는 의미를 제공해 준다. 그런 '사랑의 봉사'는 사도 바울이 에베소서 3장 7-8절과 6장 19-20절의 내용에서 자신을 위해 묘사한 특정한 사역(또는 디아코니아)과 긴장 관계에 있지 않을 것이다.[16]

그런 '봉사의 일'에는 또한 비그리스도인들과 복음을 나누는 일도 포함

---

[16] 최근에 널리 인정받고 있는 논평은 다음과 같이 지적한다. Schnackenburg, *Der Brief an die Epheser*, 186: "구절 전체에서 설교, 지도력 및 가르침 이외에는 '봉사'에 대한 언급이 없기 때문에, 위에서 언급한 디아코니아를 전도자, 목자 및 교사와 연결해야 한다."

된다.[17] 성경의 다른 곳에서도 우리는 '봉사의 일'에 관한 예를 찾을 수 있다. 마리아는 주님이 자신의 집을 방문하셨을 때 그분에게 특별한 봉사를 드렸다(눅 10:40).

또한, 범죄자를 다스리는 칼을 가진 사람은 하나님의 종이다(롬 13:4). 그리스도인이 자기 주변의 동료 신자와 세상에 관련하여 수행하는 이런 '봉사의 일'은 또한 사도 바울이 그들에게 촉구하는 '부르심' 또는 '직업 소명'을 가져오는 에베소서 4장 1절에서 잘 보여 준다.

> 나는 여러분이 부르심을 받은 일에 합당하게 살기를 원합니다. (NIV 버전, 고전 7:20 참조).

에베소서 4장 11-12절의 번역에 관한 두 번째 대안은 킹 제임스 버전(KJV)에서 제공한다.

> 그가 어떤 사람은 사도로 어떤 사람은 선지자로 어떤 사람은 복음 전하는 자로 어떤 사람은 목사와 교사로 삼으셨으니 이는 성도를 온전하게 하여 목회의 일을 하게 하며 그리스도의 몸을 자라나게 하시려는 것이다(엡 4:11-12).

킹 제임스 버전(KJV)은 또한 루터교회가 신앙고백 문서 중 하나로 채택한 논문 텍스트에 대한 멜랑히톤의 해석과 일치한다. 멜랑히톤은 다음과 같이 말한다.

> 교회에 해당하는 은사 중 목사와 교사를 열거하고 거기에 그는 이런 것들이 '그리스도의 몸을 세우고 섬기기 위해 주신 것'이라고 덧붙인다.[18]

이 두 번째 번역에 따르면 11절에 있는 특정한 사역은 그리스도의 몸을

---

17 이 견해를 대중화한 책은 Feucht, *Everyone a Minister*이다.
18 Tr 67 (Kolb-Wengert, 341).

섬기고 세우기 위해 교회에 주어진 것이다. 비록 그리스어 원문 텍스트에는 쉼표가 없지만 독자들은 킹 제임스 버전(KJV)이 '성도들'(saints) 뒤와 '목회의 일을 하게 하며'(for the work of the ministry)라는 전치사구 앞에 쉼표를 사용하고 있음을 알 수 있다.[19]

이 두 번째 번역에서 쉼표를 사용함으로써 바울은 '목회의 일'이 사도, 목사, 전도자, 교사들이 수행하는 일(11절)이라는 것과 성도들이 '완전'(καταρτισμος, 카타르티스모스)하게 되는 것은 그들의 설교와 가르침의 봉사를 통해서임을 암시해 주고 있다. 우리는 이 '완전'이 성도의 내적이고 외적인 삶 모두에 적용된다고 가정할 수 있다. 그들이 주님의 재림에 근접함에 따라 서로에 대한 신앙, 지식 및 사랑이 증가하게 된다(롬 12:4-8; 벧전 4:10 참조).

두 번역 모두 귀중한 관찰을 제공한다. 독자가 어떤 텍스트를 선택하든지 다른 번역으로 작성된 요점을 참조하는 것이 중요하다. 그리스도인의 신앙과 사랑을 유지하고 강화하기 위해 교회가 목회자의 기본적 설교와 가르침이 필요한 만큼, 교회는 또한 증거하는 일을 포함하는 평신도의 사역이 매우 중요하고 필수적이다. 이 두 가지는 각자 자신의 적절한 역할과 은사를 유지할 때 가장 좋은 방법으로 성경과 하나님의 뜻을 따를 수 있게 된다.

2) 만인 사제직

우리가 만약 '만인 사제직'의 교리를 다루지 않는다면 선교에서의 평신도들의 공헌에 대한 논의는 불완전해질 것이다. 이를 위해 우리는 "모든 신자의 영적 사제직"이라고 부르는 것에 대한 틀을 제공한 루터로 돌아가야 한다.

이 교리에 관해 많은 글이 기록되었다. 불행하게도 해석자들은 이 교리

---

19 Hammann, "Translation of Ephesians 4:12," 42-49.

를 교회의 목회 사역과는 상관없이 단순히 '평신도의 사역 범위를 확인'하기 위한 방식으로 사용한다. 이런 극단적 사용은 루터의 의도를 부당하게 다루는 것이다. 그는 우리가 교회에서 목회 사역을 최소화해야 한다고 할 정도로 영적 사제직을 이상화하거나 낭만화하고자 제안한 적이 없다.

루터는 그 용어의 선택에 있어 너무 신중했다. 그는 이 교리를 『교회의 바벨론 포로』(*The Babylonian Captivity of the Church*)[20]와 『그리스도인의 자유』(*The Freedom of a Christian*)[21]를 포함하여 여러 논문에서 설명했다. 루터는 '오직 성경으로'와 '칭의 교리'에 이어 종교개혁 초창기의 세 번째 원칙으로 '모든 신자의 영적 사제직'에 대해 주장했다. 그렇게 하면서 그는 영적 사제직을 위한 '사체르도티움'(*Sacerdotium*, 사제직)이라는 용어와 교회의 목회 사역을 위한 '미니스테리움'(*ministerium*)이라는 단어를 선택했다.

영어에서는 이런 구분이 일반적인 용어인 '목회'(ministry)와 혼동되어 평신도나 성직자가 수행하는 모든 활동을 나타내고 있다. 신약에서 미니스테리움은 '디아코니아'(*diakonia*, 봉사)라는 단어로 번역된다. 루터는 그 용어가 구체적으로 영적 사제직이 아니라 '목회 사역'을 의미한다는 것을 나타내기 위해 '미니스테리움'을 일관되게 '직무'(*Amt*, office)라고 번역할 것을 결정했다.[22]

'사체르도티움'(*Sacerdotium*)과 '미니스테리움'(*ministerium*)은 서로 어떻게 관련되어 있는가?

모든 그리스도인이 완전하게 '참된 신자'(*vere credentes*)가 되는 것은 아니다. 대신에 '죄인이자 동시에 의인'에 관한 루터교 교리는 모든 그리스도

---

[20] AE 36:11-126.
[21] AE 31:333-77. "Open Letter to the Christian Nobility in Works of Martin Luther" (PE 2:69). 참조. "Answer to the Superchristian, Superspiritual, and Superlearned Book of Goat Emser of Leipzig(1521)" (PE 3:31-401); *Misuse of the Mass* (AE 36:127-230) (특히, p. 12 n. 4 참조).
[22] Brunotte, *Dus Amt der Verkündigung*, 21-22. 참조. '루터교 신앙고백서'에서 디아코니아와 미니스테리움(*ministerium*) 또는 암트(*Amt*)를 동일시하는 예는, 교황의 권력 및 수위권에 대한 논문 26-31 (Kolb-Wengert, 334-35)을 참조할 것.

인이 주님의 선교를 수행하는 데 있어 매일 실패하고 있음을 상기시켜 준다. 사실 교회는 율법의 '두 번째 용법'(우리를 고발하고 우리의 죄를 보여줌)에 상응하기 위해 구원받은 사람들을 위해서도 봉사한다. 이런 이유로 회중은 하나님의 이름으로 모든 신자에게 말씀을 전달하는 일, 즉 선포하는 직무인 은혜로운 성직에 의존해야 한다.

그리스도인 회중은 자신의 믿음이 청각을 통해 받아들여진다는 것을 앎으로써 먼저 듣는 회중(*fides ex auditu*, 믿음은 들음에서 난다)이 될 때 영적으로 성숙해질 것이다. 그 후에야 비로소 교회는 믿음과 증인 공동체가 되어 선교 활동을 위한 적절한 체계를 확립할 것이다.[23] 그러므로 목회 사역은 회중에 의해 조직되어 '없어도 상관없는' 기능이 아니라 하나님이 교회에 주신 거룩하고 절대 필요한 조건이며 이를 통해 은혜의 수단이 공급되어야 한다.

'교회의 직무'(*ministerium*, office)와 '만인 사제직'(*sacerdotium omnium*)은 상호 배타적이지도 않으면서 동시에 동일하지도 않다. 이 전제가 적절하다면 이제 우리는 루터의 관점에서 '영적 사제직'의 여러 가지 특성에 대해 계속 논의할 수 있다.

루터는 이미 1519-20년에 신자와 성직자 사이에 영성의 질적 차이가 없음을 깨닫게 되었다. 루터의 접근 방식은 참으로 급진적이었다. 이것은 로마 교회에서 사제, 감독, 교황으로 임명된 사람을 중심으로 한 관행과 계급 제도에 반대하는 것이다. 교회의 일부 사람은 '복음적 권고'(*Consilia*

---

23 조브스트 쇠뇌(Jobst Schöne)는 *Christological Character*, 1쪽에서 다음과 같이 지적했다. "거룩한 사제직은 그리스도께서 우리에게 봉사하신 것처럼, 섬기는 것을 의미한다. 거룩한 사제직은 기도와 위안과 격려를 통해, 그리고 다른 사람들에게 영적이고 물질적인 도움을 줌으로써 봉사한다. 이 봉사는 주님이 여러분을 자녀에 대한 아버지나 어머니로서, 서로의 남편과 아내로서, 회중의 구성원으로서 두신 장소와 상황에서 이루어진다.
이것은 그리스도께서 우리에게 주신 것, 즉 모든 형태의 복음을 받는 거룩한 예배 이후 계속되는 봉사이며, 우리는 이 복음을 말과 행동으로 전파해야 한다. 이것은 거룩한 봉사의 직무를 담당하는 목사가 성찬을 집행하고 복음을 설교하는 일과 동일하지는 않다. 오히려 '거룩한 제사장직'('만인 사제직')이 그것을 반영한다. 거룩한 제사장은 신성한 봉사를 통해 받은 것을 다른 사람들에게 전달한다."

evangelica)로 알려진 하나님의 특정 계명에 대해 맹세함으로써 스스로를 헌신했다.[24]

평범한 그리스도인들은 그런 맹세를 하지 않았으며 그런 권고와 서약을 따르는 일에서 배제되었다. 성직자는 자신의 성직에 근거하여 평신도와 다른 존엄성(*dignitas*, 존엄, 고상함)을 가졌을 뿐만 아니라 특별한 자질(*qualitas*)을 가졌다고 믿었다.

영적으로 말하면 성직자는 더 높고 하나님과 더 가까이 있다. 실제로 사제는 희생, 영혼 보존 및 관할(권한에 의한 다스림) 행위를 통해 평신도의 구원을 보장해 주었다. 루터는 1521년에 수도원 서약뿐만 아니라 이런 구조를 거부했는데 그런 구별은 기독교를 적어도 두 개의 영적 그룹, 즉 '교회의 직무나 수도회에 속한 그룹'과 '평신도 그룹'으로 나누었기 때문이다.

루터는 세례를 통해 모든 사람이 영적으로 평등해진다고 보았다. 루터는 이제 로마가톨릭교회가 특정 그룹에 대해서만 독점했던 '사제직'(priesthood)이라는 용어를 모든 믿는 그리스도인에게 적용했다. 즉, 모든 신자는 신약의 의미에서 제사장이었다.[25]

루터는 이런 자기의 입장을 뒷받침하기 위해 마태복음 16장 18-20절, 요한복음 20장 21-22과 21장 7절, 그리고 요한 계시록 1장 6절, 5장 10절과 20장 6절을 주의 깊게 연구했다. 그러나 이를 뒷받침하기 위한 가장 중요한 구절은 베드로전서 2장 5절과 9절이다. 이 구절은 일부 선택된 사람뿐만 아니라 모든 신자를 하나님의 백성으로 가리킨다.

루터는 현대 민주주의의 평등주의를 교회에 도입하려고 했던 것이 아니다. 그런 생각은 그가 살던 당시의 상황이나 성경의 맥락에서 존재하지 않았다. 그것은 나중에 로크(John Locke), 몽테스키외(Baron de La Brède et de Montesquie), 볼테르(Voltaire)와 같은 철학자에 의해 발전된 정치 이론의 도입과 함께 생겨났다.

---

24 '완전'을 달성하기 위해 자유로이 선택한 수단으로는 순결, 빈곤, 순종(마 19:12,21; 16:24), 수도사가 되기 위한 고전적인 서약 등이 있다.
25 *Babylonian Captivity*(1520), AE 36:112-13; Brunotte, *Das Amt der Verkündigung*, 18.

그리스도인은 정치적 영역이나 교회에서 '사회 계약'의 일종인 동등한 권리(평등권)를 이해하지 못했다. 따라서 루터는 '기독교 통치자'를 교회의 최고 감독자로 사용할 것을 결정했다. 루터는 다른 사람보다 통치자에게서 혼란에 빠진 교회에 질서를 가져다줄 최고 그리스도인의 모습을 기대했다.

루터는 사도신경의 창조에 관한 첫 번째 조항을 참조하여 그리스도인 사이의 모든 구별을 없애는 평등을 장려하지 않았다. 인도의 '카스트 제도'와 관련하여 '라이프치히 선교회'(Leipzig Mission) 지도자 칼 그라울(Karl Graul, 1814-64)과 그 선교회의 선교사를 포함한 19세기 루터교인들은 이와 같은 방식으로 그 제도를 파괴하려고 하지 않았다. 그들이 유지한 이런 문화적 차이는 하나님에 의해 마련된 창조 질서의 한 형태다.

그러나 이런 구별에도 불구하고 루터는 모든 신자가 그리스도를 믿는 신앙으로 동등하게 연합된다는 중요한 영적 원리를 확인했다. 그리스도께서는 은혜로써 그들을 구속하셨고 신자는 믿음을 통해 그분 안에 함께 결속된다. 이런 기본 통찰력은 '만인 사제직'의 특징으로 보일 수 있는 여러 가지 개별적 구성 요소를 마련했다.

첫째, 세례를 받은 모든 사람은 육체적, 심리적, 지적 상태, 은사, 사회적 지위 또는 불운에도 불구하고 하나님의 눈에는 동등하다는 것이다. 갈라디아서 3장 28절에서 말하는 것과 같이 남자와 여자, 종과 자유자, 유대인과 헬라인의 완전한 평등은 그리스도를 믿는 신앙을 통해 존재하게 된다.

실제로 위에서 설명한 바와 같이 하나님은 모든 인간적 차이를 넘어서시는 것처럼 보이는데 그것은 사람이 지닌 최고의 지위는 하나님의 자녀가 되는 것이기 때문이다. 모든 참된 신자는 '의롭게 된 죄인'이며 '만인 사제직'의 '영적 신분'에 속하게 된다.[26]

---

[26] *To the Christian Nobility of the German Nation Concerning the Reform of the Christian Estate*

둘째, '만인 사제직'의 특징은 모든 그리스도인이 심판자이시며 동시에 아버지이신 하나님께 직접 접근할 수 있다는 것이다. 신자는 기도를 통해 하나님 아버지께 직접 다가갈 수 있다. 그들은 은혜의 수단에 직접 접근할 수 있다. 그리스도인은 성경을 읽고 해석할 수 있다. 그들은 성경을 통해 하나님의 말씀을 자신에게 적용하고 그 요구에 응답하고 그 안에서 위안을 찾을 수 있다.

이런 하나님과의 직접적 관계는 구약의 제사장 신분만이 가질 수 있었던 특성이었다. 제사장만이 거룩한 장소에서 하나님 앞에 서도록 허용되었다. 루터에게는 모든 신자가 하나님 앞에 직접 서 있다. 말씀에 대한 접근은 모든 그리스도인을 사제로 만든다.[27]

셋째, '만인 사제직'의 특징은 두 번째 것과 관련이 있다. 사실 이 둘은 동전의 양면과 같다. 하나님과 직접 마주하게 된 결과 참 신자에게는 임명된 사제와 같은 지상의 중재자가 아니라 하나님이 자신에게 주신 단 한 분의 중재자이신 그리스도만 존재한다. 한편으로 사람들은 이 원칙을 오해하고 루터가 교회의 직무를 거부했다고 가정할 수 있다.

그러나 그는 교회에서 복음을 전파하는 특별한 설교자의 필요성을 무시하지 않았다. 세월이 지나면서 특히 루터가 '급진적 개혁가들'(Schwärmer, 열광주의자)을 직면했을 때 그는 목회 사역의 하나였던 질서 정연한 구조와 교회의 가시적인 면에 대한 가치를 점점 더 많이 깨닫게 되었다. 루터에게 있어서 성직자는 사도 바울이 말한 "너희 기쁨을 돕는 자"(고후 1:24)였을 뿐이다.

그들은 하나님의 말씀을 제공하고 성찬을 분배함으로써 그리스도인들이 믿음을 유지하도록 돕는다. 루터는 자신들이 신자의 구원에 기여하고 있다고 생각하며 스스로의 자질을 강조하는 사제들의 허위 주장만을 거부할 뿐이다. 영적으로 말하면 만약 임명된 사제가 자신의 성직을 영적 사제

(1520), AE 44:127. *Babylonian Captivity*, AE 36:112-13; Brunotte, *Das Amt der Verkündigung*, 20 a. 20.

27 *Freedom of a Christian* (1520), AE 31:354. Brunotte, *Das Amt der Verkündigung*, 20 n. 21.

직의 '한 부분'으로서 보지 않는다면 그는 거부당할 것이다.[28]

넷째, '만인 사제직'의 특징은 모든 그리스도인은 자신의 생명을 '희생'하여 바친다는 점이다. 그렇다고 해서 루터는 기독교인들에게 이교도 또는 유대교의 희생적 제사를 부과하지 않았다. 루터는 "참된 신자는 하나님을 찬양하고 삶을 순종하며 십자가의 고난을 통해 자신을 희생한다"라고 말함으로써 희생의 개념을 영적인 것으로 만들었다. 이 희생은 우리가 이웃에게 봉사하도록 만든다. 그런 희생은 선교적 의미를 지니고 있다 (시 51:17; 롬 12:1; 빌 2:17; 4:18; 벧전 2:5).[29]

다섯째, '만인 사제직'의 특성은 이것이 교회의 선교에 가장 적절하게 적용된다는 것이다. 루터는 모든 그리스도인이 자신의 개인적인 삶의 영역에서 하나님의 말씀을 전하고 '증거' 할 권리와 의무가 있다고 강조했다. 실제로 루터는 때때로 "만인 사제직의 의무를 지닌 자는 자신이 있는 곳 어디에서나 복음을 선포할 특정한 임무가 주어진다"는 것을 암시하는 이 행위에 대해 "설교"(*predigen*)라는 용어를 사용했다.

이 개인적인 맥락에서의 설교는 정식으로 소명의 '의식절차'(*rite vocatus*)를 통한 성직자의 공적으로 승인된 목회 사역의 설교와 성례의 집전과 서로 충돌하지 않는다. 하지만 루터는 그리스도를 고백하고 간증하며 증거하는 역할을 하는 이 세상에서의 모든 그리스도인의 '신분'을 적극적으로 장려한다. 바울의 말처럼 그리스도인의 믿음은 침묵할 수 없으며 진실한 고백인 선교적 증거를 전해야 할 의무를 갖게 된다.

> 사람이 마음으로 믿어 의에 이르고 입으로 시인하여 구원에 이르느니라(롬 10:10).[30]

---

28 *Misuse of the Mass* (1521); AE 36:138; Brunotte, *Das Amt der Verkündigung*, 20 n. 22.
29 *Treatise on the New Testament, That Is, the Holy Mass* (1520); AE 35:98; Brunotte, *Das Amt der Verkündigung*, 20.
30 *Right and Power of a Christian Congregation or Community* (1523). AE 39:309-10; Brunotte, *Das Amt der Verkündigung*, 21 n. 24; Stolle, *Church Comes from Alt Nations*, 21.

복음을 선포하는 각 개인 그리스도인의 권리와 의무는 주로 가족, 이웃 및 직장의 사적인 영역으로 확대된다. 루터는 종종 '프리바토'(privato, 사적인, 개인적인)라는 단어를 포함한 전치사구를 '개별 그리스도인이 복음을 확증'하는 것과 연결한다. 루터 시대의 '사적'이라는 단어는 오늘날의 이해와는 전혀 다른 의미를 지녔다.

오늘날 사람들은 개인 정보를 다른 사람과 공유할 의무 없이 자신의 사생활을 유지할 법적 권리로 개인의 사적 자유를 요구할 것이다. 그러므로 그리스도인들은 자신의 종교적 삶과 믿음이 사적인 문제라는 결론을 내릴 수 있다. 반면 루터에게 '사적'이란, 그리스도인들이 일상에서 자주 만나는 사람들과 연결되는 개인적 영역을 의미했다. 그리스도인들은 주변의 모든 사람을 교육하고 가르치는 일과 관련하여 사적(privato)으로 하나님의 말씀을 전해야 할 의무가 있다.[31]

불행하게도 가족 구조는 수년에 걸쳐 바뀌어 왔다. 서구 국가에서는 가족 규모가 줄었다. 다른 국가에서는 인구 과잉을 억제하기 위해 부부에게 한 명의 자녀만 출산할 것을 권장한다. 따라서 한두 명의 자녀를 둔 편부모 가정은 많은 그리스도인에게 일상적인 현실이 되었다.

그러나 선교학적 관점에서 루터의 '사적'에 대한 이해는 확실히 큰 잠재력을 제공한다. 예를 들어, 브라질의 포르탈레자(Fortaleza)시와 같은 남미 국가에서는 가족과 확대 가족(친족)은 전도를 위한 중요한 도구가 된다.[32]

4. 비상 상황

하나님은 당신의 교회를 세우기 위한 수단으로 '말씀과 성례전'을 주셨다. 이것이 없는 교회는 고통을 겪는다. 그러므로 하나님의 백성 가운데

---

31 Brunotte, *Das Amt dir Verkündigung*, 20-21.
32 Neitzel, *Mission Outreach*.

그런 고통을 경감시키고 '말씀과 성례전'을 통한 올바른 사역을 회복시키는 능력이 매우 중요하다. 개인 그리스도인의 봉사와 관련하여 그런 경우를 살펴보면 우리는 '비상 상황'에 관한 논의에 직면하게 된다.

어느 누구도 단순히 교회 질서를 보호하기 위한 목적으로 교회가 가진 '말씀과 성례전'을 박탈하려고 시도해서는 안 된다. '아우크스부르크 신앙고백서' 제28조와 '교황 권위와 수위권에 대한 조항'(*Treatise*)은 앞에서 이미 언급한 것처럼 그것에 대해 명확하게 반대한다.

그러나 '비상' 상황에 대한 정의와 이해는, 특히 제2차 세계대전 이후 '부제의 직무'(*diaconate*)에 관한 이해와 여성의 사역 참여 그리고 공공 사역의 기본적인 이해와 관련하여 일부 교회 조직에 엄청난 변화를 일으켰다.[33] 이런 맥락에서 우리는 균형과 명료함이 필요하다. 비상 상황의 정의와 관련해서는 약간의 차이가 있다.

교회에서의 비상 상황이란 정상적인 환경이 무너진 경우인가?
비상 상황은 단순히 불편한 것 이상의 것을 의미하는가?
비상 상황은 임박한 죽음과 영적 고뇌의 위험에 있는 사람의 주위에 안수받은 목사가 부재한 것을 의미하는가?[34]

'비상'의 정의는 '평신도 사역자에 대한 이해'의 중요성을 의미한다.[35] 어느 한 교구에서 목회 사역의 정상적인 운영이 혼란스럽게 되는 상황은 충격을 가져올 수 있으며 이것은 교회의 중요한 관심사가 되어야 한다는

---

33 Olson, *Deacons and Deaconesses through the Centuries*, 353, 357-60.
34 Marquart, *Church and Her Fellowship*, 163-64.
35 비상사태에 근거한 논쟁은 Resolution 3-05B in LCMS, *Convention Proceedings*, 111-12쪽에서 두 번 있었다. 112쪽의 구체적인 기준은 질병, 교통 문제 또는 기타 상황 때문에 목회자가 부족한 것을 포함한다. 우리는 미주리총회가 이 입장을 결의했으며, 이에 대한 철회가 이루어지지 않았다는 사실을 존중한다. 어느 누구도 평신도를 목회에 지원하는 것이 성경에 위배된다고 주장하지 않는다. 오히려 여기서 중요한 관심사는 적절한 정의와 상황에 대한 이해다.

것을 우리는 이해할 수 있다. 따라서 성경과 '루터교 신앙고백서'에 근거하여 '비상 상황'에 대한 명확한 정의를 찾는 것은 이 문제를 이해하는 데 있어 매우 중요하다.

그런 상황에서 가장 중요한 원칙은 '교회는 도움이 필요한 사람들이 하나님의 말씀에 대한 접근을 잃지 않도록 보장'해 주어야 한다는 것이다. 앞서 언급한 마태복음 28장 19-20절과 요한복음 20장 21-23절의 성경적 명령에 근거하여 '아우크스부르크 신앙고백서' 제5항과 제14항은 회중을 위해 하나님이 '말씀을 공개적으로 가르치고 성례전을 집행할 수 있도록 공급'하여 주심에 따라 거룩하게 제정된 질서로서의 목회의 올바른 속성을 확립한다.

우리는 성경에 따라서 '비상' 상황을 신중하게 선택하고 정의해야 하며 그런 상황 선포를 가볍게 여겨서는 안 된다. 그런 '비상' 상황에서 교회는 정식으로 부름을 받고 안수를 받은 목회자를 대신할 수 있는 '평신도를 제한된 기간 동안 봉사에 참여'시킬 수 있다.[36]

예를 들어, 소비에트 연방의 공산주의 시대에 대부분의 안수 받은 목회자가 교회에서 강제로 제거되었을 때 이와 같은 상황이 발생했다. 교회는 목회적 돌봄을 위해 유일한 신학 교육으로 입교 교육만 받고 안수도 받지 않은 장로의 봉사로 대체하는 결정을 해야만 했다.

수십 년 동안 특히 1940년대부터 1980년대 후반까지 '비상' 상황이 우세하게 발생했으며 그 결과 교회의 삶은 실질적으로 변화되었다. 전례 생활과 교육 및 목회적 돌봄은 대학 및 신학교에서 훈련받은 목회자와 같은 수준으로 유지될 수 없었다. 감사하게도 1980년대 후반의 정치적 변화 이후 완전한 목회적 돌봄이 천천히 회복되고 있다.

아우구스티누스는 '비상' 상황에 대한 고전적인 설명을 제공했다. 두 그리스도인은 자신들이 배(boat) 안에 있다는 사실을 발견하는데 이에 새 신자는 다른 사람에게 세례를 베풀고 그 후에 새 신자는 자신이 세례를 베푼

---

[36] Fritz, *Pastoral Theology*, 126-27. 참조.

사람에 의해 죄 용서를 받는다.[37] 이것은 목회자가 정상적인 상황에서 해야 할 역할인 죄의 용서를 평신도가 대신 수행하고 있는 것을 보여 준다. 그러나 '비상' 상황은 세례와 죄의 용서에만 적용되지 않고, 또한 성찬식과 설교도 포함한다.

만일 목회자가 없는 지역에서 죽음에 가까워진 그리스도인이 주의 만찬을 원한다면, 혹은 알래스카 외곽 지역에 거주하는 그리스도인이 선포된 하나님의 말씀을 절실히 요청한다면, 설교를 읽거나 성찬을 집행함으로써 하나님의 말씀을 전하는 방식으로 평신도를 통한 특별한 처방의 기회가 주어질 수 있다. 두 경우 모두 행위의 타당성과 하나님 말씀의 유효성에 대한 의심의 여지가 없어야 한다.

월터(C.F.W. Walther)는 그런 상황에서 평신도의 직무는 평신도로서가 아니라 합법적인 성직자로서의 직무이며 그는 일시적으로 혹은 제한된 기간 동안 교회의 종으로 부름을 받은 것이라고 주장했다.[38] 이런 상태의 기간은 시간적으로 제한이 되어 있으며 긴급 상황으로서의 기준에 부합할 때, 즉 하나님의 말씀에 대한 절박한 필요가 요청되는 경우에만 적용된다.

루터는 그리스도인이 튀르키예의 무슬림들 사이에 죄수로 붙잡혀 가게 되면 그 안에서 그리스도인은 선교사적 상황 가운데 직면하게 된다고 예를 제시했다. 여기에서 그리스도인 죄수는 그들에 대한 사랑에 이끌려 복음을 전파하고 가르쳐야 할 의무가 있다. 루터 시대에는 독일에 대한 튀르키예의 위협이 임박해 있었기 때문에 그런 긴급 상황은 현실과 동떨어지지 않은 것이었다. 루터는 일상적이고 긴급한 두 가지 상황이 무엇을 수반하는지 자신의 말로 설명했다.

---

37   Melanchthon in Tr 67 (Kolb-Wengert, 341).
38   "비록 안수 받지는 않았지만 비상시에 전체 회중이 임시적으로 임명한 사람에 의해 받는 성례전은 인정된다. 평신도가 유효하고 합법적인 방법으로 축복을 줄 수 있다는 것에 대해 아무도 의심하지 않는다. 그러나 평신도는 이런 방식으로 평신도의 자격으로 헌신하지 않고 진정으로 섬기는 종으로 봉사한다" (Walther, *Americanisch-Lutherische Pastorallheologie*, 180-81).

만약 그가 자신과 동일한 힘과 권리를 가진 그리스도인이 있는 곳에 있다면 그는 자신에게 관심이 집중되도록 해서는 안 된다. 오히려 그는 다른 사람을 대신하여 그리고 다른 사람의 명령을 받아 전파하고 가르치도록 부름을 받고 선택되어야 한다. 실제로 만약 그리스도인이 자신들 가운데 교사가 부족하다는 것을 알게 된다면 그는 다른 사람의 부름을 받지 않고도 사람들 가운데 나타나서 가르칠 수 있는 힘을 가지고 있다.

이에 대해 바울이 고린도전서 14장 30절에서 분명히 말한 바 있다.

"만일 곁에 앉아 있는 다른 이에게 계시가 있으면 먼저 하던 자는 잠잠할지니라."

여기서 사도 바울은 무엇을 했는가?

그는 교사에게 침묵하고 그리스도인들 가운데서 물러나라고 말하며 부르심이 없이도 청중에게 나타날 것을 권한다. '필요'는 명령이 없이도 알 수 있기 때문에 이 모든 것이 이루어진다.[39]

루터는 명확한 비상 상황에서 하나님의 말씀이 필요하다는 것을 알고 있었지만 그는 일시적인 비상 상황이 교회의 규칙적인 관행을 대체하는 것을 허용하지 않았다.

예를 들어, 루터는 한 집안의 아버지(Hausvater)가 마치 자기 가족을 회중처럼 여기며 집 안에서 성찬을 거행할 수 있는 권한을 부여하지 않았다. 그는 집안에서의 아버지의 역할과 목사의 공적인 역할 사이의 구분을 없애는 것을 반대했으며 더 나아가 그는 사도행전의 그리스도인들이(평신도)이 "회중으로서 예배하기 위해 집에 함께 모였다"라고 주장했다.[40]

---

39 AE 39:309-10. 루터는 자신의 논문 『The Right and Power of a Christian Congregation or Community』(1523)와 『Campaign Sermon against the Turks』(1529)에서 긴급 상황에 대해 이야기한다; Stolle, *Church Comes from All Nations*, 21-22, 71-73.
40 집에서 성만찬을 베풀 수 있도록 허락해 달라고 요청하는 기독교인 가장(Hausvater)에 대해 루터가 1536년 12월 30일 편지로 Wolfgang Brauer 목사에게 한 다음과 같이 조언을 소개했다. "하나님은 우리가 자녀와 가정을 가르치고 교육해야 한다고 명하셨기 때문에, 한 가정의 아버지는 다음 세대의 자녀에게 하나님의 말씀을 올바르고 적절하게

또 다른 경우 루터는 아우크스부르크에서 성찬의 긴급함(*eucharistischen Notstand*)에 처했다고 스스로 생각했던 루터교도들에게 '비상' 상황을 부여하지 않았다. 츠빙글리(Zwingli)의 추종자들이 통제하는 도시에 살고 있던 그들에게는 루터교 교리에 따라 성찬식을 거행하는 것이 법으로 금지되어 있었다.

카스파 후베리누스(Kaspar Huberinus)는 루터에게 편지를 써서 평신도에 의해 개인의 집에서 성찬식을 집전할 수 있는 허가를 요청했다. 루터는 여전히 그런 요청을 허가하지 않았다. 적절한 목회자의 직위가 없는 그들은 스스로를 '교회와 올바른 예배가 없는 바벨론 포로 생활을 하는 유대인'으로 간주해야만 했다.

루터는 성찬식 대신에 그들이 이런 고통을 견디고 기도와 독서, 그리고 하나님 말씀의 가르침에서 위로를 찾아 '영적 친교'(geistliche Kommunion)를 가질 것을 제안했다.[41] 이 사건들은 루터가 주의 만찬과 같은 특정한 경우에 어떻게 일관된 태도를 유지했는지 잘 보여 준다. 피터 만스(Peter Manns)는 루터가 성찬식에 관해서는 '비상' 상황을 적용하려고 생각한 적이 없다고 결론지었다.[42]

교회는 필요한 것들을 해결하고 정상적인 환경으로 회복시킴으로써 '비상' 상황을 즉시 바로 잡을 필요가 있다. 그렇지 않으면 '비상' 상황이 일반적인 상황보다 우선시한다는 인상이 주어진다. 현대적인 산업 기반과 기술 및 세미나들을 고려할 때 '올바르게 배열된 질서가 부재한 상황'으로 정의될 수 있는 '비상' 상황은 오늘날 잦은 빈도로 발생하기가 어려워 보인다.

가르쳐야 한다. 하나님의 말씀은 모든 사람에게 적용된다. 그러나 성만찬은 공적인 신앙고백이며 공적으로 집행하는 사람을 요구한다 … 교회에서의 공적 직무와 그에 봉사하는 가정의 아버지의 직무는 서로 다른 것이다. 이런 이유로 그들은 섞이거나 분리되어서는 안 된다 …"(WA Br 7:339, 18-22, 339, 29-31; Erlangen edition, 55:160-61). Manns, "Amt und Eucharistie in der Theologie Martin Luthers," 82, 92, n. 129. 참조.

41 WA Br 6:244-45,1-21; Manns, "Amt und Eucharistie in der Theologie Marlin Luthers," 72, n. 17. 참조.
42 피터 만스(Peter Manns)는 다른 사례를 통해 그의 관찰을 확증했다. "Amt und Eucharistie in der Theologie Martin Luthers," 68-173. 참조.

전시 상황이나 다른 경우에는 특별한 예외가 필요하다는 것이 사실이다. 그러나 교회는 이런 상황이 참으로 필요한 경우가 매우 드물다는 사실에 감사해야 한다. 역사적으로 볼 때 루터교는 일반적으로 '비상' 상황이 아닌 경우를 제외하고는 평신도 설교자를 허가하는 행위를 삼가고 있다.[43] 미주리총회는 적어도 19세기 동안에 이 입장을 따랐다.[44]

예를 들어, 1839-1840년의 색슨 교구(Saxon Parochial Order)는 회중을 돌보는 일에 평신도 장로가 목사와 함께 직무를 감당하기 위해 그들에게 안수를 받을 것을 요구했다. '루터교회 미주리총회'(LCMS)의 창시자들은 흩어져있는 독일인 이민자들의 영적 필요에 부딪혔을 때 제한된 수의 '순회 선교사'(Reiseprediger) 또는 '루터교 성경 보급원'(행상인)을 양성하고 그들에게 안수를 주었다.[45]

프리드리히 비넨켄(Friedrich Wyneken, 1810-76)이 독일 루터교회에게 보낸 유명한 '긴급 요청의 편지'(Notruf)가 보여 주듯이, 수요를 충족시킬 수 없었던 곳은 독일에서 추가로 목사를 파송하여 보내줄 것을 요청했다.[46] 앞에서 언급했듯이 '비상' 상황을 정의할 때는 최대한 주의를 기울여야 하며 '아우크스부르크 신앙고백서' 제5항 및 제14항이 설명하는 정상 상태로 복구하기 위해 최대한의 노력을 기울여야 한다.

---

43 Walther, *Americanisch-Lutherische Pastoraltheologie*, 64-65. 참조.
44 미주리총회 교리 협상을 위한 논문 "*Thesen für die Lehrverhandlungen der Missouri-Synode*," 11-15, 64-65. 참조.
45 미주리총회 교리 협상을 위한 논문 "*Thesen für die Lehrverhandlungen der Missouri-Synode*," 12-14. 참조.
46 Meyer, *Moving Frontiers*, 90-97, 202-8. Walther, *Americanisch-Lutherische Pastoraltheologie*, 64. 참조.

5. 동기 부여, 순종 및 선교 위임

선교를 위해 모든 그리스도인이 의무감을 가져야 할 필요성을 확인한 후에 우리는 중요한 질문을 할 수 있다.

그리스도인과 교회가 선교를 추구하도록 동기를 부여하는 것은 무엇인가?

그리스도인은 모든 사람에게 그리스도에 관한 진리를 말해야 한다고 주장할 수 있다. 즉, 그리스도인은 그렇게 해야만 한다. 만약 그렇게 하지 않으면 그는 비그리스도인을 구원받지 못할 위험에 빠뜨리게 만드는 것이다. 물론, 분명히 기독교의 구원이 개인적인 선교 사역에 따라 결정되는 것처럼 조건적인 결론을 이끌어 낼 수는 없다. 아니, 그리스도인의 구원은 조건 없이 이뤄진다. 다른 사람과 복음을 나누는 것에 근거하여 그 문제를 조건적으로 바꾸는 것은 복음이 가져다 주는 모든 위로를 파괴할 것이다.

그러나 사실 많은 목회자와 교회 지도자들은 마치 구원과 용서가 누군가의 선행에 따른 조건부로써 선포될 수 있는 개신교 버전의 사티스팍티오(*satisfactio*, 속죄, 보속)인 것처럼 평신도들을 종종 선교에 참여시킨다. 우리는 이 모든 오해를 반드시 피해야 한다. 동시에 우리는 선교에 대한 우리의 의무를 완전히 무시할 수 없다. 그것은 반드시 해야만 하는 것이다. 성경에서의 선교적 명령은 매우 명백하다.

먼저 전쟁 포로 상황에 대한 루터의 예[47]는, 그리스도인이 다른 사람에게 그리스도에 관해 이야기하는 것은 사랑에서 동기 부여 받았기 때문이라는 사실을 우리에게 설명해 준다. 확실히 이것은 여전히 교회의 선교를 윤리의 영역에 두고 있지만 이것은 칭의와 성화의 구별에 대한 신중한 조사를 요청한다.

---

[47] *Campaign Sermon against the Turks* (1529), Stolle, *Church Comes from All Nations*, 71. 참조.

선교에 대한 동기는 강요가 아닌 사랑에 의한 것이기 때문에 선교를 하나님의 명령에 대한 법적이거나 강요에 의한 응답으로 만들려는 주장은 그 핵심을 놓친 것이다. 정말로 그분의 말씀이 전파되고 공유되어야 한다는 하나님의 의도에 대한 순종은 교회 생활에서 선택적인 활동이거나 논쟁의 여지가 있는 점이 아니다.

마태복음 28장과 누가복음 24장의 선교 명령은 선택적인 활동이 아니라 특정한 방식이기는 하지만 모든 그리스도인에게 주어진 것이다. 선교는 분명히 하나님에 의해 위임된 사역(opera mandata)이며 다른 어떤 하나님의 율법과 마찬가지로 순종을 요구한다.

그러나 그 순종이 하나님의 자녀로서의 경외감 때문이 아니라 노예로서의 공포의 두려움에서 나온 것이라면 그것은 내적 동기와 우리를 의롭게 하시는 믿음을 통하여 자연스럽게 흘러나옴이 결핍된 것이다. 중요한 요점은 믿음에 의한 순종으로서의 선교는 본질적으로 그리고 불가분하게 믿음과 사랑에 연결되어 있다.

> 교회의 선교를 주로 명령에 대한 순종으로 보는 오랜 전통이 있었다. … 그것은 선교를 기쁨보다는 부담으로 만들었고 복음의 일부라기보다는 율법의 한 부분으로 만드는 경향이 있다. 신약의 증거를 보면 우리는 또 다른 인상을 받는다. 선교는 기쁨의 폭발로 시작된다. 거절당하고 십자가에 못 박혔던 예수가 살아났다는 소식은 억제되어 갇힐 수 없었다. 그것은 반드시 알려야 하는 것이었다. 누가 그런 사실에 대해 침묵할 수 있겠는가?[48]

이런 이유로 우리는 선교적 위임에 세심한 주의를 기울여야 한다. 전하고 세례를 베풀라는 부르심은 구원의 약속(promissio)과 짝을 이루기 때문에 (막 16:16) 이것은 단지 법적 명령으로 분류될 수 없다. 이런 '약속'은 선교적 위임에 대한 법적 공격을 줄여 주는데 그것은 숨어서 분노하고 있는 입

---

[48] Newbigin, *Gospel in a Pluralist Society*, 116.

법자로서가 아니라 은혜롭고 자비로운 분이신 하나님이 교회에 명령을 전달하셨음을 명백하게 밝혀 주고 있기 때문이다.⁴⁹

따라서 이런 위임을 완수하고자 하는 모든 신자는 개개인의 죄인을 믿음으로 인도하여 주신 사랑과 용서의 하나님께 응답해야 한다. 다른 기독교 사역과 마찬가지로 선교는 하나님의 구속 사역의 대상이 된 그리스도인이 수행하는 행위다. 선교는 이미 '완전히' 의롭게 된 그리스도인이 죄의 용서를 받은 것에 대한 믿음의 순종으로 응답하는 것이라 할 수 있다.

따라서 선교는 '믿음의 열매'이다.⁵⁰ 마찬가지로 칼 바르트는 선교를 "신앙의 사역"이라고 불렀고⁵¹ 선교학자 발터 프라이타크는 "하나님의 메시지에 대한 응답(Antwort)", "뜻에 대한 헌신(Hingabe)" 또는 "믿음의 순종"이라고 불렀다.⁵²

중요한 루터교의 원칙이 여기에 적용되는데 모든 선한 일, 특히 선교에 대한 우리의 응답이 기쁨과 사랑으로 인해 주님 안에서 우리 믿음을 순종하는 것이 되도록 하는 것이다. 그 원칙은 모든 선교적 위임의 기초가 되어야 한다. 결과적으로 그리스도인은 선교적 위임을 '자신이 그리스도와 그분의 뜻에 대해 이미 알고 있다'라는 것에 대한 귀결로서 보게 된다.

> 우리에게 선교적 명령이 없더라도 선교는 존재할 것이다. 하나님은 항상 성령의 역사를 통해 당신의 제자들에게 수동적이고, 침묵하고, 단순히 명상적이거나 이기적인 믿음이 아닌, 그리스도인 안에서 다른 사람의 구원에 대해 끊임없는 관심을 만들어 내는 "생동적이고 활동적인" 믿음, 신자

---

49 Fagerberg, *New Look at the Lutheran Confessions*, 178. '루터교 신앙고백서'가 선교사 위임을 사용하는 방법에서 두드러지는 특징은 그것이 세례를 전 세계적인 명령으로 받아들이기 위해 인용되었다는 것이다 (Ap IX 2, Kolb-Wengert, 184; SC IV 4, Kolb-Wengert, 359; LC IV 4, Kolb-Wengert, 457).

50 Vicedom, *Die Rechtfertigung als gestaltende Kraft der Mission*, 5: "Frucht des Glaubens." Schwarz, "Der missiologische Aspekt der Rechtfertigungslehrer," 210-11. 참조.

51 Barth, "Theologie und Mission in der Gegenwart," 105.

52 Freytag, "Das Ziel der Missionsarbeit," 183.

스스로가 교화되려는 것에서 끄집어내어 그를 건축 석재와 건축자로 만드는 믿음을 주신다.[53]

루터는 특히 '믿음의 순전한 기쁨과 즐거움의 표현'으로써 선행이 나온다는 것을 암시하면서 믿음과 선행 사이의 불가분적 관계를 요청했다. 루터는 자신의 로마서 서문에서 믿음이 어떻게 행위를 낳는지 설명한다.

오! 살아있고 부지런하며 활동적이며 강력한 이 믿음이여. 그것은 끊임없이 선한 일을 하지 않는 것이 불가능하다. 선한 일을 해야 하는지 묻지는 않았지만 그런 질문이 제기되기 전에 그것은 이미 선한 일을 해 왔으며 지금도 끊임없이 해 나가고 있다. … 믿음으로 말미암아 사람은 죄에서 자유롭게 되고 하나님의 계명을 기뻐하게 된다.[54]

멜랑히톤 역시 믿음을 "무익한 생각"이 아니라 "우리를 새로운 사람과 새로운 피조물로 만들고, 우리 마음과 생각과 정신을 새롭게 하는 마음의 새로운 빛과 생명과 힘"으로 보았으며, 또한 그는 "믿음이 존재하는 한, 좋은 결실을 생산한다"라고 생각했다.[55] 이 믿음은 "살아"있고(fides viva)[56] "견고"하고 활동적이므로 증거와 고백은 결코 이것으로부터 멀리 있지 않다.[57]

선교에 대한 순종이 말씀을 통해 작용된 믿음의 산물이라면 모든 설교자는 율법이 아니라 복음을 선포함으로써 그리스도인이 선교에 동참하도록 동기를 부여하고 싶을 것이다. 신앙과 동기를 부여하는 것은 용서의 말

---

53 Vicedom, *Mission of God*, 83.
54 Preface to Romans, AE 35:370-71.
55 Ap IV 64 (Tappert, 116): "믿음은 공허한 생각이 아니다." Ap IV 64 (Triglotta판 139쪽의 독일어 텍스트와 번역을 참조할 것). '일치신조'의 확고한 선언 제4조 12 (Kolb-Wengert, 576)는 '믿음과 행위'를 '열과 빛'의 관계와 비교한다.
56 Ap IV 248 (Tappert, 142). Vicedom, *Die Rechtfertigung als gestaltende Kraft der Mission*, 14쪽은 그것을 증거하는(die Zeugnis gibt) 산 믿음(fides viva)이라고 부른다.
57 Ap IV 384 (Tappert, 165): "신앙고백을 통해 나타나지 않는 믿음은 그 어떤 것도 확고하지 않다."

씀인 복음이다. 우선 먼저 신자는 주님의 복음을 듣는 데 있어 수동적이다. 그런 다음에야 이차적인 의미에서 그는 선교에 적극적이 되고 협력적으로 변하게 된다.

명령으로서의 선교 위임은 '당신을 위해' 그리스도 안에서 행하시는 하나님의 구속 행위에 기초하고 있다.[58] 모든 그리스도인은 이 '당신을 위해'라는 표현의 수혜자이며 이상적으로는 세상을 향한 복음의 전 세계적 방향을 이해하게 된다.

> 나는 나 자신만을 위한 구속을 믿을 수 없다. 나는 다른 모든 사람의 일부인 '아담'과 같이 '사람'으로서 하나님의 사랑을 받는다. 내가 모든 사람을 위한 구원을 믿지 않는다면 나 자신의 구원도 믿지 않을 것이다. 선교를 이행하지 않는 것은 항상 개인적인 믿음이 감소하고 이로 말미암아 그 믿음이 손상된 것을 나타낸다.[59]

선교의 중요한 기여는 그리스도인이 복음을 그 차원과 목적에 있어 온 우주적(universal)인 것으로 이해하는 것인데 십자가의 메시지는 모든 죄인이 하나님의 나라에 들어간다는 의미를 부여해 준다.[60] 더욱이 그리스도인은 "하나님 앞에서"(coram Deo)는 예배하고 "사람 앞에서"(coram homnibus)는 그분을 증거하고 그들의 모든 필요를 돕는 방식으로 봉사의 역할을 감당한다.[61]

---

58 Kirk, *What Is Mission?* 61; Hoffmann, "Gedanken zum Problem der Integration," 206. Schlink, *Theology of the Lutheran Confessions*, 112-13. 참조.
59 Althaus, "Um die Reinheit der Mission," 51. Manecke, *Mission als Zeugendienst*, 174쪽에 나타난 칼 바르트의 관찰들을 확인할 것.
60 죄와 저주의 심각성과 하나님의 심판에 대한 보편적인 의미는 선교를 위한 중요한 동기 부여 역할을 한다; Vicedom, *Die Rechtfertigung als gestaltende Kraft der Mission*, 6-7, 35; Schwarz, "Der Missiologische Aspekt der Rechtfertigungslehre," 211.
61 Vicedom, *Die Rechtfertigung als gestaltende Kraft der Mission*, 13. McGrath, *Justification by Faith*, 80-81. '아우크스부르크 신앙고백서 해설' 제4조 125 (Tappert, 124)는 새롭게 된 마음의 영적 충동 중 하나인 하나님을 찬양(praedicar)하는 행위로써 하나님께 감사드리는 '립 서비스'와 나란히 열거되어 있다. 신앙과 립 서비스의 밀접한 관계는 고백(Ap IV 384, Tappert, 166)과 기도와 거룩한 생활(LC IV 52, Kolb-Wengert, 447)로 표

복음은 자연인(육에 속한 사람)이 내적인 자기중심(*homo incurvatus in se est*, 나 자신에게로 굽어진 존재)에서 자기 관점(outlook)의 '중심을 벗어난'(ex-centric) 상태로 나가도록 새롭게 방향을 재조정한다. 심지어 그리스도인은 오직 하나님과 이웃에 대한 관점만으로도 존재할 수 있다고 말할 수 있다.

6. 인간 중심주의의 위험

우리가 인간 활동으로서의 윤리적 차원에서 선교를 설명할 때 우리는 그 활동 자체의 저자인 성령을 놓치지 말아야 한다. 이전 장에서 회심에 대해 논의하는 동안 나는 하나님의 단독 구원,(monergism) 즉 '회심은 말씀의 선포와 성례전이라는 수단을 통한 성령의 역사'라는 것을 확인했다.

믿음을 갖게 되어 새롭게 태어난(갱생한) 사람조차도 성령과 적극적으로 협력한다는 것은 사실이며 우리는 이런 하나님 중심적 관점을 유지해야 한다. 그러나 성령 안에서의 협력은 새롭게 태어난 사람의 참여가 오직 성령의 지속적인 역사를 통해서만 가능하다는 의미에서 더 적합해진다.

이런 이해는 다양한 모양의 신인 협력적(synergism)인 결론을 피한다. 우리가 '말씀과 성례전'을 통해 믿음과 선행을 증가시키는 성령의 지속적인 인도하심 가운데 머물러 있음에도 불구하고, 만약 우리가 그것을 "믿는 자의 영적인 힘과 새로운 의지" 때문이라고 생각한다면, 그것은 오직 믿는 자 자신 안에만 남게 된다. 신자는 자신의 선행을 기뻐하지만 그는 그것이 순전히 성령의 선물인 것과 그것이 그의 평생 동안 남아 있다는 것을 인식하면서 그렇게 해야 한다.[62]

현된다. 추가된 모든 행동은 참된 믿음의 예배(Gottesdienst)에 해당된다 (Ap IV 49, 57, Tappert, 114).

62 위의 관찰은 '일치신조' 제 2조에서 도출한 것이다. SD II 64-66, 71, 77, 83 (Kolb-Wengert, 556-57, 559-60). 발전에 대한 개념은 다음에 포함된다. LC IV 67 (Kolb-Wengert, 465) ; SD II 39 (Kolb-Wengert, 551): "선행을 하고 그것들을 실천함으로써 성장한다."

선교에 대해 낙천적으로 접근하는 모든 사람은 그리스도인조차도 '의인이자 동시에 죄인'으로서 최선을 다해 일하지만 동시에 최악의 상태로 일한다는 것을 알아야 한다. 그리스도인은 혼자 남아서는 선교에 성공하지 못할 것이다. 그는 자신의 이기적인 성향 때문에 그것을 망칠 것이다.

그러나 성령의 사역을 통해 그는 기꺼이 참여하며 선교 사역의 모든 성공을 오직 하나님께만 돌릴 것이다. 모든 선행과 같이 선교는 종종 보상을 얻기 위해 공리주의적 성격을 갖고 수행될 수도 있다. 그러나 선교는 우리가 하나님의 선교에 참여함으로써 영적인 선과 유익을 구할 이유가 없는 매우 순수한 것이다.

신자는 '이미' 예수 그리스도를 믿는 신앙으로 말미암아 모든 선물을 은혜로 받았다. 하나님이 원하시는 것을 행하는 것(선행)은 칭의로부터 흘러나오는 행위이지, 그것(선행)이 칭의로 이어지거나 칭의를 얻기 위한 것은 아니다.[63] 선교에 응하지 않는 사람들은 구원받을 자격이 없다고 말함으로써 선교는 또 다른 종류의 도덕주의의 대상이 될 수 있다.

특정 그리스도인이 동료 그리스도인에게 선교라는 자기 자신의 특정 상품을 강요함에 따라, 그는 그런 이해를 따르기를 거부하는 사람을 가혹하게 비판하고 심지어 그를 구원에서 배제시킬 수도 있다. '도덕주의'는 보상과 형벌에 비추어 기독교 활동을 보기 때문에 이런 특정한 방식으로 선교 사역에 협력하지 않는 그리스도인들은 그런 것들의 실패 위험성을 알게 된다.

---

63 이와 관련하여 멜랑히톤은 '아우크스부르크 신앙고백서' 제4조에서 명확하게 주의를 기울인다. "율법을 지키는 이 초기 단계에서는 의롭다고 인정되지 않는데, 그것은 믿음에 의해서만 받아들여지기 때문이다." (Tappert, 129). 비록 신앙고백서는 신앙과 행위의 밀접한 관계를 강조하지만, 구원을 설명할 때는 그것들을 분리시키는 데 세심한 주의를 기울인다.
예를 들어, '아우크스부르크 신앙고백서' 제20조 9 (Kolb-Wengert, 54); 변증서 7조 36 (Tappert, 175): "열매는 믿음과 중재자 되시는 그리스도 때문에 하나님을 기쁘시게 하지만 그 자체로는 은혜와 영생에 합당하지 않다." 신앙고백서는 또한 믿음과 선행이 순서대로, 즉 믿음이 "먼저" 온다는 점을 설명한다. Ap IV 111-14 (Tappert, 123); Ap XII 76-87 (Tappert, 193). 그런 다음, 선행이 "뒤따라서" 온다. Ap IV 114 (Tappert, 123); Ap XII 38 (Tappert, 187); SA III XIII 3 (Kolb-Wengert, 325); Ap IV 222-23 (Tappert, 138).

그런 도덕주의와 관련된 한가지 문제는 교회의 일반 신자들에게 선교가 실제로 무엇을 의미하는지 정의하는 것과 연관되어 있다. 만약 선교를 프로그램과 같은 방식으로 접근하게 되면 이 프로그램에 참여하지 않은 모든 사람은 즉시 다른 사람의 가혹한 비판을 받게 된다. 기독교 공동체에서 이런 프로그램이 채택됨에 따라 그들은 그곳에서의 생활이 불안정해질 수 있게 된다. 그들에게 비판이 가해질 것이기 때문이다.

그러나 한 그리스도인에게 '유익'하고 '가치 있는'것으로 간주되는 것이 반드시 다른 그리스도인에게도 동일하게 해당되는 것은 아니다. 선교는 그리스도를 통해 죄를 용서받음으로써 얻는 평안함을 신뢰하는 믿음의 기쁜 표현이어야 하며, 모든 그리스도인이 동등하게 참여할 수 있는 자연스러운 방법의 표현을 찾아야 한다.[64] 말과 행동 모두를 통한 일반적이지만 의도적인 증거 활동에 대한 요청은 교회 생활에서 작용하는 기본 원칙이 되어야 한다.

불행히도 개인의 행동으로부터 결론을 도출하는 방법은 항상 기독교를 유혹해 왔다. 이런 유형의 도덕주의는 때때로 "실천적 삼단논법"(*syllogismus practicus*)으로 불리는데, 여기서 개인의 관찰은 자신과 하나님의 관계에 대한 인식을 지배하게 된다. 루터교인이었던 요한 람바흐(Johann Rambach)와 같은 독일의 경건주의자는 진실을 실천하게 하는 '마음'이라는 개념에서 그런 경향을 포착했다.[65]

'실천적 삼단논법'은 일반적으로 개혁주의적 배경을 가진 기독교인들 사이에서 만들어졌으며 그것은 그들이 한 노력의 성공이나 열매로부터 자신만의 논리적인 결론을 이끌어 내는 다시 말해, 하나님은 그들에게 호의를 베푸시고 그들을 축복하셨을 뿐만 아니라 그들을 택하셨다고 보는 것이다.[66]

64　Bliese and Van Gelder, *Evangelizing Church*, 2쪽은 따라서 복음화와 선교에 대한 계획적(programmatic)인 방식을 거부한다.
65　Rambach, *Christliche Sitten-Lehre*, 2-48. 참조.
66　용어에 대한 논의를 위해서는 Mildenberger, *Theologie der lutherischen Bekenntnisschriften*,

그리스도인은 자신이 비참한 상태에 있을 때 어떤 결론을 내려야 하는가?

어려운 상황이란 하나님이 우리를 싫어하시거나 혹은 우리를 정죄하시는 태도를 의미하는가?

욥과 루터의 십자가에 관한 신학의 예는 그렇지 않다. 비록 '실천적 삼단논법' 자체는 거의 사용되지 않지만 암시적이지만 이에 대한 뚜렷한 인식이 미국 사회에서 여러 가지 대중화된 형태로 나타났다.

그리스도인들이 소위 '목적이 이끄는' 방식을 통해 선교적 비전을 유지하거나 스포츠나 사업에서의 성공이나 성취를 바라볼 때 그들은 구원을 위해서도 자기 스스로의 힘으로 성취할 수 있다는 펠라기우스주의적인 결론을 도출할 뿐만 아니라 그리스도인의 부르심과 구원에 관련해서도 '실천적 삼단논법'을 긍정하게 된다.

루터교회는 항상 그런 신학적 결론을 도출하지 않도록 주의를 기울였다. 하나님이 생명을 축복하시는 것은 사실이지만 그런 축복이 구원의 표지(sign)인지에 관하여는 신학적인 논쟁의 여지를 남기게 되었다. 그것은 우리의 구원의 표지는 오직 '복음과 성례전'에만 있기 때문이다. 인간 중심적인 방식으로 다른 곳에서 구원 또는 은혜의 표지를 찾는 것은 중재자이며 위로자이신 그리스도의 역할을 불신하는 것이다.[67]

68, 146-47쪽을 참조할 것.

[67] SD IV 1 (Kolb-Wengert, 574); Ap IV 157 (Tappert, 128). '루터교 신앙고백서'는 실천적 삼단 논법이 표현하는 것에 가깝다. 선행은 죄를 막기 위해 올바르게 행하면(Ap XX 12-13, Tappert, 228; 벧후. 1:10) 부르심과 택정 받음에 대한 확신과 "구원의 표시"(SD IV 38, Kolb-Wengert, 580)로 나타난다. 따라서 그것들은 성령의 임재와 내주하심에 대한 "증거"로 여겨진다 (Ep IV 15, Kolb-Wengert, 499).
그러나 궁극적으로 이런 모든 대화는, 선행이 "하나님에 대한 감사"에서 이루어지는 것이지, 우리의 '칭의'와 섞이지 않아야 한다는 우선적인 관심에 의해 좌우된다. (e.g., Ep V 18, Kolb-Wengert, 499); Schlink, *Theology of the Lutheran Confessions*, 117-18, 그리고 Koester, *Law and Gospel*, 87-92쪽 참조.

그리스도인은 자신의 한쪽 눈은 그리스도의 사역에 다른 쪽 눈은 그의 선행에 두어서는 안 된다. 그렇게 치우치게 바라보는 것은 그에게 적합하지 않다. 이 분산된 시선은 믿음의 본질과 모순된다. 그리스도인은 십자가에 못 박히시고 부활하신 그리스도에게만 두 눈을 고정해야 한다.

그럼으로써 그는 자신의 구원에 대한 갈망의 근심으로부터 자유로워질 수 있다. 그럼으로써 그는 '공을 쌓으려는' 행위에 대한 염려가 없어진다. … 이런 자유 안에서 그는 하나님께 봉사하기 위해 해방되고 이웃을 섬기라는 하나님의 요구를 위해 해방된다.[68]

7. 선교적 위임과 율법의 세 번째 용법

루터교 신학이 가진 그리스도인의 죄에 대한 일관된 성향의 관점에도 불구하고 그들이 '그리스도인의 믿음은 기쁨으로 기꺼이 선행을 만들어 내야 한다'라고 주장하는 것은 너무 이상적인 것이 아닌지 의아해할 것이다. 그러나 루터는 살아 있고 활동적인 믿음에 관한 로마서 서문에 기록한 진술을 철회했다는 기록이 없으며 그의 후계자들도 그렇게 하지 않았다.[69]

그러나 이 분야에 대한 낙관론은 죄에 대한 성향 때문에(롬 7:22-23; 고전 9:27)[70] 그리스도인이 열매를 맺기 위해서는 주님의 위임(명령)에 의해 자극되고 격려될 필요가 있다는 것을 이해함으로써 가능해졌다. 참으로 그리스도인들은 선행을 추구'해야만' 했으며, 그것은 또한 선교에 대한 순종도 포함되었다.

'선교적 위임'은 선교를 향한 우리의 생각과 마음을 잊어버리지 않도록 인도해 주는 중요한 역할로써 그리스도인을 돕는다. 그러므로 선교적 위임은 하나님의 불변하시고 보편적인 의지의 표현으로 여기에는 주님이 재

---

[68] Brunner, "Rechtfertigung heute," 39.
[69] '일치신조'의 저자들은 그 원칙에 전념한다. (SD IV 6, Kolb-Wengert, 588).
[70] SD IV 19-20 (Kolb-Wengert, 577); SD II 68 (Kolb-Wengert, 557).

림하실 때까지 지속적으로 그분의 선교가 방해받지 않을 것이라는 주님의 소망이 담겨 있다. 선교가 필요하며 그것은 반드시 이루어져야 하며 그것은 선택적 활동이 아니다.[71]

하나님과 이웃을 사랑하라는 명령(마 22:37-39)이 기독교에 남아 있는 것처럼 선교사 위임은 우리를 행동하도록 소환한다.

> 선교적 위임은 하나님의 다른 모든 계명과 공통점이 있다. 하나님의 구원 사역에 대한 사람들의 저항 때문에 이것은 태만하지만 회개를 요청받은 사람들에게 주어졌다. 그러나 이것은 모든 신자에게 이 사역을 올바른 방식으로 수행해야 한다는 교훈과 위안을 주며 교회에 선교가 무작위로 처리될 수 있는 것이 아니라고 경고하기 위해 제공되었다.[72]

신학적으로 말해서 선교적 위임은 율법의 '세 번째 용법'에서 모든 그리스도인에게 긍정적인 역할을 수행한다.

예를 들어, 다음의 설명을 고려해 보자. 운전자가 도로의 표지판을 통해 어느 방향으로 가야 하는지 알게 되듯이 선교적 위임은 이 세상에서 기독교 교회가 항해하기 위한 귀중한 정보를 제공해 준다. 이상적으로 율법의 '세 번째 용법'이 그리스도인들에게 상기시켜 주고 알려줌으로써 그들은 자신의 선교적 위임을 무시하지 않고 순종하게 된다.[73]

---

71   신앙고백서는 여기서 "필요성" 또는 "하나님의 뜻(의지)"과 같이 다양하지만 유사한 방식으로 이야기한다. SD V 17 (Kolb-Wengert, 584): "의롭고 변하지 않는 하나님의 뜻." 대교리 문답 서문 10 (Kolb-Wengert, 381): "하나님의 계명과 말씀." "변하지 않는 질서의 필요성" (Ap IV 11, Tappert, 108) 또는 "하나님의 변하지 않는 뜻"(SD IV 16, Kolb-Wengert, 577). 피터 부룬너는 그것을 "영적인 자발성의 필요성"(die Notwendigkeit der pneumatischen Spontaneität)이라고 부르는데, 왜냐하면 진정으로 회개하는 마음과 칭의의 믿음으로부터 나온 영적 규칙은 개선과 선한 행위를 동반하기 때문이다. ("Die Notwendigkeit des neuen Gehorsams,"281).
72   Vicedom, *Die Rechtfertigung als gestaltende Kraft der Mission*, 16.
73   인간의 죄 때문에, 세 번째 용법은 이에 따라 그리스도인의 삶 전체를 안내하고 수행할 수 있도록 하는 그리스도인의 삶에서 가이드 역할을 한다. (Ep VI 1, Kolb-Wengert, 502). 우리는 그리스도인이 거듭나는 한(quatenus renatus est) "자유롭고 활발한 성

그리스도인들에게는 현실이 더 냉혹할 수도 있다. 교회에서는 실패와 부주의가 흔하기 때문에 하나님의 율법이 가진 교육적이고 인도적인 '세 번째 기능'은 종종 그리스도인이 자신의 잘못을 인정하게 되고, 고발되고, 심판 및 유죄 판결을 받는 데 거울이 되는 '율법의 두 번째 용법'으로 변경된다. 루터교회는 그리스도인들이 결코 자신이 원하는 만큼의 완전성을 얻을 수 없다는 것을 잘 알고 있다.

그러므로 그리스도인들은 성령을 잃음으로써 은혜의 상태에서 불의의 상태로 넘어질 위험이 있다.[74] 성령의 선물로서의 죄의 용서는 그런 회복(새롭게 됨)의 기초가 된다. 즉, 그리스도인들은 새롭게 하시는 축복을 당연한 것으로 생각해서는 안 된다.[75] 그리스도인이 계속해서 죄와 싸우게 될 때 세례의 현실은 의미 있게 된다. 그렇다고 해서 변절한 사람에게 세례를 다시 베풀어야 한다는 의미가 아니다.[76]

갱신된 믿음(골 2:1; 롬 6:1-6)을 통한 소생(*vivificatio*, 살게 하는)은 물론 회개를 통한 옛 아담의 죽임(문자적으로, 죽게 하는, *mortificatio*)의 행위는 그리

령"(free and merry Spirit)으로부터 모든 것을 행한다는 사실을 확인한다 (SD VI 17, Kolb-Wengert, 590).

그러므로 갱생한 사람이 성령에 의해 율법을 그의 마음에 기록하고 율법 안에 살더라도, (Ep VI 2, Kolb-Wengert, 502; SD VI 6, 17, Kolb-Wengert, 588, 590), 그는 세례 후에도 갱생한 사람 안에 남아 있는 옛 아담과의 개인적인 연합 때문에 율법의 세 번째 용법의 수혜자가 된다.

예를 들어, SD VI 7, 18, 24 (Kolb-Wengert, 588, 590-91). 제 6번 조항이 성령의 책망을 통한 거울로써의 기능(lex accusans, 정죄하는 법)으로 율법으로 인도하더라도, 일치신조의 확고한 선언 제4조에 설명된 "세 번째 용법"은 갱생을 위한 정보의 원천(SD VI 12, Kolb-Wengert, 589)으로 사용된다; SD VI 4 (Kolb-Wengert, 588); SD VI 21 (Kolb-Wengert, 590); SD VI 13-14 (Kolb-Wengert, 589). 참조. Eiert, "Gesetz und Evangelium," 163-64. 참조. Martens, *Die Rechtfertigung des Sünders*, 107 n. 242, 그리고 Forde, "Forensic Justification and Law," 301-3. 참조.

[74] 이 세상에서 '완전성'을 달성하여 죄를 지을 수 없다고 믿는 사람들에 대하여, 신앙고백서는 명시적으로 정죄한다. AC XII 7 (Kolb-Wengert, 44); "한번 의인이 된 사람은 다시는 넘어질 수 없다고 가르치는 사람들은 거절당한다." SA IIIIII 43 (Kolb-Wengerl, 319); SD II 69 (Kolb-Wengert, 557).

[75] AC XII 6 (Kolb-Wengert, 45); Brunner, "Die Notwendigkeit des neuen Gehorsams," 281.

[76] SD II 69 (Kolb-Wengert, 557).

스도인의 전 생애를 통해 매일 갱신되어야 한다.[77] 그러므로 회개는 기독교 신앙과 생활의 본질에 속한다. 그것을 통해 신자는 복음이 자신에게 제공해 주는 용서의 약속으로 계속해서 돌아간다.[78]

이것은 또한 교회가 선교를 추구할 때 교회에게도 적용된다. 루터교회는 회개한 상태로 살아간다. 선교에서 구조적인 변화의 문제는 근본적으로 참회에 대한 문제다. 어쨌거나 그런 변화는 용서의 힘에 기초한다. 하나님은 교회의 회개하는 행위를 통해 그들의 모든 잘못을 용서해 주셨으며 따라서 교회는 새롭게 힘을 얻어서 하나님의 선교를 위해 다시 노력할 수 있게 되었다.[79]

8. 제자도, 그리스도의 십자가, 그리고 사랑의 동기

제자도는 그리스도인 생활의 모든 윤리적이고 선교적인 요소를 포함하고 있다. 우리는 전파하고 세례를 베푸는 선교 활동을 통해 제자가 된다(마 28:19-20). 제자도는 실제로 예배를 드리러 가고 그리스도의 메시지를 처음으로 듣고 세례받고 비기독교적 행동을 버리고 그런 삶을 살도록 지속적인 노력을 하며 하나님 말씀에 대한 이해를 심화시키고 그리스도인 공동체 안팎에서 그것을 나누는 일련의 단계를 포함한다. 더 정확하게 제자도는 개인을 위한 영적 여정을 수반 한다.

> 그러므로 우리는 믿음으로 의롭다 함을 받고 갱생된 후, 하나님을 두려워하고 사랑하기 시작하며, 기도하고 그분의 도움을 기대하며, 감사하고 찬

---

[77] "대교리 문답"과 "소교리 문답" 모두 이 점을 강조한다. (SC IV 12 그리고 LC IV 64-65, 74-86, Kolb-Wengert, 360, 464-67). 실제로, 죽게 하는 것(mortificatio)과 살게 하는 것(vivificatio)은 죄인이 회개하고 믿음에 이르렀을 때 하나님에 의해 행해지는 행동이다 (AC XII 3-5, Kolb-Wengert, 45; Ap XII 46, Tappert. 188).
[78] SD V 20 (Kolb-Wengert, 585).
[79] Krusche, "Die Kirche für andere," 174.

양하며, 고난 중에 그분께 복종하기 시작한다. 그리고 우리의 마음에는 영적이고 거룩한 충동이 있기 때문에 우리는 이웃을 사랑하기 시작한다.[80]

그리스도인은 하나님의 선교에 참여할 때 하나님이 주신 가르침에 의지하게 된다. 신약에서는 사랑의 이중 계명이 제일 우선한다. '하나님을 사랑하고 이웃을 사랑하는 것'은 사실 하나님에 대한 모든 순종의 요약적 표현이다(마 22:34-40).

그 사랑은 십계명의 첫 번째와 두 번째 돌판 모두의 성취를 나타내며 하나님과 이웃에 초점을 두는 것이다. 그리스도인이 선교에 대한 동기를 부여 받는 것은 이웃에 대한 이런 사랑을 통해서이다. 사랑은 이웃의 복지에 대한 영적이고 물질적인 관심을 나타내므로 이것은 봉사 활동과 언어를 통한 복음의 증거를 가리킨다.

교회의 선교와 모든 그리스도인의 선교는 본질적으로 이타적이다. 그것은 필요와 상황에 상관없이 그리고 아무런 조건 없이 이웃의 복지에 중점을 둔다. 그리스도인은 다른 사람을 무조건적으로 도울 준비가 항상 되어 있지 않을 수도 있다. 불행하게도 교회와 그리스도인은 종종 '자조'(self-help)의 형태로 도움을 제공하며 결국 도움을 받는 사람은 자신의 상태를 개선하려는 의지를 보여 준다.

그들이 자신의 삶을 통제하지 못하면 그들은 더 이상 도움을 받을 자격이 없어진다. 더욱이 설교자는 종종 그리스도인들에게 복음을 '자조'의 도구로 제공하여 그들이 진정으로 그 원칙을 믿고 따르면 '부자가 되고, 건강하고, 문제가 해결'될 수 있다고 배우게 된다. 그런 발전을 보이지 않는 사람은 믿음이 부족하다고 비난받게 된다.

이렇게 이웃에게 무조건적인 도움을 주는 방법은 세속적이고 정치적인 영역에서 유래했으며 이는 그리스도의 십자가와는 아무런 관련이 없다. 벤처사업과 다른 세상적인 기대들은 자신이 성취할 수 있는 목표에 맞게

---

[80] AP IV 125 (Tappert, 124).

전략을 세우고 미래의 성공을 예측할 수 있는 반면 그리스도인의 영성은 그런 기대를 충족시킬 수 없다. 그리스도인은 하나님으로부터 '이 세상의 삶과 영적인 삶에 대한 보상'을 선물로 받은 그 자체만으로도 감사하게 생각할 수 있다.

이웃의 어려움을 도와야 하는 헌신은 그리스도께 그 뿌리를 두고 있다. 이 기독론적 기초는 그 이름에 합당한 제자도에 있어 절대적으로 중요하다. 그리스도인이 어떤 희생을 치르더라도 피해야만 하는 것은 그리스도가 없는 제자도이다.

> 우리는 스스로 예수 그리스도가 없는 제자도를 선택할 수 있다. 어쩌면 그것은 이상적인 방법일 수도 있고 순교로 이어질 수도 있지만 그것은 모든 약속이 결여되어 있다. 예수께서는 분명히 그것을 거절하실 것이다.[81]

디트리히 본회퍼(Dietrich Bonhoeffer)에게 있어서 제자도는 스스로 선택하거나 스스로의 힘으로 달성할 수 있는 것이 아니다. 그것은 인간의 공로가 아니다. 대신에 그리스도는 그리스도인을 부르시고 당신의 교제에 참여시킴으로써 그런 제자도가 자기 선택의 일환이 아닌 모든 이웃에게 바쳐지는 것이 되도록 하셨다. 본회퍼는 이어서 말했다.

> 모든 순간과 모든 상황은 우리가 행동하고 순종하도록 도전한다. 말 그대로 우리는 앉아서 아무개가 우리의 이웃인지 아닌지 스스로에게 물을 시간이 없다.[82]

그런 제자도의 또 다른 결과는 고통당하신 그리스도에 대한 충성 때문

---

[81] Simon&Schuster, Inc.의 사업부인 Scribner의 허가로 재인쇄, *The Cost of Discipleship by Dietrich Bonhoeffer*, 50쪽 Copyright © 1959 by SCM Press, Ltd. 허가를 받고 사용함.

[82] Simon&Schuster, Inc.의 사업부인 Scribner의 허가로 재인쇄, *The Cost of Discipleship by Dietrich Bonhoeffer*, 67쪽 Copyright © 1959 by SCM Press, Ltd.

에 우리가 십자가를 지는 것이다. 그렇다고 우리가 고의적으로 고통을 추구해야 한다는 의미는 아니다. 그리스도를 따른다는 것은 수동적인 고통, 즉 자기에게 할당된 몫에 따라 모든 사람에게 고통과 거절을 가져오는 모든 그리스도인에게 놓여 있는 십자가를 의미한다.

모든 그리스도인은 세례를 받을 때 그의 옛 아담의 죽음을 경험하고 예수 그리스도로 말미암아 매일매일 새로운 유혹과 고통을 당하게 될 것이다. 따라서 루터는 교회의 표지의 하나로서 고통을 기꺼이 포함시켰다. 그리스도인이 자기의 십자가를 지고 고통에 복종하지 않으면 그리스도와의 교제에서 자격을 잃게 될 것이다. 본회퍼의 십자가는 말 그대로 그를 교수대로 이끌었다.

> 만약 우리가 그분을 섬기기 위해 목숨을 잃고 십자가를 지게 되면 우리는 그리스도와 십자가의 교제 안에서 우리의 삶을 되찾게 될 것이다.[83]

여기에는 자기 자신을 그리스도께 온전히 헌신했으며 이웃을 섬기려는 동기조차도 주님으로부터 가져왔던 루터에게로 거슬러 올라갈 수 있는 일련의 사상이 있다. 오직 그리스도만이 우리의 속죄로 말미암아 고통을 당하셨다는 것이 사실이지만 그리스도의 희생적인 태도는 그리스도인들도 동일하게 취해야만 하는 태도이다.

> 그러므로 그리스도께서 나에게 자신을 바치셨던 것처럼, 나 또한 내 이웃에게 나 자신을 그리스도로 줘야 한다. 나는 믿음으로 말미암아 그리스도 안에서 모든 선한 것들이 풍부해졌기 때문에, 내가 볼 때 이웃에게 필요하고 유익하고 건전한 것들 이외에는 이 삶 가운데 그 어떤 것도 하지 않을 것이다.

---

83 Simon&Schuster, Inc.의 사업부인 Scribner의 허가로 재인쇄, *The Cost of Discipleship by Dietrich Bonhoeffer*, 80쪽 Copyright © 1959 by SCM Press, Ltd.

... '믿음'으로부터 주님 안에 있는 사랑과 기쁨이 흘러나오고 '사랑'으로부터는 이웃을 기꺼이 섬기며, 감사나 감사하지 않음, 칭찬이나 비난, 또는 획득하거나 상실하는 것에 상관하지 않고 즐겁고 자발적이고 자유로운 마음이 흘러나온다.

사람은 의무로 지어진 것들에 대해서는 봉사하지 않는다. 그는 친구와 적을 구별하지 않으며 감사하거나 감사하지 않을 것을 기대하지 않고 손해되는 일에 모든 에너지를 소진하든 이를 통해 보상을 얻을지의 여부와 관계없이 그는 가장 자유롭고 자발적으로 자신과 자신이 가진 모든 것을 사용할 것이다.[84]

그러므로 여기에는 루터교의 특별한 제자도 이해를 위한 명확한 명령이 있다. 그것은 십계명과 함께 (윤리적인 것으로) 끝나는 것이 아니라 오히려 합법성을 통하여 기독론적인 근거와 동기 부여를 얻게 된다.

사실 '제자도'는 루터교에서 자주 사용되지 않는 용어로 최근의 연구에 따르면 "루터교회는 자신의 선교 사역을 수행하기 위한 한가지 필수 요건이 결핍된 것 같다. 그들은 예수 그리스도 안에서 하나님 나라에 관한 좋은 소식을 다른 사람과 공유해야 할 강제적인 이유가 결핍되어 있다"[85]라고 안타까워하고 있다.

그러나 위험스러운 요소는 일단 그리스도가 따라야 할 윤리적 모범으로 세워지게 되면 경건주의적이거나 신인협력적인 결론이 뒤따를 수 있다는 것이다. 모든 교리는 오해의 대상이 되며 제자도 역시 예외는 아니다. 올바르게 이해한다면 제자도는 '증거와 생활 방식을 통하여 그리스도와 이웃에게 개인적으로 헌신하는 것'과 관련한 결정적인 질문을 하지 않고는 그리스도의 십자가를 통과할 수 없다.

그러나 이것이 마치 우리의 헌신된 노력이 구원을 거두는 것처럼 여겨져 그리스도 사역의 대속적 본질을 위반하는 것처럼 비추어질 필요는 없

---

[84] AE 31:367.
[85] Bliese and Van Gelder, *Evangelizing Church*, 19.

다. 이런 식으로 제자도로의 부르심은 '그리스도의 죽음을 통한 은혜에 의한 우리의 칭의'와 분리되거나 그 대속적인 성격을 위협하지 않을 것이다.

제자도에 대한 가장 강력한 주장은 십자가 자체의 현실에 존재한다. 그곳에서 우리는 죄인을 위한 하나님의 희생적인 사랑을 볼 수 있다. 이웃의 영적이고 물질적인 복지를 위해 우리 자신을 희생적으로 바치는 것보다 제자도를 강조하는 데 필요한 다른 이유는 없다(요일 3:16; 4:11). 루터는 그의 신학 초기부터 '희생'을 영적 사제직의 한 측면으로 언급했다.

9. 두 종류의 의

루터는 자신의 논문 『두 종류의 의』(Two Kinds of Righteousness, 1519)에서 제자도를 위한 가장 강력한 사례를 제시했다. 이 논문은 비록 그의 종교개혁 초기에 기록되었지만 그는 나중에 가서도 이 글을 통해 자신이 주장한 핵심 내용이나 그리스도인들에게 했던 급진적인 요구들을 철회하고자 했던 흔적이 없어 보인다. 사실 '루터교 신앙고백서'는 루터가 이전에 제시했던 '두 종류의 의'를 긍정한다.

첫째, 신자에게 해당되는 믿음의 의가 있다.
둘째, 그리스도인이 행한 새로운 복종 또는 선행의 의가 있다.

하나님 앞에서 죄인을 포함시키고 구원하는 것은 '첫 번째 종류의 의'(그리스도의 순종, 고통, 죽음)이다. '두 번째 종류의 의'는 하나님의 보좌 앞에 서는 데 사용될 수는 없지만 이웃과의 관계에 참여할 때 그리스도인의 삶에서 매우 중요한 것이 된다.[86] 루터의 두 번째 유형의 '의'에 관한 주장은 빌립보서 2장 5절에 근거한다.

---

[86] SD III 32 (Kolb-Wengert, 567).

> 너희 안에 이 마음을 품으라 곧 그리스도 예수의 마음이니(빌 2:5).

그 다음에 나오는 것은 '자기를 내세우지 않는' 혹은 '자기 비움'(kenotic)의 방식으로 '그리스도의 마음을 품는' 것이다. 두 번째 유형의 '의'는 그리스도께서 십자가에서 성취하신 의로부터 흘러나와 빌립보서 2장에 나오는 그리스도의 모범과 같이 전적으로 헌신하거나 굴복하게 하는 섬김으로 이끄는 것이다.

> 이 의는 첫 번째 유형의 '의'의 산물이며 실제로 그 결실과 결과다. … 그것은 자신을 미워하고 이웃을 사랑한다. 그것은 자신의 유익을 구하는 것이 아니라 다른 이들의 이익을 추구하며 이것으로 전체 생활 방식이 구성된다. 그것은 스스로를 미워하고 자기 자신을 추구하지 않기 때문에 육체를 십자가에 못 박는다.
> 그것은 다른 사람의 선을 추구하기 때문에 사랑으로 작용한다. 그러므로 자신과는 진지하게 이웃과는 합당하게 살고 하나님께는 경건하게 삶으로써 그것은 각 영역에서 하나님의 뜻을 행한다. 이 의는 이런 점에서 그리스도의 모범을 따르며(벧전 2:21) 그분의 형상으로 변형된다(고후 3:18).
> 그리스도께서 요구하시는 것은 바로 이것이다. 그분 자신이 자신의 선을 추구하는 것이 아니라 우리 인간의 것만을 추구하는 방법으로 우리를 위해 모든 일을 하신 것처럼 그리고 이것으로 아버지 하나님께 최고의 순종을 보이셨던 것처럼 그는 우리가 이웃에게도 동일한 모범을 보이기를 원하신다.[87]

우리는 루터가 여기서 기독론적 요소를 선교에 적용시킨 것보다 더 깊이 들어갈 수 없다. 비록 루터교회가 '첫 번째 종류의 의'(우리의 칭의)를 주장하는 데 있어서 매우 완강하지만 '두 번째 종류의 의'도 역시 똑같이 중요하며 '우리의 믿음의 열매'나 '그리스도의 뜻에 순종'한다는 생각에 대

---

[87] AE 31:299-300.

해 우리에게 깊은 인상을 심어준다.

'두 번째 종류의 의'는 희생적인 것이며 이웃의 행복을 위해 자신을 기꺼이 포기하는 것이다. 비록 루터는 이웃에 대한 우리의 의무에 있어서 세부 사항을 정확하게 명시하지는 않았지만 그것은 이웃의 영적인 안녕과 같은 관심을 분명히 포함하고 있다.

여기서 무엇보다 중요한 것은 이웃의 유익을 위해 자기를 부인하고 희생하는 태도다. 현대 서구 사회에서 이런 관심은 이질적일 수 있으며 '대중 소비자 주도형' 또는 '자기 지향적 이해'와 상충 될 수 있다. 이런 식으로 루터교의 제자도에 관한 교리의 근본적인 본질은 우리 그리스도인의 삶을 선교적인 방식으로 형성하는 데 매우 중요하다.

10. 세 가지 책임의 삼각 편대

도표는 윤리에 관한 이 장을 마무리하면서 뼈대(프레임)를 구성해 준다. 이 도표는 성경과 신학적 증거에 근거하여 교회와 선교회의 선교에 있어서 기독교가 공헌하는 세 가지 중요한 영역을 보여 준다.

나는 이것을 그리스도인이 선교 사역에서 자기 스스로를 바라볼 수 있는 '세 가지 책임의 삼각 편대'라고 부른다. 각 모서리는 그리스도인의 세속적인 소명, 교회의 선포, 그리고 교회의 기독교 자선 행위와 같은 세 가지 주요 초점을 가리킨다. 도표 안에 있는 그리스도인은 이 분야에 대한 책임을 지고 있으므로 능동적이라고 할 수 있다.

성경 구절은 활동에 대한 하나님으로부터의 근거와 그들이 수행하는 과정을 나타낸다. 삼각형의 통일성은 이 영역들이 서로 연결되어 있음을 나타내며 그런 상호 연결의 맥락에서 그리스도인은 자신의 삶을 살아간다.

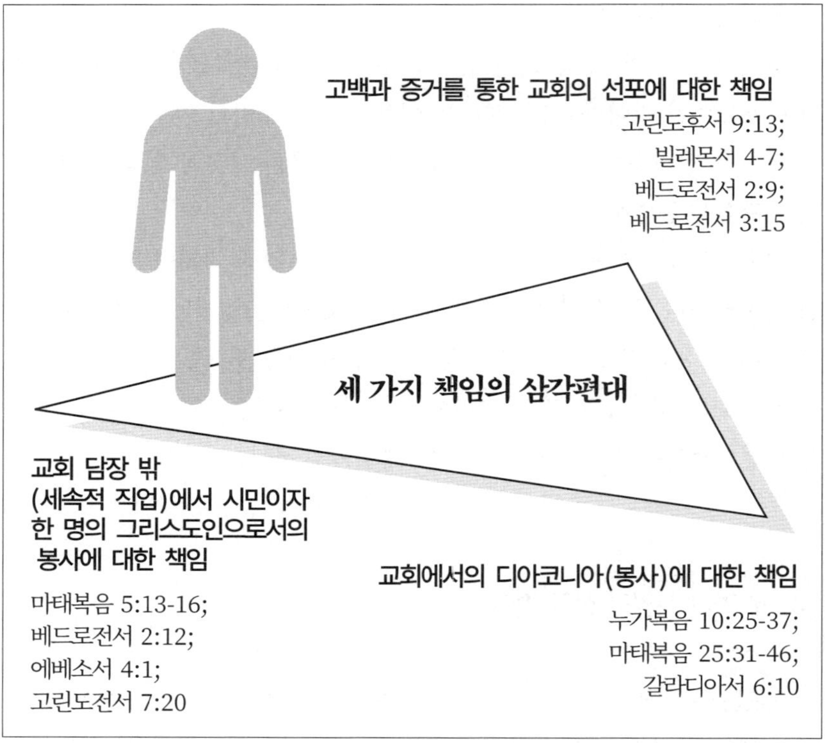

고백과 증거를 통한 교회의 선포에 대한 책임
고린도후서 9:13;
빌레몬서 4-7;
베드로전서 2:9;
베드로전서 3:15

세 가지 책임의 삼각편대

교회 담장 밖
(세속적 직업)에서 시민이자
한 명의 그리스도인으로서의
봉사에 대한 책임
마태복음 5:13-16;
베드로전서 2:12;
에베소서 4:1;
고린도전서 7:20

교회에서의 디아코니아(봉사)에 대한 책임
누가복음 10:25-37;
마태복음 25:31-46;
갈라디아서 6:10

도표 5: 그리스도인이 서 있는 삼각형의 세 모서리

제15장
선교사 직무

1. 개신교 초기의 선교적 시도들[1]

이전 장에서 우리는 이교도 땅과의 직접적인 접촉의 부족, 식민지의 부재, 영토 통치자의 지원 부족으로 종교개혁 시기 동안 해외 선교가 불가능했다는 사실을 지적했다. 루터의 기본 전제는 많은 외국 영토에 복음 설교자들이 도달할 필요가 있다는 것이었다. 그럼에도 이방인과 접촉하려는 초기의 용감한 시도들이 있었다.

프리무스 트루버(Primus Truber, 1508-86)와 한스 폰 운그나트(Hans von Ungnad, 1493-1564)는 성경을 크로아티아(Croats)와 웬드족(Wends)의 언어로 번역하고 출판하려고 했다. 그들은 '루터의 교리 문답', '아우크스부르크 신앙고백서', '아우크스부르크 신앙고백서 해설'(Apology), 멜랑히톤의 『신학총론』(Loci), '뷔르템베르크 교회 규율'(Wuertemberg Church Discipline) 및 '찬송가'를 번역했다.

최초의 개신교 인쇄기를 설치한 후 그들은 크로아티아인들을 위해 '글라골 문자'(Glagolitic)의 활자를 새롭게 만드는 일을 도왔다. 크리스토프(Christoph) 공작과 뷔르템베르크 교회는 이 프로젝트에 재정적 지원을 제공했다. 투루버와 운그나트의 주요 목표는 자신들의 이런 노력이 결국 튀르키예인과 이슬람의 어둠 속에 사는 사람들에게 복음의 문을 개방하게 만드는 것이었다.[2]

---

1 루터교 정통주의의 선교에 관한 가장 유명한 연구는 Größel, *Die Mission und die evangelische Kirche*이 제공한다.
2 Raupp, *Mission in Quellentexten*, 49-51.

30년 전쟁(1618-1648)의 파괴적인 결과에도 불구하고 한자 동맹의 도시 뤼베크(Hanseatic City of Lubeck)의 독일 루터교인 피터 하일링(Peter Heyling, 1607/8-1652)은 이집트와 에티오피아에서 콥트 기독교인과 파실리데스 황제(Fasilides, 1632-1667)를 위해 선교 교사, 설교자, 그리고 의사가 되었다. 네덜란드의 위대한 선교 변증가 휴고 그로티우스(Hugo Grotius, 1583-1645)[3]의 영향을 받아 하일링의 노력은 암하라어(Amharic)의 신약 성경 번역으로 이어졌다.

그는 수단에서 순교자로 죽었다. 오늘날까지 그의 작업의 흔적은 콥트 교회에서 분명하게 나타나고 있으며 그는 여전히 '메카니 예수 에디오피아 복음주의 루터교회'(Ethiopian Evangelical Church Mekane Yesus)에서 많은 존경을 받고 있다.

프랑스 제독 가스파르 드 콜리니(Gaspard de Coligny, 1519-72)와 12명의 다른 위그노(Huguenot) 정착민과 동행할 두 명의 선교사인 피에르 리시에(Pierre Richier)와 기욤 샤르띠에르(Guillaume Chartier)를 선출하여 1557년 브라질 북부에 기독교 식민지를 건설하려는 노력을 지원한 존 칼빈(John Calvin, 1509-64)도 언급해야 한다.

이 그룹 중에는 장 드 레이(Jean de Lery, 1534-1613)가 있었으며 여기서 그를 통해 식인주의 풍습을 가진 토피남부(Topinambu) 인디언을 개종시키려는 시도에 대한 기록을 가지고 있다. 그러나 두 달 동안의 선교 사역(1557년 10월-12월) 이후에 프로젝트는 실패했다. 식민지 소유자인 니콜라스 듀랜드 드 빌가뇽(Nicolas Durand de Villegaignon, 1519-72)과 교리 분쟁이 일어났으며 이 때문에 칼빈주의 선교사들이 처형되었다.

로테르담의 에라스무스(Erasmus of Rotterdam, 1467-1536)는 이슬람교와 타 종교의 신자들을 기독교로 개종시키는 고귀한 임무에 참여시키기 위해 아시아와 아프리카에 갈 선교사를 모집했다. 마틴 부처(Martin Bucer, 1491-

---

[3] Grotius, *Truth of the Christian Religion*. 원래 제목은 *De Veritate Religionis Christianae* (1627)다.

1555) 역시 선교를 요청했는데 그는 알자스(Alsace)에서 루터교운동을 일으켰을 뿐만 아니라 선교에 관한 관심 부족과 자신의 시대에 선교를 재개하지 못한 것에 대해 슬퍼했다.

그는 스페인의 가톨릭 선교로 인한 부정적인 결과에 대응해야만 한다는 이유 때문에라도 선교가 필요하다고 주장했다. 루터교 정통파 목사들 사이에서 주목할 만한 두 가지 목소리는 발타사르 마이즈너(Balthasar Meisner, 1587-1626)와 크리스챤 스크리버(Christian Scriver, 1629-93)이다. 두 사람 모두 선교의 결핍에 대한 우려를 표명했으며 스크리버는 특히 하나님이 이 방인들에게 사도를 다시 보내 주실 것을 간절히 바랐다.[4]

스칸디나비아 국가 가운데 기독교인이 라플란드(Lapp)의 이방인과 직접 접촉한 와사(Wasa)의 왕실, 특히 구스타프 바사 왕(Gustavus Vasa, 1523-60)과 구스타프 아돌프(Gustavus Adolphus, 1611-32) 왕자는 교회를 개척하기 위해 목사들을 파송했다. 이들 중 1559년에 파송된 한 사람은 미카엘 아그리콜라(Mikael Agricola) 목사이다. 1611년 니콜라스 안드레아(Nicholas Andrea)는 라플란드 사람들(Lapp) 가운데 사역하며 그들의 언어로 된 책을 준비하고 학교와 선교 신학교를 설립했다.

비록 이 프로젝트는 다른 세계적인 노력과 비교하여 중요하지 않았고 오랫동안 지속하지도 못했지만 이는 정부에 의해 보조금을 받았던 최초의 개신교 선교를 대표했다.

인도의 트랑케바르(Tranquebar)라고 불리는 식민지에서 사역한 덴마크 '할레선교회'(Danish Halle mission)는 이 모델의 잘 알려진 전형이 되었다. 그러나 그런 초기 노력의 기저에는 열띤 신학적 논쟁, 즉 그리스도께서 사도들과 함께하신 것처럼 교회가 세상에 선교사를 승인하고 보내는 거룩한 명령에 참여할 수 있는지에 관한 논쟁이 있었다.

대위임령이 교회로 전달될 수 있는가, 아니면 사도들의 죽음 때문에 그

---

4 Raupp, *Mission in Quellentexten*, 105, 109; Flachsmeier, *Geschichte der Evangelischen Mission*, 104-15.

것이 종료되었는가?[5]

다음은 이 논쟁이 어떻게 해결되었는지에 대한 설명이다.

2. 교구에만 한정되었던 루터교 정통주의 시기의 사역[6]

교회의 선교적 본질을 고려하여 루터교 정통주의를 형성시킨 인물과 이를 위한 목회 사역을 담당한 조직으로는 함부르크의 찬송가 학자이자 신학자인 필립 니콜라이(Philip Nicolai, 1556-1608), 위대한 신학자인 요한 게르하르트(Johann Gerhard, 1582-1637), 요한 하인리히 우르시누스(Johann Heinrich Ursinu, 1608-67), 아우크스부르크의 감독자, 비텐베르크의(Wittenberg) 교수단(1652) 등이 있다. 우리는 이제 그들의 매력적인 주장 중 일부를 살펴보고자 한다.

여기에는 루터교인들 사이에서 논쟁을 일으키게 만든 두 명의 외부인이 있었는데 그들은 예수회의 로베르토 벨라르미노(Robert Bellarmine, 1542-1621)와 성공회의 하드리안 사라비아(Hadrian Saravia, 1531-1613)였다.[7] 기독교 신앙에 대해 논쟁한 가장 유명한 책, 『오늘날의 이단에 대한 기독교 신앙 논쟁서』(*Disputationes de controversiis christianae fidei*)에서 벨라르미노는 루터교회가 아직 해외에 있는 이교도들을 개종시키지 않았기 때문에 그들을 종파운동이라고 부르며 루터교회를 비웃었다.

벨라르미노는 이것을 루터교회가 아직 건전한 복음을 소유하고 있지 않

---

5 가장 최근에, 예를 들어, Tucker, *From Jerusalem to Irian Jaya*, 67.
6 Lutheran Quarterly 19, 3 (Autumn 2005): 276-301쪽에 나오는 아티클 "The Lutheran Debate over a Missionary Office"를 참조할 것.
7 요한 게르하르트 외에도 사라비아(Saravia)의 순진한 해석학에 대항한 요한 페쉬트(Johann Fecht, 1636-1716) 및 요한 게오르그 노이만(Johann Georg Neumann, 1661-1709)과 같은 다른 루터교 신학자도 있었다. 칼빈주의 역시 비판을 받았으며, 이는 칼빈의 후임자 테오도르 베자(Theodor Beza, 1516-1605)에 의해 강력하게 방어되었다. Großel, *Die Mission und die eveangelische Kirche*. 8.

앗다는 증거로 보았다.⁸ 벨라르미노는 또한 로마가톨릭교회가 사도적 선교를 제한 없이 지속했으며 그들은 특히 개인을 가난과 독신 생활에 복종하도록 하여 사도직을 합법적으로 추구하게 만드는 수도원 형태로써 이를 지속시켰다고 주장했다.

반면에 독일 루터교회 목회자들은 행복하고 만족스러운 가정생활을 영위하면서 교구에만 고정된 채로 그대로 있었다. 벨라르미노는 어떤 형태의 교회가 사도직의 역할을 계속 수행할 수 있도록 만드는지에 관한 질문을 제기함으로써 루터교회를 확실히 곤경에 처하게 했다. 필립 니콜라이는 『그리스도의 왕국론』(De Regno Christi)이라는 책을 통해 선교적 교회론을 제공했다.

다소 특별한 지정학적 증거와 마가복음 16장 15절, 로마서 10장 18절, 그리고 골로새서 1장 6-23절과 같은 성경 구절을 통해 니콜라이는 모든 지역이 사도들을 통해 복음이 전파되는 일을 경험했음을 증명했다. 이 지역에 복음을 다시 전해야만 한다면 하나님은 시간과 기회를 주실 것이다. 다시 말해, 사람들은 "하나님이 손가락으로 지시"(Fingerzeig Gottes)하시기를 기다렸다.⁹

『그리스도의 왕국론』은 생산적인 작업이었다. 그것은 이후의 정통주의 루터교 신학자들이 교회론을 형성하는 데 도움을 주었을 뿐만 아니라, 거의 250년 후에 빌헬름 뢰에의 『교회에 관한 세권의 책』(Three Books about the Church)에도 영향을 미쳤다.¹⁰ 사도직에 대한 논의는 1590년에 『주께서 제

---

8 프란시스코 수아레즈(Francisco de Suarez, 1548-1619), 레온하르트 레시우스(Leonhard Lessius, 1554-1623), 그리고 제이콥 켈러(Jacob Keller, 1568-1621) 등 벨라르미노(Bellarmine)의 예수회 동료들이 이 비난에 합류했다. 벨라르미노의 고발에 대한 요한 게르하르트의 의견에 대하여는 Loci Theologici, 2:422-35쪽을 참조할 것.

9 니콜라이의 혁신적인 논증은 Holsten, "Die Bedeutung der altprotestantischen Dogmatik für die Mission," 148-366, 그리고 Größel, Die Mission und die evangelische Kirche, 992-96쪽을 참조할 것. 반면, 루터는 여전히 사도들이 시작한 복음 전파가 전 세계에서 계속되어야 한다고 주장했다. Stolle, Church Comes from All Nations, 24-25. Wetter, Der Missionsgedanke bei Martin Luther, 323-24.

10 Three Books about the Church에서의 교회론에 대한 그의 주장에서, 뢰에는 니콜라이의 논문 일부를 포함시켰다; Heß, Das Missionsdenken bei Philip Nicolai, 16-17.

정하신 복음 사역의 다른 단계」(*De diversis ministrorum evangelii gradibus, sicut a Domino fuerunt instituti*)라는 제목의 논문을 발간한 성공회 신학자 하드리안 사라비아(Hadrian Saravia, 1531-1613)에게 넘어갔다.

그는 사도들의 사역이 교회의 감독 제도에 의해 곧바로 이어졌다고 주장했다.[11] 그의 주장은 개혁주의와 루터교 진영의 주도적인 신학자들에 의해 반박되었다. 개혁파 측에서는 칼빈의 후계자인 테오도르 베자(Theodor Beza, 1519-1605)가 그리고 루터파 측에서는 요한 게르하르트(Johann Gerhard), 요한 페쉬트(Johann Fecht, 1636-1716), 요한 게오르그 노이만(Johann Georg Neumann, 1661-1709)이 반박했다.

『신학 개요』(*Loci Theologici*)라는 책의 "하나님의 선택"이라는 장에서, 게르하르트는 루터교를 "보편적 복음의 참된 소유자"로 환영함으로써 벨라르미노의 비난을 거부했다. 주님이 자신의 제자들에게 "모든 피조물에게 가서 복음을 전파하라"고 위임하셨기 때문에 이 복음은 모든 사람에게 구원의 필요성을 요청(*vocatio est universalis*)한다. 이 제자들이 한 일과 관련하여 게르하르트는 니콜라이의 주장에 동의했다.

그러나 사도들의 처음 선포를 거절한 사람들의 죄 때문에 오늘날 많은 사람이 복음을 멀리하고 있다. 그러므로 오늘날 복음 없이 살아가는 사람들은 하나님을 탓하거나 또는 자신의 무지에 대해 복음의 전 세계적 특성에 의문을 제기해서는 안 되며 자신의 조상을 탓해야 한다.[12]

그들에게 복음이 다시 전파되어야 하는가?

게르하르트는 그렇다고 주장하지만 문제는 방법이다. 게르하르트는 교회의 사역에 관해 논하면서 사도들과 같은 직무(office)를 장려하지 않도록

---

11 라틴어 텍스트 발췌문이 Raupp, *Mission in Quellentexten*, 61-62, 그리고 Größel, *Die Mission und die evangelische Kirche*, 71쪽에 게시되었다. 영어 텍스트는 Thomas, *Classic Texts in Mission and Evangelization*, 41-43쪽에 인용되었다. 더 많은 내용을 확인하기 원하면 Smith, *Contribution of Hadrian Saravia*를 참조할 것. 사라비아의 진의(true motive)는 선교에 대한 그의 호소에 있다. 그의 진정한 주장은 전적으로, 로마 교회가 아닌, 감독 교회의 조직에 대한 것이며, 이것은 선교적 사도직에 대한 구속력 없는 연속성으로 이해되었다.

12 Gerhard, *Loci Theologici*, 2:58-59; Raupp, *Mission in Quellentexten*, 67.

매우 주의를 기울였는데 그것은 그리스도께서 직접 또는 즉시 사도들에게 독특한 방식으로 부여하셨기 때문이다. '사도들의 사역'과 '말씀을 전하는 교회의 사역' 사이에는 분명한 차이가 있기 때문에 아무도 그 사도 직무를 따라 (복제하거나) 직접 계승한다고 주장할 수 없다.

비록 복음에 대한 전 세계적인 약속이 여전히 적용되지만 게르하르트는 칼빈주의자인 하드리안 사라비아가 주장한 것처럼 교회 감독직을 통해 사도의 사역이 계승된다는 것을 승인하는 데 주저했다. 게르하르트는 사실 복음의 씨가 한번 뿌려진 곳에서 복음 전파는 계속될 수는 있으나 그것이 사도와 동일한 힘과 권위를 가지고 있다고 믿는 특정 집단을 통해 이루어지는 것은 아니라고 지적했다.

사실 그리스도의 "너희와 항상 함께하리라"는 약속이 모든 그리스도인에게 적용되는 것처럼 복음 전파도 사도들의 동료인 모든 그리스도인을 통해 진행된다(헬라어: *synergia*, 협동). 그렇다고 해서 이 동료들이 다른 언어(방언)로 말하고 기적을 행하며 선포하는 말씀에 오류가 전혀 없는 사도의 독특하고 탁월한 권위를 동등하게 소유하고 있다고 주장할 수는 없다.[13]

불행하게도 게르하르트는 사도적 사역의 독창성을 변호하기 위한 변증론적 접근에 너무 깊이 관여하여서 믿지 않는 세상과 그들이 복음을 들어야 할 필요성에 대한 명백한 관심을 불러 일으키는 데 실패했다. "선조들은 모두 초기에 복음을 들었기 때문에 우리는 이런 처음의 선포를 다루지 않는다"는 그의 주장은 다소 인위적인 것처럼 들린다.

"하나님의 전 세계적인 의지"와 "복음의 선포를 통한 전 세계적 부르심"에 대한 게르하르트의 강력하고 뛰어난 주장은 안타깝게도 복음을 전해야 한다는 확신에 찬 요청 또는 호소로 이어지지 않았다.[14] 나는 아래에서 게르하르트의 주장에 대해 더 자세히 설명하겠다.

오스트리아에서 추방된 루터교 귀족인 유스티안 폰 벨츠(Justian von Welz,

---

13 Gerhard, *Loci Theologici*, 2:145-46; Raupp, *Mission in Quellentexten*, 69.
14 Stolle, "Zur missionarischen Perspektive der lutherischen Theologie," 26.

1162-1168)가 독일 및 그 외의 지역을 선교하기 위해 스스로 새롭게 설립한 선교회인 '예수사랑회'(Jesus Love-me Society)를 후원해 달라고 루터교회의 지도자들에게 호소하면서부터 사도직에 대한 논의는 계속되었다.

레겐스부르크에서 요한 하인리히 우르시누스(Ursinus)와 루터교 영토의 복음주의연맹(Corpus evangelicorum)은 16세기의 종교개혁을 통해 그렇게 성공적으로 제거했던 그 파괴적인 요소들을 루터교 내에서 다시 재생시킬 수 있게 만드는 '영적인 신비운동'을 자신들이 인가해서는 안 된다는 두려움 때문에 그 프로그램에 대한 친선과 지원을 철회했다.

분명히 벨츠(Welz)와 신비주의자인 프리드리히 브렉클링(Friedrich Breckling, 1629-1711) 그리고 요한 게오르크 기히텔(Johann Georg Gichtel, 1638-1710)과의 연합은 그의 주장을 뒷받침하는 데 큰 도움이 되지 않았다. 통치자와 목사들에 대한 벨츠의 강력한 공격은 이에 대한 반대를 극심하게 했다. 마음이 상한 벨츠는 네덜란드로 떠나 1666년 남아메리카 북부에 있는 식민지인 수리남(Surinam)으로 항해했으며 소문에 따르면 그는 2년 후 야생 동물들에 의해 찢겨서 죽었다.

1652년 4월 24일 비텐베르크의 교수회는 사도직에 대한 유명한 의견을 발표했는데 그들은 게르하르트의 주장의 대부분을 되풀이했고 여기에 하나님이 자연의 빛(롬 1-2장 ; 행 17장)과 아담, 노아, 그리고 그분의 거룩한 사도들의 설교를 통해 자신을 계시하셨다는 점도 덧붙였다.

> 이 모든 민족이 복음을 거절했기 때문에 하나님이 그들로부터 복음 전파하는 일을 제거하심으로써 그들의 무지를 벌하셨다.

이것은 아우크스부르크 신앙고백을 하는 사람 중 누구도 10만 명 이상의 저주받은 사람들을 구원하기 위해 그곳에 가서 설교하지 않았음을 본 후에 동양과 경선(Meridian: 자오선- 북극점과 남극점을 최단 거리로 연결하는 지구 표면상의 세로의 선)에 있는 지역 그리고 서양이 어떻게 경건한 믿음으로 회심할 수 있는지 알기 원했던 비엔나 출신의 오스트리아인 베츠하우

젠(Wetzhausen)의 제국 백작 에르하르트(Ehrhardt)의 양심의 가책을 느낀 질문에 대한 답변으로 제출되었다.[15]

빌헬름 마우러는 자신의 글을 통해 루터교 정통주의는 두 가지 중요한 '도전'을 고려하여 사도직과 선교의 문제를 다루었다고 주장했다.[16]

첫째, 로마가톨릭의 지지를 받고 있는 사라비아(Saravia)의 주장으로 사도직이 수도원의 선교나 감독 제도의 형태로 줄어들지 않고 계속되고 있다는 것이 도전을 주었다.

둘째, 교회에 침투하여 성경에 대한 표준적인 해석과 체계적인 교회 질서를 위협한 벨츠의 신비적 열광주의[17]가 도전을 주었다.

루터교 정통주의 신학자들이 제시한 해석학적 논증은 '선포하는 직무가 교구적 환경과 분리'되어 있을 경우 소명 받은 목회자(*rite vocatus*)의 타당성에 대한 곤혹스러움이 생길 수 있음을 반영한다.

사도 이외의 사람이 회중을 떠나 '순회 전도자'가 될 때 그는 권위를 가질 수 있는가?

루터교 정통주의 신학자들은 성경적 증거를 통해 답변을 제시했다. 그들은 '자기 시대의 목회 사역'과 '사도들의 삶' 사이의 분명한 차이점을 없애려고 하지 않았다. 그들은 '사도 시대가 지난 후에 교회는 교구적 환경에서 분리된 채 사도들이 했던 순회 전도 사역을 계속해야 한다는, 즉

---

15 교수진의 답변을 포함하는 내용은 Großel, *Die Mission und die evangelische Kirche*, 84-85, 그리고 Raupp, *Mission in Quellentexten*, 70-71쪽에 기록되었다.
16 Maurer, "Die Lutherische Kirche und ihre Mission," 192.
17 벨츠의 제안에 의문을 제기하는 이유는 그의 첫 번째 논문 *De Vita Solitaria* (1663), 부제 *Hermit Life according to God's Word*를 읽을 때 정당화된다. 벨츠는 카이사레아의 유세비우스(Eusebius of Caesarea, 260-339), 히포의 어거스틴(Augustine of Hippo, 354-430), 중세의 신비주의자 토마스 아 켐피스(Thomas à Kempis, 1379/80-1471), 그리고 요한 아른트(Johann Arndt, 1555-1621)와 같은 신학자들의 영향을 받아 선교의 목적을 위해 수도원의 경건주의와 복음적 금욕주의를 되살리려고 노력했다. Scherer, *Justinian Welz*, 15-17; Großel, *Die Mission und die evangelische Kirche*, 46-47.

온 세상에 대한 명백한 위임(*ite mundum universum*)을 받았다는 인식이 부족했다'라는 사실을 분명히 알 수 있었다.

사도들과 바울의 선교는 특히 독특한 현상으로 비추어졌다. 바울과 사도들에게는 "오류 없이 가르치는"(*infallibilitas absoluta*, 절대적 무오류성) 독특한 사역과 "기적을 행하는 능력"(*thaumaturgia miraculosa*, 기적의 마술)이 주어졌다.

만약 교회가 실제로 이런 독특한 활동들을 포용하는 그런 특별한 부르심(*vocatio extraordinaria*)을 소유하고 있었다면 왜 모든 성직자가 '순회 전도자'가 되지 않았는가?[18]

루터교 정통주의는 사도들의 사역을 회중의 환경 내에서 목회적 기능과 연결한 것이 분명하다. 성경, 특히 목회 서신(행 14:23; 20:28; 딛 1:5; 벧전 5:2)은 회중이 있는 상황 속에서 안수를 통해 자격을 갖춘 사람에게 사도들이 가르치고 전파하고 성례전을 집행할 권한을 전달해 주었음을 보여 준다.[19]

루터교 정통주의는 사도들이 행했던 '말씀과 성례전'의 직무를 거슬러 올라가며 이런 기원은 은혜의 수단을 베풀고 전파하고 가르치는 기능을 포함하는 것으로 여겨진다. 사도직은 목양 사역이 이루어지는 장소, 즉 범위 내의 지정된 지역과 연결되어 있다. 이것은 벨츠의 제안에 대한 교회 지도자들의 무감각하고 과민한 반응을 설명해 준다.

그들이 벨츠의 계획을 승인한다면 그는 기존의 회중이 목회 자리를 마련하고 요청한 곳으로 보내질 것이기 때문에 스스로 그것을 설득력 있게 보여줄 수가 없었다. 기독교인이 전혀 살지 않는 지역에 교회를 개척하기 위해 개인을 파송할 수 있다는 생각은 루터교 정통주의의 관심 밖에 있는 일이었다.

---

18 Gerhard, *Loci Theologici*, 2:145-46; Größel, *Die Mission und die evangelische Kirche*, 16-17, 127-29.

19 Gerhard, *Loci Theologici*, 2:146. Wittenberg faculty, in Größel, *Die Mission und die evangelische Kirche*, 87-88.

결과적으로 루터교회는 더 이상 세상으로 자유롭게 파송하는 것에 호소하지 않았다. 그런 권리는 더 이상 루터교 정통주의 시대 동안 교회의 직무(*ministerium*)에 적용되지 않았다.[20] 선교사 파송이 현대 선교의 일부가 되었기 때문에 독자들은 루터교 정통주의의 사도직에 대한 이런 제한적인 형태의 견해를 받아들이기가 어려울 수 있다.

시간과 상황이 지나면서, 특히 루터교 영토 통치자가 소유한 지역들 가운데 새로운 이방 땅이 발견되면서 루터교 정통주의 신학자들의 선교에 대한 수축되어 있던 개념이 확대되어야만 했다. 그러나 선교에 대한 신학적 진보는 19세기 중반이 되어서야 일어났다.

루터교 정통주의가 오늘날 행하고 있는 종류의 파송에 대해 반대했는지 물어보는 것은 흥미로운 질문이다. 그들이 그런 파송을 금지하지 않았을 것으로 추측할 수는 있겠지만 그들은 적법한 관심사를 제공했을 수도 있다. 오늘날 교회 조직은 전 세계에 존재하기 때문에 안수받은 성직자를 파송함으로써 그들을 회중의 현재적 삶인 '교구 환경'에 묶어 두도록 격려했을 것이다.

다시 말해서, 선교사의 배치는 그가 외국에 있는 회중 가운데 '말씀과 성례전' 사역을 위한 선교사로 합류한 경우에만 적법한 것으로 판명되었다. 루터교 정통주의자들에게 오늘날의 선교사는 실제로 목사가 '외국이라는 환경으로 장소만 바뀌어서 사역'하는 것으로 이해할 것이다. 나중을 위해 우리는 이 문제를 염두에 두어야 한다.[21]

---

20 Gerhard, *Loci Theologici*, 6:48-55, 게르하르트는 그의 *Loci Theologici*, 6:145-148쪽에서 주장하기를(p. 145) "먼저 존경받고 정직한 교회의 관리들과 모든 감독은, 율법의 두 번째 용법과 관련할 때 교회의 후계자들이다 … 사도직의 세 번째 범주 역시, 적절하게 말해서, 사도의 후계자는 없지만, 일시적이고 비범한 질서의 사도직은 존재한다."

21 이 효과에 대한 해석은 Stolle, "Zur missionarischen Perspektive der lutherischen Theologie," 23쪽에 의해 이루어진다.

3. 초대 교회의 선교적 사도 직무

선교(*missio*)라는 단어는 헬라어 아포스텔레인(αποστελλειν, 파송하다)의 라틴어 표현이다. 개신교 선교사들의 사도직을 나타내는 "사도적"이라는 단어의 의미는 분명하지 않다. 전통적으로 말해서 교회를 "사도적"이라고 고백하는 것은 항상 사도들의 메시지나 가르침에 충실하고 말씀 선포와 은혜의 수단을 집행하는 일을 잘 유지해야 할 의무를 의미했다.

따라서 사도를 순회하며 선교하는 자로 이해하는 것과는 아무 관련이 없다. 그러나 오늘날의 전교회적인 토론은 '보냄'(파송)의 '사도적' 성격을 포착하려는 데 관심을 보인다.[22] 북미의 교회들이 기독교 세계(Christendom)의 사고방식을 버릴 때 진정으로 사도적이 될 수 있다. '사도적'이라는 것은 문자 그대로 파송하는 것이다.[23]

선교는 교회에서 현실이 되었으므로 '사도적'라는 용어의 완전한 의미

---

[22] 제네바에서 WCC가 제공한 증거를 고려하면: "신약과 교회 생활에서 보존된 그들의 (위임받은 사도) 간증을 바탕으로, 교회는 사도적이며 세상으로 파송되었다는 하나의 구조적 표식을 가지고 있다."(Scherer and Bevans, *New Directions in Mission and Evangelization*, 38). "사도적"이라는 교회의 특징에 대한 토론은 Guder, *Missional Church*, 110-41, 255-256쪽을 참조할 것.
예를 들어, 교회 헌장 "Dogmatic Constitution of the Church" (Lumen Gentium 35)에 관한 '제2차 바티칸 공의회'의 로마가톨릭 성명과 1965년 11월에 통과된 "평신도 사도직에 관한 교령"(Apostolicam Actuositatem)을 참조할 것. Rahner and Vorgrimmler, *Kleines Konzils-Kompendium*, 165, 400-401. 참조. 두 가지 진술에서, '제2차 바티칸 공의회'는 교회에서 평신도들의 선교사 사도직을, 교회의 거룩한 질서에 따라 교회의 구원적 선교에 일부분 참여하는 정도까지 인정한다.
그런 권리는 세례와 확증을 통해 그들에게 주어진다 (*Apostolicam Actuositatem* 3, 391). 로마가톨릭에서 선교의 의미는 합법적인 교회 개척자로 간주되기 위해 평신도가 더 이상 안수 받은 사제와 동행할 필요가 없다는 것이다. 이런 변화의 이유는 전 세계적으로 성직자가 부족해짐에 따라, 로마가톨릭교회가 교회의 선교에 있어 평신도 사도직의 귀중한 공헌을 인정하도록 강하게 요청했기 때문이다.

[23] Guder, *Missional Church*, 110. Witte, "Kirche als Ziel der Sendung," 20: "바울에게 유일하게 위임된 직분은 다른 사람에 의해 지속될 수 없다. 그러나 교회가 복음 전파자들을 민족, 이방인, 유대교인, 이슬람교도에게 보내는 모든 곳에서, 선교-사도직 직무의 기능이 실제로 계속된다. 즉, '사도적 승계'(successio apostolica)는 바로 '선교'를 의미한다."

에 대한 새로운 논의가 분명히 요청된다. 한 학자가 지적했듯이 "사도적 계승은 선교"(successio apostolica est missio)이다. 그러나 역사적 관점에서 볼 때 이 진술은 적어도 루터교 정통주의 시대에는 문제가 되었고 간략히 언급하겠지만 초대 교회에서도 문제가 되었다.

아이나 모랑(Einar Molland)은 초대 교회가 의도적으로 특정한 선교 방법을 따랐는지 물었다. 따라서 그는 중요한 문제를 제기했다.

사도 시대가 지나간 후에 사도적 '순회 전도 사역'은 어떻게 계속되었는가?

물론 교회는 혹독한 박해 사건을 겪었고 이를 통해 멀리 떨어진 지역에서 '순회 전도 사역'이 이루어졌으며 곧 새로운 교회가 세워지는 결과를 가져왔다(행 8:1-8; 11:19). 사도들의 사역 이후에는 전도자들에 대한 언급이 드물게 나온다(행 8:40; 엡 4:11; 딤후 4:5). 이것은 전도자들이 유대인, 하나님을 경외하는 사람들(완전한 유대교 개종자들은 아니지만 한 분 하나님을 믿고 유대인의 도덕적 가르침을 존중하는 사람들, 행 10:2 참조)과 이방인들 사이에서 사도들의 선교를 계속했다는 것을 암시해 준다.

신약의 맥락에서 전도자는 여전히 사도의 선교와 밀접한 관련이 있었고, 사도들이 선포 사역을 하는 데 도움을 주었다. 그러나 전도자의 직무도 곧 사라졌다.[24]

유세비우스(Eusebius)는 그의 『교회사』(Ecclesiastical History)에서 사도 시대 이후 전도자들의 활동에 관해 언급했지만 그들 역시 교회에서 사라지는 역할을 한 것으로 보인다.[25] 유세비우스보다 100년 전에 오리겐(Origen)은 이 마을에서 저 마을로 여행하며 사람들에게 그리스도를 전하려고 했던 개인 순회 전도자들의 활동을 묘사했다.[26]

---

24 Wilhelm Löhe, "Aphorismen," in GW 5/1:282. Ratke, *Confession and Mission*, 88. 참조.
25 Molland, "Besaß die Alte Kirche ein Missionsprogramm und bewußte Missionsmethoden?" 59.
26 Molland, "Besaß die Alte Kirche ein Missionsprogramm und bewußte Missionsmethoden?" 59; *Contra Olsum* 3, 9.

하지만 우리는 어디에서 '선교사의 직무'를 명시하고 있는가?

에베소서 4장 11절에 언급된 사도와 전도자들과는 달리 선교사의 직무는 교회 계급의 일부가 아니었다. 로마에서 AD 252년까지 교회 안에 있는 영적 직분 계급은 감독, 46명의 장로, 7명의 차부제(subdeacon), 42명의 복사(acolyte), 52명의 퇴마사, 성구 낭독자(lector) 및 문지기(doorkeeper)를 포함했다.

이들 중 예비 신자의 교육을 담당해야 하는 경우를 제외하고는, 그 어떤 직분도 교회 밖의 사람들에게 말씀을 전하는 임무를 나타내거나 가리키지 않았다. 그러나 교리 교육은 이미 교회 안에 있는 사람들에게 초점을 맞추었다.

초대 교회의 선교 사역은 누구에게 맡겨졌는가?

부분적으로는 변론가(apologist)가 이를 담당했다.[27] 그러나 초대 교회에서 선교 활동을 했다는 설득력 있는 증거가 명백하게 부족하며 이는 사도들이 이미 알려진 세계의 모든 지역에 기독교 메시지를 전했다는 믿음을 암시해 준다. 16세기와 17세기에 여전히 갖고 있었던 것으로 보이는 관점처럼 그리스와 라틴 교부들 모두 마태복음 28장 18-20절의 말씀이 그들과 그들의 시대에 대한 명령으로 적용되어야 한다는 자각을 하지 못했다.[28]

그러므로 초대 교회에서 기독교 세계가 성장한 것이 '사도적' 전략을 '의도적'으로 추구했기 때문이라고 볼 수 없다. 오히려 거기에는 변론가의 역할, 순교자(터툴리안은 교회의 씨앗은 그리스도인의 피[Semen est sanguis christianorum]라는 말을 덧붙였다)에 대한 박해와 그리스도인의 매일의 증거와 같은 많은 기여가 있었다. 이것들은 모두 기독교를 전파하는 효과적인 수단이었다.[29]

우리는 또한 사도 바울의 선교 이후에 교회가 강화되는 기간을 겪었다

---

27 Molland, "Besaß die Alte Kirche ein Missionsprogramm und bewußte Missionsmethoden?" 59-60; Foster, *After the Apostles*.

28 Molland, "Besaß die Alte Kirche ein Missionsprogramm und bewußte Missionsmethoden?" 62-63.

29 Tertullian, *Apologeticum* 50, 13; Molland, "Besaß die Alte Kirche ein Missionsprogramm und bewußte Missionsmethoden?" 65.

는 점도 주목해야 한다. 이 기간은 사도의 직무가 회중과 관련하여 목회 기능을 맡은 사람들에게 이양되었던 중요한 변화의 시기였다(예: 행 14:13; 20:28; 딤후 2:2). 개인은 안수를 통해 공식 임명되었으며 복음 사역을 충실하게 지속하도록 권고 받았다(예: 딤전 5:22; 6:11-16; 딛 1:5).

이에 대한 성경적 통찰력은 요한 게르하르트와 '비텐베르크의 교수진'이 공유했으며 이는 임의적이거나 이상한 주석적 입장이라고 무시되지 않았다. 벨츠와 사라비아의 요청은 '안수받은 성직자는 배치받은 곳에 남아 있어야 한다'는 성경적 관찰에 대한 상당히 그럴듯한 문제와 부딪쳤다.

그러나 '대항해 시대'(Age of Discovery)에 세계 곳곳에서 비옥한 영토가 발견되자마자 그런 교구 중심의 확장 개념으로는 이런 영토에 도달할 수 없다는 것이 분명해졌다. 복음에 대한 전 세계적 요청은 믿지 않는 세상에 대한 의도적인 사역으로 뒷받침되어야 했다. 올바른 복음 전파를 통해 사람들을 죄에서 구제하려는 동기는 실제로 이미 존재하는 교회 조직의 경계를 넘어 설교하고 가르칠 수 있는 개인을 보내는 것을 허용함으로써 선교사 직무를 세우는 전략을 필요로 했다.

4. 루터교 선교에서 안수받은 성직자의 사역

그러나 만약 루터교회가 그런 선교사 직무를 채택한다면 사역에 대한 제한된 이해를 넓힐 수 있는 무엇인가를 소개해야 할 것이다.

공식적인 부르심을 받은 종인 목회자의 전 세계에 대한 (선교) 사역을 선교사 사도직에 연결하게 된다면 사도적 사역이 여전히 독특하고 손상되지 않은 모습으로 유지될 수 있을까?

그것은 19세기에 가졌던 중요한 의문이었다.

아돌프 할리스(Adolf von Harless) 및 루드비히 함즈(Ludwig Harms)와 같은 루터교 신학자와 20세기의 조직신학자 피터 브루너(Peter Brunner)는 중요하고 획기적인 논거에 대한 책임을 맡았다. 그들 이전에는 루드비히 아돌프 페트리(Ludwig Adolf Petri), 빌헬름 뢰에(Wilhelm Lohe), 칼 그라울(Karl Graul)과 같은 19세기 신학자들이 선교사의 파송과 안수를 무시하려고 시도했다.

세 사람 모두 선교사는 여러 가지 면에서 파송 교회의 승인을 받은 사람이 아니라 자발적으로 가는 자원 봉사자(Gehlinge, 풋내기)라고 생각했다. 예를 들어, 빌헬름 뢰에는 목회 사역 후보자들을 미국 루터교회에 공급해 주는 중요한 일을 시작했는데 그는 그런 외국에서의 사역을 위해 자신이 훈련한 사람들을 자원 봉사자로 간주했다.

이때 목회 후보자는 현재 자신이 거주하고 있는 독일 교회의 회중이 아니라 자신이 파송 받을 미국 회중으로부터 사역을 위한 합법적인 절차와 안수를 받아야 했다. 뢰에는 또한 미시간에 기독교 정착민 공동체를 설립하는 전략을 선택했다. 그들 가운데 목회적 직무를 감당할 사람이 세워졌고 그리스도인들은 그 아래에서 일하고 해외에 복음을 증거하는 일을 했다.³⁰

많은 정착민이 복음을 외부인들에게 전하기 위해 목회자를 대동해야만 했던 식민지 선교 방식은 수도원 공동체를 통해 켈트족(Celtic) 선교에 흥미를 느낀 헤르만스부르크의 루드비히 함즈의 초기 선교 전략이 되었다. 아프리카 줄루족(Zulu)에 대한 그의 식민지 선교는 곧 개별 농장 소유자들에 의해 해체되었기 때문에 함즈는 헤르만스부르크의 선교회를 통해 하노버(Hannover) 복음주의 루터교회에 의해 안수받고 파송된 선교사들을 선택했다.

루터교의 선교가 형성되던 중요한 시기에 목회 사역에 전 세계적인 차원을 더해 줄 신학적 진보가 일어났다. 교회의 사역은 전 세계적인 의미를 지니고 있는데 이것이 오랫동안 루터교에서 명백하지 않았기 때문에 이를 밝혀야 할 필요가 있다. 한스 베르너 겐지헨은 다음과 같이 지적했다.

---

30 *Three Books about the Church*에서 빌헬름 뢰에의 '교회의 사도적 의미'에 대한 유용한 설명을 확인할 수 있다. Ratke, *Confession and Mission*, 42-43; Schulz, "Lutheran Debate over a Missionary Officer," 276-301. 참조.

사역에 대한 차이는 없으나 단지 상황의 차이가 있을 뿐이다. 종교개혁가들은 비기독교 환경에 그리스도인 회중이 존재하는 경우와 존재하지 않는 경우를 구별했다. 첫 번째의 경우 회중은 목사를 요청할 의무가 있으며 따라서 주변에 있는 기독교인과 비기독교인 모두에게 똑같이 복음을 전할 권위와 특권과 책임을 행사해야 한다.[31]

곧 교회의 직무에 관해 말한 선교적 목회와 '아우크스부르크 신앙고백서' 제5조와 제14조 사이의 연결이 이루어졌다. 할리스는 이 조항들에서 부름을 받은 선교사의 직무는 목사의 직무와 마찬가지로 신학적으로 합법적인 장소를 찾는다고 주장했다.

그들의(선교사) 지위와 관련하여 그것이 적절하고 기독교적이며 사도적인 부르심의 모든 표식을 지니고 있다는 사실을 무시하기는 어려울 것이다. 그들은 "너희는 세상으로 나아가라"라는 사도에 대한 주님의 부르심을 받는 자리에 있다. 그들은 자발적으로 가지는 않았지만 그들의 직무에 적합한 곳을 찾았고 또한 복음주의 루터교회에서 그렇게 할 수 있는 권리를 가지고 있는 사람들에 의해 그런 직무에 배치되었다.
교회는 신자들의 공동체이며 그들은 순수한 '말씀과 성례전'을 지키고 있으며 그런 공동체는 그들을 신앙고백에 대한 충성스러운 서약을 통해 밖으로 파송한다. … 우리는 '아우크스부르크 신앙고백서' 제14조의 의미에서 그들을 '정식으로 소명 받은 자'(rite vocatus)로 간주하지 못하게 하는 어떤 부적합한 것도 찾을 수 없다.[32]

그때 이후로 루터교 선교회는 교회의 합법화된 기관이 되었고 교회는 이제 선교회를 위해 선교사를 선임하고 안수하고 파송하게 되었다. 선교

---

31 Gensichen, "Were the Reformers Indifferent to Missions?" 124.
32 Aagaard, *Mission, Konfession, Kirche*, 2:718.

사들에게 제공되는 이 외적 교회 지원은 믿음 선교(Faith Mission)가 가진 특성처럼 내적인 부르심에 근거하여서 선교사의 직무를 개인적으로 요청하는 것을 금지한다는 점에서 매우 중요하다. 선교학자인 월터 홀스텐은 이렇게 주장했다.

> 선교사는 반드시 정식으로 소명 받은 자여야 한다. 개인적인 소명 체험은 충분한 정당성을 보증받지 못한다. 본질적으로 독립적인 형태의 선교사로 봉사할 권리는 거부되며 선교회에 소속된 선교사의 지위는 그의 소명이나 위임이 교회로부터 의도적으로 분리되려는 선교회와 연결되려고 하지 않는 한 합법적이며 여기에서의 교회는 복음의 올바른 선포와 성례전을 베푸는 것 외에는 달리 보여줄 표지(*notae*)가 없다.[33]

한 사람을 교회의 설교하는 직무를 위하여 안수하는 원칙은 여전히 루터교 선교를 위해 실시하고 있다. 1894년 미주리주의 세인트 찰스(St. Charles)에서 열린 중요한 대회에서 '루터교회 미주리총회'(LCMS)는 테오도르 내터(Theodor Naether)와 프란츠 몬(Franz Mohn)을 인도로의 첫 해외 선교사로 공식 파송했다. 교회에 의해 파송된 그들은 교회를 책임지는 것은 물론 몬이 귀국하려 했을 때 그는 미주리총회의 목사로서 소환되었다.

선교사 직무에 대한 이런 교회적 뒷받침은 주님이 교회에 주신 임무로서의 대위임령 해석과 일치한다. 그 임무는 주님이 사도들에게 주신 선포와 세례의 사역을 가리키며 이것은 오늘날에도 여전히 교회를 통해 계속되고 있다. 여기서는 종종 교회에 부여된 직무에 대해 추상적으로,(*in abstracto*) 즉 역사적인 목사 직무보다 더 광범위하게 이야기하지만 이것은 연속성을 갖고 그렇게 이야기한다.

이 직무에 대한 보다 추상적인 이해는 안수받은 목회자의 구체적인 활동뿐만 아니라 교회 직무의 기능을 담당하는 선교사의 구체적인 활동도

---

33 Holsten, "Die lutherische Kirche als Träger der Sendung," 14.

예상한다.³⁴ 그리스도의 위임을 통해 제시된 사도들의 원래 형태의 사역은 이제 목회자와 선교사들의 사역을 통해 교회 생활에 온전히 적용되고 설명된다는 것을 알게 되었다. 따라서 빌헬름 마우러는 이렇게 결론을 내렸다.

> 확실한 것은 선교사의 직무는 교회의 설교하는 직무이며 그런 점에서 목사와 다르지 않다는 것이다.³⁵

그러나 교회는 선교사의 직무를 (이방인에게 복음을 전하는) 한 종류의 사역으로 이해하지 않는다. 즉, 그것은 교회가 목회를 할 수 없는 사람들을 위해 그 일을 대신할 누군가를 찾아야 하는데 그런 필요는 선교사 개인을 복음 사역의 자리에 있도록 했다. 이처럼 교회는 거룩한 필요와 특권에 따라 응답한다. 따라서 루터교 신앙고백은 교회가 목회적 직무에 적용하는 것을 선교사들에게도 동일하게 적용함을 분명히 상기시켜 준다.³⁶

---

34 나는 이 부분에 대해 슐츠에 동의한다. "선교적 상황에서 루터교의 이해에 따른 영적 직무"(Das geistliche Amt nach lutherischem Verständnis in der missionarischen Situation,) 164-165, 그리고 Kimme, 교회와 교회의 선교 "Die Kirche und ihre Sendung," 100. 로버트 프레우스(Robert Preus)는 '아우크스부르크 신앙고백서' 제5조의 구체적인 측면을 주장하는데, 그것은 "구체적으로 목사의 실제 설교를 암시할 뿐만 아니라 그것을 이미 수반하고 있다는 것이다." (Preus, *Doctrine of the Call in the Confessions and Lutheran Orthodoxy*, 3 n. 3). '아우크스부르크 신앙고백서' 제5조에서 직무의 올바른 해석에 대한 토론은 따를 가치가 있다.
빌헬름 마우러는 *Historical Commentary on the Augsburg Confession*, 355쪽에서 '아우크스부르크 신앙고백서' 제5조가 '만인 사제직'을 포함하고 있다고 그 범위를 확대하고자 했다. 그것은 윌프레드 조에스트(Wilfried Joest)의 "Amt und Ordination," 77, 80쪽에서 적용되었다. Fagerberg, *New Look at the Lutheran Confessions*, 226-38쪽에서는 대신 '아우크스부르크 신앙고백서' 제5조에서의 특별 직무를 주장한다.
최근의 공헌자인 군터 벤츠(Gunther Wenz)의 *Theologie der Bekenntmsschnften der evangelisch-lutherischen Kirche*, 2:321-28쪽에서도 마찬가지다. "그러므로 결론은, '아우크스부르크 신앙고백서' 제5조(*Confessio Augustana*)에서의 교회 사역은 제14조에서의 안수 받은 직위 이외의 다른 직무가 아니라는 것을 제안한다" (325).

35 Maurer, "Der lutherische Beitrag zur Weltmission," 185: "한가지 확실한 점은 선교사도 교회의 설교하는 직무(*rite vocatus*)이므로 교구 사제와 다르지 않다는 것이다."

36 Elfers, "Amt und Ämter in der Mission," 36.

교회는 목회자를 임명할 권한을 가지고 있으며 이 임명된 사람들을 통해 하나님은 전파하고 일하실 것이다. '그리스도의 자리에서 그리스도를 대신하는 대리자로서'의 그 사역의 현직자들은 교회의 이름으로 행동하는 것뿐만 아니라 그것이 그리스도의 명령이기 때문에 그들이 전하는 말씀을 듣는 사람들은 그리스도의 음성을 듣는다는 사실을 확신하게 된다(눅 10:16).[37]

그러므로 비록 평신도의 봉사로 대체될 수는 없지만 이를 통해 보완되는 질서 있고 체계적인 사역은 교회들에게 선교에 대한 의무를 각인시켜 준다.『하나님의 선교 함께하기』를 통해 1988년에 발표된 선교에 대한 진술에서 '루터교세계연맹'(LWF)은 교회의 선교에 관한 중요한 구조를 묘사함으로써 이런 문제에 대한 찬사를 전했다.

> 그러나 교회의 모든 사역 가운데 '말씀과 성례전'은 은혜의 수단으로서의 책임을 지고 있기 때문에 특별한 장소를 차지한다. '아우크스부르크 신앙고백서'에는 '사람들에게 믿음을 가져다줄 수 있도록 '말씀과 성례전'의 사역이 주어졌다'라고 명시되어 있다.[38]

특히, 미국의 상황에서는 교회에서 설교하는 직무를 선교 사역으로 간주하는 것을 거부하는 빈번한 해석학적 논쟁 때문에 루터교회는 그 구조를 유지하는 데 도전을 받았다. 사실 교회에서 목회 사역이 필요하다는 것을 성경을 통해 분명히 지적한다면(행 14:13; 20:18, 28; 딤전 5:2; 딤후 2:2; 6:11-16; 딛 1:5) 비판적인 목소리는 이와 정반대의 주장을 할 것이다.[39]

---

[37] Ap VII 28 (BSLK, 240; Tappert, 173). Ap XIII 12 (Tappert, 212); Tr 24, 67 (Tappert, 324, 331).
[38] LWF, *Together in God's Mission*, 14 (p. 12 n. 24 참조).
[39] 복음주의 선교학자들은 성직의 패러다임에 대한 반대에 있어서 매우 노골적이다. 예를 들어, 교회 성장과 전도 프로그램으로 유명한 켄튀르키예에 있는 애즈베리 신학교의 조지 헌터 3세 교수는 자신의 책, "위임받은 평신도를 통한 사도적 목회(apostolic ministry through an empowered laity)"라는 장에서 안수 받은 사람들과 평신도 사이의 "2개의 계층"으로 구분된 대위임령에 대한 생각을 거부한다.
"신약은 우리에게 성직자와 평신도, 전문가와 아마추어, 선수와 관중 사이에 인공적이

따라서 루터주의는 성경적이고 고백적인 증거 안에 성실하게 남아 있으려는 노력에 있어 도전을 받으며 그런 우려를 명확히 하기 위해 루터교 신학자 피터 브루너(Peter Brunner, 1900-1982)가 제공한 유용한 주장을 간단히 살펴보도록 하자.

5. 선교사에서 목사로

브루너는 이 주제에 대한 그의 두 에세이 『감독의 직무』(*Vom Amt des Bischofs*, 1955)와 『구원과 직무』(*Das Heil und das Amt*, 1959)[40]에서 교회가 여전히 사도적 선교사 직무를 소유하고 있다고 확언했다. 교회는 사도적이고 전 세계적인 복음을 세상에 전하기 위해 '파송'된 곳이라는 의미에서, 하나님의 교회는 '사도직'을 가지고 있다. 따라서 교회는 복음과 관련된 두 가지 형태의 사역을 소유하고 있다.

첫째, 복음이 세상에 전파됨으로써 새로운 교인이 그리스도의 몸에 추가된다.

둘째, 이 복음 사역은 선포된 말씀과 제단의 성례(Sacrament of the Altar: 예수 그리스도의 참된 몸과 참된 피의 성례) 주위에 정기적으로 모이는 모든 사람을 양육한다.

'선교 지향적'(혹은 외부적)인 복음 사역과 '말씀과 성례전'을 통해 모든 신자에게 봉사하는 '내부적인' 것에 전념하는 사역 모두 교회에 주어진 것이며 그것은 교회의 본질에 속하는 것이다. 교회가 전파하고 가르치

고 비극적인 분열을 가하지 않았다. 그것은 나중에, 즉 교회의 정경화 작업 이후에 나온 것이다"(Radical Outreach, 100). Van Engen, *Mission on the Way*, 247-48, 그리고 Van Rheenen, *Missions*, 164-74쪽은 이와 비슷한 주장을 했다.

40 Brunner, *Pro Ecclesia*, 1:235-92, 293-309.

는 사역을 수행할 개인을 파송하지 않음으로써 자신의 선교 직무를 소홀히 한다면 교회는 자신에게 주어진 거룩한 명령을 어기거나 무시하고 자신의 본성과 본질을 거부하게 되는 것이다.

따라서 브루너는 세례와 승인으로 말미암아 복음에 대한 의무감을 가진 모든 신자가 취하는 '증거와 생활을 통한 일반적인 선교 방식'에 교회가 만족하지 못할 수도 있다고 보았다. 모든 그리스도인은 주님의 명령을 따라야 하지만 이는 교회의 구체적인 승인이 없이 이뤄진 방식으로 그렇게 할 수 있다.

하지만 브루너에게 있어서 주님의 명령은 특정 개인이 겉으로 드러나는 실제 선교사의 모습으로 구별되었을 때 진정으로 성취된다. 그러므로 교회는 '말씀과 성례전' 주위에 모인 회중의 목자로 개인을 배치할 뿐만 아니라 또한 복음 전하는 자를 세상에 파견함으로써 주님의 보편적 명령을 수행하기도 한다. 개인에게서의 이런 두 가지 다른 장소(교회 안과 세상)에 대한 요구는 교회의 본질이자 구조의 한 부분이다.

브루너에 따르면 그런 선교 과업을 위해 구별된 사람은 교회와 예수 그리스도의 합법적인 대표자이며 둘 다의 권위에 따라 행동한다.[41] 그리스도께서 그런 파송이 일어나기를 원하시기 때문에 교회는 신성한 권리(de iure divino: kraft göttlichen Rechtes, 하나님의 법)로 그렇게 할 수 있는 권한을 가지며 또한 그런 부르심 때문에 선교사는 교회가 목사에게 한 것처럼 자신에게 주어진 거룩하게 제정된 합법적인 직무 안에서 자신의 위치를 발견한다.[42]

그의 글 〈구원과 직무〉(Das Heil und das Amt)에서 눈에 띄는 특징 중 하나는 브루너가 선교사 직무를 하나님에 의해 승인된 구원의 계획(Heilsplan) 안에 두었다는 것이다. 그것은 복음의 구두적 선포, 세례, 성찬, 죄의 용서

---

41 Brunner, *Pro Ecclesia*, 1:280-81.
42 Brunner, *Pro Ecclesia*, 1:281, 304. 헬무트 리베르크(Hellmut Lieberg)는 또한 '직접적인 부르심'과 '간접적인 부르심'은 모두 '하나님의 부르심'이라고 주장한다. *Amt und Ordination*, 144.

라는 복음의 네 가지 특성을 다룬다. 네 가지 형태는 모두 임의로 배열된 것이 아니라 체계나 논리적인 순서를 나타낸다.

그것은 민족들에게로의 복음 선포로 시작된다. 사람들이 복음을 듣고 나면 그들은 믿게 되고 세례를 받는다. 그런 다음 그들은 모이게 되고 함께 성찬을 나눈다. 그들은 그리스도인으로서의 생애 동안 회개하고 죄의 용서를 받는다.[43] 다시 말해서 브루너는 복음을 구원론적 순서대로 제시한다. 가장 중요한 것은 모든 형태의 이런 복음은 교회에게 주어진 사역과 관련이 있다는 것이다.

그러나 브루너는 이 하나님이 제정하신 직분을 단지 목사의 교구적 직무와 동일시하지만은 않았다.[44] 복음이 전 세계적 차원을 갖는 것처럼 교회 사역도 마찬가지이다. 그러므로 사역에는 선교와 목양이라는 두 가지 기능이 있다. 오늘날 그들은 자신의 뿌리를 부활하신 주님의 부르심, 권한 부여, 그리고 파송에 둔다.

그러나 사도들과 달리 주님은 선교사와 목자에게 즉시 직무를 맡기지 않으셨다. 그는 '모이는 교회'라는 매개를 통해 그렇게 하셨다.[45] 그리고 그런 매개에도 불구하고 교회의 사역은 여전히 '그리스도가 명령하고 제정하신 것을 성취'한다는 점에서 사역에 대한 '직접'적인 차원이 있다. 이것은 선교사를 부르고 파송하는 것이 교회의 임의적인 생각에 의존하지 않고 교회는 '항상' 선교사를 파송해야 한다는 것을 의미한다.

이것은 또한 그 명령을 수행하는 모든 그리스도인의 역할을 단념시키지 않는다. 하나는 다른 것을 대체할 수 없고 대신에 그것들은 서로를 보완한다.[46] 교회의 사역은 선교적 차원을 지니고 있으므로 선교는 교회 본질의 일부이다. 사실 세상에 하나님의 말씀을 선포하는 것, 즉 '외부에 복음을 전파하고 하나님의 말씀을 가르치는 직무'는 '회중의 내부에서 작용하

---

43 Brunner, *Pro Ecclesia*, 1:297.
44 Brunner, *Pro Ecclesia*, 1:304.
45 Brunner, *Pro Ecclesia*, 1:306.
46 Brunner, *Pro Ecclesia*, 1:303.

는' 목회 또는 목양 활동으로 이어진다.[47]

그러므로 비록 선교사와 목자의 직무가 각각 다르지만 이것들은 서로 분리될 수 없다. 선교사는 청중을 모아 복음을 통해 신앙을 갖게 하는 그의 초기 임무와 목표를 일시적으로 추구할 것이다.[48] 일단 믿음이 생기면 세례를 받게 되고 그 이후에 회중은 강화되고 목자 역할은 계속된다. 세례받은 공동체는 예배에 동참하고 주의 만찬을 축하하며 더 영적인 감독과 돌봄이 요청된다.[49]

브루너는 이제 중요한 질문을 제기한다.

선교사는 자신의 역할을 언제 중단하는가?

브루너는 선교사가 새로 세례받은 회원들과 함께 있는 한 그는 목자의 역할도 수행해야 한다고 믿었다. 실제로 선교사의 직무는 필연적으로 목자의 직무로 발전하게 된다. 하나는 다른 하나로 이어진다. 지역 사회에서 목자의 기능은 계속 그곳에 머물기로 결정한 선교사에게 이어지는 것이다. 그러나 그 시점에서 선교사에서 목자로 역할 전환을 했다고 해서 선교사의 의무를 잃게 되는 것은 아니다.

새로운 의무가 분명히 생겼지만 세상에 복음을 선포하라는 부르심은 여전히 그리스도의 몸을 세우고 목양하는 목사의 직무에 내재적으로 남아 있다. 그런 맥락에서 목자는 여전히 자신의 무리 바로 주변에 거주하는 아직 세례받지 않은 사람들에게 복음을 증거할 의무를 가지고 있다. 목자의 선교 과업에 대한 의무와 연관성은 사도들의 직무에 그 뿌리를 두고 있는데 이 사도들은 회중의 목자로서 때때로 이방인들 사이에서 선교사로 봉사했다.[50]

마지막으로 브루너는 목사의 직무가 모든 교인의 선교 의무로 보완된다

---

47   Brunner, *Pro Ecclesia*, 1:252, 306.
48   Brunner, *Pro Ecclesia*, 1:302.
49   Brunner, *Pro Ecclesia*, 1:304
50   Brunner, *Pro Ecclesia*, 1:306, 283. 사도 베드로와 바울이 수행한 임무를 통해 '하나님의 말씀을 섬기는 직무(ministerium verbi)'에 대한 이 두 가지 기능적 설명을 엿볼 수 있다 (Witte, "Kirche als Ziel der Sendung," 20).

는 것을 본다. 모든 그리스도인은 주님의 구원 행위에 대한 증인의 역할을 맡아야 한다. 그리고 선교사가 새로 형성된 회중과 함께 남아 있는 한 그는 그들을 사도적 말씀으로 인도하고 그의 회중이 진실로 다른 사람들에게 그것을 증거하는 것을 보게 될 것이다. 따라서 궁극적으로 선교사가 있든 목자가 있든 그 여부와 상관없이 교회에 부여된 사역이나 직무는 모든 세대에게 복음을 지키고 고백하는 데 주도적인 역할을 담당하는 것이다.[51]

6. 현재의 역할 변화와 선교사의 의무

위의 토론은 교회의 사역과 주님의 구원 계획 가운데 있는 사람들의 봉사를 강조한다. 교회는 교회 생활과 선교에 있어서 목회 사역의 가치를 훼손하기보다는 긍정해야 한다. 루터교는 신학과 실천에 있어 성직자와 평신도 모두의 섬김에 대한 정당성을 제시할 수 있는, 즉 선교의 통합적 이해에 대해 긍정할 수 있는 특별한 이점이 있다.[52]

또한, 선교사의 의무에는 선포하고 가르치고 세례를 베푸는 활동적인 사역이 포함되어야 한다는 점도 분명히 해야 한다. 다음의 정의는 이런 특정 구성 요소들을 명시적으로 언급하지는 않지만, 복음을 전하는 사역을 위한 파송 및 교회 개척 요소에 중점을 둔다.

> 선교사는 교회의 파송 받은 종으로서, 기존의 교회와 협력하거나 또는 이전에 개척된 적이 없던 곳에 교회를 개척하려는 의도를 갖고 복음을 선포하기 위해 한동안 자신의 환경을 떠난 사람이다.[53]

---

51 Brunner, *Pro Ecclesia*, 1:304-5.
52 Bliese and Van Gelder, *Evangelizing Church*, 43.
53 복음주의 루터교 선교사 피터 바이어하우스는 그의 기사 "Missionar I (Evangelisch)" 278쪽에서 이 정의를 제공한다. 하지만 이 사전의 영어 번역(Muller and Sundermeier, *Dictionary of Mission*)에서는 그의 이런 기사가 빠져 있는데, 바이어하우스가 여기서 정의한 것처럼 그것은 선교사 직무에 대한 논쟁의 실례를 보여 준다.

오늘날에는 선교사가 누구이며 무엇을 해야 하는지에 관한 합의된 논의가 없다. 과거의 개척자 모델과는 달리 오늘날의 선교사들은 세례, 설교 및 기타 목회 기능을 통해 교회를 개척하는 일에 그리 많이 참여하지 않는다.

오히려 선교사는 현지인 지도자를 세워 그들이 그리스도의 몸을 세우는 목회적 기능을 담당하게 하는 교육자다.

그런 변화는 무엇을 설명하는가?

선교사의 실수는 이런 변화 중 일부를 필요하게 했으며, 이전에 선교사가 있던 지역에서 젊은 협력 교회가 등장하기 시작했음을 보여 준다. 현지인 목사에게 지도력을 이양해야 하는 과도기 단계는 종종 긴장을 유발했다. 선교사는 선교지에서 일반적으로 그들이 환영하는 것 이상의 너무 오랜 기간을 머물렀으며 신생 교회 지도자로서의 특권적 지위 또한 마지못해 단념했다. 이런 문제들은 교정이 필요했다. 이것은 선교사의 과업이 가르치는 일로 바뀌어 가는 것을 부분적으로 설명해 준다.

7. 복음주의의 영향

이런 변화의 또 다른 이유는 빠른 성장에 대한 열망과 관련이 있다. 성장을 촉진하는 전략에 관한 관심은 "교회 성장운동"의 창시자인 도널드 맥가브란이 이를 주창한 이후로 개신교의 중요한 일부가 되었다.[54] 과거에

---

54 McGavran, *Understanding Church Growth*. 제임스 쉐러는 철학의 근본적인 움직임을 간결하게 포착한다. "하나님은 그리스도인들의 숫자적 성장을 바라실 것이다 … 교회의 성장을 지원하거나 방해하는 요인은 학제 간 연구 방법을 통해 분석할 수 있다. 교회는 보통 10년 안에 최소한 50퍼센트의 성장을 보여야 한다. 선교부는 다른 함정에 빠지지 않도록 빠르게 성장하는 교회에 그들의 자원을 집중시켜야 한다"(*Gospel, Church and Kingdom*, 178).

분명히 모든 복음주의자를 교회 성장운동의 지지자들과 같은 진영에 배치하는 것은 불공평할 것이다. 예를 들어 Evangelikale Missiologie라는 저널로 알려진 (AfeM) 유럽 조직 Arbeitskreis fur Evangelikale Missiologie e.V.는 그 운동에 대한 비판적 관찰을 반복적으로 제공한다. '이머징교회운동'은 숫자에만 집중하기보다는 복음의 본질과 교회의 전통을 되찾는 방향으로 인정받아야 한다.

선교사들은 성장이나 지역 회중의 빠른 증가에 거의 중점을 두지 않고 하나 또는 두 개 그룹의 단일 회중에 연결되어 사역을 해 왔다.

이런 상황을 해결하기 위해 '지도력 개발'이라는 전략적이고 신학적인 개념이 도입되었는데 이것은 선교사가 교사 역할을 하게 되고 현지인 지도력을 키우는 의무를 갖게 된 것이다. 그들의 임무는 특히 수십 년 전 개척자 선교 시대에 자신이 지도자로 양성되었던 것과 동일한 사역을 위해 그런 현지 지도자들을 훈련시키고 준비시키는 데 적합하다.

복음주의자인 가일린 벤 리넨(Gailyn Van Rheenen)은 이 프로그램의 열렬한 주창자이며 그는 과거의 선교사들은 이 임무에 대해 무관심했다고 믿고 있다.

> [그들은] 회심자가 재생산되도록 훈련하지 않았다. 그들은 다른 교회를 세우기 위해 지도자들을 훈련하지 않았다.[55]

신학교를 통한 전통적인 목회 지도자 양성부터 지역 회중 교육에 이르기까지 이 접근법은 일반적으로 지방 분권 교육을 통해 시행했다. '신학 연장 교육'(TEE)과 같은 전략은 회중적 차원에서 현장을 중심으로 현지인 지도자를 양성하며 그런 지도자들은 직업과 목회를 병행함으로써 자신과 가족을 부양하며 살 수 있다.

여러 가지 측면에서 이런 새로운 교육 모델은 '실습을 통한 학습'에 중점을 둔다. 그들은 안수를 위한 신학교 과정을 위해 몇 명의 개인을 즉시 선발하여 빼내지(한곳으로 모으지) 않고 자신이 거주하는 '내부'(in)에서 사역을 진행하는 것을 이상으로 장려하고 있다. 오히려 그것은 가능한 한 더 많은 학생을 포함시키기 위해 기초 집단(base group)을 확장하려고 한다.

미국의 대부분의 교단은 큰 확신을 가지고 이 새로운 패러다임을 장려하는 것 같다. 따라서 그것은 안수받은 선교사들의 역할뿐만 아니라 제3

---

55 Van Rheenen, *Missions*, 148.

교육 기관의 교육적 성격에 의문을 제기함으로써 세계적인 선교 전략에 영향을 미친다.[56] 종종 목회를 시작하기 위한 조건으로 더 이상 인준된 교육 기관에서 상위 학위를 받고 안수를 통해 교회의 승인을 받을 필요가 없게 되었다.

즉, 그 기준이 낮아졌으며 심지어 완전히 없어졌다. 이런 새로운 포괄적 사역 패러다임의 주창자 중의 한 명은 복음주의자인 찰스 반 엔겐(Charles Van Engen)이다.

> 이런 패러다임의 목적은 교회를 이끌 수 있는 지도자들을 양성하는 것이다. 이를 위하여 안수, 기능, 직업, 합법성, 또는 때때로 신학 교육에 대한 우리의 관점을 흐리게 하는 여러 가지 문제에 중점을 두지 않는다. … 그리고 안수는 교회에서 직책 또는 기능을 수행하기 위한 필수 조건으로 필요하기보다는 사역에서 교회가 은사를 집단적으로 승인하는 것과 관련된 것이다.[57]

복음주의자들이 선택한 이런 접근법은 일부 루터교회에서도 호소력을 가질 수 있다. 그러나 그것을 무방비로 채택하는 것은 안수받은 사람의 사역과 평신도의 사역을 구별하는 루터교의 선교 구조를 파괴할 것이다.[58]

루터교회는 "정식으로 소명 받은 목회자(rite vocatus)가 아닌 이상 아무 교회에서나 공개적으로 가르치거나 성례전을 집행해서는 안 된다"[59]는 '아우크스부르크 신앙고백서' 제14항이 규정하는 것을 지지해야 하는 신앙고백에 대한 의무를 갖고 있으므로 그 구조를 쉽게 무시할 수 없다. 루

---

56 Lienemann-Perrin, "Theological Education," 428; Guder, *Missionai Church*, 217. 참조.
57 Van Engen, *Mission on the Way*, 250-52.
58 켄트 헌터(Kent R. Hunter)는 이 도전적인 진술을 *Foundations for Church Growth*, 65쪽에서 제공한다. "목사는 거룩한 제사장직의 목자로 부름 받았지만 그는 양을 치기 위한 사역을 위해 거기에 있지 않다. 목사는 어쨌든 양을 번식하지 않는다. 양이 양을 번식시킨다. 선교와 사역은 사람들에게 속한다. 목사는 사람들을 훈련시키는 훈련자로 그 자리에 있다. 목사는 그 일의 코치와 같다. 그는 사역을 하지만 그의 주요 책임은 이 사역(번식)을 하도록 그리스도인들을 훈련시키는 것이다."
59 AC XIV (Kolb-Wengert, 47).

터교 선교는 그런 구별에 세심한 주의를 기울여야만 한다.

8. 해결책 제시

선교사와 그들의 선교 전략에 대한 과거의 실수를 검토해 보면 우리는 왜 자격을 갖추고 훈련받은 선교사가 여전히 필요한지에 대해 의문을 갖게 될 것이다. '지도력 개발' 패러다임의 명백한 단점 중 하나는 선교사를 지역 회중의 상황과 분리하고 그를 지도자들의 훈련자로서 책임을 맡은 '교실 환경'에 배치하는 것이다.

분명히 선교사들의 과거 업적에 대한 비판적 검토는 그들이 현지에 너무 오래 머물렀고 그곳에서 친권주의적 구조를 만드는 경향이 있음을 보여 주었는데 이것은 현지인 공동체의 삶과 그들이 독립할 수 있는 길을 억눌렀다. 이런 점들은 새로운 패러다임이 교정하기를 원하는 위험 요소이다. 주님은 선교적 위임을 통해 죄의 용서를 위한 회개에 관한 설교(요 20:23)와 새로 회심한 모든 사람에게 교리를 가르치고 세례를 베풀(눅 24:45-49; 마 28:18-20) 것을 요구하셨다.

그렇다면 선교사들의 과거 업적에 대한 비판들을 극복하고 이런 주님의 요청에 응답하기 위해 선교사 직무에 있어 얼마나 많은 조정이 필요한가?

분명히 신학 교육과 현지인 성직자를 양성하는 것은 선교에서 핵심적인 과업이며 목회 후보자 교육을 위한 성격은 상황에 따라 조정되어야 한다. 그러나 선교사들이 온전하게 가르침 사역만을 하도록 성경적으로 제안하는 설득력 있는 주장이 없다. 또한, 성경은 안수를 통해 목회적 지도자의 역할을 할 수 있는 현지인 지도자를 요구한다(행 14:21-23 ; 딤전 4:14).

이 안수는 후보자의 영적 성숙도와 능력을 조심스럽게 확인하는 신중한 선택 과정을 따른다(딤전 5:22). 로랜드 알렌(Roland Allen)은 선교사들에게 토착 교회를 개척하는 과정을 가속화하라고 권고하지만 목회 사역을 위해 적법하게 안수받은 지도자가 없으면 그곳을 떠나지 말라고 경고한다.

장로를 안수해야 하는 중요성이 여기에 있는데 교회가 장로를 세우는 것은 단지 지도자를 갖추는 것일 뿐만 아니라 성례전을 올바르게 집행할 사람을 임명하는 것이기도 하며 이것이 없이는 영적인 삶이 굶주리게 되며 사역의 확장 또한 어려워지게 된다.[60]

우리는 진자의 추가 그 중심에서 반대쪽으로 너무 멀리 이동했음을 감지하게 된다. 선교사 대다수가 교사로 전환하려는 변화는 그들이 다른 사람들에게 복음을 전파하고 세례를 주는 고전적인 임무를 포기했음을 의미하며 이는 특히 목회 후보자 교육과 안수에 있어 그들을 선발하는 기준을 (완전히 없애지 않았다면) 낮추게 되는 결과를 가져왔다.

과거의 잘못에 대한 처우는 공정해야 하지만 초기 선교사들의 긍정적인 기여 또한 인정해야 한다. 헨리 벤과 루퍼스 앤더슨이 19세기 후반에 "자치, 자립, 자전"의 기준을 세우고 난 이후 해외 선교사들은 토착민 지도자를 양성하는 목표를 추구해야 한다는 생각이 분명해졌다. 20세기 후반에 들어와서 선교사들이 현지에 거주할 수 있는 기간이 제한되기 시작하면서 철수 전략이 더욱 중요해지고 필요하게 되었다.

그러므로 선교 전략에 관한 문제는 현지 지도력의 설립을 거부하는 것이 아니라 그들이 설교, 번역, 세례 및 교리 교육과 같은 활동을 잘 수행하도록 어떻게 도움을 줄지에 관한 것이었다. 이것들은 또한 선교에서도 틀림없는 핵심 사항이었기 때문에 주의가 필요했다.

선교사는 이전에 없었던 것들을 선교지로 가져간 장본인이기 때문에 만약 현지 교회에 계속 남아 있어야 한다면 그는 사도적 말씀의 올바른 집행에 대한 책임을 갖게 된다. 지도력을 이양해야 할 때가 되었을 때 선교사는 부름을 받고 안수받은 사람에게만 목회를 맡겨야 한다. 분명히 전 세계적으로 변화하는 상황은 선교사 역할에 대한 이해에 중대한 영향을 미쳤다.

다시 말해서, 모든 대륙에 새로이 설립된 교회들이 있으므로 현지인이

---

60 Allen, *Missionary Methods*, 103.

지도자 역할을 맡게 될 때 해외 선교사의 개척 선교 참여는 더 이상 필요하지 않은 것 같다. 따라서 선교사는 일반적으로 선교위원회나 감독 파견기관과 계약을 맺고 해외 봉사 프로젝트가 요청되는 곳의 협력 교회에 고용되게 된다. 따라서 여러 가지 면에서 선교사는 필요한 경우 광범위한 직무를 수행할 수 있을 정도로 다재다능한 팔방미인이 되어야 한다.

그러나 파트너 교회와의 협력에 있어서 회중 가운데 여전히 중요한 선교적 차원을 추구하면서도 선교사나 목사의 역할을 감당할 수는 없는가?

예배하고 증거하는 공동체라는 맥락에서 선교 사역을 위한 자리는 전략적인 의미를 부여해 준다. 한 학자는 이렇게 주장했다.

> 기본적으로 선교사의 사역을 위한 신학적 장소는 회중과 교회에 있으며 그곳에서 그는 은혜의 수단을 통해 교회를 섬긴다.[61]

최근 몇 년간 '단기 자원봉사 선교 사역'(단기선교)의 출현으로 선교 관행이 바뀌었다. 이 프로젝트는 직업 선교사 모집과 후원에 영향을 미쳤다. 수년간 단기 임무를 수행하는 사람들은 결국 직업 선교사로 돌아올 것이라 기대되었다. 최근의 연구에서 알 수 있듯이 이런 기대는 아직 실현되지 않았다.[62]

전 세계 복음주의운동의 지도자인 존 스토트(John Stott, 1921-2011)가 「크리스천 투데이」(Christianity Today)에서 강력히 주장했듯이 확실히 단기운동은 교회의 선교에서 중요한 틈새를 채우지만 장기적인 직업 선교사의 역할을 대신할 수는 없다. 스토트는 다음과 같이 말한다.

61　Stolle, "Ober die Zielsetzung organisierter Missionsarbeit," 135: "그러므로 원칙적으로 선교사 직무의 신학적 장소는 회중과 교회에 있으며, 그는 거기서 은혜의 수단을 통해 봉사한다."

62　Priest 외, "Researching the Short-Term Mission Movement," 431-50.

효과적인 교차 문화 선교사가 되려면 '그 나라의 국민으로' 여겨지기 위해 단순히 언어와 문화만 최소 10년 이상 배울 필요가 있다.[63]

그는 문화적 관점에서 선교사의 봉사 기간을 주장하지만 선교사 사역의 신학적 특성 또한 그가 말한 봉사 기간을 정의한다. 공식적인 파송을 통해 부르심을 받은 선교사는 하나님 말씀에 대한 적극적인 보호자이며 그리스도의 몸의 건축자로서 교회에 봉사한다. 이런 형태의 사역은 여기에 참여하는 모든 파트너 교회와 적절하게 협의한다면 충분히 가능하다.

아래의 도표는 현대 교회의 선교적 노력에 있어 사도적 목회가 지속하고 있음을 보여 준다. 그것은 맨 위에서 먼저 사도의 직무와 함께 시작된다. 다음으로 이것은 하나님이 교회에 주신 설교의 직무를 가리키는 데 따라서 이것은 그리스도로부터의 동일한 직접적인 부르심이 없이도 사도들의 선포가 계속되고 있음을 나타내며 그 권위는 치유와 오류 없는 말씀의 은사를 통해 명백히 드러난다.

목사와 선교사는 정식적인 부르심과 안수를 통해 그 자리에 배치되었기 때문에 그들은 이런 선포하는 직무에 종사하게 된다. 그들은 교리 문답 교사와 전도자와 같은 보조 임무를 감당할 사람을 요청할 수도 있다. 또한 평신도들의 증거는 세상에 스며들어 있으며 하나님의 선교를 위해 중요한 역할을 감당한다.

---

63 Stott, "Evangelism Plus," 94-99.

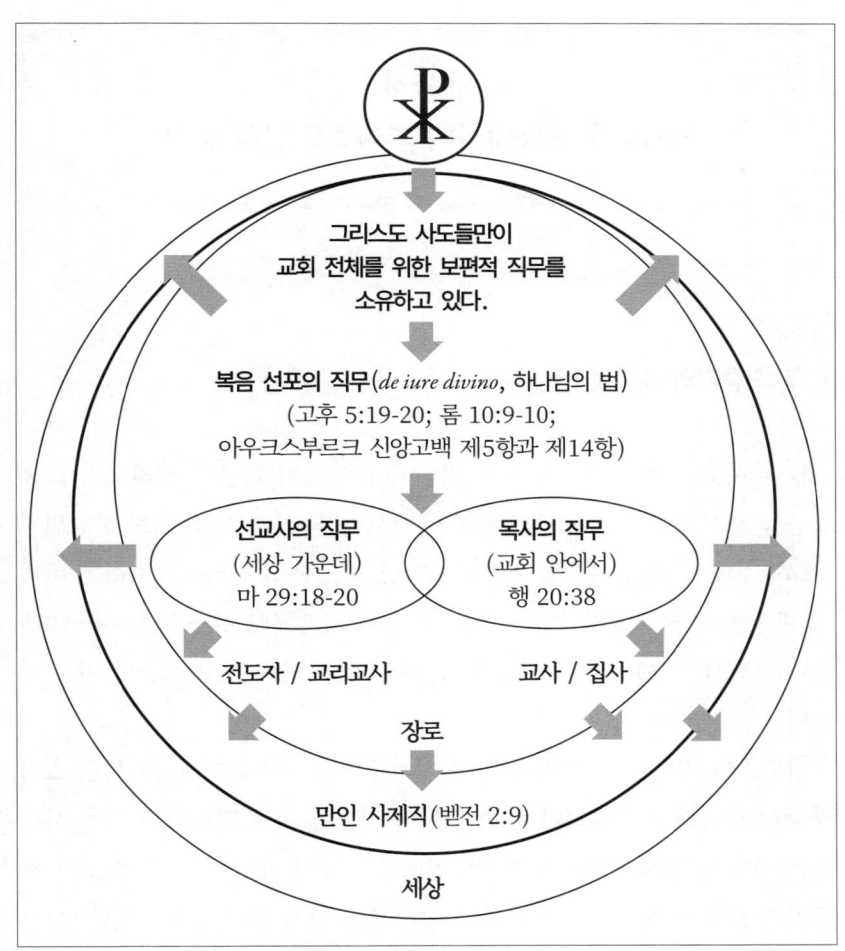

도표 6: 교회에서의 사도적 목회의 지속

제16장
종교 간 상황에서의 그리스도인의 증거

1. 복음 증거와 개인적 헌신

많은 사람은 선교사가 되려는 결의와 끊임없이 복음을 전하고자 하는 충동을 느끼게 된다. 두 가지 예시가 떠오른다. 먼저 미국 교회 선교위원회(ABCFM)는 1812년 2월 5일 아도니람 저드슨(Adoniram Judson)을 버마로 파송했다. 저드슨의 경험은 사도 바울이 여행에서 겪은 일을 떠올리게 한다(고후 11:16-33). 고된 노동, 투옥, 매질 및 죽음에 대한 노출 등이 그것이다.

저드슨이 버마에 상륙한 지 얼마 되지 않았을 때 버마 당국자들은 그가 영국 스파이라고 생각하여 감옥에 투옥시켰다. 이로 말미암아 그는 사랑하는 아내 낸시(Nancy)를 잃었으며 열병으로 그의 아이 또한 곧 죽었다. 한동안 저드슨은 정글에서 은둔자로 살면서 정신적 붕괴로 흔들렸다. 그는 과부였던 사라 보어드먼(Sarah Boardman)과 재혼했다. 그녀는 결혼 첫 10년 동안 8명의 아이를 낳았다.

1845년, 집을 떠난 지 33년 만에 저드슨은 처음으로 미국으로 돌아왔다. 돌아오는 도중 사라가 사망했다. 1846년 6월, 미국에서 체류하는 동안 저드슨은 에밀리 첩보크(Emily Chubbock)를 만나 결혼했고 버마로 함께 돌아왔다.[1] 슬프게도 그는 다시는 아버지를 보지 못할 세 명의 자녀를 미국에

---

[1] 전직 기자였던 에밀리 척벅은 선교사의 아내로서의 일상생활에 대해 썼다. 그녀는 "우리는 바퀴벌레, 딱정벌레, 도마뱀, 쥐, 개미, 모기 및 빈대와의 모든 공유를 통해 축복을 받았다"고 썼다. 마지막으로 목조 부분이 여전히 남아 있으며 개미는 자신의 집에

남겨 두고 왔다. 그와 사라가 버마에 남겨둔 다른 세 자녀 중 두 명은 그가 돌아올 때까지 기다렸다. 이 아이들은 어머니 사라에 대한 유아기 때의 기억만을 갖고 있었다.

아도니람 저드슨과 에밀리는 버마에서 3년간 함께 사역했다. 빈번한 질병은 그들에게 일상이었다. 에밀리는 두 명의 자녀를 낳았지만 마지막 자녀는 사산했다. 1850년 봄, 저드슨은 심하게 아팠으며 회복의 희망을 품고 미국을 향해 바다 항해를 떠났다. 그러나 그는 배에서 죽었다. 에밀리는 8월까지 남편의 사망 소식을 듣지 못했다. 이듬해 1월, 에밀리는 그녀의 어린 딸과 저드슨이 전 부인에게서 얻은 두 아들을 데리고 보스턴으로 항해했다. 에밀리는 3년 후 서른여섯 살의 나이로 사망했다.

1894년 10월 14일 일요일, 저드슨과 동일한 시나리오가 루터교 미주리 총회에서 처음으로 파송한 두 명의 해외 선교사 중 한 명인 테오도르 내터(Theodor Naether)의 삶에서 반복되었다. 그는 미주리총회에 의해 인도 크리슈나기리(Krishnagiri)로 파송되었다. 1899년, 그는 4일 간격으로 설사병 때문에 사망한 사랑하는 두 명의 자녀를 묻어 주어야 했다.

결실이 없이 9년 동안 고생을 한 끝에 내터는 1904년 서른일곱의 젊은 나이에 선페스트(bubonic plague)로 사망하게 된다. 내터의 사망 원인은 그가 선교기지에서 어린 소년을 묻어 주었을 때 선교 전염병에 옮았기 때문이다. 내터는 죽기 전에 다른 사람에게 자신의 전염병을 옮기지 않기 위해 깨끗한 수의를 입고 스스로 관에 누워서 누구도 그를 만지지 않고 죽을 수 있도록 했다.[2]

아도니람 저드슨과 테오도르 내터에 관한 내용은 복음을 위해 기꺼이 목숨을 바치려고 했던 개인들의 감동적인 실화이다. 그들은 평생을 건강

많이 몰려들었다고 기록했다. 내가 글을 쓴 이후로 아마도 20마리가 나의 원고를 넘어서 기어갔을 것이다. 바퀴벌레는 한 마리만 방문했다. 그러나 이 신사들의 방치는 이름 없는 모험가인 새끼손가락 크기의 검은 벌레 무리에 의해 완전히 점령되었다" (Tucker, *From Jerusalem to Irian Jaya*, 131).

2 내터의 생애는 Kirsten and Näther, *Unsere lutherische Mission in Indien*, 13-17쪽에 기록되어 있다.

보험은 물론 오늘날 선교사들에게 제공되는 편의 시설도 거의 없는 상황에서 사역했다. 그러나 가장 주목할 만한 것은 그들은 하나님과의 온전한 삶을 찾는 사람들에 대한 유일한 해답으로 복음에 대해 타협하지 않는 태도를 지니고 있었다.

2. 그리스도인의 증거와 기독교의 과거

선교사들의 이런 엄청난 공헌들도 과거에 기독교가 축적해 놓은 변색된 이미지를 지울 수는 없다. 기독교 신앙을 갖지 않은 일반인들은 '기독교가 항상 평화의 종교라고 주장'했던 것을 지키지 못했다는 사실을 재빨리 지적할 것이다. 사람들은 기독교가 다른 종교보다 우수하지 못한 많은 사례를 인용할 수 있으며 그 결과 편견과 비난의 대상이 되었다.

예를 들어, 무슬림과의 토론에서 십자군에 관한 내용은 특히 장애 요인으로 작용하게 될 것이다. 무슬림들은 일반적으로 로마가톨릭교회가 저지른 폭력에 대해 개신교가 책임을 지도록 한다. 역사를 되돌아보면 우리는 마틴 루터가 기독교의 폭력적인 개종과 군사적 십자군을 통해 튀르키예 무슬림을 정복하는 것에 대해 강력히 반대했다는 것을 알게 된다.

대신 루터는 당시에 경험했던 이슬람교와 유대교 같은 비기독교 종교들을 알기 위해 모든 노력을 기울였다. 튀르키예가 비엔나를 포위한 직후에 쓴 〈튀르키예와의 전쟁에 관하여〉(On War Against the Turk, 1529)라는 논문에서 그는 무슬림을 대상으로 십자군을 보내려는 생각을 거부했다. 그는 이 군사적 행동이 교회의 권력을 남용하는 것이며 교황이 가진 권력과 돈에 대한 탐욕의 또 다른 표현이라고 보았다.

다시 말해서, 십자군은 복음과 타 종교에 대한 교회의 증거와는 아무런 관련이 없는 것이다.[3] 그리고 종종 제3 제국(나치 정권)의 반 유대적 잔

---

3 Stolle, *Church Comes from All Nations*, 68-69. Miller, *Muslims and the Gospel*, 206-11;

학 행위를 위한 무대를 마련한 것으로 거론되는 유대 민족에 관한 루터의 입장은 사실 유대인의 혈통을 몰살시키기 위한 싸움이나 탄원으로 공격한 것이 아닌 그들이 예수 그리스도를 거부한 것에 대한 극도의 실망감을 표현한 것이었다.

우리는 로마가톨릭교회가 기독교의 과거를 사과하기 위해 앞에 나섰다는 사실을 분명히 진술해야 한다. '교회와 비기독교와의 관계에 대한 선언'(Nostra aetate: Declaration on the Relationship of the Church to Non-Christian Religions)에서 '제2차 바티칸 공의회'는 무슬림들에게 화해의 말을 했으며 그리스도를 십자가에 못 박았다는 유대인들에 대한 비난을 철회했다.[4]

1945년 10월 18-19일, '독일개신교회연합'(Alliance of Protestant Churches in Germany)은 '슈투트가르트 선언'(Stuttgart Declaration)에서 자신들이 제3 제국의 잔학 행위에 협조하거나 조용히 동조한 것에 대한 유감을 표명했다. 마찬가지로 1994년 남아프리카에서 정권 교체가 일어났을 때 교회 지도자들은 죄의 용서를 제공하기 위한 목적으로 '진실화해위원회'(Truth and Reconciliation Commission)라는 모임을 설립하여 상처 입은 민족을 치유하는 데 앞장섰다.

이것은 아파르트헤이트(Apartheid, 남아프리카 공화국의 인종 차별 정책) 정권 동안의 피해자와 인권 침해자들 사이에 평화로운 협상 무대를 마련해 주었다. 자신의 유죄를 인정한 사람들은 과거의 범죄를 기억하며 자신의 행동으로 고통을 겪은 사람들 앞에서 사죄할 기회를 얻었다.

마지막으로 수년간 이어진 개신교와 로마가톨릭교회 사이의 전투적 경쟁 관계가 비기독교 국가들 사이에서 기독교에 대한 이미지를 손상한 결과 북아일랜드에서는 기독교가 분열하게 되는 무게를 견뎌야만 했다. 그리스도인이 다른 사람에게 복음을 증거할 때 과거에 대해 언급하는 것은 기독교에 대한 증거를 사죄로 바뀌게 할 가능성이 있다.

Rosenkranz, *Der christliche Glaube*, 158-59쪽 참조.
4   Abbott, *Documents of Vatican* II, 663-64.

그러나 성경에 계시가 된 기독교의 하나님은 '우리 자신의 죄 때문에 우리의 연약한 행동을 통해 비추어지는 모습'과는 다른 분이라는 것이 분명하다.

하지만 궁극적으로 기독교가 과거에 한 일들에 대해 감사할 줄 모르는 사람들조차도 비기독교인이 곤경에 처했을 때 기독교가 지속적으로 제공했던 막대한 도움과 인간의 필요에 대해 전 세계적 차원에서 보여 왔던 큰 반응들에 대해서는 무시할 수 없을 것이다. 이것은 그리스도에 대한 믿음을 공유하지 않는 불신자들에게 기독교가 가지고 있는 이타적인 사랑을 보여 주는 분명한 증거가 된다.[5]

3. 끝나지 않은 과업

그리스도인들의 이 세상에서의 증거에 관한 긴급성과 필요성을 반복하는 것이 도움이 될 수 있다. 이 책의 1장에서 우리는 2025년 중반까지 전 세계 기독교 인구가 238개국에서 2,616,670,052(33.4퍼센트)명, 2050년 중반에 3,051,564,342(34.3 퍼센트)명이 될 것이라는 통계를 언급했다.[6] 이 통계에 따르면 기독교가 비기독교인들에게 실질적인 접근을 하지 않을 것이라고 보고한다.

그러나 이 통계가 하나님이 우리에게 허락하신 삶 가운데 상황과 직업을 통하여 다른 사람들과 믿음을 나누겠다고 하는 우리의 결심을 감소시키게 만들지는 못한다. 실제로 아도니람 저드슨과 테오도르 내터가 제공한 것과 같은 선교에 대한 헌신은 21세기에도 꼭 필요한 것이다. 그리고 서구 교회는 이 세상에 존재하는 비기독교 국가들 사이에서 복음의 필요

---

[5] 예를 들어, 제2차 세계대전이 끝난 후 '루터교회 미주리총회'(LCMS) 회원을 포함한 그리스도인들은 전쟁으로 황폐해진 독일을 돕기 위해 즉시 달려갔다. 1945년 8월까지 LCMS는 약 6백만 달러를 모금했다. *The Lutheran Standard* (August 4, 1945): 15.

[6] Barrett and Johnson, *World Christian Trends*, 4.

성을 다루는 전략을 재확인할 필요가 있다.

성경은 교회가 초기부터 타 종교의 신자들에게 복음을 선포했음을 보여 준다. 복음을 전하는 과업으로 사용되고 있는 그리스어는 '유앙겔리온'(ευαγγελιον, 복된 소식)과 '유앙겔리제인'(ευαγγελιζειν, 복된 소식을 선포하다)이다. 복된 소식에 대한 두 가지 다른 용어는 '케리그마'(κηρυγμα, 선포)와 '마르투리아'(μαρτυρια, 간증, 증인)이다.

이런 용어들은 복음을 기독교 이외의 사람들과 나누는 것이 사도 시대의 핵심이었다는 것을 나타내 준다. 이 복음주의적이고 케리그마적(선포)인 활동은 오늘날 교회들이 비슷한 열정과 훈련을 통하여 추구해야만 하는 것이다.[7]

기독교 신앙 외부에 있는 사람들을 위한 케리그마적 의도를 강조하기 위해 기독교는 종종 선교에 관해 이야기했고, 그 활동을 복음 전도와 분리해 왔다. 선교에 참여하는 사람은 불신자를 개종시키고 세례를 베풀려고 노력하는 반면, 전도는 신앙이 변절한 자나 명목상의 그리스도인과 같이 이미 세례를 받은 사람들에게 나아가는 것이다.

변절자나 명목상의 그리스도인은 전에 복음의 메시지를 접한 적이 있기 때문에 그들에게는 교회와 교회의 신념에 대해 그들이 가진 이전의 기억들을 되찾을 것을 기대한다. 이것은 기독교 선교사가 만나는 세례 받지 않은 청중에게서 기대할 수 없는 종류의 것들이다.[8]

그럼에도 선교와 전도라는 용어는 '불신앙의 현실'이라는 공통점을 가지고 있다. 기독교 밖에 있는 세례를 받지 않은 사람과 변절한 사람 모두는 복음을 들을 필요가 있다. 이와 관련하여 '선교'와 '전도'라는 용어

---

[7] 선교학자 한스 베르너 겐지헨은 모든 사람에게 보편적 화해의 메시지를 전하는 것 외에 다른 목적과 목표를 가지고 선교를 수행해서는 안 된다고 말했다 (*Glaube fur die Welt*, 75). Kirk, *What Is Mission?* 56.

[8] 이제 두 청중 모두 교회와 멀리 있다는 점에서, 선교와 전도는 그들 모두를 교회에 동화시키거나 재동화시키는 공통의 목표를 공유한다. 그러므로 비록 선포하는 내용이 서로 다르게 조정될 것으로 기대되더라도, 모든 사람이 예수 그리스도를 믿어야 하기 때문에 목표에 대한 구별은 적어도 사라진다는 것을 이해할 수 있을 것이다.

는, 오늘날의 경우에 동의어로 취급될 수 있다.

동시에 우리는 여전히 이방인들에게 선포에 대한 성경의 특정 장르인 '이방인 설교'(Heidenpredigt)를 강조해야 한다. 그런 이방인 설교는 교회 밖의 사람인 이방인들을 구체적인 대상으로 하는 설교다(갈 1:16; 2:2; 행 17). 이 설교는 이미 '나르텍스'(narthex, 교회 내부에 형성된 좁고 긴 형태의 현관)에 앉아 있는 개종자나 초신자들에게 복음을 전하는 것과는 다르다.

이방인 설교는 살아 계신 하나님과 예수 그리스도에 대해 들어 본 적이 없는 모든 사람을 대상으로 전하는 것이다. 세례 교육과는 달리 이방인에게 전파하는 것은 아직 기독교 신앙의 기초 위에서 가르치는 사역이 아니다. 이것은 세례 교육을 제공하기 이전에 선행하는 사역이다. 이것은 이방인이 처음으로 구원과 예수 그리스도에 관한 복음을 듣는, 즉 그리스도인과 이방인이 처음 만나는 곳에서 이루어지는 사역이다.

이런 증거는 예수와 사도들의 전파 활동의 연속으로 여겨져야 한다. 그러므로 이방인에 대한 선교사 선포는 청중에 대한 믿음을 일깨우기 위한 것으로 예수 그리스도를 통한 구원과 하나님의 나라에 관한 진술을 포함하는 간결한 메시지여야 하며 이를 통해 그들을 거짓된 믿음에서 예수 그리스도께로 향하도록 해 주는 것이어야 한다. 이 설교가 결실을 맺게 되면 선교사는 더 깊은 가르침(didaskalia), 즉 세례와 그리스도를 따르는 기독교 신앙의 일부로 나아가게 될 것이다.

우리는 일회적인 독특한 형태의 선교사 선포를 성경에서 접하기 때문에 이에 대해 논의해야 한다. 오늘날 기독교인들은 기독교 교회와 멀리 떨어져 있고 그리스도에 대해 전혀 들어 본 적이 없는 사람들을 이웃으로 마주하고 있기 때문에 교회는 모든 차원에서 교인들을 선포와 증거에 참여시키는 형태로 존재해야 한다. 브리스길라와 아굴라의 일화(행 18:26)는 아볼로와 같이 처음으로 그 메시지를 들었지만 그 내용에 대해 여전히 혼란스러워하는 사람이 있음을 보여 주고 있다.

브리스길라와 아굴라의 가르침은 아볼로의 혼란을 완화시켜 주었다. 기독교에 관한 메시지를 접한 에티오피아 내시의 경우도 마찬가지로 그는 빌립의 가르침을 통하여 선지자 이사야의 말씀의 의미를 깨닫게 되었다. 이미 교회 생활에 깊이 몰입한 그리스도인들은 처음 복음을 듣는 사람들에게 이에 대한 지식을 심화시켜 주는 데 틀림없이 도움이 될 수 있다.

4. 의사소통에서의 기독교 인류학

타 종교와의 상황에서 그리스도인들은 자신이 복음을 증거하고자 하는 상대방의 종교적 신념을 면밀하게 연구해야 할 필요가 있다. 우리는 그들의 종교적 배경, 세계관, 사회적, 문화적 맥락을 이해해야 한다. 그러나 인류학과 사회 과학에서 제공하고 있는 정보의 양은 어쩌면 우리 기독교 증거의 단순성을 흐리게 할 수도 있다.

오늘날의 '의사소통'은 기독교의 증거를 '일련의 기호(sign)를 부호화(encoding)하고 해독(decoding)하는 구조'로 연구함으로써 복잡한 언어 문제로 취급되는 기술적 용어가 되었다. 복음을 선포하는 데 이 기술적인 측면만큼이나 중요한 것은 이것이 사람에 대해 알게 된 다음 그 사람에게 필요한 복음을 전하는 '중요한 임무'를 방해할 수 있다는 것이다.

그러므로 다른 사람에게 복음을 선포할 때 우리는 하나님의 관점을 취하여 인간을 그분과 같은 관점에서 바라보아야 한다. 사실 하나님은 다른 종교적 배경을 가진 두 사람 사이의 증거에 참여하고 계신다. 그가 베이징에 있든 나이로비에 있든지에 관계없이 하나님은 이런 특정함을 넘어서 인간이 그분 앞에 서 있는 모습을 보신다.

성경과 신학은 모든 불신자가 처한 그들의 독특한 맥락과 관계없이 그들이 공통으로 공유하는 일반적인 인류학을 제시한다. 하나님은 모든 사람에게서 자신의 이기적인 반역 상태에 갇힌 죄인의 모습을 보신다. 하나님은 먼저 그들에게 말을 거시고 그분의 음성을 들려주시며 이 음성을 들은 사람이 믿음을 갖고 자신을 섬길 수 있기를 원하신다(요 10:16). 이런 인류학은 우리가 다른 사람에게 복음을 증거할 때 우리 이해의 일부로 남아 있어야 한다.

5. 대화와 포스트모더니즘적 도전

비그리스도인에 대한 모든 그리스도인 증거의 요점은 하나님이 복음을 통해 세례를 받도록 인도되는 믿음을 심어 주시려고 한다는 것이다. 미주리총회는 선교 자원과 전도 도구에서 또는 『대화 전도 2: 8주 핵심 과정과 후속 주기를 위한 아웃리치 방문 매뉴얼 완전 정복』(*Dialog evangelism 2: a complete outreach visitation manual for an eight-week core course and subsequent cycles*)에서 구원의 목표를 염두에 두고 사람과 의도적으로 대화하는 방법에 대해 모색했다.

그런 대화는 먼저 두 당사자가 서로 간의 공통점을 찾고 상호 요점과 경험을 공유하고 개종과 세례로 인도하려는 의도를 가진 관계를 구축하는 것을 보여 준다. 그러나 세속화와 포스트모더니즘이 그리스도인들에게 미친 영향으로 말미암아 많은 교회 단체가 전통적인 개종과 세례의 목표를 포기하도록 만들었고 대신에 구원의 동기 없이 대화에 참여하는 포스트모더니즘적 방법을 사용하게 되었는데 그것은 이런 (개종과 세례의) 목표가 불공정한 권력 행사로 여겨지기 때문이다.

결국, 이런 '대화'가 기독교의 증거를 대신하게 되었다. 이것은 두 사람이 개종시키려는 의도 없이 서로에게 증거하는 것을 보여 준다. 그것은 실제로 두 부분으로 구성된 독백이나 마찬가지다. 어떤 사람들이 그런 상황을 묘사했듯이 이것은 코끼리와 쥐의 대화가 아니므로 이렇게 자신의 위치에서 정적인 상태를 유지하려는 의도를 가진 종류의 '대화'는 실제로 당사자 간에 일어날 수 없다.[9]

분명히 이런 대안적 형태의 증거로서의 대화는 비기독교인들 사이에서

---

9   헨리 모리에(Henry Maurier)가 주장한 것처럼, 비기독교인을 개종시키겠다는 선입견을 가지고 대화하는 것은 양자 간의 기회를 방해하게 된다. "기독교(그리스도 때문에)가 인류에 대한 하나님 계시의 절대성을 가진 결정적인 진리라면, 타 종교들이 기독교로 개종하는 것만 남아 있다 … 실제로 우리가 가진 것은 코끼리와 쥐 사이의 대화다" ("Christian Theology of the Non-Christian Religions," 69-70). 대화에 대한 비판적인 견해를 위해서는, Etuk, "Theology of Contextualisation in Africa" 221쪽을 참조할 것.

더 많은 기독교 신앙을 확장시키고자 하는 사람들에게 도전이 된다. 그리스도인들은 분명히 서로 존중하는 태도를 보이고 다른 사람에게 다가가는 법을 배워야 하지만 '대화'에 대한 포스트모더니즘적인 제안은 그 대안이나 대체로서가 아니라 선교적 선포에 단지 부수적인 것으로 보일 수 있다.

포스트모더니즘은 모든 믿음의 표현에 대한 관용을 주장함으로써 모더니즘의 객관성 추구에 도전을 가하는 것으로 알려져 있다. 그러므로 포스트모더니즘이 기독교 선교를 거부하는 것처럼 보이기 때문에 그리스도인들은 이를 기독교에 대한 불신(skepticism)적인 태도로 간주한다.

그러나 최근의 『예수 그리스도를 고백하기: 포스트모더니즘 세계에서 선포하기』(Confessing Jesus Christ: Preaching in a Postmodern World)에서 데이비드 로스(David Lose)는 포스트모더니즘의 상대주의에 관여할 때 복음에 대한 전통적인 믿음을 포기할 필요가 없다고 주장한다. 오히려 중요한 것은 우리가 다음 세대에게 어떻게 접근하여 복음을 증거해야 하는가이다.

로스는 '신앙고백적' 접근 방식이 포스트모더니즘 세대에게 가장 적절하고 진실한 형태의 기독교 증거라고 제안한다.

> 그런 선포를 '신앙고백적'으로 묘사함으로써 나는 경험적 증거가 아니라 살아 있는 믿음의 고백에 기초하고 확실성이 아니라 신념으로 인도하며 지식과 증명의 영역이 아니라 충실한 주장의 영역에 살게 하는 기독교적 실천을 되찾기 위해 노력한다.[10]

로스는 스탠리 그렌츠(Stanley Grenz)가 『포스트모더니즘 입문서』(A Primer on Postmodernism)에서 강조한 내용, 즉 우리는 '총체적인 인간에게 복음을 증거하는 일에 헌신해야 한다'는 것을 긍정하고 있는 것 같다. 복음을 증거할 때 우리는 감정적 정서적 영역과 신체적 감각적 영역을 한 사람의

---

[10] Lose, *Confessing Christ*, 3.

지적 합리적 영역 안에 통합시켜야 한다.

그렌츠는 이것을 탈지식적(a post-noeticentric, 지식 중심주의를 넘어서는) 기독교 복음이라고 부르는데, 그것은 우리 존재의 합리적인 부분이나 지식의 축적이 아니라 복음에 대한 '우리의 신앙고백'에서 찾게 되기 때문이다. 오히려 총체적 인간이 기독교 증거의 모범을 보여 준다.

> 탈지식적(a post-noeticentric) 기독교 복음은 삶의 모든 차원에서 믿음의 관련성을 강조한다. 그것은 교리적인 명제에만 동의하는, 즉 단지 지적 노력만을 유지하기 위해 그리스도께 헌신하는 것을 허용하지 않는다. 그리스도께 대한 헌신은 마음속에도 머물러야 한다. 기독교 복음은 우리의 지적인 헌신의 재정립뿐만 아니라 또한 우리의 품성 변화와 신자로서의 삶 전체가 새롭게 되는 것에 관여한다.[11]

기독교 증거는 복음의 진리와 그 내용을 포기하는 것이 아니다. 그리고 이것이 단지 지식의 전달이라는 생각은 재고되어야 한다. 기독교 지식은 누군가를 복종하도록 강요하기 위한 강력한 무기로 사용될 수 없다. 삶, 상황, 감정, 신체 구성과 같은 많은 것이 중요하다.[12]

6. 타 종교에 대한 현대적 입장

기독교 선교의 배타적 특성에 대해 의문을 제기함으로써 기독교와 타 종교의 관계에 관한 많은 주제의 연구가 이루어졌다. 배타주의에 대한 대안적 형태가 존재하는데, 예를 들어, '더 넓은 희망 이론'(wider hope theory)으로 알려진 '포괄주의' 또는 '보편구원론'은 다원주의로 승격되었다. 로마가톨릭 신

---

11 Grenz, *Primer on Postmodernism*, 173.
12 Grenz, *Primer on Postmodernism*, 167-74.

학자 폴 니터(Paul Knitter)는 『오직 예수 이름으로만: 세계 종교에 대한 기독교의 태도에 대한 비판적 설문 조사』(No Other Name: A Critical Survey of Christian Attitude towards the World Religions)라는 책에서 세 가지 입장을 제시한다.

첫 번째 입장은 오직 그리스도 안에서만 구원을 주장하는 것이다.
두 번째 입장은 '포괄주의'는 그리스도가 중심이라는 것에는 동의하지만 자신의 삶에서 그리스도를 만날 기회가 없었던 사람들에게 더 넓은 희망을 부여해 준다.
세 번째 입장인 '보편구원론'은 구원을 위한 여러 가지 방법을 제공하는 신 중심적 모델로써 그리스도 중심성을 완전히 버렸다.[13]

그리스도인들은 이 주제에 관해 만장일치 하지 않는다. '타 종교에 대한 기독교의 역할'에 관한 의견 불일치는 기독교가 존재하는 한 계속해서 존재할 것이다.

복음주의 학자인 존 샌더스(John Sanders)는 아우구스티누스(Augustine), 오리겐(Origen), 존 칼빈(Johh Calvin), 스프로울(R.C. Sproul), 존 로빈슨(John A. T. Robinson), 조지 린드벡(George Lindbeck), 존 웨슬리(John Wesley), C.S. 루이스(Lewis), 클락 피녹(Clark Pinnock)을 포함한 유명한 교회 신학자들의 '타 종교에 대한 기독교의 올바른 태도'에 관련한 정의가 모두 다르다는 것을 증명했다.[14]

실제로 샌더스의 연구에서 분명한 것은 '로잔언약'(Lausanne Covenant, 1974)과 같은 성명서 즉, 보수적이고 배타적인 접근 방식으로 알려진 '복음주의운동'이 더 이상 통일된 태도를 보여 주지 않는다는 것이다.[15] 어떤

---

13 이 연구를 통해, 자신이 보편주의자라고 주장하는 폴 니터와 그의 동료인 존 힉은 기독교와 타 종교의 관계에 대한 토론의 길을 열었다. Knitter, *No Other Name?* 그리고 Hick, and Knitter, *Myth of Christian Uniqueness*. 참조.
14 Sanders, *No Other Name?*
15 이런 노력의 표시는 스미스의 에세이 "Religions and the Bible," 9-29쪽에서 얻을 수 있다. 로잔운동의 창립자인 도날드 맥가브란(1897-1991)은 웁살라 WCC 제 4차 총회

사람은 기독교와 타 종교와의 관계에 대한 새로운 논의가 '제2차 바티칸 공의회'에서 발표한 진술과 관련 있다고 주장했다.

실제로 우리는 '제2차 바티칸 공의회'가 이 주제에 관한 대화를 위하여 개념적 토대를 마련했다고 말할 수 있다. '제2차 바티칸 공의회'는 많은 성명서를 통해 '그리스도와 상관없이 타 종교들 가운데서도 구원적 진리가 존재함'을 받아들임으로써 자연인(육에 속한 사람)의 종교성을 관대하게 인정하는 방식으로 구원에 대한 하나님의 경륜에 접근했다.

그리하여 '교회와 비기독교와의 관계에 대한 선언'(*Nostra Aetate*)은 힌두교와 불교, 그리고 이슬람교와 같은 종교들을 "모든 사람을 밝히는 진실의 빛"이라고 확언한다.[16] 이런 성명은 이 종교들 사이에서 복음에 대한 전통적인 준비(*praeparatio evangelica*) 이상의 것을 확증한다. 그것은 실제로 '그 자체로 단독적으로 구원적인 것'이라 여겨지는 구성 요소를 그들 안에 넣는다.

다른 믿음의 신봉자들 사이에서의 구원 가능성을 말하는 '교회에 관한 교의 헌장'(인류의 빛: *Lumen Gentium*)에서도 같은 관찰을 할 수 있다.

> 자기의 탓 없이 그리스도의 복음과 교회를 알지 못하지만 성실한 마음으로 하느님을 찾으며 양심의 명령으로 알려진 하느님의 뜻을 은총의 힘으로 실천하려고 노력하는 사람은 영원한 구원을 얻을 수 있다. 또한, 자기의 탓 없이 하느님을 아직 명백히 인정하지는 못할지라도 하느님의 은총으로 올바르게 살아 보려고 노력하는 사람에게는 하느님의 섭리가 구원에 필요한 도움을 거절하지 않으신다.[17]

(1968)에서 선교 방향의 변화에 대한 유명한 의문을 제기했다. "웁살라는 20억을 배신할 것인가?" 이 우려는 1974년 복음주의운동이 창립된 중요한 이유 중 하나였다. 그리고 그 선언으로서의 로잔 언약(Lausanne Covenant)이 당시에 공식화되었을 때, 그것은 선교사 선포와 증거에 있어서 그리스도 중심성과 독창성을 분명히 확증했다. Stott, *Making Christ Known*, 16-19. 참조.

16 *Nostra Aetate* 2, in Abbott, *Documents of Vatican II*, 662.
17 *Lumen Gentium* 16, in Abbott, *Documents of Vatican II*, 35.

많은 신학자 가운데 '제2차 바티칸 공의회'의 신학에 영향을 준 사람은 칼 라너(Karl Rahner)였다. 로마가톨릭 신학자인 라이문도 파니카(Raimundo Panikkar)가 라너 이전에 『힌두교의 알려지지 않은 그리스도』(*The Unknown Christ of Hinduism, 1964*)라는 책에서 주장한 것처럼 공의회 이전에 이미 라너는 힌두교의 지지자들 사이에서 "익명의 그리스도인"을 주장했다.

이 접근 방식은 처음부터 타 종교의 지지자들을 수용하는 것으로 보였지만 실제로 이것은 "익명의 그리스도인"으로 분류되기를 원치 않고 자신이 정당하게 힌두교도나 불교도라고 결단력 있게 생각하는 사람들을 후원하는 것으로 판명되었다.

그리고 불교도나 힌두교도 사이에서 진정한 그리스도인이라고 고백하고 실천하기 원하는 사람들을 "익명"으로 간주한다는 생각 역시 불쾌하게 받아들여진 것으로 판명되었다.[18] 다시 말해서, "익명의 그리스도인"의 개념이 개방적인 것이 되기를 기대했으나, 그것은 그리스도인이나 믿음 밖에 있는 사람들에게 적합하지 않은 것으로 판명되었다.

최근에 '제2차 바티칸 공의회' 성명서는 교황의 회칙인 '주님이신 예수님'(*Dominus Iesus*, 2000)에 의해 검증되었으며, 이것은 '제2차 바티칸 공의회' 이전의 주장에 의지한 것이다.[19] '주님이신 예수님'은 타 종교와의 관계뿐만 아니라 개신교와의 관계를 결정하는 로마가톨릭의 교회론에 관해 주장한다.

그것은 "구원을 받기 위해서는 모든 사람이 로마 교황에게 복종하는 것이 절대적으로 필요하다"라고 주장하며 '교회밖에는 구원이 없다'(*Extra ecclesiam nulla salus est*)라는 유명한 성명서를 통과시킨 교황 보니파시오 8세(Pope Boniface VIII)가 1302년에 만든 것과 같이 '제2차 바티칸 공의회' 이전의 성명서로 돌아가려는 것으로 보였다.[20] 그러나 '주님이신 예수님'이 실

---

18 Yates, *Christian Mission in the Twentieth Century*, 175-77.
19 예를 들어, McDonnell, "Unique Mediator in a Unique Church," 542-49; Solheim, "Vatican Statement Drawing Strong Reactions."
20 대칙서(bull)에서 기록하기를 "우리가 반드시 믿고 붙잡아야 할 것은 오직 하나의 거룩

제로 타 종교에 대한 로마가톨릭교회의 신학적 입장이 근본적으로 변화한 것을 나타내는 것인지에 관한 여부는 논란의 여지가 있다.

로마가톨릭교회의 신학은 인간의 양심(*synteresis*)을 통하여 하나님의 뜻을 묵상할 수 있는 자연인(육에 속한 사람)의 능력을 긍정하는 인류학과 도덕 신학을 통해 그 뒷문을 '종교적 다원주의'에 열어 놓았다.[21]

앞의 논의는 타 종교에 대한 기독교의 태도와 관련한 현재의 논점들을 간략하게 보여 준다. 루터교회는 그 신학의 중심 교리인 '칭의'라는 관점에서 이 문제에 접근해야 한다. 타 종교의 신념 체계, 가치, 관행에 대한 기독교의 태도를 보여 주는 이 핵심 교리를 무시한다면 루터교 신학에 관한 불완전한 토론이 될 것이다.

7. 모든 종교에 대한 조심스러운 양보

'칭의 교리'는 우리에게 기독교와 타 종교의 관계를 설명하는 해석을 제공한다. '칭의 교리'는 타 종교를 명시적으로 거부하더라도 비록 조심스럽지만 이들에 대해 확실한 양보를 보여 준다. 양보의 측면에서 '칭의'는 다음과 같은 입장을 말한다.

첫째, 그리스도인은 모든 사람이 하나님의 피조물이라는 사실과 세상이 존재하고 있는 한 이것이 사실이라는 것을 공유한다. 따라서 하나님은 기독교인과 비기독교인을 똑같이 창조하셨으며 세상 모든 백성의 손을 계속해서 잡고 계신다.

둘째, 모든 인류는 처음 조상(아담)에게서 나왔기 때문에 모든 사람이

하고 보편적이며 사도적인 교회이며, 우리는 교회를 굳게 믿고, 교회 밖에는 구원도 죄의 용서도 없다는 것을 진심으로 고백한다"(Neuner and Dupuis, *Christian Faith in the Doctrinal Documents of the Catholic Church*, 210-11).

21 Schulz, "Lutheran Response," 5-8.

죄를 짓는다는 사실을 공유한다(롬 5:12; 히 7:9-10). 타락한 모든 인류는 그리스도 안에서 회복되지 않으면 영원히 변치 않는 결과인 '하나님의 형상'과 완전한 의를 상실하는 고통을 겪게 된다(창 1:26-27; 5:1).

오직 '그리스도를 믿는 신앙으로만 회복될 수 있는 하나님의 형상'의 상실은 영적 상실로 인식되어야 한다. 교회의 선교는 복음 선포를 통해 모든 신자를 자신의 의로 옷 입히시는 그리스도 안에서 그 영적 형상을 회복시키려고 노력한다.

그러나 타락을 통해 하나님과의 관계가 완전히 상실되었다고 해서 하나님이 자신의 피조물을 버리셨다는 것을 의미하지는 않는다.[22] 이것은 '하나님의 형상'을 더 광범위하게 사용함에 있어서 분명하다.

다시 말해서, 비록 타락 이후로 그 모습을 규정하기는 어렵지만 '하나님의 형상'은 모든 사람이 하나님의 지속적인 섭리와 보호 아래 있다는 의미에서 여전히 모든 인간에게 적용된다는 것을 우리는 성경을 통해 확인한다. 비록 여전히 손상되어 있지만(고전 11:7; 약 3:9), 이 더 넓은 의미의 '하나님 형상'은 태어나지 않은 아이를 포함(시 139:13-16)하여 인간의 생명을 보존하는 데 중요한 논점이 된다.

루터교 신앙고백은 또한 모든 인간이 자신을 창조하신 분의 존재를 잠재적으로 또는 이론적으로 인정할 수 있다는 사실을 규정한다. 예를 들어, 로마서 1장 19-20절에서 바울은 하나님이 우리가 알 만한 피조물을 통해 자신의 존재를 나타내셨으며 그분의 뜻을 사람의 마음에 자연법의 형태로 새기셨다고 기록하고 있다.

이런 일반 계시의 영역에서 비록 죄가 자연적 지식을 크게 억제하고는 있지만 그럼에도 비기독교인은 어느 정도까지 하나님의 존재에 대한 지식을 가지고 있다고 여겨진다. 잠재적으로 인간의 이성은 십계명(Decalogue)

---

22 '루터교 신앙고백서'에서 이 주제에 관한 각각의 진술을 확인할 것: Ep I 2 (Kolb-Wengert, 488): SD I 10 (Kolb-Wengert, 533): LC II 57 (Kolb-Wengert, 438); Wiebe, "Missionsgedanken in den lutherischen Bekenntnisschriften," 35.

에 규정된 내용, 특히 율법의 두 번째 판(인간에 관한 계명)에서 요구하는 내용을 인식할 수 있다.[23]

회심 이전의 인간은 여전히 지성과 의지를 가진 합리적인 피조물이며 어느 정도는 이성과 자유 의지가 외적(세속적)으로 도덕적인 삶으로 인도할 수 있다는 것이 사실이다. 이것은 인간이 비록 자신의 본성적 의지를 뻔뻔하게 남용하는 것에도 불구하고 그들이 외적으로 선한 일을 행함으로써 시민의(국가적) 정의를 추구할 수 있다는 매우 긍정적인 주장이다.

따라서 모든 인간은 정부와 통치자를 받아들이고 법을 준수하는 시민이 될 수 있다. 그리스도인은 권력을 가진 사람이 혼란과 범죄적 행동을 억제하는 방식으로 모든 사람의 이익을 위해 자연법을 적용할 것을 기대한다.[24] 외적인 일 또는 세속적인 일에서 모든 인간은 여전히 선과 악을 분별하거나 그런 문제에 대해 자유롭게 행동할 수 있다.

따라서 기독교인과 비기독교인은 특정한 윤리적, 사회적 이익을 추구하는 데 동참할 수 있으며 따라서 훌륭한 정부, 평화 및 안전과 같은 현세적인 축복을 기대할 수 있다.[25] 그러나 기독교인과 비기독교인 사이에는 차이점이 있는데 기독교인은 자신이 받은 모든 축복에 대해 하나님께 감사함으로 '섬기고 순종'해야 할 의무가 있다고 생각하지만 성경이 주장하는 것처럼 하나님을 인정하고 감사할 줄 모르는 비기독교인에게서는 이것을 기대할 수 없다.[26]

창조에서 기독교인과 비기독교인의 공통점이 무엇인지를 감안하여 볼 때 동성애 커플의 축복과 낙태와 같은 문제가 사회뿐만 아니라 그리스도인을 분열시킨다 해도 그들은 별도의 도덕 정신을 장려할 필요가 없다. 현실은 기독교인들은 자신만의 완벽한 그리스도인 공동체를 만들기 위해 세

---

23 루터교 신앙고백서의 일반 계시와 자연법에 관한 몇 가지 적절한 검증을 위해서는, LC II 67 (Kolb-Wengert, 440); SD V 22 (Kolb-Wengert, 585)를 참조할 것.
24 SD IV 1 (Kolb-Wengert, 587).
25 LC II 15-16 (Kolb-Wengert, 432); SD IV 8 (Kolb-Wengert, 575).
26 LC II 22 (Kolb-Wengert, 433).

상으로부터 스스로 도피하지 않는다는 것이다.²⁷

2002년 '독립복음주의루터교회'(SELK)의 종무국에서 출판된 '독일에서 무슬림과 함께 사는 복음주의 루터교인들을 위한 지침'(Guidelines for Evangelical Lutheran Christians Living Together with Muslims in Germany)이라는 신학적 진술에서 그리스도인과 무슬림이 특정 사안에 대해 손잡는 것에 관해 다음과 같이 밝힌다.

> 코란은 도덕 생활과 관련하여 알라의 사랑에 대해 자주 언급한다. 따라서 우리는 기독교와 이슬람의 가치가 종종 공유된다고 주장한다. 두 진영 모두 낙태, 외설물, 자유로운 성행위, 마약 및 알코올 남용을 해로운 죄악이라고 생각한다. 이런 공동 관심사는 무슬림과 기독교인 사이의 공존을 용이하게 하고 촉진시키며, 신뢰를 창출하고 신학적 토론을 심화시킬 수 있는 기회를 제공해 준다.²⁸

8. 모든 종교성에 대한 명백한 거부

타 종교에 대한 그리스도인의 긍정적 평가는 그리스도의 인격과 사역을 고려할 때 바뀌어야만 한다. 멜랑히톤은 칭의의 교리에 관한 글을 쓰면서 그리스도가 없는 종교에서의 선한 일은 일종의 우상 숭배를 만들어 낸다고 지적했다. 루터는 십계명의 첫 계명을 설명하면서 거짓 신을 믿는 비그리스도인의 우상 숭배를 폭로한다.

행위를 통해 공덕을 추구하거나 실제로 우상을 믿는 자연인에 대한 멜랑히톤과 루터의 비판은 그리스도가 없는 종교에 대해 매우 경멸적인 태도를 보여 준다. 결론적으로 다른 종교의 지지자들은 예수 그리스도 안에

---

27 Ap ⅩⅩⅦ 27 (Tappert, 273-74); Ap Ⅳ 135 (Tappert, 125).
28 "Guidelines for Evangelical-Lutheran Christians Living Together with Muslims in Germany," 13, 31.

서 계시된 하나님께 모든 영광과 찬양을 돌리지 않는다는 것이다. 예수 그리스도의 속죄 희생을 거부하는 것은 거짓 믿음과 숭배에 대한 기본 정의를 성립시킨다.

신학자 홀스텐 파거버그(Holsten Fagerberg)는 루터의 입장을 "하나님께 대한 우리의 자연적인 지식의 문제"라는 관점에서가 아니라 십계명의 첫 번째 계명 설명을 통해 해석한다. 오히려 루터는 "사람이 자신의 주님으로 하나님과 우상 중 누구를 선택할지에 관한 참믿음 혹은 거짓 믿음의 문제"를 다루었다.[29]

루터는 올바른 믿음이란 하나님을 바르게 예배하는 것이라고 말하면서 소위 말하는 이슬람이나 유대교의 일신교 신앙 체계가 가진 하나님에 대한 일반적 지식을 거부했다. 두 종교는 하나님을 거부하거나 그분에 대한 태도가 모호하므로 하나님께 올바른 예배를 드릴 수 없다.[30] 위에서 언급한 '독립 복음주의 루터교회 선언문'은 예배의 관점에서 루터의 요점을 동일한 예리함으로 전달한다.

> 초대와 방문을 통해 무슬림에게 접근하고 그들과의 인간관계를 개선하기를 진심으로 원한다면 우리는 그들과 함께 예배하거나 공동 기도의 시간을 가질 수 없다는 것을 동시에 분명히 해야 한다. 왜냐하면, 이슬람의 알라는 예수 그리스도의 아버지와는 다른 신이며(denn Allah im Islam ist ein anderer Gott als der Vater Jesu Christi) 무슬림은 삼위일체를 거부하고 결과적으로 그들은 하나님의 아들 예수 그리스도를 거부하기 때문이다.
>
> 이것은 코란에서 23번이나 기록되어 있다. 알라는 중재자나 어린양이 필요

---

29 Fagerberg, *New Look at the Lutheran Confessions*, 67.
30 루터는 모든 종교를 튀르키예인이나 유대인과 같은 신앙(일신교)의 종교들과 함께 나열하는데, 이것은 그의 대교리 문답 두 번째 파트 66 (Kolb-Wengert, 440)에 명백하게 나타난다. 사실 명목상 교회에 속한 사람들, 즉 거짓 그리스도인들과 위선자들조차도 이교도로 분류된다 (LC Ⅰ 35, Kolb-Wengert, 391). Ap ⅩⅤ 15 (Tappert, 217), Ap Ⅶ 15 (Triglotta, 233), Ap Ⅶ 9 (Tappert, 169), AC ⅩⅩ 24-26 (Kolb-Wengert, 56). 참조. Nordling, "Large Catechism Ⅲ, 66," 235-39. 참조.

하지 않기 때문에 십자가에서의 예수의 속죄 희생에 의문을 제기한다(코란 518장 등). 십자가에 못 박힘은 알라와 그의 사절들에게 치명적인 패배가 될 것이다. 이 문제의 진실성은 무슬림과 마찬가지로 그리스도인도 이런 근본적인 차이점을 감추지 말아야 한다는 것이다. 고백적인 무슬림도 그런 차이를 분명히 본다.[31]

비그리스인은 오직 예수 그리스도를 믿는 신앙을 통해서만 창조주 하나님에 대한 참된 이해로 나아갈 수 있다. 그러므로 하나님의 창조를 아는 것이 하나님의 구속을 아는 것보다 결코 쉽지 않다. 믿음의 내용으로서의 그리스도와 십자가가 없다면 창조주로서의 하나님에 관한 모든 진술은 불완전하며 찬양하기에 합당하지 않다.[32]

잠재적 교회로서의 비기독교인의 종교성에 대한 폴 틸리히의 제안은 불완전하다. 확실히 하나님이 모든 사람에게 동등하게 일어나게 하시는 '죽음', '심판', '두려움'에 대한 염려는 자연인을 엄습한다.[33] 우리는 그리스도를 통한 하나님의 계시가 하늘에서 불모의 땅(tabula rasa, 백지상태)으로 곧바로 떨어지지 않는다는 것을 보여 주는 한 틸리히의 통찰력에 대한 진실을 인정할 수 있다.[34]

그러나 틸리히의 경우 우리가 복음의 특별 계시를 통해 바꾸고 수정해야 하는 '자연 또는 일반 계시의 영역'에 강조점을 두는 구조를 다루고 있다. 더욱이 복음은 '세상적 존재로서의 사람'을 확증하지 않고 오히려 사람을 거기서 빼내어 종말론과 대면하게 한 후에 '재판관으로 재림한 그

---

31 "Guidelines for Evangelical-Lutheran Christians Living Together with Muslims in Germany," 15, 33.
32 Schlink, *Theology of the Lutheran Confessions*, 59.
33 Tillich, *Systematic Theology*, 1:211.
34 칼 바르트의 '그리스도 단일론적'(Christomonistic) 접근은, 그의 *Church Dogmatics*, 1/2:302-3, 326-27쪽에서 확인할 것. 이런 바르트주의적 접근법은 Schlink, *Theology of the Lutheran Confessions*, 49, 57쪽에 의해 취해졌으며 Fagerberg, *New Look at the Lutheran Confessions*, 64-67, 그리고 Brunstäd, *Theologie der lutherischen Bekenntnisschriften*, 32쪽에서 논의되었다.

리스도의 관점'을 통해 구원의 확실성을 제공해 준다는 것을 분명히 진술해야 한다.

따라서 복음은 사람을 변화시키며 이것은 틸리히가 주장하는 헛된 종교성보다 훨씬 더 근본적인 개념이다. 하나님의 말씀은 양심에 이야기함으로써 기존의 모든 종교적 개념을 교정하고 책망한다.[35] 그러므로 다른 사람과 복음을 나누는 궁극적인 목적은 그들의 실제적 영역을 재판관이며 구속자이신 그리스도께로 가져오는 것이다. 그리스도인의 증거는 심판하시고 죄를 물으시지만, 또한 복음을 통해 믿음으로 소생시키시는 하나님이 심판하시는 자리로 다른 사람을 데려오시는 것이다.[36]

9. 종교에 대한 인류학적 정의

자연인의 종교성과 종교에 대한 루터의 설명에 있어서 중요한 측면 중의 하나는 그것이 "인간 중심적"으로 정의된다는 것이다.

모든 인간은 '신'이라는 개념을 환대한다!

이것은 가장 넓은 의미 즉, "당신의 마음이 기대고 의존하는 것, 그것이 바로 당신의 하나님이다"라는 종교에 대한 루터의 정의에서 명백하다. 이 정의의 가치는 가장 완고한 무신론자조차도 변명의 여지를 주지 않는다는 것이다. 루터에 따르면 모든 사람은 일종의 예배를 세우고 유지하는데 그것은 "모든 사람은 자기 자신의 신을 세우고 이를 통해 축복과 도움과 위로를 구하려고 하기 때문이다." 루터가 말했듯이 "모든 사람은 자신의 마

---

35 복음 선포의 접촉점으로서의 양심에 대한 토론을 위해서는, Leipold, "Anknüpfung Ⅰ," 743-47, 그리고 Beyerhaus, "Walter Freytags Begriff des Gewissens," 147쪽을 참조할 것.
36 예를 들어, 이것은 신앙고백서에 제공된 복음에 대한 설명에 적합하다. SD V 20-21 (Kolb-Wengert, 585); Brunner, "Rechtfertigung heute," 131쪽을 참조할 것. 틸리히의 사고, 특히 그의 상관 방법에서의 위험(*Systematic Theology*, 1:59-65)은 칭의의 선언이 단지 인간의 실존적 요구를 충족시키는 데 사용된다는 인상을 정확하게 준다는 점이다. Joest, "Die Rechtfertigungslehre Luthers in ihrer Bedeutung." 41-55, 그리고 Martens, Die Rechtfertigung des Sünders, 141-44.

음이 원하는 신을 만들었다."³⁷

루터는 '마음'을 십계명의 첫 계명과 연관시킴으로써 현대의 종교성에 관해 설명했다. 오늘날의 용어로 그것은 외적인 행동뿐만 아니라 실제로 '궁극적인 충성'이나 '세계관'이라 불리는 가장 중요한 핵심이라고 논의된다.³⁸ 비록 루터가 400여 년 전에 말한 것이지만 그의 말은 포스트모더니즘 시대의 패러다임 가운데 논증하는 사람들도 포함한다.

루터의 이런 정의에서 중요한 것은 전통적인 교회들이 감소를 경험하는 동안 인간 현상으로서의 종교성 자체는 줄어들지 않게 되었다는 것이다. 대신 전통적인 기독교의 자리에 대안적인 형태의 것들이 자리 잡게 되었다. 루터에 따르면 모든 종교성은 '마음'에 형성된 것이므로 그것은 올바르고 궁극적인 내용을 지닌 종교, 즉 그리스도 안에서 계시된 종교에 반대하게 된다.

대신 그리스도는 말씀이 전파될 때 '믿음'으로 말미암아 이해된다. 그러므로 모든 종교는 기독교를 반대하는 하나의 연합전선으로 서 있다. 이것은 전 세계의 무수한 종교를 고려하면 단순한 것처럼 들릴 수 있다. 그러나 그 단순성은 '거짓 종교들(religiones falsae)은 하나의 참 종교(religio vera)인 기독교에 반대한다'고 언급한 루터 이후의 신학자들에 의해 널리 채택되었다.³⁹

오직 하나님만이 보이지 않는 참 교회를 보실 수 있는 것처럼 진실과 거짓 사이의 경계는 하나님만이 보실 수 있는 보이지 않는 선을 나타낸다. 사실 그런 우상 숭배는 모든 지리적 경계를 초월한다. 그것은 세상과 기독교와 모든 인간의 마음을 통해 퍼지기 때문에 참 그리스도인의 집단 안에

37　LC Ⅰ 17-18 (Kolb-Wengert, 388).
38　LC Ⅰ 18-21 (Kolb-Wengert, 388).
39　Pieper, Christian Dogmatics, 1:13. 인도의 유명한 비교 종교학자인 막스 뮐러(Max Mueller)에 대한 피이퍼(Pieper)의 언급은, Danker, " Non-Christian Religions and Eranz Piepers Christian Dogmatics," 215-221쪽을 참조할 것. 독일 선교학자 발터 프라이타크는 모든 종교에서 자신이 '기만적 선'이라고 부르는 공통된 특징을 발견했다 ("Das Dämonische in den Religionen," 18).

서도 '이교주의'가 여전히 존재한다.

'이교주의'에 대한 이런 급진적 정의는 기독교 공동체와 가장 가까이 있는 선교 개척 지역에 관심을 끌게 만든다. 그것은 기독교 안에 존재하며 모든 설교에 선교적 차원을 제공한다. 교회 생활에서 그런 '이교주의'의 침범에 대한 유일한 해결책은 복음을 전파함으로써 주어지게 된다.[40] 그것은 특히 하나님의 말씀을 율법과 복음으로 나눔으로써 진정한 악마적 불신앙을 발견하고 이에 대한 잘못을 증명할 수 있게 된다.

하나님은 선포된 말씀인 율법의 선포를 통해 자신을 온전하게 계시하시며 이를 통해 불신자들을 하나님 앞에 죄인으로 세우시고 그들에게 하나님의 심판에 대해 알게 하신다.[41] 그러므로 선포된 율법은 사람에게 복음이 필요하다는 것을 알게 해 주는 기능을 한다. 따라서 궁극적으로 '이교주의'에 대한 처음에 가졌던 긍정적인 평가는 더 이상 가능하지 않게 된다.[42]

10. 보이는 교회를 확증하는 기독교 증거

따라서 이런 구분에 가시성(visibility)과 구체성을 추가해야 한다. 신앙고백서(creeds)의 조항들이 고백되고 하나님의 말씀이 선포되는 곳에서 이런 (고백과 선포의) 행위에 참석하는 것은 삼위일체 하나님에 대한 진정한 믿음과 예배를 가져올 것이라고 당연히 여겨진다. 그러므로 루터에게 '사도신경의 세 가지 조항은 우리 그리스도인을 지상의 다른 모든 사람과 분리해

40　LWE, *Together in God's Mission*, 27-28.
41　율법이 어떻게 작용하는지에 관한 논의는, 예를 들어, SA IIIII 4 (Kolb-Wengert, 312)를 참조할 것.
42　Blauw, *Goden en Mensen*, 161. 그러므로 회심은 "모든 하나님의 백성 즉, 다른 모든 종교의 사람들을 결합시키는, 하나님의 은혜에 대한 단순한 (정서적인) 더 깊은 경험이 아니다." (Saayman, "If You Were to Die Today," 171). 그러므로 성령의 거룩한 사역은 필수적이다. (SD II 9, 24, Kolb-Wengert, 545, 548-49). Laiser, "Authority of Scripture," 64.

주고 구별'시켜 주는 것이다.

　루터에게 이교도, 튀르키예인, 유대인, 거짓 그리스도인, 위선자 등의 모든 사람은 '성령의 은사에 의해 조명되고 축복을 받지' 못한 '기독교 교회의 외부에 있는' 사람들이다.[43] 우리는 구원이 교회에서 말씀이 들려지고 선포되는 모든 것과 관련이 있다는 것을 지적함으로써 교회(올바른 의미에서 보이지 않는 교회, 전 세계적인 신자들의 모임) 밖에는 구원이 없다(*extra ecclesiam nulla solus est*)는 전통적인 진술에 동의해야 한다.

　바로 그 말씀으로 주님은 당신의 교회를 다스리시고 사람들을 그분의 중심으로 데려가신다. 선포와 말씀 밖에서는 하나님의 임재가 존재하지 않으며 그곳에는 '이교주의'의 악마적인 본성이 시작된다.[44] 그리스도인들은 자신의 증거를 통해 비그리스도인들에게 이 교회의 실재를 밝혀야 하며 그들이 그렇지 않다고 주장하더라도 교회가 없이는 그리스도에 대한 충성이 존재하지 않거나 유지될 수 없다는 것을 확언해야 한다.[45]

---

[43] 루터의 진술을 확인할 것: LC II 66 (Kolb-Wengert, 440); Ap VII 14-16 (Tappert, 170); SA III/VIII 10 (Kolb-Wengert, 323).
[44] LC IV 69 (Kolb-Wengert, 465); LC III 62, 80, 104, 113 (Kolb-Wengert, 448, 451, 454-55); LC II 52 (Kolb-Wengert, 438); Taufbüchlein 2 (BSLK, 536); LC IV 83 (Kolb-Wengert, 466).
[45] 이전 장에서 우리는 후퍼(Hoefer)가 제안한 교회 없는 기독교 제안을 둘러싼 논쟁을 했다. Hoefer, *Churchless Christianity*, 그리고 LWF, *Mission In Context*, 28.

제17장
결론

하나님은 교회가 복음을 전하고 공급하고 증거할 때 말씀을 통해 세상에 대한 그분의 구원을 전달하신다. 이 활동이 간단하고 기본적인 것처럼 들리지만 이것은 그리 간단하지 않다. 문헌과 회의, 협의회 및 대회 등에서의 토론은 선교가 어떻게 연합될 수 있는지를 보여 주지만 기독교인들은 신학과 실천에 따라 쉽게 나눠질 수 있다. 따라서 공통의 합의에 도달하기 위해서 교회는 항상 신학과 실천을 조화시키려는 도전에 직면해 있다.

그리스도인이 이웃에 대한 사랑과 동정심 때문에 선교에 응답한다고 보는 것도 좋지만 이것이 맹목적인 행동주의가 되어서는 안 된다. 그리스도인은 주님의 선교에 참여하려고 할 때 교회의 신앙과 고백에 대해 알아야 한다.

이 연구는 이런 토론에 기여하고자 시도했다. 이 책은 선교신학, 선교의 본질, 선교의 상황과 선교 과제에 대해 안내하고 탐구했으며 그 과정에서 나는 정기적으로 신앙과 실천 사이의 연관성을 지적했다. 이와 관련한 모든 내용을 언급하지는 않았지만 나는 이 책이 독자들에게 안정적인 체계에 대한 논점을 파악하는 데 도움이 되었기를 바란다.

사실 선교는 중도 조정이 가능한 노력이다. 세계의 많은 나라는 복음에 대한 문을 여닫으며 시간과 상황은 새로운 도전을 가져오기 때문에 교회는 끊임없이 이에 대해 재조정해야 한다. 그러나 교회는 주님을 통해 자신이 가르치도록 위임받은 것과 동일한 내용의 복음을 가지고 세상을 섬겨야 하며 그리스도의 재림까지 그렇게 해야만 한다.

이 연구를 어떻게 마무리해야 하는가?

하나님의 선교에서 교회의 역할을 정의하는 네 가지 고전 범주, 즉 '선교적', '복음적', '고백적', 그리고 '소명적' 교회에 대한 언급으로 돌아가 보자.[1] 이런 특성은 실제로 우리가 그리스도인으로서 스스로를 세상에 어떻게 제시하고 우리의 연구가 선교의 본질에 어떤 방식으로 접근했는지에 관한 좋은 요약을 제공한다.

첫째, 교회는 '선교적'이다. 하나님의 구속된 공동체인 교회는 계속해서 하나님으로부터 생명을 공급받고 또한 그리스도 안에서 세상에 생명의 선물을 이타적으로 전달한다(요 3:16). 교회는 예배의 맥락에서뿐만 아니라 믿지 않는 세상에 대한 케리그마(선포)와 성례(sacrament) 활동에서도 '말씀과 성례전'이라는 소중한 생명줄을 공급한다.

진정한 선교 정신은 그리스도인들이 '하나님께 여지를 주지 않는 자기중심적 도덕주의자'이며 '노력으로 구원을 얻으려는 태도를 보이는' 비그리스도인들을 '복음을 통해 해방될 수 있는 사람들'로 여기는 것이다.

둘째, 교회는 건전한 복음을 가지고 있다는 점에서 '복음적'이다. 이 복음은 죄와 죽음과 악마에 대한 유일한 치료법이다. 마틴 루터는 500년 전에 이미 복음의 힘을 가르치고 믿었으며 오늘날 교회는 그 신념을 공유한다. 복음은 바울 시대와 루터 시대에 있었던 것과 마찬가지로 오늘날에도 동일한 목적을 수행한다. 비록 교회는 많은 임무를 가지고 있지만 복음을 세상과 나누는 복음적인 역할을 위해 존재한다는 사실을 잊지 말아야 한다.

그러나 교회의 복음주의적 성격은 눈에 보이는 여러 형태로 복음을 표현한다. 교회는 복음을 증거하고 전파하며 공급함으로써 복음주의적이 된다. 이와 관련하여 우리는 선교학자 발터 프라이타크가 만든 복음의 본질과 목적에 대한 간단하면서도 강력한 진술을 반복한다.

---

1   Bliese, "Mission Matrix" 237-48.

성경적 의미에서 '회심'과 '세례'와 연결되어 있지 않은 것 가운데 '선교'라고 부를 수 있는 것은 없다.[2]

더욱이 복음 선포와 가시적인 행위인 세례는 기존의 예배 공동체로 이어지게 한다. 복음주의는 우리 사회에서 우상 숭배의 수준에 도달한 개인주의적 태도에 대해 문제 삼는다. 복음은 '칭의'라는 선물을 가져다 주면서 '교회 회원'과 '예배'라는 가시적인 현실을 만든다. 종교개혁이 복음주의를 일으켰다는 중요성은 만약 그것이 교회론과 복음의 다양한 가시적 형태, 즉 증거, 선포, 가르침, 용서, 성례, 예배의 맥락에서 분리되었다면 아마도 오해되었을 것이다.

셋째, 교회는 세상을 향한 그리고 세상 안에서의 섬김에 있어 '소명적'이다. 목회자의 교회 사역 외에도 선교는 그리스도인들의 다양한 직업 소명을 중심으로 스스로를 조직화하는 모든 그리스도인의 성화된 삶을 포함한다. 그들의 증거와 행동을 통해 모든 그리스도인은 말씀을 사회의 모든 영역으로 확장시킴으로써 교회의 선교를 수행한다. 그리스도인들은 인생에서 선한 일이나 목적을 위해 찾아다닐 필요가 없다. 그것은 특정한 종류의 선행에 대한 요구는 각자의 직업 소명과 함께 오기 때문이다.

넷째, 모든 선포와 그리스도인의 소명을 통한 증거는 성경에 분명하고 명확하게 기록되어 있어야만 하는데 이런 점에서 교회의 선교는 '고백적'이다. 한번은 예수께서 제자들에게 다음과 같이 질문하셨다.

너희는 나를 누구라 하느냐?(마 16:15).

이에 시몬 베드로는 다음과 같이 고백했다.

주는 그리스도시요 살아 계신 하나님의 아들이시니이다(마 16:16).

---

[2] Freytag, *Reden und Aufsätze*, 2:85.

그리스도인은 여전히 그리스도의 말씀을 들을 필요가 있는 사람들에게 비슷한 대답을 한다. 교회는 '고백을 통해' 복음을 발견한 것과 관련하여 루터의 가르침을 재확인하고 여전히 그것을 찾아 헤매는 세상에 대해 그 발견한 내용을 전한다. 교회는 의미 있고 일관된 방식으로 '고백을 통해' 공통의 메시지를 공유한다.³

다섯째, 레슬리 뉴비긴이 주장하는 것처럼 복음이 모든 사람에게 참으로 필요하다는 주장을 거부하는 세상에 대해 교회는 자신감을 가지고 '고백을 통해' 복음에 대한 진리를 전한다.⁴

선교사로 봉사하는 많은 사람은 복음이 세상에 전파되어야 하는 긴급한 상황임에도 불구하고 교회가 더딘 반응을 보이거나 이를 불이행하는 것을 볼 때 절망감에 빠질 수 있다. 그러나 현실은 많은 사람이 교회에 원하거나 열망하는 완전함을 결코 성취하지 못한다는 것이다. 그것은 교회가 세상에 존재하는 한 죄와의 싸움에서 벗어날 수 없기 때문이다.

비록 교회는 자신의 실패를 극복하려고 노력해야 하지만 그런 실패는 또한 교회의 삶의 구조적 일부를 구성한다. 선교는 많은 미개척 영역이 있으며 그중의 하나는 바로 교회를 통해 실행된다. 참된 신자, 위선자, 그리고 심지어 불신자도 가시적인 교회에 존재하고 있으며 복음의 메시지는 그리스도의 몸의 일원이라고 부르는 이 모든 사람에게 선물을 전달한다.⁵

"십자가로부터 시작되는 선교"라는 이 연구의 제목은 그리스도인들이 '하나님의 선교'에 참여할 때 그들은 항상 그리스도의 십자가에서 흘러오는 용서의 선물을 수동적으로 받는 사람들로 남아 있다는 생각을 포착하기 위해 선택했다.

교회는 자신의 선포가 진공 상태에서 이루어지지 않는다는 사실을 인정한다. 선교는 어떤 주어진 상황 가운데서 이루어진다. 그런 맥락에서 선교

---

3   Mattes, *Role of Justification in Contemporary Theology*, 184-85.
4   Newbigin, *Gospel in a Pluralist Society*, 242-44.
5   예를 들어, LWF, *Together in God's Mission*, 27쪽을 참조할 것.

는 그것이 어떤 상황에 있더라도 일정한 형태의 대화에 참여한다. 교회는 우리 시대의 울부짖음과 위기에 대응하기 위해 듣는 법을 배워야 한다. 그것은 참으로 어려운 도전적 과제를 제시한다. 그러나 교회는 항상 주님이 약속하신 그분의 임재를 확신해야 한다.

볼지어다 내가 세상 끝날까지 너희와 항상 함께 있으리라(마 28:20).

1. 루터교 선교 사역의 확장

종교개혁이 끝날 무렵 유명한 루터교 설교자이자 찬송가 작곡가인 필립 니콜라이(Philip Nicolai)는 『그리스도의 통치에 관한 해설』(*A Commentary on the Reign of Christ*, 1597)을 썼다. 니콜라이의 작업은 복음이 들어간 지역에 대한 지리적 조사를 제공했다. 그는 해외 선교 사역을 증가시키기 위해 루터교회를 자극했다.

루터교 선교 사역은 세 가지 기본 방식으로 확장되었다.

첫째, 복음 서적 출판
둘째, 루터교 통치자, 교회 및 선교 단체가 파송한 선교사
셋째, 이민자들에 의해 설립된 루터교 회중

여기에 있는 지도는 루터교 선교사들의 5세기에 걸친 사역의 견본으로 이를 통해 더 많은 선교 사역이 지원될 수 있기를 바란다.

- 1523년 루터는 선교적 논문 〈예수 그리스도는 태생적으로 유대인이었다〉(Jesus Christ Was a Jew by Birth)를 지필했다. 1529년에 그는 『소교리 문답』을 출판하여 개종자들의 기독교 교육을 지원한다.
- 1557년 프리무스 트루버(Primus Truber)는 크로아티아인(Croats)과 웬드족(Wends)을

위한 복음서, 교리 문답서 및 기타 자료를 번역하고 출판했다.
- 1558년 에스토니아(Estonian), 라트비아(Latvian) 및 리보니아(Livonian) 농민 출신의 루터 교도들은 러시아에서 재정착하게 된다.
- 1559년 스웨덴 국왕 구스타프 바사(Gustav Wasa)는 라플란드 사람들(Laplander) 사이에서 선교 사역을 시작하고 지원한다.
- 1634년 피터 헤이잉(Peter Heyiing)은 이집트와 에티오피아에서 선교 사역을 시작한다.
- 1648년 존 캄파니우스(John Campanius)는 델라웨어(Delaware)의 인디언들을 위한 교리 문답서를 번역한다.
- 1706년 바돌로매 지겐발크(Bartholomaus Ziegenbalg)와 헨리 플뤼차우(Heinrich Piiitschau)가 인도 트랑케바르(Tranquebar; 타랑감바디, Tharangambadi)에서 선교 사역을 시작한다.
- 1721년 한스 에지드(Hans Egede)는 그린란드(Greenland)의 에스키모인들을 위한 선교사로 사역한다.
- 1742년 요한 파브리치우스(Johann Philipp Fabricius)는 인도 마드라스(Madras)의 타밀인(Tamil)들 사이에서 선교 사역을 시작한다.
- 1749년 독일 루터교 이민자들은 노바 스코샤(Nova Scotia)주의 핼리팩스(Halifax)에 도착한다.
- 1762년 크리스챤 프레데릭 슈바르츠(Christian Frederick Schwartz)는 트리치노폴리(Trichinopoly)와 후에는 탄조레(Tanjore; 탄자부르, Thanjavur)에서 선교 사역을 수행한다.
- 1839년 어거스트 카렐(August L. C. Karel)과 회중은 호주 애들레이드(Adelaide)에 도착한다.
- 1844년 존 루드윅 크라프(John Ludwig Krapf)는 탄자니아 잔지바르(Zanzibar)에서 선교 사역을 시작한다.
- 1845년 어거스트 크래머(August Cramer)는 미시간주 프랑켄무스(Frankenmuth)에서 아메리카 인디언들을 대상으로 선교사 식민지를 설립했다.
- 1851년 테오도르 플리드너(Theodor Fliedner)와 4명의 집사들이 예루살렘의 아랍인들 사이에서 구호 활동을 시작했다.
- 1854년 '헤르만스베르거선교회'(Hermannsberger Mission)의 선교 선(ship)인 간다게(Candace)가 남아프리카 포트 나탈(Port Natal; 더반, Durban)에 도착한다.
- 1861년 남아프리카의 케이프타운(Cape Town)에서 성마틴교회(St. Martin's Church)가 설립되었다.
- 1864년 루드윅 노멘센(Ludwig I. Nommensen)은 인도네시아의 바타크족(Bataks) 사이에서 선교 사역을 시작했다.
- 1866년 존 앵(John Engh)과 닐스 닐센(Nils Nilsen)은 마다가스카르(Madagascar)에서 선교 사역을 시작했다.
- 1877년 '루터교총회'(Synodical Conference)는 아프리카계 미국인들 사이에서 선교

사역을 시작했다.

- 1883년 다니엘 란츠만(Daniel Landsmann)은 뉴욕의 유대인들 사이에서 선교 사역을 시작했다.
- 1886년 요한 플리에를(Johan Flierl)은 뉴기니에서 선교 사역을 시작했다. 스웨덴 선교사 연합(Missionary Union of Sweden)은 아프리카 콩고에서 사역을 시작했다.
- 1887년 시어도어 슈미트(Theodore Schmidt)는 칠레 발디비아(Valdivia)에서 회중을 조직했다. 겔무이덴(H. J. E. Gellmuyden)은 아르헨티나 부에노스아이레스(Buenos

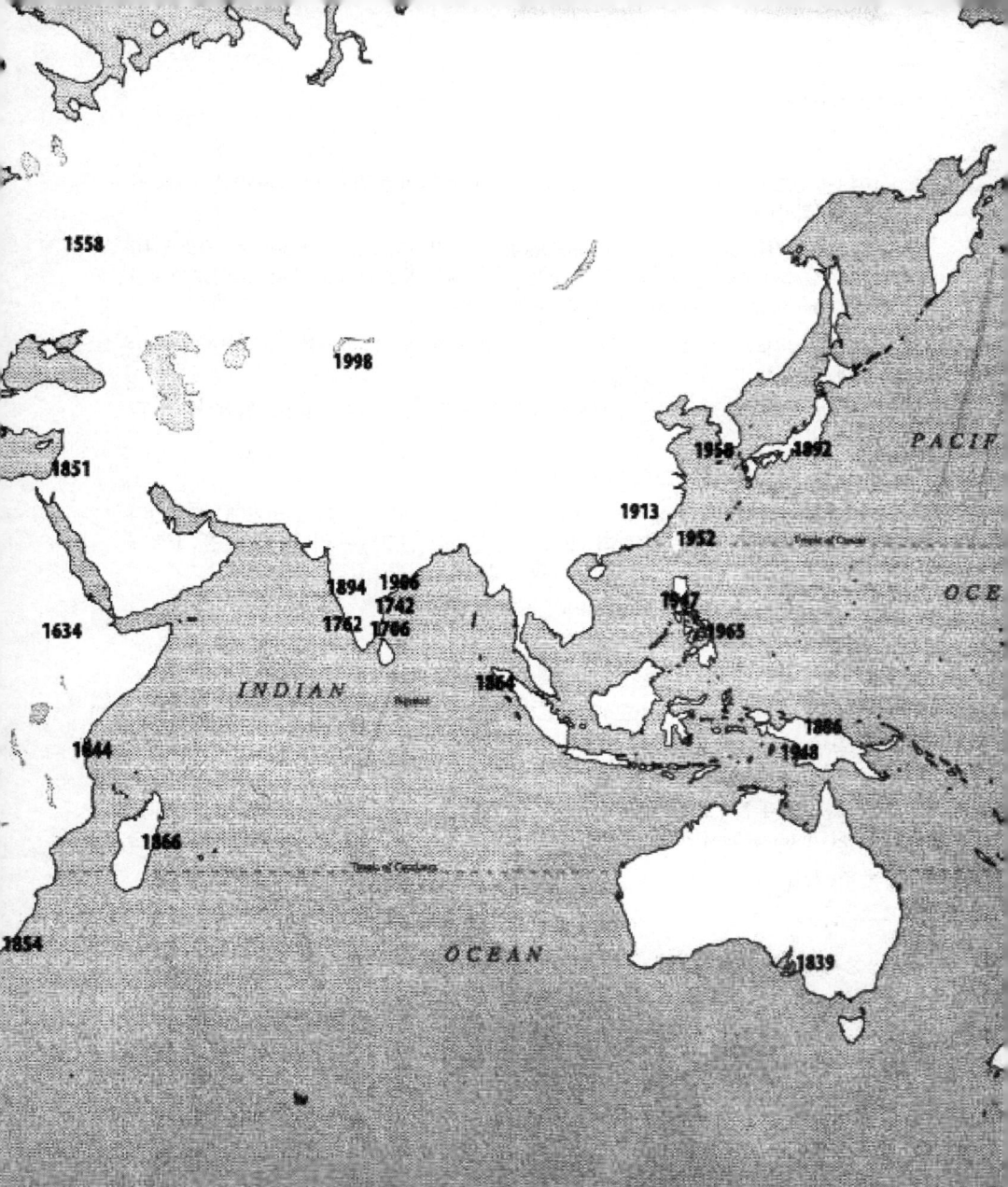

　　Aires)에서 회중을 섬겼다.

- 1892년 제임스 쉐러(James A. B. Sherer)는 일본에서 선교 사역을 시작했다.
- 1894년 내터(K. G. T. Naether)는 인도 크리슈나기리(Krishnagiri)에서 선교 사역을 시작했다. 몬(T. F. Mohn)은 인도의 암부르(Ambur)에서 선교 사역을 시작했다.
- 1901년 크리스티안 브로더스(Christian J. Broders)와 윌리엄 말러(William Mahler)는 브라질에서 선교 사역을 조직했다.

- 1913년 에드워드 안트(Edward L Arndt)는 중국 우한의 한커우(Hankow)에서 선교 사역을 시작했다.
- 1947년 알바로 카리노(Alvaro Carino)와 헤르만 마이어(Herman Mayer)는 필리핀 마닐라(Manila)에서 선교 사역을 시작했다. 스웨덴 룬드(Lund)에서 '루터교세계연맹'(Lutheran World Federation, IWF)이 조직되었다.
- 1948년 윌러드 브루스(Willard Burce)와 오토 힌체(Otto Hintze)는 뉴기니(New Guinea)에서 선교 사역을 시작했다.
- 1950년 루터교회 미주리총회(LCMS)의 텍사스 교구는 멕시코시티로 목회자들을 파송했다.
- 1952년 '대만 루터교선교회'가 설립되었다.
- 1956년 '블랙마르 선교회'(Bleckmar Mission, 독일 하노버)는 남아프리카에 사는 인디언들 사이에서 사역을 시작했다. 노르웨이 루터교 선교부는 라디오 선교인 '노르웨이 미디어선교회'(Norea Mediemisjon)를 설립했다.
- 1958년 한국에서 루터교 선교 사역이 조직되었다.
- 1965년 루터교 성경 번역가(원래는 '그리스도의 심부름꾼', Messengers of Christ) 돈(Don)과 메리 머레이(Mary Murray)를 필리핀으로 파송했다.
- 냉전(1948-91)은 새로운 선교 사역의 개발을 방해했다. 공산주의의 붕괴 이후, 루터교 선교 사역은 동유럽과 아시아 일부(예: 키르기스스탄, 1998)와 아프리카의 코트디부아르(Côte d'Ivoire)와 기니(Guinea)에서 새로 시작되었다.
- 1993년 '세계루터교평의회'(ILC, International Lutheran Council)는 과테말라의 안티구아 섬(Antigua)에서 조직되었으며, 전 세계 '고백주의 루터교회'의 유대를 강화하고 있다.

성경과 니케아 신조에서 가르치는 것처럼 예수 그리스도는 "영광으로 다시 오실 것이며 … 그의 나라는 끝이 없을 것이다." 그러므로 우리는 루터의 선교 찬송 가사를 통해 담대히 기도한다.

> 오! 모든 민족이 당신의 존귀하심을 찬양하고 모든 선한 일이 증가하게 하소서. 땅이 그의 소산을 내어 주었으니 당신의 말씀이 우리에게 복을 주시리로다. 아버지와 아들과 성령 하나님이 우리에게 복을 주시리로다! 온 세상이여 그분만을 찬양하라! 우리가 하나님을 경외하게 하시고 이제 우리의 마음이 '아멘'을 외치게 하소서!

참고 문헌

Aagaard, Johannes. *Mission, Konfession, Kirche: Die Problematik ihrer Integration im 19 Jahrhundert in Deutschland.* 2 vols. Lund: Gleerup, 1967.

———. "Missionary Theology." Pages 206-27 in *The Lutheran Church, Past and Present.* Edited by Vilmos Vajta. Translated by Vanessa Dolbe. Minneapolis: Augsburg, 1977.

———. "Missionstheologie." Pages 250-74 in *Die Evangelisch-Lutherische Kirche: Vergangenheit und Gegenwart.* Edited by Vilmos Vajta. Frankfurt am Main: Evangelisches Verlagswerk, 1983.

Abbott, Walter M., gen. ed. *The Documents of Vatican II.* Translated by Joseph Callagher et al. Chicago: Follet, 1966.

Abraham, William J. *The Logic of Evangelism.* Grand Rapids: Eerdmans, 1989.

Afflerbach, Horst. *Handbuch Christliche Ethik.* Wuppertal: R. Rrockhaus, 2002.

Allen, Roland. *Missionary Methods: St. Paul's or Ours?* Grand Rapids: Eerdmans, 1962.

———. *The Spontaneous Expansion of the Church and the Causes which Hinder It.* Grand Rapids: Eerdmans, 1962.

Althaus, Paul. *Fact and Faith in the Kerygma of Today.* Translated by David Cairns. Philadelphia: Muhlenberg, 1959.

———. "Um die Reinheit der Mission." Pages 48-60 in *Mission und Theologie.* Edited by Franz Wiebe. Göttingen: Heinz Reise, 1953.

Amstutz, Josef. *Kirche der Völker: Skizze einer Theorie der Mission.* Freiburg: Herder, 1972.

Anderson, Gerald H. "American Protestants in Pursuit of Mission: 1886-1986." *International Bulletin of Missionary Research* 12 (1980): 98-118.

———. *Biographical Dictionary of Christian Missions.* Grand Rapids: Eerdmans, 1998.

Andersen, Wilhelm. "Die kerygmatische Begründung der Religions- und Missionswissenschaft." *Evangelische Missionszeitschrift* 11 (March 1954): 29-37.

———. *Towards a Theology of Mission: A Study of the Encounter between the Missionary Enterprise and the Church and Its Theology.* London: SCM, 1955.

Aring, Paul Gerhard. *Kirche als Ereignis: Ein Beitrag zur Neuorientierung der Missionstheologie.* Neukirchen-Vluyn: Neukirchncr, 1971.

Aulin, Gustaf. *Christus Victor: An Historical Study of the Three Main Types of the Idea of Atone-

ment. Translated by A. G. Hebert. New York: Macmillan, 1969.
Barna, George. *Growing True Disciples*. Grand Rapids: Zondervan, 1998.
Barrett, David, and Todd M. Johnson. *World Christian Trends AD 30-AD 2200: Interpreting the Annual Christian Megacensus*. Pasadena, CA: William Carey Library, 2001.
Barth, Karl. *Church Dogmatics*. Vol. 1/2. Translated by G. T. Thomson and Harold Knight. New York: Scribner's. 1956.
_____. *Church Dogmatics*. Vol. 4, 3/1. Translated by G. W. Bromiley. Edinburgh: T&T Clark, 1961.
_____. *Church Dogmatics*. Vol. 4, 3/2. Translated by G. W. Bromiley. Edinburgh: T&T Clark, 1962.
_____. *Church Dogmatics*. Vol. 4/1. Translated by G. W. Bromiley. Edinburgh: T&T Clark, 1956.
_____. "Theologie und Mission in der Gegenwart." Pages 100-126 in *Theologische Fragen und Antworten*. Vol. 3 of *Gesammelte Vorträge*. Zürich: Evangelischer Verlag, 1957.
Bayer, Oswald. *Living by Faith*. Translated by Geoffrey W. Bromiley. Grand Rapids: Eerdmans, 2003.
_____. "Notae ecclesiae." Pages 75-90 in *Lutherische Beiträge zur Missio Dei*. Erlangen: Martin Luther Verlag, 1982.
Beck, William F. *The Holy Bible: An American Translation*. New Haven: Leader, 1976.
Beißer, Friedrich. *Hoffnung und Vollendung*. Gütersloh: Gütersloher Verlagshaus Gerd Mohn, 1993.
_____. "Mission und Reich Gottes." Pages 43-56 in *Lutherische Beiträge zur Missio Dei*. Erlangen: Martin Luther Verlag, 1982.
Die Bekenntnisschriften der evangelisch-lutherischen Kirche. Herausgegeben im Gedenkjahr der Augsburgischen Konfession 1930. Göttingen: Vandenhoeck& Ruprecht, 1930.
Berger, Peter. *A Skeptical Affirmation of Christianity*. Oxford: Blackwell, 2004.
Berkhof, Hendrikus. *The Doctrine of the Holy Spirit*. Richmond, VA: John Knox, 1964.
Beyerhaus, Peter. *Aufbruch der Armen: Die neue Missionsbewegung nach Melbourne*. Bad Liebenzell: Verlag der Liebenzeller Mission, 1981.
_____. "Christi Heilsangebot durch seine Gesandten." *Evangelisches Missionsmagazin* 116(1972): 54-66.
_____. *Die Grundlagenkrise der Mission*. Wuppertal: R. Brockhaus, 1970.
_____. *Humanisierung: Einzige Hoffnung der Welt?* 2d ed. Bad Salzuflen: Verlag für Missions- und Bibel-künde, 1970.
_____. "Missionar I (Evangelisch)." In *Lexikon Missionstheologischer Grundbegriffe*. Edited by Karl Müller and Theo Sundermeier. Berlin: Dietrich Reimer, 1987.
_____. *Missions—Which Way? Humanization or Redemption?* Translated by Margaret Clarkson. Grand Rapids: Zondervan, 1971.

———. "Die Predigt als Ruf zur Mission." Pages 16-38 in *Lutherisches Missionsjahrbuch für das Jahr 1968*. Edited by Walter Ruf. Nürnberg: Selbstverlag der Bayerischen Missionskonferenz, 1968.

———. *Die Selbständigkeit der jungen Kirchen als missionarisches Problem*. 2d ed. Wuppertal-Barmen: Verlag der Rheinischen Missions-Gesellschaft, 1956.

———. *Shaken Foundations: Theological Foundations for Mission*. Grand Rapids: Zondervan, 1972.

———. "Walter Freytags Begriff des Gewissens in der Sicht südafrikanischer Missionsarbeit." Pages 146-57 in *Basileia: Walter Freytag zum 60. Geburtstag*. Edited by Jan Hermelink and Hans Jochen Margull. Stuttgart: Evang. Missionsverlag, 1959.

Bieder, Werner. "Spiritus Sanctus Pro Mundi Vita." Pages 59-68 in *Fides pro mundi vita*. Edited by Theo Sundermeier. Gütersloh: Gütersloher Verlagshaus Gerd Mohn, 1980.

Bijlsma, Roelof. *Die Taufe in Familie und Gemeinde*. Munich: Chr. Kaiser, 1962.

Bingle, E. J. "The World Mission of the Church: A Survey." In *Missions under the Cross*. Edited by Norman Goddall. London: Edinburgh House Press, 1953.

Bizer, Ernst. *Luther und der Papst*. Munich: Christian Kaiser, 1958.

———. "Über die Rechtfertigung." Pages 11-30 in *Das Kreuz Jesu Christi als Grund des Heils*. Edited by Ernst Bizer, J. F. Gerhard Goeters, Wolfgang Schräge, Walter Kreck, and Walther Fürst. Gütersloh: Gütersloher Verlagshaus Gerd Mohn, 1967.

Blauw, Johannes. "The Biblical View of Man in His Religion." In *The Theology of the Christian Mission*. Edited by Gerald H. Anderson. New York: McGraw-Hill, 1961.

———. *Goden en Mensen: Plaats en Betekenis van de Heidenen in de Heilige Schrift*. Groningen: J. Niemeijer, 1950.

Bliese, Richard. "The Mission Matrix: Mapping Out the Complexities of a Missional Ecclesiology." *Word and World* 26.3 (Summer 2006): 237-48.

———, and Craig Van Gelder, eds. *The Evangelizing Church: A Lutheran Contribution*. Minneapolis: Augsburg Fortress, 2005.

Blocher, Henri A. "The Lutheran—Catholic Declaration on Justification." Pages 197-217 in *Justification in Perspective*. Edited by Bruce L. McCormack. Grand Rapids: Baker Academic, 2006.

Blöchle, Herbert. "Die missionarische Dimension in der Theologie Luthers." Pages 357-68 in *Die Einheit der Kirche: Dimensionen ihrer Heiligkeit, Katholizität und Aposlolizität: Festgabe Peter Meinhold zum 70. Geburtstag*. Edited by Lorenz Hein. Wiesbaden: Franz Steiner. 1977.

Bohren, Rudolf. *Mission und Gemeinde*. Munich: Chr. Kaiser, 1962.

Bonhoeffer, Dietrich. *The Cost of Discipleship*. New York: Macmillan, 1959.

Bosch, David J. "Theological Education in Missionary Perspective." *Missiology* 10.1 (January 1982): 13-34.

———. *Transforming Mission: Paradigm Shifts in Theology of Mission*. Maryknoll, NY: Orbis,

1991.

_____. Witness to the World: The Christian Mission in Theological Perspective. Atlanta: John Knox, 1980.

Boyd, Gregory A., and Paul R. Eddy. *Across the Spectrum: Understanding Issues in Evangelical Theology*. Grand Rapids: Baker Academic, 2002.

Braaten, Carl E. *The Apostolic Imperative*. Minneapolis: Augsburg Fortress, 1985.

_____. *Justification: The Article by Which the Church Stands or Falls*. Minneapolis: Fortress, 1990.

_____. "A Trinitarian Theology of the Cross." *Journal of Religion* 56 (January 1976): 113-21.

Brandt, Hermann. "Über den Beitrag lutherischer Mission zum Gemeindeaufbau: Mission als nota ecdesiae." In *Eschatologie und Gemeindeaufbau. Hermannsburger Missionsgeschichte im Umfeld lutherischer Erweckung*. Edited by Georg Gremels. Hermannsburg: Ludwig-Harms-Haus-Verlag— Missionshandlung, 2004.

Brecht, Martin. "Beobachtungen zum Gemeindeaufbau bei Luther." Pages 9-21 in *Reformation und Praktische Theologie: Festschrift für Werner letter zum siebzigsten Geburtstag*. Edited by Hans Martin M üllerand Dietrich Rössler. Göttingen: Vandenhoeck & Ruprecht, 1983.

_____. *Martin Luther. Vol. 3: Die Erhaltung der Kirche 1532-1546*. Stuttgart: Calwer, 1987.

Breytenbach, Cilliers. "Reconciliation Shifts in Christian Soteriology." Pages 1-25 in *Reconciliation and Construction: Creative Options for a Rapidly Changing South Africa*. Edited by W. S. Vorster. Pretoria: University of South Africa, 1986.

Brunner, Peter. "Die bleibende Bedeutung des lutherischen Bekenntnisses für die Mission." *Lutherische Blätter* 106 (1972): 8-22.

_____. "Gott, das Nichts und die Kreatur. Eine dogmatische Erwägung zum christlichen Schöpfungsglauben." Pages 31-49 in vol. 2 of *Pro Ecclesia: Gesammelte Aufsätze zur dogmatischen Theologie*. Berlin: Lutherisches Verlagshaus, 1966.

_____. "Das Heil und das Amt." Pages 293-309 in vol. 1 of *Pro Ecclesia: Gesammelte Aufsätze zur dogmatischen Theologie*. Berlin: Lutherisches Verlagshaus, 1966.

_____. "Die Herrlichkeit des gekreuzigten Messias: Eine vordogmatische Erwägung zur dogmatischen Christologie." Pages 60-75 in vol. 2 of *Pro Ecclesia: Gesammelte Aufsätze zur dogmatischen Theologie*. Berlin: Lutherisches Vedagshaus, 1966.

_____. "Ministerium Verbi, Ekklesia und Hirtenamt." Pages 17-46 in *Grundlinien für die Ordnung des Amtes in der Kirche: Arbeitsergebnisse des Theologischen Konvents Augsburgischen Bekenntnisses*. Fuldaer Hefte. Schriften des Theologischen Konvents Augsburgischen Bekenntnisses 11. Edited by Friedrich Hübner. Berlin: Lutherisches Verlagshaus, 1960.

_____. "Die Notwendigkeit des neuen Gehorsams nach dem Augsburgischen Bekenntnis." *Kerygma und Dogma* 7 (1961): 272-83.

_____. *Pro Ecclesia*. 2 vols. Berlin: Lutherisches Verlagshaus. 1962-.

———. "Rechtfertigung heute: Versuch einer dogmatischen Parakiese." Pages 122-40 in vol. 2 of *Pro Ecclesia: Gesammelte Aufsätze zur dogmatischen Theologie*. Berlin: Lutherisches Verlagshaus, 1966.

———. "Rechtfertigung, Wiedergeburt und neuer Gehorsam in Melanchton's Apologie." *Informationsblatt für die Gemeinden in den lutherischen Landeskirchen 7* (1958): 302-3.

———. "Theologie des Gottesdienstes?" *Kerygma und Dogma* 22 (1976): 96-121.

———. "Vom Amt des Bischofs." Pages 5-77 in *Schriften des Theologischen Konvents Augsburgischen Bekenntnisses*. Edited by Friedrich Hübner. Berlin: Lutherisches Verlagshaus, 1955.

———. *Worship in the Name of Jesus*. Translated by Martin H. Bertram. St. Louis: Concordia, 1968.

Brunotte, Heinz. *Das Amt der Verkündigung und das Priestertum aller Gläubigen*. Berlin: Lutherisches Verlagshaus, 1962.

Brunstäd, Friedrich. *Theologie der lutherischen Bekenntnisschriften*. Gütersloh: C. Bertelsmann, 1951.

Bub, Wolfgang. *Evangelisationspredigt in der Volkskirche: Zu Predigtlehre und Praxis einer umstrittenen Verkündigungsgattung*. Stuttgart: Calwer, 1990.

ßürkle, Horst. *Missionstheologie*. Stuttgart: W. Kohlhammer, 1979.

Bultmann, Rudolf. "Ist voraussetzungslose Exegese möglich?" Pages 142-50 in vol. 3 of *Glauben und Verstehen: Gesammelte Aufsätze*. Tübingen: Mohr, 1947.

———. *Jesus Christ and Mythology*. Upper Saddle River, NJ: Prentice Hall, 1958.

———. "New Testament and Mythology: The Problem of Demythologizing the New Testament Proclamation." Pages 1-44 in *The New Testament and Mythology and Other Basic Writings*. Selected, edited, and translated by Schubert M. Ogden. Philadelphia: Fortress, 1984.

Bunkowske, Eugene VV. "Luther, the Missionary." Pages 54-91 in *God's Mission in Action: A Booklet of Essays Delivered at the First Annual Missions Congress, Concordia Theological Seminary, Fort Wayne, Indiana, April 24-27, 1986*. Edited by Eugene W. Bunkowske and Michael A. Nichol. Fort Wayne, IN: Great Commission Resource Library, 1986.

Caemmerer, Richard R. "Kerygma and Didache in Christian Education." *Concordia Theological Monthly* 32.3 (March 1961): 197-208.

Callahan, Kennon L. *Effective Church Leadership: Building on the Twelve Keys*. San Francisco: Harper & Row, 1990.

———. *Twelve Keys to an Effective Church: Strategy for Planning Mission*. San Francisco: Harper & Row, 1983.

Calvin, John. *Institutio Christianae Religionis*. Vol. 2. Edited by A. Tholuck. Berlin: Gustav Eichler, 1834.

Carey, William. *An Enquiry into the Obligations of Christians to Use Means for the Conversion of the Heathens*. New facsimile ed. London: Carey Kingsgate Press, 1962.

Cheesman, Graham. *Mission Today: An Introduction to Mission Studies*. Belfast: Presbyterian & Reformed Publishing Co., 1989.

Cho, Paul Yonggi. *The Fourth Dimension*. Plainfield, NJ: Logos International, 1979.

Commission on Theology and Church Relations, Lutheran Church—Missouri Synod. *The Charismatic Movement and Lutheran Theology*. St. Louis: LCMS, 1972.

_____. *The Joint Declaration on the Doctrine of Justification in Confessional Lutheran Perspective*. St. Louis: LCMS, 1999.

_____. *The Lutheran Church and the Charismatic Movement: Guidelines for Congregation and Pastors*. St. Louis: LCMS, 1977.

_____. *The Ministry: Offices, Procedures, and Nomenclature*. St. Louis: LCMS, 1981.

_____. *The Ministry in Its Relation to the Christian Church as Seen on the Basis of the Holy Scripture and the Lutheran Confessions with Applications to Specific Problems of the Church in Our Time*. St. Louis: LCMS, 1993.

_____. *A Statement of Scriptural and Confessional Principles*. St. Louis: LCMS, 1973.

_____. *A Theological Statement of Mission*. St. Louis: LCMS, 1991.

Commission on Worship, Lutheran Church—Missouri Synod. *Lutheran Service Book*. St. Louis: Concordia, 2006.

Conn, Harvie M., ed. *Eternal Word and Changing Worlds: Theology, Anthropology, and Mission in Trialogue*. Grand Rapids: Zondervan, 1984.

_____. *Theological Perspectives on Church Growth*. Nutley, NJ: Presbyterian & Reformed Publishing Co., 1976.

Copan, Paul, and Ronald K. Tacelli, eds. *Jesus' Resurrection: Fact or Figment?* Downers Grove, II.: InterVarsity, 2000.

Cullmann, Oscar. "Eschatology and Missions in the New Testament." Pages 42-54 in *The Theology of the Christian Mission*. Edited by Gerald H. Anderson. New York: McGraw-Hill, 1961.

_____. *Salvation in History*. English translation drafted by Sidney G. Sowers and completed by the editorial staff of SCM Press. New York: Harper & Row, 1967.

Danker. William J. "Non-Christian Religions and Franz Picper's Christian Dogmatics." Pages 215-21 in *Fidespro mundi vita*. Edited by Theo Sundermeier. Gütersloh: Gütersloher Verlagshaus Gerd Mohn, 1980.

D'Costa, Gavin, *Theology and Religious Pluralism: The Challenge of Other Religions*. Oxford: Blackwell, 1986.

Deuser, Hermann. *Kleine Einfuehrung in die Systematische Theologie*. Stuttgart: Reclam, 1999.

Dörries, Hermann. "Luther und die Heidenpredigt." Pages 327-46 in vol. 3 of *Wort und Stunde: Beiträge zum Verständnis Luthers*. Göttingen: Vandenhoeck & Ruprecht 1970.

Drews, Paul. "Die Anschauungen reformatorischer Theologen über die Heidenmission." *Zeit-*

Sthrift für praktische Theologie 19 (1897): 1-26.

Dube, Dean Isashar. *Mit den bösen Geistern unter dem Himmel: Eine Kette unerklärlicher Ereignisse*. Gross-Oesingen: Lutherische Buchhandlung, 1992.

Eitel, Keith E. "The Way." *Criswell Theological Review* 4 (1989-90): 279-93.

Elert, Werner. "Augustin als Lehrer der Christenheit."Pages 174-83 in *Ein Lehrer der Kirche: Kirchlich-theologische Aufsätze und Vorträge*. Edited by Max KellerHüschemenger, Berlin: Lutherisches Verlagshaus, 1967.

_____. *The Christian Faith: An Outline of Lutheran Dogmatics*. Translated by Martin H. Bertram and Walter R. Bouman. Columbus: Lutheran Theological Seminary, 1974.

_____. "Gesetz und Evangelium." Pages 51-75 in *Zwischen Gnade und Ungnade: Abwandlungen des Themas Gesetz und Evangelium*. Munich: Evangelischer Presseverband für Bayern, 1948.

_____. *The Lord's Supper Today*. Translated by Martin Bertram and Rudolph F. Norden. St. Louis: Concordia, 1973.

_____. *The Structure of Lutheranism*. Vol. L Translated by Walter A. Hansen. St. Louis: Concordia, 1962.

Elfers, August. "Amt und Ämter in der Mission." Pages 35-40 in *Das Wort und die Völker der Erde: Beiträge zum lutherischen Verständnis der Mission*. Edited by Ernst Strasser. Uelzen: Nicdersächsische Buchdruckerei, 1951.

Engel, James F., and H. Wilbert Norton. *What's Gone Wrong with the Harvest?* Grand Rapids: Zondervan. 1975.

Engle, Paul E., and Gary McIntosh, eds. *Evaluating the Church Growth Movement*. Grand Rapids: Zondervan, 2004.

Erickson, Millard J. *Making Sense of the Trinity*. Grand Rapids: Baker, 2000.

Etuk, Udo. "The Theology of Contcxtualization in Africa: A Cover for Traditional Cultural Revival." *Concordia Journal* 6 (November 1985): 214-22.

Das Evangelium und die Völker: Beiträge zur Geschichte und Theorie der Mission. Berlin-Friedenau: Verlag der Buchhandlung der Gosnerischen Mission, 1939.

Fagerberg, Holsten. *A New Look at the Lutheran Confessions* (1529-1539). Translated by Gene J. Lund. St. Louis: Concordia, 1972.

_____. *Die Theologie der lutherischen Bekenntnisschriften von 1529 bis 1537*. Göttingen: Vandenhoeck & Ruprecht, 1965.

Farley, Edward. "The Reform of Theological Education as a Theological Task." *Theological Education* 17 (Spring 1981): 93-117.

Feucht, Oscar. *Everyone a Minister*. St. Louis: Concordia, 1974.

Findeis, Hans Jürgen. "Missiology." Pages 299-301 in *Dictionary of Mission: Theology, History, Perspectives*. Maryknoll, NY: Orbis, 1997.

Flachsmeier, Horst. *Geschichte der Evangelischen Mission*. Giessen: Brunner, 1963.

Flogaus, Reinhard. *Theosis bei Palam as und Luther: Ein Beitrag zum ökumenischen Gespräch*. Göttingen: Vandenhoeck & Ruprecht, 1997.

Forde, Gerhard O. "Forensic Iustification and the Law in Lutheran Theology." Pages 278-303 in *Justification by Faith: Lutherans and Catholics in Dialogue VII*. Edited by H. George Anderson, T. Austin Murphy, and Joseph A. Burgess. Minneapolis: Augsburg, 1985.

"A Formula of Agreement: A Theological Assessment." *Concordia Theological Quarterly* 62 (April 1998): 83-124.

Forsberg, Juhani. "Abraham als Paradigma der Mission in der Theologie Luthers." Pages 113-20 in *Lutherische Beiträge zur MissioDei*. Erlangen: Martin Luther Verlag, 1982.

Foster, John. *After the Apostles: Missionary Preaching of the First Three Centuries*. London: SCM, 1951.

Franzmann, Martin. "Reconciliation and Justification." *Concordia Theological Monthly* 21 (February 1950): 81-93.

Freytag, Walter. "Das Dämonische in den Religionen." Pages 13-21 in vol. 2 of *Reden und Aufsätze*. Edited by Jan Hermelink and Hans Jochen Margull. Munich: Chr. Kaiser, 1961.

_____. *The Gospel and the Religions*. Translated by B. S. Cozens. London: SCM. 1957.

_____. "Mission im Blick aufs Ende." Pages 186-98 in vol. 2 of *Reden und Aufsätze*. Edited by Ian Hermelink and Hans Jochen Margull. Munich: Chr. Kaiser, 1961.

_____. *Reden und Aufsätze*. Edited by Jan Hermelink and Hans Jochen Margull. Munich: Chr. Kaiser, 1961-.

_____. "Sendung und Verheißung." Pages 217-23 in vol. 1 of *Reden und Aufsätze*. Edited by Jan Hermelink and Hans Jochen Margull. Munich: Chr. Kaiser, 1976.

_____. *Spiritual Revolution in the East*. Translated by L. M. Stalker. London: Lutterworth, 1940.

_____. "Das Ziel der Missionsarbeit." Pages 82-186 in vol. 2 of *Reden und Aufsätze*. Edited by Jan Hermelink and Hans Jochen Margull. Munich: Chr. Kaiser, 1961.

_____. "Wie Heiden Christen werden." Pages 161-70 in vol. 1 of *Reden und Aufsätze*. Edited by Jan Hermelink and Hans Jochen Margull. Munich: Chr. Kaiser, 1961.

_____. "Zur Psychologie der Bekehrung bei Primitiven." Pages 170-93 in vol. 1 of *Reden und Aufsätze*. Edited by Jan Hermelink and Hans Jochen Margull. Munich: Chr. Kaiser, 1961.

Fritz, John. *Pastoral Theology: A Handbook of Scriptural Principles*. St. Louis: Concordia, 1932.

Fung, Raymond, ed. *Evangelistically Yours: Ecumenical Letters on Contemporary Evangelism*. Geneva: WCC Publications, 1992.

Gabler, Paul. "Der eschatologische Neuansatz in der Mission." Pages 41-47 in *Das Wort und die Völker der Erde: Beiträge zum lutherischen Verständnis der Mission*. Edited by Ernst Strasser. Uelzen: Niedersächsische Buchdruckerei, 1951.

García, Alberto L., and A. R. Victor Raj, eds. *The Theology of the Cross for the 21st Century*. St. Louis: Concordia, 2002.

Gensichen, Hans-Werner. "Ambassadors of Reconciliation." *Lutheran World* 20 (1973): 236-44.

_____. *Glaube für die Welt: Theologische Aspekte der Mission*. Gütersloh: Gütersloher Verlagshaus Gerd Mohn, 1971.

_____. *Living Mission: The Test of Faith*. Philadelphia: Fortress, 1966.

_____. "Mission und Luthertum." Pages 546-48 in vol. 4 of *Die Religion in Geschichte und Gegenwart*. 3d ed. Edited by Kurt Galling. Tübingen: J. C. B. Mohr (Paul Siebeck), 1960.

_____. "Die Taufe in der Mission." Pages 27-30 in *Das Wort und die Völker der Erde: Beiträge zum lutherischen Verständnis der Mission*. Edited by Ernst Strasser. Uelzen: Niedersächsische Buchdruckerei, 1951.

_____. *Das Taufproblem in der Mission*. Gütersloh: C. Bertelsmann, 1951.

_____. "Were the Reformers Indifferent to Missions?" Pages 119-27 in *History's Lessons for Tomorrow's Mission: Milestones in the History of Missionary Thinking*. Geneva: World's Student Christian Federation, 1960.

George, Carl F. *Prepare Your Church for the Future*. Grand Rapids: Fleming H. Revell, 1992.

Gerhard, Johann. *Loci Theologici*. Volume 2. Edited by Ed. Preuss. Berlin, 1864.

Gibbs, Eddie, and Ryan K. Bolger. *Emerging Churches*. Grand Rapids: Baker Academic, 2005.

Goppelt, Leonhard. "The Lordship of Christ and the World according to the New Testament." *Lutheran World* 14 (1967): 15-39.

Grane, Leif. *The Augsburg Confession: A Commentary*. Translated by John H. Rasmussen. Minneapolis: Augsburg, 1987.

Green, Lowell C. "Welchen Luther meinen wir?" *Lutherische Theologie und Kirche* 15 (1991): 2-19.

Greene, Colin J. D. *Christology in Cultural Perspective: Marking Out the Horizons*. Grand Rapids: Eerdmans, 2003.

Grenz, Stanley. *A Primer on Postmodernism*. Grand Rapids: Eerdmans, 1996.

Größel, Wolfgang. *Die Mission und die evangelische Kirche im 17. Jahrhundert*. Gotha: Friedrich Andreas Perthes, 1897.

Grotius, Hugo. *The Truth of the Christian Religion*. Translated by John Clarke. Kessinger, 2004.

Guder, Darell L. *The Incarnation and the Church's Witness*. Harrisburg, PA: Trinity Press, 1999.

_____, ed. *Missional Church: A Vision for the Sending of the Church in North America*. Grand Rapids: Eerdmans, 1998.

Günther, Wolfgang. "Gott selbst treibt Mission: Das Modell der Missio Dei." Page 57 in *Plädoyer für Mission: Beiträge zum Verständnis von Mission heute*. Edited by Klaus Schäfer on behalf of the Theological Commission of the Evangelischen Missionswerkes in Deutschland (EMW). Hamburg: EMW, 1999.

_____. *Von Edinburgh nach Mexico City: Die ekklesiologischen Bemühungen der Weltmission-*

skonferenzen (1910-1963). Stuttgart: Evangelischer Missionsverlag, 1970.

"Guidelines for Evangelical-Lutheran Christians Living Together with Muslims in Germany." *Independent Evangelical-Lutheran Church* (SELK), 2002.

Hägglund, Bengt. *History of Theology*. Translated by Gene Lund. St. Louis: Concordia, 1968.

Hammann, Henry P. "The Translation of Ephesians 4:12—A Necessary Revision." *Concordia Journal* 14.1 (January 1988): 42-49.

Harrison, Milmon. *Righteous Riches: The Word of Faith Movement in Contemporary African American World*. Oxford: Oxford University Press, 2005.

Hartenstein, Karl. "Theologische Besinnung." Pages 51-72 in *Mission zwischen Gestern und Morgen: Vom Gestaltwandel der Weltmission der Christenheit im Licht der Konferenz des Internationalen Missionsrats in Willingen*. Edited by Walter Freytag. Stuttgart: Evang. Missionsverlag, 1952.

Hauerwas, Stanley, and William H. Willimon. *Resident Aliens: Life in the Christian Colony*. Nashville: Abingdon, 1989.

Heerboth, Paul. "Missouri Synod Approach to Mission in the Early Period." *Missio Apostolica* 1.1 (May 1993): 26.

Hendrix, Scott. *Luther and the Papacy: Stages in a Reformation Conflict*. Philadelphia: Fortress, 1981.

Heß, Willy. *Das Missionsdenken bei Philipp Nicolai*. Hamburg: Friedrich Wittig, 1962.

Hesselgrave, David J. *Communicating Christ Cross-Culturally*. Grand Rapids: Zondervan, 1978.

_____. *Today's Choices for Tomorrow's Mission: An Evangelical Perspective on Trends and Issues*. Grand Rapids: Academic, 1988.

Heubach, Joachim. *Die Ordination zum Amt der Kirche*. Berlin: Lutherisches Verlagshaus, 1956.

Hick, John, and Paul F. Knitter, eds. *The Myth of Christian Uniqueness: Toward a Pluralistic Theology of Religions*. Maryknoll, NY: Orbis, 1987.

"Hilfe zur Unterscheidung von Geistesströmungen in Kirche und Welt: Das neue Fragen nach dem Heligen Geist. Biblische Orientierungshilfe." *Diakrisis* 1.14 (February 1993): 37-38.

Hoefer, Herbert. *Churchless Christianity*. Pasadena, CA: William Carey Library, 2001. Originally published 1991.

Hoekendijk, Johannes Christiaan. *The Church Inside Out*. Translated by Isaac C. Rottenberg. Edited by L. A. Hoedemaker and Pieter Tijmes. Philadelphia: Westminster Press, 1964.

_____. *Die Zukunft der Kirche und die Kirche der Zukunft*. 2d ed. Stuttgart: Kreuz, 1965.

Hoffmann, Gerhard. "Gedanken zum Problem der Integration von Kirche und Mission in Deutschland." *Evangelische Missionszeitschrift* 25 (October 1968): 200-214.

Hogg, William Richey. "The Rise of Protestant Missionary Concern." Pages 95-111 in *The Theology of the Christian Mission*. Edited by Gerald Anderson. Nashville: Abingdon, 1961.

_____. "The Teaching of Missiology: Some Reflections on the Historical and Current Scene." *Missiology: An International Review* 4 (October 1987): 487-506.

Holl, Karl. "Luther und die Mission." Pages 234-43 in vol. 3 of *Gesammelte Aufsätze zur Kirchengeschichte*: Der Westen. Tübingen: J. C. B. Mohr, 1928.

Holsten, Walter. "Die Bedeutung der altprotcstantischen Dogmatik für die Mission." In *Das Evangelium und die Völker: Beiträge zur Geschichte und Theorie der Mission*. Berlin: Buchhandlung der Gosnerischen Mission, 1939.

_____. *Das Kerygma und der Mensch: Einführung in die Religions- und Missionswissenschaft*. Munich: Christian Kaiser, 1953.

_____. "Die lutherische Kirche als Träger der Sendung." Pages 12-17 in *Das Wort und die Völker der Erde. Beiträge zum lutherischen Verständnis der Mission*. Edited by Ernst Strasser. Uelzen: Niedersächsische Buchdruckerei, 1951.

_____. "Reformation und Mission." Pages 1-32 in *Archiv für Reformationsgeschichte* 44. Edited by Gerhard Ritter. Gütersloh: C. Bertelsmann, 1953.

Hopf, Friedrich Wilhelm. "Lutherische Kirche treibt Lutherische Mission." Pages 13-47 in *Lutherische Kirche treibt Lutherische Mission: Festschrift zum 75 jährigen Jubiläum der Bleckmarer Mission*. Edited by Friedrich Wilhelm Hopf. Bleckmar: Mission Evangelisch-Lutherischer Freikirchen, 1967.

_____. "Zur Begründung unserer Hospitalarbeit." Pages 143-49 in *Lutherische Kirche treibt Lutherische Mission: Festschrift zum 75 jährigen Jubiläum der Bleckmarer Mission*. Edited by Priedrich Wilhelm Hopf. Bleckmar: Mission EvangelischLutherischer Freikirchen, 1967.

Huff, Livingstone M. "The Crusades and Colonial Imperialism: Some Historical Considerations Concerning Christian-Muslim Interaction and Dialogue." *Missiology: An International Review* 22.2 (April 2004): 141-48.

Hunter, George III. *Radical Outreach: Recovering Apostolic Ministry and Evangelism*. Nashville: Abingdon, 2003.

Hunter, Kent R. *Foundations for Church Growth*. New Haven, MO: Leader Publishing Co., 1983.

Isichei, Elizabeth. *A History of Christianity in Africa*. Grand Rapids: Eerdmans, 1995.

Iwand, Hans Joachim. *The Righteousness of Faith According to Luther*. Translated by Randi H Lundell. Edited by Virgil F. Thompson. Eugene, OR: Wipf & Stock, 2008.

Jaeschke, Ernst. *Bruno Gutmann: His Life, His Thoughts and His Work*. Erlangen: Verlag der Ev.-Luth. Mission, 1985.

Jenkins, Philip. *The Next Christendom: The Coming of Global Christianity*. Oxford: Oxford University Press, 2002.

Ji, Won Jong. "Evangelization and Humanization." *Concordia Theological Monthly* 42 (March 1971): 163-72.

_____. "To Be Lutheran: Lutheran Identity and Task in Light of the Doctrine of Justification and the Responsibility for the World." *Concordia Journal* 18 (October 1992): 315-38.

Joest, Wilfried. "Amt und Ordination—unüberholbare Strukturen?" *Kerygma und Dogma* 17 (1971): 75-85.

———. *Dogmatik*. Vol. 1: Die Wirklichkeit Gottes. 2d ed. Göttingen: Vandenhoeck & Ruprecht, 1987.

———. "Karl Barth und das lutherische Verständnis von Gesetz und Evanglium." *Kerygma und Dogma* 24 (1978): 86-103.

———. "Die Rechtfertigungslehre Luthers in ihrer Bedeutung für den modernen Menschen." Pages 41-55 in *Reformation heute: Bibelarbeit und Referate der internationalen Theologentagung des Lutherischen Weltbundes vom 29.5. bis 2.6.1967 in Berlin*. Edited by Heinrich Foerster. Berlin: Lutherisches Verlagshaus, 1967.

Johnson, John F. "Justification according to the Apology of the Augsburg Confession and the Formula of Concord." Pages 185-99 in *Justification by Faith: Lutherans and Catholics in Dialogue VII*. Edited by H. George Anderson, T. Austin Murphy, and Joseph A, Burgess. Minneapolis: Augsburg, 1985.

"Joint Lutheran/Roman Catholic Declaration on Justification: A Response." *Concordia Theological Quarterly* 62 (April 1998): 83-124.

JongeneeL Jan A. B. "The Missiology of Gisbertus Voetius: The First Comprehensive Protestant Theology of Missions." *Calvin Theological Journal* 26 (1991): 47-79.

———. *Philosophy, Science, and Theology of Mission in the 19th and 20th Centuries*. 2 vols. Frankfurt am Main: Peter Lang, 1995-2002.

Kahler, Martin. "Evangelisation der Welt—Gottes Wille." Page 101 in *Schriften zu Christologie und Mission*. Munich: Chr. Kaiser, 1971.

———. *Schriften zu Christologie und Mission: Gesamtausgabe der Schriften zur Mission*. Edited by Heinzgünter Frohnes. Munich: Chr. Kaiser, 1971.

Kandler, Karl-Hermann. "CA VII—Konzentration und Weite lutherischer Ekklesiologie." *Kerygma und Dogma* 35 (February 1989): 70-83.

———. "Kirche als Exodusgemeinde." *Kerygma und Dogma* 17 (1971): 244-57.

———. *Die missionarische Dimension der Gemeinde*. Berlin: Lutherisches Verlagshaus, 1963.

Kane, J. Herbert. *Christian Missions in Biblical Perspective*. Grand Rapids: Baker, 1976.

———. *A Concise History of the Christian World Mission: A Panoramic View of Missions from Pentecost to the Present*. Grand Rapids: Baker, 1978.

———. "The Work of Evangelism." Pages 564-68 in *Perspectives on the World Christian Movement: A Reader*. Edited by Ralph. D. Winter and Steven C. Hawthorne. Pasadena, CA: William Carey Library, 1981.

Keegan, Terence J. *Interpreting the Bible: A Popular Introduction to Biblical Hermeneutics*. New York: Paulist Press, 1985.

Keysser, Christian. *A People Reborn*. Translated by Alfred Allin and John Kuder. Pasadena, CA: William Carey Library, 1980.

Kimme, August. "Die Kirche und ihre Sendung." Pages 91-104 in *Lutherische Beiträge zur Missio Dei*. Erlangen: Martin Luther Verlag, 1982.

Kinder, Ernst. *Der evangelische Glaube und die Kirche: Grundzüge des evangelischlutherischen Kirchenverständnisses.* Berlin: Lutherisches Verlagshaus, 1960.

Kirk, J. Andrew. *What Is Mission? Theological Explorations.* Minneapolis: Fortress, 2000.

Kirsten, Hans, and Ida Näther. *Unsere lutherische Mission in Indien.* Gr. Oesingen: Verlag der Lutherischen Buchhandlung, 1984.

Klootwijk, Eeuwout. "Christian Approaches to Religious Pluralism: Diverging Models and Patterns." *Missiology: An International Review* 21 (October 1993): 455-68.

Knitter, Paul. *No Other Name? A Critical Survey of Christian Attitudes toward the World Religions.* Maryknoll, NY: Orbis, 1985.

_____. *Towards a Protestant Theology of Religions.* Marburg: N. G. Elwert, 1974.

Köberle, Adolf. *Universalismus der Christlichen Botschaft: Gesammelte Aufsätze und Vorträge.* Darmstadt: Wissenschaftliche Buchgesellschaft, 1978.

Köstenberger, Andreas J., and Peter T. O'Brien. *Salvation to the Ends of the Earth: A Biblical Theology of Mission.* Downers Grove, IL: InterVarsity, 2001.

Koester, Robert John. *Law and Gospel: The Foundation of Lutheran Ministry with Reference to the Church Growth Movement.* Ann Arbor, MI: UM I Dissertation Services, 1989.

Kolb, Erwin J. "The Primary Mission of the Church and Its Detractors." *Concordia Theological Quarterly* 54.2-3 (April-July 1990): 117-29.

Kolb, Robert. "Contemporary Lutheran Understandings of the Doctrine of Justification: A Selective Glimpse." Pages 153-76 in *Justification: What's at Stake in the Current Debates.* Edited by Mark A. Husbands and Daniel J. Treier. Downers Grove, IL: InterVarsity, 2004.

_____. "Luther's Smalcald Articles: Agenda for Testimony and Confession." *Concordia Journal* 14 (April 1988): 115-37.

_____. *Speaking the Gospel Today.* Rev. ed. St. Louis: Concordia, 1995.

_____, and Timothy J. Wengert, eds. *The Book of Concord: The Confessions of the Evangelical Lutheran Church.* Minneapolis: Fortress, 2000.

Koschade, Alfred. "Luther on Missionary Motivation." *Lutheran Quarterly* 17 (1965): 224-39.

Kraemer, Hendrik. *The Christian Message in a Non-Christian World.* London, 1938.

Kraft, Charles H. *Christianity in Culture: A Study in Dynamic Biblical Theologizing in Cross-Cultural Perspective.* Maryknoll, NY: Orbis, 1979.

_____. *Communicating the Gospel God's Way.* Pasadena, CA: William Carey Library, 1979.

Kreider, Alan. "Beyond Bosch: The Early Church and the Christendom Shift." *International Bulletin of Missionary Research* 29.2 (April 2005): 59-68.

Kretzmann, Martin L. "Crosscurrents in Mission." *Lutheran World* 16 (1969): 354-57.

Krige, Eileen Jensen. *The Social System of the Zulus.* Pietermaritzburg: Shuter & Shooter, 1981.

Krispin, Gerald S. "Baptism and Heilsgewißheit in Luther's Theology." *Concordia Journal* 13 (April 1987): 106-18.

Krusche, Werner. "Die Kirche für andere: Der Ertrag der ökumenischen Diskussion über die Frage nach Strukturen missionarischer Gemeinden." Pages 133-75 in *Schritte und Markierungen: Aufsätze und Vorträge zum Weg der Kirche.* Göttingen: Vandenhoeck 8c Ruprecht, 1971.

―――――. "Das Missionarische als Strukturprinzip." Pages 109-24 in *Schritte und Markierungen: Aufsätze und Vorträge zum Weg der Kirche.* Göttingen: Vandenhoeck & Ruprecht, 1971.

Kuriakose, M. K. *History of Christianity in India: Source Materials.* Delhi: ISPCK, 1982. Reprinted in 1999.

Kurz, Alfred. *Die Heilsgewißheit bei Luther.* Gütersloh: C. Bertelsmann, 1933.

Kvist, Hans-Olaf. "Der Heilige Geist in den Bekenntnissehriften der evangelischlutherischen Kirche." *Kerygma und Dogma* 31 (1985): 201-11.

Laiser, Naaman. "The Authority of Scripture Provides the Basis for the Integrity of Justification." Pages 59-66 in *Rechtfertigung und Weltverantwortung. Internationale Konsultation euendettelsau 1991.* Edited by Wolfhart Schlichting. Neuendettelsau: Freimund, 1993.

Laman, Gordon D. "The Origin of Protestant Missions." *Reformed Review* 43 (Autumn 1989): 728-74.

Latourette, Kenneth Scott. *A History of the Expansion of Christianity.* Vol. 3. New York: Harper, 1939.

Lazareth, William H. *Two Forms of Ordained Ministry.* Minneapolis: Augsburg Fortress, 1991.

Leipold, Heinrich. "Anknüpfung 1." Pages 743-47 in vol. 2 of *Theologische Realenzyklopädie.* Edited by Gerhard Krause and Gerhard Müller. Berlin: de Gruyter, 1978.

Lessing, R. Reed. *Jonah.* Concordia Commentary Series. St. Louis: Concordia, 2007.

Lieberg, Hellmut. *Amt und Ordination bei Luther und Melanchton.* Göttingen: Vandenhoeck & Ruprecht, 1962.

Lienemann-Perrin, Christine. "Theological Education." Pages 426-29 in *Dictionary of Mission: Theology, History, Perspectives.* Maryknoll, NY: Orbis, 1997.

Lindberg, Carter. *The Third Reformation: Charismatic Movements and the Lutheran Tradition.* Macon, GA: Mercer University Press, 1983.

Littell, Franklin. "Protestantism and the Great Commission." *Southwestern Journal of Theology* 2 (October 1959): 26-42.

Lochmann, Jan Milic. "The Lordship of Christ in a Secularized World." *Lutheran World* 14 (1967): 59-78.

Löhe, Wilhelm. "Drei Bücher von der Kirche (1845)." Pages 85-179 in vol. 5/1 of *Gesammelte Werke.* Edited by Klaus Ganzert. Neuendettelsau: Freimund, 1954.

―――――. *Gesammelte Werke.* Neuendettelsau: Freimund, 1954.

―――――. *Three Books about the Church.* Translated by James L. Schaaf. Philadelphia: Fortress,

1969.

Loewenich, Walther von. "Die Kirche in lutherischer Sicht." Pages 191-209 in *Von Augustin zu Luther: Beiträge zur Kirchengeschichte*. Witten: Luther Verlag, 1959.

_____. "Zur Gnadenlehre bei Augustin und bei Luther." Pages 75-86 in *Von Augustin zu Luther: Beiträge zur Kirchengeschichte*. Witten: Luther Verlag, 1959.

Lose, David J. *Confessing Christ: Preaching in a Postmodern World*. Grand Rapids: Eerdmans, 2003.

Lüdemann, Gerd. *Jesus' Resurrection: Fact or Figment? A Debate between William Lane Craig and Gerd Lüdemann*. Edited by Paul Copan and Ronald K. Tacelli. Downers Grove, IL: Intervarsity, 2000.

Luther, Martin. *D. Martin Luthers Werke*. Kritische Gesamtausgabe. Vol. 6. Weimar: Hermann Böhlau, 1888.

_____. *D. Martin Luthers Werke*. Kritische Gesamtausgabe. Vol. 10/3. Weimar: Hermann Böhlau, 1905.

_____. *D. Martin Luthers Werke*. Kritische Gesamtausgabe. Vol. 43. Weimar: Hermann Böhlau, 1912.

_____. *D. Martin Luthers Werke*. Kritische Gesamtausgabe. Briefwechsel. Vol. 6. Weimar: Hof-Buchdruckerei und Verlagsbuchhandlung, 1935.

_____. *D. Martin Luthers Werke*. Kritische Gesamtausgabe. Briefwechsel. Vol. 7. Weimar: Hof-Buchdruckerei und Verlagsbuchhandlung, 1937.

_____. *Luther's Works*. American Edition. Vol. 30. Edited by Jaroslav Pelikan. St. Louis: Concordia, 1967.

_____. *Luther's Works*. American Edition. Vol. 31. Edited by J. J. Pelikan, H. C. Oswald, and H. T. Lehmann. Philadelphia: Fortress, 1957.

_____. *Luther's Works*. American Edition. VoL 36. Edited by J. J. Pelikan, H. C. Oswald, and H. T. Lehmann. Philadelphia: Muehlenberg, 1967.

Lutheran Church—Missouri Synod, *The Convention Proceedings: 57th Regular Convention*. The Lutheran Church—Missouri Synod. St Louis: Concordia, 1989.

_____. *The Mission Task Force: A Mission Blueprint for the Nineties*. St. Louis: LCMS, 1991.

Lutheran World Federation. *Mission in Context: Transformation, Reconciliation, Empowerment: An LWF Contribution to the Understanding and Practice of Mission*. Geneva: Lutheran World Federation, Department for Mission and Development, 2004.

_____. *Together in God's Mission: A LWF Contribution to the Understanding of Mission*. Hanover/ Neuendettelsau, 1988.

_____. "The 'Two Kingdoms' and the Lordship of Christ: A Working Paper of the Commission on Theology of the LWF." *Lutheran World* 14 (1967): 79-88.

Mahlmann, Theodor. "Zur Geschichte der Formel 'Articulus stantis et cadentis ecdesiae.'" *Lutherische Theologie und Kirche* 17 (November 1993): 187-99.

Manecke, Dieter. *Mission als Zeugendienst: Karl Barths theologische Begründung der Mission.* Wuppertal: Rolf Brockhaus, 1972.

Mannermaa, Tuomo. "In ipsa fide Christus adest: Der Schnittpunkt zwischen lutherischer und orthodoxer Theologie." Pages 11-93 in *Der in Glauben gegenwärtige Christus: Rechtfertigung und Vergottung, Zum ökumenischen Dialog.* Arbeiten zur Geschichte und Theologie des Luthertums, n.s. 8. Hanover: Lutherisches Verlagshaus, 1989.

_____. "Why Is Luther So Fascinating? Modern Finnish Luther Research." Pages 1-20 in *Union with Christ: The New Finnish Interpretation of Luther.* Edited by Carl E. Braaten and Robert Jenson. G rand Rapids: Eerdmans, 1998.

Manns, Peter. "Amt und Eucharistie in der Theologie Martin Luthers." Page 68-173 in *Amt und Eucharistie.* Edited by Peter Bläser. Paderborn: BonifaciusDruckerei, 1973.

Margull, Hans Jochen. "The Awakening of Protestant Missions." Pages 137-48 in *History's Lessons for Tomorrow's Mission: Milestones in the History of Missionary Thinking.* Geneva, Switzerland: World's Student Federation, 1964.

_____. *Hope in Action: The Church's Task in the World.* Philadelphia: Muhlenburg, 1962.

Marquart, Kurt E. *The Church and Her Fellowship, Ministry, and Governance.* Confessional Lutheran Dogmatics 9. Edited by Robert Preus. Fort Wayne, IN: International Foundation for Lutheran Confessional Research, 1990.

_____, trans. *Justification—Objective and Subjective: A Translation.* Fort Wayne, IN: Concordia Theological Seminary Press, 1982.

Martens, Gottfried. "Glaubensgewißheit oder Daseinsgewißheit?" Pages 171-79 in *Rechtfertigung und Weltverantwortung.* Internationale Konsultation Neuendettelsau 1991. Edited by Wolfhart Schlichting. Neuendettelsau: Freimund, 1993.

_____. *Die Rechtfertigung des Sünders—Rettungshandeln Gottes oder historisches Interpretament?* Göttingen: Vandenhoeck & Ruprecht, 1992.

Mattes, Mark C. "A Future for Lutheran Theology?" *Lutheran Quarterly* 19.4 (Winter 2005): 439-57.

_____. *The Role of Justification in Contemporary Theology.* Grand Rapids: Eerdmans, 2004.

Maurer, Wilhelm. *Historical Commentary on the Augsburg Confession.* Translated by H. George Anderson. Philadelphia: Fortress, 1986.

_____. *Historischer Kommentar zur Confessio Augustana.* 2 vols. Gütersloh: G. Mohn, 1976-78.

_____. "Der lutherische Beitrag zur Weltmission der Kirche Jesu Christi." *Evangelische Missionszeitschrift* (August 1969): 170-87.

_____. "Die Lutherische Kirche und ihre Mission." Pages 183-205 in vol. 2 of *Kirche und Geschichte: Gesammelte Aufsätze.* Edited by Ernst-Wilhelm Kohls and Gerhard Müller. Göttingen: Vandenhoeck & Ruprecht, 1970.

_____. "Reformation und Mission." Pages 20-41 in *Ihr werdet meine Zeugen sein: Festschrift*

Georg F. Vicedom zum 60. Geburtstag. Edited by Walther Ruf. Nürnberg: Bayerischen Missionskonferenz, 1963.

Maurier, Henry. "The Christian Theology of the Non-Christian Religions." *Lumen Vitae* 31 (1976): 59-74.

McDonnell, Kilian. "The Unique Mediator in a Unique Church: A Return to PreVatican II Theology?" *The Ecumenical Review* 52.4 (October 2000): 542-49.

McGavran, Donald A. "A Church in Every People: Plain Talk about a Difficult Subject." Pages 622-28 in *Perspectives on the World Christian Movement: A Reader*. Edited by Ralph. D. Winter and Steven C. Hawthorne. Pasadena, CA: William Carey Library, 1981.

_____. *Understanding Church Growth*. Revised and edited by C. Peter Wagner. 3d ed. Grand Rapids, Eerdmans, 1990.

_____, and Win Arn. *How to Grow a Church: Conversations about Church Growth*. Ventura, CA: Regal Books, 1973.

McGowan, A. T. B. "Justification and the ordo salutis." Pages 147-63 in *Justification in Perspective*. Edited by Bruce L. McCormack. Grand Rapids: Baker Academic, 2006.

McGrath, Alister. *Justitia Dei: A History of the Christian Doctrine of Justification*. 2 vols. Cambridge: Cambridge University Press, 1986.

_____. *Justification by Faith: What It Means for Us Today*. Grand Rapids: Academie, 1988.

Medeiros, Elias Dos Santo. *Missiology as an Academic Discipline in Theological Education*. Ann Arbor, MI: UMI Dissertation Services, 1992.

Melanchthon, Philip. *Loci Communes* 1543. Translated by J. A. O. Preus. St. Louis: Concordia, 1992.

Meyer, Carl, ed. *Moving Frontiers*. St. Louis: Concordia, 1964.

Meyer, Heinrich. *Bekenntnisbindung und Bekenntnisbildung in jungen Kirchen*. Gütersloh: C. Bertelsm an n, 1953.

Meyer, Johannes. *Historischer Kommentar zu Luthers Kleinem Katechismus*. Gütersloh: C. Bertelsmann, 1929.

Meyer-Roscher, Walter. "Die Bedeutung der lutherischen Bekenntnisschriften für die gegenwärtige ökumenische Diskussion." Pagse 19-34 in *Lutherisches Missionsjahrbuch für das Jahr 1966*. Edited by Walter Ruf. Nürnberg: Bayerischen Missionskonferenz, 1966.

Mildenberger, Friedrich. *Theologie der lutherischen Bekenntnisschriften*. Stuttgart: W. Kohlhammer, 1983.

Miller, Roland. *Muslims and the Gospel: Bridging the Gap*. Minneapolis: Lutheran University Press, 2005.

Mission Blueprint for the Nineties. Summary, Mission Task Force. St. Louis: The Lutheran Church—Missouri Synod, 1991.

"The Missionary Calling of the Church." A statement by the Willingen Conference of the International Missionary Council, held July 5-17, 1952, in Willingen, Germany. *Internation-*

al Review of Mission 41 (1952): 562.

Molland, Einar. "Besaß die Alte Kirche ein Missionsprogramm und bewußte Missionsmethoden?" Pages 51-67 in Die Alte Kirche, vol. 1 of *Kirchengeschichte als Missionsgeschichte.* Munich: Chr. Kaiser, 1974.

Moltmann, Jürgen. *The Crucified God: The Cross of Christ as the Foundation and Criticism of Christian Theology.* Translated by R. A.Wilson and John Bowden. New York: Harper & Row, 1974.

Moorman, Donald. *Harvest Waiting.* St. Louis: Concordia, 1993.

Moreau, A. Scott, gen. ed. *Evangelical Dictionary of World Missions.* Grand Rapids: Baker, 2000.

Moritzen, Niels-Peter. "Der Missionar: Ein Berufsbild und seine Chancen." Pages 21-31 in *Jahrbuch Mission 1988.* Hamburg: Missionshilfe, 1988.

Mortensen, Viggo, ed. *The Role of Mission in the Future of Lutheran Theology.* Aarhus: Centre for Multireligious Studies, University of Aarhus, 2003.

Mostert, Walter. "Hinweise zu Luthers Lehre vom Heiligen Geist." Pages 15-45 in *Der Heilige Geist im Verständnis Luthers und der lutherischen Theologie.* Edited by Joachim Heubach. Erlangen: Martin Luther Verlag, 1990.

Muck, Terry C. "The Missiological Perspective: Is It Mission or Missions?" *Missiology: An International Review* 32.4 (October 2004): 419-20.

Müller, Gerhard. "Missionarischer Gemeindeaufbau bei Martin Luther." Pages 31-37 in vol. 2 of *Zwischen Reformation und Gegenwart II: Vorträge und Aufsätze.* Hannover: Lutherisches Verlagshaus, 1988.

Mueller, John Theodore. *Christian Dogmatics.* St. Louis: Concordia, 1955.

Müller, Karl. *Mission Theology.* Nettetal: Steyler, 1985.

_____. *Mission Theology: An Introduction.* Nettetal: Steyler, 1987.

_____, and Theo Sundermeier, et al., eds. *Dictionary of Mission: Theology, History, Perspectives.* Maryknoll, NY: Orbis, 1997.

_____, and Theo Sundermeier, eds. *Lexikon Missionstheologischer Grundbegriffe.* Berlin: Dietrich Reimer, 1987.

Mundinger, Carl S. *Government in the Missouri Synod.* St. Louis: Concordia, 1947.

Myklebust, Olaf Guttorm. *The Study of Missions in Theological Education.* 2 völs. Oslo: Forlaget Land Og Kirke, 1955-57.

Nagel, Norman. "The Office of the Holy Ministry in the Confessions." *Concordia Journal* 14 (July 1988): 283-99.

Narum, William. "Preaching of Justification: A Self-Examination of the Church." *Lutheran World* 6 (1960): 369-87.

Needam, Nick. "Justification in the Early Church Fathers." Pages 25-53 in *Justification in Perspective.* Edited by Bruce L. McCormack. Grand Rapids: Baker Academic, 2006.

Neill, Stephen. *A History of Christian Missions.* London: Harmondsworth, 1986.
_____. *The Unfinished Task.* 6th ed. London: Edinburgh House & Lutherworth, 1957.
Neitzel, Leonardo. *Mission Outreach and Households in the City of Fortaleza, Northeast Brazil.* Dissertation. Concordia Theological Seminary. May 2000.
Neuner, J., and J. Dupuis, eds. *The Christian Faith in the Doctrinal Documents of the Catholic Church.* Westminster: Christian Classics, 1975.
Newbigin, Lesslie. *Foolishness to the Greeks: The Gospel and Western Culture.* Grand Rapids: Eerdmans, 1986.
_____. *The Gospel in a Pluralist Society.* Grand Rapids: Eerdmans, 1989.
_____. "The Logic of Mission." In *New Directions in Mission and Evangelization II: Theological Foundations.* Edited by James Scherer and Stephen B. Bevans. Maryknoll, NY: Orbis, 1994.
_____. *Trinitarian Faith and Today's Mission.* Richmond, VA: John Knox, 1963,
Nida, Eugene. *Message and Mission: The Communication of the Christian Faith.* New York: Harper, 1960.
Niebuhr, H. Richard. *Christ and Culture.* London: Harper 8t Row, 1952.
Nordling, John G. "Large Catechism III, 66, Latin Version." *Concordia Journal* 29.3 (2003): 235-39.
Nürnberger, Klaus. "Thesen zum Stellenwert der Rechtfertigungslehre im Kontext biblischer Soteriologjjsn." Pages 67-86 in *Rechtfertigung und Weltverantwortung.* Internationale Konsultation Neuendettelsau 1991. Edited by Wolfhart Schlichting. Neuendettelsau: Freimund, 1993.
_____. "Wider die Verengung der Rechtfertigungslehre." Pages 141-71 in *Jahrbuch Mission* 1993. Edited by Verband evangelischer Missionskonferenzen. Hamburg: Missionshilfe, 1993.
Nünez, Emilio A. *Liberation Theology.* Translated by Paul E. Sywulka. Chicago: Moody, 1985.
Oden, Thomas C. *The Justification Reader.* Grand Rapids: Eerdmans, 2002.
Oberg, Ingemar. *Luther and World Mission.* Translated by Dean Apel. St. Louis: Concordia, 2007.
_____. "Mission und Heilsgeschichte bei Luther und in den Bekenntnisschriften." Pages 25-42 in *Lutherische Beiträge zur Missio Dei.* Erlangen: Martin Luther Verlag, 1982.
Oehler, Wilhelm. *Geschichte der Deutschen Evangelischen Mission*, Vol. 1. BadenBaden: Wilhelm Fehrholz, 1949.
Ohm, Thomas. *Machet zu Jüngern alle Völker: Theorie der Mission*, Freiburg: Erich Wewel, 1962.
Olson, Jeanrtine E. *Deacons and Deaconesses Through the Centuries.* St. Louis: Concordia, 2005.
Pannenberg, Wolfhart. *Faith and Reality.* Translated by John Maxwell. London: Search Press; Philadelphia: Westminster Press, 1977.
_____. *Jesus: God and Man.* Translated by Lewis L. Wilkins and Duane A. Priebe. Philadel-

phia: Westminster Press, 1968.
_____. *Systematic Theology*. Translated by Geoffrey W. Bromiley. Grand Rapids: Eerdmans, 1994.
Pelikan, Jaroslav. *The Riddle of Roman Catholicism*. London: Hodder & Stoughton, 1960.
Peters, Albrecht. *Kommentar zu Luthers Katechismen*. Vols. 1-2. Göttingen: Vandenhoeck & Ruprecht, 1991.
_____. "Die Vaterunser-Auslegung in Luthers Katechismen (III)." *Lutherische Theologie und Kirche* 3 (1980): 66-82.
Peters, Paul. "Luthers weltweiter Missionssinn." *Lutherischer Rundblick* 17 (1969): 162-75.
Pieper, Francis. *Christian Dogmatics*. Vol. 1. St Louis: Concordia, 1950.
Plitt, Gustav Leopold. *Geschichte der lutherischen Mission nach den Vorträgen des Prof. D. Plitt*. Völ. 1. Edited by Otto Hardeland. 2d ed. Leipzig: A. Deichert'sche, 1894.
Pöhlmann, Horst Georg. *Abriß der Dogmatik: Ein Kompendium*. Gütersloh: Gütersloher Verlagshaus Gerd Mohn, 1975.
_____. "Die Apologie als authentischer Kommentar der Confessio Augustana." *Kerygma und Dogma* 26 (July/September 1980): 164-73.
_____. "Der Mensch und die Technik." Pages 81-93 in *Anthropologie und Christologie*. Veröffentlichungen der Lut her-Akademie e.V. Ratzeburg 15. Edited by Joachim Heubach. Erlangen: Martin Luther Verlag, 1990.
_____. "Das Problem der Ur-Offenbarung bei Paul Althaus." *Kerygma und Dogma* 16 (1970): 242-58.
Pragman, James H. *Traditions of Ministry*. St, Louis: Concordia, 1983.
Prenter, Regin. *Spiritus Creator.* Translated by John M. Jensen. Philadelphia: Muhlenberg, 1953.
Preus, Robert D. "Confessional Subscription." Pages 43-52 in *Evangelical Directions for the Lutheran Church*. Edited by Erich Kiehl and Waldo Werning, Chicago: Lutheran Congress, 1970.
_____. " The Confessions and the Mission of the Church." *The Springfielder* 39 (June 1975): 20-39.
_____. "The Doctrine of the Call in the Confessions and Lutheran Orthodoxy." *Luther Academy* 1 (April 1991).
_____. *The Doctrine of the Call in the Confessions and Lutheran Orthodoxy*. Fort Wayne, IN: Luther Academy, 1991.
Priest, Robert, Terry Dischinger, Steve Rasmussen, and C. M. Brown. "Researching the Short-Term Mission Movement." *Missiology* 34.4 (October 2006): 431-50.
Rad, Gerhard von. *Old Testament Theology*. Vol. 1. Translated by D. M. G. Stalker. New York: Harper & Row, 1962.
Rahner, Karl. "Grundprinzipien zur heutigen Mission der Kirche." Pages 46-80 in vol. 2/2 of *Handbuch der Pastoraltheologie: Praktische Theologie der Kirche in ihrer Gegenwart*. Edited

by Franz Xaver Arnold. Freiburg: Herder, 1966.

_____, and Herbert Vorgrimmler, eds. *Kleines Konzils-Kompendium*. Freiburg: Herder, 1966.

Rambach, Johann J. *Christliche Sitten-Lehre*. Leipzig: Schopp, 1738.

Ratke, David. *Confession and Mission, Word and Sacrament: The Ecclesial Theology of Wilhelm Loehe*. St. Louis: Concordia, 2001.

Raupp, Werner, ed. *Mission in Quellentexten*. Erlangen: Verlag der Evang. -Luther. Mission and Bad Liebenzell: Verlag der Liebenzeller Mission, 1990.

Recker, R. "The Concept of the Missio Dei." *Calvin Theological Journal* 11 (November 1976): 194.

Rengstorf, Karl Heinrich. *Apostleship*. Translated by J. R Coates. London: A&C Black, 1952.

Richardson, Don. *Eternity in Their Hearts*. Ventura, CA: Regal Books, 1984.

_____. *Peace Child*. Glendale, CA: Regal Books, 1976.

Rittner, Reinhard, ed. *Was heißt hier lutherisch! Aktuelle Perspektiven aus Theologie und Kirche*. Hannover: Lutherisches Verlagshaus, 2004.

Roensch, Manfred, and Werner Klän. *Quellen zur Entstehung und Entwicklung selbständiger evangelisch-lutherischer Kirchen in Deutschland*. Frankfurt am Main: Peter Lang, 1987.

Rosenkranz, Gerhard. *Der christliche Glaube angesichts der Weltreligionen*. Munich: Francke, 1967.

_____. *Die christliche Mission: Geschichte und Theologie*. Munich: Chr. Kaiser, 1977.

_____. *Weltmission und Weitende*. Gütersloh: C. Bertelsmann, 1951.

Rosin, H. H. *Missio Dei: An Examination of the Origin, Contents and Function of the Term in Protestant Missiological Discussion*. Leiden: Inter-university Institute for Missiological and Ecumenical Research, 1972.

Roy, H. *Zinzendorfs Anweisungen für die Missionsarbeit*. Gütersloh: C. Bertelsmann, 1893.

Ruler, Arnold van. *Calvinist Trinitariänism and Theocentric Politics*. Translated by John bolt. Lewiston: Mellen, 1989.

Rzepkowski, Horst. "Creation Theology and Missiology." Page 90 in *Dictionary of Mission: Theology, History, Perspectives.* Maryknoll, NY: Orbis, 1997.

Saayman, Willem. "If You Were to Die Today, Do You Know for Certain That You Would Go to Heaven? Reflections on Conversion as Primary Aim of Mission." *Missionalia* 20.3 (November 1992): 159-73.

Sam artha, Stanley J. *One Christ—Many Religions: Toward a Revised Christology*. Maryknoll, NY: Orbis. 1991.

Sanders, John. *No Other Name: An Investigation into the Destiny of the Unevangelized*. Grand Rapids: Eerdmans. 1992.

Sanders, Van. "The Mission of God and the Local Church." In *Pursuing the Mission of God in Church Planting*. Edited by John M. Bailey. Alpharetta, GA: North American Mission Board, 2006.

Sanneh, Lamin. *Translating the Message*. Maryknoll, NY: Orbis, 1989.

Sassc, Hermann. "Article VII of the Augsburg Confession in the Present Crisis of Lutheranism." Page 40-68 in *We Confess: The Church*. Translated by Norman Nagel. St. Louis: Concordia, 1986.

_____. "Ecclesia Orans." *Briefe an lutherische Pastoren* n.5 (1949).

_____. "Die Frage nach der Einheit der Kirche au f dem Missionsfeld." Pages 216-27 in voL 2 of In *Statu Confessionis: Gesammelte Aufsätze und Kleine Schriften von Hermann Sasse*. Edited by Friedrich Wilhelm Hopf. Berlin: Die Spur GMBH & Co. Christliche Buchhandels KG, 1976.

_____. "Heil außerhalb der Kirche?" Pages 315-27 in vol. 2 of ln *Statu Confessionis: Gesammelte Aufsätze und Kleine Schriften von Hermann Sasse*. Edited by Friedrich Wilhelm Hopf. Berlin: Die Spur GMBH & Co. Christliche Buchhandels KG. 1976.

_____. "Ober die Einheit der Lutherischen Kirche." Pages 244-58 in vol. 1 of In *Statu Confessionis: Gesammelte Aufsätze und Kleine Schriften von Hermann Sasse*. Edited by Friedrich Wilhelm Hopf. Berlin: Die Spur GMBH & Co. Christliche Buchhandels KG, 1976.

Scaer, David P. "Augustana V and the Doctrine of the Ministry." *Lutheran Quarterly* 6 (1992): 403-23.

Schaibley, Robert W. "Lutheran Preaching: Proclamation, Not Communication." *Concordia Journal* 18 (January 1962): 6-27.

Schattauer, Thomas H., ed. *Inside Out: Worship in an Age of Mission*. Minneapolis: Fortress, 1999.

Scherer. James A. *Gospel, Church and Kingdom*. Minneapolis: Augsburg, 1987.

_____. *Justinian Welz: Essays by an Early Prophet of Mission*. Grand Rapids: Eerdmans, 1969.

_____. *Mission and Unity in Lutheranism: A Study in Confession and Ecumenicity*. Philadelphia: Fortress. 1969.

_____. *That the Gospel May Be Sincerely Preached throughout the World: A Lutheran Perspective on Mission and Evangelism in the 20th Century*. LWF Report 11/12. Stuttgart: Kreuz/Erich Breitsohl, 1982.

_____. "The Triumph of Confessionalism in Nineteenth-Century German Lutheran Missions." *Mission Apostolica* 1.2 (November 1993): 71-81.

_____, and Stephen B. Bevans. eds. *New Directions in Mission and Evangelization*. Vol. 1: Basic Statements 1974-1991. Maryknoll. NY: Orbis. 1992.

Schlatter, Adolf. "Luther und die Mission." *Evangelisches Missionsmagazin* 61 (1917): 281-88.

Schleiermacher, Friedrich. *The Christian Faith*. Vol. 1. English translation of the 2d German ed. Edited by H. R. Mackintosch and J. S. Stewart. New York: Harper & Row, 1963.

Schlichting, Wolfhart, ed. *Rechtfertigung und Weltverantwortung: Internationale Konsultation Neuendettelsau 1991*. Neuendettelsau: Freimund, 1993.

Schlink, Edmund. *The Doctrine of Baptism*. Translated by Herbert J. A. Bouman. St. Louis: Concordia, 1972.

_____. "Gesetz und Evangelium als kontroverstheologisches Problem." *Kerygma und Dogma* 7 (1961): 1–35.

_____. *Theology of the Lutheran Confessions*. Translated by Paul F. Koehneke and Herbert J. A. Bouman. Philadelphia, Fortress, 1986.

Schmidt, Johann. "Die missionarische Dimension der Theologie." Pages 193–201 in *Das Wort und die Wörter: Festschrift Gerhard Friedrich zum 65. Geburtstag*. Edited by Horst Robert Balz und Siegfried Schulz. Stuttgart: W. Kohlhammer, 1973.

Schnackenburg, Rudolf. *Der Brief an die Epheser*. Evangelisch-Katholischer Kommentar zum Neuen Testament 10. Köln: Benziger, 1982.

Schöne, Jobst. *The Christological Character of the Office of the Ministry and the Royal Priesthood*. Plymouth, MN: Logia Books, 1996.

_____. "Church and Ministry II: Systematic Formulation." *Logia* 2 (1993): 35–40.

Schreiner, Lothar. "The Legacy of Ingwer Ludwig Nommenson." *International Bulletin of Missionary Research* 24.2 (April 2000): 81–84.

Schulz, Georg. "Die Bedeutung des Bekenntnisses der lutherischen Kirche für die missionarische Verkündigung," 1980. A Presentation held at the International Convention at Heiligenstein, Elsaß, 4. September 1980. Unpublished article.

_____. "Das geistliche Amt nach lutherischem Verständnis in der missionarischen Situation." Pages 162–74 in *Kirchenmission nach lutherischem Verständnis: Vorträge zum 100 jährigen Jubiläum der Lutherischen Kirchenmission* (Bleckmarer Mission). Münster: LIT, 1993.

Schulz, Klaus Detlev. "Christ's Ambassadors." *Logia* V II.3 (1998): 13–18.

_____. "In Search of the Proprium of Lutheran Mission: Eight Theses." *Logia* 15.1 (Epiphany 2006): 5–7.

_____. "The Lutheran Debate over a Missionary Office." *Lutheran Quarterly* 19.3 (Autumn 2005): 276–301.

_____. "Lutheran Missiology in the 16th and 17th Century." *Lutheran Synod Quarterly* 43.1 (March 2003): 4–53.

_____. "A Lutheran Response to the Christology and Natural Theology of the Papal Encyclical Dominus Iesus." *Logia* 10.4 (Reformation 2001): 5–8.

_____. *The Missiological Significance of the Doctrine of Justification in the Lutheran Confessions*. ThD dissertation. Concordia Seminary, 1994.

_____. "Tensions in the Pneumatology of the Missio Dei." *Concordia Journal* 23.2 (April 1997): 99–121.

_____. "Towards a Missionary Church for the City." *Missio Apostolica* 11.1 (May 2003): 4–13.

_____. "Universalism: The Urgency of Christian Witness." *Missio Apostolica* 14.2 (November 2006): 86–96.

Schurb, Ken. *Does the Lutheran Confessions' Emphasis on Subjective Justification Mitigate Their Teaching of Objective Justification?* Fort Wayne, IN: Concordia Theological Seminary

Press, 1983.

_____. "The Resurrection in Gospel Proclamation." *Concordia Journal* 18 (January 1992): 28-39.

Schwarz, Hans. "Der missiologische Aspekt der Rechtfertigungslehre." Pages 209-17 in *Rechtfertigung und Weltverantwortung. Internationale Konsultation Neuendettelsau 1991*. Edited by Schlichting, Wolfhart. Neuendettelsau: Freimund, 1993.

Schwarzwäller, Klaus. "Rechtfertigung und Ekklesiologie in den Schmalkaldischen Artikeln." *Kerygma und Dogma* 35 (1989): 84-105.

Scott, Waldron. *Karl Barth's Theology of Mission*. Downers Grove, IL: InterVarsity, 1978.

Scudieri, Robert J. *The Apostolic Church: One, Holy, Catholic and Missionary*. Fort Wayne, IN: Lutheran Society for Missiology, 1995.

Seamands, John T. *Harvest of Humanity*. Wheaton, IL: Victor Books, 1988.

Seils, Martin. "Heil und Erlösung IV." Pages 622-37 in vol. 14 of *Theologische Realenzuklopädie*. Edited by Gerhard Müller. Berlin: de Gruyter, 1985.

Senior, Donald, and Carol Stuhlmueller. *The Biblical Foundations for Mission*. Maryknoll, NY: Orbis, 1994.

Siemon-Netto, Uwe. *The Fabricated Luther*. 2nd ed. St. Louis: Concordia, 2007.

Slenczka, Reinhard. "Die Erkenntnis des Geistes, die Lehre vom Geist und die Unterscheidung der Geister." Pages 75-104 in *Der Heilige Geist im Verständnis Luthers und der lutherischen Theologie*. Edited by Joachim Heubach. Erlangen: Martin Luther Verlag, 1990.

Smail, Thomas. "The Holy Spirit in the Holy Trinity." Pages 149-65 in *Nicene Christianity*. Edited by Christopher R. Seitz. Grand Rapids: Brazos Press, 2001.

Smalley, William A. "Cultural Implications of an Indigenous Church." Pages 494-502 in *Perspectives on the World Christian Movement: A Reader*. Edited by Ralph. D. Winter and Steven C. Hawthorne. Pasadena, CA: William Carey Library, 1981.

Smith, Gordon T. "Religions and the Bible: An Agenda for Evangelicals." Pages 9-29 in *Christianity and the Religions: A Biblical Theology of World Religions*. Edited by Edward Rommen and Harold Netland. Pasadena, CA: William Carey Library, 1995.

Smith, James K. A. *Who's Afraid of Postmodernism?* Grand Rapids: Baker Academic, 2006.

Smith, L. B. *The Contribution of Hadrian Saravia to the Doctrine of the Nature of the Church and Its Mission*. Dissertation. Edinburgh, 1966.

Solheim, James. "Vatican Statement Drawing Strong Reactions." *Episcopal News Service* (September 15, 2000).

Spitz, Lewis W. "The Universal Priesthood of Believers." Pages 321-42 in vol. 1 of *The Abiding Word*. Edited by Theodore Laetsch. St. Louis: Concordia, 1975.

Steffen, Tom A. *Passing the Baton: Church Planting That Empowers*. La Habra: Center for Organizational & Ministry Development, 1993.

Stephenson, John R. *Eschatology*. Confessional Lutheran Dogmatics 13. Edited by Robert D.

Preus. Fort Wayne, IN: Luther Academy, 1993.
Stolle, Volker. *The Church Comes from All Nations.* Translated by Klaus Detlev Schulz and Daniel Thies. St. Louis: Concordia, 2003.
_____. *Kirchenmission nach lutherischem Verständnis.* Münster: LIT, 1993.
_____. "Über die Zielsetzung organisierter Missionsarbeit." *Lutherische Theologie und Kirche* 4 (December 1987): 132–36.
_____. *Wer seine Hand an den Pflug legt: Die missionarische Wirksamkeit der selbständigen evangelisch-lutherischen Kirchen in Deutschland im 19. Jahrhundert.* Gross-Oesingen: Lutherische Buchhandlung, 1992.
_____. "Zur missionarischen Perspektive der lutherischen Theologie im 17. Jahrhundert." *Lutherische Theologie und Kirche* 15 (1991): 21–35.
Stott, John. "Evangelism Plus." *Christianity Today* (October 2006): 94–99.
_____, ed. *Making Christ Known: Historie Mission Documents from the Lausanne Movement 1974-1989.* Grand Rapids: Eerdmans, 1997.
Strasser, Ernst. "Das Hauptstück von der Mission." Pages 56–58 in *Das Wort und die Völker der Erde: Beiträge zum lutherischen Verständnis der Mission.* Edited by Ernst Strasser. Uelzen: Niedersächsische Buchdruckerei, 1951.
_____. "Das Wesen der Mission nach lutherischem Verständnis." Pages 7—11. in *Das Wort und die Völker der Erde: Beiträge zum lutherischen Verständnis der Mission.* Edited by Ernst Strasser. Uelzen: Niedersächsische Buchdruckerei, 1951.
_____. "Das Wesen des Heidentums." *Neue kirchliche Zeitschrift* 39 (1939): 77–105.
Sweeney, Douglas A. *The American Evangelical Story: A History of the Movement.* Grand Rapids: Baker Academic, 2005.
Take a Giant Step: Be a World Christian. What's New and What's What in World Missions Today. St. Louis: Lutheran Church—Missouri Synod, 1986.
Tappert, Theodore G., ed. and trans. *The Book of Concord: The Confessions of the Evangelical Lutheran Church.* Philadelphia: Muhlenberg, 1959.
Tennent, Timothy C. "The Challenge of Churchless Christianity: An Evangelical Assessment." *International Bulletin of Missionary Research* 29.4 (October 2005): 171–77.
Terray, Laszlo Geza. "Mission und Reich Gottes—Korreferat zu dem Referat von John Vikström." Pages 69–74 in *Lutherische Beiträge zur Missio Dei.* Erlangen: Martin Luther Verlag, 1982.
Thangaraj, M. Thomas. *The Common Task: A Theology of Christian Mission.* Nashville: Abingdon, 1999.
Thellé, Notto R. "The Legacy of Karl Ludwig Reichelt." *International Bulletin of Missionary Research* 5.2 (April 1981): 35–40.
Thesen für die Lehrverhandlungen der Missouri-Synode und der Synodalconferenz bis zum Jahre 1893. St. Louis: Concordia, 1894.

Thielicke, Helmut. *Theological Ethics*. Vol. 1: Foundations. Edited by William H. Lazareth. Grand Rapids: Eerdmans, 1966.

Thomas, Norman E., ed. *Classic Texts in Mission and World Christianity: A Reader's Companion to David Bosch's Transforming Mission*. Maryknoll, NY: Orbis, 1995.

Thomasius, Gottfried. *Das Bekenntnis der evangelisch-lutherischen Kirche in der Konsequenz seines Prinzips*. Nürnberg: August Recknagel, 1848.

Tillich, Paul. "Die Lehre von der Inkarnation in neuer Deutung." Pages 205-29 in *Offenbarung und Glaube*. Schriften zur Theologie II. Vol. 8 of *Gesammelte Werke*. Edited by Renate Albrecht. Stuttgart: Evangelisches Verlagswerk, 1970.

_____. "Missions and World History." Pages 281-89 in *The Theology of the Christian Mission*. Edited by H. Gerald Anderson. New York: Abingdon, 1961.

_____. *Systematic Theology*. Vol. 1. Chicago: University of Chicago Press, 1951.

_____. "Wesen und Wandel des Glaubens." Pages 111-95 in *Offenbarung und Glaube*. Schriften zur Theologie II. Vol. 8 of *Gesammelte Werke*. Edited by Renate Albrecht. Stuttgart: Evangelisches Verlagswerk, 1970.

Tippet, Alan. *Introduction to Missiology*. Pasadena: William Carey Library, 1987.

Toward a Theological Basis, Understanding and Use of Church Growth Principles in The Lutheran Church—Missouri Synod. Prepared by the Church Growth Strategy Task Force, 1991.

Triebel, Johannes. *Bekehrung als Ziel der missionarischen Verkündigung*. Erlangen: Verlag der Ev.-Luth. Mission, 1976.

_____. "Strukturen des Bekennens." *Kerygma und Dogma* 26 (1980): 317-26.

Triglot Concordia: The Symbolical Books of the Ev. Lutheran Church. St. Louis: Concordia, 1921.

Trillhaas, Wolfgang. "Regnum Christi: On the History of the Concept in Protestantism." *Lutheran World* 14 (1967): 40-58.

Tucker, Ruth. *From Jerusalem to Irian Jaya*. Grand Rapids: Zondervan, 1983.

Vajta, Vilmos. "The Confessions of the Church as an Ecumenical Concern." Pages 162-88 in *The Church and the Confessions: The Role of the Confessions in the Life and the Doctrine of Lutheran Churches*. Edited by Vilmos Vajta and Hans Weissgerber. Philadelphia: Fortress, 1963.

Valleskey, David J. *We Believe — Therefore We Speak*. Milwaukee: Northwestern, 2004.

Van Engen, Charles. *Mission on the Way: Issues in Mission Theology*. Grand Rapids: Baker, 1996.

Van Rheenen, Gailyn. *Missions: Biblical Foundations and Contemporary Strategies*. Grand Rapids: Zondervan, 1996.

Verkuyl, Johannes. *Contemporary Missiology: An Introduction*. Translated and edited by Dale Cooper. Grand Rapids: Eerdmans, 1978.

Vicedom, Georg F. *Actio Dei: Mission und Reich Gottes*. Munich: Chr. Kaiser, 1975.

_____. *The Mission of God: An Introduction to a Theology of Mission*. Translated by Gilbert A. Thiele and Dennis Hilgendorf. St. Louis: Concordia, 1965.

_____. *Die Missionarische Dimension der Gemeinde*. Berlin: Lutherisches Verlagshaus, 1963.

_____. *Die Rechtfertigung als gestaltende Kraft der Mission*. Neuendettelsau: Freimund, 1952.

_____. *Die Taufe unter den Heiden*. Munich: Chr. Kaiser, 1960.

Veith, Gene Edward, Jr. *The Spirituality of the Cross*. St. Louis: Concordia, 1999.

Vikstrom, John. "Mission und Reich Gottes—Erlösung und Reich des Friedens als Glaubensgegenstand und ethische Aufgabe: Ein Beitrag zum aktuellen zwischenkirchlichen Dialog." Pages 57-68 in *Lutherische Beiträge zur Missio Dei*. Erlangen: Martin Luther Verlag, 1982.

Voelz, Jim W. *What Does This Mean? Principles of Biblical Interpretation in the Postmodern World*. St. Louis: Concordia, 1995.

Voigt, Gottfried. *Was die Kirche lehrt*. Erlangen: Martin-Luther-Verlag, 1991.

Waddell, James Alan. *The Struggle to Reclaim the Liturgy in the Lutheran Church: Adiaphora in Historical, Theological and Practical Perspective*. New York: Edwin Mdlen Press, 2006.

Wagner, C. Peter. "Church Growth Movement." In *Evangelical Dictionary of World Mission*. Edited by Scott Moreau. Grand Rapids: Baker, 2000.

_____, ed. *Church Growth: State of the Art*. Wheaton, II,: Tyndale, 1986.

_____. *Spiritual Power and Church Growth*. Altamonte Springs, FL: Strang Communications, 1986.

Wagner, Herwig. "Die Kirche und ihre Sendung." Pagse 105-12 in *Lutherische Beiträge zur Missio Dei*. Erlangen: Martin Luther Verlag, 1982.

_____. "Das lutherische Bekenntnis als Dimension des Missionspapiers des Lutherischen Weltbundes 'Gottes Mission als gemeinsame Aufgabe.'" Pages 149-61 in *Kirchenmission nach lutherischem Verständnis: Vorträge zum 100 jährigen Jubiläum der Lutherischen Kirchenmission* (Bleckmarer Mission). Münster: LIT, 1993.

Walther, Carl Ferdinand Wilhelm. *Americanisch-Lutherische Pastoraltheologie*. 5th ed. St. Louis: Concordia, 1906.

_____. *Church and Ministry: Witnesses of the Evangelical Lutheran Church on the Question of the Church and Ministry*. Translated by J. T. Mueller. St. Louis: Concordia, 1987.

_____. "Why Should Our Pastors, Teachers and Professors Subscribe Unconditionally to the Symbolical Writings of Our Church." *Concordia Theological Monthly* 18 (April 1947): 241-53.

Warneck, Gustav. *Evangelische Missionslehre*. Gotha: Friedrich Andreas Perthes, 1892.

_____. "Mission unter den Heiden." Pages 125-71 in vol. 13 of *Realencyklopädie für protestantische Theologie und Kirche*. 4th ed. Leipzig: J. C. Hinrichs'sche, 1903.

_____. *Outline of a History of Protestant Missions from the Reformation to the Present Time: A Contribution to Modern Church History*. Translated by George Robson. New York: Flemming H. Revell, 1901.

Warren, Rick. *The Purpose Driven Church*. Grand Rapids: Zondervan, 1995.

_____. *Purpose Driven Life*. Grand Rapids: Zondervan, 2002.

WCC- CWME. *Statement on Urban Rural Mission*, 1986.

Weber, Christian. *Missionstheologie bei Wilhelm Löhe: Aufbruch zur Kirche der Zukunft*. Gütersloh: Gütersloher Verlagshaus, 1996.

Weber, H. E. "Mysterium Trinitatis." *Zeitschrift für systematische Theologie* 16, (1939): 355-63.

Weber, Wilhelm. "Die lutherische Tradition in Gottesdienst und Unterweisung als Faktor der m issionarischen Entwicklung." Pages 175-96 in *Kirchenmission nach lutherischem Verständnis: Vorträge zum 100 jährigen Jubiläum der Lutherischen Kirchenmission* (Bleckmarer Mission). Edited by Volker Stolle. Münster: LIT, 1993.

Wenz, Gunther. *Theologie der Bekenntnisschriften der evangelisch-lutherischen Kirche*. Berlin: de Gruyter, 1998.

Werning, Waldo J. *Twelve Pillars of a Healthy Church*. Fort Wayne, IN: Fairway Press, 1999.

Wetter, Paul. *Der Missionsgedanke bei Martin Luther*. Bonn: Verlag für Kultur und W issenschaft, 1999.

Wiebe, Franz. "Missionsgedanken in den lutherischen Bekenntnisschriften." Pages 15-71 in *Lutherisches Missionsjahrbuch für das Jahr* 1955. Edited by Walther Ruf. Neuendettelsau: Selbstverlag der Bayerischen Missionskonferenz, 1955.

Wilch, John R. *Ruth*. Concordia Commentary Series. St. Louis: Concordia, 2006.

Wingren, Gustaf. *Luther on Vocation*. Translated by Carl C. Rasmussen. Philadelphia: Muhlenberg, 1957.

Winter, Ralph D. "The Long Look: Eras of Mission History." Pages 168-69 in *Perspectives on the World Christian Movement: A Reader*. Edited by Ralph. D. Winter and Steven C. Hawthorne. Pasadena, CA: W illiam Carey Library, 1981.

_____, and Steven C. Hawthorne, eds. *Perspectives on the World Christian Movement: A Reader*. Pasadena, CA: William Carey Library, 1981.

Witte, Martin. "Kirche als Ziel der Sendung." Pages 18-26 in *Das Wort und die Völker der Erde: Beiträge zum lutherischen Verständnis der Mission*. Edited by Ernst Strasser. Uelzen: Niedersächsische Buchdruckerei, 1951.

Wittgenstein, Ludwig. *On Certainty*. Edited by G. E. M. Anscombe and G. H. von Wright. Translated by Denis Paul and G. E. M. Anscombe. Oxford: Blackwell, 1969.

Wyder, Heinrich. *Die Heidenpredigt*. Gütersloh: C. Bertelsmann, 1954.

Yates, Timothy. *Christian Mission in the Twentieth Century*. Cambridge: Cambridge University Press, 1994.

Your Kingdom Come: Mission Perspectives. Report on the World Conference on Mission and Evangelism. Melbourne, Australia 12-25 May 1980. Geneva: World Council of Churches, 1980.